簡帛文獻概述

駢宇騫 著

萬卷樓圖書股份有限公司

自 序

　　今天是農曆甲申年閏二月清明日，窗外淅淅瀝瀝，樓下的樹上又長出了許多嫩葉，它仿佛在告訴人們，新一年的春天已經到來。本書今日總算脫稿，又了卻了一椿心事。

　　早在戊寅年臘月時，台灣輔仁大學召開「本世紀出土古典思想文獻與中國哲學研究兩岸學術研討會」，我有幸參加。會前，大會組織者囑我除提交一篇學術論文外，還要編寫一本介紹二十世紀近百年間新出土簡帛情況及主要論著目錄的資料。在不到一個月的時間裡，我日以繼夜遵囑完成了這一任務。在研討會開幕時，以《本世紀以來出土簡帛概述》為題目印發給全體與會學者。

　　沒想到，就在會議期間，萬卷樓圖書有限公司梁錦興總經理邀我吃飯，席間梁總提出，萬卷樓有意正式出版該書，我當即欣然應允，席間甚是暢歡，至今歷歷在目。

　　會後返回北京，我對原稿只做了小部分的修改後就交給了萬卷樓出版。在那本書的〈寫在前面的話〉中我曾經這樣寫道：「本書計劃由三部分組成，即『資料篇』、『綜述篇』和『論著目錄篇』（三位一體）。目前，『綜述篇』尚在寫作之中，只好待日後再版時再做增補。」真是光陰似箭，日月如梭啊！眨眼五年過去了，當時尚在寫作中的「綜述篇」今天才得以脫稿（為了單冊發行方便，今更名為《簡帛文獻概述》），真是有點對不起曾經支持過我的廣大讀者和出版者了。究其原因，主客觀都有一些，但根本的原因是我所從事的編輯工作公務纏身，不能全身心地投入寫作之中，幾乎每天都在為他人做嫁衣裳，而自己的「行頭」卻只能在別人闔家歡樂或遊山玩水的節假日中縫縫補補，慢慢地拾掇。說起來真有點自討苦吃，有時也想抽自己兩個嘴巴。但每當我捧起墨香未散的作品時，反倒覺得其樂無窮，「苦中作樂」的甘甜湧上心頭，真還有點像孫悟空吃蟠桃似的感受，幾十年來就是這樣。

　　去年金秋，我解脫了身邊的一切雜務，享受到而立之後從未感受過的輕

鬆。這一段時間我可以全身心地投入寫作之中，感覺就像久旱逢甘雨的勁頭，精神格外地充足。再加上夫人的大力支持，所有家務，我統統沒幹，有時夫人將飯菜都端到了寫字台上，甚至放好了筷子，都視而不見。這一段因為沒有一切雜事，起早貪黑都撲在了本書的寫作上，因此效率特別地高，本書稿的一半幾乎都是在這一期間所完成的。

不管怎樣，「三位一體」之「綜述篇」（《簡帛文獻概述》）不久就要和讀者見面了，這是我送給曾經支持過我、鼓勵過我的師長朋友們的又一份禮物。關於從文獻學角度來撰寫「簡帛綜述」雖早有「預謀」，只是一直無暇落實。今天雖然梓行，但心中還是有點擔心，因為我的主業是編輯，寫作是副業，我的一些研究都是從編輯實踐中發展起來的。以往每每和專業師友們在一起歡聚時，我總自稱自己是個業餘愛好者。所謂業餘者，即非專業工作者也。非專業工作者的「產品」就像一個醜媳婦，但不管怎麼醜，也總得見公婆呀！雖然有時「公婆」多了難辦事，但在今天這個情況下，我誠懇希望出現更多的「公公婆婆」，橫挑鼻子豎挑眼，不吝賜教，這才是對我最大的愛護和支持。

《詩》云：「嚶其鳴矣，求其友聲。」這是發自我內心的呼聲！

最後，我要向幫我審閱「文書」內容的李均明先生表示感謝！向幫我審閱「假借與通假字」內容的劉廣和先生表示感謝！向支持、鼓勵過我的師長朋友們表示感謝！

駢宇騫

甲申清明於北京前門寓所

目　錄

第一章

簡牘帛書的起源

　　文字的發明，是人類進入文明時代的一個重要標誌。恩格斯曾說：「由於文字的發明及其應用於文獻記錄而過渡到文明時代。」紙發明以前，人類用於書寫文字、記錄語言的材料是多種多樣的，在歷史發展的不同時期，人類使用過不同的書寫材料。如古埃及人以紙草作為書寫材料，美索不達米亞人以泥版作為書寫材料，迦勒底人以磚頭作為書寫材料，古希臘人以蠟板作為書寫材料……。在我國古代用作書寫材料的則更多，有獸骨、陶泥、玉石、青銅、簡牘、繒帛等。王國維說：「書契之用，自刻畫始，金石也，甲骨也，竹木也，三者不知孰為後先，而以竹木之用為最廣。」（《王國維遺書·簡牘檢署考》）誠如王氏所云，在紙張發明之前，竹木是使用最普遍的書寫材料，在中國歷史上，其被使用的時間亦較諸其它材料為長久，甚至在紙發明以後數百年間，簡牘仍繼續用作書寫材料。

第一節　簡牘

　　所謂「簡牘」，是指我國古代遺存下來的寫有文字的竹簡和木牘等的合稱，它是一種傳播文化的載體。具體來講，「簡」一般是指竹質的書寫材料，「牘」一般是指木質的書寫材料。

　　簡牘作為書寫材料到底始於何時？多數學者研究認為當在殷商時代。李學勤先生認為：「《尚書》中有一篇〈多士〉，講到『惟殷先人有冊有典』，『冊』就是書，『典』則是大冊。商周文字的『冊』字是個象形字，若干直筆像一支支的簡，中腰的橫筆像用以編連各簡的組繩。『冊』字的這種結構，在今天用的楷書『冊』字還可見其仿佛。現在已發現的最早的甲骨文裡，就有『冊』

字。當時還把以用簡寫字為專職的史官稱為『作冊』，也見於甲骨文。這證明商代確在使用簡，只是迄今在考古發掘中尚未找到簡的實物而已，這可能是竹木在地下不易保存的緣故。」（見《中國歷史研究知識手冊‧簡牘帛書》）鄭有國先生在《中國簡牘學綜論》中說：「我國使用簡牘究竟始於何時呢？據地下出土的簡牘，最早的是在公元前五世紀後半葉，即戰國早期。但從文獻記載和甲骨文字的分析，至少在殷商時我國就使用簡牘作為書寫材料。《尚書‧多士》篇稱『惟殷先人有冊有典』。甲骨文、金文的『冊』字作『𝍑』，『𝍑』像把若干條竹木簡用兩道繩子編成一冊書的樣子。典，金文寫作『𡭴』，《說文解字》解釋『從冊在丌上』，即把『冊書』放在几上。殷商時代的典冊是否用竹木質的簡牘呢？至今尚無實物出土，但殷商時的玉冊倒發現不少。根據出土的這些殷商玉冊，是否可以作這樣的分析：殷商時的『典冊』使用的還是比較貴重的玉質典冊，因此使用不普遍。隨著文字的普遍推廣，這種珍貴的玉質典冊才被各地習見的竹木條取代。」以上兩位學者的論述頗具有代表性。

從出土實物來看，戰國楚簡出土甚多，秦代簡牘也有發現，甚至在湖北雲夢睡虎地秦墓中出土的《秦律十八種》中還有「今縣及都官取柳及木柔可用書者方之以書」的記載。漢代簡牘的發現就更多了。可見，在戰國、秦、漢時期是簡牘使用的鼎盛時期。

第二節　帛書

帛書，顧名思義，就是指寫在絲帛上的書。帛是我國古代與簡牘並行的一種書寫材料。古文獻中屢有「書之竹帛」、「著之於帛」的記載。如《晏子春秋‧外篇第七‧景公稱桓公之封管仲益晏子邑辭不受》章云：「景公謂晏子曰：『昔吾先君桓公，予管仲狐與穀，其縣十七，著之于帛，申之以策，通之諸侯，以為其子孫賞邑。』」我們知道，齊景公和晏子都是公元前五世紀到六世紀的人物，而齊桓公和管仲則是春秋五霸之爭中的重要人物，文中記載齊桓公賜予管仲狐與穀的事要「著之于帛」，如果可信的話，我們就可以認為早在春秋時期就已經用帛作為書寫的材料了。《墨子‧兼愛下》云：「何知先聖六王之親行之也？子墨子曰：『吾非與之並世同時，親聞其聲，見其色也。以其所書於竹帛，鏤於金石，琢於槃盂，傳遺後世子孫者知之。』」墨子是戰國初期

的思想家，他並非與「先聖六王並世同時」，也未「親聞其聲」、親見其色，之所以能知道「先聖六王之親行」，是靠流傳下來的寫在竹簡帛書上的文字記載而得知的。《墨子‧尚賢下》也云：「古者聖王既審尚賢，欲以為政，故書之竹帛，琢之槃盂，傳以遺後世子孫。」意思是說：古代聖王打算用崇尚賢德的方法來治理政務，於是就把這種方法用竹簡帛書記載下來，傳之於後代。從以上這兩段及其它文獻記載，我們可以知道早在戰國初期，帛書已經廣泛使用。從目前考古發掘資料來看，我們還沒有發現春秋時期的帛書實物，但就眾所周知的本世紀四十年代初長沙子彈庫盜掘的楚帛書而言，似可以推斷定帛書的產生應當在春秋時期。陳松長先生在《帛書史話》中說：「1973 年湖南省博物館正式發掘清理該墓時，根據所出土的陶器形制、組合和泥金版等標尺，斷定該墓的年代在戰國中、晚期之交。據此，該墓所出土的楚帛書的年代下限也可定在戰國中、晚期。至於其成書年代，當然可以推前許多，但目前學術界尚沒有明確一致的推論。筆者認為：憑楚帛書文字的穩定構形、布局的正反成文和圖文搭配等看，楚帛書已是一種很成熟的文獻記載和書寫形式，這無異於間接說明，在楚帛書產生之前的春秋時期，一定早有帛書的存在和流傳，只是我們現在尚未發現而已。」

第二章

二十世紀主要出土簡帛資料

　　1925 年，國學大師王國維應邀在清華大學研究院作過一次著名的演講，演講的題目是〈最近二三十年中中國新發現之學問〉（見上海古籍書店出版的《王國維遺書》第五冊《靜庵文集續編》），在演講中他說，「古來新學問大都由於新發現」，「自漢以來，中國學問上之最大發現有三：一為孔子壁藏書，二為汲冢書，三則為今之殷墟甲骨文字、敦煌塞上及西域各處之漢晉木簡、敦煌千佛洞之六朝及唐人寫本書卷、內閣大庫之元明以來書籍檔冊」。二十世紀的幾大新發現，各自都導致了一種專門學科的形成，如甲骨學、簡牘學和敦煌學。

　　二十世紀出土的簡帛資料是出土文物中的一大門類，從時代上講，上至戰國，下迄魏晉。從內容上講涉及的範圍更加廣泛，在書籍類中，《漢書‧藝文志》所列之六藝、諸子、詩賦、兵書、數術、方技等無所不有；在文書類中，包括當時朝廷及地方官府的文件、簿籍、檔案等，邊塞地區所出的與屯戍、津關、驛傳等有關的材料尤有特色。除上述兩大類外，還出土了不少當時日常生活中人們使用的書札、曆譜以及有關喪葬的祭禱記錄、遺囑、遣策等，雖然這類簡帛的內容比較零散，但仍有其各自特殊的價值。

　　限於篇幅，下面僅就二十世紀出土的主要簡帛資料，按時代分述如下，並隨文介紹各出土簡帛墓葬的首見報導和有關各批簡帛的主要研究著作。

第一節　戰國楚系簡帛資料

一、楚系簡牘資料

　　迄今為止，出土的戰國楚簡約有二十批左右，其範圍涉及到今湖南、湖

北、河南等地,現僅就已公布的重要者分列如下。

子、湖南省

① 1951 年,中國科學院考古研究所湖南調查發掘團在長沙市近郊五里碑的一座戰國墓葬（406 號）中發掘出竹簡 38 枚。內容為記錄隨葬物品的遺冊。1952 年 3 卷 7 期的《科學通報》上刊登了湖南調查發掘團撰寫的〈長沙近郊古墓發掘記略〉一文,報導了該墓出土竹簡的情況。1957 年科學出版社出版的由中國科學院考古研究所編寫的《長沙發掘報告》一書中也刊登了這批竹簡的釋文和圖版。

② 1953 年 7 月,湖南省文物管理委員會在長沙市南門外仰天湖戰國楚墓中掘出竹簡 43 枚,內容為記錄隨葬物品的遺策。1953 年第 12 期《文物參考資料》上刊登了湖南省文物管理委員會撰寫的〈湖南省文管會清理長沙仰天湖木槨楚墓發現大量竹簡彩繪木俑等珍貴文物〉一文,公布了該墓出土的文物情況。此後,1954 年第 3 期《文物參考資料》又刊登了〈長沙仰天湖戰國墓發現大批竹簡及彩繪木俑雕刻花板〉、1957 年第 2 期《考古學報》也發表了由湖南省文物管理委員會撰寫的〈長沙仰天湖第 25 號木槨墓〉一文,詳細介紹了該墓出土的竹簡情況,並發表了部分簡影照片。1955 年群聯出版社出版了史樹青先生的專著《長沙仰天湖楚簡研究》、1957 年上海出版社出版了饒宗頤先生的專著《戰國楚簡箋證》,專門論述了仰天湖竹簡的內容和性質。

③ 1954 年,湖南省文物工作者在長沙市楊家灣發掘了 6 號戰國墓葬,墓中出土了戰國楚簡 72 枚。1954 年第 12 期《文物參考資料》上刊登了由湖南省文物管理委員會撰寫的〈長沙楊家灣 M006 號清理簡報〉,報導了該墓出土竹簡的情況。1957 年第 1 期《考古學報》又發表了該委員會撰寫的〈長沙出土的三座大型木槨墓〉一文,其中也刊布了楊家灣 6 號墓出土竹簡情況和部分竹簡照片。

④ 1980 年,在湖南省臨澧縣九里 1 號戰國楚墓中出土竹簡數十枚,其內容為記錄隨葬物品的遺策。該批竹簡內容目前尚未發表。1991 年文物出版社出版的《文物考古工作十年（1979－1989）》中第 211 頁報導了這一情況。

⑤ 1983 年冬,在常德市德山夕陽坡 2 號楚墓中出土竹簡 2 枚,兩枚簡的長度均在 68 釐米左右,寬 1.1 釐米。一枚有 32 字,一枚有 22 字。這兩枚簡是

迄今在湖南省境內出土的唯一保存完整的兩枚長簡，彌足珍貴。兩簡文字文義相接，是一份完整的有記年、記事內容的重要記錄。該墓的發掘簡報尚未發表，竹簡的內容最早刊布在 1987 年《求索》雜誌增刊《楚史與楚文化研究》一書中，由楊啟乾先生撰寫的〈常德市德山夕陽坡二號楚墓竹簡初探〉一文作了介紹和考釋。1998 年 10 月，湖南省博物館劉彬徽先生在四川「紀念徐中舒先生誕辰百年暨國際漢語古文字學研討會」上宣讀了〈常德夕陽坡楚簡考釋〉一文，對簡文做了進一步的研究和探討，並對楊文進行了補充和訂正。

⑥ 1987 年 5－6 月間，湖南省文物考古研究所與慈利縣文管會在慈利縣石板村發掘了一批戰國、西漢墓葬。其中 36 號墓為規模最大的一座戰國墓葬，墓中出土竹簡約 800－1000 枚左右（出土時無一整簡，經清理，共存殘簡有 4557 片），其內容為記事性古書，以記吳、越二國史事為主，如黃池之盟、吳越爭霸等，可能與《國語》、《戰國策》、《越絕書》等書的某些記載相同。目前這批簡文正在整理之中，尚未公布。關於該墓葬的時代、形制以及出土竹簡情況等，已由湖南省文物考古研究所等單位合寫成〈湖南慈利石板村 36 號戰國墓發掘簡報〉，發表在 1990 年第 9 期《文物》雜誌上。

丑、湖北省

① 1965 年冬至次年春，湖北省文化局文物工作隊在江陵望山發掘了四座戰國時期的中小型楚國貴族墓葬，除出土了著名的越王勾踐劍等銅器外，在 1 號和 2 號墓中，還出土了一批竹簡。由於這批竹簡出土時殘斷過甚，後經拼接綴連，1 號墓共存 207 枚，2 號墓共存 66 枚。1 號墓出土的竹簡內容為遣策，2 號墓出土的竹簡內容主要是墓主卜筮祭禱的記錄。這是我國首次發現的關於卜筮祭禱的簡文，對研究楚國的習俗很有參考價值。1966 年第 5 期《文物》雜誌刊登了由湖北省文化局文物工作隊撰寫的〈湖北江陵三座楚墓出土大批重要文物〉一文，詳細報導了這批竹簡的內容，同時還刊登了部分竹簡的照片和摹本。1995 年中華書局出版了由湖北省文物考古研究所和北京大學中文系合編的《望山楚簡》一書，完整地公布了這批竹簡的照片和釋文，並對簡文進行了考釋。同年，齊魯書社出版了由商承祚先生編著的《戰國楚簡匯編》一書，書中也收錄了望山出土的竹簡。

② 1973 年 7 月，江陵縣藤店公社社員在興修水利時，發現一座戰國中期

墓葬，墓中出土竹簡 24 枚，出土時竹簡殘損嚴重。1973 年第 9 期《文物》雜誌刊登了由荊州地區博物館撰寫的〈湖北江陵縣藤店 1 號墓葬發掘簡報〉，文中詳細報導了該墓出土的竹簡情況。

③ 1978 年 1－3 月，荊州地區博物館在江陵縣觀音墻公社五山大隊境內的天星觀 1 號楚墓中掘得竹簡 70 餘枚。其內容可分為「卜筮記錄」和「遣策」兩部分。1982 年第 1 期《考古學報》發表了由荊州地區博物館撰寫的〈江陵天星觀 1 號楚墓〉一文，對該墓的時代、形制以及出土的竹簡等文物作了詳細的介紹。

④ 1981 年至 1989 年底，湖北省博物館江陵工作站在江陵縣九店公社雨台大隊配合生產取土時，共發掘了東周墓葬 596 座，其中 56 號墓和 621 號墓出土有竹簡。56 號墓出土竹簡 164 枚，其內容可分為與農作物有關和《日書》兩部分，《日書》的文字有些和雲夢睡虎地秦簡《日書》文字基本相同。621 號墓出土竹簡 88 枚，其中有 54 枚文字漫漶不清，從可辨認的文字來看，當是與烹飪有關的「季子女訓」。從墓葬形制、隨葬器物的特徵來看，這兩座墓屬於戰國晚期墓葬。1984 年文物出版社出版的由楚文化研究會編的《楚文化考古大事記》中刊布了這一情況。1995 年科學出版社出版了由荊州博物館編的《江陵九店東周墓》中全面報導了該墓出土竹簡的情況。2000 年中華書局出版了由湖北省文物考古研究所和北京大學中文系合編的《九店楚簡》一書，對 1995 年科學出版社出版的《江陵九店東周墓》中的竹簡釋文、排列順序都做了一定的修訂。該書全部刊布了兩墓出土竹簡的照片、釋文，同時還對簡文作了一定的考釋和研究。

⑤ 1986 年 11 月至 1987 年 1 月，湖北省荊沙鐵路考古隊在荊門市十里舖鎮王場村的一座名叫包山大冢的土崗上發掘了九座墓葬，其中在 2 號楚墓中出土竹簡 448 枚（有字竹簡 278 枚，共有 12472 字）。竹簡的內容可分為文書、卜筮祭禱記錄、遣策三大類。文書類有四種有篇題者為《集著》、《集著言》、《受期》、《疋獄》，還有一些沒有篇題。文書類內容是若干獨立的事件或案件的記錄，都是各地官員向中央政府呈報的文件。該批竹簡出土後，最早報導這批竹簡情況的見 1998 年第 5 期《文物》雜誌上刊登的由荊沙鐵路考古隊撰寫的〈荊門市包山楚墓發掘簡報〉，同期《文物》雜誌還刊登了包山墓地竹簡整理小組撰寫的〈包山 2 號墓竹簡概述〉一文，詳細地概述了該墓出土竹簡的內容。

1991 年文物出版社又單獨出版了《包山楚簡》一書，更加詳細地介紹了包山楚簡的出土情況、竹簡形制，發表了全部竹簡的照片和釋文，並對其文字、內容進行了考釋。

⑥ 1986 年 5 月至 1987 年 6 月，湖北省荊沙鐵路考古隊在湖北江陵秦家嘴發掘了四十九座楚墓，其中在三座墓中出土了竹簡。1 號墓出土竹簡 7 枚，13 號墓出土竹簡 18 枚，內容皆為卜筮祭禱類；99 號墓出土竹簡 16 枚，內容可分為兩類，一類是卜筮祭禱之辭，一類是少量遣策。這些竹簡的出土情況，荊沙鐵路考古隊撰文《江陵秦家嘴楚墓發掘簡報》發表在 1988 年第 2 期《江漢考古》雜誌上。

⑦ 1992 年，荊州博物館考古工作隊在荊州城西江陵磚瓦廠清理了編號為 M370 號的楚墓一座，墓內出土殘簡 6 枚。簡文內容雖有殘缺，但大意基本完整，屬於司法文書類，與包山 2 號墓出土的司法文書有點相似。該批竹簡內容目前尚未正式發表，最早披露者見 1995 年湖北教育出版社出版的由滕壬生先生編撰的《楚系竹簡文字編》序言，1998 年廣西教育出版社出版的由中國社科院簡帛研究中心編輯的《簡帛研究》第三輯上刊登了陳偉撰寫的〈楚國第二批司法簡芻議〉和 2001 年廣西師範大學出版社出版的由中國社科院簡帛研究中心編輯的《簡帛研究 2001》上刊登的由滕壬生、黃錫全二位先生撰寫的〈江陵磚瓦廠 M370 楚墓竹簡〉兩文詳細介紹並考釋了這批竹簡的內容。

⑧ 1993 年 10 月，荊州市博物館在荊門市沙洋區四方鄉郭店村楚國的貴族墓地中搶救性地發掘了郭店 1 號楚墓，該墓雖經盜擾，但仍出土竹簡 800 餘枚，其中有字簡存 703 枚，且大部分完整。這批楚簡的內容包含多種古籍，其中《老子》甲、乙、丙三種抄本和佚文《太一生水》是道家學派的著作，其餘如《緇衣》、《魯穆公問子思》、《窮達以時》、《性自命出》、《成之聞之》、《尊德義》和《六德》為儒家學派的著作。這些竹簡內容出土時皆無篇題，上述篇題都是整理者根據竹簡內容擬加的。該墓竹簡的出土引起了廣大中外學者的關注，《文物》雜誌 1997 年第 7 期刊登了由荊州市博物館撰寫的〈荊州郭店 1 號楚墓〉，詳細報導了該墓的墓葬形制、時代及出土文物情況，但對簡文內容介紹較少。1998 年 5 月，文物出版社正式出版了由荊州市博物館編寫的《郭店楚墓竹簡》一書，對該墓出土的竹簡內容作了全面翔實的報導，並附有竹簡的照片、釋文以及對竹簡內容的考釋。

⑨ 1977 年，某部隊在隨縣（今隨州市）西北擂鼓墩一帶施工時發現了三座大墓，其中曾侯乙墓（即擂鼓墩 1 號墓）於 1978 年 3 月進行了發掘。該墓除出土了著名的曾侯乙編鐘外，還出土了竹簡 240 餘枚。竹簡內容記載了用於葬儀的車馬以及車上配件、武器、甲冑和駕車的馬、木俑等內容，屬於遣策類。戰國時的曾國可能即文獻記載中的隨國，據鑄鍾銘文與墓葬特點分析，年代應為公元前 433 年或稍晚，其時的曾國已是楚國的附庸，因此，曾侯乙墓出土的竹簡也屬楚簡範疇。關於該墓的情況，《文物》雜誌 1987 年第 7 期刊登了隨縣擂鼓墩 1 號墓考古發掘隊撰寫的〈湖北隨縣曾侯乙墓發掘簡報〉。此後，1989 年文物出版社又出版了由湖北省博物館編寫的《隨縣曾侯乙墓》一書，詳細介紹了該墓出土的文物及竹簡情況。

⑩ 1994 年初，上海博物館從香港文物市場購得兩批罕見的不明出土時間和地點的戰國楚簡。經清理，共有 1600 餘枚。據專家推測，這批簡當出土於湖北江陵一帶。據參與此項工作的同志介紹，這批竹簡的內容涉及有 80 多種（部）戰國古籍，有儒家、道家、兵家、雜家等著作，其中多數古籍為佚書，保留在竹簡上的主要篇名有〈易經〉、〈性情論〉、〈緇衣〉、〈子羔〉、〈孔子閒居〉、〈彭祖〉、〈樂禮〉、〈曾子〉、〈武王踐阼〉、〈賦〉、〈子路〉、〈恆先〉、〈曹沫之陳〉、〈夫子答史蕳問〉、〈四帝二王〉、〈曾子立孝〉、〈顏淵〉、〈樂書〉等。1999 年 1 月 5 日《文匯報》刊登了張立行寫的〈戰國竹簡露真容〉，首先報導了這批竹簡的情況。2001 年上海古籍出版社出版了《上海博物館藏戰國楚竹書㈠》，該書收錄了〈緇衣〉、〈性情論〉等簡的釋文和照片。2002 年世紀出版集團和上海書店出版社聯合出版了由上海大學和清華大學合編的《上博館藏戰國楚竹書研究》，收了 42 篇有關《上海博物館藏戰國楚竹書㈠》公布材料的研究文章。2002 年 12 月上海古籍出版社出版的《上海博物館藏戰國楚竹書》第二冊收錄了〈魯邦大旱〉、〈子羔〉、〈容城氏〉、〈民之父母〉、〈昔者老君〉和〈從政〉甲、乙篇的釋文和照片；2004 年 4 月出版的第三冊收錄了〈周易〉、〈恆先〉、〈中弓〉、〈彭祖〉四種書的釋文和照片，第四冊收錄了〈采風曲目〉、〈逸詩〉、〈內禮〉、〈相邦之道〉、〈昭王毀室、昭王與龔之脾〉、〈柬大王泊旱〉、〈曹沫之陳〉七種書的釋文和照片。

寅、河南省

① 1957 年 3 月，河南省文化局文物工作隊在信陽長關臺發掘了長關臺 1 號楚墓，墓中出土竹簡 148 枚。竹簡內容可分為兩組：一組共 119 枚，疑為一部竹書，寫的是一篇記載申徒狄和周公的談話短文；另一組有 29 枚，記錄了隨葬物品的名稱和數量，屬遣策類。1959 年第 9 期《文物參考資料》刊登了河南省文物工作隊寫的〈我國考古史上的空前發現——信陽長關臺發掘一座戰國大墓〉，初步介紹了該墓出土的文物和竹簡情況。1959 年河南人民出版社出版了由河南省文物工作隊編寫的〈河南信陽楚墓圖錄〉一書，書中集中刊布了該墓出土的器物和竹簡的圖片。直到 1986 年，文物出版社才出版了由中國社會科學院考古研究所編的《信陽楚墓》一書，書中完整地公布了該墓墓葬情況及所出土的文物、竹簡情況，並發表了全部竹簡的照片和釋文。

② 1994 年 5 月，河南省文物考古研究所等單位在駐馬店市新蔡縣西李橋鎮葛陵村搶救性發掘了平夜君成墓（編號為：94XGM1001）。墓中出土竹簡 1500 餘枚，其內容可分為兩類：一類是墓主人平夜君成生前的占卜祭禱記錄，與湖北包山 2 號楚墓的卜筮祭禱類竹簡內容極為相似；另一類是記錄隨葬物品的遣策。據該墓出土的文物考證，墓葬的時代應在戰國中期楚聲王之後。在戰國時期，新蔡是楚國淮河流域北部的重要城邑。2002 年第 8 期《文物》雜誌刊登了由河南省文物考古研究所等單位撰寫的〈河南新蔡平夜君成墓的發掘〉首次報導了該墓葬及出土文物、竹簡情況，並刊登了少部分竹簡的釋文和照片。2003 年，河南大象出版社出版了由河南省文物考古研究所編著的《新蔡葛陵楚墓》一書，全面報導了該墓出土的竹簡情況及竹簡照片和釋文。

二、楚系帛書資料

現存戰國時期的帛書只有 1942 年在湖南長沙東郊子彈庫戰國楚墓盜掘出土的帛書。該帛書是 1942 年 9 月左右被當時長沙一批專事盜墓的「土夫子」盜掘出土的。1973 年，湖南省博物館為了同剛剛發掘的馬王堆漢墓作比較，在當年曾參與盜墓的「土夫子」任全生等人帶領下找到他們當年盜掘楚帛書的墓地（即長沙東郊子彈庫楚墓），湖南省博物館考古部對該墓進行了一次補救性的科學發掘。據《文物》1974 年 2 期上刊出的〈長沙子彈庫戰國木槨墓〉的簡

報所知，該墓形制不大，帶斜坡墓道，葬具為一槨雙層棺，隨葬的器物包括鼎、敦、壺等陶器和竹木漆器、絲麻織品、玉璧、帛畫等。據考證，該墓葬年代當屬戰國中晚期之間。據「土夫子」任全生等人追憶，當年（1942）的楚帛書就是從這個楚墓中盜掘出來的。

帛書被盜出後，最早的收藏者是長沙東站路唐茂盛古玩店的老板唐鑒泉，後來唐氏以數千元的價格賣給了蔡季襄。1944 年，蔡季襄對帛書進行了研究，並撰寫出《晚周繒書考證》一書，同年在蘭田付印，首次對楚帛書的形制、文字和圖像進行了研究和介紹。1946 年，蔡季襄在上海經傅佩鶴牽線認識了曾在長沙雅禮中學教過書的美國人柯強。據湖南省博物館保存的事後蔡季襄所寫的自供狀中說：「傅佩鶴一清早就來了，我便攜帶了繒書和一個裝繒書的破爛竹子織的匣子，匣子裡面還有一些零星繒書殘片，和傅佩鶴一同帶到了柯強的公寓。柯強見了非常高興。」在柯強的寓所裡，柯氏介紹說美國有紅外線照相機，可以顯示繒書上不清楚的文字，提高和增加繒書的價值。這樣，在傅佩鶴的慫恿下，在柯強的一再要求下，蔡氏既為了脫手賣個好價錢，又為了多解決一些文字的釋讀問題，答應將帛書借給柯強研究照相，結果卻被柯氏連哄帶騙地將帛書轉手帶到了美國。

帛書流失到美國以後曾幾度易手，據現存美國賽克勒美術館檔案中柯強與紐約大都會博物館遠東部主任普利斯特的通信以及柯強從大都會博物館提取楚帛書的文件複本所知，從 1949 年至 1964 年，楚帛書以供檢驗為名寄存在紐約大都會博物館。1964 年，柯強從大都會博物館取出帛書，轉售於紐約古董商戴潤齋。1966 年，戴氏將從柯氏手中購得的文物轉售給美國古董收藏家賽克勒醫生。賽克勒雖然購得了楚帛書，但從 1966 年至 1987 年這二十幾年裡，楚帛書仍寄存在紐約大都會博物館。直到 1987 年華盛頓賽克勒美術館建成以後，楚帛書才連同賽氏所收藏的亞洲文物一起移存該館，保存至今。而由柯強原存放於華盛頓一家倉庫的其它帛書殘片和竹笈也隨後由柯氏一併售給了賽克勒美術館。

六十多年前在長沙子彈庫出土的帛書中，那幅最完整、最著名的，也就是上面繪有四時十二月之神的帛書的發現與流傳經過大致如上所述。

但據蔡季襄《晚周繒書考證》和商承祚先生在 1964 年第 9 期《文物》雜誌上發表的〈戰國楚帛書述略〉一文中還提到與上述「完整帛書」同墓出土的

一件竹笈和笈中所存的其它帛書殘片，可見子彈庫出土的帛書也像馬王堆漢墓出土的帛書一樣，實際上是一批，而不是一件。1990 年李零先生應邀赴美參加了由賽克勒美術館舉辦的東周楚文化討論會，其間李先生對「楚帛書」進行了專門的調查，並撰寫了〈楚帛書的再認識〉一文（發表在《中國文化》1994 年第 10 期，1998 年收入廣西師大出版社出版的《李零自選集》內），文中他稱：「這次我來美國的另一收穫是找到了子彈庫帛書的『群』。現在我們知道，除去年商志䩞公布的商承祚收藏的 13 片殘帛（宇騫案：商文見《文物》1992 年第 11 期，題為〈記商承祚教授藏長沙子彈庫楚國殘帛書〉），其它帛書和書笈其實是與通常所說的楚帛書一起由柯強帶入美國。子彈庫帛書的『群』，其主體和絕大部分現在都在賽克勒美術館。」

子彈庫帛書「群」，除了通常所說的那件上面繪有四時十二月之神和青、赤、白、黑四木的楚帛書外，其它帛書的揭開和整理工作仍在進行中，據李零先生目驗，藏在美國賽克勒美術館的這個帛書「群」中還應包括用墨和朱砂兩種顏料書寫的若干不同種類的帛書或帛書殘片，可辨別者已有：

⑴朱書殘帛。字體較大，有些殘片可見朱欄。

⑵朱欄墨書殘帛。字體很小，其中提到按五行之位、居水如何、居土如何，以及各月的改火之木和服色等等，與月令相似。附圖，畫有大小兩個圓圈，圓線是用內紅外黑兩色畫成，各沿圈內一周標注楚十二月之名（此類或與國內商承祚先生所藏朱欄墨書的一種有關）。

⑶墨書殘帛。字體較大，天欄線，其中提到各種方向和「生氣」、「死氣」等詞，並有一種用紅線畫成的折角，折角內書「丙」、「壬」等日干。

⑷墨欄墨書殘帛。只見個別殘片，字體較小（此類或與國內商承祚先生所藏墨欄墨書的一種有關）。

以上介紹的是目前收藏於美國賽克勒美術館的帛書的情況。

與美國賽克勒美術館所藏帛書同出一墓者國內也有若干帛書殘片。早在 1964 年商承祚先生在《文物》雜誌第 9 期上發表的〈戰國楚帛書述略〉一文中已有介紹和部分圖版，商承祚先生去世後，其子商志䩞先生於 1992 年在《文物》雜誌第 9 期上發表了〈記商承祚教授藏長沙子彈庫楚國殘帛書〉一文，並隨文發表了這些殘片的圖版。其中最大的一片，最長處為 4.6 釐米，最寬處為 2.7 釐米，上有墨書 3 行 14 字，用朱絲欄為界；另有烏絲欄殘帛 6 片，亦有墨

書文字。據考證，這些殘片所存文字大都是「占辭術語」，屬術數類的內容。而根據帛書殘片有朱絲欄和烏絲欄的區別特徵分析，這些殘帛應該至少分屬兩件帛書。

關於商承祚先生所藏殘帛的由來，陳松長先生在其《帛書史話‧帛書的發現、流傳經過》（中國大百科全書出版社，2000 年）中有這樣一段描述：「據說商先生的帛書殘片得自長沙的徐楨立，而徐氏又得自唐鑒泉（一說得自蔡季襄），也許是 1943 年唐氏將完整的帛書和竹笈及竹笈內的帛書殘片賣給蔡季襄時，留下了這一塊殘片，然後轉手徐楨立，待商先生到長沙時，再轉賣給他的。據商先生 1964 年在《文物》第 9 期上發表的《戰國楚帛書述略》所知，這些帛書殘片亦可能購自當年的長沙唐茂盛古玩店的老板唐鑒泉。」

1991 年商承祚先生去世，1996 年其子商志醰先生代表商承祚先生及其家屬將其收藏的那塊帛書殘片捐贈給湖南省博物館收藏，我當時也應邀參加了楚帛書殘片的捐贈儀式。這塊帛書殘片乃是目前所知保存於國內的唯一的一塊楚帛書殘片。

第二節　秦代簡牘資料

二十世紀六十年代以前我們看到的秦系文字（包括戰國時期的秦國乃至統一後的秦王朝）是非常有限的一些青銅文字、石刻文字、陶泥文字、璽印文字等，簡牘文字在六十年代以前幾乎沒有發現過。直到二十世紀七十年代的 1975 年底才在湖北省雲夢縣睡虎地 11 號秦墓中發現了秦代竹簡，這是歷史上第一次發現的秦代簡書。此後又在四川、甘肅、湖北、湖南的一些地方陸續發現了幾批秦國簡牘。

子、湖北省

① 1975 年 12 月，湖北省博物館等單位在雲夢縣睡虎地發掘了十二座戰國末至秦代的墓葬，其中在 11 號秦墓中出土了大量的秦代竹簡，無量從竹簡的數量，還是從竹簡的內容來看，都是二十世紀七十年代我國文物考古的重大收獲。從出土的簡文中得知，墓主人是一個名叫喜的秦始皇時期的一個獄吏，他卒於始皇三十年（公元前 217 年）。竹簡原來成卷地隨葬在棺內，保存較好，

字跡清晰。經過整理和拼復後，總計有 1155 枚（含殘片 80 枚），其內容為記、律、日書等。計有如下十種：

《編年記》
《語書》
《秦律十八種》
《效律》
《秦律雜抄》
《法律問答》
《封診式》
《為吏之道》
《日書》甲種
《日書》乙種

其中《語書》、《效律》、《封診式》、《日書》乙種四種書簡上原有書題，其它幾種書題則是由整理小組擬定的。

這批竹簡出土後，1976 年第 5 期《文物》雜誌發表了季勛寫的〈雲夢睡虎地秦簡概述〉一文，對該墓出土的竹簡內容進行了全面的報導和概述。1976 年第 6 期《文物》雜誌刊登了〈湖北雲夢睡虎地 11 號秦墓發掘簡報〉，同期《文物》還刊登了由雲夢秦簡整理小組整理的〈雲夢秦簡釋文㈠〉，其中包括《南郡守騰文書》（後來正式出版時改稱為《語書》）、《大事記》、《為吏之道》；1976 年第 7 期《文物》雜誌刊登了〈雲夢秦簡釋文㈡〉，其中包括《秦律十八種》和《秦律雜抄》；同年第 8 期《文物》刊登了〈雲夢秦簡釋文㈢〉，其中包括《秦律問答》和《封診式》。1977 年，文物出版社出版了由睡虎地秦簡整理小組編寫的八開線裝本《睡虎地秦墓竹簡》一書，該書中除《日書》甲、乙兩種未收外，其餘的竹簡內容都予以公布，並對簡文進行了簡注，書中附有竹簡圖版。1978 年，文物出版社又出版了整理組編寫的平裝 32 開本《睡虎地秦墓竹簡》一書，該書同樣未收《日書》甲、乙兩種簡文，也沒有竹簡的圖版照片，只對簡文進行了簡注和語釋。1981 年，文物出版社出版了由雲夢睡虎地秦墓編寫組撰寫的《雲夢睡虎地秦墓》一書，全面詳細地介紹了睡虎地 11 號秦

墓的墓葬時代、形制、出土文物等情況，並發表了有關的文物照片。1990 年，文物出版社又出版了由睡虎地秦簡整理小組編寫的八開精裝本《睡虎地秦墓竹簡》，書中全部收錄了睡虎地 11 號秦墓出土的十種竹書，並附有圖版、釋文、注釋。竹簡的圖版照片按原大影印。書中除《編年記》、《為吏之道》、《日書》甲、乙種外，其餘都加了白話語譯。

② 1989 年 10 月，湖北省文物考古研究所等單位在雲夢縣城郊龍崗共同發掘了九座秦漢墓葬，其中 6 號墓出土了木牘 1 枚、竹簡 303 枚（含 10 枚殘片）。經考證，6 號墓葬的時代約當秦朝末年。木牘的內容是一件與墓主有關的涉及法律內容的文書；竹簡的內容是圍繞禁苑事務的法律文書的摘抄或匯輯。1990 年，湖北省文物考古所等單位於《江漢考古》第 3 期刊布了這批墓葬的發掘簡報，並介紹了這批簡牘的內容。繼而又在 1994 年出版的《考古學集刊》第 8 輯上發表了龍崗簡牘的全部資料。1993 年法律出版社出版的《簡帛研究》第 1 輯中刊登了梁柱、劉信芳合寫的〈雲夢龍崗秦代簡牘述略〉一文，詳細介紹了該墓出土簡牘的內容和價值。1998 年，科學出版社出版了由梁柱、劉信芳編著的《雲夢龍崗秦簡》一書，書中全部發表了該墓出土的簡牘照片及釋文，並對簡文進行了考釋。2001 年 8 月，中華書局又出版了由中國文物研究所和湖北省文物考古研究所共同編寫的再整理本《龍崗秦簡》一書，該書對上述梁、劉整理本中有些內容的理解和分類等提出了一些不同的看法，同時也解決了不少疑難字詞的釋讀問題。

③ 1986 年 9—10 月，江陵縣文物局和荊州地區博物館在江陵岳山崗搶救性發掘了四十六座古墓，其中有十座為秦代墓葬，在編號為 36 號的秦墓中出土木牘 2 枚，內容為日書。2000 年第 4 期《考古學報》發表了由江陵縣文物局和荊州地區博物館合寫的〈江陵岳山秦漢墓〉一文，介紹了該墓出土的木牘情況。

④ 1991 年 12 月，湖北省荊州地區博物館在江陵縣荊州鎮楊家山發掘了135 號秦墓，該墓出土竹簡 75 枚，其內容為記載墓中隨葬物的遣策。1993 年《文物》雜誌第 8 期刊登的由荊州地區博物館撰寫的〈江陵楊家山 135 號秦墓發掘簡報〉和 1992 年第 3 期《江漢考古》刊登的由張緒球撰寫的〈宜黃公路仙江段考古工作取得重大收獲〉兩文詳細介紹了該墓出土的竹簡情況。

⑤ 1993 年 3 月，荊州地區博物館在江陵縣荊州鎮郢北村王家臺發掘了十

六座秦漢墓葬，其中王家臺 15 號秦墓出土了 800 餘枚秦代竹簡。其主要內容為《效律》、《日書》、《易占》。這批竹簡的內容十分豐富，其中有些內容是首次發現，對研究秦代的法律、術數、易學有著十分重要的價值。竹簡內容目前尚未公布。1995 年《文物》雜誌第 1 期刊登了由荊州地區博物館撰寫的〈江陵王家臺 15 號秦墓〉一文，簡要報導了該墓出土的文物及簡牘情況，並發表了少量竹簡內容和照片。

⑥ 1993 年 6 月，荊州市周梁玉橋遺址博物館（原湖北省沙市博物館）在沙市周家臺發掘了 30 號秦墓，共出土竹簡 381 枚、木牘 1 枚。按其內容可分為三組：第一組有竹簡 130 枚和木牘 1 枚，竹簡內容有秦始皇三十四年的全年日干支和秦始皇三十六年、三十七年月朔日干支月大小等；木牘的內容為秦二世元年月朔日干支及月大小、該年十二月日干支等，整理組擬定篇題為《曆譜》。第二組有竹簡 178 枚，其內容有「二十八宿」占、「五時段」占、「戎磿日」占及「五行」占等，整理組擬定篇題為《日書》。第三組有竹簡 73 枚，其內容有醫藥病方、祝由術、擇吉避凶占卜、農事等，整理組擬定篇題為《病方及其它》。該墓出土的秦簡，1999 年《文物》雜誌第 6 期刊登由湖北省荊州市周梁玉橋遺址博物館撰寫的〈關沮秦漢墓清理簡報〉，報導了周家臺 30 號秦墓的墓葬和竹簡出土的情況，同期《文物》還刊登了由彭錦華撰寫的〈周家臺 30 號秦墓竹簡「秦始皇三十四年曆譜」釋文與考釋〉。2001 年，中華書局出版了由荊州市周梁玉橋遺址博物館編寫的《關沮秦漢墓簡牘》一書，書中全部刊載了周家臺 30 號秦墓出土竹簡、木牘的圖版、釋文和考釋。

丑、四川省

1979 年至 1980 年間，四川省博物館和青川縣文化館在四川省青川縣郝家坪發掘了戰國晚期 50 號秦國墓葬，出土了兩塊木牘。一塊出土時字跡殘損，無法辨認。另一塊文字清晰可辨，其正面內容為秦王頒布的《更修田律》，背面記不除道日干支，總共 121 字。1982 年第 1 期《文物》雜誌刊登了由四川省博物館和青川文化館合寫的〈青川縣出土秦更修田律木牘——四川省青川縣戰國墓發掘簡報〉，公布了這一材料。同期《文物》雜誌還刊登了于豪亮先生寫的〈釋青川秦墓木牘〉和李昭和寫的〈青川出土木牘文字簡考〉兩文，對木牘的內容進行了研究和探討。

寅、甘肅省

1986 年 6 月，甘肅省文物考古研究所在天水市北道區黨川鄉放馬灘 1 號秦墓中發掘出秦代竹簡 460 多枚。其主要內容為《日書》甲種、《日書》乙種和《墓主記》。其中《日書》是繼湖北雲夢睡虎地秦墓出土《日書》後的第二種秦代《日書》，一種出自南方，一種出自北方，又屬同一時代，二者可進行比較研究，很有學術價值。《墓主記》的內容是為一個名叫丹的人因傷人而被棄於市，後又死而復活，同時還追述了丹過去的簡歷和不死的原因。1989 年第 2 期《文物》雜誌刊登了由甘肅省文物考古研究所等單位撰寫的〈甘肅天水放馬灘戰國秦漢墓群的發掘〉和何雙全撰寫的〈天水放馬灘秦簡綜述〉兩文，全面介紹了放馬灘出土簡文的內容和情況。1989 年甘肅人民出版社出版的《秦漢簡牘論文集》中刊登了該墓出土《日書》甲種的釋文和由何雙全撰寫的〈天水放馬灘秦簡甲種《日書》考述〉，《日書》乙種和《墓主記》目前尚未公布。

卯、湖南省

2002 年 4 月，湖南省文物考古研究所等單位在湘西土家族苗族自治州龍山縣里耶鎮發掘了戰國——秦代古城 1 號井，井中出土了少量戰國楚簡和大量秦代簡牘，共計 36000 餘枚。其中秦代簡牘屬於秦時縣一級政府的文書檔案，內容包括政令、各級政府之間的往來公文、司法文書、吏員簿、物資（含罰沒財產）登記和轉運、里程書。涉及秦的內史、南郡、巴郡、洞庭郡、蒼梧郡等。其中洞庭郡等資料從未見諸文獻記載，可補史籍之缺。該批簡牘的出土為研究秦時的地理、曆法，以及探討其興起、強大進而統一全國的緣由等，提供了非常珍貴的第一手實物資料，它極大地豐富了我們對秦代政治、經濟制度的認識。該批簡牘出土後，首次報導見於 2003 年《文物》雜誌第 1 期，該期刊登了由湖南省文物考古研究所等單位撰寫的〈湖南龍山里耶戰國——秦代古城 1 號井發掘簡報〉，詳細介紹了該井和簡牘的出土情況。

第三節　漢代簡帛資料

一、漢代簡牘資料

漢代（包括西漢、東漢及王莽期間）是我國歷史上政治、經濟、文化的發

展時期，這一階段也是簡帛使用最廣泛的時期。從出土的漢代簡帛來看，其分布區域之廣、出土數量之多、簡帛內容之豐富都是其它時代所不可比擬的。它的出土範圍分布在現在的甘肅、新疆、湖南、湖北、安徽、江蘇、山東、河北、廣西、青海、陝西、貴州、河南、北京等省市自治區，簡帛內容包括《漢書・藝文志》著錄的六藝、小學、諸子、詩賦、兵書、術數、方技等，以及各類文書和曆譜、遣策等。現將出土數量較多或簡帛內容重要者分省略述如下。

子、甘肅省

(一)敦煌漢簡

① 1907 年 2 月，英籍匈牙利人斯坦因在敦煌以北的疏勒河流域漢代烽燧遺址中掘得 708 枚漢文木簡。其中有記年簡 166 枚，最早的為西漢武帝天漢三年（前 98 年），最晚的是東漢順帝永和二年（137 年）。其內容多為邊塞文書，見牛津出版的斯坦因《塞林提亞中亞與中國西域考古記》、沙畹《斯坦因在東土耳其斯坦考察所獲漢文文書》和日本東山學社出版的羅振玉、王國維《流沙墜簡》。

② 1913 年至 1915 年 4 月間，斯坦因第三次對中亞探險，在敦煌邊塞烽燧遺址中掘得 84 枚，就其出土地址，大部分屬於漢代敦煌郡玉門都尉和中部都尉；又在安西、酒泉兩縣境內採得 105 枚，其出土地點大部分屬於漢代酒泉郡西部都尉和北部都尉。這些簡牘，習慣上一般稱為「敦煌漢簡」。見斯坦因著《亞洲腹地中亞甘肅和伊朗東部考古記》和 1953 年由英國之印度部和大英博物館聯合刊印的馬伯樂著《斯坦因第三次中亞考察所獲漢文文書》、1931 年上海有正書局出版的張鳳所著《漢晉西陲木簡》、1991 年中華書局出版的《敦煌漢簡》和甘肅人民出版社出版的吳礽驤所著《敦煌漢簡釋文》。

③ 1920 年，周炳南在小方盤古城附近掘得 17 枚漢簡。周氏自云：「1920年春軍次旅行時掘得於敦煌西北古玉門關城外之沙灘中。」但未說明其具體地點與方位。原簡現藏敦煌研究院。

④ 1944 年，前西北科學考察團歷史考古組在敦煌西北的小方盤城遺址附近掘得 49 枚，原簡現藏臺北圖書館。簡影和釋文見夏鼐所著〈新獲之敦煌漢簡〉（見 1948 年《語言歷史研究所集刊》第十九本上，後又收入 1961 年科學

出版社出版的夏鼐《考古學論文集》和中華書局出版的《敦煌漢簡》,漢簡出土情況見閻文儒所著《河西考古雜誌》。

⑤ 1977 年 8 月,嘉峪關市文物保管所在玉門花海農場附近的漢代烽燧遺址中採得簡牘 91 枚。這批漢簡是屬於漢代酒泉郡屬北部都尉的文書檔案。原簡現藏嘉峪關市長城博物館。簡影和釋文見 1984 年甘肅人民出版社出版的《漢簡研究文集》中〈玉門花海漢代烽燧遺址出土的簡牘〉一文和 1991 年中華書局出版的《敦煌漢簡》。

⑥ 1979 年 9 月,甘肅省文物工作隊(現文物考古研究所)和敦煌市博物館在敦煌西北小方盤城以西 11 公里的馬圈灣掘得 1217 枚簡牘。這是 1949 年以後在敦煌地區對漢代烽燧遺址的第一次科學發掘。原簡現藏甘肅省考古研究所。簡影和釋文見 1991 年中華書局出版的《敦煌漢簡》和甘肅人民出版社出版的《敦煌漢簡釋文》。

⑦ 1981 年,敦煌市博物館在酥油土漢代烽燧遺址中採得簡牘 76 枚。原簡現藏敦煌市博物館。簡影和釋文見 1991 年中華書局出版的《敦煌漢簡》和甘肅人民出版社出版的《敦煌漢簡釋文》。

⑧ 1986 年至 1988 年間,敦煌市博物館在全市文物普查過程中,陸續採得漢簡 137 枚。具體出土地點為:後坑墩 17 枚,馬圈灣墩 4 枚,小方城盤 2 枚,臭墩子 2 枚,小方盤城南第一烽燧 5 枚,小方盤城南第二烽燧 12 枚,鹽池灣墩 11 枚,小月牙湖東墩 19 枚,漢代效谷縣「懸泉」遺址 64 枚,大坡墩 1 枚。原簡現藏敦煌市博物館。簡影和釋文見 1991 年中華書局出版的《敦煌漢簡》。

⑨ 1990 年至 1992 年間,甘肅省文物考古研究所在敦煌懸泉置遺址發掘出土 3.5 萬枚簡牘。其中有字者有 2.3 萬枚。其內容涉及漢代中央到地方以及郵置系統的各種官文書、律令、爰書、簿籍、郵書、符、傳、過所、記、奏、檄、致、信札、日書、曆譜、醫方、相馬經、佚書等。原簡現藏甘肅省文物考古研究所。目前這批簡牘的釋文已整理完畢,不久即可公開出版。此前,發掘簡報、概述及部分釋文發表在《文物》雜誌 2000 年第 4 期上。

(二)居延漢簡

① 1930 至 1931 年間,西北考察團在漢代居延舊地掘得 11000 枚簡牘,出

土地點在漢代張掖郡居延縣，因此這批簡牘就定名為「居延漢簡」。這批簡牘第一次出版的整理本是 1943 年由勞榦先生依據自己保存的簡牘照片整理的、在四川南溪縣李莊手寫、石印的四卷四冊線裝本《居延漢簡考釋‧釋文之部》，次年又出版了《居延漢簡考釋‧考證之部》。1957 年臺灣出版了《居延漢簡‧圖版之部》，1986 年臺灣又出版了《居延漢簡‧考釋之部》，1981 年臺灣簡牘學會出版了《居延漢簡新編》，以上這些整理本的內容只是勞榦先生手頭所存部分。另一部是 1959 年在北京由中國科學院考古研究所所編、由科學出版社出版的《居延漢簡甲編》，該書只包括當時留在大陸的 2555 枚簡牘的照片、釋文和索引。這批簡牘比較完整資料的刊布是 1980 年由中國社會科學院考古研究所編的、中華書局出版的《居延漢簡》甲、乙編。該書分上、下兩冊，上冊為甲乙兩編的圖版，下冊為圖版影本的釋文、附錄和附表。由於上述各版本的釋文多有錯誤，1987 年文物出版社又出版了由謝桂華、李均明、朱國炤合編的《居延漢簡釋文合校》，對前出各版本的釋文多有改正。

②1972 年至 1974 年間，由甘肅省文化廳文物處、甘肅省博物館文物隊、酒泉地區及駐軍等單位組成的居延考古隊，對額濟納河流域的居延漢代遺址甲渠候官（今稱破城子）、甲渠塞第四隧和肩水金關進行了初步發掘，總掘面積為 4500 平方米，共出土漢代簡牘 19700 枚。這次新出土的居延簡就其數量和內容而言，都遠遠超過了以往多次在居延地區出土的漢簡。原簡現藏甘肅省博物館。1990 年文物出版社出版了由甘肅省文物考古研究所、甘肅省博物館、國家文物局文獻研究室、中國社會科學院歷史研究所合編的 32K 平裝本《居延新簡》一書中只刊布了甲渠候官和甲渠塞第四隧出土簡牘的釋文，沒有圖版照片。1994 年中華書局出版了仍由上述四個單位合編的八開特精裝《居延新簡——甲渠候官、甲渠塞第四隧》一書，該書全部收錄了 1972—1982 十年間於甲渠候官、甲渠塞第四隧和三十井塞次東隧等遺址調查採集、發掘、複查新獲簡牘的全部簡影、釋文。肩水金關遺址所出 1200 餘枚簡牘也已整理完畢，不久即將出版。

(三)武威漢簡

①1959 年 7 月，甘肅省博物館在河西走廊東部武威市新華鄉磨嘴子發掘了 6 號漢墓，該墓共出土竹木簡 600 餘枚，其中完整的有 385 枚，殘簡約 255

枚。該批簡的內容是《儀禮》的部分篇章。簡影和釋文見 1964 年北京文物出版社出版的《武威漢簡》一書。

② 1959 年秋，甘肅省博物館在發掘了磨嘴子 6 號漢墓後，又繼續發掘了磨嘴子 18 號漢墓。該墓出土了木簡 10 枚，其內容為西漢宣帝、成帝時關於「年始七十者授之以王杖」的兩份詔令，學術界一般稱之為「王杖十簡」。簡影與釋文見 1964 年文物出版社出版的《武威漢簡》。

③ 1972 年 11 月，甘肅省武威市柏松公社下五畦大隊在旱灘坡興修水利時發現了一座東漢墓葬，墓中出土了木簡 78 枚、木牘 14 枚。這些簡牘的內容全是醫方類，涉及內科、外科、婦科、五官科、針灸科等。簡影、摹本和釋文見 1975 年文物出版社出版的《武威漢代醫簡》一書。

④ 1981 年 9 月，武威縣文物管理委員會在保護調查重點文物時，新華鄉纏山大隊社員袁德禮交出一份近年在磨嘴子漢墓出土的《王杖詔書令》木簡 26 枚，這是繼 1959 年出土《王杖十簡》後又一次重要發現。該《詔書令》的圖版、釋文詳見 1984 年甘肅人民出版社出版的《漢簡研究文集》中〈武威新出土王杖詔令冊〉一文。

⑤ 1989 年 8 月，武威地區文物普查隊在武威柏樹鄉下五畦大隊的旱灘坡漢墓發掘出土殘簡 17 枚。據簡文所見「建武十九年」年號，可斷定這些殘簡屬於東漢時遺物。這些殘簡的內容皆為當時實用律令條文。1993 年第 10 期《文物》雜誌刊登了由武威地區博物館撰寫的〈甘肅武威旱灘坡東漢墓〉發掘簡報及李均明、劉軍撰寫的〈武威旱灘坡出土漢簡考述〉一文對該批簡進行了報導和考釋。

(四)甘谷漢簡

1971 年 12 月，甘肅省博物館等單位在天水市甘谷縣渭陽人民公社十字道生產大隊村北劉家山坪發掘了一座東漢墓葬，出土木簡 23 枚。其內容為東漢桓帝延熹元年、二年宗正府卿劉柜關於宗室事務上書給皇帝的奏章，經批准後轉發給各州郡的官方文書。1984 年甘肅人民出版社出版的《漢簡研究文集》中有張學正撰寫的〈甘谷漢簡考釋〉做了詳細報導和研究。

在今甘肅省境內出土的漢簡，除上述主要者外，還有一些，讀者欲詳細了

解，請參閱拙著《本世紀以來出土簡帛概述》（臺灣萬卷樓圖書公司 1999 年出版）及李永良〈河西漢簡的考古與發掘〉（見 1997 年甘肅人民出版社出版的《簡牘學研究》第一輯）。

丑、湖南省

① 1972 年，湖南省文物考古工作者在長沙發掘了馬王堆 1 號漢墓，該墓出土了竹簡 312 枚，木楬 49 枚。竹簡文字的內容是記載隨葬器物的遣策。簡影、釋文及考釋見 1973 年文物出版社出版的由湖南省博物館、中國科學院考古研究所合寫的《長沙馬王堆 1 號漢墓》一書。

② 1973 年底至 1974 年初，湖南省博物館在長沙市馬王堆發掘了 2 號和 3 號兩座漢墓。其中 3 號漢墓出土了竹木簡 600 多枚，除 220 枚為古代醫書外，其餘皆為記錄隨葬器物的遣策。其圖版、釋文及考釋見 1985 年北京文物出版社出版的《馬王堆漢墓帛書》（肆）。

③ 1999 年 6 月至 8 月，湖南省考古研究所在沅陵縣城關鎮西發掘了虎溪山 1 號漢墓，墓中出土殘簡 1336 枚，現存簡頭 600 多枚，估計原有完整簡約 800 枚左右。據發掘簡報稱，該墓墓主人為吳陽，是西漢長沙王吳臣之子，為第一代沅陵封侯，高后元年（前 187）受封，死於文帝后元二年（前 162）。竹簡的整理目前尚未結束，據簡報稱，其內容可分為黃籍、日書、美食方三大類。2003 年第 1 期《文物》雜誌刊登了由湖南省文物考古研究所等單位寫的〈沅陵虎溪山 1 號漢墓發掘簡報〉，介紹了出土竹簡的情況。

寅、湖北省

㈠江陵地區

① 1973 年 9 月，長江流域第二期文物考古工作者在江陵紀南城鳳凰山發掘了 8、9、10 號三座漢墓，共出土竹簡 428 枚，木牘 9 枚。其中 8 號墓出土竹簡 176 枚、9 號墓出土竹簡 80 枚，內容皆為記錄隨葬器物的遣策。10 號墓出土竹簡 172 枚、木牘 6 枚；竹簡內容大致可分為二類，一類是田租帳目，另一類是商業帳目；木牘的內容是鄉里行政機構算賦、田租、貸種、契約等文書。1976 年第 6 期《文物》雜誌上刊登了考古訓練班撰寫的〈湖北江陵鳳凰山

西漢墓發掘簡報〉、黃盛璋撰寫的〈江陵鳳凰山漢墓簡牘及其歷史地理研究上的價值〉以及弘一撰寫的〈江陵鳳凰山 10 號漢墓簡牘初探〉對這三座漢墓出土的簡牘內容進行了詳細的考證和論述。

　　② 1975 年 11 月，吉林大學歷史系考古專業師生與當地文物工作者在江陵鳳凰山發掘了 167 號漢墓，墓中出土木簡 74 枚，其內容為記錄隨葬器物的遣策。1976 年第 10 期《文物》雜誌發表了發掘組撰寫的〈江陵鳳凰山 167 號漢墓發掘簡報〉及〈鳳凰山 167 號漢墓遣策考釋〉二文，對木簡內容做了詳細的報導和考釋。

　　③ 1975 年 3 月，江陵紀南城文物保護與發掘小組在鳳凰山發掘了 168 號漢墓，墓中出土了竹牘 1 枚、竹簡 66 枚、衡杆 1 件。竹牘內容為告地下書；竹簡內容為記錄隨葬器物的遣策；衡杆文字為一條有關衡的律令。1975 年第 9 期《文物》雜誌刊登了發掘組撰寫的〈湖北江陵鳳凰山 168 號漢墓發掘簡報〉及專家座談紀要。1980 年第 4 期《社會科學戰線》刊登了駢宇騫撰寫的〈江陵鳳凰山 168 號漢墓天平衡杆文字釋讀〉。

　　④ 1983 年 12 月至 1984 年 1 月，荊州地區博物館在江陵縣城東南 1.5 公里的張家山發掘了 247、249、258 號三座漢墓，共出土竹簡 1600 多枚。其中 247 號漢墓出土 1236 枚，內容為二年律令、奏讞書、脈書、算術書、蓋廬、引書、曆譜、遣策等。249 號墓竹簡內容為日書，258 號墓竹簡內容為曆譜。1985 年第 1 期《文物》雜誌刊登了荊州博物館撰寫的〈江陵張家山三座漢墓出土大批竹簡〉和竹簡整理小組撰寫的〈江陵張家山漢簡概述〉詳細介紹了三墓出土的竹簡情況。2001 年 11 月文物出版社出版了《張家山漢墓竹簡》，書中刊登了 247 號墓出土的全部竹簡的圖版、釋文和注釋。

　　⑤ 1990 年，荊州地區博物館在宜（昌）黃（石）公路江陵段的高臺發掘了三十多座秦漢墓葬，其中 4、5、18 號墓出土了一批竹簡和木牘。4、5 號墓出土文物尚未公布。18 號墓出土木牘 4 塊，其內容為告地書、遣策等。1993 年第 8 期《文物》雜誌刊登了荊州博物館撰寫的〈江陵高臺 18 號墓發掘簡報〉，詳細介紹了木牘的內容。

(二)其它地區

2000 年 3 月，湖北省文物考古研究所在隨州市北郊孔家坡 8 號漢墓發掘出

785 枚竹簡，其中有 703 枚左右為日書、數術類，74 枚為曆譜。2000 年第 6 期
《古代文明通訊》上刊登了張昌平撰寫的〈隨州孔家坡墓地出土簡牘概述〉介
紹了該墓出土簡牘的情況。

除上述孔家坡外，在湖北省江陵地區以外出土漢代簡牘的還有 1973 年在
光化縣五座頭漢墓、1992 年在沙市蕭家場 26 號漢墓出土的遣策等。

卯、江蘇省

① 1978 年，在連雲港花果山下的雲臺磚廠取土時發現一座西漢晚期墓
葬，墓中出土了 13 枚竹木牘。據簡報報導，竹木牘的內容涉及有關刑事案件
及曆日干支。1990 年文物出版社出版的由李均明、何雙全合編的《散見簡牘合
輯》一書中收錄了該墓出土的竹木牘內容。

② 1980 年，揚州市博物館和邗江縣圖書館在邗江縣胡場發掘了 5 號西漢
墓葬，墓中出土了木牘 13 枚。其內容有神靈名、記事日記、廣陵宮司空告土
主文書及隨葬器物志等。1981 年第 11 期《文物》雜誌刊登了揚州市博物館等
單位撰寫的〈江蘇邗江胡場 5 號漢墓〉一文，詳細介紹了該墓出土的木牘情
況。

③ 1984 年，揚州市博物館在儀徵縣胥浦發掘了 101 號西漢墓葬，墓中出
土竹簡 17 枚。其內容為墓主臨終前立下的遺囑和記衣物帳。1987 年第 1 期
《文物》雜誌刊登了揚州博物館撰寫的〈江蘇儀徵胥浦 101 號西漢墓〉和陳
平、王勤全撰寫的〈儀徵胥浦 101 號西漢墓《先令券書》初考〉對該墓出土的
竹簡內容進行了介紹和研究。

④ 1993 年 2 月，連雲港市、縣博物館在東海縣溫泉鎮尹灣村查明漢墓群
十一座墓葬，對其中六座進行了搶救性的發掘。其中 M2 出土木牘 1 枚，內容
為衣物疏；M6 出土了木牘 23 枚、竹簡 133 枚。木牘的內容是《集簿》、《東海
郡吏員簿》、《東海郡下轄長吏名籍》、《東海郡下轄長吏不在署、未到官者名
籍》、《東海郡屬吏設置簿》、《武庫永始四年兵車器集簿》、《贈錢名籍》、《神龜
占》、《六甲占雨》、《博局占》、《元延元年曆譜》、《元延三年五月曆譜》、《君兄
衣物疏》、《名謁》；竹簡的內容是《元延二年日記》、《刑德行時》、《行道吉
凶》、《神烏傅（賦）》。1997 年中華書局出版了由連雲港市博物館等單位合編的
《尹灣漢墓簡牘》一書，全部介紹了該兩墓出土簡牘的釋文和圖版。

辰、山東省

1972 年 4 月,山東省博物館和臨沂文物組在臨沂銀雀山發掘了 1 號和 2 號兩座漢墓。1 號漢墓山土了大量竹簡和 5 枚木牘。竹簡出土時嚴重殘損,共有 4942 枚;其內容大致可以分為現今還有傳世本的書籍和古佚書兩大類。現有傳本的書籍包括《孫子兵法》13 篇、《六韜》14 組、《尉繚子》5 篇、《晏子》16 章。佚書類有《孫子兵法》4 篇佚文、《孫臏兵法》16 篇、《守法守令十三篇》10 篇、《論政論兵》類 50 篇、《陰陽時令占候》類 12 篇、其它類 13 篇。木牘的內容是五種書籍的篇題目錄。2 號墓出土竹簡 32 枚,其內容是一份完整的《元光元年曆譜》。1985 年文物出版社出版了由竹簡整理小組編寫的《銀雀山漢墓竹簡》(壹),只收了《孫子兵法》、《孫臏兵法》、《尉繚子》、《晏子》、《六韜》、《守法守令等十三篇》的圖版、摹本、釋文、注釋。《銀雀山漢墓竹簡》第二輯《佚書叢殘》和第三輯《元光元年曆譜》、篇題木牘、散殘竹簡等尚未出版。

巳、安徽省

1977 年,阜陽市博物館在阜陽市雙古堆 1 號漢墓中發掘出 6000 餘枚竹簡、木簡和木牘。其中竹簡和木簡的內容有:《詩經》、《周易》、《蒼頡篇》、《年表》、《大事記》、《萬物》、《作務員程》、《行氣》、《相狗經》、《刑法》、《日書》、《辭賦》等,木牘的內容是書籍的篇題目錄等。1983 年第 2 期《文物》雜誌發表了國家文物局文獻研究室和阜陽博物館合寫的《阜陽漢簡簡介》對該墓出土的簡牘內容作了全面的介紹,同期《文物》還刊登了《蒼頡篇》的釋文;1984 年第 8 期《文物》雜誌刊登了《詩經》的釋文及胡平生、韓志強合寫的〈阜陽漢簡《詩經》簡論〉一文;1988 年第 4 期《文物》雜誌刊登了《萬物》的釋文及胡平生、韓志強合寫的〈《萬物》說略〉;1988 年上海古籍出版社出版了胡平生、韓志強合寫的《阜陽漢簡《詩經》研究》一書,書中發表了《詩經》的全部釋文和圖版。1998 年中華書局出版的《出土文獻研究》第四輯中刊登了胡平生撰寫的〈阜陽雙古堆漢簡數術書簡論〉一文,集中介紹了該墓中出土的數術類文獻。2000 年三聯書店出版的《道家文化研究》第 18 輯中刊登了由古文獻研究室和阜陽博物館合寫的〈阜陽漢簡周易釋文〉和韓自強、韓朝合

寫的〈阜陽出土的《莊子‧雜篇》漢簡〉。

午、河北省

1973 年，河北省文物管理處和定縣博物館在定縣城關西南 8 公里處的八角廊村發掘了第 40 號漢墓，墓中出土了約 2500 餘枚竹簡。其內容多為古代書籍，計有《論語》、《儒家者言》、《太公》、《文子》、《六安王朝五鳳二年正月起居記》、《日書》、《占卜》等，除《論語》、《文子》外，其餘均無傳世本。1981 年第 8 期《文物》雜誌刊登了河北省博物館等單位合寫的〈定縣 40 號漢墓出土竹簡介紹〉及〈儒家者言〉的釋文，全面介紹了該墓出土竹簡的情況。1995 年第 12 期《文物》雜誌刊登了竹簡《文子》的釋文、校勘記以及河北省文物研究所所寫的〈定州西漢中山懷王墓竹簡《文子》的整理和意義〉。1997 年文物出版社出版了竹簡《論語》的釋文和校勘記的單行本。

未、青海省

1978 年 7 月，青海省文物考古工作隊在大通縣上孫家寨村西北發現了一片墓地，共發掘了一百七十八座漢墓，其中在 115 號漢墓中出土了大批木簡，共計有 240 多枚。其內容主要是有關兵法、軍法、軍令等。1981 年第 2 期《文物》雜誌刊登了該墓葬的發掘簡報和由整理小組寫的〈大通上孫家寨漢簡釋文〉，同期《文物》還刊登了朱國炤寫的〈上孫家寨木簡出探〉一文。1993 年文物出版社出版了由青海省文物考古研究所編的《上孫家寨漢晉墓》一書中，刊布了該墓出土的全部木簡照片和釋文。

申、陝西省

1980 年 6 月，中國社會科學院考古研究所在西安發掘漢長安城未央宮遺址前殿 A 區時出土了木簡 115 枚。其內容屬於病歷醫方類。1996 年中國大百科出版社出版了由社科院考古所編的《漢長安城未央宮考古發掘報告》一書，書中刊載了這批木簡的釋文、摹本、圖版，但未作進一步的注釋和研究。釋文後面的按語云，這批簡涉及到醫藥、人名和記事等，同墓出土的還有新莽時的貨幣，且有些簡文內容帶有祥瑞文字，疑當參雜有新莽時簡。

酉、廣西壯族自治區

1976 年，自治區文物工作隊在貴縣羅泊灣化肥廠擴建工地發掘了羅泊灣 1 號漢墓，墓中出土了木牘 5 枚。其內容為《從器志》、《東陽田器志》等。1978 年第 9 期《文物》刊登了自治區文物工作隊寫的〈廣西貴縣羅泊灣 1 號漢墓發掘簡報〉，簡報報導了該墓出土的木牘情況。1990 年文物出版社出版的由李均明、何雙全合寫的《散見簡牘合輯》收錄了這些木牘的內容。

戊、新疆維吾爾自治區

1930 年秋，中國西北科學考察團在新疆羅布淖爾北岸烽燧遺址中出土了木簡 71 枚，其內容為漢居盧訾倉文書。見黃文弼撰寫的《羅布淖爾考古記》。

出土的漢代簡牘還有不少，或因數量奇少，或因內容一般，這裡僅就較重要者分列如上。

二、漢代帛書資料

① 1908 年，英國漢學家斯坦因在敦煌發現了兩件公元一世紀（東漢時期）的縑帛信件，且保存良好。兩封信件皆發自一人之手，可能是駐山西北部成樂地方的官員致書敦煌邊關某人的信，其內容主要是抱怨當時通訊困難。其中一件帛書約 9 平方釐米，另一件帛書長 15 釐米、寬 6.5 釐米。此外，斯坦因在敦煌附近還發現過一片素帛，一面印有黑墨印章，另一面則寫有一行 28 字，其內容是「任城國亢父，縑一匹，幅廣二尺二寸，長四丈，重二十五兩，直錢六百一十八」。帛書信件首次發表見於 A. Stein, Ser india，Ⅱ,pp.726-763; E. Chavannes, Les documents Chinois de couverts par Aurel Stein dans les sadles du Turkestan Oriental, nos. 398、398A、503。素帛見於羅振玉《流沙墜簡》卷二 43 頁；Stein, op. Cit，Ⅱ, pp.700-701; Chavannes, op. Cit., No.539。

② 1973 年 12 月至 1974 年初，湖南省博物館在長沙市馬王堆發掘了 2 號和 3 號兩座漢墓，其中在 3 號墓中出土了一批具有重要價值的古代竹簡和帛書，一時震驚中外。其中竹簡內容已在前面「漢代簡牘資料」中做過介紹，下面介紹一下帛書的內容。據目前整理情況來看，帛書的總字數約有十幾萬，其內容按《漢書·藝文志》的分類，大致可分為 6 大類 45 種：

A、藝文類

　　《周易》

　　《繫辭》

　　《二三子問》

　　《易之義》

　　《要》

　　《繆和》

　　《昭力》

　　《春秋事語》

　　《戰國縱橫家書》

　　《喪服圖》

B、諸子類

　《老子》甲本

　《老子》乙本

　《五行》篇（或稱《德行》篇）

　《九主》篇（或稱《伊尹‧九主》）

　《明君》篇

　《德聖》篇（或稱《四行》篇）

　《經法》

　《經》（或稱《十六經》、《十大經》）

　《稱》

　《道原》

C、術數類

　《五星占》

　《天文氣象雜占》

　《陰陽五行》甲篇

　《陰陽五行》乙篇

　《出行占》

　《木人占》

　《相馬經》

《「太一將行」圖》（或稱《神祇圖》、《避兵圖》）

D、兵書類

《刑德》甲篇

《刑德》乙篇

《刑德》丙篇

E、方技類

《足臂十一脈灸經》

《陰陽十一脈灸經》甲本

《陰陽十一脈灸經》乙本

《脈法》

《陰陽脈死候》

《五十二病方》

《卻穀食氣》

《導引圖》

《養生方》

《雜療方》

《胎產書》

F、其它

《地形圖》

《駐軍圖》

　　這批帛書出土後，1974 年《文物》雜誌第 7 期發表了湖南省博物館等單位撰寫的〈長沙馬王堆 2、3 號漢墓發掘簡報〉，同年第 9 期《文物》雜誌又刊登了曉菡撰寫的〈馬王堆漢墓帛書概述〉，專門對出土的帛書進行了詳細的介紹。其後，《文物》雜誌又陸續發表了馬王堆帛書整理小組整理的部分帛書釋文，具體是 1974 年第 10 期發表了〈《老子》乙本卷前古佚書釋文〉、第 11 期發表了《老子》甲本、乙本和《五星占》釋文，1975 年第 4 期發表了《戰國策》釋文、第 6 期發表了古醫書釋文㈠、第 9 期發表了古醫書釋文㈡；1977 年第 1 期發表了《春秋事語》釋文、第 8 期發表了《相馬經》釋文；1984 年第 3 期發表了《六十四卦》釋文。1992 年，湖南出版社在馬王堆發掘二十周年之際

出版了由傅舉有、陳松長合作的《馬王堆漢墓文物》一書，書中首次發表了帛書《易傳》中《繫辭》的部分照片和釋文。1993 年，上海古籍出版社出版的第三輯《道家文化與研究》中發表了由陳松長釋寫的〈帛書《繫辭》釋文〉及由陳松長、廖名春合寫的〈帛書〈二三子問〉、〈易之義〉、〈要〉釋文〉。此外，1976 年文物出版社出版了由馬王堆帛書整理組編寫的平裝 32K 本帛書《老子》、《戰國縱橫家書》（《文物》雜誌發表時稱為《戰國策》）、《經法》（包括《老子》乙本卷前古佚書《十大經》、《稱》、《道原》）簡注本。1980 年，文物出版社又出版了由整理組編寫的八開精裝本《馬王堆漢墓帛書》（壹），其中包括《老子》甲本及卷後古佚書《五行》、《九主》、《明君》、《德聖》、《老子》乙本及卷前古佚書《經法》、《十大經》、《稱》、《道原》的圖版、釋文和注釋；1983 年文物出版社又出版了八開精裝本《馬王堆漢墓帛書》（參），其中包括《春秋事語》和《戰國縱橫家書》的圖版、釋文和注釋；1985 年文物出版社又出版了八開精裝本《馬王堆漢墓帛書》（肆），其中包括 3 號墓出土的帛書、竹簡本全部醫書，即《足臂十一脈灸經》、《陰陽十一脈灸經》甲本、《脈法》、《陰陽脈死候》、《五十二病方》、《卻穀食氣》、《陰陽十一脈灸經》乙本、《導引圖》、《養生方》、《雜療方》、《胎產書》、《十問》、《合陰陽》、《雜禁方》、《天下至道談》的圖版、釋文和注釋。

③ 1979 年 9 月，甘肅省博物館文物隊（現為省文物考古研究所）在敦煌縣西北 95 公里處的馬圈灣發掘了一座斯坦因當年考察經過時而遺漏的漢代烽燧遺址，遺址中出土了大量的木簡及一件長條形帛書。帛書長 43.4 釐米，寬 1.8 釐米。它的左側是毛邊，右側的邊緣較為整齊，條形上端作半弧形，下端平直。帛上墨書一行，是絹帛染成紅色後再寫上去的。其內容為：「尹逢深，中殽左長傳一、帛一匹四百卅一銖幣。十月丁酉，亭長延壽、都吏稚，鈐。」意思是中殽左長尹逢深持信傳和值四百三十一銖幣的帛一匹去交易。十月丁酉這一天，由亭長延壽和都吏稚驗訖。這段文字雖然不長，但它為研究漢代市貿制度、絹帛價格等問題提供了實物資料。該資料首見於 1984 年甘肅人民出版社出版的《漢簡研究文集》中由甘肅省博物館、敦煌縣文化館合寫的〈敦煌馬圈灣漢代烽燧遺址發掘簡報〉一文。

④ 1990 年起至 1992 年止，甘肅省文物考古研究所連續三年對兩漢時期屬敦煌郡效穀縣的懸泉置遺址進行了考古發掘，共出土各類文物 7 萬餘件，其中

最重要的是 2 萬多枚漢代簡牘、10 件帛書、10 張紙文書以及 1 幅牆壁題記等。其中 10 件帛書均為私人信札，用黃、褐二色絹作為書寫材料。2000 年第 4 期《文物》雜誌發表了由甘肅省文物考古研究所所寫的〈甘肅敦煌漢代懸泉置遺址發掘簡報〉報導了該遺址出土的簡帛情況。其中 10 件帛書除《建致中公、夫人書》及《元致子方書》兩封信件發表在 2001 年上海古籍出版社出版的《敦煌懸泉漢簡釋粹》一書中外，其餘尚未正式公布。

本世紀出土的漢代帛書僅上列四次，其中以馬王堆帛書最為豐富和重要。

第四節　三國吳簡資料

有關三國歷史的傳世文獻數量很少，治三國史者主要的參考資料就是晉人陳壽的《三國志》一書，且《三國志》的體例又與前三史（《史記》、《漢書》、《後漢書》）有所不同，僅有《紀》、《傳》，而無《志》、《表》，這樣就給研究這段歷史的學者在討論有關政治、經濟、文化、典章制度時帶來很大的困難。學者們每每要從前朝（東漢）、或後期（晉）的制度中去推測。1996 年以前，三國簡牘的出土也少得可憐，除一塊「遣策」木牘外，其餘皆為「名刺」類，史料價值極為有限。可喜的是，地不愛寶，1996 年 7 月在湖南長沙走馬樓出土了 14 萬枚三國吳簡，極大地豐富了研究三國史的第一手資料，且有不少內容可補正史之缺，意義極為重大。現僅就出土的三國吳簡分述如下。

① 1979 年 6 月，江西省南昌市文物工作者在市內陽明路中段南側清理了一座東吳早期墓葬，墓主為高榮。墓中出土木簡 21 枚，木牘 2 枚。木簡內容基本相同，皆為「弟子高榮再拜問起居，沛國相高萬綬」之類。木牘內容為記錄隨葬物品的清單。1980 年第 3 期《考古》雜誌刊登了〈江西南昌東吳高榮墓的發掘〉一文，報導了該墓出土簡牘的情況；1990 年文物出版社出版的由李均明、何雙全合編的《散見簡牘合輯》中也收集了該墓出土的簡牘內容。

② 1980 年，湖北省鄂城縣鄂城水泥廠 1 號墓出土了木刺 6 枚，其時代為東吳早期。1990 年文物出版社出版的李均明、何雙全合編的《散見簡牘合輯》一書中收錄了該木刺的內容。

③ 1984 年，安徽省文物考古研究所在馬鞍山市雨山鄉安民村發掘了東吳朱然墓，墓中出土木刺 14 枚、木楬 3 枚。木刺內容基本相同，皆為「弟子朱

然再拜問起居，字義封」之類。木楬頂端中央墨書「楬」字，下書「□節右軍師左大師馬當陽候丹陽楊朱然再拜」。1986 年第 3 期《文物》雜誌刊登了由安徽省文物考古研究所等單位合寫的〈安徽馬鞍山東吳朱然墓發掘簡報〉一文，報導了該墓出土木刺、木楬等情況。

④ 1996 年 7 月至 11 月，湖南省長沙市文物工作隊在長沙市中心五一廣場東側的和平堂商業大廈工地進行了搶救性的發掘工作，其中在編號為 J22 的古井中發現了數量警人的三國孫吳紀年簡牘。經過清理，共計有 14 萬枚。其內容大致可分為五類：

A、券書

券書類中又可分為佃田租稅券書和官府各機關之間錢、米、器物調撥交接券書。

B、司法文書

這類簡牘的內容主要是官府之間的往來文書，其中也有些涉及司法案件的審理、申訴、覆核的書信。

C、長沙郡屬人名民籍

這類簡牘的內容主要記載了所屬戶主的姓名、年齡、身體狀況及有關事項。

D、名刺、官刺

這類木牘的內容主要是問安、贈物之類。還有一種刺是作為饋贈物品的禮單使用的，牘上寫著受贈者和眾多送禮人的名字及所送物品的名稱、數量等。這類刺在以往出土的簡牘中極為少見。

E、帳簿

這類帳簿簡牘包括田租、市租、關稅、官稅、官吏俸祿、借貸、錢月旦簿、長沙郡屬諸曹歲盡簿等。其內容皆為記載錢、布、米、器物等的出入帳目。

該批簡牘出土後，1997 年 1 月 4 日《光明日報》就曾報導過簡牘出土的情況，1999 年《文物》雜誌第 5 期正式發表了〈長沙走馬樓 J22 發掘簡報〉，1999 年文物出版社出版了《長沙走馬樓三國吳簡》（上、下冊）一書，其中包

括〈長沙走馬樓 22 號井發掘報告〉和《嘉禾吏民田家莂》的釋文和圖版。尚有大部分簡牘正在整理之中。

第五節　魏晉簡牘資料

　　隨著時代的進步，政治、經濟、科技、文化的不斷發展，新的書寫材料也不斷出現。紙自漢代發明以來，它的使用範圍也逐漸在擴大，到了魏晉時期，簡牘作為文字的載體也逐漸被紙所代替，因此在這個時期的考古發現中簡牘也逐漸在減少。就目前所見而言，主要分布在新疆、甘肅、江西、湖北等地。

子、新疆維吾爾自治區

　　①十九世紀末至二十世紀初，一些外國考察隊爭相前來我國新疆沙漠深處訪古尋寶，出現了一場劫掠我國文物的探險熱。英國考察隊的斯坦因（Aurel Stein）於 1901 年 1 月在尼雅遺址進行了發掘；同年 3 月，瑞典考察隊的斯文赫定（Sven Hedin）在樓蘭遺址進行了發掘。1905 年至 1908 年間，上述兩人經常前來樓蘭、尼雅兩地進行發掘尋寶。其間，美國的亨廷頓（Hun tington）、日本大谷考察隊的橘瑞超、瑞典的伯格曼（Folke Bergman）等也紛紛前來考察探寶。

　　上述這些人在樓蘭、尼雅遺址中發現的漢文文書共計 728 件：其中斯文赫定第二次中亞考察在樓蘭發現有 277 件；斯坦因三次中亞考察在尼雅發現的共 58 件，在樓蘭發現的共 349 件；大谷考察隊第二次中亞考察在樓蘭發現有 44 件。這些文書均出土於東漢至十六國時期的鄯善國境內樓蘭遺址（今新疆巴音郭楞蒙古自治州若羌縣羅布泊沿岸）和尼雅遺址（今新疆民豐縣北約 150 公里外的尼雅河終點）區域。出土的這些簡牘、紙文書中絕大部分是魏晉時期的遺物，有紀年的文書中以 61 號曹魏嘉平四年（西元 252）的殘紙為最早，以 13 號前涼建興十八年（西元 330）的木簡為最晚。（建興係西晉愍帝年號，凡四年。西晉亡，前涼張氏沿用西晉建興年號至四十九年。建興十八年為前涼張駿在位的第七年，亦即東晉成帝咸和五年。）

　　這些文書的主要內容為魏晉時期西域長史統轄西域時進行屯戍等活動的官府文書，其次是樓蘭與中原及西域各地的公私來往書信。涉及的內容非常廣

泛，有詔書、律令、屯田、傳郵、過所、貿易、借貸等。此外還有《左傳》、《戰國策》、《孝經》、《急就章》、《九九術》和各種醫方的殘章斷句。這些簡牘、殘紙文書的發現，為我們研究東漢至前涼時期的西域地理、社會經濟、文化生活和屯田機構等提供了極為豐富的材料。

這些文書的發掘情況和文字考釋，先後經過多個國家的學者經手，歷史半個世紀才得以著錄發表。1903 年，斯文赫定發表了《中亞與西藏》，首先報導了他在羅布沙漠考察樓蘭遺址的情況，這次考察的正式報導《1889—1902 年中亞考察的科學成果》共八卷；樓蘭的發掘為第二卷《羅布諾爾》，1905 年出版。斯文赫定在樓蘭獲得的漢文文書由德國學者希姆萊（Karl Himly）和孔好古（August Conrady）共同研究完成，名為《斯文赫定在樓蘭發現的漢文寫本及零星物品》，於 1920 年在斯德哥爾摩正式出版，公布於世。

1907 年至 1908 年，斯坦因相繼出版了他三次中亞考察的正式報告，即《古代和闐》、《塞林提亞，中亞和中國西域考古記》和《亞洲腹地，中亞、甘肅和伊朗東部考古記》，在這三部書中記載了他三次到尼雅和樓蘭的發掘情況。而這三次考察所獲漢文文書則委託法國漢學家沙畹（Edouard Chavannes）進行研究。沙畹根據對第一次中亞考察在尼雅等地所獲文書進行的考釋，寫成〈丹丹烏里克、尼雅、安迪爾發現的漢文文書〉一文，附在《古代和闐》一書中，於 1907 年在牛津出版。1913 年，沙畹以《斯坦因在土耳其斯坦沙漠發現的漢文文書》為名，發表了斯坦因在第二次中亞考察中所獲漢文文書。1917 年沙畹去世，斯坦因第三次中亞考察所獲漢文文書的研究改由他的學生馬伯樂（Henri Maspero）繼續進行。馬伯樂的研究成果遲至 1953 年才得以《斯坦因第三次中亞考察所獲漢文文書》為名，由英國之印度部和大英博物館聯合刊印。

1912 年，大谷考察隊的橘瑞超出版了《中亞探險》，介紹了他發現「李柏文書」的情況。1915 年，大谷光瑞發表的《西域考古圖譜》，刊布了大谷考察隊發掘樓蘭遺址所獲漢文文書的圖版及部分釋文。1959 年，日本學者森鹿三在《龍谷史壇》上撰文〈李柏文書的出土地點〉，糾正了橘瑞超在《中亞探險》中對「李柏文書」出土地點的錯誤描述。

1914 年，我國學者羅振玉、王國維在日本東山學社出版了兩人合著的《流沙墜簡》之後，王國維又寫了一系列相關的論文，有高超的造詣，為當時東西方學者所望塵莫及。遺憾的是《流沙墜簡》所據的材料只是沙畹公布的部分材

料，沒有見到孔好古和馬伯樂整理的那部分文書（約占全部材料的二分之一），因此在資料收集上有一定的局限性，後來有不少人對此書進行了補充和糾正。1931 年，上海有正書局出版了我國另一位學者張鳳的《漢晉西陲木簡匯編》一書，其中初編翻印了沙畹印本的古簡（《流沙墜簡》未考釋者），二編則為斯坦因第三次探險所得後為馬伯樂所收藏而未發表者。1985 年，文物出版社又出版了由林梅村根據上述各家刊布的文書而重新整理的《樓蘭尼雅出土文書》，該書釋文在吸收前人成果的基礎上對原整理者的釋文進行了重新校訂，並根據原來的出土報告重新編寫了《樓蘭尼雅遺址概述》（附原報告遺址圖），主要介紹了出土文書的遺址地點等。

② 1966 年至 1969 年間，新疆維吾爾自治區博物館在吐魯番縣阿斯塔那古墓群 53 號墓中發掘出晉泰始九年木簡 1 枚。兩面書寫，正面為「泰始九年二月九日大女翟姜從男子欒」，背面為「買棺一口，賈練廿匹，練即畢棺，即過。若有名棺者，約當召欒奴共了。旁人馬男共知本約」。從內容來看，當為一件私人文書。1972 年《文物》第 1 期刊登了由新疆博物館撰寫的〈吐魯番縣阿斯塔那——哈拉和卓古墓群清理簡報〉，對該墓出土的文物情況進行了報導。

③ 1980 年，新疆博物館在古樓蘭遺址掘得漢文木牘 63 枚、紙文書 2 件。1988 年《文物》雜誌第 7 期刊登了〈樓蘭新發現木簡、紙文書考釋〉一文，詳細介紹了該遺址出土文書的內容和出土情況。

丑、甘肅省

① 1906 年至 1908 年間，英國考察隊的斯坦因在其所獲敦煌木簡中，有一部分是晉代木簡。見其所著《塞林提亞，中亞和中國西域考古記》、沙畹所著《斯坦因東土耳其斯坦沙漠發現的漢文文書》、馬伯樂所著《斯坦因第三次中亞考察所獲漢文文書》、中國學者羅振玉、王國維合寫的《流沙墜簡》和張鳳所寫的《漢晉西陲木簡匯編》等書。1991 年，甘肅省文物考古研究所在整理出版解放以後所獲敦煌漢簡時，又將解放前斯坦因等人所獲簡牘進行了重新整理，由中華書局出版了《敦煌漢簡》一書，其中也包括了斯坦因等人所獲魏晉簡牘。

② 1982 年，甘肅省文物考古研究所於居延破城子（A8）獲木簡 1 枚，時代為太康元年。1983 年第 9 期《中國史研究動態》發表了〈近年來新發現簡的

整理與研究〉介紹了這枚簡的情況。

　　③ 1985 年，甘肅省文物考古研究所在武威市松樹鄉上畦大隊旱灘坡進行晉墓發掘，在 19 號墓中出土了木牘 5 枚。據出土的「升平十三年」記年木牘來推斷，該墓當屬東晉時期占據武威的地方政權前涼張氏時代。木牘的內容為墓主人身份、職位、記事和隨葬衣物疏。該墓木牘的內容和釋文發表在 1990 年文物出版社出版的由李均明、何雙全合編的《散見簡牘合輯》中。

　　④ 1986 年，甘肅省文物考古研究所在張掖地區高臺縣羅城鄉常封村調查時獲得木牘 1 枚。據木牘書體和同時出土的文物考察，當為晉時之物。上書若干姓名，疑為書信類文書。該木牘的釋文發表在 1990 年文物出版社出版的由李均明、何雙全合編的《散見簡牘合輯》一書中。

　　寅、江西省

　　1974 年 3 月，江西省博物館考古隊在南昌市東湖區永外街清理 M1 號晉墓時出土了木刺 5 枚、木方 1 枚。木刺的內容基本相同，皆為「弟子吳應再拜，問起居，南昌字子運」之類；木方的內容為隨葬衣物的清單。1974 年第 6 期《考古》雜誌刊登了由江西省博物館撰寫的〈江西南昌晉墓〉一文對木刺、木方的內容做了詳細報導，1990 年文物出版社出版的由李均明、何雙全合編的《散見簡牘合輯》一書內也收錄了該木刺、木方的內容。

　　卯、湖北省

　　1954 年 4 月，武漢市文物管理委員會在武昌市任家灣修建武泰閘挖土時發現一座未經破壞的六朝古墓，墓中出土木簡 3 枚。其中一枚上書「道士鄭丑再拜……」等字。1955 年第 12 期《文物參考資料》發表了由武漢市文物管理委員會撰寫的〈武昌任家灣六朝時期墓葬清理簡報〉一文介紹了該墓出土木簡的情況，1990 年文物出版社出版的由李均明、何雙全合編的《散見簡牘合輯》一書中也收錄了該墓出土的木簡內容。

第六節　唐代簡牘資料

　　歷史跨入隋唐時期，紙張的使用範圍更加廣泛，曾作為主要記錄文字載體

的簡牘，基本上退出了歷史的舞台。出土的唐代簡牘極為少見，就目前發現者僅見於甘肅、新疆等邊遠地區：

①二十世紀七十年代，甘肅省文物部門在武威曾蒐集到唐代木牘二枚，內容為咒語和發願文書。該木牘現藏於武威市博物館，內容尚未發表。1993 年臺灣蘭臺出版社出版的由國際簡牘學會編的《國際簡牘學會會刊》第 1 號中何雙全撰寫的《中國簡牘與簡牘學研究》作了簡單報導。

②十九世紀末二十世紀初，在新疆自治區的米蘭、巴楚等地曾出土過木質唐代簡牘 464 枚。其詳細內容見 1986 年文物出版社出版的王堯、陳踐合著的《吐蕃簡牘綜錄》一書。

綜上所述，在二十世紀中，共出土歷代簡帛約 27.5 萬枚左右，出土百餘次，橫跨十四個省區。從時間上看，有春秋戰國、秦漢、魏晉、唐各代，從內容上看，歷史、哲學、文學、醫學、地理、軍事等無所不涉，真可謂新史料之洋洋大觀，與傳世文獻相比毫不遜色，並且有的資料還可以補充或改正傳世文獻的記載。經過一個世紀的整理和研究，簡帛已成為一種新的學科——簡帛學。隨著我國考古事業的不斷發展，簡帛資料也將會不斷地出土，簡帛學的研究必將進一步深入，進一步開拓新的研究領域，進一步做出新的研究成果。

第三章

簡牘帛書的形制

第一節　簡牘的取材

簡和牘本是兩種不同的書寫材料。《說文解字》云:「簡,牒也。從竹,間聲。」可見「簡」這種載體,原本是以竹製品為主。《論衡·量知篇》中說:「截竹為筒,破以為牒,加筆墨之跡,乃成文字。大者為經,小者為傳記。」而在不產竹子的地方,其書寫材料則多用柳木等柔質木材,將這種木材加工成長方形的木片,表面修治平滑,就稱之為「牘」。《說文解字》云:「牘,書版也。從片,賣聲。」《論衡·量知篇》云:「斷木為槧,㭬之為板,力加刮削,乃成奏牘。」牘也是當時常用的書寫材料,尤其是在不產竹子的北方地區則更為多見。顏師古在注《急就篇》時講的更為清楚,他說:「牘,木簡也,即可以書,又執之以進見於尊者,形若今之木笏,但不挫其角耳。」在紙尚未產生和紙還沒有作為主要書寫材料之前,簡牘就是中華民族記錄和傳播文化的基本載體。程大昌《演繁露》卷五云:「古無紙,專用簡牘。簡則以竹為之,牘則以木為之。」現在看來,程大昌的話「古無紙,專用簡牘」有一定的道理,但後半句則不盡然。從目前能見到的出土實物來看,簡未必皆竹質,而牘也未必皆木質。木質之簡,我國西北居延、敦煌等地曾大量出土,這是眾人皆知的;竹質之牘,1975 年湖北江陵鳳凰山 168 號漢墓及 1993 年湖北江陵王家臺 15 號秦墓都曾出土過。

從本世紀出土簡牘的實物來看,由於受地理、氣候的決定,竹簡多出土於南方,木簡多出土於北方,更具體一點,則木簡多出土於我國西北地區的居延、敦煌等地,皆由就地取材而致。從出土簡牘的總量來看,木質簡牘約占總

數的三分之二以上。

木簡的質料多用紅柳、紅松、胡楊、雲杉等。夏鼐先生曾對敦煌漢簡所用的木材請人做過鑒定，其在《新獲之敦煌漢簡》一文中有較詳備的記錄，他取的鑒定標本中有：①青杆，別名杆兒松，學名為 Picea Neoveitchii Mast，為雲杉一屬，木材淡白，質輕而疏；②毛白楊，學名為 Populus lomentosa cart；③水柳，別名垂柳或垂枝柳，學名為 Salix babylonica linn；④檉柳，別名紅柳，學名為 Tamarix chinensislour。斯坦因所獲之敦煌漢簡所用木材則以白楊木（Populus alba）為主，亦兼有用紅柳（Serindia）製成者。

甘肅省文物考古研究所對敦煌馬圈灣出土之簡牘做過分析，其報告云：「絕大多數為木簡，其質料，以檉柳（又名紅柳，Tamarix ramosissima 1db）為主，約占全部出土簡牘的 54.1％；其次為杆兒松（Picea Neoveitchii Mast），約占全部出土簡牘的 31.4％；再次的胡楊（別名胡桐，Populus euphratica oliv），約占全部出土簡牘的 13.1％。竹簡很少，僅 16 枚，約占全部出土簡牘的 1.3％。」（《敦煌漢簡·附錄》）

何雙全先生在其《居延漢簡研究》一書中對新獲居延簡牘的質料等進行了詳細的分析：

　　　　就破城子簡牘看，所用木材種類有紅松、胡楊、紅柳等。其中以松木為主，胡楊次之，紅柳又次之。三種木材質色不同，斷裂有別，使用對象和使用時期也有主次。

　　　　松木，有紅白之分，質細木堅，結構緊密，有很清晰的樹輪紋絡。紅松呈深紅色，白松呈灰白色，兩種木材韌性很強，不易彎曲、斷裂，又好製作，簡牘都是順木紋豎刮削製，表面平滑光亮，如不是有意割鋸規整，其自然斷茬必是紛亂不齊，找到相同的斷茬，參考樹輪紋路和木色，如能結合，必然無誤。這兩種木材主要用於書寫上級下發的各種文書，如詔書、律令和都尉、候官下行文書等。詔書和律令必用松木。從流行時代看，主要在昭帝、王莽以前的一段時間裡。

　　　　胡楊，纖細質軟，呈白色，無很明顯的樹輪紋路，韌性差，易彎曲，乾燥後質脆易斷，其斷茬平整。此類殘斷簡的斷茬不易結合，因木質脆，斷茬整齊，加之自然磨損，不易保存原始斷面，所以接之不

易，所以綴合時必須以簡牘長短、寬窄、木色、文書內容以及簡牘上遺留的其它痕跡等方面斷定。此木材主要用於下級各種屯戍簿冊等的書寫。其大量使用於平帝至王莽及東漢時期。平帝以前也有用者，但不普遍。

　　紅柳，纖細，質較硬，無明顯樹輪紋，韌性極強，但很容易彎曲變形，未乾燥時滲出粉紅色汁液，乾燥後不脫落；一般呈白色。用紅柳製作的簡牘，大都彎曲異形，由於有較強的韌性，其斷茬纖維長短不一，極不規整，加之變形，亦難結合，綴合時須多方面考察。此類簡多為契約、司法、爰書、書信等。但總的數量較少，主要用於王莽至東漢時期。（見《雙玉蘭堂文集》，臺灣蘭臺出版社）

　　何雙全先生利用其得天獨厚的條件，結合出土實物研究，對西北出土木簡的質料、用途作出了準確的論述。

　　從出土實物來看，竹簡所用的竹材，也是因地制宜，就地取材，大多數為毛竹和慈竹，少量的用苦穗竹。如尹灣漢墓出土的竹簡就是用苦穗竹加工而成的。這種竹子節長、肉厚、中空小，纖維細密柔韌，經加工後極易受墨書寫。

　　簡牘之質料除用竹、木之外，亦有用草本之蘆葦者。《漢書·路溫舒傳》云：「父為里監門，使溫舒牧羊，溫舒取澤中蒲，截以為牒，編用寫書。」陳夢家先生認為此蒲乃蒲柳，木本。但文中明言其為澤中之蒲，固當非木本之蒲柳，而應屬草本之蒲葦。陳夢家先生所言不可信。甘肅省文物考古研究所在馬圈灣發掘時就曾出土一枚用蘆葦製作的簡，其在《敦煌漢簡·附錄》裡的報告中說：「還有一枚以蘆葦製作的簡，將蘆葦桿從中剖開，在葦桿表面墨書，現存『文鑒』二字，殘長 5 釐米，寬 1.2 釐米，厚 0.3 釐米。此為有史以來出土簡牘所僅見。」從出土實物可證，古代確有用蒲葦作簡牘者，但不會太多，因其質料鬆軟，難以保存，即便其用作簡牘，也不會在上面抄寫重要的東西。

　　此外，文獻中也多處記載有用玉石為質材的簡冊。如《漢書·郊祀志》：「封廣丈二尺，高九尺，其下則有玉牒書，書秘。」《漢書·司馬遷傳》：「周道既廢，秦撥去古文，焚滅《詩》、《書》，故明堂石室金鐀玉版圖籍散亂。」《太平御覽》卷六〇六引《瀨鄉記》云：「《老子母碑》曰，老子把持仙籙，玉簡金字，編以白銀。」等等。李均明先生在其著《簡牘文書學·簡牘質料》中認

為，這些用玉石為質材的玉簡、玉牒、石檢等的用途都比較特殊，大多用於祭祀，非廣泛所言之簡牘。

第二節　簡牘的製作

《後漢書‧蔡倫傳》云：「自古書契多編以竹簡。」但在古文獻中對如何加工製作竹簡卻記載的很少。東漢大學問家王充在他的《論衡‧量知篇》裡講述學而後成器的道理時，曾假用把竹子加工製作成竹簡的過程來作比喻，這或許對我們了解古代竹簡的加工製作有所啟發。他說：「夫竹生於山，木長於林，未所知入。截竹為筒，破以為牒，加筆墨之跡，乃成文字。大者為經，小者為傳記。斷木為槧，析之為版，力加刮削，乃成奏牘。夫竹木，粗苴之物也，雕琢刻削，乃成為器用。況人含天地之性，最為貴者乎？」他的意思是說，竹木皆生長在山林之中，原本不能確定用作何物。如「截竹為筒，破以為牒」，大者可以在上面抄錄經典，小者可以在上面書寫傳記。如「斷木為槧，析之為版」，再經過刮削，就可以成為上奏用的牘。這些長在山林中的竹木，本是一些粗糙的野生之物，但經過雕琢刻削，就可以成為有用的東西。王充的這些記載雖然非常簡單，但我們還是可以從中悟到一些簡牘製作加工的過程和牒、牘、槧等的實際用處。

大家都知道宋代名將文天祥寫過一首《過零丁洋》的詩，其中有兩句非常著名，即「人生自古誰無死，留取丹心照汗青」，這裡的「汗青」是「史冊」的意思，意謂一片丹心永照史冊。但「汗青」的本義是指殺青，古代記事用竹簡，製作竹簡時須用火烤去竹汗（水分），這一過程史稱「汗青」，後引申為書冊。《後漢書‧吳祐傳》云：「恢欲殺青簡以寫經書。」李賢注云：「殺青者，以火炙簡令汗，取其青易書，復不蠹，謂之殺青，亦謂汗簡。」關於「殺青」的記載，古書中習見，這只是製作竹簡時的一道程序。從砍伐竹木到加工成簡牘需要若干道工序，陳夢家先生在《漢簡綴述》中、李學勤先生在《簡牘帛書》中、薛英群先生在《居延漢簡通論》中、李均明先生在《簡牘文書學》中、鄭有國先生在《中國簡牘學綜論》中、王子今先生在《簡牘史話》中，有的結合文獻記載，有的結合出土實物，都曾作過詳細的描述。歸納起來，主要有片解、刮削、編連等幾項。

　　所謂「片解」就是將用來製作簡牘的竹木剖開，再將它截鋸成一定長度的窄條。《居延新簡》中有這樣一條簡文：「出錢二百，買木一，長八尺五寸，大四章，以治罷卒籍。」（E．P　T　52·277）意思是說用二百錢去買一根長八尺五寸、粗四章的木料，用來製作書寫罷卒名籍的簡冊。《居延新簡》中還有長三丈、大三章的記載（EPT65·120），用這麼粗大的木材來做簡牘，當然首先必須進行片解。片解的工具是鋸，鋸的使用在當時已經很是普遍。從居延、敦煌出土的木質簡牘來看，其橫截面皆有明顯的鋸痕，封檢所見尤為突出。《居延新簡》EPT49·70 上可以清楚地看到四道深深的鋸痕，原是準備作封檢而用，只是沒有加工完畢而已。陳夢家先生云：「武威出土的竹木簡，其上下兩端都是鋸齊後又加磨平的，故竹木簡端四方有棱角。」李均明先生在居延、敦煌簡中找到了多處記錄有「鋸」的簡文。如《居延漢簡釋文合校》中 214·5 有「第卅六隧長宋登……鋸一不事用」、178·11「移入弦鋸一，長七尺」、214·8「鋸不事用」、《居延新簡》中 EPT51·695「鋸一」、《流沙墜簡·器物類》六十二之魏晉簡「前胡鐵小鋸二十八枚」等。

　　「鋸」的使用起源甚早，《逸周書》中就有記載，《墨子·備城門》篇云：「門者皆無得挾斧斤鑿鋸椎。」從考古來看，戰國、西漢的墓葬中也曾出土過鋸的實物。據《信陽楚墓》介紹，1957 年 3 月，河南省文物工作隊在發掘信陽長臺關楚墓時，與竹簡一同出土的就有鋸、削等修治竹簡的工具。1992 年《文物》第 1 期登載了成都市博物館考古隊寫的〈成都中醫學院戰國土坑墓〉一文中也報導了 1980 年在發掘該墓葬時出土了銅鋸一件，文稱鋸「殘，兩面齒，一面粗，一面細，中部存一長條形穿，殘長 23.9、寬 4.9、厚 0.1 釐米」。1993 年《文物》第 9 期登載了安徽省文物考古研究所、天長縣文物管理所在發掘安徽天長縣三角墟西漢墓時出土了木柄鋸三件，文稱「木柄套於鋸條上，鋸為長條形，細齒。通長 25.3、寬 1.2 釐米」。

　　除鋸外，加工簡牘的工具尚有斧、鉼、鑿、刨、鑽、削等，這些工具有的用作粗加工，有的用作細加工。在考古發掘中，這些工具也曾都有出土。《敦煌漢簡·敦煌馬圈灣漢代烽隧遺址發掘報告》中就報告遺址中出土過斧、鑿、刨、鑽等。該遺址出土有斧二件：一件方銎，銎口有兩條平行凸起的模線，刃面兩側各有一垂直凸起模線，刃脊各有一澆鑄時遺留的凸起線，刃口已殘；殘長 8.1 釐米、寬 5 釐米，銎口長 5.7 釐米、寬 2.7 釐米。另一件方銎，銹蝕嚴

重，刃已鈍；長 8.7 釐米、寬 7 釐米，銎長 7 釐米、寬 3.5 釐米。一般來講，斧便於加工較大的木材，可以說是製作簡牘的前期工具。該遺址出土鑿二件；一件為方柱形，方銎，銎內殘留有木柄，刃已折斷；殘長 14.5 釐米、銎寬 2.5 釐米、厚 2.4 釐米；刃部寬 1.7 釐米、厚 0.9 釐米。另一件銎部殘損，長 9.2 釐米，刃寬 1.7 釐米。鑿是用來挖槽或穿孔的工具，封檢上的封泥槽當以鑿為之。《敦煌漢簡》1124、1125、《居延漢簡甲乙編》30·11、393·5、305·17、438·1 所見封泥槽並非凹口形，而是方形洞穴式，這種槽形，恐非鑿無能為之。該遺址出土刨一件，報告云原有彎木柄，曲尺形體，長方形銎，雙刃，前推後拉均可以起刨光作用；通長 25.7 釐米，刨刀長 16 釐米，刃寬 2.5 釐米。刨是推刮木料等使平滑的工具，面積較大的木牘，如果用普通削刀刮平是很難做到的，而以刨刀為之則就容易多了。該遺址出土鑽三件，報告云有一齒、三齒、五齒三種，細長柄，鑽頭呈扁三角形，鑽刃鋒利。五齒鑽頭，中齒尖長，兩邊側齒略短，鑽刃部各自呈反方向對錯。長 18.4 釐米，鑽頭寬 2.3 釐米。鑽是用來在物體上鑽孔的工具，出土封檢及木楬上多有用來繫繩索的孔洞，製洞可用尖刀穿透，亦可用鑽鑽透，但像《居延新簡》ES（T119）1、《敦煌漢簡》147、1472、1474 所見木楬上端的規整圓洞，恐非鑽無能為之。銅錛、銅錐、削刀皆在河南信陽長臺關楚墓中與竹簡一起出土，同時出土的還有毛筆、筆筒等，這些都與加工和書寫竹簡有關。總之，從出土實物和文獻記載來看，凡當時木工所使用的加工工具，方便於製作簡牘者都可能被使用。大的工具作粗加工，小的工具做細加工。鋸、斧、錛可能是用來作木材的片解工作的（見圖），刨、鑽、錐、削是用來作簡牘的細加工的。

竹簡和製作同樣也有片解這道工序，即所謂「截竹為筒，破以為牒」。因為竹子原本就很平直，且紋理端正通順，如與加工木質簡牘相比，相對要容易一些。所多的只是「殺青」一道工序。

將竹、木片解成條狀，還需對其進行刮

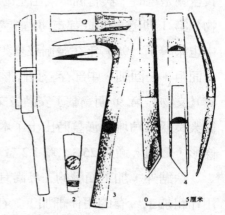

信陽長臺關 1 號楚墓
出土的簡牘加工工具

1. 木柄銅鋸　　　　2. 木柄銅錐
3. 木柄銅錛　　　　4. 木柄銅刻刀

治，即《論衡》所云「力加刮削」，使其平整劃一，書寫的一面還要打磨光滑。

陳夢家先生云：「武威出土的竹木簡，其上下兩端都是鋸齊後又加磨平的，故竹木簡端四方有棱角。木簡的表面，特別是書寫的一面，打磨光滑，棱角分明。木簡的橫剖面作正角的長方形，木質極佳，經久不蛀，亦少木結，纖細而堅實。在刮削平整、打磨光滑以後、書寫之前，似經過一道用特殊液體塗染的手續。此事不見記載，我們所以如此推斷者，一由於武威木簡（尤其是《燕禮》的若干簡）寫字的一面光亮有色澤，不同於背面；一由於凡削改的字的墨痕往往化開暈開。削改重寫的字跡其所以化開暈開者，一則可推測為表面曾塗染液體，使其易於受墨；一則或者由於削去一薄層後的木質尚有潮氣所致。後世的紙為防蠹而有染潢及雌黃治書法，前者用黃檗（黃柏）汁染紙，後者用雌黃和膠清染紙，詳《齊民要術》卷三《雜說》第三十篇。出土木簡表面有光亮，似塗膠質者。」

薛英群先生云：「居延簡牘，若按其本身書寫名稱區別，有檠、板（牘）、牒、檢、檄、札、冊、符、傳、柿以及觚等。製作的一般程序和方法是先將原材剖為檠木片，然後解為札條，『力加刮削』。居延出土木札，因其時間、用途、內容的不同而形制略異，一般說其上下兩端鋸齊後又略為磨平，如鋸得不齊再用刀刮削，削痕清晰可見。木簡兩面，光滑平整，棱角分明，木簡橫剖面為正角長方形。所用木質較好，極少腐蛀，不見木結，雖經兩千年左右，重量較輕，但木簡仍堅，除殘斷者外，極少朽爛。正因為木簡是分散到烽燧中讓有專業特長的戍卒製作，所以，長短、寬窄、厚薄各異。……木簡表面未見有『特殊液體塗染手續』。但對錯字的刮削修改痕跡則十分明顯，尤其以側面觀察更為顯著。」

刮削簡牘的削刀考古也有發現。如1957 年在河南信陽楚墓中就出土了兩件削刀。（見圖）1975 年湖北雲夢睡虎地十一號秦墓也同時出土了毛筆和銅質削刀，《雲夢睡虎地秦墓》云，銅削環首，通長 17.2 釐

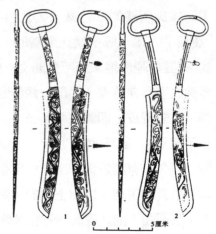

信陽楚墓出土的簡牘
削改工具——銅削

米，單刃較薄，有殘缺，當是使用所致，帶有木鞘。敦煌馬圈灣遺址中與簡牘同時出土的也有鍛造刀削二件，報告云，一件刃部和柄寬相近，柄尾部有一環，長 20 釐米，寬 1.5 釐米，環的直徑 2.9 釐米。另一件刃部較寬，為弧形，直柄稍窄，柄尾部有環，已折斷。刃面的個別部位仍可見發亮的金屬光澤。刃長 15.5 釐米，寬 1.8 釐米；柄長 9 釐米，寬 1.2 釐米，厚 0.4 釐米。李均明先生認為該遺址出土的刀與削皆可用以修治簡牘，形制小者便於削改寫錯的文字，形制大者則用於刮治平整簡材。

前面已經提到，竹簡的製作有一道必須經過的程序就是殺青。所謂「殺青」就是以火炙烤，削去竹黃。《後漢書·吳祐傳》李賢注云：「殺青者，以火炙簡令汗，取其青易書，復不蠹，亦謂汗簡，義見劉向《別錄》也。」《太平御覽》卷六〇六引《風俗通》曰：「劉向《別錄》殺青者，直治竹作簡書之耳，新竹有汁，善折蠹，凡作簡者皆於火上炙乾之，陳楚之間謂之汗。汗者，去其汁也。吳越曰殺，亦治也。」又云：「劉向為孝成皇帝典校書籍二十餘年，皆先書竹，改易刊定；可繕寫者以上素也。由是言之，殺青者竹，斯為明也。」明代姚福《青溪暇筆》云：「古者著書以竹，初稿寫於汗青，汗青者，竹皮浮滑如汗，以其易於改抹，既正則殺青於竹素。殺，削也，言去青皮，而書竹白，不可改易也。」姚氏意謂古人用竹簡著書立說，初稿時寫在竹皮（即竹青）的一面，因為這面浮滑容易修改；一旦改正定稿後，就刮掉青皮，將文字寫在竹白（即竹里、竹素，也有稱為笨者）面。寫在竹白面後就不可以改動了。姚氏所講的「竹素」、「竹白」，也就是我們今天講的「竹里」、「竹黃」、「篾黃」、「笨」等。姚氏所講的「殺青」尚包括削去竹子的青皮。李均明先生說：「雲夢睡虎地秦簡所見簡文一般書於竹裡，（驫案：目前出土的竹簡，絕大多數文字寫在竹裡。）但一些標題及背面也寫字者寫於竹青面，書字處皆經刮削，已去青皮，即證姚福所云。」同時他認為「木質簡牘亦當經乾燥處理，以期不變形」。陳夢家先生云：「武威出土竹簡，書寫於竹裡（即所謂笨）的一面，經久未有蟲蛀傷，出土後風化劈裂，裂處暴起成絲，此可證書寫以前一定經過殺青的手續。同出土木簡，除少數因墜入棺側受潮彎曲以外，十分之九以上平直不曲，則此等簡亦先經風乾而後上書的。」

第三節　簡牘的長短

關於古代簡牘的長短問題，在傳世文獻及有關簡牘研究的論著中皆有不少記載和論述，但由於研究者著眼點的不同或研究所依據的資料不同，因此所得出的結論也不盡一致。

在傳世文獻中，漢代王充的《論衡》、許慎的《說文解字》、鄭玄的《春秋左傳序孔疏鄭注》、蔡邕的《獨斷》、桓寬的《鹽鐵論》以及《漢書》、《後漢書》等，皆有有關簡牘長短的記載。比較重要的如：

《論衡・宣漢篇》云：「唐虞夏殷，同載在二尺四寸。」〈謝短篇〉云：「二尺四寸，聖人文語，朝夕講習，義類所及，故可務知。漢事未載於經，名為尺籍短書，比於小道，其能知非儒者之貴也。」〈正說篇〉云：「說《論語》者皆知說文解語而已，不知《論語》本幾何篇，但周以八寸為尺，不知《論語》所獨一尺之意。夫《論語》者，弟子共紀孔子之言行，敕記之時甚多，數十百篇，以八寸為尺，紀之約省，懷持之便也。以其遺非經傳文，紀識恐忘，故但以八寸書，不尺二尺四寸也。」〈書解篇〉云：「諸子尺書，文書具在。」

鄭玄注《論語序》云：「以《鉤決命》云，《春秋》二尺四寸書之，《孝經》一尺二寸書之，故知六經之策，皆稱長二尺四寸。」又云：「《易》、《詩》、《書》、《禮》、《樂》、《春秋》策皆二尺四寸，《孝經》謙半之，《論語》八寸策者，三分居一，又謙焉。」

蔡邕《獨斷》云：「其（指漢朝天子）命令，一曰策書，二曰制書，三曰詔書，四曰誡書。……策者，簡也。《禮》曰：『不滿百文，不書於策。』其制長二尺，短者半之；其次一長一短，兩編，下附篆書，起年、月、日，稱皇帝曰，以命諸侯三公。其諸侯、王、三公之薨於位者，亦以策書誄諡其行而賜之，如諸侯之策。三公以罪免，亦賜策，文體如上策而隸書，以尺一木，兩行，唯此為異者也。」

許慎《說文》云：「檄以木簡為書，長尺二寸。」

桓寬《鹽鐵論・聖詔篇》云：「二尺四寸之律，古今一也。」

司馬遷《史記・酷吏列傳》云：「客有讓杜周曰：君為天子決耳，不循三尺法，專以人主意指為獄。」孟康注云：「以三尺竹簡書法律也。」

　　班固《漢書・朱博傳》云：「如太守漢吏，奉三尺律令以從事耳。」

　　范曄《後漢書・周磐傳》云：「周磐命其二子曰：若命終之日，……編二尺四寸簡，寫《堯典》一冊，並刀筆各一，以置棺前，示不忘聖道。」又〈曹褒傳〉云：「章和元年，勅曹褒依禮條正班固所上叔孫通《漢儀》十二篇。褒既受命，乃廣以百五十篇，寫以二尺四寸簡。」又〈光武帝紀〉李賢注引《漢制度》釋策書云：「編簡也，其制長二尺，短者半之。」

　　據傳世文獻記載，在古代也曾有簡牘發現的情況，從西漢至北宋一千多年中，有記載者就有十多次，但多數沒有記錄簡牘的形制情形。比較詳細記載的要數西晉武帝太康二年（281 年）汲郡人不准盜發魏襄王墓的一次，《晉書・束皙傳》云：「初，太康二年，汲郡人不准盜發魏襄王墓，或言安釐王冢，得竹書數十車，……大凡七十五篇，七篇簡書折壞，不識名題。漆書皆蝌蚪字。初發冢者，燒策照取寶物，及官收之，多燼簡斷札，文既殘缺，不復銓次。武帝以其書付祕書校綴次第，尋考指歸，而以今文寫之。皙在著作，得觀竹書，隨疑分釋，皆有義證。」當時除了束皙外，參加整理這批竹簡的還有荀勖、傅瓚等人，《晉書・荀勖傳》云：「及得汲郡冢中古文竹書，詔勖撰次之，以為《中經》，列在祕書。」據荀勖、傅瓚校定後所作的《穆天子傳序》云：「皆竹簡，素絲編，以臣勖前所考定古尺度其簡，長二尺四寸，以墨書，一簡四十字。」

　　此外，傳世文獻明確記載發現簡牘的長短者還有劉宋順帝昇明二年（478年）在延陵縣（今江蘇丹陽縣南）發現的木簡、蕭齊建元元年（479 年）在襄陽古墓中發現的戰國時楚簡、北宋徽宗時期在皋蘭之南的天都山（今寧夏固原縣西北）發現的東漢木簡。《南史・齊本紀上・高帝紀》云：「昇明二年冬，延陵縣季子廟沸井之北，忽聞金石聲，疑其異，鑿深三尺，得沸井，奔湧若浪。其地又響，即復鑿之，復得一井，湧沸亦然。井中得一木簡，長一尺，廣二分，上有隱起字，曰：『盧山道人張陵再拜，詣闕起居。』簡木堅白，字色乃黃。」這段記載作者意在說明蕭道成不同凡人，是神的化身，他代宋稱帝是出於天意，帶有濃厚的迷信色彩。襄陽古墓出土戰國簡事見《南齊書》，《南齊書・文惠太子傳》云：「建元元年，封南郡王，邑二千戶。……時襄陽有盜發古冢者，相傳云是楚王冢，大獲寶物玉屐、玉屏風、竹簡書，青絲編。簡廣數分，長二尺，皮節如新。盜以把火自照，後人有得十餘簡，以示撫軍王僧虔，僧虔云是蝌蚪書《考工記》，《周官》所闕文也。是時，州遣按驗，頗得遺物，

故有同異之論。」襄陽，在今湖北襄樊一帶，古屬楚地，文云「相傳云是楚王冢」，墓的主人可能是戰國時楚國的貴族。出土的竹書為「青絲編」，所謂「青絲編」，就是說出土的竹簡是用青絲繩編聯成冊，這種竹書的形式大概在南朝時已極為罕見，所以特別予以著明。記載云「簡廣數分，長二尺」，意思是竹簡的寬度有幾分，長度為二尺。這種記載應當是以當時的尺度而言，如用今天的計量單位合算，出土的竹簡寬度大約在 2.4 釐米左右，長度在 48 釐米左右。

北宋在皋蘭之南的天都山出土木簡事見宋人邵博所著《邵氏聞見後錄》卷27，記載云，北宋徽宗崇寧初年，「經略天都，開地得瓦器，實以木簡札，上廣下狹，長尺許，為章草或參以朱字，表物數曰縑幾匹，綿幾屯，錢米若干，皆章和年號。松為之，如新成者，字道古，若飛動，非今所畜帖中書比也。其出于書吏之手尚如此，正古謂之札書。見《漢武紀》、《郊祀志》，乃簡書之小者耳。」根據這段文字記載，在北宋徽宗崇寧初年（1102 年前後）於秦鳳路西安州天都（今寧夏固原西北）曾出土了一個陶罐，裡面裝滿了木簡，木簡是用松木製成的，出土時和新的一樣（西北地區氣候比較乾燥，木簡日風乾後極易保存）。木簡上的字體是章草，字跡古樸有力，風韻飄逸，木簡文字中還穿插著用紅筆寫的字。木簡的文字內容是記錄著一些物品的數量，可能當屬簿籍類文書。簡文記有「章和」年號，說明這些木簡為東漢時遺物（章和為東漢章帝劉炟的年號，即公元 87 至 88 年間）。這一記載為宋時人記宋時事，比較可信。邵氏所記木簡長一尺左右，約合今 24 釐米左右，他認為這是古代的札書，「乃簡書之小者耳」。

二十世紀以來，湖南、湖北、甘肅、河南、江蘇、安徽、山東等地都出土了大量的古代簡牘實物，為我們討論古代的簡牘制度提供了豐富的實物資料。早在 1912 年，寓居日本京都的王國維受到橘瑞超從新疆所獲簡牘實物資料和斯坦因從敦煌長城烽燧遺址發掘的簡牘報導的啟發，撰寫了著名的〈簡牘檢署考〉一文（見《海寧王靜安先生遺書》第八冊），文中博採文獻所記，詳考簡牘制度，為二十世紀綜合研究簡牘制度之開山大作，對後世影響深遠。在此之後，關注和研究簡牘制度的人越來越多，比較重要的有傅振倫先生發表於《考古》社刊第 6 期的〈簡策說〉、勞榦先生發表於臺灣史語所專刊二十一、四十輯的〈居延漢簡圖版、考釋之部〉、中華書局出版的陳夢家先生所著《漢簡綴述·由實物所見漢代簡冊制度》、馬先醒先生發表於臺灣《簡牘學報》第七期

的《簡牘形制》及發表於臺灣《國際簡牘學會會刊》一號的〈簡牘制度之有無及其時代問題──附商王國維著《簡牘檢署考》〉等，他們從不同的角度對古代的簡牘制度進行了多方面的探討，並取得了一定的成績。二十世紀 80－90 年代，又出土了大量的新的簡牘材料，並公布於世，胡平生先生在前賢工作的基礎上，結合新材料又做了進一步的研究，撰寫了〈簡牘制度新探〉，發表在《文物》雜誌 2000 年第 3 期上，文章著重對竹簡、木牘以及相關材料的長短大小之制進行了新的探討，給人於新的啟發。

王國維在〈簡牘檢署考〉中對簡牘長短的主要論述有：

「古策有長短，最長者二尺四寸，其次二分而取一，其次三分取一，最短者四分取一。」

「秦漢簡牘之長短，皆有比例存乎其間，簡自二尺四寸而再分之，三分之，四分之；牘則自三尺，而二尺，而尺五寸，而一尺，而五寸。一均為二十四之分數，一均為五之倍數。」

「簡之長短皆二十四之分數，牘皆五之倍數，意簡者秦制，牘者漢制歟？」

「五帝之書名典，則以冊之大小為書之尊卑，其來遠矣，周末以降，經書之冊皆用二尺四寸。」「且不獨古六經冊為二尺四寸也，……周時國史記注策亦二尺四寸也，禮制法令之書亦然。……《鹽鐵論・貴聖篇》『二尺四寸之律，古今一也』，則律書之制也。」

「牘之最長者（三尺）為槧，其次為檄，長二尺。」「其次為傳信，長一尺五尺。」「其次為牘，長一尺。」「漢時之牘則僅有一尺、尺一兩種，此外別無所聞。又其次則為五寸，門關之傳是也。」「牘則自三尺（槧），而二尺（檄），而尺五寸（傳信），而一尺（牘），而五寸（門關之傳），均為五之倍數。」

從上引王文來看，他對簡牘長短之研究的主要觀點可以用「分數」、「倍數」說來概括，陳夢家、馬先醒、胡平生諸位都注意到這一點。胡平生先生給他歸納為：

一、古策長短皆為二尺四寸之分數。最長者二尺四寸，其次二分而取一，其次三分取一，最短者四分取一。周末以降，經書（六經）之策皆用二尺四寸，禮制法令之書亦然。其次一尺二寸，《孝經》長一尺二寸，漢以後官府尺

籍、郡國戶口黃籍皆一尺二寸。其次八寸，《論語》策長八寸。其次六寸，漢符長六寸。

二、牘之長短皆為五之倍數。最長為槧，長三尺；其次為檄，長二尺；其次為乘驛之傳，長一尺五寸；其次為牘，長一尺。天子詔書一尺一寸。又其次為門關之傳，長五寸。

馬衡、陳夢家先生基本上同意王國維的意見，陳夢家在整理完《武威漢簡》後認為武威《儀禮》簡甲本、丙本都是經書，所以長二尺四寸，乙本是單冊的經傳，所以稍短一些。「·漢人寫書所用的簡策的長短，是因其內容而分別，如《論衡》所述『大者為經，小者為傳記』，大者即長策二尺四寸，用青絲繩編之成冊，所以名之為經。」他據《後漢書·光武紀》章懷太子注所引《漢制度》述漢制皇帝策封諸侯王的策書是「編簡也，其制長二尺，短者半之」，平常的詔書則是尺一，尺一木兩行或謂尺一詔，或謂尺一板。民間經典以下的傳記諸子和書信則用一尺簡。這種尺書、尺籍和短書，亦即所謂尺牘。他認為與武威《禮記》同墓出土的日忌雜占諸簡，以及鄰近第十八號墓所出王杖十簡皆長 23 釐米左右，都是尺木。簡之最短者，如長沙楊家灣出土的戰國簡，長僅 13.5 釐米，當漢尺六寸。

李學勤先生在〈簡牘帛書〉一文中認為：「簡的長度是不一定的。據漢代記載，簡長規定與所書寫的內容有關，如用來抄寫經籍的簡最長。更早的簡是否也有類似的規定，目前還難以證明。漢代的簡，古書說《春秋》用二尺四寸簡，《孝經》用一尺二寸簡，《論語》用八寸簡，這是因為《春秋》是最重要的經書，《孝經》、《論語》則為學童諷誦之用。近年出土的東漢《儀禮》簡長度與漢尺二尺四寸是相近的。這一類規定可能有時代的變化。」他在《簡帛佚籍與學術史》的「通論」中進一步認為：「簡帛書籍實物的出現，給大家帶來許多新的認識。比如關於竹簡的形制，前人根據漢代記載認為經、子或者詔令等等各有規定的簡長，現在從實物觀察，漢初還不能說存在系統的定制。」

馬先醒先生則注重以大量的出土資料為稽考簡牘制度的素材，一直在質疑「簡牘制度之有無」，他指出王國維的「分數、倍數說」值得商榷，「案之出土實物，時屬先秦者多不如此，簡之長度自 75 釐米至 13.2 釐米雜然並陳，甚為隨意，似無制度可言」。

胡平生先生認為：「王（國維）文當然是近代簡牘學最重要的理論著作，

唯所論之簡牘長短之制，經過幾十年來出土簡牘實物的驗證，結果發現並不存在王文所說的自周秦至隋唐一以貫之的『分數、倍數』。當然，倘若因此而完全否定王文，認為簡牘『無制度』亦屬偏頗。實際上，王文中另有一句不大被人注意的話，即『以策之大小為書之尊卑』，這才是簡牘制度的『重要定律』。現在，我們要利用出土材料闡發這一觀點，對簡牘形制的規律重新加以探索。這裡的關鍵是，須按照簡牘不同的種類、性質及時代，分別排列，先分為卜筮祭禱與遣策、文書、書籍、律令四類，按時代先後分為戰國、秦、漢、三國吳、魏、晉和晉以後加以討論。」

隨著考古學的進展，從二十世紀七十年代至九十年代中，湖南、湖北、山東、甘肅、安徽等地出土了大量的古代簡牘實物，出土數量在數十萬枚，簡牘內容十分豐富，幾乎經書、諸子、兵法、法律、醫書、日書、曆譜、書信、遣策等都有涉及。時間的跨度從戰國、秦、漢、三國，直至魏晉，為我們研究簡牘制度提供了不同性質、不同時代的實物材料。在討論簡牘的長短問題上，前賢們限於掌握的實物資料，或者見木不見林，顧此失彼，或固守文獻記載，因循守舊。在簡牘尚未大量出土的時代，上述情況都是在所難免的。今天我們有幸看到了如此豐富的實物資料，就應當在現有的出土實物和文獻記載的基礎上進行科學的總結和分析。

我們主張：在宏觀方面應將出土實物與文獻記載按照不同的時代、不同的內容、乃至不同的地域進行分類排列，在排列的基礎上進行同類比較，然後再縱向觀察。在微觀方面，可以進行同墓葬出土實物比較，比如在湖北荊門郭店 M1 號楚國墓葬中就出土了許多相同類型、不同內容的簡牘，所謂相同類型即指出土的多種書籍文獻，不同內容是指這些書籍中有《老子》、有《緇衣》、有《魯穆公問子思》、有《唐虞之道》等，同為書籍但內容各不相同，且該墓出土的《老子》就有三種寫本，簡的長短也不盡一樣；又如甘肅武威磨嘴子 M6 漢墓中也出土了兩種書籍，一種是《儀禮》，一種是《日書》，兩種書籍簡的長短就不一樣，更為重要的是該墓出土的《儀禮》也有甲、乙、丙三種寫本，甲種、丙種的簡長比較接近，同在 55.5－56.2 釐米之間，而乙種寫本就比甲、丙兩種短一些，僅有 50.5 釐米長。再比如在甘肅天水放馬灘秦墓 M1 中同時出土了兩種《日書》，屬於同類文獻，但甲種《日書》簡長為 27.5 釐米，乙種《日書》簡長為 23 釐米，同一個時代、同一種類型，又出在同一個墓葬中，其長

短也會不同。類似這樣的例子還可以舉出一些。

我們認為，關於簡牘制度的問題是個比較複雜的問題，從目前所見出土實物與文獻記載比較來看，還難以從中找出個規律或制度來，即使是同時代、同類型的簡牘，其長短也還是有差異的。我們認為，即便在秦漢時期的歷代中央都規定有抄寫簡牘的制度，但在各地執行過程中也未必那麼嚴格，尤其是民間或邊戍之輩，多就地取材，或宥於習慣，自有章程，難以一概而論。這或許與不同地域的經濟基礎、政治文化，乃至物產（尤其是用來製作簡牘的材料）有著很大的關係。因此，在研究簡牘制度時，我們必須全方位地綜合考慮，必須將文獻記載和出土實物結合起來進行研究，對於傳世文獻的記載，雖然不可百分之百的相信，但也不可輕易冒然地作出否定；對於出土實物來說，我們應當按照不同時代、不同內容、不同地域等進行分類排行，同類比較，縱向觀察，切忌見木不見林；只有這樣，方可對古代簡牘制度有個比較接近事實的認識。

附錄：

胡平生先生在〈簡牘制度新探〉一文中對不同時代、不同種類的簡牘長短進行了排隊比較，現附錄如下，供讀者參考。

表一　　　　　　楚墓出土遣策長度一覽表　　　單位：釐米

	墓葬	內容	長
1	江陵天星觀 M1	卜筮祭禱簡與遣策	64～71
2	信陽長臺關 M1	遣策	68.5～69.5
3	荊門包山 M2	卜筮祭禱簡與遣策	59.6～72.6
4	江陵望山 M2	遣策	64.1
5	江陵望山 M1	遣策	52.1
6	長沙仰天湖 M25	遣策	22
7	長沙楊家灣 M6	遣策	13.5
8	江陵馬山磚廠 M1	遣策	11
9	隨州曾侯乙墓	遣策	72～75

表二　　　　　　　　秦漢墓出土遣策長度一覽表　　單位：釐米

	墓葬	內容	長×寬
1	江陵楊家山秦墓 M135	遣策竹簡	長 22.9
2	雲夢大墳頭漢墓 M1	遣策木牘	24.6×6.1
3	江陵張家山漢墓 M247	遣策竹簡	長 23.1
4	江蘇盱眙東陽漢墓 M7	木牘	23.3×4.2
5	江蘇海州西漢霍賀墓	遣策木牘	22×6.5
6	荊州蕭家草場漢墓 M26	遣策竹簡	長 23.7～24.2
7	江陵鳳凰山漢墓 M167	遣策木簡	長 23
8	江陵鳳凰山漢墓 M168	遣策竹簡	長 24.2～24.7
9	鹽城三羊墩漢墓	遣策木牘	22.8×3.5
10	馬王堆漢墓 M1	遣策竹簡	長 27.6
11	馬王堆漢墓 M3	遣策木牘	長 27
12	江蘇海州西漢侍其繇墓	遣策木牘二	23×7.5
13	廣西貴縣羅泊灣漢墓 M1	遣策木牘	38×5.7
14	同上	遣策木牘	29×4.9
15	同上	遣策木牘	25.2×4.8
16	江陵高臺漢墓 M8	遣策木牘	23.1×5.7
17	東海尹灣漢墓 M2、M6	遣策木牘數塊	23×6
18	江蘇儀徵胥浦漢墓 M101	遣策木牘	23.3×7.5
19	海州網疃莊東漢墓	遣策木牘	23×6.7

表三　　　楚墓文書簡長度一覽表　　單位：釐米

	墓葬	內容	長
1	荊門包山 M2	法律文書竹簡	55.2
2	常德夕陽坡 M2	文書竹簡二枚	67.5～68

表四		秦漢文書簡牘長度一覽表	單位：釐米
	墓葬或遺址	內容	長×寬
1	雲夢睡虎地秦墓 M4	木牘家書	23.1×3.4
2	天水放馬灘秦墓 M1	邸丞告書竹簡	長 2.3.5
3	睡虎地秦墓 M11	語書	長 27～27.5
4	同上	為吏之道	長 27.5
5	同上	法律問答	長 25.5
6	同上	封診式	長 25.2
7	同上	編年記	長 23
8	雲夢龍崗秦末墓 M6	木牘法律文書	36.5×3.2
9	長沙馬王堆漢墓 M3	木牘告地書	25×3.3～3.5
10	儀徵胥浦漢墓 M101	簡冊遺囑文書	長 22.3
11	邗江胡場漢墓 M5	竹簡借錢記錄契約	長 36.1
12	同上	木牘告地書等 13 塊	23×3.5～7
13	甘谷劉家坪東漢墓	奏書簡冊	長 23
14	武威五壩山漢墓 M5	木牘私文書	25×7
15	江陵高臺漢墓 M18	木牘文書	14.8×3.15
16	同上	木牘文書	23×3.7
17	同上	木牘文書	23×3.7
18	同上	木牘文書	23.2×4.5
19	東海尹灣漢墓 M6	集簿等木牘文書數種	23×6
20	同上	名謁木牘	23×6
21	同上	日記簡冊	長 23.5
22	居延漢簡	賜勞名籍簡冊	長 22.6
23	同上	功勞墨將名籍簡冊	長 24.4
24	同上	驛馬名籍簡冊	長 23.2
25	敦煌漢簡	書信簡	長 24
26	同上	出入粟麥簡	長 24.5
27	同上	書信簡	長 24.7

28	居延新簡 T5.1	功勞墨將名籍簡冊	長 22.8
29	同上 T52.15	北邊郡販賣鐵器文告簡	長 23.5
30	同上 T53.38	日跡簿簡	長 23.6
31	同上 T57.72	賈買復綺契約簡	長 27.1
32	同上 F22.1～35	甲渠侯責寇恩事爰書簡冊	長 22.6～23
33	同上 F22.326	案疑賊殺人文書簡	長 27.7
34	同上 F25.1	出入簿簡	長 22.1
35	同上 T50.14	伐閱簿簡	長 24.5

表五　　　　三國文書簡牘長度一覽表　　　單位：釐米

	墓葬或遺址	內容	長×寬
1	長沙走馬樓 J22	佃田租稅券書木簡	長 47～55
2	同上	官文書司法文書木牘	長 23.4～25
3	同上	黃簿名籍簡	長 23.2～23.5
4	同上	名刺木牘	24.2×3.2
5	同上	私信	24.2×3.2
6	同上	私信	23.9×3.4
7	馬鞍山吳朱然墓	名刺木牘 14 枚	24.8×3.4
8	同上	名刺木牘 3 枚	24.8×9.5
9	南昌陽明路吳高榮墓	名刺木牘	24.5×3.5
10	鄂城水泥廠吳墓 M1	名刺木牘 6 枚	24～25×3.3
11	樓蘭魏晉遺址	駐軍書信木簡	長 22.5～23.7
12	同上	出入器物食糧木簡	長 24.1～24.8
13	南昌東湖區晉墓 M1	名刺木牘 5 枚	25.3×3
14	甘肅高臺常封晉墓	木牘	23.9×4.5

表六　　　　　楚墓書籍簡牘長度一覽表　　　　單位：釐米

	墓葬	內容	長
1	信陽長臺關 M1	佚書（墨子？）	45
2	慈利石板村 M36	兵陰陽書、史書	45
3	荊門郭店 M1	老子甲組	32.3
4	同上	老子乙組	30.6
5	同上	老子丙組	26.5
6	同上	緇衣	32.5
7	同上	魯穆公問子思、窮達以時	26.4
8	同上	五行	32.5
9	同上	唐虞之道、忠信之道	28.3
10	同上	性自命出、尊德義、六德	32.5
11	同上	語叢	15
12	江陵九店 M56	日書、農書（？）	長 46.2～48.2

表七　　　　　秦漢書籍簡冊長度一覽表　　　　單位：釐米

	墓葬或遺址	內容	長
1	天水放馬灘秦墓 M1	日書甲種	27.5
2	同上	日書乙種	23
3	江陵王家臺秦墓 M15	歸藏	23
4	同上	日書	45
5	雲夢睡虎地秦墓 M11	為吏之道	27.5
6	同上	日書甲種	25
7	同上	日書乙種	23
8	荊州周家臺秦墓 M30	日占、日書、曆譜等	29.3～29.6
9	同上	病方簡	21.7～23
10	馬王堆漢墓 M3	雜禁方	22.5～23
11	同上	合陰陽	23～23.2
12	同上	十問	23.2～23.7
13	同上	天下至道談	28～28.2

	墓葬或遺址	內容	長
14	臨沂銀雀山漢墓	孫子兵法、六韜、尉繚子等	27
15	同上	晏子	27.2～27.5
16	同上	元光元年曆譜	69
17	阜陽雙古堆漢墓	詩經	24～26
18	江陵張家山漢墓 M247	蓋廬	30.1
19	同上	脈書、引書	34.5
20	同上	算數書	30.1
21	同上	曆譜	23
22	東海尹灣漢墓 M6	神烏賦、刑德、行道吉凶	23.5
23	同上	神龜占、博局占、曆譜	長23×寬6
24	武威磨嘴子漢墓 M6	儀禮甲、丙二種	55.5～56.2
25	同上	儀禮乙種	50.5
26	同上	日書	20～22
27	武威旱灘坡東漢墓	醫方簡牘	簡 23～23.4 牘 22.7～23.9
28	流沙墜簡	曆譜簡	36
29	居延新簡 F22.636	曆譜簡	27.8
30	同上	相寶劍刀簡冊	22.6
31	同上 T65.48	刑德簡	22.1
32	同上 T49.3	厭魅書簡	22.8
33	同上 T50.1	蒼頡篇簡	23
34	同上 T51.390	晏子簡	23
35	同上 T5.14	急就章簡	17.7
36	定州八角廊漢墓 M40	論語簡	16.2
37	同上	儒家者言簡	11.5

表八　　　　　秦漢律令簡冊長度一覽表　　　　　單位：釐米

	墓葬或遺址	內容	長
1	青川郝家坪秦墓 M50	為田律木牘	長46×寬3.5

2	雲夢睡虎地秦墓 M11	秦律十八種、效律等簡	27～27.5
3	雲夢龍崗秦墓 M6 簡	與禁苑相關的律令簡	28
4	江陵王家臺秦墓 M15	效律簡	45
5	江陵張家山漢墓 M247	律令二十六種簡	30～31
6	江陵張家山漢墓 M247	奏讞書簡	30
7	臨沂銀雀山 M1	兵令、李法、守令	27.5
8	居延漢簡	詔令目錄	67.5
9	武威磨嘴子 M18	西漢高年授王杖詔令	23～24
10	武威磨嘴子徵集	王杖詔令冊二十六簡	23.2～23.7
11	武威旱灘坡東漢墓	御史挈令、蘭台挈令、衛尉挈令、尉令、田令等	23～24
12	居延新簡 F16.1～17	塞上烽火品約簡冊	38.5
13	同上	候史廣德坐不循行部檄	82

第四節　簡牘的名稱

　　今天我們所說的「簡牘」，實際上是對我國古代遺存下來的竹簡和木牘等的統稱。從出土實物來看，它們的形狀、大小、厚薄、長短都很不一致。有的呈條狀形，有的呈方板形，有的呈棱柱形，有的呈楔形；有的較厚，有的較薄；有的長達 70 釐米，有的僅有幾釐米，還有的空白無字。人們根據其不同的形狀和不同的用途，對它們的稱呼也各有不同。本世紀以來不少學者對其進行過專門的研究和闡述，陳夢家、林劍鳴、鄭有國、薛英群、李均明等先生結合出土實物或根據其質料，或根據其用途，或根據木簡自書名稱，一共羅列出十幾種名稱。鄭有國先生在其《中國簡牘學綜論・簡冊制度》中說：「古代人們根據這些簡牘的不同形制，稱之為方、觚、檄、箋、札、柹、牒、槧，或根據其不同的用途稱之為檢、遣策、符、楬、棨等等。」李均明先生在《簡牘文書學・簡牘素材》中說：「素材乃指未書字之載體，簡牘素材因其形制及用途不同，稱謂亦異，常見者有札、牒、簡、兩行、方、版、牘、槧、檄、檢材、觚、柹等。」薛英群先生在《居延漢簡通論・簡牘制度》中根據居延出土木簡自書名稱，列出牒、檢、板、檄、札、槧、簡、兩行、觚、冊、符、傳、過

所、柿等十四種。陳夢家的《漢簡綴述》、林劍鳴的《簡牘概述》書中只列舉了一些主要者，名稱已含在上列諸家之中。上列諸家所稱，除去重複者，約有簡、牘、牒、方、柧（觚）、檄、札、槧、籤、版（板）、檢、楬、冊（策）、兩行、棨、符、傳、過所等十八種，下面綜合大家的意見，簡略地介紹一下各自的形制和用途。

1. 簡　《說文》云：「簡，牒也。从竹間聲。」段玉裁注云：「按簡，竹為之；牘，木為之；牒、札其通語也。」《漢書·路溫舒傳》師古注曰：「小簡曰牒。」《急就篇》師古注：「牘，木簡也。」《春秋左傳序》孔疏：「單執一札謂之簡。」《文選·杜預〈春秋左氏傳序〉》呂向注云：「大竹曰策，小竹為簡，木版為牒。」李均明先生認為：「以『簡』訓『牒』、訓『札』、訓『牘』，則簡之含義最廣泛。札、牒、簡三者，廣義而言為一物，而稱牒者多為已編聯成冊之簡札。」薛英群先生認為：「在社會實際應用中，這種嚴格的區別並不明顯，這也正是段玉裁所講的『牒札其通語也』的意思。」

2. 牘　《說文》云：「牘，書版也。」段玉裁注云：「牘，專謂用於書者，然則《周禮》之『版』，《禮經》之『方』，皆牘也。李賢《蔡邕傳》注引《說文》而曰『長一尺』，按漢人多云尺牘。《木部》云：『槧，牘樸也。』然則粗者為槧，精者為牘。」孫機先生認為：「方特指接近方形之版，牘、版、方都比一般竹簡為寬，常常是單片使用的。」（《漢代物質文化資料圖說·文具Ⅱ》，文物出版社）李學勤先生云：「將木材做成木板，呈長方形，表面修治平整，就稱為『牘』，也是常用的書寫材料。漢代個別地方也有竹牘，但很罕見。」（《中國歷史研究知識手冊·簡牘帛書》，河南人民出版社）李均明先生云：「牘之稱謂，既指已成文之書，又指其材料。牘之為素材，乃精細加工而成。」李均明所云，也見於文獻記載。如《戰國策·齊策》云王建母臨終時言，命「取筆牘受言」、《韓詩外傳》載周金曰：「墨筆操牘，從君之過，而日有記也。」這裡的「牘」都當指未書字的牘材。《急就篇》師古注云：「牘，木簡也，既可以書，又執之以進見於尊者，形若今之木笏，但不挫其角耳。」陳夢家先生云：「版牘的應用，似屬于次於公文書。……其寬度則應寬於編冊的木簡。《論衡·效力篇》曰『書五行之牘』；《春秋·序》曰：『小事簡牘而已』，孔疏云：『牘乃方版，版廣於簡，可以並容數行。』……出土漢簡作長方形而有數行者應為版牘。」1989 年冬，湖北雲夢龍崗六號秦墓出土了木牘一

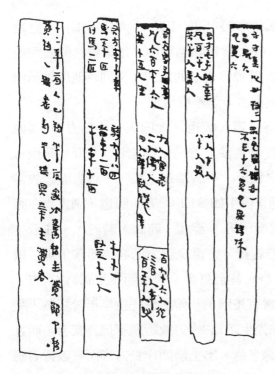

馬王堆 3 號漢墓出土木牘

方，長方形，出土時完整無缺，牘面較平，尚可見刀削之痕。正反兩面皆墨書秦隸書，計三十八字，正面書二行，反面一行。牘長 36.5 釐米，寬 3.2 釐米，厚 0.5 釐米。出土木牘數量較多的墓葬有江蘇連雲港市尹灣漢墓，共出土 24 方。劉洪先生根據尹灣漢墓出土的木牘研究認為：關於木牘的長度，既有文獻記載，又有出土實物的顯現。將文獻記載的木牘長度和出土的木牘長度進行比較，其結論是兩者之間有相同的，也有不相同的。他認為關於木牘的長度，在一個歷史時期，似無定例。關於木牘的寬度和

厚度，未見古籍裡有過確切的記載。尹灣漢墓出土的木牘，寬的可達 9 釐米，窄的只有 6 釐米；厚的有 0.6 釐米，薄的僅有 0.2 釐米。根據出土實物的分析研究，可以判明木牘的寬度、厚度沒有明確的規定。他認為：「所有這一切說明，古籍的記載及王國維根據文獻所考證出來的並不確切，而從出土的實物來看，簡牘的長短、寬窄、厚薄不是絕對的，並沒有固定的制度。有時，同時間、同性質、同內容的簡牘，其長短、寬窄、厚薄並不完全一樣。」(《尹灣漢墓簡牘綜論‧從東海尹灣漢墓新出土簡牘看我國古代書籍制度》，科學出版社)

3. 牒　《說文‧片部》云：「牒，札也。」〈木部〉云：「札，牒也。」〈竹部〉云：「簡，牒也。」牒、札、簡在古代文獻中經常互訓，段玉裁注《說文》云：「按厚者為牘，薄者為牒。」陳夢家先生認為：「牒於漢代稱為編牒，是其可以編連成冊。《玉篇》訓牒為札為譜，《史記》屢稱譜牒、牒譜、牒，《漢書‧藝文志》有曆譜一類，出土漢簡中的曆譜皆可以編連，屬於牒之一種。先秦的編牒當只是名籍、曆譜之類，漢世並以名木簡所編的經牒。」李均明先生則認為：「牒、札、簡三者，廣義而言為一物，而稱牒者多為已編聯成

冊之簡札。」《文選‧杜預〈春秋左氏傳序〉》呂向注云：「大竹曰策，小竹為簡，木版為牒。」薛英群先生認為：「在社會實際應用中，這種嚴格的區別並不明顯，這也正是段玉裁所講的『牒札其通語也』的意思。」同時他以居延出土之牒書研究認為，西漢時期的牒書其長度並無嚴格規定。

4. 方　《正字通‧方部》云：「方、策，版也。大曰策，小曰方。」《儀禮‧聘禮》：「百名以上書於策，不及百名書于方。」鄭玄注：「策，簡也。方，板也。」賈公彥疏曰：「方若今之祝板，不假編連之策，一版書盡，故言方板也。」《史記‧張丞相列傳》裴駰集解引如淳曰：「方，版也。謂書事在版上者也。」《禮記‧既夕篇》云：「書贈于方，若九，若七，若五。」注云：「方，板也。每板若九行，若七行，若五行。」這是就方的容字而言，可以根據書寫的內容寫九行、寫七行、寫五行，甚至更多。李均明先生認為：「方、板、版當屬一類，故可代替，但形制當有差別。」傅振倫先生早年曾認為「版為方的一種，或較方為稍厚」。陳夢家先生認為：「方或版牘不但為寬者，而且是單片的。而方之稱為版者，則為簿錄名簿。出土漢簡作長方形而有數行者應為版牘。」湖北睡虎地出土的竹簡《司空律》中有「令縣及都官取柳及木柔可用書者，方之以書，毋方者乃用版」的規定，可見早在秦代確已有方存在。

5. 柧（觚）　《說文》云：「柧，棱也。从木瓜聲。」《玉篇》云：「柧，棱木也。」《說文繫傳》引《字書》曰：「三棱為柧木。」字或作「觚」。顏師古注《急就篇》云：「觚者，學書之牘，或以記事，削木為之，蓋簡屬也。孔子嘆觚，即此之謂。其形或六面，或八面，皆可書。觚者，棱也，以有觚角，故謂之『觚』。……今俗猶呼小兒學書簡為『木觚章』，蓋古之遺語也。」在顏師古的注解中，「學書之牘，或以紀事」，講的是觚的用途；「削木為之」，講的是觚的材質；「蓋簡屬也，……其形六面，或八面，皆可書」，講的是觚的形制；「觚者，棱也，以有觚角，故謂之觚」，講的是觚之名義；「今俗猶呼小兒學書簡為『木觚章』，蓋古之遺語也」，乃是對於「觚者，學書之牘也」一語的補充。唐代李善注《文選‧文賦》云：「觚，木之方者，古人用之以書，猶今之簡也。」《一切經音義》卷七十三引《通俗文》曰：「木四方為棱，八棱為柧」。羅振玉根據當時所見，在其《流沙墜簡》中也對觚進行了一些分析，他認為：「觚為三廉狀，上二面略狹，下面則較廣，明為方柱形之半。從方柱之兩頂角剖而為二，則為兩觚，故三面之中二狹而一廣。又觀觚上有穿，明為聯

屬之用，初由一方，而斯兩觚，復以二觚為一方。……蓋並之為方，析之為觚，本是一物。」從上面所引各家對「柧（觚）」的解釋來看，雖在某一方面有不同的見解，但就其形質來說，都以為柧（觚）就是將木材加工成多面體柱形的書寫材料，有棱。（如圖）李均明先生根據出土的敦煌、居延簡牘，統計出有多者八面、少者三面的柧，如《敦煌漢簡》1448 為八面體，《居延新簡》EPT17·1、EPT53·49 為六面體，《居延新簡》EPT14·7、EPT48·55 為五面體，《敦煌漢簡》639、《居延新簡》EPT48·62 為四面體，《敦煌漢簡》1972、《居延新簡》EPT51·466 為三面體。揚州甘泉山出土之東漢劉元臺買地磚券乃仿柧形，七面體。他認為「凡三面以上形態的書寫材料，當皆稱為柧」。

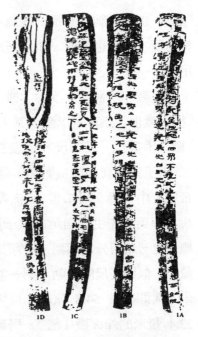

玉門花海出土抄錄「制詔皇大子」文書的「觚」

薛英群先生根據居延破城子出土的三十六枚木觚所書寫的內容進行了考察，他說：「其內容涉及詣官封符、遣補史令、奉遣詣官、疑有虜入、烽火傳報、跡符出入、買車錢少、侯官行走、吏卒食薄、病悲哭死、坐不循行、轉射皆完、往來信札以及烽火不如品詣官驗問等。」破城子發現最長的觚為 88.2 釐米，也有 54.8 釐米者。江陵鳳凰山 168 號漢墓出土的江陵丞告地下丞書也寫在一塊削出五面的弧形竹板上。敦煌出土的《急就章》木觚為三個面，每面寫有二十一字，共寫六十三字，正好寫完《急就章》的一章。而且此觚上部削出斜角，寫有「弟」、「一」二字，字間有孔，以備穿繫。「弟」，《說文》云：「韋束之次第也。」陳夢家先生認為：「弟」後來從竹作「第」，敦煌出土《急就章》的「弟一」之「弟」猶「卷一」之「卷」，最初是名詞，後來引申為次第的形容詞。由此可知書冊分「第」之法由於韋束，而韋束乃編束木札或木觚之上端穿孔之用，因此木札所束的單位也就稱為「弟」。鄭有國認為：「為了使一枚簡牘能多容一些文字，除了採用加寬、加長的辦法之外，還可以採用一種削棱角的辦法。一根圓木條，削出一個面可以寫一行字，削成三個面、四個面，甚至更多一些就可在一枚簡牘中容下更多的文字，這種多面體的簡牘，可以稱為

『觚』。這種形制的簡牘一般為木質的，而且較之用竹做成冊方便的多。由於取材方便，削治也方便，所以多用以書寫不太重要的習字書，或是記事和起草之用。」

6. 檄　《說文》云：「檄，二尺書，從木敫聲。」劉熙《釋名》認為：「檄，激也，下官所以激迎其上之書文也。」《漢書‧申屠嘉傳》顏師古注云：「檄，木書也，長二尺。」段玉裁認為《說文》說的「二尺書」應當讀為「尺二」。王國維《簡牘檢署考》認為仍以「二尺」為妥。顏師古在注《漢書‧高帝紀》中又云「尺二書」。史書記載檄之長短很不統一，因此研究者也各持一說。薛英群先生從居延破城子出土的檄考察後認為：「居延破城子出土的檄，概言之，略可分為兩類，一類是木簡，一類用觚，均屬檄書。木簡檄最短為 22 釐米，似均屬尺簡範圍。另一類以觚寫檄文，如候史廣德坐不循行檄長 88.2 釐米，入關檄長 54.8 釐米，烽火檄長 42 釐米等。當然也有用短觚者，如僅有 23.4 釐米的烽火檄（觚）。居延出土之檄，除觚之長短相差甚遠外，凡木札檄書之長短差之很微，均約為漢制一尺上下。」鄭有國先生說：雖然「檄之長短在人們的觀念中是很不統一的，但檄作為傳達軍情，表示急件，各家的看法是比較一致的。新出土的一枚居延簡，現稱《候史廣德坐不循行部檄》，據報導，這枚檄為漢宣帝元康三年（公元前 67 年）遺物。檄長 82 釐米，係用一根樹枝取上半部分兩面削平，下端仍保留樹枝的原狀。檄的內容為指責候史廣德不循行各部，造成各部物品損害。從檄之長度看，這是迄今所見最長的。關於檄的長度，我以為不必拘泥，檄重要在於其用途，傳達軍情，以示緊急情況，而不在於長短。」從出土實物來看，檄有「板檄」和「合檄」兩種。就其性質而言，于豪亮先生在《居延漢簡釋叢》中對其有過詳細的論述。他說：「板檄，其實就是一般的檄。這是寫在木板上的文書，上面不用木板封蓋，便於廣泛供人傳閱，這在古代是應用很廣的文書。它可以用作對敵人的通知，並宣布敵人的罪狀；可以用來徵集軍隊，如果檄上插了羽毛，則表示軍情緊急；可以是上級對下級的指令；可以是官吏的任命令；可以是赦令、贖令；可以是證明文書。由此可見，在漢代凡是需要廣為流傳的文件都用檄。合檄之名不見於古籍，根據『合』字的涵義，合檄必然是把文件寫在大小相等的兩片木板上，然後把有字的一面相向重合起來，再纏上繩子，印上封泥。上面的一片木板上必然要寫上收件人的地址和姓名，這樣，上面一片同時也起著封檢的作用。因為

如此，合檄只能由收件人拆封，不能供人傳閱，與內容公開的板檄性質就不同了。」李均明先生從另一角度闡述了對「檄」的認識，他說：「『檄』通常是文書的稱謂，但用於寫檄文的素材也稱『檄』。如《居延新簡》EPF22·456 云『致檢材五，當檄十』，即謂五枚檢材可充十枚檄材之數。又《居延漢簡釋文合校》7·8『……兩行冊、札百、繩十丈、檄三……』、《合校》273·1『繩十丈、札五十、檄二……』、《居延新簡》EPT52·726『……兩行、札三百、檄二十……』，此三簡皆為輸送簡材的紀錄，檄與札、兩行並列，亦表明其為素材而非成文之文書。」

7. 札　《說文》云：「札，牒也。」段玉裁注云：「《片部》曰：『牒，札也。』二字互訓。長大者曰槧，薄小者曰札、曰牒。」《漢書·司馬相如傳》云：「請為天子游獵之賦，上令尚書給筆札。」顏師古注曰：「札，木簡之薄小者也。時未多用紙，故給札以書。」李均明先生認為「札」是「比較窄的簡材，通常用於書寫一行文字，它是作為書寫素材被發放的。」在《居延漢簡》中我們也發現有有關「札」作為書寫材料發放的記載，如 74·E·P·T4：58「札長尺二寸，當三編」，74·1·E·P·T·59：154A「兩行百、札二百、繩十枚」。從這些記載來看，札的長度有一尺二寸者，甚至可以有三編。《酉陽雜俎·盜俠》云：「札，木片。」所謂木片者就是指未經書寫的素材或素簡。還有一種把「札」解釋為「櫛」者，如劉熙《釋名·釋書契》曰：「札，櫛也。編之如櫛齒相比也。」畢沅曰：「《說文》『冊』象其札，一長一短，中有二編之形，故曰編之如櫛齒相比。」陳夢家先生云：「用單繩編札之法，不同於用多繩編冊之法，所以劉熙《釋名·釋書契》分別兩事，曰『札，櫛也，編之如櫛齒相比也』，『簡，間也，編之篇篇有間也』。編之篇篇有間者，指編冊的竹簡與竹簡之間皆因兩面穿綴幾道繩子而生間隔；編之如櫛齒相比者，或指編札如梳子，一道繩束在上，如梳之上部，而垂掛之諸札，如梳之有櫛齒並列，上連而下不連，如梳比然。」

8. 槧　《說文》云：「槧，牘樸也。」段玉裁注云：「粗者為槧，精者為牘。」這是從加工精度來講的。他注「札」字時說：「長大者曰槧，薄小者曰札。」這是從體積大小來講的。劉熙《釋名·釋書契》云：「槧，板之長三尺者。」這是從槧之長短來講的。朱駿聲《說文通訓定聲》云：「牘，長一尺，既書曰牘，未書曰槧。」這是從上面是否寫文字來講的。《論衡·量知篇》

云：「斷木為槧，枾之為版，力加刮削，乃成奏牘。」這是從原始加工說起。上面所引是不同的作者從不同角度對「槧」的解釋，每家所言只強調了自己所要表達的意思，但都不全面。如果把他們的意思歸納起來，是否可以這樣認為：槧是加工版、牘的原始材料，比札厚大，有三尺長者，上面未經書寫文字。李均明先生認為槧是已經截斷的、未片解的用於製牘的半成品。林劍鳴先生認為《說文》釋「槧」為「牘樸」，「樸」有未經雕飾的意思，「牘樸」就是未經寫字的牘。他還認為「三尺槧」確實存在，如《居延漢簡甲編》第 2551 號長達 67.8 釐米，下半段還有殘缺，漢三尺約合今 70 釐米，可見三尺之「槧」是確實有的。他還認為三尺槧在使用時可斷為三截，於是就變成了一尺之牘。也有在三尺槧上直接寫字的，如《居延漢簡甲編》第 2551 號，這就成了三尺左右的一支長簡。

9. 箋　《說文》云：「箋，表識也。」程大昌《演繁露》云：「古無紙，專用簡牘，簡則以竹為之，牘則以木為之。康成每條自出己說，別以片竹書之而列毛傳之旁，故特名鄭氏箋者，明此箋之語，已實言之也。」意謂鄭康成當年對《毛詩》作注時，每有注釋要發表自己的看法時，就另外用片竹（小簡）寫好，繫在《毛傳》相應簡的旁邊，並寫明這是鄭氏做的箋注。從這裡我們可以看出「箋」是讀書者讀書時隨手書寫注釋用的一種比較小的簡牘。後人稱注釋為箋就是起源於此。陳夢家先生說：「劉向校書，先作箋記，附繫於原簡冊下。其《晏子敘錄》曰：『中書以夭為芳，又為備，先為牛，章為長，如此類者多，謹頗略檢，皆已定以殺青書，可繕寫。』又《列子敘錄》曰：『或字誤，以盡為進，以賢為形，如此者眾，及在新書有棧，校讎從中書，已定，皆以殺青，書可繕寫。』榆、棧皆即箋字，《說文》訓為『表識書也』。漢及其前，以六寸之『專』注寫經之解說，名之為『傳』，亦同於箋。漢代校讎和繕寫定本手續，大約如此。」

10. 版（板）　《說文》云：「版，片也。」即指片狀的木材。出土簡文或作「板」，《廣韻》云：「版同板。」《居延漢簡》74·E·P、T57：51 有「禹所假板十四枚，第十三燧所假板十五枚，凡得板七十枚，謹遣第十一」。薛英群先生云：「居延出土之板，除樸板外，多作合板檢，或稱板檢。所謂合板，即上下兩板相合，便於保密封檢，在居延地區所發現的多是合板檢，這應屬於重要的緊急文書。板的長度多為漢代之尺牘，絕大多數均長 23 釐米左右，最寬者

為 4.5 釐米，最厚者為 0.5 釐米。……板是一種如簡札的書寫用品。一尺見方的板曰方。」李均明先生認為方、板、版都為書牘材料，在古文獻中多見方、版、板互訓例，因此，它們當屬一類。詳見前 4 說「方」節。

11. 檢　《說文》云：「檢，書署也。」徐鉉注云：「書函之蓋，三刻其上，繩緘之，然後填以泥，題書其上而印之也。」段玉裁注云：「書署，謂表署書函也。」《廣韻》曰：「書檢者，印窠封題也，則通謂印封為檢也。」《說文通訓定聲》云：「藏之而幖題之謂之檢，今字作簽。」薛英群先生云：「漢代，不論文書標題或衣物標識一律稱檢，似無檢、簽之分。」他還說：「居延出土之檢，最長者為 38.5 釐米（《右塞上烽火品約》題檢），最短者長 3.8 釐米（《六石具弩一完》守御器題檢）。如將檢加以詳分，還可以分為加封泥印鈐者為檢，不加封泥印鈐而僅為器物文書標題的簽，或可稱為題簽。由於檢作為書署的特殊用途，因此其長寬尺度隨文書的尺度而定，難有統一規範，這就是為什麼同是檢而尺度懸殊甚大的主要原因。」林劍鳴先生云：「從現今發現的實物可知，『檢』就是覆蓋在本文上的一片簡牘，在這片簡牘上用繩拴住，再寫上收信人姓名、地址。這片簡牘要比一般的寬一些，如已發現的『甲渠候官』檢，中間一行是收信人『甲渠官』，右側『高弘』二字是封信人的名字，左側小字寫上何時到達，收到信後在簡側簽名。」鄭有國先生認為：「檢的作用類似今日的信封。『檢』是夾在文書外面的兩塊簡牘。在檢上必須寫上寄往何處、文書種類、數量。然後傳遞文書的單位必須在檢上署上幾時收到，幾時發出，從何處傳來，發向何處。《釋名》釋『檢』，『禁也，禁閉諸物使不得開露也』，是指『檢』起保護文書不被窺閱的作用。由於檢上一般有文書傳遞的方向、傳遞文書的單位署名，所以陳夢家先生根據檢上的『南書』、『北書』，分析漢代郵程方式、路線及候官所在。」李均明先生從製作封檢的檢材分析，認為：「封檢設有封泥槽，需要一定的厚度才能製成，故檢材通常大於簡材，簡之所云『檢材五，當檄十』即證。」

12. 楬　《說文》云：「楬，楬櫫也。从木曷聲。《春秋傳》曰：『楬而書之。』」張文虎《舒藝室隨筆》：「『楬』與『櫫』義通，疑說解以『櫫』訓『楬』，衍一『楬』字耳。段玉裁據《韻會》引及趙凡夫鈔本，近刻《五音韻譜》改為『楬櫫』，不如兩存之。」段玉裁注《說文》云「櫫」同「著」，他認為：「楬，書其數量以著其物。今時之書，有所表識，謂之楬櫫。」「楬櫫」是

漢時語。《周禮・秋官・職金》曰：「辨其物之微惡與其數量楬而璽之。」鄭玄注云：「既楬書楡其數量，又以印封之，……有所標識謂之楬櫫。」由此看來，楬是用來書寫某些物品的數量、名稱等，然後繫（或放）在該種物品上的標識簽。從出土實物來看，楬大部分用於隨行物品上，將楬繫在隨行物上，標明該物的名稱數量等，如馬王堆 1 號墓出土的遣策上面就有標明遣策內物品的楬。在居延邊塞出土的簡牘中也發現有許多楬。有的是專門標識在官吏申請探親的報告上，有的是專門標識在吏病及視事書卷上。鄭有國先生云：「楬的形狀，根據出土實物看，很不一致，有的由兩塊合成，有的頭部畫以網狀紋。夏鼐先生在敦煌考察漢代烽燧遺址時，出土了 6 塊楬，有的有字，有的無字，形狀也不一，夏鼐先生認為，楬有兩類，一類插於物品上，一類繫於文書上。」

13. 冊（策）　《說文》云：「冊，符命也。諸侯進受於王也。象其札一長一短，中有兩編之形。」徐灝《說文解字注箋》云：「凡簡書皆謂之冊。」《尚書・多士》「惟殷先人有冊有典」，孔傳：「殷先世有冊書、典籍。」《禮記》鄭注云：「冊字五直，像一長一短，像其意而已，其簡之若干未可臆定也。」在古文獻中，「冊」通「策」，《集韻・麥韻》：「冊，通作策。」《獨斷》卷上：「策者，簡也。其制長者二尺，短者半之。其次一長一短，兩編下附。」《荀子・大略》楊倞注：「策，竹編為之。」從上面的記載來看，將簡編連起來就稱之為冊，「冊」字是個古老的漢字，在甲骨文、金文中都有出現，而且也是書冊的意思。至於「冊」與「策」在簡冊這個意義上通用，學者們曾有不同的解釋：王國維認為「策」的本義是「鞭策」，「策」是「冊」的假借字，因此二字可以互用。顧彪認為「簡」、「策」之別在於長短，短者為簡，長者為策，惟其簡長有二尺四寸似馬鞭者，故可借鞭策稱之。陳夢家先生認為：「簡、札與冊是應分別的，前者為單一的簡或札，後者為編連若干簡或札而成的書冊。《儀禮・聘禮》賈疏曰『簡謂據一片而言，策是編連之稱』，《既夕》賈疏曰『編聯為策，不編為簡』，《春秋左傳序》孔疏曰『單執一札謂之簡，連編諸簡乃名為策』。書籍所用『策』字，其本字應作『冊』。《荀子・大略篇》注云『策，編竹為之』，《曲禮・釋文》曰『策，編簡也』，凡此『策』皆是『冊』。」薛英群先生在清理居延地區新出土的簡牘時就發現實物編冊，他說：「完整保持原貌者首推《勞邊使者過境中費》冊，該冊出土於金關遺址第二十一探方內，全冊計簡九枚，保留有原冊編繩二道，簡長 23 釐米，寬 1.9 釐米；

其次如《建武三年居延都尉吏奉》冊，全冊木簡十枚，完整無損，清晰可見留有編痕兩道，簡長 23 釐米，其中除兩枚『兩行』寬為 2.6 釐米外，其餘八枚均為 1.3 釐米；《相寶劍刀》冊，出土於破城子遺址第四十探方，全冊 6 簡，長22.6 釐米，寬 1.2 釐米，木質，每簡書一行，原簡三編，痕跡清晰可見；《塞上烽火品約》冊，出土於破城子遺址第十六號房內，計木簡十七枚，三編成冊，保存完整，字跡清楚。簡長 38.5 釐米，寬 1.5 釐米，單行書寫，上段有黑點為段，段落清晰、合理。以及《建武三年侯粟君所責寇恩事》冊等五十多個完整或基本完整的冊子。」

14. 兩行 「兩行」這一名稱見於出土簡牘自書。如《居延新簡》EPT51·33「告上遣卒武取兩行來，毋留」；《敦煌漢簡》1402「青堆札百五十、繩廿丈、兩行廿」；《居延新簡》EPT65·60「兩行部百、書繩部十丈，卒封閣財☐」等。李均明先生認為「札、兩行是最常用的簡材，使用量很大，所以漢簡中常見輸送這兩種簡材的紀錄」，「兩行是較寬之簡材，通常可以寫兩行字，故名」。關於「兩行」這一名稱，在古代文獻中記載較少，今見者有《後漢書·光武帝紀》注引《漢制度》云：「三公以免罪，亦賜策而以隸書，用尺一木兩行。」《獨斷》：「文多用編兩行，文少以五行。」又云：「而隸書以尺一木兩行。」陳夢家先生云：「《流沙墜簡·烽火燧類》第二十九簡曰『凌胡隧、厭胡隧、廣昌隧各請輸札、兩行隧五十，繩廿丈，須寫下詔書』。互校諸簡，可知『兩行』與『札』都是實物，兩行乃寫詔書的尺一，《獨斷》所謂『而隸書以尺一木兩行』，以其長度稱之為『尺一』，以其可容兩行，稱之為『兩行』，以其為兩行木牘，稱之為『木二行』，即木牘，而《論衡·效力篇》又有所謂『五行之牘』，更寬於此。《獨斷》之文，舊多誤解，故王國維讀為『尺一木』，是錯誤的。《獨斷》曰『表……多用編兩行，文少以五行』，此謂文長者用『編兩行』之冊，而文少者用單個的『五行之牘』，即版。此可證『兩行』是編冊用的，『五行』是單版。『編兩行』之『兩行』亦名物。札與兩行之別當在寬狹，然它們都是編成冊子的構成單位。」薛英群先生通過對居延出土「兩行」實物進行研究認為：「『兩行』一詞見於簡牘自書，而為其它歷史文獻絕少記載，可能是當時人們對版、牘的一種俗稱。居延出土的『兩行』，其長度在 22.2 釐米至 23.2 釐米之間，寬度則為 2.5 釐米左右，當然，這不排除個別較長或較寬者的特殊情況。所謂『兩行』即指其板牘較寬、可書寫兩行字，實際上是較寬的

板。既說是板，自然是未經書寫者。經過對出土的已書寫過的『兩行』進行排隊、比較、統計，大體可以看出以下三點情況：①『兩行』就其書寫內容而論，絕大部分用於書寫官文書。而私責、信函、一般簿籍、個人私事等很少使用『兩行』。②『兩行』板面雖然稍寬，但如一冊數枚，也用編繩。③書寫雖用『兩行』，但事實上所書寫並不限於兩行，有寫三行者，甚至寫四行。」

15. 棨　《說文》云：「棨，傳，信也。」王筠《說文句讀》云：「謂棨，一名傳，所以為信也。《古今注》：『凡傳皆以木為之，長五寸，書符信於上，又以一板封之，皆封以御史印章，所以為信也，如今之過所。』」段玉裁注云：「若今之文書也。……用繒帛謂之繻，用木謂之棨。」《漢書·汲黯傳》臣瓚注：「無符傳出入為闌也。」顏師古曰：「古者或用棨，或用繒帛。棨者，刻木為合符也。」《後漢書·百官志二》：「若外人以事當入，本官長史為封棨傳。」從這些記載來看，棨是古代作通行用的一種木製或用繒帛製成的符信，也稱為傳，或稱為過所。薛英群先生認為：棨是發給高級官員用的通行證。李學勤先生認為：「東漢許慎在《說文》中解釋『棨』字說：『傳信也。』小徐本作『傳書也』。《漢書·文帝紀》載，文帝十二年『三月，除關無用傳』，注引李奇云：『傳，棨也。』顏師古也認為：『古者或用棨，或用繒帛。棨者，刻木為合符也。』這裡所講的棨都是一種傳信，即通行憑證。古時用木做成的傳信叫做棨，用繒帛做成的叫做繻，上面都要寫上文字。《周禮·掌節》鄭玄云：『傳說所齎操及所適。』也就是說，傳言上面應寫明持傳者攜帶的物品和規定到達的地點。顯然，作為木質傳信的棨同肩水金關出土的棨信不是一種東西。」李先生認為肩水金關出土的「張掖都尉棨信」是信幡或幡信，是用來傳令啟閉關門的憑證。棨信，《說文》稱為「綮」，李先生認為「綮」與「棨」通用，因棨信或用帛製，所以字從「系」。陳直先生《居延漢簡研究》云：「至於繻棨兩種，流行之時間恐最短，因此記載也很少。棨與傳相似，蓋因避景帝諱而不用。」

16. 符　《說文》云：「符，信也。漢制以竹，長六寸，分而相合。」《玉篇·竹部》：「符，節也。分為兩邊，各持其一，合之為信。」《墨子·號令》：「諸城門若亭，謹候視往來行者符。符傳疑若無符，皆詣縣廷言。」符也是古代一種出入關門憑證。從《說文》所言「分而相合」，可知符是一分為二的，兩邊各持一，合之為一，方可通行。以往發現的著名的秦錯金兵符有新郪、陽

陵、杜符等，皆分為左右兩半，且文曰「右才（在）王，左才（在）新郪」、「右在皇帝，左在陽陵」。秦時符的應用已很普遍，並有具體的法律規定。如《睡虎地秦墓竹簡・法律問答》就有「游士在，亡符」、「亡久書、符券、公璽、衡累，已坐以論。後自得所亡，論當除不當？不當」等。漢律中也有專門制定的《符令》，居延漢簡 332·9、175·5、332·12、349·16 中就存留有部分遺文。李均明先生對居延漢簡中所見到的出入符、傳曾做過專門的研究，他認為出入符中有一種是署有持符者的姓名的「吏家屬出入符」，這種符只供專人使用；有一種是不署持符者姓名而只寫上編號的出入關卡符，這種符不供專人使用，而是有關機構臨時發放給出行者用的憑證，亦具保密意義。這兩種符的形制有共同之處，一其長度大致如簡文所云之漢尺六寸，合今 14 釐米強；二其側面均刻有缺口，即簡文所云「符齒」。符券刻齒，既可用以合符，又可區分左右。有些符雖未寫明當屬左半符還是右半符，但從其刻齒所居位置即可分辨。合符時，將兩半符面對面或背對背相合，其缺口即在同一側。漢簡所見出入符，左符留於內，其它各時代之各種形式的符券多見右符藏於內，與漢簡所見相反，其中道理，尚待研究。漢以後之兵符亦多右居內，左居外。對於符的使用範圍，李均明先生認為「漢簡所示之出入符多專供某一機構所轄範圍的內部人員及其在外之家屬使用，而傳之使用者則來自全國各郡縣，範圍極廣。」薛英群先生則認為：「這種無編數的符僅限於發給與軍事不相干的人、事或行動，似『隸軍籍』者家屬出入官府等。所謂符合從事，仍屬『左上右下』、『左內右外』之制，『合符』多是哀帝以前遺物，此後漸少。」此外，薛先生還認為有「日跡符」、「直符」、「府符」、「行警符」、「閉門出入符」、「葆宮」等。「日跡符」是一種烽燧卒吏巡察有無敵人混入的憑證；「直符」，他認為「直」通「值」，當也，指擔當值勤之責任。「直（值）符」多見於為倉庫、邸閣值勤的憑證。府符、行警符、閉門出入符以及葆宮、出入符等都是證明持符人身份、事由的通行證。陳直先生《居延漢簡研究》云：「總言之為符傳，分言之則一曰符，二曰傳。符與傳的性質相近，行旅時等於身份證，過所時等於路證。二者相輔而行，繻與棨亦為符傳之別種。現出土者，只見符傳，不見繻棨。而符之中又分為六種性質，一出入關津之符，二出入宮禁之符，三徵召勞役之符，四繳巡省查之符，五徵召臣工之符，六車兩之封符。……符傳皆為竹木質，易朽難存，故今日所見尚不過多。兩漢前後達四百年之久，符之制度形

式，當有所變化，故古籍記載，隨時代而歧異。符與傳規格最相近，則是肯定的。」

17. 傳　《說文》云：「傳，遽也。」本指古代的驛站、驛舍。應劭《風俗通義》云：「諸侯及使者有傳信，乃得舍於傳耳。」意謂諸侯或使者有「傳信」這個憑證，就可以享有舍於傳舍的待遇。雲夢秦簡中《倉律》云「公使有傳食」，即不僅可以住宿，而且還給備有膳食。由此可知秦漢時更演變為一種符信的名稱。《周禮・地官・司關》云：「凡所達貨賄者，則以節傳出之。」鄭玄注：「傳，如今過所文書。」《漢書・甯成傳》：「詐刻傳出關歸家。」顏師古注：「傳，所以出關之符也。」晉崔豹《古今注・問答釋義》云：「凡傳皆以木為之，長五寸，書符信於上，又以一板封之，皆封以御史印章，所以為信也，如今之過所也。」薛英群認為崔豹所云當指官傳的標準形式，但他根據居延出土的木傳考察，既無御史印章，其大小也無定制。李均明先生根據居延出土的漢簡實物考察後則認為「傳」的作用有幾種，一種是私人通行憑證，即持有人是因私事出行者，要取得這種通行憑證，須先向鄉一級機構提出申請，再報縣一級機構發放。憑證上須印有縣令、丞或相當等級的印封方能使用。而這種通行憑證的使用並不是無條件的，持用者必須是「毋官獄徵事」、「更賦皆給」，即已服完更役、交了賦稅而又無違法行為者。一種是公差通行憑證，憑這種通行證，不但可以出入自如，而且還可以享有舍於傳舍的待遇，即《風俗通義》所云「諸侯及使者有傳信，乃得舍於傳耳」者。還有一種即《周禮・地官・掌節》所云「凡通達於天下者必有節，以傳輔之」者，鄭玄注《周禮》云：「必有節，言遠行無有不得節而出者。輔之以傳者，節為信耳，傳說所齎操及所適。」漢簡所見「傳」的行文中必署明目的地，又署明所攜帶的物品。李均明先生還進一步考察了「傳」與「符」的區別，他認為「符」與「傳」的關係當即鄭玄所云之「節」與「傳」的關係，故其形制也有區別。漢簡所見「傳」長而「符」短，「傳」長為漢尺一尺上下，而「符」僅六寸。「符」刻有齒而「傳」無。「符」是由可相吻合的若干片組合成，或以木為之，或以繒帛為之（《漢書》注張晏曰：「繻，符也。書帛裂而分之，若券契矣。」蘇林注云：「繻，帛邊也，舊關飲皆以傳，傳煩，因裂繻頭，合以為符信也。」）他認為勞榦先生講的「符」、「傳」為一物是不妥當的。漢簡所示之出入「符」多專供某一機構所轄範圍的內部人員及其在外之家屬使用；而「傳」之使用者則來自全

國各郡縣，範圍很廣。從這些現象看，當時的出入符和傳似乎是分別使用的。陳直先生在講到「過所」與「傳」的關係時說：「過所必須與傳相輔而行，傳之作用等於身份證。『符傳』二字在西漢雖然聯稱，然在過所文中，言傳不言符。蓋符有時用於當地，為檢查工作時之證據；有時用於遠方，為旅程往返時之信約。傳則僅用於行旅，故過所在申請文中，言取傳不言取符。有過所無傳則詢查周折，有傳無過所則宿食無所。」

18. 過所　《釋名》云：「過所，至關津以示之也。」《周禮‧地官‧司關》賈疏曰：「過所文書，當載人年幾及物多少，至關至門，皆別寫一通，入關家門家，乃案勘而過，其自內出者義亦然。」由此可知，「過所」是古代通關所用的憑照。《漢書‧文帝紀》師古注云：「傳，若今過所也。」崔豹《古今注》亦云：「傳，如今之過所也。」陳直先生在《居延漢簡研究》中對「過所」曾有專門論述，他認為：過所制度開始於西漢武帝太始時，過所必須與傳相輔而行，它的性質與傳相近。李均明先生認為：「『傳』、『過所』並非二物，只是由於時代不同，它的稱謂不同罷了。《釋名‧釋書契》：『傳，轉也，轉移所在執以為信也，亦曰過所，過所到關津以示之也。』《釋名》用『過所』解釋『傳』，已把它們視為一物。……漢簡所見，『傳』與『過所』一語常常出現於一牘之中，其中『過所』應當是所過之所的意思，所以有的簡文可省略之而只署寫過境的具體地點。後代將『傳』稱為『過所』當與封檢有關，漢簡所見封檢通常只署收件者名稱，如簡文中常見署『甲渠候官』之封檢，收件者即甲渠候官。由於『傳』是供沿途有關機構查驗的，故其封檢署『過所』為收件者。例如簡 175‧20 署『過所』，它的下段還有封泥槽，當即『傳』之封檢。年長日久，人們就習慣於用封檢所署之『過所』一語稱『傳』，『傳』的稱謂也隨之逐漸消亡。」

第五節　簡牘的編聯

將竹木加工成簡牘以後，就可以在上面書寫文字，若文字較少，一簡一牘則可，若文字較多，就必須寫在若干簡牘上。為了防止簡冊錯位或漏簡等情況發生，於是我們的祖先就發明了將竹木簡編聯起來的辦法。

《說文》云：「編，次簡也。」就是說「編」是將一枚一枚的簡按順序編聯

起來。《漢書・張良傳》「出一編書」，師古注云：「編謂聯次之也，聯簡牘以為書，故云一編。」我們的祖先還把編聯起來的簡牘稱之為「冊」（或作「策」，「冊」與「策」可通假）。古文字裡的「冊」字是個象形字，象以竹木簡編組成冊的樣子，相參差的豎筆象一支支簡牘，聯貫各簡的橫筆象編冊用的繩或絲（古人也稱之為「編絲繩」或「韋編」）。《說文》「冊」下云：「象其札一長一短，中有兩編之形。」從出土的實物來看，許慎對「冊」字的解釋雖欠準確（一冊中之簡通長等長，非一長一短；兩道編繩是簡冊中的一種，也有三、四、五編者），但基本構劃出「冊」字的本義。《儀禮・聘禮》賈疏云：「簡謂據一片而言，策是編連之稱。」《既夕》賈疏云：「編聯為策，不編為簡。」《春秋左傳序》孔疏亦云：「單執一札謂之簡，連編諸簡乃名為策。」按照唐人的說法，單獨的一枚稱為簡，編聯起來的叫做冊（策），因之後人把這種書籍制度稱為簡冊（策）制度，這也是我們今天把一本書叫做——冊書的起源。

用來編聯簡牘的繩子稱為編，或稱之為書繩。《廣雅・釋器》云：「編，絛也。」《廣韻・豪韻》：「絛，編絲繩也。」《史記・孔子世家》說孔子讀《易》，「韋編三絕」，「編」即指簡書的橫向編繩。「書繩」之名見於出土簡牘，如《居延漢簡》中有簡記載云「謹輸正月書繩二十丈」（465·5）、「禽寇隧札二百，兩行五十，繩十丈」（10·9），「出書繩百斤」（E.P·T5:38）、「兩行部百，書繩部十丈」（E·P·T65:60）、「一繆治書繩（E.P·T57:44）等，《敦煌漢簡》也有記載云「青堆札百五十，繩二十丈」（1402）、「凌胡隧、厭胡隧、廣昌隧各請輸札、兩行隧五十、繩二十丈」（1684A）等。從上面的資料可以看出，當時分配「書繩」和簡札是有一定比例的，即按一定數量的簡札配一定比例的書繩。此外，還可以看出有專門的戍卒「治書繩」，可見「治書繩」也是當時戍卒的日常勞務內容之一。從出土的居延漢簡實物來看，在當時的居延、敦煌地區製作書繩的原材料主要是枲蒲（即枲麻），加工比較粗糙，呈土黃色，粗細略如今之細麻繩，多為兩股合成。從出土實物得知，書繩除用於編聯簡冊之外，還用於懸掛簡版、符牌和封泥和檢楬等。

而從傳世文獻記載來看，用以編聯簡札為冊者多為絲繪，如荀勗《穆天子傳序》謂汲郡魏冢所出「皆竹簡，素絲編」；《南齊書・文惠太子傳》記載襄陽楚墓所出的《考工記》為「竹簡書，青絲編」；《太平御覽》卷六〇六引劉向《別傳》曰：「《孫子》書以殺青簡，編以縹絲繩。」《文選》卷三十八〈為范始

興作求立太宰碑表〉注云：「劉歆《七略》云：『《尚書》有青絲編目。』」從出土實物來看，湖北省雲夢睡虎地秦墓出土的竹簡、山東臨沂銀雀山漢墓出土的竹簡皆用絲繩來編聯。據陳夢家先生考察：「武威出土簡冊的編繩，已腐朽散失，從其殘留在簡上的作初步觀察，則木簡似用細麻繩而竹簡可能用絲繩。」

這裡順便說一下《史記・孔子世家》裡記載孔子讀《易》時的「韋編三絕」，這裡的「韋編」即指編聯簡冊的書繩而言。前人從編繩的質料方面觀察，將「韋編」解釋成為用牛皮製成的編繩，現在有些學者還沿用此說，只是認為用「韋（牛皮繩）」編組的簡冊目前還不曾發現。也有些學者則否定此說，他們認為「韋編」之「韋」是經緯之「緯」的通假字，「韋（緯）編」當指簡冊的橫道編繩。其云：「韋編，即緯編，也就是竹簡上的橫編，後人不明竹簡形制，故多承襲許慎『獸皮之韋』之說而誤釋『韋編』為『熟牛皮繩』。其實，編聯之繩必須柔而細，方利於來回伸捲，牛皮繩根本不能用。《史記》所謂『韋編三絕』是指編竹簡的橫繩斷了多次（『三』泛指多，為古漢語習見）。『韋編』並不說明編聯所用的物質材料，這在當時是盡人皆知的。」（中山大學古文字研究室〈戰國楚簡概述〉，《中山大學學報》哲學社會科學版，1978 年 4 期）清人李惇在其《群經識小・論方策》中認為「韋編」是用來串貫簡牘的繩子，其云：「簡狹而長，編簡者當以簡頭為孔，按其次第以韋貫之，夫子讀《易》，『韋編三絕』是也。」王堯先生在考察新疆出土吐蕃簡牘時，他發現簡牘「在右端常有一洞，可以用繩子穿聯在一起，即所謂『韋編』」。王堯先生與清人李惇的觀點基本接近，也認為串貫簡牘的繩子為「韋編」。

至於簡牘書冊的編繩之多寡則為簡札的長度有著密切關係，即簡札越長，編繩的道數就越多。從目前出土實物來看，有二道編繩者，有三道編繩者，有四道編繩者，也有五道編繩者。《說文》所云「有二編之形」者只是其中的一種而已。《居延新簡》EPT4·58 簡也有「札長尺二寸，當三編」的記載。出土實物所見二道編繩者有：《居延漢簡甲乙編》甲 2553 之「寧書」，簡長 23.1－23.5 釐米；《居延漢簡甲乙編》1.2－1.5 之「永元器物簿」、《居延新簡》EPT68.194－207 之「始建國天鳳四年四月盡六月當食者案」、EPF22·70－79 之「吏奉谷文書」、EPF22·135－150 之「推辭驗問書」，簡長 22.5－23.5 釐米不等；《居延新簡》EPF22·247－259 之「官吏任免書」，簡長 23－24 釐米不等；馬王堆一號漢墓出土竹簡遣冊，簡長 27.6 釐米；睡虎地秦墓竹簡《編年記》，

簡長 23 釐米左右。三道編繩者有：睡虎地秦墓竹簡《語書》、《秦律十八種》、《效律》、《秦律雜抄》、《法律問答》、《封診式》、《為吏之道》，簡長 26－28 釐米；甘肅武威磨嘴子漢墓《王杖詔書令》冊，簡長 23.2－23.7 釐米；《居延新簡》EPF16·1－17 之「塞上烽火品約」，簡長 38－39 釐米不等；EPF22·636 之《曆譜》，簡長 27.8 釐米；EPF22·685 之《劾狀》，簡長 28 釐米。在武威出土的簡中：日忌雜簡第六、七，尺簡，二道編繩；王杖十簡，尺簡，三道編繩；《儀禮》簡甲本、乙本，二尺四寸簡或稍短之簡（50－56 釐米），四道編繩；《儀禮》簡丙本，二尺四寸簡（56 釐米），五道編繩。

　　將簡牘按照一定次序連在一起的方法，除上述用書繩編聯的方法之外，尚有穿孔繫繩和契口繫繩的形式。李均明先生根據出土實物舉出如下的例證：

　　《敦煌漢簡》1972 為三面柧，在第一面與第二面的上端被削出一斜面，上書「第一」二字，在「第」字與「一」字之間穿有一圓孔，顯然是用以繫繩的。此柧所書為《急就篇》，「第一」乃指第一章，簡文內容與今傳世本《急就篇》第一章合，每面二十一字，三面凡六十三字，合一章。如此，若將每一柧皆從穿孔處繫一繩，即可將許多柧合為一束。

　　《居延新簡》EPT49·2、22、23、25 等為「日中跡」檮，亦見頂端穿孔，今尚存繫繩。檮即算籌之類，用以計數，將若干日跡檮逐日繫聯便可計算出某時期的日跡總數。

　　《流沙墜簡·雜事類》一○一、一一一號簡，係新疆尼雅城遺址所出晉簡，分別見「卯之八」、「午十」等字樣，在「卯」字及「午」字下亦各有一孔。《流沙墜簡·雜事類》一一四至一二二凡九札，札長 38 釐米，上廣下銳，沙畹考證其為唐代物，係徵稅簿錄，簡末亦皆有孔。由上所見，可知簡牘文書成束繫聯者相當普遍。

　　封檢及楬固以繫聯方式與它們所標識的文書或物件相連。

　　繫聯封檢的繩索通常都捆在封泥槽的凹槽底部，填封泥後當被蓋住。今見之《居延新簡》EPT49·69、EPT51·441，《居延漢簡甲乙編》166·1，《敦煌漢簡》1466、1468、馬王堆 1 號漢墓出土封檢的凹槽底部皆尚存繫繩。尤其《敦煌漢簡》1466 所見，除存於凹槽處外，延伸出之繩索不少於 30 釐米，可見封檢與被繫聯的物件緊密相連。此外，七十年代肩水金關遺址出土的封檢，繩、封泥俱存（甘肅居延考古隊：〈居延漢代遺址的發掘和新出土的簡冊文物〉圖

二一‧八，載《文物》1978 年第 1 期）。1961 年湖南長沙砂子塘西漢墓出土封檢不僅封泥尚存，有的封泥下還殘存繫匣於物件上的絲繩（湖南省博物館：《長沙砂子塘西漢墓發掘簡報》，載《文物》1963 年第 2 期）。又，山東省博物館藏漢代封泥中，「朱虛令印」封泥背有交叉繩紋、「新息長印」封泥背有「之」字形繩痕，諸如此類皆為捆檢之繩索留下的（王之厚：〈山東省博物館藏封泥零拾〉，載《文物》1990 年第 10 期）。

　　楬之繫聯，常見者有三種形式：

　　一、單孔穿繩，如《居延漢簡甲乙編》甲 2446，《敦煌漢簡》385、1792 所見，單孔居楬上端，尚有較長麻繩穿於孔洞中。

　　二、雙孔穿繩，如馬王堆一號漢墓所見，雙孔位於楬之上端，兩孔間距 0.5 至 1 釐米不等，繩索從其中一孔穿出後復又插入另一孔，出土時楬尚由繩索牢牢繫於竹笥上（《馬王堆一號漢墓》上集 112 頁）。

　　三、契口繫繩，如《居延漢簡甲乙編》甲 1335 所見，楬之上端兩側刻有三角形契口，繩索繞圈繫於契口處，另延伸出之繩索達 7 釐米以上。

　　在《流沙墜簡‧器物類》裡著錄的第三簡為「兵四時簿」，第五為「折傷簿」，王國維考釋云：「第三、第五兩簡則廣而短，第五簡又圓殺其上，疑簿之本制也。……其用以簿錄器物時，當積若干簡為之。其上有穿，即其編連之處也。」劉勰《文心雕龍‧書記》篇云：「牒者，葉也。短簡編牒，如葉在枝。」這就是對串聯簡牘的一種形象描寫。

　　《武威漢簡‧敘論》云：「在竹木同用編冊之外，應有專家為穿繫貫串木札木觚之法，即在木札、木觚的一端上穿繫一根繩束。敦煌出土的《急就章》第一觚，在觚的上端一面斜削其角，斜角面上寫『第』、『一』兩字，兩字之間有一穿孔，積若干觚乃成一本《急就》。……用單繩編札之法不同於用多繩編冊之法，所以《釋名》分別兩事，曰『札，櫛也，編之如櫛齒相比也。』『簡，間也，編之篇篇有間也。』編之篇篇有間者，指編冊的竹簡與竹簡之間，皆因兩面穿綴幾道繩子而生間隔；編之如櫛齒相比者，或指編札如梳子，一道繩束在上，如梳之上部，而垂掛之諸札，如梳之有櫛齒並列，上連而下不連，如梳比然。」

　　此外，在出土簡冊中還發現有這樣一種現象，即在一些簡冊的編繩通過處兩側契刻有小缺口。如湖北荊門郭店楚簡，其長度可分為三類：一類長 32.5 釐

米左右，一類長 26.5－30.6 釐米，另一類長 15－17.5 釐米。竹簡上都有用以容納編線的契口。前兩類每簡有兩個契口，上下各一個。最短的一類竹簡則有三個契口，上、中、下各一個。契口與契口間的距離都是相等的。又如雲夢龍崗秦簡、望山楚簡、仰天湖楚簡、武威漢代醫簡、雲夢睡虎地秦簡、居延新簡 EPT40·202－207 等皆有輔助編聯的契口；或在楬的上端兩側刻有三角形契口（如《居延漢簡甲乙編》甲 1335 等），經過研究，這種契口與簡冊的編聯有著密切的關係，其目的就是為了使編繩在簡上不上下活動。陳夢家先生在《漢簡綴述·刮治》中也曾論及，他說：「刮削之後、編聯之前，可能還有一道手續。在（武威木簡《儀禮》）乙本（較短而狹）的木簡上，凡編繩所過之處，於其棱上刻有極小三角形的契口，用以固定繩編，使其不致脫落或上下移動。長沙楊家灣出土的七十二簡，簡長 13.5 釐米，各於其距上下端約 3.6—4 釐米處亦刻有此等契口。《流沙墜簡》神爵三年曆譜十一簡，長漢尺一尺，每簡距簡端、簡末約 7.5 釐米處亦刻契口於其右側棱上。」

　　簡冊編聯好後就可以往上書寫文字。從出土的實物來看，有些簡冊是先編聯好後再往上抄寫文字，有些簡冊則是先書寫好文字再進行編聯，情況不一。先將簡編聯成冊，然後再書寫文字者有：武威出土的《儀禮》簡，臨沂銀雀山出土的《晏子》、《尉繚子》、《孫子兵法》、《孫臏兵法》，雲夢睡虎地出土的《日書》甲、乙本、《為吏之道》、《法律問答》、《秦律雜抄》、《效律》、《秦律十八種》，荊門郭店出土的《老子》甲、乙本、《太一生水》、《緇衣》、《魯穆公問子思》、《窮達以時》、《五行》、《唐虞之道》、《忠信之道》、《成之聞之》、《尊德義》、《性命自出》、《六德》、《語叢》，《敦煌漢簡》58.981，《居延新簡》EPF22·1－34、71－79 等。這類簡冊的特點是編繩處上下二字間的距離較大，緊靠編繩上下的字或因字距太小、太大而有特大或特小現象，目的是使編繩不要壓著文字。先將文字書寫完畢然後再將簡編聯成冊者有：雲夢龍崗出土的秦代法律文書，江陵九店出土的選擇時日凶吉一類的《日書》等，臨沂銀雀山出土的《六韜》、《守法守令十三篇》，雲夢睡虎地出土的《封診式》等。這類簡冊的特點是編繩下面往往壓著文字，或編繩處上下二字間無特意留出空隙，以免編繩壓住了文字。

第六節　帛書的形制

關於帛書的形制，古文獻中記載較少，偶有記載者亦語焉不詳。如唐代徐堅在《初學記》卷二一上說：「古者以縑帛，依書長短，隨事截之。」這裡只講了帛書的長短是「隨事截之」，即文字多就用的長一點，文字少就用的短一點。但對帛書的書寫格式則一字未提。只有《後漢書・襄楷傳》中的一段記載對古代帛書的形制還講得比較具體：云「順帝時，琅琊宮崇詣闕，上其師干吉於曲陽泉水上所得神書百七十卷，皆縹白素，朱介、青首、朱目，號《太平清領書》。其言以陰陽五行為家，而多巫覡雜語。」陳松長先生認為這段「有關帛書形制的描述，完全可以和已出土的帛書實物相證。所謂『素』是由生絲造成，不經漂染的白帛的代稱。『縹白』是這種帛的顏色。『皆縹白素』是指『神書』的質地而言。『朱介』，李賢注云『以朱為介道』，所謂『介道』當即是馬王堆帛書中的『朱絲欄』，相當於今天的紅色直行欄格。『青首』，李賢注以為是青色的幖幟，現據馬王堆帛書驗證，所說『幖幟』未免有臆說之嫌。筆者以為，這『青首』應是指帛書每一篇開始處的墨丁。至於『朱目』，李賢注認為是用紅色書寫的題目，現在看來，這也靠不住。因為帛書實物中除個別篇章用朱文書寫外，尚沒有發現單獨用朱文書寫題目的例子。但是在楚帛書中卻有分段的朱色方框，馬王堆帛書《刑德》乙篇中卻有用朱色的圓點標識篇章節目者，也許這裡所說的『朱目』正是指這類特有標示篇目的標誌。如果這種推論不錯的話，那麼，《後漢書》上的這段文字應是對戰國乃至漢代帛書形制的一個簡潔形象的概括描述。……也是我們所知對帛書形制進行概括描述的最早、最準確的文獻記載之一。」（見《帛書史話》，中國大百科全書出版社，2000 年版）

迄今為止，我們所知道的出土帛書實物只有五次：第一是 1908 年英國人斯坦因（MarcA. Stein）在敦煌發現的兩件帛書（現藏英國倫敦大不列顛博物館）；第二是 1942 年蔡季襄在長沙獲得的著名楚帛書（現藏美國賽克勒美術館）；第三是 1973 年湖南省博物館在長沙馬王堆三號墓中科學發掘出土的大批西漢帛書（現藏湖南省博物館）；第四是 1979 年甘肅省博物館文物隊和敦煌縣文化館在敦煌縣馬圈灣漢代烽燧遺址中發掘出土的一件深紅色絹頭，上有墨書

一行，自稱「帛一匹」。第五是 1990－1992 年甘肅省文物考古研究所在甘肅敦煌漢代懸泉置遺址發掘出的 10 件帛書，均為私人信札，用黃、褐二色絹作為書寫材料。

從這些實物來看，1908 年敦煌的兩件是兩封信件，文字較多的一件呈長方形，邊角略殘，現存長 15 釐米，寬 6.5 釐米，帛上三邊尚有墨欄鈎線，中間隱有烏絲欄界格，極像現代的直行書寫欄格；文字較少的一件呈正方形，約 9 釐米見方，從照片上看，這件帛中間有一缺洞，邊角亦有殘缺，左下兩邊也有墨線，卻沒有烏絲欄的痕跡，但從其周邊的墨線可知，這兩幅帛書很可能是當時專門用來書寫信件之用。

1942 年子彈庫楚帛書長 38.7 釐米，寬 47 釐米，帛書四角畫有青、赤、白、黑四色的樹枝圖案，四邊周有文字十二段，各附一個神的圖形，中間有兩段方向顛倒的文字，一段八行，一段十三行，每段文字又各分為三節，每節末尾以朱色方框為記。有些學者認為，這件特殊的帛書，還不是中國書籍史上有代表意義的帛書形制，而是一種按古代六壬式的「式圖」結構來抄寫，並與一定圖像相配的書。

1973 年馬王堆三號漢墓出土的帛書，其數量之大、內容之豐富都是空前的，據陳松長先生分類統計，大致有六大類四十五種。這些帛書有文有圖，大多數抄寫在整幅 48 釐米寬的黃褐色絲帛上，少部分抄寫在半幅 24 釐米寬的黃褐色絲帛上。除畫圖者外，凡抄長篇文獻的絲帛上分別有朱欄紋行格或黑欄紋行格。每行的字數，凡整幅者一般在七十字左右，半幅者一般在三十二字左右。帛書每篇皆從右至左豎行書寫，每一種帛書的開篇均以大墨點（●）為標記，其末尾多標明題目和字數。若文中有分段者，不論另不另起行，多用小墨點（•）標識。帛書出土時，呈兩種形式：用整幅抄寫的，被折疊成大致十六開的長方形；用半幅抄寫的則卷在一塊作軸的木片上，形成典型的帛卷形式。

1979 年敦煌馬圈灣烽燧遺址出土的帛書，其形制與斯坦因發現的基本相同，帛作長條形，長 43.4 釐米，寬 1.8 釐米。據報導，它的左側是毛邊，右側則邊緣較整齊，上端作半弧形，下端平直。這件絹帛是染成紅色，然後在上面寫了墨書一行。

1990－1992 年在懸泉置遺址出土的帛書為黃、褐二色，長 34.5 釐米，寬 10 釐米。豎行隸書，共十行，322 字。出土時疊成小方塊，因受潮墨跡互相滲

透，保存基本完整。

以上就是我們今天能見到的帛書實物形式。

從上述情況來看，帛書的形式似無定制。成品帛有一定的寬度，稱為一「幅」，馬王堆出土的帛書幅寬大多在 48 釐米左右，抄寫時把帛橫鋪開，這時原來帛幅的寬度就變成了帛書的高度。有的帛書用整幅的抄寫，有的帛書用半幅的抄寫。有的為了加大面積（如作圖等），還將兩幅綴連在一起。綴連時用絲線縫合，同時帛書的邊緣也有用絲線繚固的。就其長度來講，確有像《初學記》所講，「依書長短，隨事截之」的情況。馬王堆帛書中篇幅長者超過 1 米，其它帛書篇幅短者僅有幾釐米長。帛書上的朱欄行格或墨欄行格是抄寫和閱讀的分格界記，都是為了抄寫者和閱讀者的方便，一般來講應該在抄寫前就畫好欄格，否則抄寫者會歪來歪去，閱讀起來也容易串行。

我們的先人在戰國秦漢時期用帛作為書寫的材料，既可以免除簡冊殘斷錯亂的弊病，又可以隨意折疊或捲起；分量既輕，又便於攜帶，這些都是簡牘所不能及的。此外，帛的另一種用途就是用來畫圖。雖然出土的簡牘中偶爾也有帶圖的，如睡虎地《日書》等，但在簡牘上畫圖是極為粗簡的，要想將圖畫的清晰，當時最好的選擇就是用帛，如長沙馬王堆漢墓出土的帛畫《導引圖》，若將《導引圖》畫在竹簡上，有些人體的穴位就不一定能標的那麼清楚準確，甚至要影響到學習導引者效果。

李學勤先生說：「帛書同簡牘在古代並行，所以古書常講『書於竹帛』，指的便是竹簡和帛書。帛書起源何時，尚無定論，但從文獻記載看，春秋時期應該已經有了。」李學勤先生說寫好後的「帛書大多折疊，如為長條形，就反覆對折，成為長方形的一疊。少數帛書在中心有一長方木板，把帛捲繞在板上，很像後世的布匹。後一種形式也可以稱為『卷』。《漢書·藝文志》所載書籍，有的稱若干『篇』，有的稱若干『卷』，有的學者主張前者指簡，後者指帛書。我們看《志》中，圖總是說多少『卷』，稱『卷』的肯定包括帛書，但簡也可稱『卷』，《志》文稱『卷』的未必全部是帛書。」他在講到簡牘與帛書的優缺點時說，「為什麼說圖應為帛書呢？這是因為竹木簡不適於繪畫，而帛輕柔潔白，宜於繪畫，包括彩色的圖。帛書的另一優點是便於攜帶，不像簡牘那樣笨重。帛還有一點勝於簡冊，就是簡的組繩一旦斷掉，簡很容易散亂，造成『錯簡』，即簡的排列錯誤，或者『脫簡』，即一部分簡遺失。帛書是整塊的，因而

沒有這樣弊病。不過，簡牘上的文字寫錯，可以用刀削改，所以古人說『筆削』，『筆』是往簡牘上書寫，『削』是從簡牘上去除。帛不能削改，有錯字只有塗去的一法，沒有簡牘便利。另外，帛的價格昂貴，在民間難以普及。西漢末著名學者劉向為皇家校書，也只能先用竹簡，定本後再謄抄在帛上面，這也是帛書不如簡牘的地方。」（《中國歷史研究知識手冊・簡牘帛書》，河南人民出版社）

第四章

簡帛的繕寫與削改

在印刷術發明之前，文稿的流傳主要靠手工抄寫。從文獻記載和考古發現來看，當時用來書寫的工具主要有：筆、墨、硯、書刀等。

第一節　簡帛的抄寫工具

甲、筆

筆的產生，在我國有悠久的歷史，早在新石器時代，我們的先祖就已經用筆繪製彩陶。晉崔豹《古今注・問答釋義》篇云：「牛亨問曰：『自古有書契以來便應有筆，世稱蒙恬造筆，何也？』答曰：『自蒙恬始造，即秦筆耳。』（《御覽》卷六〇五行「造」作「作」，且無「即」字）以枯木（《御覽》及《中華古今注》並作「柘木」）為管，鹿毛為柱，羊毫為被，所謂蒼毫（《御覽》作「鹿毫」），非免毫竹管也。」其實自漢代以來，學者對蒙恬發明毛筆之說已經表示懷疑。近代多數學者則認為蒙恬是毛筆的改良者，而不是發明者。到了秦代，蒙恬對製筆技術又做了改進。秦時製筆已選用勁健之毛作柱，以軟毛為被，使二者剛柔相濟，「調利難禿」，便於書寫。

從出土實物來看，戰國、秦、漢時的毛筆皆有發現：

1954 年，湖南省文管會在長沙南門外左公山戰國墓中出土毛筆一支，筆長21 釐米。同時出土的還有竹籌、無字竹簡、銅刀等。該支毛筆的做法是把竹管剖開，納入筆頭，然後再用絲線絞合並塗上漆。（見《文物》1954 年第 2 期）

1957 年，在信陽長臺關一號楚墓中出土書寫工具箱一件，箱內裝有十二件修製竹簡的工具，有銅鋸、鐁、削、夾刻刀、刻刀、錐和毛筆等。其中毛筆一

件,桿為竹質,通長 23.4 釐米,筆桿徑 0.9 釐米,筆鋒長 2.5 釐米。筆毫係用繩捆縛在筆桿上,筆頭仍套在竹管內。筆管一件,竹製。長 25.9 釐米,徑 1.2－1.5 釐米,壁厚 0.1 釐米,中空,用以裝入毛筆。(見《信陽楚墓》,文物出版社,1986 年版)

　　1986 年至 1987 年間,在湖北荊門市包山楚墓出土了毛筆一支,筆毫長 3.5 釐米,整筆長 22.3 釐米。原筆置於筆筒內,筒口有木塞。筆頭插入筆桿下端的銎眼內,然後用絲繩捆紮。(見 1988 年第 5 期《文物》雜誌〈荊門市包山楚墓發掘報告〉)

　　1975 年,在湖北雲夢睡虎地 11 號秦墓中出土了毛筆三支,筆毫長 2.5 釐米,筆桿長 18.2 釐米,筆桿直徑 0.4 釐米。竹質筆桿,上端尖,下端粗,並鏤空插入筆頭。出土時筆桿插入筆套裡,筆套以細竹管製成,中端兩側鏤空,便於取筆,其一端為竹節,另一端開口。長 27 釐米,直徑 1.5 釐米。兩端有骨箍加固。(見 1976 年第 2 期《文物》雜誌《湖北雲夢睡虎地 11 號秦墓發掘簡報》)

　　1989 年,天水放馬灘 1 號秦墓出土了一對套筆,筆毫長 3.3 釐米,其中鋒長 2.5 釐米,入腔 0.7 釐米,桿長 23 釐米。竹質筆桿,一端尖,另一端鏤空插入筆頭。突出之處為其筆套,用兩根竹管粘連而成,呈雙筒套,每根竹管中間開口鏤空,同時可插入兩支筆,表面髹黑漆,長 29 釐米,寬 2 釐米。(見 1989 年第 2 期《文物》雜誌〈甘肅天水放馬灘戰國秦漢墓群的發掘〉)

　　1975 年,湖北江陵鳳凰山 167 號漢墓出土毛筆一支。通長 24.9 釐米。筆桿為竹質,筆頭尚存墨跡,出土時置於鏤空的竹筆筒內。(見 1976 年第 10 期《文物》雜誌〈江陵鳳凰山 167 號漢墓發掘簡報〉)

　　1975 年,湖北江陵鳳凰山 168 號漢墓出土了一套文書工具,其中有毛筆一支,竹質筆桿,長 24.8 釐米,直徑 0.3 釐米,上端尖,下端粗且鏤空成毛腔。毛腔直徑 0.5 釐米,深 0.6 釐米。尚有一支筆管,長 29.7 釐米,直徑 1.5 釐米。一頭有節,一頭開口,中部兩側鏤空,每孔長 8 釐米,寬 1.3 釐米。(見 1975 年第 9 期《文

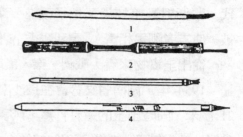

漢代墓葬出土的筆

1. 敦煌馬圈灣出土;2. 江陵鳳凰山出土;

3. 居延破城子出土;4. 武威磨嘴子出土;

物》雜誌〈江陵鳳凰山 168 號漢墓出土一套文書工具〉）

　　1979 年，甘肅省文物工作隊在敦煌馬圈灣遺址發現毛筆一支，報告稱「狼毫筆毛，雖殘但仍有一定的彈性。實心竹桿，在桿首鑽一孔，插入筆毛，以絲線捆紮後，髹褐色漆，桿尾被截平後，鑲一錐形硬木，再打磨光滑。通長 19.6 釐米，直徑 0.6 釐米，筆毛殘長 1.2 釐米」。（見《敦煌漢簡·敦煌馬圈灣漢代烽隧遺址發掘報告》）

　　1990－1992 年，甘肅省文物考古研究所對敦煌甜水井附近的漢代懸泉遺址進行了全面的清理和發掘，在遺址中出土了毛筆四支，通長 24.5 釐米，桿長 22.3 釐米，鋒長 2.2 釐米。鋒用狼毫，軟硬相間，彈性強。桿為竹質，鋒毫插入孔中，桿呈圓柱形，原鑲有裝飾物，出土時已不存。筆桿上刻有「張氏」二字。（見《文物》2000 年第 5 期）

　　1993 年，在江蘇東海尹灣漢墓中出土了毛筆二支，為雙管對筆，長 23 釐米，毫長 1.6 釐米。木桿，徑 0.7 釐米，末端徑 0.3 釐米。毫嵌於筆中，以生漆粘牢，並以線纏繞紮緊。筆套雙管，髹黑漆，繪朱紋。經鑑定，毫為兔箭毛。（見中華書局《尹灣漢墓簡牘》）

　　1931 年，西北科學考察團在額濟納河畔之穆德伯今（破城子）發現毛筆一支，馬衡先生在其《凡將齋金石叢稿·記漢居延筆》中記其形制云：「筆管以木為之，析而為四，納筆頭於其本，而纏之以枲，塗之以漆，以固其筆頭，其首則以銳頂之木冒之。如此，則四分之木，上下相束而成一圓管。筆管長 0.209 米，冒長 0.009 米，筆頭（露於管外者）長 0.014 米，通長 0.232 米，圓徑：本 0.0065 米，末 0.005 米。冒首下端圓徑與末同。管本纏枲兩束：第一束（近筆頭之處）寬 0.003 米，第二束寬 0.002 米，兩束之間相距 0.002 米。筆管黃褐色，纏枲黃白色，漆作黑色，筆毫為墨所掩作黑色，而其鋒則呈白色。此實物之狀態也。」他說：「自來器物，必利用天然之材，而後事半功倍。筆管皆圓形，虛其中以納毫，宜於用竹。而此以木者，蓋西北少竹，材不易得，木則隨地有之。徵之簡牘，亦木多而竹少，可以知其故矣。崔豹《古今注》言蒙恬造筆曰『以柘木為管』，《晉書·五行志》曰『晉惠帝時謠曰「荊筆楊版行詔書」』，是古有以木為筆管者矣。惟析而為四，而又冒其首，不知是何取義耳。」

　　關於毛筆的製作，古代文獻中也有記載，但以《齊民要術》中記載最詳，

其云：「作筆當以鐵梳梳兔毫及羊青毛，去其穢毛，使不髯茹。訖，各別之。皆用梳掌痛拍整齊，毫鋒端本各作扁極，令均調平好。用衣羊青毛，縮羊青毛（疑有脫誤），去羊毫頭二分許，然後合扁捲令極圓。訖，痛頡之。以所整羊毛中或用衣中心（疑有脫誤），名曰筆柱。使中心齊，亦使平均，痛頡，內管中，寧隨毛長者使深，寧小不大。筆之大要也。」宋蘇易簡《文房四譜》載王羲之《筆經》亦云：「採毫竟，以紙裹石灰汁，微火上煮，令薄沸，所以去其膩也。先用人髮杪數十莖，雜青羊毛並兔毳（原注云：「凡兔毛長而勁者曰毫，短而弱者曰毳。」），惟令齊平。以麻紙裹柱根令治（原注云：「用以麻紙者，欲其體實，得水不漲。」）。次取上毫薄薄布柱上，令柱不見，然後安之。」馬衡先生根據以上記載認為，「是筆頭之中心謂之柱，其外謂之被。柱用兔毫或鹿毫，被則用獨用羊毫。羊毫弱而兔毫、鹿毫較強；以強輔弱，而後適用。」以上為一般毛筆的製作方法。

在另一些文獻中還記載有比較考究的毛筆製法。如《西京雜記》卷一云：「天子筆管以錯金為跗，毛皆以秋兔之毫，官師路扈為之，以雜寶為匣，廁以玉璧翠羽，皆直百金。」《北堂書鈔》卷一〇四引《傅子》云：「漢末一筆之柙，雕以黃金，飾以和璧，綴以隨珠，發以翠羽，此筆非文犀之楨，必像齒之管，豐狐之柱，秋兔之翰。」《初學記》二十一引王羲之《筆經》云：「漢時諸郡獻兔毫出鴻都，惟有趙國毫中用，時人咸言，兔毫無優劣，管手有巧拙。」

孫機先生認為：「已發現的漢筆，如敦煌馬圈灣及居延破城子所出者，皆屯戍之士所用，製作比較簡率。甘肅武威磨嘴子 2 號墓所出者，桿上刻款『史虎作』；49 號墓所出者，桿上刻款『白馬作』；與應劭《漢官儀》所記『尚書令、僕、丞、郎，月給赤管大筆一雙，篆題曰『北工作』的格式一致，應是比較講究的筆。『白馬作』筆的筆頭以黑紫色毛作柱，外覆以黃褐色毛。王羲之《筆經》『漢時諸郡獻兔毫，惟趙國毫中用』。我國古代之兔，皆是現代所謂的野兔，家兔係 19 世紀自西方引入。老野兔背有紫毛，亦稱『紫霜毫』，『白馬作』筆的筆頭可能選用這類紫毛製作。這支筆通長 23.5 釐米，均合漢尺一尺，與《論衡·效力篇》所謂『一尺之筆』相合。這些筆的末端均削尖，乃是為了便於簪帶。《漢書·趙充國傳》：『安世本持櫜簪筆。』所言即簪筆之事。『白馬作』筆出於墓主頭部左側，似下葬時本簪於頭上。不隨身攜帶的筆，或貯於竹簡製的套中，江陵鳳凰山漢墓出土的筆套，兩側還鏤出透孔。這種筆套筒即江

陵張家山漢墓遣策所稱『筆一有管』之『管』。盛筆的套筒西漢時亦名管，東漢後期始稱筆桿為管。」（孫機《漢代物質文化資料圖說·文具》）。

乙、墨

墨是我國幾千年來傳統的書寫、繪畫工具之一。一般認為，原始的墨應該是伴隨著毛筆同時出現的。它最適合我國的毛筆用以著色、書寫漢字，它還被中國的畫家們利用墨色的濃淡相濟，創造出具有獨特風格的中國水墨畫。墨的出現，為後世印刷術的產生準備了必要的物質條件。所以，墨和筆一樣，都為中國文化的發展進步作出了巨大的貢獻。墨除了它的實用價值外，還是珍貴的藝術品，後世的造墨人喜歡在墨上鑴刻圖畫、文字，在一塊高質量的墨上面，往往還凝聚著中國繪畫、書法、雕刻、製墨等高超的技藝和功力。有趣的是，在中國古老的醫藥學中，墨還是一種能夠治療疾病的中藥材。

墨的產生和使用，在我國有著悠久的歷史，從考古發掘來看，早在新石器時代就普遍存在一種繪有黑色花紋的陶器，上面的黑色線條，色澤黝光漆黑，它表明我們的祖先早在四、五千年以前就已經使用黑色顏料來寫畫了。

《說文》云：「墨，書墨也。」東漢李尤《墨銘》云：「書契既造，墨硯乃陳，煙石相附，筆疏以伸。」《莊子·田子方篇》云：「宋元君將畫圖，眾史皆至，受輯而立，舐筆和墨，在外者半。」此外，文獻中對墨的品種也有記載，其中影響較大的有兩說：第一為宋代晁貫之的《墨經》，其云：「古用松墨、石墨兩種，石墨自晉魏以後無聞，松煙之製尚矣。」第二是明代陶宗儀的《南村輟耕錄》，其云：「上古無墨，竹挺點漆而書。中古方以石磨沈，或云是延安石液。至魏晉時始有墨丸，乃漆煙松煤夾和為之。」後世論上古之墨者多持陶說。

在漢代以前的文獻中，人們把天然礦物質的顏料泛稱為丹、膡、石涅和石墨。劉紹剛先生在〈石墨、丹膡和墨〉一文中認為：「近年來在仰韶文化時期的姜寨遺址中的最新發現，為上古乃至新石器時代用石墨說提供了更為確鑿的證據。在姜寨遺址第二期文化遺存中發現了一套完整的繪畫用具，其中有帶蓋的石硯和研棒，石硯的臼窩內和硯面上有紅顏料痕跡，石硯旁有一塊黑紅色顏料（發現時已崩裂成四小塊），這塊顏料經鑒定屬三氧化二鐵，與石硯上紅顏的痕跡相同。此外，還有一件繪畫時盛水用的陶水杯，與石硯和顏料置於一

處。從顧微《廣州記》所說的朱石也稱石墨看，這種三氧化二鐵的顏料也屬於石墨的一種，或可稱為丹、臒。」

煙墨，亦稱為松煙、煙煤等，它是用松木等植物的枝幹或各種油脂、漆滓等可燃物不完全燃燒產生的煙料，再和以膠、漆等連接原料及增香、解膠的藥物加工而成的，《齊民要術》卷九有《合墨法》篇，詳細記載了煙墨的加工製作方法。今見簡牘墨跡，絕大多數為煙墨所寫；在安陽殷墟發現的商代甲骨中，除刀刻者外，也有一部分是墨書、朱書，或在刻辭和刻兆上塗黑或塗朱者，1937 年，美國人 A. A. Benedettl-Pichler 對甲骨上的朱、墨字跡進行了顏料微量化學分析，化驗結果證明，在甲骨上書寫的紅色是朱砂，黑色是炭素單質，據此，尹潤生先生認為「中國墨的起源應創始於公元前十二世紀以前」。（見《書法叢刊》第 1 期，尹潤生〈漫談我國古代的製墨模具〉）

1949 年以後考古發現的戰國秦漢墨塊有：1981 年至 1989 年間，在湖北江陵九店 56 號戰國墓中出土了一整塊墨和部分粉狀墨，出土時墨裝在木胎墨盒內，大塊墨近長方形，中部兩側略凹，似為研磨時手捏所致。這塊墨長 2.1 釐米，寬 1.3 釐米，厚 0.9 釐米，墨共重 1.5 克。1954 年，在湖南長沙楊家灣楚墓中與竹簡同時出土的有一筐黑色方泥塊，有人研究認為這些黑色泥塊是當時用來加水調和使用的一種墨。1956 年，在河南陝縣劉家渠東漢墓中出土了一枚「作成饅首形」的墨，其「外表還保留著手捏製作的痕跡」。1973 年，在山西渾源畢村的西漢墓中出土了一塊比較完整的半圓錐體墨丸，長 2.5 釐米，墨丸表面留存有格紋。1975 年，在湖北江陵鳳凰山 168 號漢墓中出土了若干碎墨，經拼合復原，墨塊原長 1.5 釐米，寬處 1.1 釐米，窄處 0.6 釐米，形似瓜子。1975 年，在湖北雲夢睡虎地秦墓中出土了圓柱形墨一枚，殘高 1.2 釐米，直徑 2.1 釐米。等等。

松煙墨的製作工藝有著十分嚴格的要求，所用松木不合格，或煙、膠的比例不正確，或在製作過程中有任何一道工序發生差錯，墨都會碎裂而不能形成挺塊。即使在製墨水平已達到非常成熟的宋代，也還有多次失敗的紀錄。劉紹剛先生認為：「目前所見的秦漢墨丸都是較小的丸塊，也沒有規正的幾何形狀，當然是墨丸製作的初級階段的產物。在此以前，墨還沒有能製成挺塊，是合乎製墨工藝的發展過程的。《莊子·田子方》所說的『舐筆和墨』，就向我們透露出這樣一個信息：那時的墨不是研，而是和。這說明那時的墨是不成挺塊

的，需加水調和而使用。1954 年，在長沙楊家灣楚墓中發現一個殘篋筐，筐中置滿了黑色方泥塊，同一墓葬中還有墨書的竹簡。據推測，這些黑色的方泥塊可能就是戰國時期可以加水調和使用的墨。」（《文史》雜誌第 39 輯〈石墨、丹臒和墨〉）。孫機先生在《漢代物質文化資料圖說》中云：「漢代則用松煙中的炭黑製墨，曹植詩『墨出青松煙』可證。先秦時之墨有的為粉末狀，《莊子・田子方篇》稱眾史『舐筆和墨』，馬王堆三號墓所出《五十二病方》稱藥物之攪拌為和，眾史之墨言『和』而不言『研』，可知用的是粉末狀的墨。樂浪彩篋冢所出漆硯座的抽屜中曾發現墨粉。江陵鳳凰山與廣州象崗所出西漢早期墨為小顆粒、小圓片狀，雖已非墨粉，但尚未製成墨錠，這是因為製墨成錠須有較成熟的和膠技術，工序較繁難。如施膠偏輕則成品薄小，但較易製作。所以至北魏時，《齊民要術・筆墨篇》中仍說製墨『寧小不大』。不過由於各地發展上的不平衡，湖北雲夢睡虎地四號秦墓已出墨錠。西漢時也有墨錠，山西渾源畢村西漢墓出土的圓錐形墨錠已屬模製成形。《漢官儀》說尚書令等人『月給隃麋（漢代的右扶風隃麋縣，在今陝西千陽）大墨一枚，小墨一枚』。可見西漢不僅能製墨錠，還有隃麋墨這種著名產品。東漢時，如葛龔《與梁相張府君牋》所說『復惠善墨，下士所無，摧骸骨，碎肝膽，不足明報』（《初學記》卷二一引），情辭若斯，其墨必極精善。寧夏固原東漢墓所出松果紋墨錠，黑膩如漆，煙細膠清，手感輕而堅致，雖幽霾地下千八百餘年，然而並未皴剝龜裂，其完整程度幾若新脫模者，信是漢墨極品。但如河南陝縣劉家渠東漢墓所出墨錠，質地較粗，色暗，其上尚有指紋，仍應是用手捏成的。」

在已發現的簡帛中，用以書寫簡帛文字的礦物顏料，除上過黑墨外，還有用赤色的朱砂作標識符號、朱絲介欄、圖畫者。如：《居延新簡》EPT4・50，EPT6・3.8.73，EPT48・6，EPT50・82，EPT51・186 所見之紅色圈點；又《居延漢簡甲乙編》257・5、《居延新簡》EPT51・376、EPT65・354 所見之紅色橫線及《居延新簡》EPT50・21 所見「留言」二字皆為朱砂字跡；山東臨沂銀雀山漢墓出土的竹簡中有或書於篇首（1205 號）、或書於句末（0850 號）的朱色圓點；湖南長沙馬王堆漢墓出土的帛書中，有用朱色的圓點來標識篇章節目者，有用朱色作介道（朱絲欄）者，更有以青、赤、白、黑四色作畫者（1942 年長沙出土的楚帛書四角有用，青、赤、白、黑四色畫的樹枝圖案）。1992 年，在河南洛陽淺井頭西漢墓中出土的木牘上也殘存有朱書筆跡。

丙、硯

硯是與筆、墨相配合使用的寫畫文具。《釋名》云:「硯者,研也,可研墨使和濡也。」由於早期的墨是天然的石墨或一些礦物顏料,所以人們在使用前必須把它放在硯中研細,再兌水使之溶化才能使用。

硯最早產生於何時?目前尚無定論。但從考古發掘來看,早在四、五千年以前的仰韶文化時期的姜寨遺址中就有石硯和研棒的出土。1972 年至 1979 年,西安半坡博物館和臨潼縣文化館合作在陝西省臨潼縣城北姜寨遺址第二期文化遺存中就發掘出土了一套完整的繪畫用具,計有石硯、硯蓋、磨棒、陶杯(繪畫時盛水用的陶水杯)各一件,及黑色顏料數塊(氧化錳),這是我國迄今為止發現的最早的一方石硯(見文物出版社 1989 年出版的《姜寨》)。

戰國、秦、漢時期的石硯也屢見出土。如:1975 年底在湖北雲夢睡虎地秦墓中出土了石硯和研石各一件,由鵝卵石加工製成。硯面和研石面均有使用過的痕跡和墨跡,屬戰國晚期物。1975 年,在湖北江陵鳳凰山漢墓中也發掘出石硯和研石,石硯由細砂岩製成,呈圓形;研石是由石英質砂岩製成,呈圓錐形。整個硯面與研石已經磨得平整光滑,並且留有明顯的墨跡。1956 年,安徽太和縣漢墓出土了石硯一套,蓋頂透雕雙螭首形象,硯底設三足,整套硯石構思巧妙,設計合理。1978 年,青海大通縣上孫家寨 115 號漢墓出土了石硯一件,長 13 釐米,寬 5 釐米,厚 0.6 釐米,正面光滑,背面粗糙,略黑。同墓還出土研石一枚,上圓下方,邊寬 3.2 釐米,高 1.5 釐米。硯面和研石的光滑面皆有墨跡。1979 年,甘肅敦煌馬圈灣遺址出土石硯二件,報告云:「Ⅰ型……圓面,方座,座四角上翹,硯面有墨痕。面徑 3.4 釐米,座 3.4×3.4 釐米,硯高 1.5 釐米。Ⅱ型……青色細砂岩,略經加工,呈方形圓角。一面有墨痕。長 4 釐米,寬 4 釐米,高 2 釐米。」1983 至 1984 年間,在湖北江陵張家山二四七號漢墓出土了石硯二件,以圓形天然鵝卵石加工而成,另有研石,皆有使用痕跡。1984 年,甘肅省博物館收藏漢硯一套。有硯體及硯蓋,通高 12.5 釐米,直徑 13.5 釐米。硯蓋雕雙螭盤繞,四周斜面陰刻二虎和斜平行線紋,蓋曲凹處存朱紅色痕跡。硯高 5 釐米,硯面平坦,周邊略低,底設三足鼎立。硯面尚留有墨跡。1982 年至 1986 年間,山西朔縣兩漢晚期墓中出土了多件石硯,皆為長方形,多附方形或圓形研石,其中一件長 14.4 釐米,寬 6 釐米,厚 0.4

釐米。研石呈圓形，直徑 2.8 釐米，厚 0.4 釐米。此類長方形石硯，70 年代甘肅省肩水金關遺址也有出土，亦附有圓形研石。1993 年，在江蘇東海尹灣 6 號漢墓中出土了板研一件（包括研蓋），通長 21 釐米，寬 6.5 釐米。板研放置在一個木質帶凹槽的底座中。研，石質。板研右側有一邊長 2 釐米方槽，放置一方形帶圓把的墨研。研蓋木胎，表面黑色髹漆，上用朱紅色繪出飛翔的鳥和奔兔、豹等圖案。右側有一圓孔，作放置研石圓把之用。1955 年，河北滄縣四莊村東漢墓出土了一套石硯，有硯蓋。通高 15.5 釐米，直徑 16 釐米。蓋頂雕成立體雙龍盤繞，造型生動。蓋內周廓略高，中為凹窩。硯體通高 5.3 釐米，周邊凸起一道弦紋，硯體下設三足。在硯蓋和硯體之間放一圓錐形研石，長約 3 釐米。當硯體、硯蓋合在一起時，正好把研石扣於其中。（見圖）

河北滄縣四莊村出土漢代石硯

此外，考古工作者還發現過兩漢三國時的漆砂硯、木硯。1985 年，在江蘇邗江姚莊 101 號西漢墓中出土了漆砂硯一件，「其平面呈鳳尾形。前端為半橢圓形盉頂式硯盒，中空，容積 200 多毫升，後端為梯形硯池，容積 195 毫升。池面木質堅硬，髹深黑色漆，觸摸似有極細砂粒的感覺。池、盒之間有三角形流孔，出土時孔內用木雕羊首形拴堵塞，硯面殘留墨跡。」同墓還出土木硯一件，「較漆砂硯小，俯視呈『8』字形，硯盒作圓形博山狀，容積 65 毫升。硯池較淺，呈桃形。池面粗糙，木紋清晰。」1984 年，在安徽馬鞍山東吳朱然墓中出土了漆砂硯一件，簡報云：「木胎，長方盒形，分為四層，為三盤一蓋，可以疊合。下方底盤，可以放置研石、顏料等，附壺門狀足。上為硯盤。硯池長 27.4 釐米，寬 24 釐米，池內塗黑漆和細砂粒，以增強磨擦糙度。池上方有一方形小水池。再上為筆架盤，內嵌兩條鋸齒狀筆架。最上面是蓋，外髹黑紅漆，內髹赭紅漆。出土時已散碎漂移，待修復。長 37.2 釐米，寬 26.8 釐米。」

　　以上所述僅為出土實物的一部分，足見當時硯的使用是相當普遍的。李均明先生認為：「從兩漢出土實物考察，硯之形制由簡趨繁：西漢早期之硯多為圓形石硯，如江陵鳳凰山 8、168 號墓所見；至中晚期呈長方形、圓面方座等

較複雜形狀，加工精細，稍加裝飾，如馬圈灣遺址、青海大通上孫家寨 115 號墓、山西朔縣、甘肅金塔肩水金關遺址所見；至東漢中期，三足硯已多見，如河北滄縣、安徽太和縣東漢墓所見，造型複雜，硯蓋多立體透雕。再從江蘇邗江姚莊 101 號墓及安徽馬鞍山東漢朱然墓出土的漆砂硯考察，硯臺已日愈向工藝化發展。」（李均明《簡牘文書學》）

　　孫機先生在其《漢代物質文化資料圖說》中研究認為：「就硯面的形狀而論，漢硯可分為圓形與長方形兩大類，即魏繁欽《硯贊》所稱『或薄或厚，或圓或方』（《初學記》卷二一引）。圓硯之原始的形態只是一塊接近圓形的河光石，《說文‧石部》：『硯，石滑也。』可見『硯』字之初義即指石之滑者，廣州西漢墓所出者可以為例。以後加工漸細，圓硯多附三足且有蓋，蓋底當中留出凹窩，以備容納研子。精緻的圓硯，蓋面上往往鏤出盤旋的螭紋，河北望都 2 號、河南南樂宋耿洛 1 號等東漢墓均出此式石硯，湖北當陽劉家冢子東漢墓還出一件此式陶硯。長方形硯原來只是一塊石板，如洛陽燒溝 632 號墓所出者。這種硯常被稱為黛硯，實不盡然。因為在居延金關，此式硯與屯戍遺物同出；根據出土地點的軍事性質，其硯顯然非畫眉所用。精緻的長方形硯常附木硯盒，山東臨沂金雀山 11 號西漢墓所出硯，硯盒髹漆，蓋、底兩面均繪有雲氣禽獸紋。平壤彩篋塚所出樂浪時代石硯，更加講究，其漆硯座底部裝有抽屜，頂部兩端裝鎏金筆插，但其研子卻係木製。廣州漢墓所出研子還有瑪瑙的和陶質的。在江蘇邗江姚莊 101 號西漢墓還出土一件罕見的漆砂硯，此硯呈前方後圓的橢長馬蹄形，硯池木質堅硬，髹黑色漆，觸摸時表面有細砂粒的感覺，硯後部有盝頂水倉，水倉與硯池有孔相通，出土時孔內用羊首形木栓堵塞。此外，漢代還有一種附銅硯盒的石硯，硯盒常作獸形，安徽肥東與江蘇徐州土山各出一例。徐州的獸形銅硯盒通體鎏金，並布滿鎏銀的雲氣紋，雜嵌紅珊瑚、綠松石和青金石，造型瑰奇，色彩絢麗，是稀見之品。」「漢代還有石研缽，見於長沙沙湖橋漢墓，或係供研磨繪畫色料之用。同出之物有多格石皿，或係供洗筆之用。至於向硯內注水，漢代則製有各式銅硯滴。傳世硯滴有作獸形的，廣西昭平曾出其實例。四川開縣與大邑出土者作龜蛇合體的玄武形，傅玄《水龜銘》稱：『鑄茲靈龜，體象自然。含源未出，有似清泉。潤彼玄墨，染此弱翰。』即指此類硯滴而言。廣西梧州出土的則為兔形。玄武為北方之靈，北方在五行中屬水。兔則為月的象徵。梁簡文帝《大法頌序》『陰兔

兩重，陽烏三足」（《廣弘明集》卷二〇），《論衡・說日篇》『夫月者水也』，硯滴多取形於此類與水有關的動物形像。硯滴側面有時還附有筆插。」

　　「硯」在漢代簡文中稱為「研」，如湖北江陵張家山漢墓出土的遣冊中有「研（硯）一，有子」；《居延漢簡釋文合校》中 101・24、276・10 中有「筆研（硯）附布巾」；《尹灣漢墓簡牘》中牘乃有「板研（硯）一」；廣西貴縣羅泊灣 1 號漢墓木牘《從器志》有「研（硯）、筆、刀、二櫝一笥」等記載。上引簡文中之「研」皆當讀為「硯」。「研」、「硯」皆為疑母元部字，屬雙聲疊韻通假。《集韻・霰韻》：「硯，《說文》『石滑也』，或作研。」《玉篇殘卷・石部》：「硯，字書亦研字也。」又「硯，所以研和，從研和墨，用為書字者也。」《文選・郭璞・江賦》：「紫菜熒曄以叢被，綠苔鬖髿乎研上。」李善注：「研與硯同。」上引張家山遣冊「研（硯）一」，即有硯一件；「有子」，指有研子，亦稱研杵。尹灣漢墓「板研（硯）一」，即指有板硯一件，該墓出土物中確有長條形石板硯一件，通長 21 釐米，放在一個帶凹槽的木質底座中。魏晉時已稱「硯」，如江西南昌東湖區永外正街 1 號晉墓木牘有文云「故書硯一枚」。

　　丁、書刀

　　《釋名・釋兵》：「書刀，給書簡札有所刊削之刀也。」《史記・張丞相傳》：「周昌笑曰：『堯年少，刀筆吏耳。』」正義云：「古用簡牘，書有錯謬，以刀削之，故曰刀筆吏。」《漢書・禮樂志》：「削則削，筆則筆。」師古注云：「削者，謂有所刪去，以刀削簡牘也；筆者，謂有所增益，以筆就書也。」《後漢書・劉盆子傳》「其中一人出刀筆」，李賢注云：「古者記事，書於簡冊，謬誤者以刀削而除之，故曰刀筆。」在古代文獻中關於「書刀」的記載還有很多。

　　在考古發掘中，戰國、秦漢的書刀也多有發現。如：1981 年至 1989 年間在湖北江陵九店 56 號楚墓中就出土鐵製書刀一件，由木柄與鐵刀片組成。木柄作長條形，末端稍尖，另一端固定一長 5 釐米、寬 2.1 釐米的鐵片作刃，刃口斜形。出土時鐵刀片銹蝕較甚，似用兩個竹釘固定在木柄上。出土時與毛筆、墨盒裹於竹簡內。1956 年在河南信陽楚墓中與竹簡同時出土也有兩把銅刀。1975 年在湖北雲夢睡虎地 11 秦墓與毛筆同出土的有銅刀一件，通長 17.2 釐米，環首，單刃較薄，有殘缺，當是使用所致，帶木鞘。1979 年在甘肅敦煌

馬圈灣漢代遺址中與簡牘同出土者有書刀三件，報告云：刀，二件，鍛造，刃部和柄部寬度相近，柄尾部有一環，環的直徑 2.9 釐米，書刀長 20 釐米，寬 1.5 釐米。又有削一件，鍛造，刃部較寬，為弧形，直柄稍窄，柄尾部有環，已折斷。刃面的個別部位仍可見發亮的金屬光澤。刃長 15.5 釐米，寬 1.8 釐米；柄長 9 釐米，寬 1.2 釐米，厚 0.4 釐米。1993 年在江蘇東海尹灣 2、6 號漢墓中共出土書刀四件。其中 2 號墓出土一件，出土時已殘損，鐵質，殘長 9.2 釐米，寬 1.5 釐米；6 號墓出土鐵質書刀三件，一件長 25 釐米，寬 1.5 釐米；另一件殘長 5.5 釐米；還有一件比較特殊，為連鞘雙刀，環首，長 25.5 釐米，寬 1.5 釐米，這樣的漢式書刀在考古發掘中屬第一次發現。1975 年在湖北江陵鳳凰山 168 號漢墓中與竹簡、毛筆同出土的也有銅製書刀一件。書刀在出土的簡文中也有記載，如廣西貴縣羅泊灣 1 號漢墓出土的木牘《從器志》中就有「研（硯）、筆、刀，二櫝一笥，繒緣」的記載，這裡的「刀」即指書刀。而且在考古發掘中，筆、墨、硯、刀、竹簡同時出土者也有多次。

　　孫機先生在《漢代物質文化資料圖說》中說：「漢代有書刀，用以修改簡牘上的誤筆。《史記·孔子世家》說：『至於《春秋》，筆則筆，削則削。』《漢書·禮樂志》顏注：『削者，謂有所刪去，以刀削簡牘也。筆者，謂有所增益，以筆就而書之。』《考工記》：『筑氏為削。』鄭注：『今之書刀。』可見當未有書刀之前，曾用銅削修簡。廣西貴縣風流嶺西漢墓所出銅書刀尚略近削形。在江陵鳳凰山 168 號漢墓的竹筒中，此式銅書刀與簡牘筆硯同出，可知此物確為書刀。河北滿城漢墓出土的鐵書刀，或裝銀首，或錯金，或附象牙鞘，製作甚精。東漢尤重書刀，畫像磚、石中之人物常有佩書刀者。《後漢書·袁紹傳》李注引《九州春秋》言韓馥至廁，以書刀自殺，足證它是隨身攜帶之物。當時以蜀產金馬書刀最有名。《漢書·文翁傳》顏注引晉灼曰：『舊時蜀郡工官作金馬書刀者，似佩刀形，金錯其柎。』1925 年洛陽出土過這種書刀的殘件，刀身錯金作馬形，『金馬』之名即由此而來，這種刀很鋒利。上述金馬書刀的款識中標明係用『卅湅（漱）』的鋼鐵製作。李尤在《金馬書刀銘》中也用『巧冶煉剛』的句子來讚美它。成都天迴山所出者，刀身錯有鳳紋，為光和七年（184 年）所製，是已發現之較完整的東漢書刀。」

第二節　簡帛的削改

　　前面已經講過，書寫工具之一的書刀是用來削改簡牘書寫中的錯謬的，這是簡牘書寫錯誤最常用的一種修改方法。此外，還有用塗改的方法來修正錯誤，如同後世在紙上寫錯字時用點滅的方法。《爾雅·釋器》云：「滅謂之點。」郭注云：「以筆滅字為點。」若在帛上書寫產生錯謬時，也用點滅的方法來修改。

　　陳夢家先生在《漢簡綴述》中曾根據武威出土《儀禮》研究歸納出修改簡牘書寫錯誤的三種方法：

　　一為削改。這是在修改簡牘錯誤文字時最多見的一種方法。在實物上可以看到被削去薄薄一層表面，而補寫的字跡往往暈開，易於識別。削改之例約有七：㈠寫錯一字，削去後改寫一字，原地位不動；㈡寫錯偏旁，只削改偏旁，其餘部位不動；㈢寫錯幾個字，削除後仍補寫幾個字；㈣漏寫數字，將一小段全削去而補寫；㈤多寫了字，刪除改寫；㈥錯字削除後遺忘未及補寫的；㈦抄者誤重一段，刪削後不作補寫，留出空白。

　　二為塗改。削改是事後發現錯誤削除原寫而改寫的。塗改則是書寫當時發現錯誤，不加削除，而用水或唾沫塗抹去，重新書寫，故補寫後字跡四周尚存塗抹痕跡。

　　三為添寫。抄寫時漏寫的字，有時添寫在漏寫處字側，有時添寫在漏字的上下字之間。

　　陳夢家先生還認為：「凡此補抄與一再削改，皆表示此經牒在經師誦習中有所補綴改易，零簡曾有失落或敗壞。凡刊削重寫之字，往往是校勘上有問題的字，則經師誦習之時，不從此抄本而從別本有所改正。校記中對某些削改字之有爭執者，曾加注明，可以參閱。由此可見，刊削的字，有些是抄手因抄錯而改正的，有些則是讀者據它本有所更正的。」

　　以上三種削改方法是陳夢家先生六十年代據西北出土漢簡（尤其是武威出土之《儀禮》簡冊）歸納出來的，六十年代以後又出土了大量的簡牘文獻資料，雖然形式和內容比六十年代要豐富的多，但對抄寫簡帛時產生錯謬的修改方法基本差不多。

至於帛書的修改，當然不能用書刀去削改。從出土的馬王堆帛書實物來看，如在抄寫時漏抄的字，一般是在漏寫處用小字補入。如帛書《老子》乙本卷前古佚書中 82 行上「以為天下正」，原抄書者抄寫時在「天」下就漏抄一個「下」字，後用小字補抄在「天」與「正」二字之間。又如 84 行上「乃夢者夢而茲者茲」，原抄書者抄寫時在「而」下就漏抄了「茲者」二字，後用小字並排補抄在「而」與「茲」二字之間。馬王堆帛書中像以上這種漏抄的現象還有多處，但補改的方法基本一致。

第三節　簡牘的容字

所謂容字，就是指簡冊中每一枚簡或牘所容納的字數。

在古代文獻中也有相關的記載：如《儀禮・聘禮》疏引「服虔注《左氏》云：古文篆書一簡八字」；《漢書・藝文志》述劉向校今文《尚書》說「簡或二十二字，或二十五字」；《儀禮・聘禮》疏引「鄭注《尚書》三十字一簡之文」；《穆天子傳序》云「汲冢書一簡四十字」等。從上述文獻記載來看，少者只容八字，這顯然是較短的簡，或書寫的字大而字與字間間隔較寬所致。書寫二十二至四十字的簡，一般屬正常抄寫。

陳夢家先生曾對 1959 年在武威出土的《儀禮》簡進行過比較和分析，他認為：「每一簡的容字多少，大致上是有規定的，但因不同書手和竹木簡性質之異，使得各篇每簡字數並不能一律相等。武威三種《儀禮》的情形也是如此。甲本木簡七篇是占數最多的，其中大多數以六十字為常例，當然每簡容許有一、二字的上下。《泰射》一篇百十四簡，最為嚴謹，多數簡為六十字，較少的為五十九字或六十一字。《少牢》一篇的前四十一簡，每簡字數略多於六十字而不超過七十字。只有《特牲篇》第四十一至五十三的十三簡，是利用舊簡，一行八十字上下，和七篇中其它部分不同。乙本木簡短而狹，字也小，故一簡容字一百至一百零數字，其第十七簡最多為一百二十三字，幾乎為甲本一簡的倍數。丙本竹簡的字數很參差，多者五六十字，少者二三十字。這由於它是分章的《喪服》經，每章另行起，故新章前一行多不足行；又由於因避竹節要多空一些，否則它也是以六十字為標準的。」以上是陳夢家先生就武威出土漢簡《儀禮》而言，每簡容字少者六十字左右，多者一百二十三字，多數容字

在六十字左右。

　　七十年代以後，隨著考古事業的不斷發展，出土了大量的戰國、秦、漢簡牘，除一部分屬於遣策類外，很大一部分是文獻價值很高的古代書籍，其內容幾乎涉及到《漢書・藝文志》所記載的方方面面。從簡冊之長短、容字之多少，以及簡冊之長短與所抄寫之內容的關係等，都為我們研究古代簡冊制度提供了珍貴的第一手資料，下面先就目前已經正式發表並保存較完整、有代表性的幾批簡牘的容字情況概述如下：

　　1972 年山東省博物館在山東臨沂發掘了銀雀山 1、2 號兩座漢墓，1 號漢墓出土竹簡四九四二枚，2 號漢墓出土竹簡三十二枚。兩墓出土的竹簡有三種不同的長度：一種長 69 釐米（2 號漢墓）；一種長 27.6 釐米（1 號漢墓）；另一種長 18 釐米左右（1 號漢墓）。長 69 釐米的竹簡上書寫的是《元光元年曆譜》，由於曆譜是表格式的，所以每簡都不會寫滿，最多的有三十三字，最少的有四字（標題），一般在三十字左右。長 27.6 釐米的竹簡有兩種書寫格式，一種是竹簡的上下兩端不留空白，整簡自上而下寫滿，如《六韜》、《守法守令十三篇》均屬此種，這類簡每簡一般書寫三十五字左右，最密的有超過四十字的。另一種書寫格式是竹簡的上下兩端各留出 1—2 釐米的空白，猶如現代書籍的天頭地腳，如《孫子兵法》、《孫臏兵法》、《晏子》、《尉繚子》均屬此種，這類簡每簡一般書寫三十至三十五字，最多的也有超過每簡四十字者。長 18 釐米左右的短簡也是圖表形式，內容是陰陽時令占候之類，這類簡出土時比較殘缺，從少數保存完整的竹簡來看，每簡的容字約在三十字左右。

　　1973 年在河北省定縣 40 號漢墓中出土了一批竹簡，該墓大約在西漢末年曾被盜掘過，墓內竹簡也被盜擾火燒，受到嚴重損壞。出土的竹簡中有目前發現的最早的儒家經典著作《論語》抄本。經過整理，被認為是《論語》的竹簡有六百二十多枚，殘簡居多。該類竹簡全簡長 16.2 釐米，寬 0.7 釐米，每簡抄滿者有十九至二十一字不等。

　　1973 年在湖南省長沙馬王堆號漢墓中，出土了大量的帛書和少量的竹簡，用竹簡書寫的內容是《十問》、《合陰陽》、《雜禁方》、《天下至道談》四種有關房中術的醫書。這四種簡冊醫書的長度不等，最長的 28.2 釐米，最短的 22.5 釐米。其中《天下至道談》長 28－28.2 釐米，每簡容字為二十九至三十五字左右；《十問》簡長為 23.2－23.7 釐米，每簡容字為二十一至二十四字左右；《合

陰陽》簡長為 23－23.2 釐米，每簡容字為十九至二十五字左右；《雜禁方》簡長為 22.5－23 釐米，每簡容字為十一至十五字左右。

1975 年，在湖北省雲夢睡虎地 11 號秦墓中出土了大量的秦代竹簡，這是我國考古工作者第一次發現秦代竹簡，總計有一一五五枚（另有殘片 88 片），竹簡的內容大部分為秦代的法律、文書。這批竹簡的長度分別為 27.8 釐米、27.5 釐米、27 釐米、25 釐米、22.5 釐米五種。抄寫時都留有天頭地腳。27.8 釐米長的竹簡上抄的是文書類《語書》，是當時南郡守騰頒發給本郡各縣的一篇文告。每簡容字三十八至四十三字左右。27.5 釐米長的竹簡上抄錄的是《秦律雜抄》、《秦律十八種》以及《為吏之道》。其中《秦律十八種》每簡容三十六至四十七字；《秦律雜抄》每簡約容二十七至三十三字；《為吏之道》是一種供學習做吏的人使用的識字課本，每簡分五欄抄寫簡文，有的並未抄滿，每簡最多的抄三十六字，最少者抄十六字。27 釐米長的竹簡上抄的是《效律》，每簡約容二十七至三十字左右。25.5 釐米長的竹簡上抄的是《法律問答》，多數簡都沒抄滿，抄滿者每簡約容字四十二至五十字左右。25 釐米長的竹簡上抄的是《封診式》，《封診式》是對案件進行調查、檢驗、審訊等程序的文書程式，以供有關官吏學習，並在處理案件時參照執行，每簡約容二十九至四十一字左右。

1981－1989 年在湖北省江陵九店 56 號楚墓出土了一百四十六枚竹簡，其內容皆為選擇時日吉凶一類的數術書籍。簡文書寫從頂端寫起，不留天地。整簡的長度為 46.6－48.2 釐米，完整的竹簡容字在五十七字左右。

1987 年元月在湖北省荊門市包山 2 號戰國楚墓中出土了竹簡二百七十八枚。竹簡的長度大致可分為兩種：一種長為 59.6－72.6 釐米，抄寫的內容是卜筮祭禱記錄、司法文書和遣冊；另一種簡長為 55.2 釐米，上面書寫的是有關「羅種」的內容。《包山 2 號墓竹簡概述》云：「每簡字距稀疏不一，字數多少懸殊，最少的僅有 2 字，最多的達 92 字，一般在 50 至 60 字左右。」

1989 年冬在湖北省雲夢龍崗 6 號秦墓中出土了二百八十三枚竹簡。保存完整的簡的長度為 28 釐米，三道編繩，係先書寫文字，後結編繩。竹簡上書寫的內容是秦代的法律文書。整簡容字在二十四字左右。

1993 年 2 月在江蘇省連雲港市東海尹灣 6 號漢墓中出土了一百三十三枚竹簡。這些簡可分為寬、窄兩種，兩種簡的長度基本都在 22.5－23 釐米之間，合

漢尺一尺。一種較寬（0.8－1 釐米）的簡上書寫的一篇文學作品《神烏傅（賦）》，一種較窄的（0.3－0.4 釐米）簡上書寫的內容可分為：曆譜、占測行事凶吉的數術書和甲子表。整簡容字在三十四至三十九字左右。

　　1993 年出土的郭店楚簡在形制上不盡一致，就長短而論，一類長度在 32.5 釐米左右，另一類長約 26.5—30.6 釐米，第三類長 15－17.5 釐米。簡文內容皆為道家學派和儒家學派的著作。如道家著作《老子》竹簡可分為甲、乙、丙三組：甲組共有竹簡三十九枚，簡長 32.5 釐米，兩道編繩，每簡容字約在二十六至三十三字左右；乙組共有竹簡十八枚，簡長約 30.6 釐米，兩道編繩，每簡容字約在二十三至二十六字左右；丙組共有竹簡十四枚，簡長約 26.5 釐米，兩道編繩，每簡容字約十九至二十三字左右。又如儒家思孟學派著作《緇衣》有四十七枚竹簡，簡長 32.5 釐米，兩道編繩，每簡容字約在二十二至三十一字左右。《五行》篇簡長也是 32.5 釐米，兩道編繩，每簡容字在二十五至二十七字左右。《唐虞之道》抄在 28.3 釐米長的竹簡上，也是兩道編繩，每簡容字約在二十六至二十八字左右。郭店楚墓出土的第三類簡的長度在 15－17.5 釐米左右，三道編繩，共有二百六十五枚，簡文內容都是由有關仁義禮德、君臣父子、結交謀友等類似格言的句子組成，整理組定名《語叢》，其體例與傳世古籍《說苑·談叢》、《淮南子·說林》相似。此類簡的容字，寫滿者有八字，不滿者只有一、二字。

　　除上述情況外，還有如 1996 年在湖南省長沙市走馬樓出土的三國吳簡，其數量和字數更是大的驚人。據目前報導情況云，出土簡牘的總數約九萬枚之多，其中有一種長約 50 釐米的大木簡，約有二千餘枚，每簡容字約在一百至一百六十字左右。這批簡牘目前尚在整理之中，還沒有全部發表公布。

　　至於我國西北地區的甘肅、新疆出土的簡牘，其內容多為邊塞屯戍文書，由於簡牘的質料多為木質，因此簡牘的大小、長短、寬窄差異懸殊，再加上在書寫時，文字的大小、疏密情況也不一，所以各簡牘的容字極不穩定。李均明先生曾對西北地區出土的較完整的單行、兩行簡及部分牘的容字情況做過一些比較。如單行簡的容字：《居延新簡》中 EPT40·203－207《相刀劍冊》容字在四十個左右；EPT68·1－199《劾狀》冊，容字為二十至三十字不等；EPF22·1—20《爰書》冊，容字在三十字左右；EPS4T2·44 容字有四十四個；EPS4T2·100 容字四十一個；《流沙墜簡補遺》1 號晉簡容字二十六個，18

號晉簡容字二十二個。雙行簡滿簡的容字字數，通常是單行簡的倍數。如《居延漢簡甲乙編》35·22：右行 37 字，左行 40 字，凡 77 字；157·24A：右行 44 字，左行 41 字，凡 85 字；157·25A：右行 30 字，左行 28 字，凡 58 字；284·1：右行 19 字，左行 20 字，凡 39 字；303·15：右行 36 字，左行 35 字，凡 71 字。《居延新簡》EPT59·1：右行 46 字，左行 44 字，凡 90 字；EPT59·8：右行 32 字，左行 33 字，凡 65 字；EPF22·1：右行 49 字，左行 46 字，凡 95 字；EPF22·22：右行 39 字，左行 48 字，凡 87 字；EPF22·23：右行 36 字，左行 41 字，凡 77 字；EPF22·24：右行 39 字，左行 42 字，凡 81 字；EPF22·30：右行 32 字，左行 32 字，凡 64 字；EPF22·70：右行 35 字，左行 34 字，凡 69 字；EPF22·80：右行 19 字，左行 18 字，凡 37 字。《敦煌漢簡》238A：右行 32 字，左行 28 字，凡 61 字；238B：右行 32 字，左行 31 字，凡 63 字；241B：右行 21 字，左行 19 字，凡 40 字。上引簡例中，《居延新簡》EPF22·21 至 30 屬同一冊，每簡容字 62—95 不等，容字數有很大的差距，且字之疏密似亦無定規。兩行簡的左右行字數雖相差不大，但完全相同者也不多見。

牘之容字量相差更大，一般而言，書寫面廣大者容字則多，反之則少，但牘面未必都能寫滿，故不能一概而論。試舉例如下：

《尹灣漢墓簡牘》牘 1：正面容 330 字，背面容 336 字，凡 666 字；牘 2：正面容 1071 字，背面容 1954 字，凡 3025 字（不包括模糊漫漶者）；牘 3：正面容 799 字以上，背面容 1006 字以上，凡 1805 字以上。《居延新簡》EPT44·4：正面容 89 字，背面容 96 字，凡 185 字。《居延漢簡甲乙編》7·7 牘：正面容 148 字，背面 21 字，凡 169 字；495·4 牘：正面容 106 字，背面容 80 字，凡 186 字。以上是容字較多者。容字較少者如《尹灣漢墓簡牘》牘 20、21，正面容 4 字，背面容 12 字；《居延漢簡甲乙編》甲 1559 僅容 4 字，為一篇文書的末尾。

函封之容字也較少，如《居延漢簡甲乙編》甲 279 號僅容「過所」2 字，甲 1396 號僅容「甲乙渠官」3 字。容字少者，空白面大，字跡只占牘面的一小部分。

從上引資料，我們可以得出這麼一個印象，即古代簡牘的容字在當時並沒有統一的規定，它與簡牘的長短、寬窄、字體的大小、疏密有著密切的關係。

一般來講，抄寫者是根據所書寫內容的字數來確定大概的用簡量和每簡的容字多少，這樣才不會發生書寫內容容納不下，或內容已寫完還剩餘不少空白簡的情況。抄寫書籍文獻更是這樣，因此從出土的書籍文獻簡冊來看，不管竹簡多長多寬，但同一種書內所用竹簡規格基本相同，抄寫的格式也基本一樣，而且每簡的容字也相差無幾。至於西北地區出土的邊塞屯戍文書則與抄寫書籍的情況不太一樣，由於邊地文書所用簡牘質材又多取於當地的白楊、檉柳等，很難加工的整齊化一；再加上文書傳遞緊急，文字較少，無時間工整書寫，多為急就，所以每簡的容字也就不用太多地計算，一般只能視情況而定，因此每簡的容字量懸殊很大。關於牘的容字正如上面所講，一般而言，書寫面大者容字較多，書寫面小者容字較少；文字多者，字小距密，文字少者，字大距疏。因此不能一概而論。

簡帛的題記

　　所謂簡帛「題記」，是指古文獻的作者或抄書者為了便於日後讀者能夠分清書籍或文書的篇章，掌握好閱讀的次序和語氣、準確地理解所著文字的含義等，在抄寫所著書籍或文書時題寫的書題、目錄、篇題、章題、序碼、計字尾題、句讀符號等對文字的表達能起到輔助或強化作用的標識和記號。

　　從目前出土的戰國、秦、漢簡帛書和文書實物來看，上述書題、目錄、篇題、章題、序碼、計字尾題以及各種章節、句讀、符號等都曾在不同的書籍、文書中有所發現，但不一定同時存在於某一種書內。比如有的有書題、篇題、計字尾題，有的沒有書題而有目錄、篇題等，有的沒有目錄而有書題、篇題等，有的只有篇題、章題而無書題、目錄，有的書題、篇題、目錄、章題等皆無。有的即便在同一種書中書寫同一級的題記，其格式也不盡相同。如 1972 年山東臨沂銀雀山漢墓出土的書冊中，同級篇題的抄寫形式就有五種不同的情況。從上述現象來看，可能在那個時候抄寫簡帛書籍還沒有形成一定的格式或制度，只是根據抄書者的習慣而為之。即便如此，上述各種「題記」的抄寫現象對日後書籍制度的形成有著深遠的影響，是我們今天研究古代書籍制度形成和發展的珍貴資料。

第一節　簡帛書籍的題記

甲、書題

　　書題，即指書籍的名稱，有的學者稱之為「書名」。

　　現在出版的書籍，書的名稱是圖書構成的一大要素，所以在印刷時要醒

目，在裝幀時要安排在顯要的位置（如封面、內封、書脊、版權頁上），而且書的名稱多由作者自定。假如現在出版的書籍沒有書名，簡直不可思議，甚至可以不稱其為書籍。但在古代就不然了，在紙張和印刷術發明之前，書籍的流傳多靠簡帛的傳抄或口授，有時由於受抄寫材料的局限，傳抄者或根據自己的需要或愛好而摘錄某書中的部分篇章加以保存。前輩學者余嘉錫先生曾經指出：「古人著書既多單篇別行，不自編次，則其本多寡不同。加以暴秦焚書，圖籍散亂，老屋壞壁，久無全書。故有以數篇為一本者，有以數十篇為一本者，此有彼無，紛然不一。分之則殘缺，合之則重複。」（見余嘉錫《古書通例·論篇次》，上海古籍出版社，1985 年）同時余先生還指出：「古人著書，其初僅有小題（驥按：指篇題），並無大題（驥按：指書題）。」且「多單篇別行，本無專集，往往隨作數篇，即以行世。傳其學者，各以所得，為題書名」。（見余嘉錫《古書通例·案著錄》）意思是說，古人著書時，一開始僅題寫篇名，並沒有書名。他們寫好的文章多數是以單篇流傳於世，沒有形成集子，而且往往是隨作隨行（流傳），學生們得到以後才各自為它起個書名。比如在《史記》的〈管子列傳〉、〈莊子列傳〉、〈商君列傳〉、〈屈原列傳〉及《漢書》的〈東方朔傳〉中所引他們各自的著述時，都是只有篇名而無書名。余嘉錫先生還認為：「古書書名，本非作者所自題。後人既為之編次成書，知其為某家之學，則題其氏若名以為識別；無名氏者，乃約書中之意義以為之名。所傳之本多寡不一，編次者亦不一，則其書名不能盡同。劉向校書之時，乃斟酌義例以題其書。」（見余嘉錫《古書通例·案著錄》）余先生根據傳世文獻的記載，對漢魏以上的古書體例做了深入的研究，撰寫成《古書通例》一書，書中對古書的命名、編定等做了精闢的論述，使讀者了解到漢魏以上古書的體例與後世著述的重大不同。如果不明古人著述的主旨和書籍編定的原委，而以後世書籍的體例來論列先秦、漢初書籍的真偽、傳本的是非以及編書的體例等，就不可避免地會產生很大的誤會。書中的論述有很多真知灼見，對我們今天研究出土的戰國、秦、漢時期的簡帛書籍有著重要的啟發和指導意義。

從目前出土的簡帛書籍實物來看，就書題和篇題而言，存有篇題者為多數，發現書題者為少數。究其原因，可能有二：一種可能是由古人著書多以單篇流傳，原本就無書題；另一種可能則是原本題有書題，由於年代久遠，簡帛長期浸泡在泥水之中，極易腐朽，出土時很容易殘斷，有些書題可能就在殘斷

的簡帛之中，只是難以辨認或綴連而已。

下面介紹幾種在出土簡帛中存有書題的書籍和書題的書寫情況。

A. 張家山漢墓竹簡（見《張家山漢墓竹簡（247 號墓）》，文物出版社，
2001 年）

1983 年，湖北省荊州市博物館在位於江陵縣（今荊州市荊州區）城外西南
1.5 里處的江陵磚瓦廠內發掘了張家山 247 號漢墓，墓中出土竹簡共 1236 枚
（不含殘片）。發掘者根據該墓出土的文物及墓葬形制推斷，墓葬的年代屬西漢
早期，據墓中所出土的「曆譜」可知，墓主人的去世當在西漢呂后二年（公元
前 186 年）或其後不久。出土竹簡的內容多與法律、醫學有關。從殘存的竹編
可知，竹簡原置於竹笥中，由於受到淤泥及其它文物的擠壓，竹簡已有損壞，
卷束已經散亂，並有不同程度的移動。從竹簡的堆積狀況可以判斷，各種竹書
原來是各自成卷的，入墓時堆放在一起。這些竹書在出土時依從上至下的順序
是：曆譜、《二年律令》、《奏讞書》、《脈書》、《算數書》、《蓋廬》、《引書》，遣
策另置它處。竹簡整理小組在整理時參照竹簡堆積情況，按竹簡的形制、字體
和簡文的內容進行了分篇、繫聯。該墓出土的竹書除曆譜和遣策的名稱是整理
者疑加之外，其餘各書均原有書題。

《二年律令》：共有竹簡 526 枚，簡長 31 釐米。簡文內容含二十七種律和
一種令。書題《二年律令》是這卷竹書的總稱，書題抄寫在開篇第一支簡的簡
背上端，單獨佔用一簡，書題上面有墨釘（■）標識符號。在古代，簡冊抄寫
完畢後，為了防止日後散亂或錯簡，一般都要用編繩將簡冊編聯起來。平日存
放時，要將簡冊像捲簾或捲畫一樣捲起來，在收捲時，一般都以該簡冊的最後
一簡為中軸，有正文的一面向內，無字的一面（簡背）向外，這樣捲畢後，簡
冊書籍的第一篇就在最外層，第一篇第一簡就成了最外層的最後一支竹簡，如
果書題（也有書題和第一篇篇題都寫在第一或第二簡簡背者，說見下《篇題》
節）抄寫在第一簡簡背，捲好後簡冊的書題（或篇題）正好露在最外面，取書
時一目了然，就不用解開卷軸，其作用就相當於現代書籍的封面，這就是書題
抄寫在書冊第一簡簡背的妙用和意義。《二年律令》的律、令均有篇題，分別
抄寫在各篇最後一簡的正面，而且所有篇題都是單獨佔用一簡，律文從第二簡
開始抄寫。

《奏讞書》：共有竹簡 228 枚，簡長 28.6 至 30.1 釐米。「讞」是議罪的意

思,《奏讞書》就是議罪案例的匯編,它包含有春秋至西漢時期的二十二個案例。其中有不少案例是完整的司法文書,是當時的司法訴訟程序和文書格式的具體記錄,我們從中可以了解到當時法律的實施狀況。《奏讞書》的書題抄寫在該書的正文末簡的簡背上端,字體比正文略大一倍。

《脈書》:共有竹簡 66 枚,簡長 34.2 至 34.6 釐米。該書的內容可分為兩個部分:一部分是依人體從頭至足的排序列出六十多種疾病名稱,一部分是講人體中經脈走向及其所主病癥等。《脈書》的書題抄寫在該書開篇第一簡簡背,單獨佔用一簡,正文從第二簡正面開始抄寫。

《算數書》:共存竹簡 190 枚,簡長 29.6 至 30.2 釐米。該書是一部數學問題集,共有六十九個小標題(章題)。大多數算題是由題文、答案、術構成。算題包括分數的性質和四則運算、各種比例問題、盈不足問題、體積問題和面積問題。它們與傳世本《九章算術》前七章的主要內容十分接近,兩者有著密切的關係。該書比較集中地反映了戰國晚期至西漢早期我國數學發展的水平,在中國數學史上佔有十分重要的地位。該書書題的抄寫位置與同墓出土的其它書籍書題位置不太相同。同墓出土的其它書籍的書題一般都抄寫在書冊開篇第一簡簡背,而《算數書》的書題卻抄寫在開篇第六簡的簡背第一道編繩之下,編繩上的簡頭用墨全部塗黑,特別醒目,書題「算數書」三字字體比正文略大一倍,第六簡的正面還抄有《算數書》的正文(見附圖)。類似的情況在包山楚墓出土的戰國法律文書中也有發現,如《疋獄》文書的書題就抄寫在該書開篇第五簡的簡背,第五簡簡的正面也抄有《疋獄》文書正文。而《受期》文書的書題抄寫位置則更特殊,它抄

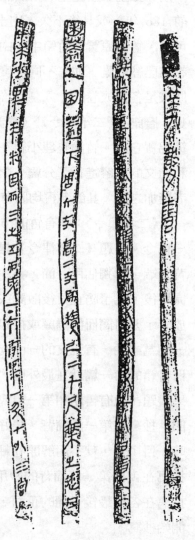

張家山漢簡《算數書》書題竹簡

寫在開篇第十五簡簡背（全書共有六十一枚簡組成）。雖然這種書題抄寫現象比較特殊一點，但它的實際意義和書題抄寫在開篇一、二簡簡背基本相同。

《蓋廬》：共有竹簡 55 枚，簡長 30 至 30.5 釐米。該書是一部年代較早的兵家著作，也是一部佚書。全書共分九段，每段皆從蓋廬的提問為開篇，以申胥（伍子胥）的回答為主體。該書的內容除涉及治理國家和用兵作戰的理論外，還具有濃厚的兵陰陽家思想的色彩。該書的書題抄寫在正文末簡的簡背，簡頭也有墨丁「■」標識符號。

《引書》：共有竹簡 112 枚，簡長 30 至 30.5 釐米。《引書》的「引」字是「導引」的意思，它是一部專門講述導引、養生和治病的著作。全書由三部分組成：第一部分闡述四季的養生之道；第二部分記載導引術式及用導引術治療疾病的方法；第三部分著重說明導引養生的理論。該書的部分內容可與湖南長沙馬王堆出土的帛書《導引圖》相互印證。該書的書題抄寫在開篇首簡的簡背，第一道編繩之下，字體較大。

B. 睡虎地秦墓竹簡（見《睡虎地秦墓竹簡》，文物出版社，1990 年）

1975 年，湖北省博物館等單位在湖北省雲夢縣睡虎地發掘了十二座戰國末至秦代的墓葬，其中在 11 號墓葬中出土了大量的秦代竹簡。這批竹簡入墓時藏於棺內，因此保存較好，出土時字跡仍然清晰，只有少數殘斷。出土後經過整理小組細心的清理和拼接，總計有簡 1155 支（另有竹簡殘片 88 片），內容計有下列十種：

1.《編年紀》
2.《語書》
3.《秦律十八種》
4.《效律》
5.《秦律雜抄》
6.《法律問答》
7.《封診式》
8.《為吏之道》
9.《日書》甲種
10.《日書》乙種

其中除《語書》、《效律》、《封診式》、《日書》乙種四種簡冊原有書題外，

其它幾種的書題則是秦簡整理小組根據簡文內容所擬定的。

《效律》：共有竹簡 60 枚，簡長 27 釐米。該文書詳細規定了核驗縣和都官物資帳目的一系列制度，對於在軍事上有重要意義的物品，如兵器、鎧甲和皮革等，規定尤為詳盡。特別是對於度量衡器，律文明確規定了誤差的限度，這是貫徹統一度量衡政策的法律保證，對鞏固封建國家的經濟有很重要的作用。該文書的書題「效」字，抄字在開篇第一簡簡背第一道編繩之下，它是首尾完整的一篇法律文書。在同墓出土的《秦律十八種》中也有《效》律一種，經過比勘，可以看出《秦律十八種》中的《效》只是摘抄了該律中間的一部分。但從出土位置、簡文抄寫形式和簡文字體來看，在當時它們應該分別為兩種書籍無疑。前面已經講過，古書的傳播多靠簡帛的抄寫和口授，有時由於受抄寫材料的局限，傳抄者或根據自己的需要或愛好而摘抄某書中的部分加以保存，有以數篇為一本者，有以數十篇為一本者，這在當時乃屬普遍現象。

《語書》：共有竹簡 14 枚，簡長 28 釐米。該書是秦王政（始皇）二十年（公元前 227 年）四月初二日南部的郡守騰頒發給本郡各縣、道的一篇告誡大家要了解法律、遵守法律的文告。該文告的書題「語書」二字抄寫在全文最末一簡的簡背上端。

《封診式》：共有竹簡 98 枚，簡長 25 釐米。從出土位置來看，該書當時是單獨捲為一卷。全書共分為〈治獄〉、〈訊獄〉、〈有鞫〉、〈封守〉、〈覆〉、〈盜自告〉、〈□捕〉、〈□□〉、〈盜馬〉、〈爭牛〉、〈群盜〉、〈奪首〉、〈□□〉、〈告臣〉、〈黥妾〉、〈遷子〉、〈告子〉、〈癘〉、〈賊死〉、〈經死〉、〈穴盜〉、〈出子〉、〈毒言〉、〈奸〉、〈亡自出〉二十五篇，原文每篇開始第一支簡正面簡首都寫有篇題，與正文文字間空有一字距離。全書內容除〈治獄〉和〈訊獄〉是對官吏審理案件的要求外，其餘各篇都是對案件進行調查、檢驗、審訊等程序的文書程式，其中包括各類案例，以供有關官吏學習，並在處理案件時參照執行。「封診式」三字為全書的書題，它抄寫在最後一篇《亡自出》的最末一簡的簡背上端。

雲夢睡虎地 11 號秦墓出土的《日書》共有兩種，為了便於區別，竹簡整理小組分別給它們定名為《日書》甲種和《日書》乙種。《日書》甲種共有竹簡 166 枚，簡的正面和背面都抄寫有文字，閱讀簡文時是先讀正面，後讀背面。字體寫得又小又密。《日書》乙種共有竹簡 259 枚，簡文只抄寫在竹簡的

正面，字體書寫的比《日書》甲種稍大一些。兩種《日書》的主要內容都是講如何選擇時日。在古代，由於科學技術不發達，人們對自然界的認識有很大的局限，諸如婚嫁、出行、見官、裁衣、修建房屋等都要選擇時間，甚至如房屋的布局、井、倉、門等應安排在何處等等都要進行卜斷凶吉，從而使人們達到趨吉避忌、得福免災的目的。在當時這種書籍幾乎成了人們的一種日常生活生產手冊。雖然這些都是講述迷信的書籍，但它涵蓋了當時人們進行生產勞動及日常生活的諸多領域，是我們今天研究秦漢時期民俗學難得的珍貴資料。《日書》甲種沒有發現書題，《日書》乙種的書題抄寫在該書書尾最末一簡的背面，且單獨佔用一簡。

C. 馬王堆漢墓帛書（見《馬王堆漢墓帛書（壹）》，文物出版社，1980 年）

1973 年 12 月湖南省博物館在長沙市發掘了馬王堆 3 號漢墓，墓內出土了大批帛書。出土時這些帛書全部盛放在墓東邊箱的一個長方形漆盒內。盒內分五格，在盒子的一邊有一個較窄的通格，裏面盛放著帛書《導引圖》和纏在木片上的帛書《老子》甲本，上面還壓著兩卷醫書。中間較大的一格則放著折疊成長方形的帛書《老子》乙本等。根據同墓出土的一件有紀年的木牘，可以確定該墓的年代是漢文帝前元十二年（公元前 168 年）。這批帛書共有十餘萬字，內容涉及我國古代思想、歷史、軍事、天文、曆法、地理、醫學等方面，但大多數書籍沒有題記書題和篇題，原帛書保存有題記的除了《周易》卷後抄寫的《要》、《繆和》、《昭力》外，還有出土時放在漆盒內中間較大一格內的、折疊成長方形的、抄寫在帛書《老子》乙本前面的《經法》、《十大經》、《稱》、《道原》四篇。這四篇自整理公布以來，研究者對它的定名就多有分岐。有人認為這四篇應為一種書籍，或稱其為《黃帝四經》，或稱其為《黃老帛書》，或稱其為《黃帝書》，莫衷一是。但也有的人認為這四篇應當是四部書籍，應各以其原來題記命名。裘錫圭先生在〈馬王堆帛書《老子》乙本卷前古佚書並非《黃帝四經》〉一文中堅決反對「四篇為一書」說，他一開始就不認為這四篇是一種書，他從帛書的體裁、篇幅、內容等研究認為，這四篇佚書應該就是司馬談所說的「因陰陽之大順，采儒墨之善，撮名法之要」的那種道家著作，它們大概是帛書的主人為了學習黃老言而抄集在一起的。（見裘錫圭《文史叢稿》，上海遠東出版社，1996 年。也見《裘錫圭學術文化隨筆》，中國青年出版社，1990 年。）我們認為裘先生的分析有很大的可能性，不應該將這

四篇看作一種書籍，而應當看作是思想內容有密切關係的四種書籍。如果這種觀點成立，那麼四個原有的篇末題記《經法》、《十大經》、《稱》、《道原》就應當是這四種書籍的書題。

這四種帛書的抄寫形式完全一致，都是以書為單位。《經法》、《十大經》兩書內又分若干篇，本書內的各篇連寫，各篇開始首句前加黑方塊（■）標識符號，以示區別，所有篇題都抄寫在各篇的篇尾。不同的書籍（《經法》、《十大經》、《稱》、《道原》四種）都提行另寫，不連在一起。四個書題都抄寫在本書的最末一行，而且書題後面還有記錄本書的總字數（篇題後面不計字數），如「《經法》凡五千」、「《十大經》凡四千六□□六」、「《稱》千六百」、「《道原》四百六十四」。其中《經法》又分為九篇，每篇都有篇名；《十大經》分為十四篇，每篇也都有篇名。《稱》和《道原》內沒有分篇，文字也不是太多，這可能就是余嘉錫所稱「書只一篇者，即以篇名為書名」者。

以上介紹了一下目前已經有明確書題的簡帛書籍書題的抄寫情況。歸納起來，簡冊大致有三種書寫形式：①書寫在簡冊開篇第一簡簡背；②書寫在簡冊最後一簡簡背；③書寫在簡冊開篇前幾簡的簡背。這三種書寫形式有一個共同之處就是它們都抄寫在竹簡背面，即在簡冊正文相反的一面。其中的妙用和意義就是我們在前面所講過的，當簡冊從後向前捲起時，寫在書首簡背的書題就正好露在最外面；而當簡冊從前向後捲起時，寫在書尾簡背的書題也正好露在最外面。這樣，在取書時就極便檢索。而帛書書題的抄寫形式，就目前所見實物而言，只有寫在全書最後正面者，這和帛書只能單面書寫有關。因此，帛書的書題、篇題、章題、正文等都只能抄寫在同一平面。即使有所變化，也只能將書題或抄寫在全書的最前面（目前尚未發現實例），或抄寫在全書的最後面，如前面所提到的《經法》、《十大經》、《稱》、《道原》一樣。

至於出土簡帛書籍為何題有書名者極為稀少？這是比較專門的研究課題。要回答這個問題，我們認為必須首先從「古書是如何形成」上來考查。余嘉錫先生認為：「古人著書僅有小題（駌案：指篇題），並無大題（駌案：指書題）。」《史記》、《漢書》中「所敘諸子著書，只云若干篇若干言，初不云所著為何書，蓋其書本無大題，後人始以人名名之也」。（見余嘉錫《古書通例·案著錄》）在紙張和印刷術發明以前，古書的流傳主要靠簡帛的傳抄和口授，由於簡帛不像紙張那樣易得便攜，所以很多古書在當時多為單篇流行。余先生

說：「古人著書既多單篇別行，不自編次，則其本多寡不同。故有以數篇為一本者，有以數十篇為一本者，此有彼無，紛然不一。分之則殘缺，合之則重複。」（見余嘉錫《古書通例・論篇次》）李學勤先生認為：「除了少數經籍早已立於官學，或有官本，古籍一般都要經過較大的改動變化才能定型。那些僅在民間流傳的，變動自然更甚。」（見李學勤《簡帛佚籍與學術史・對古書的反思》，臺灣時報文化出版公司，1994 年）因此，古人著書多不自題書名，這就是出土簡帛書籍少見書題（書名）的根本原因。今天我們看到的先秦、秦漢古書，多為後人編定、命名。李零先生認為「書籍普遍書寫大題（書名）可能是隋唐以來的習慣」。（見《李零自選集・出土發現與古書年代的再認識》，廣西師範大學出版社，1998 年）

乙、目錄

這裏所說的「目錄」的含義，是指在書籍上集中列出該書的篇章名目，這是大家所知道的。在現代正式出版物中，為了大家閱讀時便於檢索，「目錄」這一項是必不可少的，這在目前的正式出版物中已經形成了一種制度。但在古代，尤其是在「書於竹帛」的時代，那時書籍制度尚未形成，因此，古人在抄寫書籍時，有的就集中列出所抄書籍的篇章名目，單獨寫在一起，其功能就類似於我們今天所講的書籍「目錄」，但恰恰相反，在古代有「目錄」的極為少見，沒有「目錄」的佔了絕大多數。其中原因比較複雜，大概有兩種情況：一種是當初抄寫時就沒有將目錄單獨抄寫出來；另一種情況有可能是當初抄寫時確實單獨抄有目錄，只因抄寫年代久遠，出土時單獨抄寫目錄的載體已經腐朽或殘損，沒有被發現。

在二十世紀出土的簡帛書籍中，從目前已公布的材料來看，有目錄的發現十種，其中有八種是單獨抄寫一塊木牘上（銀雀山漢墓出土五塊，雙古堆汝陰侯漢墓出土三塊），另外有兩種是抄寫在帛書正文的前面和後面（馬王堆漢墓帛書《五十二病方》、《養生方》）。

A. 銀雀山漢墓木牘（見《銀雀山漢墓竹簡（壹）》，文物出版社，1985 年）

1972 年 4 月間，山東省博物館和臨沂文物組在臨沂銀雀山 1 號漢墓中除發掘出大量竹簡外，還出土了一些木牘的殘片。經過綴合，這些木牘殘片至少分屬五方木牘。木牘上書寫的是該墓出土竹簡書籍的篇題和計數，有的木牘中腰

兩側還各刻有一小缺口，以便繫繩。有的木牘中腰還留有清晰的繫繩痕跡。木牘和漢簡同時出土，且木牘上的篇題內容與竹簡內容完全吻合，我們認為這些木牘當初應是在竹簡捲好後繫在竹書外面的，起著書籍的目錄作用。

銀雀山漢墓 1 號木牘是由六塊殘片綴合而成，殘長 22.3 釐米，寬 4.3 釐米（見附圖）。牘面縱向分上、中、下三排，中、下排各分五行抄寫，上排殘損過甚，情況不明。木牘上的內容是竹簡本《孫子兵法》的篇目，現殘存有〈勢〉、〈行□〉、〈軍□〉、〈實虛〉、〈□刑〉、〈九地〉、〈用間〉、〈火□〉、〈七執〉等。《銀雀山漢墓竹簡》（壹）木牘釋文〈說明〉云：「第二排〈行□〉應即〈行軍〉，〈軍□〉應即〈軍爭〉，〈實□〉應即〈實虛〉（今本作〈虛實〉）。第三排

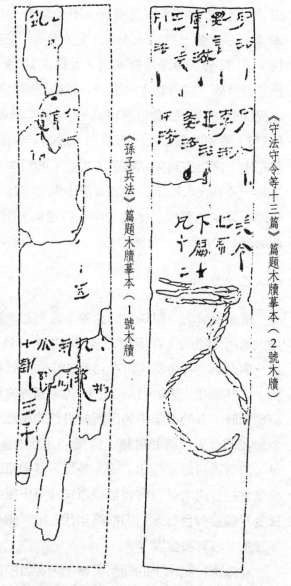

《孫子兵法》篇題木牘摹本（1 號木牘）

《守法守令等十三篇》篇題木牘摹本（2 號木牘）

〈□刑〉應即〈地刑（形）〉，〈火□〉疑相當為〈火攻〉，但『火』下一字從殘筆畫看似非『攻』字（簡本〈火攻〉篇簡背標題仍作〈火攻〉）。第三排末行的〈七執〉，或疑為〈勢〉篇別名（『執』即『勢』之古字），但木牘第一排已有〈勢〉篇，此處不應再出〈勢〉篇；或疑即七篇之意，指下卷包括七篇，但古書中沒有『執』字當『篇』講的例子。這兩個字的確切含義還有待研究。」李零先生在《文史》上發表的〈《孫子》篇題木牘初論〉一文中認為：「木牘末行「七執」二字，肯定不會是獨立的篇名或七篇之義。『說明』本身已提出了否定

的證據。其實它恰好就是木牘所記後七篇的總稱，『七』指後七篇，『埶』含義同於《勢》篇之『勢』，即『形勢』之『勢』，稱為『七埶』，是說這七篇皆具『勢』的性質，可以『勢』的含義統括其內容。這樣解釋在古代軍事學上是有相當根據的，『形』、『勢』不僅是《孫子》一書的基本範疇，而且也是整個古代兵家所習用的術語。」（見李零〈《孫子》篇題木牘初論〉，《文史》第 17 輯，中華書局，1983 年）儘管學者們對「七埶」二字的解釋還有不同的意見，但是大家都一致認為該木牘所抄寫的《孫子》篇題是該墓出土的竹簡《孫子兵法》的目錄，入土以前應繫在捲在一起的兵法簡冊的外面。

銀雀山漢墓 2 號木牘出土時斷裂成兩塊，綴合後完整無缺。該木牘長 22.9 釐米，寬 4.6 釐米（見附圖）。中腰兩側各刻有一個小缺口，出土時還殘存一些繫在缺口上的繩跡。該木牘正面中腰缺口以上縱向分上、中、下三排，各排分五行，分別抄寫著〈守法〉、〈要言〉、〈庫法〉、〈王兵〉、〈市法〉、〈守令〉、〈李法〉、〈王法〉、〈委法〉、〈田法〉、〈兵令〉、上扁（篇）、下扁（篇）十三個篇題，篇題末尾還寫有「凡十三」三字，是記錄木牘所記篇題的總數。木牘上所寫的十三個篇題的竹簡在入墓時當捲為一卷書冊，木牘所記起著「目錄」的作用，應當是繫在該卷竹書的外面。在該墓出土的竹簡中，確實也找到了上述木牘所抄篇題中的六個篇題，它們是：〈守法〉、〈庫法〉、〈王兵〉、〈李法〉、〈委法〉（竹書正文中的篇題作〈委積〉）、〈兵令〉，而且這些篇題都是單佔一簡，篇題抄在竹簡的正面。這十三篇竹書總書名在出土的竹簡中沒有發現。整理小組根據竹書內容定名為《守法守令等十三篇》，並在該卷竹書前加了個《說明》云：「銀雀山 1 號漢墓出土完整標題木牘一方（籌案：出土時實際斷裂為兩塊），所記篇目為：守法、要言、庫法、王兵、市法、守令、李法、王法、委法、田法、兵令、上篇、下篇，共十三篇。其中除〈委法〉與上篇、下篇不明所指外，其它各篇大體上均可據簡式、字體及內容等線索，在現存 1 號墓竹簡中理出相應簡文。現將此各篇匯為一編。〈守法〉、〈守令〉不易區分，暫合為一篇。〈委法〉篇雖未找出本文，但發現標題簡一枚，故亦列為一篇。」

銀雀山漢墓出土的 3 號木牘是由九塊殘片綴合而成的，綴合後殘存長 23.3 釐米，寬 4.5 釐米。牘上所書篇題縱向分為四排，每排橫向分為五行，殘存篇題的抄寫形式為：

		將敗	兵之恒失	王□
		□□	效賢	為國之過
□之國	能□民	□□	□□	
持盈	國之……	□	□十章	

銀雀山漢墓出土的 4 號木牘是由四塊殘片綴合而成的，綴合後的木牘殘長 17.8 釐米，寬 4.3 釐米。牘上所書篇題縱向分為三排，每排橫向分為四行，殘存篇題的抄寫形式為：

	曹氏	□	□
□	禁	□	陰□散
		子	□言

銀雀山漢墓出土的 5 號木牘是由三塊殘片綴合而成的，綴合後的木牘殘長 4.3 釐米，殘寬 3 釐米。牘上所書篇題縱向僅存兩排，每排橫向似分五行，殘存篇題的抄寫形式為：

亡里	三危	三亂	興理	分士
□	□			□
□				□

上述 3、4、5 號木牘上面所抄寫的篇題，多數在銀雀山出土的殘簡中能找到相應的內容，雖然這些竹簡在出土時遭到嚴重殘損，但從已找到的簡文來看，還是可以從中了解到這些篇題所記的大概內容。3、5 號木牘所記篇題內容基本是論政論兵之類的書籍，4 號木牘所記篇題內容大概是陰陽時令占候之

類。上述三塊木牘所記篇題的竹簡，在當時應各為一卷竹書，這三塊木牘也和同墓出土的 1、2 號篇題木牘一樣，分別繫在各自的竹書外面，起著竹書目錄的作用。

B. 雙古堆汝陰侯漢墓木牘

1977 年，安徽省阜陽雙古堆西漢汝陰侯 1 號漢墓除出土了大批竹簡外，也曾出土三塊書籍篇題木牘，分別編號為：1 號木牘、2 號木牘、3 號木牘。（見韓志強、劉海超〈西漢汝陰侯 1 號木牘《儒家者言》章題釋文〉，2001 年「百年來簡帛發現與研究暨長沙吳簡國際學術研討會」論文）其功用也當為竹簡書冊的目錄。

1 號木牘出土時比較完整，牘長 23 釐米，寬 5.4 釐米，厚 0.1 釐米。木牘的正面和背面縱向各分上、中、下三欄，由右至左豎寫篇題。正面上欄橫向分七行，中欄分八行，下欄分九行；背面上欄、中欄各分九行，下欄分五行，尾部書「右方□□字」，木牘正、背兩面共書寫了四十七個篇題（見下頁木牘摹本）。從這些篇題目錄來看，這批竹簡記載的內容應該是有關孔子及其弟子言行的一部書冊。經過安徽阜陽市博物館韓志強、劉海超等先生整理研究發現，這些木牘篇題除了幾個因木牘字跡漫漶不清，難以辨認者外，大都能在傳世的先秦和西漢時期的著作中，尤其是《說苑》、《孔子家語》和《新序》裡找到它們的蹤跡（括號前為木牘篇名，括號內為傳世文獻書名、篇名）：

1.子曰言病則豪（該篇末查到傳世文獻）

2.子思曰學所以盡才（見《說苑‧建本》）

3.子曰北方有獸（見《說苑‧復恩》）

4.孔子之匡（見《說苑‧雜言》、《莊子‧秋水》）

5.陽子曰事可之貧（見《說苑‧權謀》）

6.白公勝試（弒）其君（見《新序‧義勇》）

7.中尼之楚至蔡（見《說苑‧雜言》、《荀子‧宥坐》）

8.齊景公問子贛（貢）子誰師（見《說苑‧善說》）

9.季康子謂子游（見《說苑‧貴德》）

10.子贛（貢）見文子言（見《說苑‧善說》）

11.趙襄子謂中尼（見《說苑‧善說》）

12.孔子臨河而歎（嘆）（見《說苑‧權謀》、《家語‧困誓》等）

背　　　　　　　正

阜陽雙古堆漢墓一號木牘摹本

13.孔子將西游至宋（見《說苑・政理》、《家語・賢君》）

14.魯哀公問孔子當今之時（見《說苑・尊賢》、《家語・賢君》）

15.孔子曰丘死商益（見《說苑・雜言》、《家語・六本》）

16.□□□□□（本篇題字跡漫漶不清，難以辨認）

17.孔子見衛靈公□歎（嘆）且（見《說苑・政理》、《家語・賢君》）

18.子路之上趙也（該篇未查到傳世文獻）

19.子路行辭中尼敢問新交取親（見《說苑・雜言》）

20.孔子行毋蓋（見《說苑・雜言》、《家語・致思》）

21.子曰里君子不可不學（見《說苑・建本》、《大戴禮記・勸學》等）

22.子曰不觀高岸（見《說苑・雜言》、《家語・困誓》）

23.子贛（貢）問孔子曰賜為人下（見《說苑・臣術》、《家語・困誓》等）

24.子曰自季宣子賜我（見《說苑・雜言》、《家語・致思》）

25.子路問孔子治國何如（見《說苑・尊賢》、《家語・賢君》）

26.子貢問中尼曰死□□知毋□（見《說苑・辨物》、《家語・致思》）

27.子路持劍孔子問曰（見《說苑・貴德》）

28.孔子之楚有獻魚者（見《說苑・貴德》、《家語・致思》）

29.曾子問□□子□之（存疑）

30.曾子曰鄉〈嚮〉不辭聖（見《說苑・雜言》）

31.公孟子高見顓孫子莫（見《說苑・修文》）

32.子夏問中尼顏淵之為人（見《說苑・雜言》、《家語・六本》等）

33.子曰虔為有禮矣（該篇未查到傳世文獻）

34.□公問萬邦子之病（該篇未查到傳世文獻）

35.□□□君子有三務（見《家語・三恕》）

36.□□人有死德三（見《家語・五儀解》）

37.□山問孔子（該篇未查到傳世文獻）

38.孔子閒處氣焉歎（嘆）（見《說苑・尊賢》、《家語・賢君》）

39.曾子有疾公孟問之（見《說苑・修文》）

40.楚伐陳陳西門燔（見《說苑・立節》）

41.孔子見季康子（見《說苑・政理》、《家語・子路初見》）

42.中尼曰史鰌有君子之道三（見《說苑・雜言》）

43.晏子聘於魯（見《晏子春秋・雜篇》、《韓詩外傳》卷四）

44.子路行辭中尼中尼曰曾女以車（見《說苑・雜言》、《家語・子路初
　　見》）

45.衛人盜（醢）子路（見《家語・曲禮子夏問》）

46.孔子之周觀大廟（見《說苑・敬慎》）

47.孔子問曰□□上其取□之（該篇未查到傳世文獻）

在這批出土的殘簡中，整理者雖然沒有發現該書冊的書名及每篇相對應的
簡文內容，但從篇題木牘的發現，還是可以證明它原本是記載孔子及其弟子言
行的單獨的一種書冊。它的篇題命定是用當時傳統的方法，即摘每一篇的首句
作為篇題，首句如果太長，則用本篇能代表主題的濃縮句子來標作篇題，如
〈衛人醢子路〉、〈孔子臨河而嘆〉、〈中尼之楚至蔡〉等。

汝陰侯漢墓 1 號木牘上的四十七個篇題，除有八個因漫漶不清或暫時在傳
世文獻中未查到相應的篇章外，剩餘的三十九篇內容大都保存在傳世文獻《說
苑》和《孔子家語》兩書裡，有些內容在《新序》、《荀子》、《大戴禮記》、《呂
氏春秋》、《淮南子》、《韓詩外傳》、《孔叢子》、《春秋繁露》、《列子》、《晏子春
秋》等書中也能找到相似內容的文字，可見這些篇章創作較早。1973 年在河北
省定縣發掘的漢宣帝五鳳三年（前 55 年）劉修墓時也曾出土了《儒家者言》
二十七章（書名為整理者所定，原出土竹書未發現書名），大部分內容見於傳
世本《說苑》、《新序》中，其中有十四章和汝陰侯漢墓出土木牘內容相同。汝
陰侯墓年代為西漢文帝十五年（前 165 年），早於劉修墓一百多年，可見這些
內容的單篇或書冊一直在世間流傳，直到漢成帝時（前 32—前 7）劉向領導並
參與對當時內（皇家）外（民間）一切藏書的搜輯和整理時，才「以類相從，
一一條別篇目」，將這些內容分別編輯在《說苑》、《新序》、《孔子家語》等不
同的書籍之中。

汝陰侯漢墓出土的 2 號木牘，出土時嚴重殘破，後經拼接綴合，殘長 23
釐米，寬 5.5 釐米。木牘的正面和背面都書有篇題，皆縱向分上、中、下三
欄，由右至左豎行書寫。木牘正面上欄僅存 5 行；中欄存 7 行；下欄存 9 行。
木牘背面上欄和下欄漫漶不清，僅各存 2 行；中欄存 7 行。另外還有一些難以
拼接的殘片，兩面共存 7 行。總計存有三十七個篇題。（見韓志強、韓朝〈西
漢汝陰侯 2 號木牘《春秋事語》章題及有關竹簡釋文〉，2002 年「中國秦漢史

研究會第九屆年會暨國際學術討論會」論文）

1.□□□□□臺

2.□□□去疾不更

3.晉平公築施（虒）祁之臺（見《說苑‧辨物》，《左傳》也有相同記載）

4.晉平公使叔向聘於吳（見《說苑‧正諫》）

5.□□□□□□有□□

6.□□□臺

7.楚王召孔子（見《說苑‧雜言》，《史記‧孔子世家》也有相同記載）

8.吳人入郢（見《說苑‧善說》，《左傳》、《史記》也有相同記載）

9.莘尹申□（見《國語‧吳語》）

10.晉文公逐麋（見《新序‧雜事》，《群書治要》、《太平御覽》也有相同記載）

11.晉文君之時翟人獻封狐（見《說苑‧政理》、《韓非子‧喻老》、《金樓子‧立言》也有相同記載）

12.韓武子田獸已聚（見《說苑‧君道》）

13.簡子春築臺（見《說苑‧貴德》）

14.晉文君伐衛（見《說苑‧權謀》）

15.簡子有臣尹綽（見《說苑‧臣術》）

16.簡子攻衛之附郭（《說苑‧奉使》、《呂氏春秋‧達鬱》中有類似記載）

17.夏徵舒弒陳靈公（《左傳‧宣公十年》有類似記載）

18.靈王會諸侯（見《新序‧善謀》，《左傳》、《史記》也有類似記載）

19.景公為臺臺成（見《說苑‧正諫》）

20.陽虎為難於魯（見《說苑‧權謀》）

21.晉韓宣子

22.齊景公游於海（見《說苑‧正諫》）

23.□□陽虎

24.衛靈公築□□

25.魏文侯與大夫飲（見《說苑‧善說》）

26.魯孟獻子聘於晉（見《新序‧刺奢》）

27.趙襄子飲酒五日（見《新序‧刺奢》）

28.齊景公飲酒而樂（見《新序・刺奢》）

29.□□□臺

30.□田子方問

31.莊王不野□

32.楚莊王□□

33.魏文侯與田子〔方語〕（見《說苑・復恩》）

34.或謂〔趙簡〕子（見《說苑・君道》）

35.晉平公春築臺（見《說苑・貴德》）

36.〔衛叔〕孫文子（見《說苑・反質》）

37.□□而窮

從以上這些篇題來看，簡文內容當是記載春秋戰國時期統治階級的逸聞軼事，與馬王堆漢墓出土的帛書《春秋事語》相類。張政烺先生在對馬王堆帛書《春秋事語》作〈解題〉時曾經指出，帛書「十六章的文字，記事十分簡略，而每章必記述一些言論，所佔字數要比記事多得多，內容既有意見，也有評論，使人一望而知這本書的重點不在講事實而在記言論。這在春秋時期的書籍中是一種固定的體載，稱為『語』。語，就是講話。語之為書，既是文獻記錄，也是教學課本。」（見張政烺《〈春秋事語〉題解》，《文物》1977 年第 1 期）「語」這一類書雖以發表言論為主，但仍不能撇開記事，一般是借事發議，所以這類體裁的書籍也稱之為「事語」。韓自強先生認為阜陽汝陰侯漢墓 2 號木牘所記篇題內容，是「講史記言的書，就是當時的教學課本」，屬於「事語」類型，2 號木牘所記篇題就是這本「事語」類書籍的目錄。（見韓志強、韓朝〈西漢汝陰侯 2 號木牘《春秋事語》章題及有關竹簡釋文〉）我們認為，該木牘入墓時也當繫在該卷書冊的外面。

汝陰侯漢墓出土的 3 號木牘出土時也殘損嚴重，據發掘簡報稱（見安徽省文物工作隊、阜陽地區博物館等合寫的〈阜陽縣雙古堆西漢汝陰侯墓發掘簡報〉，《文物》1983 年第 2 期），這塊木牘，單面書寫，上面的篇題都比較簡短，如有《樂論》、《智（知）遇》、《頌學》等等，內容似與《荀子》等儒家學派有關。雖然該木牘目前尚未發表，對其詳細內容不得而知，但從已釋出的幾個篇題來看，它也當是一部竹書的篇題目錄，其功能作用應與同墓出土的 1 號、2 號木牘相同。

C. 馬王堆漢墓帛書

在目前出土的帛書中，發現有「目錄」者只有兩種，即 1973 年在湖南長沙馬王堆 3 號漢墓中出土的帛書《五十二病方》和《養生方》。(見《馬王堆漢墓帛書〈肆〉》，文物出版社，1981 年)

《五十二病方》是迄今我國已發現的最古老的一部醫學方書，出土時它與同墓出土的帛書《足臂十一脈灸經》、《陰陽十一脈灸經》、《脈法》、《陰陽脈死候》四種醫書同抄在一幅帛上。該醫方原無書名，但書首有「目錄」之末有「凡五十二」的總數記錄，所以帛書整理小組將其書命名為《五十二病方》。

該帛書出土時殘損嚴重，現存帛書共計有 462 行及一些殘片。帛寬約 24 釐米，每行文字多少不等。每種疾病都有抬頭病名章題（節名），藥方正文低於病名章題二個字左右，每方開首用「━」橫畫表示。每種疾病藥方少者一二方，多者二三十方不等。帛書現存共有 52 類疾病，其中包括內、外、婦、兒、五官等各科疾病 103 種，保存藥方 283 個，用藥達 247 種之多，是我們研究醫藥學史極其珍貴的第一手資料。

《五十二病方》的目錄抄寫在本卷帛書的卷首，縱向分四欄，第一、三欄橫向分十六豎行，第二欄分十五豎行，第四欄分六豎行。從右至左抄寫，分別是（〔 　〕字內係目錄殘缺，據正文章題補出者）：

1.諸傷	14.〔疣〕者
2.傷痙	15.〔癲疾〕
3.嬰兒索痙	16.〔白處〕
4.嬰兒病癇	17.大帶
5.嬰兒瘛	18.螟
6.狂犬齧人	19.□蠸者
7.犬噬人	20.□者
8.巢者	21.痋
9.夕下	22.人病馬不癇
10.毒〔烏喙〕	23.人病□不癇
11.蠱	24.人病羊不癇
12.〔蚖蝕〕	25.人病蛇不癇
13.〔蚖〕	26.諸食病

27.諸□病　　　　　　　40.〔胕膫〕

28.瘆病　　　　　　　　41.〔胕傷〕

29.溺□淪者　　　　　　42.〔痂〕

30.〔膏〕溺　　　　　　43.〔蛇齧〕

31.〔腫〕橐　　　　　　44.〔癰〕

32.腸癩　　　　　　　　45.〔鬐〕

33.脈者　　　　　　　　46.〔蟲蝕〕

34.牡痔　　　　　　　　47.〔乾瘙〕

35.牝痔　　　　　　　　48.久〔疕〕〔正文作「身疕」〕

36.胸瘻　　　　　　　　49.蟲

37.痂病　　　　　　　　50.魅

38.〔□〕□　　　　　　51.去人馬疣

39.〔□爛者〕　　　　　52.治癘

目錄末尾有總題數「凡五十二」四字。

從目錄所記標題來看，皆為病名，就是正文中皆抬頭書寫的病名章題，除個別有差異外（如「目錄」第 48 條「久疕」，正文作「身疕」），兩者基本一致。治病的藥方和治療方法，在正文中皆列於病名章題之下。《五十二病方》的目錄書於卷前，類似當今出版物中的卷首目錄，極便檢索和查閱。

帛書《養生方》的目錄抄寫在全書的最後，與同墓出土的《五十二病方》目錄抄寫在卷前截然相反，從中我們也可以看出在當時抄寫書籍時「目錄」的置前置後還沒有一定規律。從出土實物帛書來看，《養生方》正文抄寫完後，緊接著就是抄寫該書的目錄，抄寫者為了使日後讀者能清楚地區分開正文和目錄，他在目錄與正文之間有意縱向劃了一道豎線，以示區分（見附圖）。該目錄縱向分四欄抄寫，每欄八個病名標題，共存三十二個，從右至左閱讀。它們是：

1.老不起

2.為醴

3.（不）起

4.・加

5.篿

6.雖醪酏（正文標題作「為醪勺」）

7.治

8.麥卵

9.○○灑男

10.‧勺

11.益甘

12.戲

13.去毛

14.病最腫

15.〔便近內〕

16.〔☒巾〕

17.輕身益力

18.除中益氣

19.用少

20.治力

21.☒

22.☒

23.☒

24.☒

25.醪利中

26.治

27.折角

28.走

29.〔疾行〕

30.☒

31.〔□語〕

32.〔食引〕

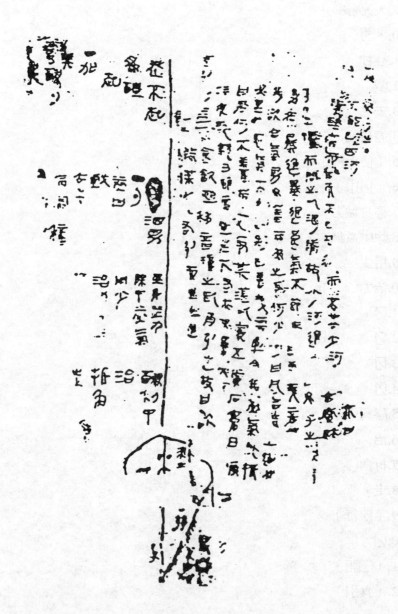

《養生方》目錄

出土時帛書有些殘損，但根據正文病名章題還是可以補出一些，上列標題外加〔　〕號者就是目錄中殘缺而根據正文補出者。該帛書原來單獨抄寫在一幅帛上，當為單獨的一種醫書。從該書內容來看，它是一部以養生為主的藥方書，大致可分為七類：①治療陽萎方（如〈老不起〉、〈為醴〉、〈不起〉等），②一般壯陽方（如〈加〉、〈灑男〉、〈便近內〉等），③一般補益方（如〈輕身益力〉、〈膠利中〉等），④增強筋力方（如〈折角〉、〈疾行〉等），⑤治療陰腫方（如〈病最腫〉等），⑥女子用藥方（如〈益甘〉、〈去毛〉、〈勺〉等），⑦房中補益方（如〈食引〉等）。這些內容主要是有關防治衰老、增進體力、滋陰壯陽、房中補益等方面的藥方，所以帛書整理小組將其定名為《養生方》。

從上述出土的簡帛書籍的目錄情況來看，凡是簡冊書籍的目錄都是利用另外一塊木牘來抄寫，可以肯定地說，這些目錄木牘在當時是與簡冊書籍繫在一起的，否則就起不到「目錄」的作用。有的學者推測，在古代為了保護簡冊，捲起的簡冊有的要放在竹笥一類的貯藏器內，有的則用絲質的書囊套在上面。出土的木牘目錄可能原來是同書一起裝在書囊裡或以某種方法附著在書囊上面。在木牘上抄寫目錄，如果目錄文字較少則抄在一面即可，如銀雀山漢墓木牘目錄；如果目錄文字較多，則木牘的正背兩面都可以抄寫，如雙古堆汝陰侯漢墓木牘。帛書的目錄，從目前發現的兩種來看，一種抄寫在全書正文的前面，一種抄寫在全書正文的後面，目錄的置前置後在當時似無一定規律。雖然簡帛書籍的目錄發現的數量不是很多，但我們已經從中看出，書籍目錄的創立源遠流長。

丙、篇題（篇名）

這裡講的「篇題」，是指低於書題（書名）的一級標題，有的同志將它稱之為「篇名」。據《晉書・束皙傳》記載，在西晉武帝太康二年（公元 281年）盜墓者不準在汲郡盜發魏襄王墓（或言安釐王冢）時得竹書數十車，「大凡七十五篇」，除「七篇簡書折壞，不識名題」外，多數都保存有篇題，但對竹書篇題的書寫形式卻沒有作詳細的描述。從目前出土的簡帛實物來看，凡有篇題者，簡冊篇題的書寫形式也不盡一致，有的抄寫在篇首第一或第二簡的簡背；有的抄寫在篇首第一簡的正面，單獨佔一簡；有的抄寫在篇首第一簡的上端，與正文文字間隔一二字空隙，不單獨佔一簡；有的抄寫在正文篇末的最後

一支簡面；有的篇首、篇尾都寫有篇題；書寫形式比較混亂。篇題書寫在簡冊正面（與正文同面）者，只要打開書冊便可以看到篇題，閱讀比較方便；篇題書寫在簡冊正文的背面者，應與前面所講的書題抄寫在簡背的意義一樣。

A. 篇題寫在篇首正面者

篇題寫在篇首正面者，有竹書，有帛書。銀雀山漢墓出土的竹書《守法守令等十三篇》的篇題書寫形式可以說是篇題寫在篇首簡正面的代表者。該批竹簡出土時殘損比較嚴重，從已發現的篇題書寫形式來看，似應全書十三篇都有單獨篇題，只因竹簡殘損，在整理竹簡時只發現了其中的〈守法〉、〈庫法〉、〈王兵〉、〈李法〉、〈委積〉（同墓出土的木牘目錄作〈委法〉）、〈兵令〉六個篇題。這六個篇題的書寫形式完全一致，都是書寫在各篇正文開始前一簡的正面上端（在第一道編繩之下），而且單獨佔用一簡，正文的抄寫是從篇題簡後另簡開始。

篇題書寫在篇首正面者還有一種與上面所述（單佔一簡）不一樣的書寫形式，即篇題雖然抄寫在篇首的正面，但不單獨佔用一簡，而是寫在本篇正文開始第一句話的前面，也就是說篇題與正文開始的文字合佔一簡。如雲夢睡虎地竹簡《封診式》書中就分《治獄》、《訊獄》、《有鞫》、《封守》等二十五篇，每篇的篇題就抄寫在各篇正文開始第一簡的簡端、第一道編繩的上面，編繩下面就接著抄寫正文。篇題和正文篇首的文字同佔一簡。

馬王堆帛書《足臂十一脈灸經》是我國迄今為止發現最古老的一部經脈學著作。出土時與《陰陽十一脈灸經》甲本、《脈法》、《陰陽脈死候》、《五十二病方》同抄在一幅長帛上。該書全文 34 行，原書沒有書題（書名），《足臂十一脈灸經》書名是帛書整理小組根據該書內容所定。但在該書正文中有「足」、「臂」兩個篇題，由此可知該書是由〈足〉篇和〈臂〉篇兩部分組成。〈足〉、〈臂〉兩個篇題書寫在各篇正文首行上端，明顯高出正文二個字位置，非常醒目。在〈足〉、〈臂〉兩個篇題下又分若干章（節），每章首行開始用黑圓點（•）符號作標誌，篇、章分明。

B. 篇題寫在篇首簡背面者

篇題寫在篇首簡背的這種形式，就目前所見出土簡冊書籍來說，也是以銀雀山漢墓出土的《孫子兵法》和《孫臏兵法》最具有代表性。

銀雀山漢簡《孫子兵法》除包括傳世十三篇外，另外還有五篇佚文，整理

小組將其分作上編和下編。由於竹簡出土時有所殘損，上編十三篇中僅發現了〈作戰〉、〈形〉（甲、乙兩篇）、〈勢〉、〈實虛〉、〈九地〉、〈火攻〉、〈用間〉七個篇題，下編佚文中發現了〈吳問〉、〈黃帝伐赤帝〉、〈地形二〉三個篇題，上述這十個篇題都是抄寫在各篇正文開始的第一簡簡背上端、第一道編繩之下，上空有兩字的位置，猶如現代書籍的天頭。雖因竹簡殘缺，還有部分篇題沒有找到，但據此推測，未找到者的書寫形式應與找到者的書寫形式完全一致。

《孫臏兵法》是一部久已失傳的兵法書籍，據《史記・孫武吳起列傳》記載：「孫子武者，齊人也，以兵法見於吳王闔廬，闔廬曰：『子之十三篇吾盡觀之矣。』」又云：「孫武既死，後百餘歲有孫臏。臏生阿鄄之間，臏亦武之後世之子孫也。……世傳其兵法。」由此可知孫武仕吳，孫臏仕齊，皆有兵法傳世，並且在《漢書・藝文志》中皆有著錄：《吳孫子兵法》八十二篇，圖九卷。師古注曰：「孫武也，臣於闔廬。」《齊孫子》八十九篇，圖四卷。師古注曰：「孫臏。」但到了《隋書・經籍志》中《齊孫子》就不見著錄了，此後人們對兩書的作者更是眾說紛紜。直到二十世紀七十年代銀雀山漢簡《孫子兵法》和《孫臏兵法》同墓出土，這才澄清了籠罩在孫武、孫臏問題上的迷霧。銀雀山漢墓的竹簡本《孫臏兵法》不知原有幾篇，竹簡整理小組經過清理，共整理出十六篇，其中〈擒龐涓〉、〈威王問〉、〈陳忌問壘〉、〈篡卒〉、〈月戰〉、〈八陣〉、〈地葆〉、〈勢備〉、〈行篡〉、〈殺士〉、〈延氣〉、〈官一〉、〈五教法〉十三篇原有篇題，篇題的書寫形式與同墓出土的《孫子兵法》相同，都是書寫在各篇正文開始第一簡的簡背上端、第一道編繩之下。

此外，篇題抄寫在篇首簡背者還有 1959 年 7 月在甘肅武威磨嘴子 6 號漢墓出土的《儀禮》書冊。（見《武威漢簡》，文物出版社，1964 年。）該書冊出土時大部分保存完好，字跡清晰。經過清理，整理組從簡的形制、內容等將其分為甲、乙、丙三個部份：被稱為甲本的共有 398 枚竹簡，簡長約 55.5 至 56 釐米，內容包括〈士相見之禮第三〉、〈服傳第八〉、〈特牲第十〉、〈少牢第十一〉、〈有司第十二〉、〈燕禮第十三〉、〈泰射第十四〉七篇，原書冊皆存有篇題，抄寫在各篇正文開始的第一、二簡簡背、第二道編繩之下。被稱為乙本的共有 37 枚竹簡，簡長約 50.5 釐米，內容只有〈服傳第八〉一篇，篇題書寫在篇首第一、二篇簡背。被稱為丙本的共有 34 枚竹簡，簡長約 56.5 釐米，內容只有〈喪服〉一篇，出土時已有折損，原書冊沒有保留下篇題。

武威《儀禮》甲本的篇題抄寫形式雖與銀雀山《孫子兵法》、《孫臏兵法》的篇題都書寫在各篇篇首簡背，但還是少有差別。銀雀山竹簡篇題都抄寫在各篇正文開始的第一簡簡背、第一道編繩之下，而武威《儀禮》甲本的篇題是抄寫在各篇正文開始的第一、二簡簡背、第二道編繩之下，武威簡篇題佔兩支簡背的原因是各篇的名稱除了篇題文字外還多了一個篇次的序數，如「第三」、「第八」、「第十四」等，抄寫者為了使閱讀者看得更清楚，抄寫時就將篇題文字與篇次序數分別抄在了兩支簡背上。具體是篇題文字在右（第二簡簡背），篇次序數在左（第一簡簡背），如篇題〈士相見之禮第三〉，「士相見之禮」五字為篇題文字，它被抄寫在篇首第二支簡的簡背（右）；「第三」二字為篇次序數，它被抄寫在篇首第一支簡的簡背（左），這也是由於古人讀書從右到左的讀法所致。這類篇題在閱讀時應從右至左，先讀第二簡簡背（右）「士相見之禮」，後讀第一簡簡背（左）「第三」，乃成「士相見之禮第三」篇題。這類書寫形式的篇題還有甲本〈服傳第八〉、〈特牲第十〉、〈少牢第十一〉、〈有司第十二〉、〈泰射第十四〉和乙本的〈服傳第八〉。當然在《儀禮》篇題簡中也不是全部都將篇題文字與篇次序數分別抄在兩支簡的簡背上，如〈燕禮第十三〉五字就是全部抄寫在《燕禮》篇首正文開始的第一簡簡背，沒有像其它篇題與序數佔用兩簡。由此看來，篇題文字與篇次序數佔一簡與佔兩簡並沒有本質上的區別，只是隨抄寫人的習慣而已。至於篇題抄寫在簡背的妙用及意義，我們在前面《書題》一節已經講過，這裡就不再詳述。

C. 篇題寫在篇尾簡帛正面者

從目前出土的簡帛書籍存有篇題者來看，篇題寫在篇尾正面者相對來說比較多一些，而且分布的區域也比較廣。據目前已公佈的材料有湖北睡虎地出土的秦簡《秦律十八種》，有山東銀雀山出土的漢簡《尉繚子》、《六韜》，有湖南張家山出土的漢簡《二年律令》，有湖南馬王堆出土的帛書《足臂十一脈灸經》以及安徽阜陽出土的漢簡《詩經》等。

睡虎地出土的《秦律十八種》是抄寫者根據需要摘錄的秦朝十八種法律中的部分內容，並非十八種法律的全文，更非秦律的全部。但就其內容來看，仍然是十分豐富的，從農業到手工業，從徭賦到交換，從經濟到政治等都有涉及。該書共由 201 支竹簡組成，分為十八種律文，每條律文的末尾都記有律名或律名簡稱的篇題，每種律文又有若干條組成。現已發現的律文篇題有：〈田

律〉、〈廄苑律〉（或簡稱〈廄苑〉）、〈倉律〉（或簡稱〈倉〉）、〈金布律〉（或簡稱〈金布〉）、〈關市〉、〈工律〉（或簡稱〈工〉）、〈工人程〉、〈均工〉（或簡稱〈均〉）、〈徭律〉、〈司空〉（或簡稱〈司〉）、〈軍爵律〉（或簡稱〈軍爵〉）、〈置吏律〉、〈效〉、〈傳食律〉、〈行書〉、〈內史雜〉（或簡稱〈內〉）、〈尉雜〉、〈屬邦〉十八種。這些篇題皆都寫在律文正文結束時末尾簡正面的中、下部位，凡律文在上半簡結束時，律文篇題皆抄寫在中間一道編繩的下面，凡律文在下半簡結束時，律文篇題與律文正文間都要隔開兩至五六字字距，以示區別。

銀雀山漢簡《尉繚子》出土時竹簡殘損嚴重，在殘存的簡文中保存有〈治□〉、〈兵勸〉兩個抄寫在篇尾正面的篇題。這兩個篇題分別抄在各篇正文的篇尾，與正文之間用黑圓點（‧）隔開。銀雀山漢簡《六韜》出土時其竹簡也是嚴重殘損，在殘存的簡文中保存有〈尚正〉、〈守土〉、〈三疑〉、〈葆啟〉四個篇尾篇題，其抄寫形式與上述《尉繚子》殘存的篇題相同，也是抄寫在各篇正文的篇尾的正面，只是篇題與正文之間用黑圓點（‧）間隔起來。

張家山漢簡《二年律令》出土時保存良好，是一部首尾完整的法律文書，有書題，有篇題（該書的篇題也就是各律的律名）。現存篇題計有：〈賊律〉、〈盜律〉、〈具律〉、〈告律〉、〈捕律〉、〈亡律〉、〈收律〉、〈襍律〉、〈錢律〉、〈置吏律〉、〈均輸律〉、〈傳食律〉、〈田律〉、〈□市律〉、〈行書律〉、〈復律〉、〈賜律〉、〈戶律〉、〈效律〉、〈傅律〉、〈置後律〉、〈爵律〉、〈興律〉、〈徭律〉、〈金布律〉、〈秩律〉、〈史律〉、〈津關令〉二十八個。這些篇題都是單獨抄寫在一支簡的上端正面、第一道編繩之下，編繩之上的簡頭用墨塗黑，與其它抄寫正文簡的簡頭有明顯差別。抄寫篇題的這支簡都排在各條律令的最後面，十分醒目。

安徽阜陽雙古堆汝陰侯漢墓中出土有《詩經》殘篇，（見胡平生、韓志強《阜陽漢簡《詩經》研究》，上海古籍出版社，1988 年）竹簡出土時殘損十分嚴重，在殘存的簡片中發現有兩個《詩經》篇題，它們是「■右方北國」和「右方鄭風」，屬於現今傳本《詩經》中「國風」裏的兩個篇題。兩個篇題的「右」字上皆有墨色「■」符號，「右方北國」下有 5 釐米多白簡，「右方鄭風」下因原簡殘缺，僅剩 1 釐米左右的白簡，不論所剩白簡有多長短，可以肯定這兩個篇題皆為篇尾篇題，在原簡冊中單獨佔用一簡，且篇題本身自署「右方」二字，更證明為篇尾篇題無疑。簡文篇題「北國」，今本《毛詩》作「邶」，無「國」字，「邶」從北聲，二字可通假。《說文》云：「邶，故商邑，

自河內朝歌以北是也。从邑北聲。」鄭玄《詩譜》云：「自紂城西北謂之邶。」周武王封商紂王之子武庚於邶，約相當於今河南省淇縣以北、湯陰縣東南一帶地方。除上述兩個篇題外，我們在《阜陽漢簡《詩經》研究》的釋文附錄 22 中還發現有「■右方……」殘簡一枚，從它的書寫形式來看，與上述兩個篇題書寫格式完全相同，我們認為此殘簡亦當為竹簡本《詩經》篇尾篇題無疑，只是無法判斷其具體為哪篇篇題而已。

在二十世紀出土的帛書書籍中也有篇題寫在篇尾者。由於帛書的質地輕且薄，所以只能單面書寫，因此篇題與正文只能抄寫在同一面上。1973 年馬王堆漢墓出土了大量帛書，其中《老子》乙本、《經法》、《十大經》都保存有原書篇題，且抄寫在各篇正文的篇尾正面。

馬王堆漢墓出土的帛書中有兩種《老子》抄本，帛書整理小組根據抄寫的字體不同等分別稱為甲本和乙本。甲本《老子》出土時捲在一條長形的木片上，帛書高約 24 釐米，朱絲欄墨書，字體在篆隸之間，在甲本《老子》的後面還抄有四篇古佚書，全卷共有文字 464 行，這卷帛書上均無發現題有書題和篇題，發表時的篇題（〈五行〉、〈九主〉、〈明君〉、〈德聖〉）都是整理小組根據內容擬定的。乙本《老子》是抄在一幅大帛上，在乙本《老子》的前面也抄有《經法》、《十大經》、《稱》、《道原》四種古佚書，帛書原高約 48 釐米（現已斷成上下兩截），朱絲欄墨書，隸體文字，共存 252 行。其抄寫形式是以書為單位，每種書提行另寫，本書內各篇連寫，只在各篇開始首句前加黑方塊（■），以示區分。出土時，該帛書折疊好放在一漆奩內，出土時已沿折痕斷成三十二片。該卷帛書除《老子》外，其它四種佚書都自題有書題，並且在《經法》和《十大經》內還又分為若干篇，且都自題有篇題。

《經法》存有篇題為：〈道法〉、〈國次〉、〈君正〉、〈六分〉、〈四度〉、〈論〉、〈亡論〉、〈論約〉、〈名理〉九個，這些篇題都抄寫在各篇篇尾，與本篇正文末句文字間空出一二字距離。因為本書內的九篇文章都是接連抄寫，所以，抄在前面一篇的篇題與抄在後面一篇開始的首句間也空有一、二字距離，且下篇的首句前面還要畫一個黑方塊（■），以示此為另篇的開始。該書的書題「經法」二字抄寫在該書最後一個篇題〈名理〉的後面，「經法」二字後還記有全書總字數「凡五千」字樣，表示全書終了。

《十大經》抄寫在《經法》的後面，另行開始，並且將正文的首句天頭用

墨塗黑，特別醒目。《十大經》原有篇題十四個，分別是：〈立命〉、〈觀〉、〈五正〉、〈果童〉、〈正亂〉、〈姓爭〉、〈雌雄節〉、〈兵容〉、〈成法〉、〈三禁〉、〈本伐〉、〈前道〉、〈行守〉、〈順道〉。這些篇題的書寫形式與上述《經法》篇題書寫形成完全一致，都抄寫在各篇正文的篇尾，與正文末句間空出一、二字距。書題「十大經」三字抄寫在全書的最後，書題後也記有全書總字數「凡四千六□□六」字樣，表示全書結束。

D. 篇首簡背、篇尾正面皆有篇題者

這類篇題同時抄寫在篇首第一簡簡背和篇尾最後一支簡正面的現象在出土簡冊書籍實物中極為少見，就目前所見，僅有兩例，而且都出現在銀雀山漢簡《孫臏兵法》之中，這兩例的篇題分別是〈八陳（陣）〉和〈延氣〉。

〈八陳（陣）〉的篇首篇題抄寫在該篇正文開始第一支簡的簡背、簡端第一道編繩之下；篇尾篇題抄寫在本篇正文結束時最後一支簡的正面下端，距該簡下端編繩約有二個字距離，「八陳（陣）」上面還抄寫有該篇總字數的題記「二百一十四」五字（見附圖）。〈延氣〉篇出土時竹簡殘損嚴重，但篇首、篇尾篇題還保存完整。篇首篇題和〈八陳（陣）〉一樣，抄寫在該篇正文開始第一支簡的簡背、簡端第一道編繩之下；抄寫篇尾篇題的簡殘損嚴重，只剩下全簡的九分之一長（約 3 釐米），該殘簡上有「……也·延氣」三字，「延」上有一黑圓點（·），與正文最後一字「也」字隔開，顯然為篇尾篇題。因為在《孫臏兵法》簡文中，有的篇章結束時在計本篇總字數的題記上面往往也有一黑圓點（·），可見「……也·延氣」一定是篇尾篇題無疑。

以上介紹了目前所見出土簡帛書籍篇題（篇名）抄寫的四種形式，所涉及的時代最早是睡虎地秦代竹簡，最晚的是武威漢代竹簡，時間跨度在 200 年左右。從出土實物分析來看，可以肯定那時抄寫篇題的格式還沒有形成一個定制或規律，只是隨抄書人的習慣而

《八陣》篇首篇題摹本（局部）

《八陣》篇尾篇題摹本（局部）

已，但它對後世書籍制度的形成和發展卻有著很大的影響。

　　丁、章題（節名）

　　這裡講的「章題（節名）」，是指低於「篇題（篇名）」的一級標題。《文心雕龍・章句篇》云：「夫人之立言，因字而生句，積句而為章，積章而成篇。」意謂古人著書立說，「書」內分「篇」，「篇」內分「章」。古人謂之「章」，今人謂之「節」。有時一篇文章之內要分若干個章（節），在分章（節）時有時就給這個章（節）起個名稱，這就是我們這裡所講的「章題（節名）」。無論這篇文章內分幾個章（節），或起幾個章的名稱（節名），它都是為了層次清晰地表達本篇文章的主題。但也有一些書籍因所含內容比較單一，書內不需分「篇」，只分若干「章（節）」即可使讀者一目了然，在這種情況下，「篇題」和「章（節）題」的區分界線就不那麼明顯了，如張家山漢簡的《算數書》和馬王堆帛書中的《五十二病方》、《養生方》等就屬於這類情況。

　　在目前已公布的出土簡帛書籍中，明顯標有「章（節）題」者主要有張家山漢簡中的《算數書》、阜陽雙古堆漢簡中的《詩經》（見胡平生、韓志強《阜陽漢簡《詩經》研究》，上海古籍出版社，1988 年）、馬王堆漢墓帛書中的《五十二病方》、《養生方》、《足臂十一脈灸經》和《陰陽十一脈灸經》甲、乙本等。其中阜陽雙古堆漢簡《詩經》和馬王堆帛書《五十二病方》、《養生方》、《陰陽十一脈灸經》甲、乙則屬於書內不分「篇」而只分「章（節）」類。

　　阜陽雙古堆漢簡《詩經》中有兩種題記，一種是篇題，在本文前面的「篇題」節內已做論述，這裡僅就《詩經》中的「章（節）題」做些簡單的分析。前面已經講過，這裡所說的「章」，今人謂之「節」。「章」名之來源與音樂有關，《說文》云：「章，樂竟為一章。」意謂音樂一曲完了叫一章，後來也指詩文的段落。王筠《說文句讀》云：「《風》、《雅》每篇分數章，無論入樂不入樂者皆然。」大家知道，今本《詩經》中的作品分為《風》、《雅》、《頌》三大篇：《風》是各地區具有地方特色的樂歌，多半是民間歌謠，也有些貴族作品；《雅》大部分是貴族作品，用的都是西周都城鎬京一帶的樂調，《小雅》中有一小部分民間歌謠；《頌》則是宗廟裡貴族祭神祭祖的樂歌，具有肅穆神秘的特徵。這三類詩歌的區別主要在音樂方面，其次才是歌詞的內容。《詩經》的樂譜雖然沒有傳下來，但從歌詞的形式和內容上也可以推想出當時樂曲的結

構和情調。由此，我們就可以清楚地看出當初《詩經》分「章」的原因與音樂譜曲有著直接的關係。

　　阜陽雙古堆漢簡《詩經》中發現的「章題」有：

　　　　〈南有�杞木〉四十八字

　　　　〈□巢〉四十八字

　　　　……麋〉四十四字

　　　　此右〈騶……

　　　　〈日月〉九十六字

　　　　■此右〈□州〉

　　　　〈君子陽陽〉三十一字

　　　　■此右〈凋穆〉七十五字

　　　　□〈七月〉三百八十三字

　　從這些「章題」的抄寫形式來看，原來完整的「章題」形式應當是「■此右〈……〉……字」，根據這種抄寫形式，我們還能在《阜陽漢簡《詩經》研究》一書的釋文附錄中發現一些沒有「章」名或「章」名不全的「章題」：

　　　　……四十八字

　　　　……□和三十七字

　　　　……□皮三十八字

　　　　……九十……

　　　　……四十八字

　　　　……五十五字

　　　　……□字

　　　　……□□四百四……

　　　　……二字

　　　　……百三十八字

　　　　……字

　　　　……百八十字

　　　　……四字

　　　　……□四十八字

　　　　■此右……

■此右……

阜陽簡本《詩經》「章題」的完整形式應為「■此右……〈……〉（章題）……字（統計字數）」，「此」字上有墨色「■」形符號，書於簡端，從殘存實例來看，「■」上未有一例有白簡者；章題末字「字」下往往有一段空白簡。由此推知，阜陽《詩經》章題應單獨抄寫在一支簡的正面頂端，章題置於每章之末。

馬王堆漢墓帛書《足臂十一脈灸經》亦屬於書內既分「篇」又分「章」者。該書出土時與《陰陽十一脈灸經》甲本、《脈法》、《陰陽脈死候》、《五十二病方》共同抄在一幅長帛上，《足臂十一脈灸經》抄寫在這幅帛卷的最前面，書前有一段沒有寫字的空帛。本書共存三十四行，沒有書題（《足臂十一脈灸經》是整理者根據帛書內容所擬書題），文內有「足」、「臂」二字高出正文書寫，可知該書可分為〈足〉、〈臂〉兩篇，篇題寫在各篇正文首行上端，明顯高出正文兩個字的位置，非常醒目。在〈足〉、〈臂〉兩個篇題之下，又分為若干章，每章首行的開始用黑圓點（·）符號作標誌，每章皆以脈名命名，章題與正文同行抄寫，但每章皆另行起始。〈足〉篇分為：足太陽脈、足少陽脈、足陽明脈、足少陰脈、足太陽脈、足厥陰脈六章；〈臂〉篇分為：臂太陰脈、臂少陰脈、臂太陽脈、臂少陽脈、臂陽明脈五章，兩篇共分十一章，篇章分明。每一章中的內容均較簡要而完整地記載了其脈的名稱、循行經絡、生理病態和灸法療法。

下面介紹幾種書籍內容比較單一，書內不分「篇」只分「章（節）」的「章題」情況。

A. 張家山漢簡《算數書》

張家山漢簡《算數書》共存竹簡 190 枚，自題書名「算數書」三字抄寫在本書書首第六簡簡背。它是一部內容專一的數學問題集，書中共分六十九個標題，每個標題就是一章（節），因為它是屬於習題性質，所以每章都比較短小。這六十九個章題是：〈相乘〉、〈分乘〉、〈乘〉、〈增減分〉、〈分當半者〉、〈分半者〉、〈約分〉、〈合分〉、〈經分〉、〈出金〉、〈共買材〉、〈狐出關〉、〈狐皮〉、〈負米〉、〈女織〉、〈并租〉、〈金價〉、〈舂粟〉、〈銅耗〉、〈傳馬〉、〈婦織〉、〈羽矢〉、〈漆錢〉、〈繒幅〉、〈息錢〉、〈飲漆〉、〈稅田〉、〈程竹〉、〈醫〉、〈石率〉、〈賈鹽〉、〈絲練〉、〈羍脂〉、〈取程〉、〈耗租〉、〈程禾〉、〈取枲程〉、

〈誤券〉、〈租誤券〉、〈粺穀〉、〈耗〉、〈粟為米〉、〈粟求米〉、〈粟求米〉、〈米求粟〉、〈米粟并〉、〈粟米并〉、〈負炭〉、〈盧唐〉、〈羽矢〉、〈行〉、〈分錢〉、〈米出錢〉、〈除〉、〈鄆都〉、〈芻〉、〈旋粟〉、〈困蓋〉、〈圜亭〉、〈井材〉、〈以圓裁方〉、〈以方裁圓〉、〈圜材〉、〈啟廣〉、〈啟縱〉、〈少廣〉、〈大廣〉、〈方田〉、〈里田〉，這六十九個算題的章名分別抄寫在各題正文第一簡頂端、第一道編繩之上，編繩之下接著抄寫算題正文，正文回行時也一律抄寫在第一道編繩之下，因此每章的章題都高出正文二、三字，特別顯眼。

B. 馬王堆帛書《陰陽十一脈灸經》甲、乙本

《陰陽十一脈灸經》甲、乙本，是內容基本相同的兩種抄本，整理小組將其稱為甲本、乙本，以示區別。出土時，甲本《陰陽十一脈灸經》和《足臂十一脈灸經》、《陰陽脈死候》、《脈》、《五十二病方》同抄在一幅帛上，本書共三十七行。本書正文的開始，恰好處在帛幅的折疊處，出土時有所殘損，但從殘存形式來看，它應是緊接前面《足臂十一脈灸經》抄寫的。乙本《陰陽十一脈灸經》則是和《卻穀食氣》、《導引圖》抄在另一幅帛上，僅存十八行。本書出土時，篇首有所殘損，從殘存跡象來看，它應該是緊接著前面《卻穀食氣》的末尾抄寫的，而且沒有另段提行，書首有何提示標誌，目前不得而知。

甲本《陰陽十一脈灸經》出土時篇首殘缺，但從後面的抄寫形式來推斷，它的第一章也應是由脈名開頭。本書每章都另段抄寫，章題（以脈名為章名）皆頂天抄寫，共分十一章，章題為：〔鉅陽脈〕、〔少〕陽脈、陽明脈、肩脈、耳脈、齒脈、大陰脈、厥陰脈、少陰脈、臂鉅陰脈、臂少陰脈。

乙本《陰陽十一脈灸經》的正文雖有殘缺，但十一脈章題基本保存完整。具體為：〔巨陽脈‧〕、〔少陽〕脈‧‧、陽明脈‧‧、肩脈‧‧、耳脈‧‧、齒脈‧‧、〔巨陰〕脈、少陰脈、厥陰脈、臂巨陰脈、臂少陰脈十一章。本書的章題有兩種抄寫形式：一種是章題前面與上章正文末尾間空出四五字距離，章題（脈名）後面加一黑圓點（‧）以示區別，如上列巨陽脈、少陽脈、陽明脈、肩脈、耳脈、齒脈六種。另一種抄寫形式是章題（脈名）前與上章正文末尾文字間空出四、五字距離，章題後不加黑圓點，如上列巨陰脈、少陰脈、厥陰脈、臂巨陰脈、臂少陰脈五種。

C. 馬王堆帛書《五十二病方》、《養生方》

《五十二病方》和《養生方》都是內容專一的藥方書籍，所不同的是：《五

十二病方》的內容是用來治療內科、外科、婦產科、小兒科、五官科等科的專用藥方，尤以治療外科疾病的藥方居多；而《養生方》的內容則是與《漢書‧藝文志》中的「房中」有密切的關係。它除含有一般用於養生補益的藥方外，大部分是關於各種性治療和保養的藥方。

《五十二病方》基本上是以病名為「方名」標題，每個「方名」可以視為一「章」。據該帛書卷前「目錄」統計，原書應為五十二章，因出土時帛書殘損，今存四十六個「方名」（見本文「目錄」篇）。正文內凡以「方名」為標題者，皆高出（藥方）正文兩三字，頂帛書天頭書寫，（藥方）正文都低於「方名」二、三字。「方名」標題下的（藥方）正文緊接「方名」標題抄寫，回行低二、三字。正文藥方中每個「方名」內少者有一個藥方，多者有二十幾個藥方，每個藥方開首皆以「一」橫畫表示，並低於帛書天頭二、三字。這樣抄寫下來的版面形式就是：凡「方名」（章名）皆頂帛書天頭抄寫，高出藥方正文二、三字，特別明顯；每個藥方以「一」橫畫起首，使讀者一目了然。

《養生方》的抄寫形式和內容的排列與《五十二病方》基本相同，所不同的是《養生方》的「方名」（章名）與藥方正文之間劃了一條通書橫線。「方名」（章名）頂帛書天頭抄寫，高出藥方正文二、三字，一律在橫線之上；藥方正文則一律抄寫在橫線之下。以橫線為界，「方名」（章名）在線上，藥方正文在線下。由於帛書出土時天頭有所殘損，有些抄在帛書天頭上的「方名」已經丟失，但據該書卷後「目錄」統計，全書原應分三十二章（即三十二種藥方名），所以根據卷後標題「目錄」還可以互相補出一些。除殘損佚失外，現見存且可識者有二十七個「方名（章名）」。

戊、結語

二十世紀七十年代以來，我國大陸出土了大量的簡帛書籍，其年代自戰國至漢代，數量繁多，內涵豐富，足以與歷史上豔稱的孔壁古文和汲冢竹書媲美。這些未經後世改動的書籍，有些就連漢代的劉向、劉歆父子也沒見過，這不可不說是今人的眼福。這些重大發現的意義，除這些書籍本身外，更重要的是使我們了解了在紙張應用以前的古代書籍給我們帶來的各種信息，這對我們研究書籍的形成和發展以及對書籍的構成和體例等都有重要的啟發。本章的寫作目的就是想將目前我們能看到的出土簡帛書籍給我們帶來的有關書籍體例方

面的信息，從文獻學的角度進行一番梳理。通過前面的介紹和分析，我們對簡帛書籍的主要題記有了個初步的了解和認識。之所以說「初步」，是因為我們現在看到的簡帛書籍只是一小部分，沒有發現的簡帛書籍肯定還有很多很多。我們不敢「見木不見林」。從已見到的「木」來看，我們是否可以形成這樣一個印象：

一、關於簡帛書籍的書題：簡帛書籍題有書題者很少，多數沒有書題。其原因主要是古人著書多單篇流行，作者原本不自題寫書名。就已發現的簡冊書題抄寫形式來看，抄寫在書首（較多）或書尾（較少）簡背，其妙用就是當冊書收捲後，書題正好露在外面，猶如今天書籍的封面，這也可能就是今天書籍封面的濫觴。

二、關於簡帛書籍的目錄：目前出土簡帛書籍中發現有目錄者雖然不多，但凡冊書之目錄都另外抄寫在一塊繫於冊書的木牘上；而帛書之目錄則集中抄寫在書前或書後，位置還不固定。但它們有一個共同之處，就是所有的簡帛書籍的目錄都是書籍結構中獨立的一部分，當與今天書籍的目錄有相同功用。

三、關於簡帛書籍的篇題：出土簡帛書籍中發現有篇題者為數不少，究其原因，可能與古人著書多單篇別行有關。或作者自題，或傳其學者各以所得而題名。從出土實物來看，篇題的抄寫形式和抄寫位置比較混亂，篇首、篇尾、簡端、簡背、簡面均有出現，尚未形成一定的制度，這可能與抄寫材料的局限和抄書者的習慣有關。但不論篇題抄寫在何處，都特別醒目，與正文文字有著明顯的區別。今天書籍的篇題皆居各篇篇首，且單佔一行，這是否可以理解為是對簡帛書籍中「篇首篇題單佔一簡者」的繼承和發展？

四、關於簡帛書籍的章題：簡帛書籍中發現有章題者不算很多，有者則多出現在內容比較專一的書中。不題章題而用「·」、「■」標識分章者也有出現，但多數不分章節。可見簡帛書籍中對分章不太嚴格，除特殊功用者外，一般不分。

以上是僅就目前所見簡帛書籍中題記的一些現象而言。但總的來講，簡帛書籍的抄寫形式對後世書籍制度的形成有著深刻的影響，儘管現在的書籍制度已經比較完善和成熟，但在現今書籍中的很多方面仍能看到簡帛書籍形制的影子，由此可見從文獻學角度來研究出土簡帛書籍的形制對研究書籍制度的形成與發展有著重大意義。我們應該敏銳地捕捉到出土簡帛書籍給我們帶來的每一

個信息，再去認真地分析它、研究它，只有這樣才能對古代書籍有個接近或切合實際的認識。如果不知古人著書之體例，而欲論古書的形成與發展，就不免會產生很大的誤會。

第二節　簡牘文書的題記

在出土簡牘文書實物中（這裡不含法律文書類，法律類已在書籍類中介紹過），我們也可以看到題有標題、目錄等現象，它的作用與前面所講的古籍類題記一樣，也是對文書內容的一種提示，以方便閱讀和使用。文書的標題可根據不同的情形，分為大標題、小標題，或層次更多的標題。李均明、劉軍先生在其《簡牘文書學》中歸納出幾種常見的格式及位置，這些題記的形式也可和書籍類的題記結合起來做些綜合性的研究和分析。

甲、標題居簡牘首端中央者

在甘肅居延、敦煌以及江蘇省尹灣出土的簡牘中，凡文書內容能在一簡或一牘上書寫完畢者，其文書標題大都書寫在文書正文的上端中央，且字體通常都大於正文字體。如《敦煌漢簡》1464A「所賣布疏」，其標題「所賣布疏」四字單獨書寫在該牘的上端中央，其字體比三行正文字體大一倍多。文書正文的三行文字書寫在「所賣布疏」標題之下。又如《敦煌漢簡》1806「守御器薄」，其書寫格式也是標題「守御器薄」四字單獨書寫在該牘的上端中央，四行正文分別抄寫在標題之下，正文字體的大小是標題字體的二分之一左右。又如《居延漢簡甲乙編》414·1A

所賣布疏

□慶郭成賣布三尺五寸，直一石四斗

始樂尹虎賣布三尺五寸　索卿☑

萬賣范融賣□一丈二尺，直四石二斗

1464A

孫卿食馬粟計

月晦日食馬二斗

月二日食粟二斗

三日食二斗

四日二斗

十月廿三日食馬二斗

《甲乙》414·1A

守御器薄

長斧一三（四）

長椎一三（四）

蓬呈一三（四）

棓一三（四）

1806

「孫卿食馬粟計」文書，其抄寫格式也是標題「孫卿食馬粟計」六字抄寫在該牘上端中央，字體比正文字體大二倍，文書正文分五行，分別抄寫在標題「孫卿食馬粟計」六字之下。

類似的情況在出土文書中還有多見：如《敦煌漢簡》中 364「候吏所貸黍稷米計」；《居延新簡》中 EPT4‧46「吏未到名」、EPT40‧76「宜農辟取肉名」、EPT59‧74「三月二十六日出席薄」、EPT5‧38「甲渠候史公乘徐惠倩日跡薄」、EPT56‧31「不侵隧卒更日跡名」、EPT56‧76「訖五月晦粟計」；《居延漢簡釋文合校》中 24‧2「第廿三部卒十二月稟名」；《尹灣漢墓簡牘》牘 1「集簿」等。

乙、標題居首欄首行者

在出土的簡牘文書中，標題抄寫在首欄首行者，其載體以木牘為多。抄寫這類文書的木牘，一般是將牘面分為若干橫欄，然後每欄從右至左抄寫，這樣所抄寫文書內容的標題就寫在了木牘的首欄首行。這類例子從 1976 年 6 月在廣西貴縣羅泊灣漢墓出土的《從器志》、《東陽田器志》和 1993 年 2 月在江蘇連雲港尹灣漢墓出土的《君兄衣物疏》、《君兄繪方緹中物疏》、《君兄節司小物疏》較具代表性。

廣西貴縣羅泊灣漢墓共出土五方杉木木牘，二方完整，三方殘破。其中出土於槨室內的一方（M1:16）保存完整。牘長 38 釐米，寬 5.7 釐米，厚 0.2－0.7 釐米。木牘兩面都書寫有文字（秦隸），墨跡清晰，自稱《從器志》。木牘正面上下向分為五欄，背面上下向分三欄，牘上共抄寫有 372 字，標題「從器志」抄寫在該牘的正面首欄首行，單佔一行。其它內容從右至左豎行抄寫。（見《文物》1978 年第 9 期圖版肆），從《從器志》的內容來看，它是一份隨葬品的清單，包括日常用品 70 多種，並可與出土器物相印證。另一方較完整的木牘（M1:163）殘缺一段，殘長 9 釐米，寬 4.9 釐米。一面書寫有文字，可見有 24 字，自稱為《東陽田器志》，標題

●從器志

衣袍五十領，二笥，笥皆繒緣。∏
有州二，小統一，一笥，繒緣。
冠十、金簪一，一笥，繒緣。
比疏二∠一笥，繒緣。
繒六十三∠四三丈，緒三衣，一笥，笥繒。∏
布十七卷，一笥，繒緣。∏
……

名稱「東陽田器志」五字也是抄寫在首欄首行。單佔一行，不與正文連寫。

　　江蘇連雲港尹灣 M6 漢墓出土二十三方木牘，皆出土於男棺墓主足部位置。木牘每方長約 23 釐米，寬 7 釐米。該墓所出簡牘記有「永始」和「元延」年號，故知其為西漢晚期成帝時物，墓葬應不晚於成帝末年。根據木牘中的《君兄衣物疏》、《君兄繒方緹中物疏》、《君兄節司小物疏》以及十方名謁的內容，可以確定墓主人姓師，名饒，字君兄。生前任東海郡功曹史。

　　該墓所出二十三方木牘中，原題標題抄在首欄首行者共有四方。它們是《君兄衣物疏》、《君兄繒方緹中物疏》、《君兄節司小物疏》以及《武庫永始四年兵車器集簿》。其中《君兄衣物疏》（D12）牘正、反兩面都寫有文字，正面分四欄抄寫，反面分三欄抄寫，標題「君兄衣物疏」六字書寫在正面首欄首行，單佔一行，字體比衣物疏細目略大一點。衣物疏的細目從右至左豎行抄寫在「君兄衣物疏」六字之後。《君兄繒方緹中物疏》（D13 正）抄寫在第 13 號木牘的正面，牘面分三欄抄寫，標題「君兄繒方緹中物疏」八字書寫在首欄首行，單佔一行，字體比疏文細目大 1.5 倍左右。疏文細目從右至左豎行抄寫在標題「君兄繒方緹中物疏」八字之後。《君兄節司小物疏》（D13 反）抄寫在第 13 號木牘的反面，牘面分四欄抄寫，標題「君兄節司小物疏」七字書寫在首欄首行，單佔一行，字體比疏文細目字體大 1.5－2 倍左右。疏文細目從右至左豎行抄寫在標題「君兄節司小物疏」七字後面。上述三疏的內容分別是 M6 墓主隨葬的衣物、文具、書籍以及梳箆等節司（櫛笥）中小物的清單。

　　尹灣 M6 出土的《武庫永始四年兵車器集簿》木牘（D6）所記內容分乘輿兵、車器和庫兵、車器兩大部分，逐項記載了武庫所收藏的兵、車器的名稱和數量。兩部分之末均有兵、車器種類及物件的統計數字，最後還有總的統計數字，共計 240 種，23268487 件。集簿內容分別抄寫在木牘的正、反兩面，木牘的正面上下分六欄，反面分五欄。標題「武庫永始四年兵車器集簿」十一字抄寫在木牘正面的首欄首行，標題的字體與集簿正文字體大小差不多，只是標題單佔一行，集簿正文從右至左豎行抄寫在標題的後面。

　　丙、文書首尾皆有標題者

　　標題居冊書首簡及末簡者的情況，與上節書籍類中篇題分別抄寫在篇首篇尾的情況基本相同，這裡是指文書的標題分別抄寫在文書開始第一簡上及文書

結尾的最後一簡上，同件文書的標題首、尾出現過兩次。這裡面還可以再分成兩小類：即一類是簡首標題與簡尾標題完全相同；另一類是末簡標題或是首簡標題的省寫。

第一類情況從 1972—1974 年間甘肅甲渠候官（破城子）探方 68 出土的 EPT68・195—207 簡冊舉例說明（見《居延新簡》EPT68）。該簡冊由十三枚木簡組成，出土時除 EPT68・204 簡少有殘損外，其它都保存完整，簡文從右至左豎行抄寫。釋文如下：

●三十井候官始建國天鳳四年四月盡六月當食者案　EPT68・195

三月餘戌卒二十一人　四月盡六月積六十三月　EPT68・196

出戌卒二十一人　四月二十日盡六月晦減積四十九月　EPT68・197

入戌卒十九人　四月盡六月積五十黍月　EPT68・198

出戌卒十九人　四月盡五月三日減積二十月二十黍日　EPT68・199

入戌卒四十一人　四月盡六月積百二十三月　EPT68・200

出戌卒四十一人　四月盡五月三日減積四十一月　EPT68・201

入戌卒黍人　四月盡五月四日積二十一月　EPT68・202

出戌卒黍人　四月盡五月四日減積黍月□日　EPT68・203

入戌卒二十八人　四月盡六月積八十四月　EPT68・204

出戌卒二十八人　四月盡五日晦減積五十六月　EPT68・204

●凡戌卒百一十六人　四月盡六月定積百　黍十三月五日　EPT68・206

●三十井候官始建國天鳳四年四月盡六月當食者案　EPT68・207

簡冊標題「三十井候官始建國天鳳四年四月盡六月當食者案」二十一字首尾出現兩次，且首尾文字完全相同。

第二類情況是末簡標題或是首簡標題的省寫。如《居延新簡》EPF22・236—241 簡冊即屬此類。該簡冊由六枚木簡組成，出土時除 EPF22・240 簡殘損只剩「不」字外，其餘五簡皆保存完整。簡文從右至左豎行抄寫。釋文如下：

●新始建國地皇上戊四年七月行塞省兵物錄 EPF22・236

省候長鞍馬追逐具、吏卒皆知烽火品約不。EPF22・237

省烽干鹿盧索完堅調利、候卒有席薦不。EPF22・238

省守衙具塢戶調利有狗不。EPF22・239

☑不 EPF22・240

■右省兵物錄 EPF22・241

該簡冊首簡標題為「新始建國地皇上戊四年七月行塞省兵物錄」十八字，而末簡標題則省寫為「右省兵物錄」五字。其中「右」字是和「左」字相對的方位詞，這裡意謂「右面抄寫的是省兵物錄」的內容。古代簡冊的抄寫以右為上，皆是從右至左豎行抄寫，如果冊尾題有標題（或書籍類的篇名）一般都加「右」字，表示右邊抄寫的是文書正文內容。在傳世古籍中，有些篇章就保留有這類篇尾篇題的原始面貌，也以「右某某」相稱。如《管子》、《牧民》、《立政》、《乘馬》等篇中保留有「右國頌」、「右四雄」、「右服制」等，這可能就是簡冊尾題的濫觴。而「省兵物錄」四字則是首簡標題「新始建國地皇上戊四年七月行塞省兵物錄」的省寫，這裡省了「新始建國地皇上戊四年七月行塞」十四字。

　　丁、先寫總標題後寫分標題者

在出土簡冊文書中，標題的書寫形式還有一種情況是冊書第一簡書寫文書的總標題，文內按不同的內容再列出分標題。這種情況是在把幾個內容的小文書合寫成一個總文書時才會出現。比較有代表性的例子如《居延新簡》EPF22《捕斬匈奴虜、反羌購償科別》文書。該文書由十四枚木簡組成，出土時有些簡已經殘斷，但文書的基本面貌還是很清楚的。簡文從右至左豎行抄寫。釋文如下：

●捕斬匈奴虜、反羌購償科別　　EPF22・222

●其生捕得酋豪王侯君長將率者一人☒ 吏增秩二等　　從奴與購如比 EPF22・223

其斬匈奴將率者將百人以上一人購錢十萬吏增秩二等不欲為☒　　EPF22・224

有能生捕得匈奴開候一人吏增秩二等民與購錢十☒☒人命者除其罪 EPF22・225

能與眾兵俱追先登陷陣斬首一級購錢五萬如比　　EPF22・226

　　　　☒有能謁言吏吏以其言捕得之半與購償　　EPF22・227

　　　　☒追逐格鬥有功還畜參分以其一還歸本主　　EPF22・228

　　　　☒……能持☐奴與半功　　EPF22・229

諸有功校皆有信驗乃行購賞　EPF22．230

●右捕匈奴虜購科賞　EPF22．231

錢三萬吏增秩二等不欲為官者與購如比　EPF22．232

●有能生捕得反羌從徼外來為閒候動靜中國兵，欲寇盜殺略人民
　　吏增秩二等，民與購錢五萬，從奴它與購如比　EPF22．233

☒言吏吏從其言捕得之購錢五萬與眾俱追先登☐☒　EPF22．234

●右捕反羌科賞　EPF22．235

上列 EPF22．222 簡「捕斬匈奴虜反羌購償科別」是該文書的總標題，單佔一簡，它實際包含了「捕匈奴虜購科賞」和「捕反羌科賞」兩個內容。EPF22．231「右捕匈奴虜購科賞」和 EPF22．235「右捕反羌科賞」是兩個小標題，也各單佔一簡，兩個小標題的內容綜合起來就是總標題內容所指。這種形式類似古籍文獻篇名下面的節名。

從現存實物來看，簡牘文書大多出土於我國西北地區居延和敦煌一帶，由於年代久遠，多數為殘冊散簡，但明顯為文書標題者（且單佔一簡）時有所見。有的我們從殘留標題文字可以判斷出它在簡冊中的位置，比如古代簡冊的抄寫方式都是從右向左豎行抄寫，所以我們可以判斷，凡文書標題首署「右……」文字的，肯定是置於該文書末簡的標題。這種例子在《居延新簡》、《敦煌漢簡》以及《居延漢簡釋文合校》中可以找到不少。如：

■右候官簿　《敦煌漢簡》1814

●右五命上大夫增勞名籍　《居延新簡》EPT5．32

●右案　《居延新簡》EPT6．84

●右爰書　《居延新簡》EPT51．272

●右算書　《居延新簡》EPT59．90

●右塞上烽火品約　《居延新簡》EPF16．17

●右秋以令射爰書名籍　《居延新簡》EPT65．276

●自右證爰書　《居延漢簡釋文合校》89．10

等等。這類簡中明顯地給我們留下了一個關鍵的方位詞「右」字，這就是我們判斷它在簡冊中位置的重要依據。

但也有些簡文，從內容和抄寫形式上一看便知是文書的標題，但由於是單簡孤題，標題內又沒有明顯的判斷依據，所以很難分辨其在原文書簡冊中的位

置是居前、居後，還是居中。這類例子在《居延新簡》和《敦煌漢簡》等書中也還是可以找到一些。如：

● 敦煌郡烽火品約　　《敦煌漢簡》52 0
　擊匈奴降者賞令　　《敦煌漢簡》1357
● 第廿三部建平三年七月家屬妻子居署省名籍　　《居延新簡》EPT40·18
● 甲渠候官綏和元年八月財物簿　《居延新簡》EPT50·28
● 萬歲部四月都吏□卿行塞舉　《居延新簡》EPT50·44
● 甲渠候官神爵三年九月穀出入簿　《居延新簡》EPT52·203
● 甲渠候官永光五年正月廩吏卒名籍《居延新簡》EPT52·262
　甲渠候官建平二年閏月守衛器簿　《居延新簡》EPT55·5
● 甲渠候長賞部元康二年四月戍卒被兵名籍　　《居延新簡》EPT58·33
　● 第廿三隧倉建平五年十一月吏卒當食者案及穀簿　《居延漢簡釋文合校》286·7

上引標題簡文都是單佔一簡。李均明先生認為「無論其居前居後，單書一簡者多為文書的大標題」。

戊、楬書標題

楬，本來是用作標記的小木椿，也稱做「揭櫫」。《周禮·秋官·職金》「辨其物之媺惡與其數量楬而璽之」，鄭玄注云：「楬而璽之者，楬書其數量以著其

物也。璽者，印也。既楬書楰其數量，又以印封之。今時之書有所標識，謂之楬櫫。」賈疏云：「楬，即今之版書。楰，即今錄記文書。」由此可見，楬即相當於今日稱之為標籤之類的東西，它是用來書寫某些物品的數量、名稱，然後繫於該物品外包裝上。有些楬用於隨葬品上，將楬置於隨葬物上，以示其物。如 1972 年發掘的長沙馬王堆 1 號漢墓中，就有這種記載隨葬物的楬。但在我國西北地區居延、敦煌等地出土的邊塞文書檔案中，也發現有許多楬，如《居延漢簡甲乙編》176·48 楬，就是十二月份官吏申請報告的標籤，上書「十二月吏寧書，陽朔三年二月□□□」；又如 8·1 楬「陽朔二年正月盡十二月吏病及視事書卷」及 46·17 楬「建昭六年正月盡十月吏病及視事

書卷」，就是專門記錄官吏卒病及視事的文書標題。

1974 年出土於居延甲渠候官遺址第二十二號房內的一枚標題楬（見《居延新簡》EPF22・36），上書「建武三年十二月候粟君所責寇恩事」十五個字（分兩行），楬首畫有網格紋。該楬書是一份當時邊郡民事訴訟案的原始卷宗，由 EPF22・1 至 36 組成，共有三十六枚木簡編聯成冊。其中窄簡寫一行字，共二十一枚；寬簡寫兩行字，共十五枚。內容含三份爰書、一枚「爰書」標題以及一份下行函，共有 1700 餘字，EPF22・36 木楬當是繫在該卷宗簡冊的外面。該卷宗詳細記述了案件的始末和驗問判決的過程，對補充、研究漢代法律和司法程序有著重要的價值。

類似的楬書標題我們在《居延新簡》中還可以看到一些。如：

(1)▨綏和元年十月盡　EPT9・5A
　　▨十二月四時簿　EPT9・5B

(2)　新始建國地皇上戊元年
　　▨八月以來吞遠倉粟
　　吏卒刺　EPT43・30A
　　吞遠倉吏卒刺　EPT43・30B

(3)　建始元年盡
　　▨四年詔書　EPT50・209A，背面 EPT50・209B 文字與正面相同。

(4)　建始三年十月盡
　　▨十二月四時簿　EPF22・703A，背面 EPF22・703B 文字與正面相同。

(5)　建昭二年十月
　　▨盡三年九月吏
　　受府記　EPT51・151A
　　建昭二年
　　▨十月盡三年
　　九月吏受付記　EPT51・151B

(6)　建昭五年十月盡六年　EPT51・418A
　　▨九月刺史奏事簿錄　EPT51・418B

(7)　始建國天鳳一年
　　▨四月盡六月
　　四時算　EPT59・331A，背面 EPT59・331B 文字與正面相同。

(8)　永光四年十月盡
　　▨五年九月戍卒折傷

牛車出入簿　EPT52・394

(9)　戊子胡虜攻隧吏卒格鬥

隧別名及剌卷　EPF22・747A

　　從出土實物來看，楬的形狀很不一致，有的楬是用一塊木料做成，有的則是由兩塊木料合成，有的頂端畫有網格紋，有的頂端全部用墨塗黑。夏鼐先生在敦煌考察漢代烽燧遺址時，獲得六塊木楬，有的上面有文字，有的上面無文字，其形狀也不統一。夏鼐先生在〈新獲之敦煌漢簡〉一文中認為，楬有兩類，一類插於物品上，一類繫於文書上。（載《中央研究院歷史語言研究所集刊》第 19 本）李均明先生在其《簡牘文書學》中認為：「楬書標題與冊書及木牘文件標題的區別在於前者涵蓋的範圍（包括內容與時間）比後者大。以簿籍為例，簿籍冊的標題多限於某月，即月度報告之類；而楬書簿籍標題多署年度；只有季度報告之『四時簿』既見於冊書標題，亦見於楬書標題。」

第三節　簡帛的計字尾題

　　計字尾題是指簡帛文獻篇末統計字數或物品的標記。計字尾題多出現在簡帛書籍之中。如馬王堆帛書《老子》乙本及卷前古佚書《經法》、《十大經》、《稱》、《道原》的書末都記有該書的統計字數。《經法》為書名，內分〈道法〉、〈國次〉、〈論約〉、〈名理〉等九篇，每篇的篇名都抄寫在篇尾，但沒有全篇的統計字數。〈名理〉篇為該書的最後一篇，在〈名理〉篇末除抄寫有〈名理〉篇名外，篇名下即書寫「經法凡五千」五字，這就是該書的計字尾題，它表示《經法》書內九篇的字數有五千字。《十大經》內也分〈立命〉、〈五正〉、〈兵容〉、〈行守〉、〈順道〉等十四篇，〈順道〉是該書的最後一篇，在全書的最後寫有「十大經凡四千六□□六」的計字尾題。另外兩種古佚書《稱》和《道原》內不分小篇，單篇成書，其計字尾題分別寫在各書之最後，《稱》後書有「稱千六百」四字，《道原》後書有「道原四百六十四」七字。帛書《老子》內分〈德〉、〈道〉兩篇，〈德〉篇在前，〈道〉篇在後，它們的計字尾題分別書寫在〈德〉篇和〈道〉篇的後面。〈德〉篇篇尾書有「德三千四一」五字（該尾題原帛出土時殘損較多），〈道〉篇篇尾書有「道二千四百廿六」七字。馬王堆漢墓出土帛書多種，多數沒有計字尾題，有計字尾題的僅有上列《老子》乙本

及其卷前四種古佚書。

銀雀山漢墓出土的簡冊中有《孫子兵法》、《孫臏兵法》、《尉繚子》、《六韜》、《晏子春秋》等書，出現有計字尾題的只有《孫子兵法》下編的〈吳問〉和〈見吳王〉兩篇和《孫臏兵法》的〈擒龐涓〉、〈篡卒〉、〈月戰〉、〈八陣〉、〈地葆〉五篇。《孫子兵法》下編〈吳問〉的篇題抄寫在篇首，計字尾題「二百八十四」抄寫在全篇之末；〈見吳王〉的計字尾題「千□十五」四字寫在篇末。《孫臏兵法‧擒龐涓》的篇題抄寫在篇首簡背，計字尾題「四百六」三字抄寫在該篇最後一簡的中間編繩之下，與正文結尾相隔八、九字距離，非常醒目。〈篡卒〉、〈月戰〉的篇題抄寫在篇首第一篇簡背，計字尾題「二百卅五」、「八十」抄寫在各篇篇末，與正文結尾間隔二、三個字。〈八陣〉和〈地葆〉的計字尾題也寫在篇末，但與《孫臏兵法》的其它計字尾題還有些不同，即它們的篇末除了書寫計字尾題「二百一十四」（〈八陣〉）、「二百」（〈地葆〉）外，在計字尾題的前後還多寫了一個篇題，〈八陣〉計字尾題在前，計字尾題後還又抄了「八陣」二字的篇題。〈地葆〉的篇末篇題在前，計字尾題在前。這種篇尾既書篇題又題計字尾題的情況，在《孫臏兵法》的各篇中也是比較少見的。從銀雀山出土的竹書《孫子兵法》和《孫臏兵法》抄寫形式來看，其它篇章中也可能還有計字的尾題，只是因出土時簡冊殘損嚴重，沒有被發現而已。

除上述馬王堆帛書、銀雀山竹書外，題有計字尾題的還有 1959 年 7 月在甘肅武威磨嘴子 6 號漢墓出土的簡冊《儀禮》。武威簡冊《儀禮》有三種寫本，共存九篇；甲本字大簡寬，木簡，共存《士相見之禮》等七篇；乙本字小簡窄，木簡，僅存《服傳》一篇；丙本用竹簡抄寫，僅有《喪服》一篇。在上述九篇寫本中，除了甲本、乙本中的《服傳》外，其它七篇都在篇末記有「凡若干字」的計字尾題，「凡」字上皆有「‧」標識符號。計字尾題的書寫形式有三種情況：一種情況是篇內只有經文而無記文者，計字尾題僅記經文字數，如甲本的〈士相見之禮〉、〈少牢〉、〈有司〉和〈泰射〉四篇；另一種情況是篇內既有經文也有記文者，計字尾題則是將經文、記文的字數合計為一篇的字數，如甲本的〈特牲〉、丙本的〈喪服〉；第三種情況是篇內既有經文又有記文，計字尾題既有經、記文合計字數的尾題，又有單記記文字數的尾題，如甲本〈燕禮〉。計字尾題一般都抄寫在各篇最後一簡的正文後面，唯《有司》的計字尾題抄寫在最後一簡背面的下部，這是因為該篇最後一簡正面的文字已經

足行，無法再抄下計字尾題，因此，計字尾題就寫在了該篇最後一簡的背面。甲本〈燕禮〉篇是既有記文的計字尾題，也有全篇合計字數的尾題，全篇計字尾題寫在經文已完之後，而記文的計字尾題寫在記文已完之後。

1993 年 2 月底在江蘇省連雲港市東海縣溫泉鎮尹灣漢墓中出土的二號木牘「東海郡吏員薄」所記為東海郡太守、都尉和各縣、邑、侯國以及鹽、鐵官吏員的統計數字。集薄的吏員統計屬於綜合統計，此薄則屬於分類明細統計。集薄的最後有「取凡吏員二千二百二人」總計吏員的尾數。六號木牘為「武庫永始四年兵車器集薄」，所記內容為乘與兵、車器和庫兵、車器兩大部分，逐項記載了武庫所收藏兵、車器的名稱和數量。乘輿兵車器部分後面寫有「●右乘輿兵車器五十八物十一萬四千六百九十三」的統計尾題；庫兵車器部分後面寫有「●右庫兵車種（？）百八十二物二千三百一十五萬三千七百九十四」的統計尾題；集薄的最後還寫有整個武庫所收藏的兵車器總計數「●凡兵車器種二百四十物三〈二〉千三百廿六萬八千四百八十七」尾題。尹灣出土的集薄尾題雖說是計人計物，但與前面列舉的文獻類的計字尾題的性質、作用完全相同。

類似尹灣木牘集薄之合計性質的尾題，在西北出土的文書中和馬王堆帛書、銀雀山漢簡的目錄中也有發現。如：

(1)中舍舍從者吉即莘

正月食糒麥九斗二年九月丁丑乙巳原黨付莘○麥一石已出李平黨付二石

為糒麥一石二斗○●凡三石三斗九升　畢　《敦煌漢簡》548

(2)白練復大襲一領　　白布單綺一兩

☑練復襦一領　　白素帶二枚卩　白布單襦一領

●凡六物自校具　《居延新簡》EPT52・187

(3)俱起隧卒王並　妻大女嚴年十七用穀二石一斗六升大子未使女毋知年二

用穀一石一斗六升大●凡用穀三石三斗三升少　《居延漢簡釋文合校》203・13

(4)董次入穀六十石直錢二千三百一十●入錢二千一百八十七●凡錢四千四百九十七　《居延漢簡釋文合校》303・3

(5)守法　守令　兵令

要言　李法　上扁（篇）

庫法　王法　下扁（篇）

　　　王兵　委法　凡十三

　　　市法　田法　《銀雀山漢墓竹簡》〔壹〕附〈篇題木牘〉

　　(6)凡五十二　《馬王堆漢墓帛書·五十二病方》（見前〈目錄〉節）

上列例(1)「凡三石三斗九升」，例(3)「凡用穀三石三斗三升」是合計糧食的石數；例(2)「凡六物」是合計衣物的件數；例(4)「凡錢四千四百九十七」是合計錢數的；例(5)「凡十三」、例(6)「凡五十二」是《守法守令等十三篇》和《五十二病方》兩書目錄的各自合計篇數。

　　文獻類的計字尾題亦見熹平石經《魯論》，《魯論》的篇末題有「凡廿篇萬五千七百一十字」（見《漢石經集存》第 500 號）。傳世文獻如仿宋本鄭注和賈疏的《儀禮》，各篇後也附記經若干字、注若干字（其所記字數與簡本《儀禮》所記字數有出入）。賈疏於卷十七下注更記《儀禮》「全經共五萬六千一百十五，注共七萬九千八百一十」的經、注統計字數。敦煌莫高窟所出六朝寫本《禮記·大傳》第十六末行有「凡一千九百二言」，四部叢刊縮印明嘉趣堂本《大戴禮》有九篇有計字尾題。漢世學者，有的作者往往在其所著之敘中記有全書的篇數字數。如《史記·自序》曰：「凡百三十篇，五十二萬六千五百字。」許慎《說文解字》後敘中也云：「此十四篇……解說凡十三萬三千四百四十一字。」等。

第四節　簡冊的編碼

　　次序編碼是指按某一次序的先後編排的順序號碼。從目前出土的簡牘實物來看，按照次序編排序碼約有「逐簡編碼」和「目序編碼」兩類。所謂「逐簡編碼」是指簡冊書籍的每一支簡按編聯的先後次序編排的順序號碼，如武威漢簡《儀禮》、甘谷漢簡「詔書律令」等。「目序編碼」是指按照篇章目錄的先後次序編排的順序號碼，如武威漢簡《儀禮》之「士相見之禮第三」、「服傳第八」以及武威出土的「王杖詔書令」中的「蘭臺令第卅二」等，其中「第三」、「第八」、「第卅二」都是不同內容目錄的順序編碼。

（一）逐簡編碼

　　1959 年 7 月在甘肅武威磨嘴子 6 號漢墓出土的簡冊《儀禮》有甲、乙、丙

三種與本共九篇，在這九篇中除了乙本之〈服傳〉和丙本之〈喪服〉沒有逐簡編碼外，其餘七篇都有逐簡編碼。但在這七篇有編碼的篇章中其編碼形式也不盡相同。經過統計，約可分下列三類：

A、整篇通用一個順序編碼者。如甲本〈士相見之禮〉、〈服傳〉、〈燕禮〉、〈泰射〉四篇。〈士相見之禮〉全篇共十六支簡，除篇尾最後一支簡末見編碼外，其餘十五支簡從篇首第一簡開始，在簡的下端編有以「一」至「十五」十五個逐簡編碼（其中第八簡因簡尾殘缺，所以簡尾書寫的編碼也殘缺）。《服傳》全篇共六十支簡，除出土時已缺失的第五、第九、第三十四，三支整簡外，實存五十七支簡。在實存五十七支簡內，除篇首第一簡簡尾殘缺編碼外，其餘從篇首第二簡起，在簡的下端逐簡編有從「二」至「六十」的五十六個順序編號。〈燕禮〉全篇共五十三支簡，除出土時已缺失第十一、十三兩簡外，見存五十一支簡。由於此篇在未出土時已散落在棺側下土中，故簡多彎曲，上段多掩土銹，下段常失缺，且多腐朽收縮，往往失其編碼。但從現存五十一支簡的簡尾編碼來看，原簡應是有逐簡編碼的，而且是整篇用一個順序一編到底。〈泰射〉全篇共有一百一十四支簡，出土時缺失第七、十八、三十二、四十三、四十七、六十七、七十九、九十一等八支簡外，見存一百零六支簡。現存一百零六支簡內除第一、二、三、十二、二十八、二十九簡因簡殘簡尾編碼損失外，其餘簡首尾完整，編碼相連不斷。

逐簡編碼除上述武威《儀禮》四篇外，還有 1971 年 12 月在甘肅省甘谷縣渭陽人民公社十字道生產大隊村北的劉家山坪上「劉氏之冢」內出土的東漢簡冊（見甘肅人民出版社出版的《漢簡研究文集》）。這一簡冊是東漢桓帝（劉志）延熹年間，宗正府卿劉柜關於宗室的事所上皇帝的奏書，以「宜令天下齊同其制」的詔書形式，頒布州郡奉行的一種官方文書。該文書共有二十三支簡組成，簡的正面隸書墨跡文字，一簡兩行，簡背上端書有逐簡編碼「第一」、「第十五」、「第廿三」等。原簡編聯成冊，屬先編後寫，有兩道編繩。出土時簡冊殘損嚴重，經整理，較完整的有「弟一」、「弟二」、「弟五」、「弟九」、「弟十」、「弟十五」、「弟廿」、「弟廿三」八根簡，從殘存的簡冊中，我們還發現有逐簡編碼「弟三」、「弟六」、「弟七」、「弟十一」、「弟十二」、「弟十四」、「弟十六」、「弟十七」、「弟廿二」九個簡頭，可以證明，原簡冊為一份完整的官方文書，且每一支簡都按順序編有次序編碼。

此外，在西北出土的簡牘文書中也有逐簡編碼者，如《敦煌漢簡》中 2357‧2358‧2359‧2366‧2368；《居延新簡》中 EPT49‧48，EPT52‧46，EPT59‧155，EPT65‧42，EPF22‧63、64、65，EPT2‧70，EPS4，T2‧59，ESC‧1-11、164、167-170；《居延漢簡釋文合校》中 34‧6、82‧12、185‧27 等。

B、一篇內有兩個或三個順序編碼者。如武威漢簡《儀禮》甲本之〈少牢〉和〈有司〉。〈少牢〉全篇共有四十七支簡，出土時缺失第二十四、四十六等兩簡，見存四十五支簡，基本完整。篇首第一、第二支簡的編碼「一」、「二」書寫在簡背下端，其餘編碼皆書寫在木簡正面的下端。但該篇編碼並非整篇用一個順序一通到底，而是從該篇首簡至第四十一簡為一個順序號（「一」至「四十一」），從第四十二簡至第四十七簡又另從「一」起，編至「六」，一篇之內有兩個順序號。《武威漢簡》的整理者認為，出現這種現象的原因，可能是該篇抄寫時是由兩個抄書者共同來完成的，前一個抄手從該篇首簡抄至第四十一簡，逐簡編碼，按習慣從「一」編到「四十一」；後一個抄手來抄書時，不知出於何種目的，就自作主張，從第四十二簡開始另從「一」起，一直接連編至該篇篇尾「六」。這樣就形成了在同一篇內出現了兩個順序號碼的情形。〈有司〉篇的編碼更加混亂，該篇全篇共有木簡七十九支，出土時缺失第四十六、五十一、六十三、六十七、七十八等五支簡，見存七十四簡。除第四十五簡殘缺過甚外，其它七十三簡保存完整。該篇的逐簡編碼前五十支簡是一個序號，從「一」編到「五十」，「五十一」出土時已缺失。從第五十二簡開始到第六十四簡，共十三支簡，編碼沒有連著五十一簡往下編，而是從第五十二簡開始另從「一」編起，直到第六十四簡編為「十三」，從第六十五簡至第七十九簡的十五支簡中，編碼也沒有按著第六十四簡編號「十三」的順序往下編，而是從第六十五簡再次從「一」編起，直到第七十九簡編為「十五」。這種在一篇之內三次從「一」開始編碼的現象實屬少見，如果也按上述《武威漢簡》整理者的觀點，則是該篇在抄寫時應是換了三個抄書者，每個抄書者的編碼都把自己所抄的部分從「一」編起。另外〈有司〉篇的逐簡編碼，前兩組都書寫在木簡簡背的下端，而最後一組十五個編碼則是「一」至「九」書寫在木簡的背面下端，而「十」至「十五」則書寫在木簡正面的下端，書寫形式比較混亂。

　　C、一篇之內有部分書順序編碼而另一部分不編碼者，如甲本〈特牲〉。該篇全篇共有五十三支簡，出土時缺失第十八、二十、二十一、二十二等四簡，現存四十九簡，保存基本完整。該篇逐簡編碼從篇首第一簡開始至第四十簡，編碼從「一」至「四十」連續不斷，書寫在木簡正面下端。而從第四十一簡至第五十三簡共十三支簡中，簡冊下端未書寫逐簡編碼。據原整理者「校記」云：「檢視原簡，……乃此兩部分為不同時代所抄，故後十三簡寬窄不勻，其木質亦不同於前四十簡。後十三簡自成一編綸，乃先存於四十簡之前，其上麻繩之跡頗有見存者。……後十三簡稍長於前四十簡。後十三簡，察其木色墨色皆較前四十簡為陳舊。應係舊本；前四十簡乃後來補抄者，故第四十簡抄至四十三字而止。……由此可證出土〈特牲〉篇，乃就較舊之後十三簡補添而成，是有利用舊簡而補成新篇之例矣。」

（二）目序編碼

　　前面已講，目序編碼就是指按照篇章目錄的先後次序編排的順序號碼。從目前出土簡牘實物來看，武威簡本《儀禮》的目序編碼還是很有代表性的。除丙本〈喪服〉沒有目序編碼外，甲本《儀禮》共存七篇，每篇的篇名下皆有目序編碼，乙本〈傳服〉也有目序編碼，現抄錄如下：

　　　　甲本：士相見之禮第三

　　　　　　　服傳第八

　　　　　　　特牲第十

　　　　　　　少牢第十一

　　　　　　　有司第十二

　　　　　　　燕禮第十三

　　　　　　　泰射第十四

　　　　乙本：服傳第八

　　上列諸篇，各篇名後面皆綴有目序編碼，一目了然，它們表示該篇在本書內的排列次序。

　　此外，在《敦煌漢簡》中我們也發現有《急就篇》的章目序碼。如：

　　(1)第一急就奇觚與眾異羅列諸物名姓字分別部居不雜側用日約少誠快意勉力務之必有憙請道其章宋延年　《敦煌漢簡》1972A

(2)第十二銅鐘鼎釧銅匜銚釭鋼鍵鑽冶錭鐈《敦煌漢簡》2185

上列例(1)、(2)之文字皆為《急就篇》的內容，例(1)之「第一」與例(2)之「第十二」就是表示各段內容在《急就篇》的第一章和第十二章內。

在漢代，詔條、令條也多按不同的內容進行編碼。如：

(1)蘭臺令第四十二　　　　　《王杖詔書令》

(2)令在蘭臺第四十三　　　　《王杖詔書令》

(3)功令第四十五　　　　　　《居延漢簡釋文合校》45‧23

(4)北邊絜令第四　　　　　　《居延漢簡釋文合校》10‧28

上列例(1)、(2)是指該簡所記為「蘭臺令」第四十二條和第四十三條之內容。例(3)是指該簡所記為「功令」第四十五條之內容。例(4)是指該簡所記為「北邊絜令」第四條之內容。這些「第四十二」、「第四」等序號前面都有令名，可知這些序號就是這些律令的目序編碼。

此外，在漢代的邊關出入府券上也有次序編碼。如：

(1)始元七年閏月甲辰，居延與金關為出入六寸符券，齒百，從第一至千，
　左居官，右移金關，符合以從事。●第八　《居延漢簡釋文合校》65‧7

(2)始元七年閏月甲辰，居延與金關為出入六寸符券，齒百，從第一至千，
　左居□□□□□□合以從事。●第十八　《居延漢簡釋文合校》65‧9

從上引簡文內容，我們可以從中看出當時在居延和金關有出入六寸符券凡千枚，都依順序排列編碼，從第一到一千。這種出入符券是持符人在通過特定的關口時用來證明自己身份以及出入關事由的通行證。由於事關重要，所以官方在符券上進行了編號，以便檢查登錄和覆核。這種帶有編碼的符券，在《居延漢簡釋文合校》中我們還可以看到不少，如274‧10見「第七」，274‧11見「第十九」。在出入關名籍的登錄中，亦常見登錄符之序碼，如《居延漢簡釋文合校》280‧3見「第三百九十八」，《居延漢簡釋文合校》11‧4見「符第六百八」等等。

第五節　簡帛的符號

在出土簡帛的文獻中，我們經常會發現一些「●」、「■」、「∟」「、」等符號，它們或表示句讀，或表示提行，或表示語氣，或表示分節，或表示重文

等，猶如我們今天使用的標點符號或者編輯符號。雖然有些符號因為出現的比較少，或許它們的用意還不太清楚，但有一點是可以肯定的，即它們的存在對我們正確理解簡帛文字的含義起著輔助作用，這也可能就是當初抄書人（或著書人）的初衷。

文字間的符號起源較早，從目前出土的實物中來看，早在殷商時期的甲骨刻辭中就已存在，只是符號的形式比較少而已。到春秋、戰國時的銅器銘文中也有存在，如山西侯馬出土的春秋末年的侯馬盟書、湖北隨縣擂鼓墩出土的戰國早期竹簡、湖南長沙子彈庫出土的戰國中晚期的楚帛書等中分別出現有用小橫線、鉤形、黑方塊等符號作為文句的標點等。隨著文化的不斷進步和發展，符號的形式也在逐漸增多，到戰國、秦漢時的簡帛文字中，符號的形式就更加豐富了。據粗略統計，約有如下幾種形式：

● 大黑圓點

○ 圓圈（有朱色者，亦有黑色者）

· 小黑圓點

■ 黑方塊

□ 方框

▲ 黑三角

✕ 紡錘形

∨ 鉤

「」直角括號

＝ 重文號

、 頓號

／ 斜線

此外，還有一些用文字無法表述的「ㄓ」、「ㄋ」、「阝」、「z」等形式的符號。

以上這些符號在簡帛行文中它的形式很不規範，有時同一種符號由於書寫方式或抄寫人不同，其形態也不盡相同，抄寫人只是點到而已，沒有像我們今天使用的標點符號規定的那麼嚴格。

隨著簡帛的不斷出土，有些學者已經注意到簡帛符號對於理解簡帛文義、對簡帛的深化研究有著重要的意義，並撰寫專文對此進行了探討。如早在 1947

年時，陳槃先生就撰文〈漢晉遺簡偶述〉（發表在《史語所集刊》第 16 本上），文中對簡牘符號就做過專門的研究，以後又在〈漢簡贅義再續〉（刊於1971 年《史語所集刊》第 43 本第 4 分冊）中做了進一步的闡述。1959 年，甘肅省武威縣出土了簡本《儀禮》，陳夢家先生在《漢簡綴述》中專門就武威簡本《儀禮》中出現的符號進行了專門研究。此後，高敏先生在《簡牘研究入門》、薛英群先生在《居延漢簡通論》、李均明先生在《簡牘文書學》以及高大倫先生的《釋簡牘文字中的幾種符號》論文中都曾結合出土簡帛文獻對簡帛符號進行過一些歸納和詮釋。下面綜合大家的意見就幾種主要的符號取有代表性的例子作一些介紹。

　　甲、●（黑圓點）

這種符號在簡帛文字中的作用似有多種。

㈠提示標題或主題

(1)●南郡卒史蓋廬摯田假卒史鵬復攸庫等獄簿……　《張家山漢墓竹簡・奏讞書》

(2)●士相見之禮……　《武威漢簡・甲本士相見之禮》1

(3)●捕律……　《敦煌漢簡》983

(4)●捕斬匈奴虜反羌購償科別　《居延新簡》EPF22・222

(5)●敢深益其勞歲數者貲一甲棄勞　●中勞律　《睡虎地秦墓竹簡・秦律雜抄》

(6)……典老弗告貲各一甲伍人戶一盾皆千之　●傅律　《睡虎地秦墓竹簡・秦律雜抄》

(7)……故五共五暴必使相錯也　●五共　《銀雀山漢簡釋文》0089

(8)……出則擊之不出則回之　●五名　《銀雀山漢簡釋文》205

(9)以明吾勝也　●兵勸　《銀雀山漢簡釋文》631

(10)●甲渠言毋羌人入塞

　　買兵鐵器者　《居延新簡》EPT5・149

(11)●甲溝言米糒少薄尉史候長傅育等

　　當負收責皆畢遣尉史持□詣府　《居延新簡》EPT6・65

(12)●甲渠言部吏毋鑄作錢發冢

販賣衣物於都市者　　《居延新簡》EPF22・37

建武六年七月戊戌朔乙卯甲渠鄣守候　敢言之府移大將軍莫府書曰姦點
吏民作使賓客私鑄作錢薄小不如法度及盜發冢公賣衣物於都市雖知莫譴
苛百姓患苦之　《居延新簡》EPF22・38A

掾譚令史嘉　《居延新簡》EPF22・38B

書到自今以來獨令縣官鑄作錢令應法度禁吏民毋得鑄作錢及挾不行錢輒
行法諸販賣發冢衣物於都市輒收沒入縣官四時言犯者名狀●謹案部吏毋
犯者敢言之　《居延新簡》EPF22・39

以上例(1)至(9)以「●」號提示標題。其中例(1)至(4)標題居文前，例(5)至(9)
標題居文後。李均明先生認為例(10)至(12)以「●」號提示主題，其作用猶今之內
容提要，其應用如例（12）所見，此例凡三簡，屬於一份完整的文件。其中
《居延新簡》EPF22・38、39 二簡所載為文件正文；而《居延新簡》EPF22・37
所載為內容提要，故其前加「●」號以引人注目。

(二)提示章節段落或條款起首

(1)●凡為吏之道必精潔正直……　《睡虎地秦墓竹簡・為吏之道》1

(2)●道可道也非恒道也……　《馬王堆漢墓帛書・老子甲》

(3)●臣以明君者必有實矣……　《馬王堆漢墓帛書・老子甲本卷後古佚
書・明君》

(4)●文王問太公曰有國者……　《銀雀山漢簡釋文》0718

(5)●景公將伐宋師過太山　《銀雀山漢簡釋文》1017

(6)●蓋廬曰凡軍之舉何處何去……　《張家山漢墓竹簡・蓋廬》11

(7)●七年八月己未江陵丞言……　《張家山漢墓竹簡・奏讞書》69

(8)●除害興利慈愛百姓……　《睡虎地秦墓竹簡・為吏之道》51

(9)●臺室則崇高汙池則廣深……　《馬王堆漢墓帛書・老子甲本卷後古佚
書・明君》

(10)●四為國之過欲民之和勸不可與慮它也……　《銀雀山漢簡釋文》0439

(11)●五為國之過欲士卒之輯睦……　《銀雀山漢簡釋文》0687

(12)●六為國之過欲國之富有大事可以持久也……　《銀雀山漢簡釋文》

0440

(13)●治久咳上氣喉中如百蟲鳴狀卅歲以上方苀胡桔梗蜀椒各二分桂烏喙姜
各一分凡六物冶合和丸以白密大如嬰桃晝夜含三丸消咽其汁甚良
《武威醫簡》3、4

(14)☑自言責士吏孫猛脂錢百廿●謹驗問士吏孫猛辭服負已收得猛錢百廿
《居延新簡》EPT52‧21

(15)建昭四年四月辛巳朔庚戌不侵候長齊敢言之官移府所移郵書課舉日各
推辟部中牒別言會月廿七日●謹推辟案過書刺正月乙亥人定七分不侵
卒武受萬年卒蓋夜大半三分付當曲卒山雞鳴五分付居延收降亭卒世
《居延新簡》EPT52‧83

(16)●范君上月廿一日過當曲言竇昭公到高平還道不通●天子將兵在天水聞
羌胡欲擊河以西今張掖發兵屯諸山穀麥熟石千二百帛萬二千牛有賈馬
如故七月中恐急忽＝吏民未安　《居延新簡》EPF22‧325A
史將軍發羌騎百人司馬新君將度後三日到居＝延＝流民亡者皆已得度
今發遣之居延它未有所聞●何尉在酒泉但須召耳●聞赦詔書未下部●
月廿一日守尉刺白掾●甲渠君有恙未來趨之莫府　《居延新簡》
EPF22‧325B

(17)封守　鄉某爰書以某縣丞某書封有鞫者某里士五甲室妻子臣妾衣器畜產
●甲室人一宇二內各有戶內室皆瓦蓋木大具門桑十木●妻曰某亡不會封
●子大女子某未有夫●子小男子某高六尺五寸●臣某妾小女子某●牡犬
一●幾訊典某某甲伍公士某某甲黨有當封守而某等脫弗占書且有罪某等
皆言曰甲封具此毋它當封者即以甲封付某等與里人更守之待令　《睡虎
地秦墓竹簡‧封診式》

(18)□□卒廚解　　●□□卒王鈞　　●□猛卒趙逸□
賈應　　　　郭得　　　　　霍賢
□□鐘程益　郭廣親　　　　賈應
　　　　　　李所欲　　　　李□進

（以上為一至三欄）

●宜秋卒弓陽　●察適卒□□胡
李謹　　　　　郝皋□

　　　　韓觚　　　　　貳祿

　　　　郭發親

　　（以上為四、五欄）《敦煌漢簡》2093A

⒆●縣承塞亭各謹候北塞隧即舉表皆和盡南端亭＝長以札署表到日時☒
　《敦煌漢簡》2146

⒇●匈人奴晝入殄北塞舉二烽□煩烽一燔一積薪夜入燔一積薪舉堠上離合
　苣火毋絕至明甲渠三十井塞上和如品　《居延新簡》EPF16‧1

　●匈人奴晝入甲渠河北塞舉二烽燔一積薪夜入燔一積薪舉堠上二苣火毋
　絕至明殄北三十井塞和如品　《居延新簡》EPF16‧2

　●匈奴人晝入甲渠河南道上塞舉二烽塢上大表一燔一積薪夜入燔一積薪
　舉堠上二苣火毋絕至明殄北三十井塞上和如品　《居延新簡》
　EPF16‧3

　　以上例⑴至⒀是以「●」提示章節起首，例⑹《張家山漢墓竹簡‧蓋
盧》、例⑺《張家山漢墓竹簡‧奏讞書》以及例⑻《睡虎地秦墓竹簡‧為吏之
道》中的每個小節起首都有「●」號提示。湖北省荊州市周家臺 30 號秦墓出
土的簡牘醫方每方前皆有「●」號，表示一節之始。李均明先生認為例⒀《武
威醫簡》及其它簡所見皆以一藥方及其療效、使用方法為一節。例⒁至⒅皆以
事項劃分段落，文首加提示符號「●」。其中例⒁、⒂為常見之上報文書，專
用於回答上級的提問。「●」號前一般重複上級提出的問題，而「●」號後是
對問題的答覆，是文書的主題所在。例⒃至⒅逐事劃分，每事前皆加「●」
號，其中例⒅所見段落的劃分尤為整齊，每段自成一欄，每欄首行文首加
「●」號，後署某某卒某某，則表明同欄文字所見戍卒當屬同一隧，如第四欄
所見弓陽、李謹、韓觚、郭發親皆為宜秋隧戍卒。例⒆、⒇以「●」號提示條
款。例⒇所見為一烽火品約冊中的三簡，此冊凡十六簡，每簡為一條款，文前
皆加「●」號。

㈢提示內容小結與合計

⑴●右秋以令射爰書名籍　《居延新簡》EPT10‧7

⑵●右除書　《居延新簡》EPT51‧10

⑶●右張忠錢財物直錢出入簿　《居延新簡》EPT51‧88

(4)●右劾及狀　《居延新簡》EPT56・118

(5)●右部有能者名　《敦煌漢簡》808

(6)……不敢去不善百姓不畏●二百三十五　《銀雀山漢簡釋文》0005

(7)……將失其國●三百九十五　《銀雀山漢簡釋文》2846

(8)●右乘輿兵車器五十八物十一萬四千六百九十三　《尹灣漢墓簡牘・武
　　庫永始四年兵車器集簿》

(9)●右十人缺七人死三人免　《尹灣漢墓簡牘》五正

　　　　　　　　　　妻大女嚴年十七用穀二石一斗六升大

(10)●俱起燧卒王并　子未使女毋知年二用穀一石斗六升大

　　　　　　　　●凡用穀三石三斗三升少　《居延漢簡釋文合校》

　　203・13

(11)●董次入穀六十六石直錢二千三百一十●入錢二千一百八十七●凡錢四
　　千四百九十七　《居延漢簡釋文合校》303・3

(12)●凡千二十字　《武威漢簡・甲本士相見之禮》6

(13)　　　　　七月癸酉卒張垣跡盡丁亥積十五日
　●第十七隊　七月戊子卒吳信跡盡壬寅積十五日
　　　　　　七月癸酉卒郭昌省茭
　　　　　　●凡跡積卅日毋人馬蘭越塞天田出入跡
　　　　《居延新簡》EPT51・211 第一、二欄

(14)●右郭卒　用粟九十六石　《居延新簡》EPT59・794

(15)●右十一月廿七日訖今月七日受十七兩粟大石四百二十五石　《居延新
　　簡》EPT40・12

(16)●凡周天下三百六十五度四分度一日行一度月行十三度四分度一客星□
　　□……《銀雀山漢簡釋文》0562

李均明先生認為：上引例(1)至(5)以「●」號提示內容小結。前面講過，古
代簡冊通常由右至左逐一排列，再以編繩繫之，簡文之閱讀亦由右至左，故稱
「右」者指右面所見，「右」字後所署是對右面所見內容的歸納小結，如例(9)中
即指出上列的十個人中，缺了七個死了三個。有時亦可視做右面內容的標題，
如例(3)所見。例(6)至(16)以「●」號提示合計，所謂合計是對右面所見有關內
容、數值方面的歸納總結。許多情況下往往是內容歸納與數量合計共存，如例

(8)、(13)、(14)、(15)即是。

(四)提示特殊事項

(1)二月庚辰甲溝候長戎以私印行候文書事敢言之謹寫移敢言之　●候君詣
　府　尉史陽　《居延新簡》EPT48‧25

(2)殄北候令史登不服負臨木候長憲錢謂臨木候長憲●一事集封　四月己卯
　尉史彊奏封　《居延新簡》EPT51‧25

(3)大守府書塞吏武官吏皆為短衣去足一尺告尉謂第四守候長忠等如府書方
　察不變更者●一事二封　七月庚辰掾曾佐嚴封　《居延新簡》EPT51‧
　79

(4)　　　　　　年政印
　甲渠官　三月辛卯第七卒延以來
　　　　　　　●二事　《居延新簡》EPT51‧176

李均明先生認為：以上四例皆以「●」號提示特殊事項。例(1)「●候君詣府」書於後面，聲明當政之甲溝候官候到都尉府去了，故以候長代行其文書事，文首加「●」號，引人注目。例(2)、(3)乃發文登錄，「●」號後提示封緘方式，是此類記錄的固定格式。「一事集封」，指針對同一事的多份文件集中封緘於一函；「一事二封」，指有關一件事以二封函件發出。例(4)「●」二事，提示函件含兩件事的內容。

乙、■（黑方塊）

這種符號在簡帛文字之中所表示的含義也不盡相同。有時表示篇章的開始；有時表示為內容的小結，如同上節「●」號的(三)中例(1)至(5)；有時表示數量的合計，如上節「●」號的(三)中例(6)至(8)。

(1)■一年從其俗二年用其德……　《馬王堆漢墓帛書‧老子乙本卷前古佚
　書‧經法‧君正》

(2)■道者神明之原也……　《馬王堆漢墓帛書‧老子乙本卷前古佚書‧經
　法‧名理》

(3)■上德不德是以有德……　《馬王堆漢墓帛書‧老子乙本‧德經》

(4)■道可道也……　《馬王堆漢墓帛書‧老子乙本‧道經》

(5)■黃帝問力黑曰……　《馬王堆漢墓帛書・老子乙本卷前古佚書・十大
經・順道》

(6)■■道無始而有應……　《馬王堆漢墓帛書・老子乙本卷前古佚書・
稱》

(7)■■恒無之初週同大虛……　《馬王堆漢墓帛書・老子乙本卷前古佚
書・道原》

(8)■■昔者黃宗質始好信……　《馬王堆漢墓帛書・老子乙本卷前古佚
書・十大經・立命》

(9)■二年律令……　《張家山漢墓竹簡・二年律令》

(10)……諸盜□皆以罪所平價值論之■盜律　《張家山漢墓竹簡・二年律
令》

(11)……民欲別為戶者皆以八月戶時非戶時勿許■戶律　《張家山漢墓竹
簡・二年律令》

(12)……順之至也順道■欲知得失情必審名察刑……　《馬王堆漢墓帛書・
老子乙本卷前古佚書・十大經》

(13)■右第十四隧長房拓辭　《居延新簡》EPT51・344

(14)■右卒十人　《居延新簡》EPT5・172

(15)■右鉼庭部吏卒十四人　《居延新簡》EPT17・7

(16)■凡穀四百四十四石　《居延漢簡甲乙編》513・12

上引例(1)至(8)是以「■」提示篇章的起始，《馬王堆漢墓帛書・老子乙本
卷前古佚書》之《經法》和《十大經》內含有多篇，幾乎每篇篇首都有「■」
號提示，有時也用「■■」兩個黑方塊提示，如上引例(6)至(8)，只是特別提示
注意，不會含有別的意思。例(9)至(11)是以「■」提示為書名、篇名，例(9)是書
名，例(10)、(11)是篇名，抄寫在書名、篇名的前面。例(12)是以「■」提示劃分段
落，「■」號前「順道」二字是上篇篇尾標題，「■」號後是《十大經》書尾總
結性的一段文字，所以以「■」號提示另段。在《郭店楚墓竹簡》中，《老
子》、《緇衣》、《五行》、《六德》中也有以「■」號提示分段者。例(13)是以
「■」提示內容小結。例(14)至(16)是以「■」號提示合計，猶如上節「●」號(三)
中例(6)至(16)之義。

丙、▲（黑三角形）、✕（紡極形）

這兩種符號在簡帛文字中不是常見，它們的用意還不大清楚，就下列幾例來看，當有提示標題或章節起首等義。

(1)▲燕禮……　《武威漢簡‧甲本燕禮》1

(2)▲日書☒　《敦煌漢簡》1222

(3)▲太尉潔令……　《敦煌漢簡》982

(4)✕遬陽公以楚師後……　《包山楚簡》4

上引例(1)至(3)以「▲」提示標題，例(1)出現在武威簡本《儀禮》篇第一簡簡端「▲」號提示篇題，在同篇第二十一簡簡行中的「▲」則用作為句號。例(2)所引，簡雖殘缺，但從殘存的形式與文義來看，似為《日書》的書題，疑為書題的提示符號。例(4)疑是以「✕」提示章節的起首。

丁、○（朱色圓點）

朱色圓點多出現在銀雀山漢墓出土的簡文中（見《銀雀山漢簡釋文》），其它簡帛文字中較為少見。其作用約為提示篇章起首及斷句等。

(1)○星　極星而馳天下日夜不休　《銀雀山漢簡釋文》1205

(2)兵陣○木陣直○土陣圜○水陣曲○金陣……　《銀雀山漢簡釋文》1345

(3)斗建○正月斗昏建寅○食昔卯○少亡喪○……　《銀雀山漢簡釋文》0850

(4)徵○徵風丙寅丁卯甲戌乙亥丙申……　《銀雀山漢簡釋文》1475

(5)禹○禹風壬辰癸巳壬戌癸亥……　《銀雀山漢簡釋文》0960

(6)商○商風庚辰辛巳庚……　《銀雀山漢簡釋文》0984

(7)利客○壬子癸丑主人卅二不當客……　《銀雀山漢簡釋文》0958

(8)利客○大剛風皙風剛風可以為客不可以為……　《銀雀山漢簡釋文》0795

(9)兵忌○凡斗月咸池立用兵之決也○兵……　《銀雀山漢簡釋文》0957

(10)九時○一道曰傳禺未可與俱○二……　《銀雀山漢簡釋文》2283

(11)……乃生木以報土○毋以其子孫攻其大父敵人……　《銀雀山漢簡釋文》2059

(12)○九道曰木欲高金伐之……　《銀雀山漢簡釋文》0671

(13)○是謂五勝之常戒……　　《銀雀山漢簡釋文》1644

(14)○角風當生長三日宿戒五日兵……　　《銀雀山漢簡釋文》1647

(15)○五行德行所不勝刑行所勝……　　《銀雀山漢簡釋文》1310

上引例(1)是以「○」號提示標題。例(2)至(10)句中前一個「○」號提示篇章的起首。例(2)、(3)、(9)、(10)、(11)句中的後一個「○」號則是表示斷句。

戊、○（墨色圓圈）

在居延出土的漢簡文字中發現有用墨畫的圓圈，薛英群先生認為：「這是表示一段或一節文章的開始，與現在寫文章時另起一行是一個意思。東漢時安帝元初間的《太室石闕銘》前銘辭、後官名，其上均作一圓圈。宋儒注《四書》，每章之首皆以一圓圈為界，顯然是漢文遺風。」陳夢家先生對武威出土的簡本《儀禮》中出現的「○」號也曾作過一些分析，他認為「○」在簡本《儀禮》中用作章句號。（駢案：陳先生所說的章號即指一章起首所標的符號。）他說：「作用同於中圓點（●）。乙本〈服傳〉章號、句號同用此。它篇以中圓點為章句號者亦間用圓圈代替，如甲本《服傳》第三十一簡用作章號。《特牲》第五、三十一等簡用作句號。」

己、∨（鈎）、─（橫線）

在出土簡帛文獻中，「∨」號多出現在書籍的文句之中，用來表示閱讀書籍時的休止，相當於我們今天書籍句子中的標點符號。在實例中我們可以看出，它既可以用作今天的逗號、分號，也可以用作今天的句號、頓號等，作用比較廣泛，不只是專門表示一種含義的符號。而在西北出土的簡牘文書中，它卻又用作多種含義的鈎校符號。這是目前我們從出土簡帛文獻的實例中看到它的幾種主要用法。

㈠表示句讀

(1)……古者∨民各有鄉俗其所利及好惡不同或不便於民∨害於邦是以聖王
　　作法度以矯端民心∨去其邪僻∨除其惡俗∨法律未足∨民多詐巧∨故後
　　有間令下者∨凡法律令者以教導民∨去其淫僻除其惡俗∨而使之之於為
　　善也∨今法律令已具矣∨而吏民莫用鄉俗淫泆之民不止∨是即廢主之明

法也而長邪僻淫泆之民甚害於邦∨不便於民故騰為是而修法律令田令及
為間私方而下之∨令吏明布∨令吏民皆明知之毋距於罪∨今法律令已布
聞吏民犯法為間私者不止∨私好∨鄉俗之心不變∨自從令丞以下知而弗
舉論∨是即明避主之明法也∨而養匿邪僻之民∨如此則為人臣亦不忠矣
（《睡虎地秦墓竹簡・語書》）

(2)・道可道也∨非恒道也∨名可名也∨非恒名也無名萬物之始也∨有名萬
物之母也故恒無欲也以觀其妙∨恒有欲也以觀其所噭兩者同出異名同謂
∨玄之又玄眾妙之門天下皆知美為美惡已∨皆知善斯不善∨（駢案：此
處∨為抄寫者誤加）矣∨　　（《馬王堆漢墓帛書・老子甲本・道經》）

(3)少半乘少半九分一也∨半步乘半步四分一∨半步乘少半步六分一也∨少
半乘大半九分二也∨五分乘五分廿五分一∨四分乘四分十六分一∨四乘
五分廿分一∨五分乘六分卅分一也∨　　（《張家山漢墓竹簡・算術書》）

(4)大夫以上年五十八∨不更六十二∨簪裊六十三∨上造六十四∨公士六十
五∨公卒以下六十六∨皆為免老　　（《張家山漢墓竹簡・二年律令》）

(5)室忌春三月庚辛∨夏三月壬癸∨秋三月甲乙∨冬三月丙丁勿以筑室
（《睡虎地秦墓竹簡・日書甲本》）

(6)土徽正月壬∨二月癸∨三月甲∨四月乙∨五月戊∨六月己∨七月丙∨八
月丁∨九月戊∨十月庚∨十一月辛∨十二月乙不可為土功　　（《睡虎地
秦墓竹簡・日書甲本・土忌》）

(7)●獻祝邊燔從如初義∨及佐食如初卒以爵入于房・賓三獻如初∨燔從如
初∨爵止●延于戶內∨主婦洗酌致爵于主人∨　　（《武威漢簡・儀禮・
特牲》）

上引諸例皆為出土簡帛書籍，「∨」號的作用相當於今天文章句子間的標
點符號，或義同逗號，或義同句號，或義同頓號，或義同分號等，其用意皆是
為了幫助讀者更好地理解文義。但既然是表示句讀，那麼凡該斷句的地方似都
應有「∨」號出現，但從以上所引實例來看並非如此，從目前所見到的出土簡
帛文獻來看，還沒有發現過一整篇從頭至尾都加句讀者，究其原因，主要是當
初的撰文者（或抄書者）為了使後人看明白句子的含義，只在比較難讀的句子
或怕人引起誤解的句子後加畫「∨」號，一般容易讀通的句子或不會引起讀者
誤解的句子就很少加畫「∨」號了。

　　在出土簡帛書籍中，我們也發現有極少數本不應斷句的地方也有「∨」號。如：

　　(1)……王公之尊賢∨者也　　《馬王堆漢墓帛書·老子甲本卷後古佚書》

　　(2)……皆知善斯不善∨矣∨　　《馬王堆漢墓帛書·老子甲本·道經》

　　上引兩句就文義來看例(1)中「賢」字後的「∨」和(2)中「善」字後的「∨」號本不應該有。例(1)應讀為「……王公之尊賢者也」，文通義順；例(2)應讀為「……皆知善，斯不善矣」。之所以出現這種現象，應當是由抄書者粗心筆誤所致。

「一」（橫線）

　　在出土的簡牘文書中，在句子中表示句讀的符號，除了上述「∨」號外，有時也用「一」號表示。「一」由「∨」演變而來，是「∨」的速寫法。李均明先生在《簡牘文書學·簡牘符號》中通過實例做了較詳細的分析。如：

　　(1)▨聖王∨叟王∨既▨　　《望山一號》111

　　(2)隧長常賢∨充世∨綰∨福等雜廋索部界中問戍卒王韋等十八人皆相證　《敦煌漢簡》1722

　　(3)四月丙子肩水騂北亭長敞以私印兼行候事謂關嗇夫吏寫書

　　　　□如律令　令史熹∨光∨博尉史賢　《居延漢簡釋文合校》29·7

　　(4)令史博尉史昌∨嚴　《居延漢簡釋文合校》35·22B

　　(5)茭滑戎∨王陽∨呂尚∨衛□韓壽□▨　《居延漢簡釋文合校》43·107A

　　(6)毋以邑＝非意忽於至計　願一∨二知起居唯為　《敦煌漢簡》237

　　(7)▨□君舍拜言當□求倉卒不一∨二君長前幸言　《敦煌漢簡》714A

　　(8)▨□一∨二分別為爰書移官其初假時折傷毋舉□　《居延漢簡釋文合校》14·20

　　(9)證書到候身臨以書一∨二曉來不服遣吏將來與市□是服言●謹以府書

　　(10)候長常富校計充即謂福曰福負卒王廣袍∨襲錢便□十二月奉錢六百　《居延新簡》EPT56·9

　　(11)凡法律令者以教導民∨去其淫避除其惡俗∨而使之＝於為善殹∨今法律令已具矣∨而吏民莫用鄉俗淫泆之民不止∨是即廢主之明法殹∨　《睡虎地秦簡·語書》

　　(12)斗不正半升以上貲一甲不盈半升到少半升貲一盾∨半石不正八兩以上鈞

不正四兩以上∨斤不正三朱以上∨半斗不正少半升以上∨參不正六分升
一以上∨升不正廿分升一以上∨黃金衡贏不正半朱以上貲各一盾　《睡
虎地秦簡·效律》

⒀☑書七月己酉下∨一事丞相所奏臨淮海賊∨樂浪遼東
☑得渠率一人購錢卅萬詔書八月己亥下∨一事大　《居延漢簡釋文合
校》33·8

⒁☑日發第廿三隧∨莫宿侯官廿七日旦　《居延新簡》EPT50·15

⒂☑□得事∨□　《望山一號》25

⒃熹于事∨☑《望山一號》27

⒄□占之曰吉∨山川☑　《望山一號》96

⒅一牛櫺＿豕櫺＿羊櫺＿犬櫺＿一大房一四皇俎＿四皇豆＿二旂＿二□一
翠桱＿房柜＿二居朵＿一有號廿＿　《望山二號》45

⒆□□君錢五十五＿高子賓錢卅＿王利官錢卅七＿王興從錢冊＿慶子賓錢
五十　《敦煌漢簡》840

⒇名捕平陵德明里李蓬字游君年卅二＿三　坐賊殺平陵游徼周敕攻□□市
賊殺游徼業譚等亡為人奴☑　《居延漢簡釋文合校》114·21

㉑☑尉謂士吏親＿候長誼＿壽等寫移　《居延漢簡釋文合校》173·7

㉒☑□使者周君表袁留部中候長敕＿嘉隧長□等舉表留遲　《居延新簡》
EPT51·96

㉓●天子勞吏士拜＿它何疾苦祿食盡得不＿吏得毋侵冤假貸不賞有　《居
延新簡》EPF22·243

㉔告吏謹以文理遇士卒＿病致醫藥加恩仁恕務以愛利省約為首＿毋行暴毆
擊　《居延新簡》EPF22·246

上引簡牘所見句讀符號皆署於同行文字右下側，符號小於字體。李均明先
生認為：

句讀符施於人名及數詞之間，其作用猶今之頓號或逗號。人名之句讀，見
例⑴至⑸、㉑、㉒，大多標於職位相同的人名之間，如例⑵「隧長常賢∨充世
∨綰∨福等」，新式標點應作「隧長常賢、充世、綰、福等」，則常賢、充世、
綰、福等皆為隧長名。例⑶「令史熹∨光∨博尉史賢」，猶今言「令史熹、令
史光、令史博、尉史賢」。不同職位的人名間加句讀符僅見例㉑，一般情形皆

未加。由於簡牘文字為豎寫，而數詞一、二、三為橫劃，例如一、二之間不加句讀符，則易誤認做三；同理，一、三之間不加句讀符，易誤讀為「三」（「四」字的古寫法，楚簡及新莽常見）。因此，有關數詞之句讀符，最常施於一、二、三之間，見例(6)至(9)及例(20)。

句讀符施於完整句子或過渡性句子末尾，其作用猶今之句號、逗號、分號或問號。例如將例(11)加新式標點（原符號保留在括號內以資比較）為：「凡法律令者以教導民（∨），去其淫避，除其惡俗（∨），而使之之於為善撎（∨）。今法律令已具矣（∨），而吏民莫用，鄉俗淫泆之民不止（∨），是即廢主之明法撎。」又例(12)新式標點為「斗不正，半升以上，貲一甲；不盈半升到少半升，貲一盾（∨）。半石不正，八兩以上；鈞不正，四兩以上（∨）；斤不正，三朱以上（∨）；半斗不正，少半升以上（∨）；參不正，六分升一以上（∨）；升不正，廿分升一以上（∨）；黃金衡贏不正，半朱以上，貲各一盾。」例(23)新式標點為：「●天子勞吏士拜㈠。它何疾苦，祿食盡得不㈠？吏得毋侵冤、假貸不賞，有。」據以上新式標點與舊符號相比較，舊符號所在亦正是新標點所處，但許多應標點處並無舊符號，可見當時句讀符的使用還沒有形成完整嚴密的體系，大多只是在當時人認為容易誤讀處才使用。

又，句讀符「∨」的簡化方式不僅以橫短劃「一」表示，也可以豎點代替，如《說文》所云：「鼀，有所絕止，鼀，識之也。」段玉裁注：「按此於六書為指事。凡物有分別，事有可不，意所存主，心識其處者皆是，非專謂讀書止，輒乙其處也。」

以上所見句讀符「∨」、「一」，史籍謂「鈎識」，《說文》：「∨，鈎識也。」段玉裁注云：「鈎識者，用鈎表識其處也。褚先生補《滑稽傳》，『東方朔上書，凡用三千奏牘，人主從上方讀之，止，輒乙其處，二月乃盡』。此非甲乙字，乃正『∨』字也，今人讀書有所鈎勒即此。」《流沙墜簡‧烽燧類》四十五王國維考證云：「第四十六簡（當為第四十五簡之誤），隊長四人，前三人名下皆書『∨』以乙之，如後世之施句讀。蓋以四人名相屬，慮人誤讀故也。」陳槃先生云：「今按『∨』即《史記‧滑稽東方朔傳》褚先生補傳所謂『乙』。補傳曰：『至公車上書……人主從上方讀之，止，輒乙其處。』《會注考證》：『《通俗編》曰，輒乙其處，謂止絕處乙而記之，如今人讀書，以朱識其所止作∨形，非甲乙之乙也。』」余考歐陽修《詩譜補亡後序》亦曰：『增損圖

乙，不知何以為圖，何以為乙？答曰：增損圖乙，圖者，塗抹也。乙者，勾止也。」乙字義見《東方朔傳》。方以智《通雅》卷三二《塗乙塗竄鉤止也》條引《東方朔傳》說並同。」（《漢晉遺簡識小七種》第8頁）。

關於《史記·滑稽列傳》中「止輒乙其處」的記載是大家在講「鉤識」符號時常引的一段漢代史料，其原文是這樣的：「武帝時，齊人有東方生名朔，以好古傳書，愛經術，多所博觀外家之語。朔初入長安，至公車上書，凡用三千奏牘。公車令兩人共持舉其書，僅然能勝之。人主從上方讀之，止，輒乙其處，讀之二月乃盡。」其大意是說，在漢武帝時，東方朔到公車府那裡上書給皇帝，共用了三千枚簡牘，公車府派兩個人一起去抬他的上書剛好能抬得起。皇帝到尚方署聽讀東方朔的奏牘，停止讀了，就在停止讀的地方畫上一個「∨」號，這樣讀了兩個月才讀完。過去對「止輒乙處」有兩種理解：一種認為是每讀到該停頓的地方就畫上一個「∨」號表示句讀；一種認為是讀到每天下班停止的時候，便在當天讀到的地方畫個「∨」號標識一下，其目的是為了在下一次接著讀時不致念重或不知昨天念到何處。我們認為以後一種理解接近事實，停止讀時打的「∨」號只是一種標識記號，與上述表示句讀的「∨」鉤識號毫不相涉。

(二)表示鉤校

上節提到《史記·滑稽列傳》中的「止輒乙之」的「∨」號當為標識記號，「∨」作為標識記號的情況在西北出土的簡牘文書中也有實例存在，但它在古文獻中被稱之為「鉤校」符。

鉤校符，也稱為校對符號。指帳實、帳帳核對、文字校對等標識的符號皆稱鉤校。《漢書·陳萬年傳》：「（陳湯）後竟徵入為少府。少府多寶物，屬官咸皆鉤校，發其奸臧，沒入辜榷財物。」《後漢書·陳寵傳》：「又鉤校律令條法溢於《甫刑》者，除之。」「鉤校」簡文多寫作「拘校」，如《合校》317·6：「☐書到，拘校處實，牒別言。遣尉史弘賫☐。」《周禮·巾車》「金路鉤」鄭注：「故書鉤為拘。杜子春讀為鉤。」孫詒讓《正義》：「段玉裁云：拘、鉤古音同在侯部。徐養原云：《說文》拘鉤俱在句部，句亦聲，故知拘、鉤音同，古字通用。」簡牘常見的鉤校符有∨、一、∾、○、ア、ß、ろ等，每一種形態在特定的簡牘中有一定的含義，但它的意義不像文字那麼穩定，常常因事而

異。這些符號通常是校對人員或校帳人員在校對或核帳時鉤畫上去的，凡署以「∨」鉤校號者，表示核對已經完畢，猶如吐魯番文書中所云「勾上了」。

簡牘符號中的「∨」、「﹨」有時也表示經過核對，某些人或物見存。如：

①河東狐讘京良馬里魏譚　十見

　布襲一領——　　布復綺一兩——∨

　布復襦一領——　布褌一兩——□　《居延新簡》EPT51·67

②穨邑長安里房□　見﹨

　白布單衣一領∨　面衣一枚　黃單綺一枚巳

　白布單□一領∨　白布襪二兩∨　白韋綺一枚巳

　白布單二枚∨　行幐二枚巳　《居延新簡》EPT52·94

③□　布復綺一領﹨　……　黃布褌衣一領母　□□

　布罪一兩∨　絮巾一枚∨　黃布綺一枚母　《居延新簡》EPT51·66

④□愿長襦一∨　皂布單衣一母∨行床幘面衣各一母　白練綺一∨　皂布

　單綺一∨　　羊皮綺一母　《居延新簡》EPT52·141

⑤□□一領∨白布單衣一領∨面衣一枚

　∕□襦一領∨白布單綺一兩∨　□□□□

　□□□領母　白布□□□□　□□□□□□　《居延新簡》EPT52·259

⑥鉼庭隧卒鳴沙里大夫范弘年卅四

　父大男輔年六十三∨　弟大男□年十七∨

　妻大女□年十八　《居延新簡》EPT65·145

⑦南書一封居延都尉章∨　詣張掖大守府∕　《居延新簡》EPT51·343

⑧北板合檄四∨　十七∨

　合檄二章皆破摩滅不可知其一詣刺史趙掾∕

　合檄一張掖肩候印詣刺史趙掾在所●合檄一∕　《居延新簡》EPT52·

39

⑨第四候長夏候放﹨　三月奉錢千八百巳前出　《居延漢簡釋文合校》甲

附1

⑩吞遠候史李敖之﹨　三月辛亥跡盡丁丑積廿七日……　《居延漢簡釋文

合校》206·1

⑪誠北候長王褒﹨三月食三石　三月丙戌自取　《居延新簡》EPF22·90

在許多情況下，同一帳籍的鈎校並非一次完成，即使一次完成，為區別不同類型的鈎校對象，往往採取不同形態的符號。如：

(1)吞北隧卒田惲── 　正月食三斛乀　　正月庚戌自取　尸　《居延新簡》
　　EPT10・1

(2)夏候譚乀　　二月祿　布三丈六尺　帛二丈六尺三月壬午自取　尸
　　《居延新簡》EPT27・10

據圖版，例(1)之「──」、「乀」墨跡較深，而文末所署「尸」墨跡甚淡，不難看出為兩次書寫所致，知其分別為兩次鈎校過程。例(2)中，「乀」為核實人物的見存而設，而「尸」用以表示領取俸祿的行為已完畢，目的不同，故鈎校符形態有別。

同類物品的不同（或不同個人）反覆出現的次數較多，則對不同個體也可採用不同符號形態，如：

▨丙寅王敞跡∨　壬申王敞跡∨

丁卯陳樂成跡　　癸酉陳樂成跡

　　　　　　　　●凡積卅日　《居延新簡》EPT56・289

第十六隧長王□□　　　乙巳王敞跡∨壬子王延跡──

戍卒王延　　　　　　　丙午王延跡──癸丑王敞跡∨

戍卒王敞　　　　　　　丁未陳樂成跡　甲寅陳樂成跡

戍卒陳樂□　　　　　　戊申王敞跡∨乙卯王延跡──

卒王延省　　　　　　　己酉王延跡──　《居延新簡》EPT56・290

在核對戍卒日跡天數時，區別不同個人而採用不同形態的鈎校符，如王敞以「∨」表示，王延以「──」表示，陳樂成則不加符號。這樣做的目的顯然為便以進行統計，因為只要統計「∨」的總數就是王敞日跡的天數，「──」的總數即王延的日跡天數，剩下無符號者就屬陳樂成的了。

據統計的需要，鈎校符的多寡有時與實物的數量相關，如：

君兄衣物疏　　　　　　早復衣一領──

繡被二領∨∨　　　　　閒中單一領──

縹被一領──　　　　　青鮮支中單一領──

單被二領∨──　　　　拼綺復衣一領衣──

早單五領≡＝　　　　　早丸復衣一領──

白毋尊單衣一領——　　　拼丸合衣一領——

白布單衣一領——　　　　霜丸復衣一領——

《尹灣漢墓簡牘》牘 12 正（節錄）

以上木牘正面原有四欄，上引為第一、二欄。可以看出，每項統計中實物數量與符號數量皆對應，如「繡被二領」之後署兩個「∨」，「早（皂）單五領」之後署五個「——」等。此處「∨」與「——」意義有何區別，尚待進一步探討。

庚、＝（重文號）

重文號的起源較早，早在殷商時期的早骨文中就有發現。那時的甲骨文字是用刀刻在甲骨上面的，刻起來比較困難，在遇到相同的兩個字連寫時，有時刻字工為了省事，便在前一個字下面加刻一個「＝」號，表示這個字應該重讀一次，而後一個字就不再刻寫了。在甲骨文中，重文號一般只表示重複前一個字，用法比較簡單。到了西周銅器銘文中，重文號的使用就比甲骨文時代有所發展。有時重一個字，有時重一個詞，如「子子孫孫」用「子＝孫＝」來表示；甚至有時還重複一句，如《殷周金文集錄》中的「衛盉」銘文中有「裘衛乃彝告于白＝邑＝父＝榮＝白＝定＝白＝琼＝白＝單＝白＝……」。如果將重文號換成文字，銘文應為「裘衛乃彝告于白邑父、榮白、定白、琼白、單白。白邑父、榮白、定白、琼白、單白……」。到了戰國、秦、漢時期，重文號的使用又有所發展。從出土的戰國、秦、漢簡帛文獻實物中來看，概括起來，約有如下幾種表示形式。

㈠重複單字。在句子中如果前後兩個字相同時，有時後一個字用重文號代替。如：

(1)以二月＝稟　《睡虎地秦墓竹簡‧秦律十八種》

(2)官嗇夫免縣令＝人效其官＝嗇夫坐效以貲　《睡虎地秦墓竹簡‧效律》

(3)前不能救後＝不能救前　《銀雀山漢墓竹簡‧孫子兵法》

(4)吾強為之名曰大＝曰筮＝曰遠＝曰反　《馬王堆漢墓帛書‧老子乙本‧道經》

(5)蘭＝冠各一　《居延新簡》EPT52‧10

(6)次吞隧長＝舒　《居延新簡》EPT59‧6

　　上引(1)「月」字後面有重文號，即「月」字應重讀一次，即讀為「以二月月稟」。例(2)句中「令」和「官」字下有重文號，該句應讀為「官嗇夫免，縣令令人效其官，官嗇夫坐效以貲」。例(3)句比較好懂，「後」字下有重文號，應讀為「前不能救後，後不能救前」。例(4)句中有「大」、「筮」、「遠」三個單字有重文號，那麼這三個字就應該各重讀一次，讀為「吾強為之名曰大。大曰筮，筮曰遠，遠曰反」。例(5)、(6)是《居延新簡》文書中的二段文字，例(5)「蘭」下有重文號，應當讀為「蘭、蘭冠」，指盛矢器的器身與器蓋。例(6)是「長」下有重文號，應當讀為「次吞隧長長舒」，「隧長」為職務名，「長舒」是任隧長的人名。表示單字重複的重文現象出現較早，使用也較廣泛，重文號的其它用法都是在此基礎上派生出來的。

　　(二)重詞或重句。當一個詞或者一個句子需要重複出現一次時，有的抄書者為了省事，就在需要重複的詞或句子的每個字下面標上一個重文號，表示其詞或某句需要重讀一次。但這種重詞或重句的讀法與上(一)重複單字的讀法不一樣，而是以詞或句子為單位重讀一遍。如：

(1)輒移其稟＝縣＝從減其稟　　《睡虎地秦墓竹簡·秦律十八種》

(2)免隸＝臣＝妾＝垣及為它事與垣等者　　《睡虎地秦墓竹簡·秦律十八種》

(3)須來以別當＝捕＝者＝多別離相去遠　　《張家山漢墓竹簡·奏讞書》

(4)……地不可知則敵之所＝備＝者＝多＝則所戰者寡矣　　《銀雀山漢墓竹簡·孫子兵法》

(5)丞相相下車騎將＝軍＝中二＝千＝石＝郡大守諸侯　　《居延漢簡釋文合校》10·30

(6)君子無中心之憂則無＝中＝心＝之＝智＝則無＝中＝心＝之＝悅＝則不＝安＝則不＝樂＝則無德　　《馬王堆漢墓帛書·老子甲本卷後古佚書·五行》

(7)不變不＝悅＝不＝戚＝不＝親＝不＝愛＝不＝仁不直不＝迣＝不＝果＝不＝簡＝不＝行＝不義不遠不＝敬＝不＝嚴＝不＝尊＝不＝恭＝不＝□□□□□不＝聖＝不＝智＝不＝仁＝不＝安＝不＝樂＝無德　　《馬王堆漢墓帛書·老子甲本卷前古佚書·五行》

上引例(1)句中「稟縣」二字下有重文號，「稟縣」是一個詞組，意謂原發

放稟給的縣。這個詞組應重讀一遍，讀為「輒移其稟縣，稟縣從減其稟」，而不可讀為「輒移其稟稟縣縣……」。例(2)、(3)句中各有三個字下有重文號，亦詞組加重文號者，應以詞組為單位重讀一遍。例(2)當讀為「免隸臣妾、隸臣妾垣及為它事與垣等者」；例(3)當讀為「須來以別當捕者，當捕者多別離相去遠」。例(5)句中有五個字下有重文號，為名詞重文，當讀為「車騎將軍、將軍、中二千石、二千石」。例(6)、(7)是兩個有點特色的重文句子，乍一看不知所云，一旦將該重複的字重讀一遍，則會一目了然。例(6)當讀為「君子無中心之憂則無心中之智，無中心之智則無中心之悅，無中心之悅則不安，不安則不樂，不樂則無德」，整個句子充滿了辯証法。例(7)當讀為「不變不悅，不悅不戚，不戚不親，不親不愛，不愛不仁。不直不迿，不迿不果，不果不簡，不簡不行，不行不義。不遠不敬，不敬不嚴，不嚴不尊，不尊不恭，不恭不□，不□□□□□□□不聖，不聖不智，不智不仁，不仁不安，不安不樂，不樂無德」。

　　(三)跳字而重者。排在兩個相同的字（即重文字）間隔有一個不同的字時，只在第一個相同字（重文字）下標重文號，後一個相同的字省寫，而在閱讀時要跳過間隔不同的字再重讀一次重文字。這種現象比較少見，但也還是有所發現。如：

　　(1)信其□而後能相親＝也而築之愛也　　《馬王堆漢墓帛書‧老子甲本卷後古佚書‧五行》

　　(2)正行之直＝也而遂之迿＝也者遂直＝者＝也　　《馬王堆漢墓帛書‧老子甲本卷後古佚書‧五行》

　　上引例(1)當讀為「信其□而後能相親也，親而築（篤）之，愛也」。後半句「親而築之」之「親」字就是上半句中「相親」之「親」字的重讀，但在讀下半句時要跳過「親」後「也」字。《馬王堆漢墓帛書〔壹〕‧老子甲本卷後古佚書‧五行》注〔五〇〕云：「『親』字下重文號所重『親』字，似應跳過『也』字與『而築之』連讀，即讀為『而後能相親也。親而築之……。』」例(2)當讀為「正行之，直也。直而遂之，迿也。迿者，遂直者也。直者……」。句中「直」、「迿」、「直者」為重文字，這三組重文字後皆有一個「也」字，在閱讀下半句重文字時都要跳過「也」字才可成文。

　　(四)在若干個重文號連著使用時，處於中間的重文號有時會省略不標。如：

(1)謁縣＝嗇夫＝令人復度及與雜出之　《睡虎地秦墓竹簡・秦律十八種・效》

(2)今或益＝一腎＝臟不盈一錢　《睡虎地秦墓竹簡・法律問卷》

(3)君子無中心之憂則無＝中＝心之＝知＝則無＝中＝心之＝說＝則不＝安＝則不＝樂＝則無德　《馬王堆漢墓帛書・老子甲本卷後古佚書・五行》

(4)無＝中＝心＝之＝聖＝則無＝中＝心＝之＝說則不＝安＝則不＝樂＝則無德　《馬王堆漢墓帛書・老子甲本後古佚書・五行》

上引例(1)當讀為「謁縣嗇夫，縣嗇夫令人復度及與雜出之」，「縣嗇夫」三字本應皆加重文號，但在「縣」、「夫」下加了重文號，「嗇」字下則省略不標。例(2)當讀為「今或益一腎，益一腎臟不盈一錢」，「益一腎」三字本應皆加重文號，但本句只在「益」、「腎」二字下加了重文號，而「一」字下則省略不加。例(3)當讀為「君子無中心之憂則無中心之知，無中心之知則無中心之說，無中心之說則不安，不安則不樂，不樂則無德」。本句原文的「無中心之知」和「無中心之說」都重複讀了一遍，本應在這十個字下皆標出重文號，但原文在兩個「心」字下皆省略未標。馬王堆漢墓帛書整理小組注云：「『無中心之知』及『無中心之說』二語，首尾四字皆有重文號，中間『心』字省重文號，今在釋文中補出所重『心』字。」其說甚是。例(4)句當讀為「無中心之聖則無中心之說，無中心之說則不安，不安則不樂，不樂則無德」，本句的情況與上引例(3)完全相同，「無中心之說」五字重複讀了一遍，本應在這五字下皆標出重文號，但原文「說」下卻省略不標。

「－」（短橫畫）

上引例重文號皆作「＝」（兩短橫畫），有時也省作「－」（一個短橫畫）。如：

萬戶來取道郡空極亢毋以自遺叩＿頭＿有不辨忽數下教叩＿頭＿因召功桓功奉　《敦煌漢簡》160

兩個「叩頭」下皆有重文號作「＿」。在《敦煌漢簡》中，也有重文號「－」和「＝」同時出現在一個句子中者。如：

叩頭叩頭叩頭一＿二叩＝頭＝　《敦煌漢簡》1006B

重文號在一般情況下皆作「＝」，作「－」者或為抄寫者省略簡便之緣。

　　以重文號表示單字重複或多字重複的方法由來已久，上面列舉的幾種重文號的使用方法，就是出土簡帛中的一些基本情況。從上列這些例子來看，古人使用重文號的方法比較靈活，似無規律可尋，這或與不同抄寫者的抄寫習慣有關。但不論採取那種重文方法，古人可能都已約定成俗，對於他們來說，可能一看便知。但對於我們今天的讀者來說，遇到複雜的重文句子，如多字重複或跳字重複等，若不反覆分析，細揣原文，是很容易讀錯的。歷史地看，重文號也是一定歷史條件下的產物，從殷商甲骨卜辭到西周銅器銘文，再到戰國、秦、漢簡帛文獻，重文號也有個產生、發展、興盛的階段，到了秦漢時期，可以說重文號的使用已經發展到了極端。這種極端的情況導致了兩方面的結果：一方面是著書者、抄書者節省了勞動時間和書寫材料；另一方面則是造成了在文化傳播中給讀者的閱讀增加了人為的障礙。任何事物的產生，發展乃至消亡，都會受到不同歷史時期社會因素（如政治、經濟、文化、科技等）的影響，有的在發展過程中逐漸成熟、完善，有的就會在發展過程中被淘汰。重文號的使用和發展也是這樣，那些給讀者帶來閱讀障礙的情況必然會被逐漸淘汰。在武威出土的東漢漢簡《儀禮》中，就只有上列「單字重複」和「重詞重句」的情況，有些重詞重句也直接書寫文字，而不用重文號。再往後發展，出現頻率最高的就是「單字重複」了。在活字印刷和雕版印刷發明以後，手工抄書的方法也逐漸減少。由於印刷的版面追求整齊、美觀，所以重文號也就在印刷書籍中逐漸地退出了歷史的舞台。

　　辛、合文號

　　另外，在戰國、秦、漢簡帛文獻中，我們還發現重文號「＝」除了表示重複字句的意思外，也還有表示「合文」的含義。所謂「合文」是指在漢字書寫時，把兩個或數個漢字合寫成一個整體，字形如一個漢字一樣，但讀起來仍讀合寫在一起的字的各自讀音。這種特殊的漢字構成形式，文字學上習稱之為「合文」。這種「合文」現象多出現在先秦古文字中，但在戰國、秦、漢簡帛文獻中也保存有不少實例。如：

　　(1)以救郙戠＝朅辰旮＝己卯音＝　《包山楚簡》236

　　(2)夫＝寡當伍及人不＝當＝　《睡虎地秦墓竹簡·法律問答》156

　　(3)戊申己酉牽＝以取織女而不果不出三歲棄若亡　《睡虎地秦墓竹簡·日

書甲種》3 背

(4)直牽＝女＝出女父母有咎　　《睡虎地秦墓竹簡·日書甲種》3 背

(5)孫＝（公孫）　　《包山楚簡》145

(6)窮＝（躬身）　　《包山楚簡》199

(7)吏＝（事吏）　　《睡虎地秦墓竹簡·法律問答》59

(8)旅＝（旅衣）　　《睡虎地秦墓竹簡·效律》41

(9)貨＝（貨貝）　　《睡虎地秦墓竹簡·日書甲種》103

(10)牽＝（牽牛）　　《馬王堆漢墓帛書·五星占》117

(11)螢＝（營室）　　《馬王堆漢墓帛書·五星占》092

(12)夫＝（大夫）　　《銀雀山漢墓竹簡·孫臏兵法》240

　　上列例(1)中有「之歲」、「之月」、「之日」三個合文，該句當讀為「以救郙之歲，甾屈之月，己卯之日」。例(2)中既有合文，又有重文，「夫＝」是「大夫」的合文，「不＝當＝」是「不當」詞組的重文。該句當讀為「大夫寡，當伍及人不當？不當」。例(3)中「牽＝」是「牽牛」的合文，該句當讀為「戊申、己酉，牽牛以娶織女而不果，不出三歲，棄若亡」。例(4)「牽＝女＝」皆有合文符號，當讀為「直牽牛、須女出女，父母有咎」，「女＝」代表「須女」二字。例(6)至例(12)皆為兩字共用筆畫之合文例，這是合文字中常見的一種形式，遇到這種情況後，只要稍作思考即可辨認。但像例(4)中的「女＝」表示「須女」則是古代一種約定俗成的特殊例子，類似的例子還有一些，這種合文，如不了解約定的情況或無閱讀經驗，則極容易讀錯。

第六章

簡帛的文字

　　文字是記錄語言的符號，沒有語言，也就不會有文字。漢字有著悠久的歷史，幾千年來，它為保存和流傳我國古代文化做出了不可磨滅的功績。在紙張作為主要書寫材料之前，簡帛就是書寫文字的基本載體。由於竹簡和繒帛都比較容易損壞和腐爛，因此早期的簡帛文字很難保存下來，從目前出土實物來看，已發現的簡帛文字以戰國時代為最早。

　　在我國歷史上的戰國時期，各諸侯國的政治和經濟都發生了劇烈的變化，這對漢字形體的演變產生了巨大的影響，由於社會的飛速發展，文字的應用越來越廣，使用文字的人也越來越多，文字的使用範圍也逐漸從統治階層擴展到民間。但由於長期的分裂割據，各諸侯國間語言異聲、文字異形，造成了文化上的地區差異、文字上的多國異形現象。秦兼併六國以後，為了鞏固其在政治上的統一，秦始皇命令李斯統一文字，規定以秦國字體作為規範，「罷其不與秦文合者」，因此，六國文字與秦文不合者都被廢除。

　　據《說文解字・敘》云：「秦書有八體：一曰大篆，二曰小篆，三曰刻符，四曰蟲書，五曰摹印，六曰署書，七曰殳書，八曰隸書。」有研究者認為，《說文解字・敘》中所講的「秦書八體」中只有大篆、小篆、蟲書、隸書為真正的書體，而刻符、摹印、署書、殳書則是因其用途或材料的不同所定的名稱。篆書在秦代為官方字體，一般用於較典重的場合。隸書也是秦代規定的通用字體，在當時多用於文書以至民間。《說文解字・敘》云：「秦燒滅經書，滌除舊典，大發吏卒，興戍役，官獄職務繁，初有隸書，以趣約易，而古文由此絕矣。」從出土的戰國時期秦國兵器、漆器、陶器上的文字資料來看，已經出現了筆畫省減、直多彎少的形體，這些形體已是隸書的雛形。從出土的戰國晚期秦國的竹簡、木牘上的文字資料來看，隸書的特點已經非常明顯，這些都

足以證明隸書的萌芽在秦兼併六國之前好久就已經出現。李學勤先生在〈秦簡的古文字學考察〉一文中認為:「秦代大量通行的字體必然像秦簡那樣的隸書。」漢代的文字基本上來自秦文字,從秦至漢,簡帛的用字多為隸書,雖然有些字的結構還保留有濃厚的篆意,但總的來說這些都是自秦篆走向成熟漢隸的過渡形態。李學勤先生認為:「秦統一文字是中國文字演變史上的一次大轉折,這次轉折,不可能在秦代短短的十幾年中完成,而是通過漢武帝以前的幾十年期間逐步走向定型的。」(見《古文字學初階・什麼是古文字學》,中華書局)裘錫圭先生認為:「就各種日常使用的字體來說,一種新字體總是孕育於舊字體內部的,並且孕育期不會很短。如果新字體包含過多的新成份,那它是不大可能得到社會上一般人的承認的。隸書和小篆都形成於秦始皇時代,隸書應該是從戰國時代的秦國文字中逐漸發展出來的。」「秦始皇統一全國以後,除了以小篆為標準字體來統一六國文字以外,還命令程邈『作隸書』,對來自秦國民間的簡易書體進行了統一整理工作,正式承認它是小篆的輔助字體。由於隸書比小篆好寫的多,到了漢代很快就代替小篆而成為主要的字體。」(見《古代文史研究新探,從馬王堆一號漢墓「遣策」談關於古隸的一些問題》,江蘇古籍出版社)從出土的時代屬於西漢武帝時期的山東銀雀山漢墓竹簡來看,這些文字字體在書法風格上有的結體方整,重心平穩,規整秀麗,筆法古雅;有的草率急就,自由奔放,波磔顯著,形意翩翩。從字體結構來看,這些墨跡多數為規整的漢代隸書,有些還保存著明顯的篆意,還有一部分是較草率的隸書(草隸),它基本上較系統地反映了秦漢之際漢字演變和發展的一些面貌。在戰國、秦、漢這樣一個文字大變革的時期,由前一種書體轉變為後一種書體,必然會有一個過渡階段,必然會出現一個新舊形體混合使用的現象,這也全在情理之中。隸書的出現是漢字形體由繁變簡的一大發展,它解散了篆體,使文字形體完全改變了原始的圖畫性質,成為便於交流書寫的符號,從此文字也就走上了大眾化的方向,在社會生活中發揮著重大的作用。此後,漢字的形體雖然還有從隸書到楷書的演變,但文字的結構基本上沒有再發生大的變化。

　　李學勤先生在《中國古史尋證》一書中認為:「戰國、秦、漢文字粗略地可以劃分為三大部分,第一是戰國時期的六國文字,第二是戰國時期秦國以至秦代的文字,第三是漢代的文字。」(裘錫圭先生《文字學概要》中統稱「戰國時期秦國以至秦代的文字」為「秦系文字」)下面我們就按照兩位先生的劃

分階段結合出土實物分別介紹一下這三個時期的簡帛文字情況。

第一節　戰國楚系簡帛文字

　　前面已經講過，由於竹簡和繒帛很容易損壞和腐爛，早期的簡帛文字很難保存下來，戰國時除楚、秦以外，其它國家的簡帛資料尚未發現。據史書記載，早在西晉武帝太康二年（公元 281 年）曾在汲郡（今河南省衛輝市山彪鎮一帶）有人盜掘過一座戰國時期的魏國古墓，墓中出土了大批竹簡，其中有《紀年》、《穆天子傳》等七十五篇古書。這批竹簡的時代屬於戰國晚期，簡文自然也是用戰國文字書寫的，可惜這些竹簡上的文字沒有能保存下來。戰國簡帛文字的字體當因國別不同而有所差異，現在我們所能見到的主要是楚國文字，在當時的六國古文中頗具特色。

甲、戰國楚系文字的特點

　　楚國是戰國時期最大的國家，由於歷史和地域的原因，自春秋以來就形成了一種具有獨特風格的文化。戰國早期的楚系銘文，基本沿襲了春秋中晚期楚系銘文的風格，字體頎長，筆畫詰曲，顯得十分華貴典雅。這一時期雖也出現了隨縣竹簡式的手寫體文字，但對銅器銘文影響不大。到了戰國中、晚期以後，竹簡、帛書式的手寫體文字佔了主導地位，並且直接影響著銅器銘文的風格，主要表現為這一時期的銘文普遍有扁平欹斜，筆勢圓轉流麗，橫畫多作昂起的弧形，一般落筆重而收筆輕，多有首粗尾細之感，有的波勢挑法已具後世隸書之雛形。表現在文字結構方面是筆畫多變、結構歧異，而且還有很多特殊的字形僅為楚國文字所見，形成了楚人特有的詭秘清奇的書風。

　　當然，楚國簡帛文字的形體演變也並非漫無規律可循，從歷史的眼光分析，如同其它六國文字一樣，也是殷周文字形體演變的繼續。殷周文字形體演變的規律，諸如簡化、繁化、異化等，在楚系簡帛文字形體變化的規律中也有充分的體現，只是由於文化和地域的差異，這類變化表現的更為突出一些。何琳儀先生在《戰國文字通論》中和滕壬生先生在《楚系簡帛文字編》中對楚系簡帛文字的特點都曾做過一定的歸納。比如：

㈠特殊的偏旁

在戰國楚系簡帛文字中，有些字的偏旁寫法非常特別，很少見於它國文字。如：

石作　見信陽楚簡

系作　見信陽楚簡、天星觀簡等

次作　見鄂君啟節

尸作　見包山楚簡

匕作　見包山楚簡

百作　見包山楚簡

阜作、，見信陽、望山簡

市作、，見信陽、曾侯乙墓簡

竹作、，見信陽簡、楚帛書

心作、，見包山楚簡

舟作、，見包山楚簡

玉作、、、，見包山楚簡等

㔾作，見楚帛書

㈡特殊形體

上作　見江陵范家坡簡、　見包山二號墓簡

禱作、、　皆見包山二號墓簡

皇作，見包山二號墓楚簡、　見信陽簡

家作　見包山二號墓簡、　見天星觀簡、　見望山一號墓簡

申作　見曾侯乙墓簡、楚帛書

真作　見曾侯乙墓簡、　見天星觀簡、　見包山二號墓簡

青作　見包山二號墓簡、　同上、　見楚帛書

憂作　見天星觀簡、　同上、　見包山二號墓簡

受作　見包山二號墓簡、　同上、　見江陵范家坡簡

獨作　見信陽簡、　見天星觀簡

虎作　見包山二號墓簡、　見曾侯乙墓簡、　同上

隋作 🔣　見包山二號墓簡、🔣　同上、🔣　同上

乘作 🔣　見天星觀簡、🔣　見包山二號墓簡、🔣　見曾侯乙墓簡

期作 🔣　見包山二號墓簡、🔣　同上、🔣　同上、🔣　同上、🔣　見天星
　觀簡、🔣　同上

冬作 🔣　見包山二號墓簡、🔣　同上、🔣　見楚帛書

丑作 🔣　見包山二號墓簡、🔣　見天星觀簡、🔣　同上

地作 🔣　見包山二號墓簡、🔣　同上、🔣　見天星觀簡

(三)形體的簡化

　　戰國時期，社會發生了很大的變革，為了適應社會的需要，反映在文字學方面就是人們要求文字的書寫趨簡求易。其實，文字從產生之時就沿著簡化的總趨勢在不斷地發展演變，到了戰國時期，各國的文字形體都出現了劇烈的簡化現象，這是文字使用越來越頻繁的具體反映和要求，在出土的楚國簡帛文字中也有充分的體現，其主要表現在刪簡文字的筆畫和偏旁。具體表現有單筆簡化者，有複筆簡化者，有刪減形符者，有刪減聲符者，有刪減重複形旁者，有用共筆方式者等。如

🔣（其）簡作 🔣　見包山二號墓簡

🔣（弁）簡作 🔣　見天星觀簡

🔣（嘉）簡作 🔣　見包山二號墓簡

🔣（陰）簡作 🔣　見包山二號墓簡

🔣（裏）簡作 🔣　見信陽楚簡

🔣（厚）簡作 🔣　見望山二號墓簡

🔣（為）簡作 🔣　見包山二號墓簡

🔣（馬）簡作 🔣　見曾侯乙墓、望山一號墓簡

🔣（齒）簡作 🔣　見信陽、仰天湖簡

🔣（間）簡作 🔣　見天星觀簡

🔣（瘇）簡作 🔣　見包山二號墓簡

🔣（羽）簡作 🔣　見包山二號墓簡、牘

🔣（梁）簡作 🔣　見包山二號墓簡

🔣（城）簡作 🔣　見包山二號墓簡

﹝春﹞簡作 　見包山二號墓簡
﹝競﹞簡作 　見包山二號墓簡
﹝游﹞簡作 　見包山二號墓簡
﹝名﹞簡作 　見包山二號墓簡

㈣形體的繁化

簡帛文字在簡化的同時，也出現一些繁化的逆反現象。這種繁化主要表現在增繁文字的形體筆畫或偏旁，或為了突出表聲或表意而增繁了聲符或意符，還有些繁化是在通行體上增加一些毫無意義或必要的筆畫。綜觀楚系簡帛文字繁化的現象，略可歸納為如下三點：

①重疊形體

﹝其﹞繁作 　見望山二號墓簡
﹝各﹞繁作 　見信陽楚簡
﹝月﹞繁作 　見信陽楚簡
﹝惑﹞繁作 　見包山二號墓簡

②重疊偏旁

﹝骨﹞繁作 　見仰天湖簡
﹝餾﹞繁作 　見包山二號墓簡
﹝靈﹞繁作 　見包山二號墓簡

③增加偏旁

A. 加「宀」者　﹝中﹞寫作 　見包山二號墓簡
　　　　　　　﹝保﹞寫作 　見包山二號墓簡
　　　　　　　﹝集﹞寫作 　見天星觀簡

B. 加「心」者　﹝訓﹞寫作 　見包山二號墓簡
　　　　　　　﹝尚﹞與作 　見包山二號墓簡
　　　　　　　﹝邵﹞與作 　見望山一號墓簡

C. 加「辵」者　﹝逕﹞寫作 　見包山二號墓簡
　　　　　　　﹝達﹞寫作 　見包山二號墓簡

D. 加「邑」者　﹝梁﹞寫作 　見包山二號墓簡
　　　　　　　﹝齊﹞寫作 　見天星觀簡

　　　　　　　　　　泰（秦）寫作𥝫　見曾侯乙墓簡

　　　　　　　　　　正（正）寫作𠙻　見包山二號墓簡

E.　加「口」者　丙（丙）寫作𠙵　見望山一號墓簡

　　　　　　　　　組（組）寫作𦇚　見曾侯乙墓簡

　　　　　　　　　紀（紀）寫作紀　見楚帛書

　　　　　　　　　巫（巫）寫作𠱾　見天星觀簡

F.　加「又」者　紳（紳）寫作𦇜　見曾侯乙墓簡

　　　　　　　　　作（作）寫作𠈗　見包山二號墓簡

G.　加「土」者　丘（丘）寫作坖　見包山二號墓簡

　　　　　　　　　夷（夷）寫作塞　見包山二號墓簡

　　　　　　　　　廄（廄）寫作𡐔　見包山二號墓簡

H.　加「止」者　易（易）寫作𦭪　見天星觀簡

　　　　　　　　　衛（衛）寫作𧗸　見包山二號墓簡

I.　加「羽」者　截（截）寫作𢼨　見天星觀簡

　　　　　　　　　邊（邊）寫作翼　見天星觀簡

J.　加「車」者　乘（乘）寫作𣏟　見望山二號墓簡

　　　　　　　　　施（施）寫作𫐉　見曾侯乙墓簡

K.　加「系」者　生（生）寫作狸　見包山二號墓簡

　　　　　　　　　童（童）寫作繥　見包山二號墓簡

L.　加（攴）者　命（命）寫作𠵹　見包山二號墓簡

M.　加「木」者　酉（酉）寫作𣔽　見包山二號墓簡

④增加筆畫

　　戰國楚系簡帛文字的書寫有相當的隨意性，有時為了強調某種含義，在原來的字形上增添一些新的筆畫。如：

　　玒（攻）寫作玒　見包山二號墓簡

　　文（文）寫作𠔇　見包山二號墓簡

　　命（命）寫作會　見包山二號墓簡

　　組（組）寫作𦃃　見包山二號墓簡

　　皆（皆）寫作𣉘　見包山二號墓簡

　　紛（紛）寫作紛　見包山二號墓簡

　　以上這些增添筆畫的情況，多是在原字形上增加一筆或者數筆，原有的形旁、聲旁都不發生很大的變化。這種增繁筆畫的現象大多是裝飾性的，並沒有什麼實際意義，這是楚系簡帛文字中常見的一種現象。

　　類似以上這些繁化現象，在楚系簡帛文字中還有多種。何琳儀先生在其《戰國文字通論・戰國文字形體演變》中認為，這種繁化現象可分為有義繁化和無義繁化兩大類，「嚴格來說，二者都屬疊床架屋。有義繁化，通過分析尚可窺見繁化者的動機：或突出形符，或突出音符等等。至於無義繁化，則很難捉摸出繁化者的動機」。也有人認為有些字形的繁化是了加強該字的某種含義。如《包山楚簡・包山楚簡文字的幾個特點》（文物出版社，1991 年版）中認為：「如『中』字本義是『內』，簡文增添『宀』後成為『审』，指屋內；『訓』字增添『心』旁則強調『說教』的含義；『送』字寫作『遞』，增加『匸』，『送』字從羊聲，增加的『匸』與『羊』聲同韻，成為疊韻聲符；『行』字寫作『禜』，則是專門指被人們祭祀的路神；『丘』字寫作『坣』、『宰』字寫作『割』都是屬於此類。」再如「各」字寫作「耇」有犯上之義，偏旁加「支」有「行動之義」等等，這種繁化現象，即便可以做出某種解釋，也有勉強之嫌。何琳儀先生認為：戰國文字的「繁化是簡化的逆流，繁化字的產生嚴重地影響文字的精確性。戰國文字異體增多，很重要的原因就是繁化的結果，戰國繁化字深刻地影響著秦漢以後緟益字（或稱古今字）的大量產生。例如『暴』與『曝』、『原』與『源』、『益』與『溢』、『然』與『燃』、『尞』與『燎』、『或』與『國』、『若』與『諾』、『告』與『誥』、『叟』與『搜』、『叔』與『椒』、『奉』與『捧』、『胃』與『腈』、『朱』與『株』等，不勝枚舉。從這種意義上講，研究戰國繁化字還是很有必要的」（《戰國文字通論・戰國文字形體演變》第七節）漢字的形體繁化現象雖然後來並未得到大的發展，但它給今人解讀戰國時楚系文字卻帶來不少人為的麻煩。

(五)形體的異化

　　漢字的形體異化也是漢字形體發展和演變的一種現象。在戰國時期「文字異形，語言異聲」是形成文字形體異化的重要原因。何琳儀先生認為這種形體異化現象：「是對文字的筆畫和偏旁有所變異。異化的結果，筆畫和偏旁的簡繁程度並不顯著，而筆畫的組合、方向和偏旁的種類、位置則有較大的變化。

總體來看，偏旁的異化規律性較強，筆畫的異化規律性轉弱，這大概與偏旁能成為一個整體部件相對穩定有關。」《戰國文字通論・戰國文字形體演變・異化》）綜觀戰國時期楚系簡帛文字的異化現象，約主要有如下四點：

①方位互作

方位互作是指文字的形體方向和偏旁位置的變異。這種現象在殷周文字中早已有之，在戰國文字中尤為紛亂。有正側互置者，有上下互置者，有左右互置者等。如：

「尚」作旬　包山二號墓簡，亦作宦　包山二號墓簡

「甲」作⑨　包山二號墓簡，亦作㲋　包山二號墓簡

「邦」作𦎍　楚帛書，亦作𦎍　信陽楚簡

「死」作𣲘　包山二號墓簡，亦作𣲘　望山一號墓簡

「夜」作𡗰　包山二號墓簡，亦作𡗰　包山二號墓簡

「多」作多　包山二號墓簡，亦作𡖊　包山二號墓簡

「暑」作暑　包山二號墓簡，亦作暗　包山二號墓簡

「踦」作𨂂　包山二號墓簡，亦作𢓥　曾侯乙墓簡

②形符互作

形符互作是指形聲字的形符往往可以用與其義近的表義偏旁來替換。形符互換之後，文字的形體雖發生變化，但本身的字義並不改變，這是因為互換的形符之間義近相關。經常互作的形符有：「日」與「月」、「革」與「韋」、「口」與「言」、「戈」與「攴」、「木」與「禾」、「艸」與「竹」等。如：

A.「日」與「月」互作者：

「歲」之作𡻕　　包山二號墓簡，亦可作𡻕　　望山一號墓簡

B.「木」與「禾」互作者

「利」之作𥝂　　天星觀簡，亦可作𥝂　　楚帛書

「末」之作𣏋　　望山二號墓簡，亦可作𣏋　　包山二號墓簡

C.「口」與「言」互作者

「嘉」之作𡥈　　包山二號墓簡，亦可作𧮫　　包山二號墓簡

D.「革」與「韋」互作者

「鞍」之作𩋘　　曾侯乙墓簡，亦可作𩊚　　曾侯乙墓簡

「鞁」之作𩍿　　曾侯乙墓簡，亦可作𩎖　　曾侯乙墓簡

E.「糸」與「市」互作者

　　　「純」之作 純　　曾侯乙墓簡，亦可作 純　　　曾侯乙墓簡

　　　「紫」之作 紗　　曾侯乙墓簡，亦可作 紗　　　曾侯乙墓簡

F.「艸」與「竹」互作者

　　　「葦」之作 葦　　望山二號墓簡，亦可作 葦　　天星觀簡

　　　「蓍」之作 蓍　　包山二號墓簡，亦可作 蓍　　包山二號墓簡

G.「攴」與「戈」互作者

　　　「救」之作 救　　包山二號墓簡，亦可作 救　　包山二號墓簡

③形近互作

形近互作是指形體相近的偏旁相互替換現象。這類形近互作的現象與上面②講的形符互作有著本質的區別，形近互作是以訛傳訛的錯別字，而形符互作則是人為改造的異體字。常見的形近互作的偏旁有：「人」與「尸」、「日」與「田」、「土」與「立」、「肉」與「舟」等。如：

A.「人」與「尸」互作者

　　　「居」之作 居　　包山二號墓簡，亦作 居　望山二號墓簡

　　　「屈」之作 屈　　包山二號墓簡，亦作 屈　包山二號墓簡

　　　「屎」之作 屎　　包山二號墓簡，亦作 屎　包山二號墓簡

B.「日」與「田」互作者

　　　「昔」之作 昔　　天星觀簡，亦作 昔　　天星觀簡

　　　「戠」之作 戠　　包山二號墓簡，亦作 戠　包山二號墓簡

C.「土」與「立」互作者

　　　「臧（墇）」之作 墇　包山二號墓簡，亦作 墇　包山二號墓簡

D.「肉」與「舟」互作者

　　　「祭」之作 祭　　包山二號墓簡，亦作 祭　包山二號墓簡

④聲符互作

聲符互作是指形聲字的聲符可以用音同或音近的另一個聲符替換，而形符不變。這類聲符互作字之間有可能是通假字的關係，也有可能是異體字的關係。如：

「筐」之作 筐　包山二號墓簡，亦可作 筐　包山二號墓簡

「鐘」之作 鐘　包山二號墓簡、天星觀簡，亦可作 鐘　包山二號墓簡

　　戰國時期楚系文字的異化現象除上述四點以外，何琳儀先生在其《戰國文字通論》一書中還歸納有：形音互作、置換形符、分割筆畫、連接筆畫、貫穿筆畫、延伸筆畫、收縮筆畫、平直筆畫、彎曲筆畫、解散形體等多種異化現象，並列舉了各種現象的一些實例，論述細緻得當，這裡就不再贅述。

乙、楚系簡帛的書法藝術

　　書法是漢字獨有的藝術，它幾乎與漢字形體的發展同步，走過了一條漫長而曲折的道路。楚系簡帛文字的形體多呈扁平狀態，字中的筆畫多為中間粗兩頭尖，其筆畫線條經過提煉、簡化形成了楚人特有的詭秘清奇的書風。尤其像長沙子彈庫楚帛書上的文字形體，構形圓小扁平，橫畫多作圓弧形，豎畫多作右側彎，收筆多有勾連。其用筆率意秀峻，筆畫爽暢逸然，圓渾勁挺。郭沫若先生在其〈古代文字之辨證力發展〉一文中稱這件帛書：「抄錄和作畫的人，無疑是當時民間的巫覡。字體雖是篆書，但和青銅器上的銘文字體有別。體式簡略，形態扁平，接近後代的隸書。它們和簡書、陶文等比較接近，是所謂的『俗書』。但歷史昭示我們，它們是富有生命力的，它們將促使貴族化了的文字走下舞台，並取而代之。」（見人民出版社 73 年版《奴隸制時代》）由於楚帛書出自巫覡之手，因此郭沫若先生稱之為「俗書」，其實就是一種民間書體，所以它才能不受官方書體的局限，用筆率意自由，筆畫爽暢逸然，極具民間楚風特色。至於信陽楚簡、曾侯乙墓楚簡以及包山楚簡等的書法藝術，馬今洪先生在其《簡帛的發現與研究‧戰國簡帛的書法藝術》中作了這樣的描述：「信陽楚簡體式簡略、形態扁平、線條圓勁；結體相對緊密，字距拉大又無規矩，體現了浪漫姿肆的書風。曾國作為楚國的附庸，其文字實際上是典型的楚文字，字形結構與已見的楚簡大致相仿。曾侯乙墓「車載兵器簡」，書體為大篆向古隸過渡的典型，落筆重而起筆粗重，收筆提鋒而細瘦堅挺。結體以縱長為主，取縱勢，尤以長筆弧線及縱畫懸針為特點。因多人書寫，或端莊秀麗，或勁秀挺拔。仰天湖簡遣策，在結體上保留了比較多的同時代金文篆書的特徵，形體或長或扁，造型神秘詭異。包山楚簡線條的粗細、圓轉、方折，體勢的正、側、欹斜，結體的疏、密，各有其章法，盡管風格各異，但在率意、工穩之中顯示了或奔放、或秀美、或粗獷、或典雅、或雄渾，都表現了一種經久的生命力。包簡遣策用筆率意灑脫，富於提按變化、勁健多姿，頗具靈活性、變

動性；而包簡《受期》文書有不少筆畫有連筆現象，具有韻律感；包簡司法文書的字形、筆畫多層堆疊，用筆透露出隸變的信息；而包簡《集箸》充滿著既疏宕空靈又嚴謹渾厚的風格。」

第二節　秦系簡牘文字

所謂「秦系簡牘文字」是指包括戰國時期乃至統一後的秦國（前 476—前 206 年）簡牘文字，由於這兩個階段的文字有時無法截然分開，因此就放在一起來介紹。戰國時期的秦國疆域大約是東起山西、陝西的交界處黃河以西，西至甘肅的部分地區。公元前 221 年，秦王政統一六國，結束了長期的封建諸侯割據的局面，建立了一個以咸陽為首都的幅員遼闊的國家。這個國家的疆域，東至海，西至隴西，南至嶺南，北至河套、陰山、遼東。

由於地理與歷史的原因，秦系文字比東方各國文字更多地繼承了西周晚期銘文的遺風，從春秋戰國時代秦系金石文字來看，春秋早期的秦國文字跟西周晚期的青銅銘文字形幾乎一脈相承。裘錫圭先生認為：「在整個春秋戰國時代裡，秦國文字形體的變化，主要表現在字形規整勻稱程度的不斷提高上。秦國文字有時為了求字形的規整勻稱，使筆道變得宛曲起來；有時又為了同樣的目的，並為了書寫方便，使筆道變得平直起來。隨著這兩種變化，文字的象形程度就越來越低了。」（《文字學概要》頁 63－64，1988 年商務印書館版）到了戰國時期，諸侯分立，「語言異聲，文字異形」，東方六國文字的變化大大加劇，秦國文字在作風上與其它六國文字的風格有了明顯的區別。李學勤先生也曾指出：「早自春秋時代，秦國文字的字體已不同於東方列國。戰國時較早的秦器銘文，如秦孝公時的商鞅戟、商鞅方升和兩件商鞅鐓，惠文王時的相邦樛斿戈、相邦義戈等，文字結體上承春秋秦文字的統緒，與隸書差距尚遠。秦昭王時器銘，如若干兵器上的文字，字體漸向隸書趨近。始皇時期銘文，如四年、五年、八年相邦呂不韋戈，五年、六年、十年、十二年上郡守戈，十三年少府矛，十四年屬邦戈，廿二年臨汾守戈，廿五年上郡守戈，廿六年蜀守戈，廿七年上郡守戈等等，字體多與秦簡相似，可資對照。這說明隸書的濫觴應上溯至戰國晚年。」（〈秦簡的古文字學考察〉，見《雲夢秦簡研究》，中華書局，1981 年版）。

　　秦始皇統一全國,推行「書同文」政策,命令李斯統一全國文字,「罷其不與秦文合者」,這是漢字發展史上一個重要的轉折點,《說文解字‧敘》云:「秦始皇帝初兼天下,丞相李斯乃奏同之,罷其不與秦文合者。斯作《倉頡篇》,中車府令趙高作《爰歷篇》,太史令胡毋敬作《博學篇》,皆取史籀大篆,或頗省改,所謂小篆者也。」小篆的字形有兩種比較顯著的變化:即進一步趨於線條化,字形規整勻稱,象形程度進一步降低;有部分字形有了明顯的簡化,為漢字以後的發展奠定了良好的基礎。其實,秦始皇統一文字並非只有一種書體,《說文解字‧敘》中列有大篆、小篆、隸書等「秦書八體」,或許當時的標準文字是小篆,但篆書書寫起來繁難複雜,用來作為通行的文字是不大可能的,它很能只用於詔版、石刻之類的隆重場合;符印榜署以及兵器文字也各有派場;而多數場合用作普及使用的應當是隸書。

　　1979 年在四川省青川郝家坪秦墓出土的木牘,雄辯地證明,早在戰國晚期已出現了隸書,它是迄今所見最早的古隸,其形體結構介於篆隸之間,雖然筆畫排比勻稱,但用方折的筆法改變了篆文圓轉的筆道。有些字形保存了篆體的結構和筆法,但也有不少字形具有濃厚的隸書意味。整體結構有所鬆開,有的筆畫向左右撇出,有時放出長筆以見空間的多變性。這種介於篆隸之間的古隸,改變了篆書的狹長文形;用筆有輕重緩急的變化,筆畫線條也有了起伏變化的波勢,為研究隸書的形式提供了可信的考古資料。

　　1975 年在湖北省雲夢睡虎地 11 號秦墓出土的竹簡文字雖然有些字的寫法還接近於篆文,但實際上已經澈底動搖了篆文的結構,有的先生認為睡虎地出土的秦簡文字「統統是隸書」,有些人稱之為秦隸。這些隸書簡化了篆文的結構,文字的偏旁也較為固定。從書體上看,有正方、長方、扁方等,筆畫有肥、瘦、剛、柔等,變化多端。馬今洪先生認為:「雲夢簡中的《為吏之道》簡是頗具特色的代表作,構形為較扁的方正,略見右聳,渾厚端莊;筆法沉穩、古樸,線條圓潤。《語書》簡用筆道穩,筆勢拗翹、有力,撇捺線條左輕右重,橫畫有明顯的波勢。《法律問答》簡的字形較扁,呈斜聳之勢,筆道橫瘦豎肥,圓潤胞滿,筆法略顯率意。《秦律十八種》簡字體構形略長,結體緊湊嚴謹,筆勢渾勁有力,線條呈蠶頭燕尾狀。《編年紀》簡的前半部分字體多扁斜,用筆率意果斷,縱橫灑脫;而後半部分的字形略呈長方,結體規正,用筆沉穩。」「天水放馬灘秦簡簡文以縱長取勢,字體的大小長短也隨之各顯其

態，富於疏密、欹斜的變化，簡文間有大篆形體，但多數字的大篆形體已逐漸消融。橫畫起首重施頓筆，顯露出隸書的蠶頭之形。」（《簡帛發現與研究》，上海書店出版社，2002 年）秦隸書寫起來比小篆要方便得多，極便使用，很受人們的歡迎，所以一出現就顯示了它強壯的發展勢頭，極大地動搖了小篆的統治地位。從秦到漢初幾十年間，隸書就正式取代了小篆，成了人們使用的主要字體。

<h2 style="text-align:center">第三節　漢代簡帛文字</h2>

漢朝是繼秦朝之後出現的一個統一王朝，它包括西漢和東漢，分別建都於長安和洛陽。在兩漢之際，還包括王莽、劉玄兩個短暫的統治時期，其時間跨度在公元前 202 年至公元 220 年間。兩漢時期的版圖，幅員遼闊，北至漠河、北海、新西伯利亞，西至巴爾喀什湖，西南至喜馬拉雅山，西南至大海。兩漢時期的政治、經濟、文化有過光輝的發展，也有過腐朽和衰落。直到公元 189 年，東漢政權被權臣逼迫，遷離洛陽，從此至公元 220 年，東漢正朔雖存，但歷史已經進入三國時期了。本節「漢代簡帛文字」主要是指在上述歷史時間和疆域內書寫的簡帛文字。就目前出土的簡帛情況來看，漢代是簡帛廣泛使用的時期，所以出土數量最多，分布範圍也最廣，約包括現在的甘肅、新疆、青海、陝西、河北、北京、山東、江蘇、河南、安徽、湖北、湖南、貴州、廣西等省。

在漢字形體演變的過程中，由篆文變為隸書是最重要的一次變革，這次變革使漢字的面貌發生了極大的變化，對漢字的結構也產生了很大的影響。由於隸書打破了篆文的結構，把彎曲圓勻的線條，變為平直方正的筆畫，極大程度地實現了文字的符號化，而且極便於書寫，因此，隸書一出現，很快便廣泛流行開了。儘管漢初的隸書仍具有秦隸的遺風，甚至在字形和用筆上仍有些篆意，這是隸書尚未達到成熟期的一些表現，但在居延、敦煌等地發現的武帝晚期以後漢簡上的隸書裡，這種字形就大大減少了。如「斗」字，在西漢早期簡帛中一般寫作「夂」或「从」形，但在居延簡中就變成了「斗」、「斗」、「斗」等形了，篆意逐漸淡化。

在出土的秦代簡牘文字中，我們已經看到在書體上有少量的帶捺腳的斜筆

和略有挑法的橫畫。在西漢早期的隸書裡，這類筆法的使用有了明顯的增加。裘錫圭先生曾經指出：「在馬王堆三號墓出土的文帝時代抄寫的那部分帛書上，就有不少字的書寫風格跟八分（這個名稱大概在漢魏之際就已經出現）頗為接近。江陵鳳凰山 9 號漢墓中出土的漢文帝時木牘上的有些字，筆法也相當像八分。不過在西漢早期的隸書裡，豎長的字形和接近篆文的寫法還很常見，八分式的筆法還遠遠沒有佔統治地位。所以，西漢早期的隸書跟秦代隸書一樣，也屬於古隸的範圍。在敦煌、居延等地發現的武帝晚期到宣帝時代的簡牘上，可以看到八分逐漸形成的過程。在敦煌簡裡，武帝天漢三年（前 98）簡和王國維考訂為武帝太始三年（前 94）以前之物的『使莎車續相如』簡，其書體都屬於古隸；而太始三年簡的書體則已經跟八分沒有多大區別了。在居延簡裡，有不少武帝徵和至昭帝始元年間的食簿殘簡，書體大都呈現從古隸向八分的過渡面貌。在宣帝時代的簡上，出現了相當標準的八分書，如居延的本始二年（前 72）水門燧長尹野簡和敦煌的五鳳元年（前 57）簡等。由此可見，至遲在昭宣之際，八分已經完全形成。」（《文字學概要》80 頁，商務印書館，1988 年版）

在漢代通行的字體中，除隸書之外還有草書。這裡所講的「草書」就是指其形體書寫的比較草率，飄逸多姿，形意翩翩，現在的學者們習慣稱其為「草隸」。這種「草隸」在湖北雲夢睡虎地 4 號秦墓出土的木牘上已經出現。在山東臨沂銀雀山漢墓出土的竹簡中也有一部分古書完全是用「草隸」抄寫的。過去關於「草書」的起源一直是個有爭議的問題，比較有影響的是「起於秦朝說」和「起於漢朝說」兩種。漢末的蔡邕、趙壹都說草書作於秦代，趙壹《非草書》云：「蓋秦之末，刑峻罔密，官書煩冗，戰攻並作，軍書交馳，羽檄紛飛，故為隸草，趨急速耳。」而許慎在《說文解字・序》中卻說「漢興有草書」。裘錫圭先生在〈從馬王堆 1 號漢墓遣冊談關於古隸的一些問題〉一文中認為：「草書正式形成為一種字體，大概在西漢中期偏後。張懷瓘《書斷》上『章草』條引王愔云：『漢元帝時史游作急就章，解散隸體粗與之，漢俗簡墮，漸從行之。』把章草跟史游作急就章聯繫在一起是沒有道理的，但是史游的時代倒很可能跟草書形成的時期相去不遠。」（《文史研究新探》288 頁，江蘇古籍出版社）

我們認為，從銀雀山漢簡文字資料來看，草率的隸書已經普遍使用，因

此，廣義的草書當起於秦代或更早一些。人們在使用任何一種書體時都有簡便易寫的要求，因此就會出現省減筆畫和潦草的寫法，在秦漢隸書開始發展的時期，草率的隸書也必然會出現。隸書形成以後，這些草率的寫法作為隸書的俗體繼續使用，同時又逐漸出現一些新的草率寫法，草書就是在這些新舊草率寫法的基礎上逐步形成的。南宋張栻曾經說過：「草書不必近代有之，必至筆札以來便有之，但寫的不謹，便成草書。」我們認為此說基本符合實際情況，因為「草書」這個命題就是一個比較廣泛的概念，從廣義上講，一切草率的、簡捷的書體都可以稱作草書。一旦文字產生，便會有草書的出現，如早在記錄帝王公卿大事的商代甲骨文、周代的金文裡就有簡筆和潦草的字跡存在。所以，在篆書使用時期必定會有草篆，在隸書使用時期必定會有草隸，楷書使用時期必定會有行草。銀雀山等漢簡上的草書基本上是隸書的潦草速寫，它們的書體仍是隸書的結構，所以我們稱之為隸書時代的「草隸」是比較符合實際的。

第四節　簡帛的異體字

字形不同而音、義完全相同的字就叫異體字。如傳世文獻《國語‧晉語四》中有「野人舉塊以與之」這樣一句話，同樣是這句話，《漢書‧律曆志》中則作「壄人舉凷以與之」，其中「壄」即「野」的異體字（「野人」指農夫）、「凷」即「塊」的異體字（「塊」指土塊）。異體字只是書寫形式的不同，有兩種或兩種以上的不同寫法，它們在語言環境中可以任意互相替換，而語意卻不會發生絲毫的改變。

文字創造時並非事先有一定的規定，異體字的產生原因也有多種多樣，尤其是在分封割據的春秋戰國時代，文字尤為混亂，直到秦始皇統一中國，才有了形體上的「書同文」的規定，但異體字的產生也並沒有因此而停生。有人歸納出產生異體字的原因主要有：一是因為造字方法多樣，形聲的配合又有多種可能；二是因為方言的不統一，各方言區常根據不同的方音來改換形聲字的聲符；三是由於漢字形體在發展演變過程中時有訛變的現象出現。

從異體字的構成方式來看，其形體差異主要有五種情況：一是會意與形聲字的差異；二是改變意義相近的形符；三是改換聲音相近的聲符；四是改變字體結構的位置；五是有些筆畫的寫法略有變異。這些情況，在二十世紀出土的

簡帛文獻中都有發現。

一、會意和形聲字的差異

凷／坎　銀雀山漢簡《晏子》

飛／鵦　馬王堆帛書《二三子問》

炅／熱　馬王堆帛書《老子》甲

泏／溢　銀雀山竹簡《孫子》、尹灣木牘《神烏賦》、武威簡本《儀禮》

埜、壄／野　包山楚簡 207、睡虎地秦簡《為吏之道》、馬王堆帛書《天文雲氣雜占》

二、改換意義相近的形符

鞁／鞁　曾侯乙墓竹簡

鞍／鞍　曾侯乙墓竹簡

葦／筆　望山、天星觀楚簡

順／訓　郭店楚簡《緇衣》

雞／鷄　包山楚簡 258

貍／貍　包山楚簡 165

歸／遄　包山楚簡 43

劍／鐱　包山楚簡 18、馬王堆帛書《明君》

璽／璽　睡虎地秦簡《日書》甲、《法律問答》

甀／壇　睡虎地秦簡《秦律十八種》

勇／恿　睡虎地秦簡《為吏之道》、《日書》乙，銀雀山漢簡 50

胥／胥　銀雀山漢簡 517

凍／涷　銀雀山漢簡 668

冷／泠　銀雀山漢簡 593

裝／蔉　馬王堆帛書《養生方》、睡虎地秦簡《封診式》

崇／禀　馬王堆帛書《繆和》

雁／鴈　馬王堆帛書《刑德》甲

距／岠　馬王堆帛書《刑德》乙

稷／櫻　馬王堆竹簡《十問》

踝／腂　馬王堆帛書《陰陽十一脈灸經》乙

蹇／蹇　馬王堆帛書《周易》

體／軆　睡虎地秦墓《法律問答》、《日書》乙，馬王堆帛書《天下至道談》

醯／盩　馬王堆帛書《五十二病方》

芩／柃　馬王堆帛書《五十二病方》

救／救　馬王堆帛書《周易》、包山楚簡 214

瓶／拼　馬王堆帛書《周易》

攻／戍　馬王堆帛書《春秋事語》

笠／苙　馬王堆帛書《天文雲氣雜占》

符／苻　馬王堆帛書《養生方》

煮／𩱫　睡虎地秦簡《日書》甲

餘／粭　馬王堆帛書《老子》甲

糧／餵　銀雀山竹簡《孫子》

剝／勑　馬王堆帛書《十大經》

三、改換讀音相近的聲符

脯／胶　包山楚簡 255

筥／畚　包山楚簡 122

紟／絵　包山楚簡 254

緼／絵　包山楚簡 129

晦／畎　睡虎地秦簡《秦律十八種》，銀雀山漢簡 497、870、933、937

製／裘　睡虎地秦簡《日書》乙、《為吏之道》

囿／囷　睡虎地秦簡《為吏之道》

退／迻　銀雀山竹簡 495

囿／图　銀雀山漢簡 532

義／羛　銀雀山竹簡 920、馬王堆帛書《戰國縱橫家書》

種／穜　馬王堆竹簡《遣策》、睡虎地秦簡《日書》甲、乙

魂魄／䰟拍　馬王堆帛書《老子》乙

赻／趄　馬王堆帛書《相馬經》

通／迵　馬王堆帛書《相馬經》

膚／肤　馬王堆竹簡《遣策》

栖／杯　馬王堆竹簡《遣策》

抱／採　馬王堆帛書《戰國縱橫家書》

溯／涑　馬王堆帛書《戰國縱橫家書》

盤／皈　馬王堆帛書《戰國縱橫家書》

熬／爑　馬王堆帛書《五十二病方》

砭／矼　馬王堆帛書《五十二病方》

貨／貟　馬王堆帛書《老子》甲

基／圶　《老子》乙

醢／酨　馬王堆竹簡《十問》

躬／躳　馬王堆帛書《周易》

管／笒　阜陽竹簡《詩經》

四、改變字體結構位置

繪／銯　包山楚簡 262

羘／䍽　包山楚簡 233

祝／姉　包山楚簡 231

祝／㐭　包山楚簡 237

暑／晣　包山楚簡 184

夜／宵　包山楚簡 194

掇／挈　睡虎地秦簡《日書》甲

猶／猷　睡虎地秦簡《語書》、《法律問答》

黿／䵶　睡虎地秦簡《秦律十八種》

糗／糒　睡虎地秦簡《日書》甲

根／枏　睡虎地秦簡《為吏之道》

瞋／䁖　睡虎地秦簡《語書》

遉／䮾　銀雀山漢簡 840

靜／靖　銀雀山漢簡 137

繼／䋲　銀雀山漢簡 247

樫／欛　銀雀山漢簡 416

襲／鵗　銀雀山漢簡 409

質／斳　銀雀山漢簡 629、馬王堆帛書《遣策》

暨／隉　銀雀山漢簡 439

機／幾　銀雀山漢簡 869

區／匼　銀雀山漢簡 938

號／虝　銀雀山漢簡 860

巍／巍　銀雀山漢簡 155、睡虎地秦簡《為吏之道》

桑／聚　銀雀山漢簡 415

詐／筈　馬王堆帛書《春秋事語》

幼／幼　馬王堆帛書《胎產書》

朘／臂　馬王堆帛書《五十二病方》、睡虎地秦簡《日書》甲

柜／枭　馬王堆帛書《要》

枻／枭　馬王堆帛書《養生方》

案／桜　馬王堆竹簡《十問》

賢／頤　馬王堆帛書《相馬經》

糟／醾　馬王堆竹簡《遣策》

虹／玒　馬王堆帛書《陰陽十一脈灸經》乙

蛾／蜇　馬王堆帛書《胎產書》

基／坌　馬王堆帛書《陰陽十一脈灸經》甲

五、筆畫增、減變異

甲、增加筆畫

中／宙　包山楚簡 198・221

命／敏　包山楚簡 166

訓／慇　包山楚簡 217

丘／坕　包山楚簡 237

宰／割　包山楚簡 36

禹／墨　郭店楚簡《緇衣》

鑄／鑶　睡虎地秦簡《封診式》、《日書》甲

餓／餯　睡虎地秦簡《日書》甲

胃／胄　馬王堆帛書《陰陽十一脈灸經》甲、乙

臧／臋　馬王堆竹簡《遣策》

既／梊　馬王堆竹簡《十問》

綴／縩　馬王堆竹簡《雜療方》

弋／栽　銀雀山漢簡 678

乙、減少筆畫

菖／皆　包山楚簡 203、睡虎地秦簡《日書》乙、銀雀山漢簡 863

嘉／秜　包山楚簡 166

鬥／斯　睡虎地秦簡《法律問答》

聰／恩　睡虎地秦簡《日書》甲

韓／韓　睡虎地秦簡《日書》甲

靈／壘　銀雀山竹簡 554・612

葆／菜　銀雀山竹簡 654、656

葉／茊　銀雀山竹簡 243

罰／訓　銀雀山竹簡 5

衛／徫　銀雀山竹簡 153

霸／朝　銀雀山竹簡 526

幃／帚　銀雀山竹簡 552

窮／穽　銀雀山竹簡 256、692

楚／查　銀雀山竹簡 451

臧／胝　銀雀山竹簡 672、693

與／昙　銀雀山竹簡 681

舉／皐　銀雀山竹簡 786、938

變／夏　銀雀山竹簡 355

焉／亞　銀雀山漢簡 155、160

者／耂　銀雀山漢簡 109

著／茖　馬王堆帛書《繫辭》

為／𡕾，为　馬王堆帛書《戰國縱橫家書》、青海上孫家寨漢簡

溢／洫　銀雀山漢簡 35、45、馬王堆竹簡《十問》

聲／聐　銀雀山漢簡 687

戟／䡴　銀雀山漢簡 298

辭／𤔲　睡虎地秦簡《秦律雜抄》、《封診式》、《日書》甲，銀雀山漢簡 476、630

亂／𤔔、乿、𤔲　雲夢秦簡《秦律雜抄》，銀雀山漢簡 261、207 等，馬王堆帛書《周易》、《刑德》甲、《經法》、《春秋事語》

蔥／茐　馬王堆帛書《胎產書》

爵／肘　馬王堆帛書《老子》甲

覺／𥄈　馬王堆帛書《五十二病方》、睡虎地秦簡《日書》甲

來／来　武威漢簡《儀禮》

六、與《說文》、《汗簡》、古文奇字相同相近者

棄／弃　包山楚簡 179

仁／㤈　郭店楚簡《老子》、《緇衣》

遲／迡　包山楚簡 198

野／埜、壄　包山楚簡 207、馬王堆帛書《天文雲氣雜占》、睡虎地秦簡《日書》、《為吏之道》

鐃／銚　包山楚簡 270

殺／杀　銀雀山漢簡 639・722・726・914・915・987

絕／𢇍　銀雀山漢簡 416、馬王堆竹簡《十問》、馬王堆帛書《陰陽十一脈灸經》甲

無／无　睡虎地秦簡《為吏之道》、銀雀山漢簡 47・48・58 等、馬王堆竹簡《十問》、《天下至道談》、馬王堆帛書《經法》、《周易》

野／㘱　銀雀山漢簡 534

時／旹　銀雀山漢簡 692

飲／歙　銀雀山漢簡 624、馬王堆帛書《養生方》、《五十二病方》、《經法》、《繆和》等

驅／歐　銀雀山漢簡 860、睡虎地秦簡《日書》甲

道／衍　　郭店楚簡《老子》甲、《六德》

毀／毀　　睡虎地秦簡《日書》甲、乙、《秦律雜抄》

雲／云　　睡虎地秦簡《法律問答》、《封診式》

　　異體字是伴隨著文字的產生而產生，並且隨著時間的推移而不斷地發生著各種變化。從甲骨文、金文到小篆，從小篆到隸書，由隸書到楷書，異體字也經歷了幾次大的演變過程，在整個漢字發展變化的過程中，異體字雖然給人們的學習與生活帶來了一些不便，但在有些時候它卻又起了關鍵性甚至是革命性的作用。比如「躬」字，在漢代許慎的《說文解字》中定為「躳」的異體；到了唐代顏元孫編《干祿字書》時則又將上述二字皆定為正體；而到了今天，「躬」字一躍而為名正言順的正體字，而「躳」卻又變成了「躬」字的異體。又比如「乱」字，這在六朝時是個典型的異體字，《干祿字書》和宋人編的《廣韻》中也皆把「乱」字當作「亂」字的異體處理；而到了二十世紀五十年代國家推行簡化漢字，「乱」字搖身一變，則又成了當代的合法正字。正體字與異體字的界限有時也隨著時代的變化而發生改變。

　　同一個漢字而有不同樣的字形，可以說這也是漢字顯著特點之一，而這種特點又是與漢字的本質特性相聯繫的。劉志基先生在《異體字字典》代序言（〈漢字異體字論〉）中曾經指出：「漢字是目前世界上唯一現存的具有表意特點的文字。文字是書面語言的符號系統，一般以語言中的詞或語素作為直接記錄對象，而詞或語素是音、義的統一體，因此，文字在履行其記錄語言的基本職能時，必然要面臨這樣的選擇：是記錄詞的音，還是記錄詞的義？事實上，大多數文字作了前一種選擇，這便是為世界上許許多多國家和民族所使用的拼音文字，只有很少數的文字作了後一種選擇，作出這種選擇的則是所謂表意文字。在作了表意選擇的少數文字中，其它民族的文字都已壽終正寢，而只有漢字是青春永葆，延續至今的。因此，表意也就是字形設計與其所記語素的意義相聯繫，可以算得上漢字的本質特徵。而漢字異體現象的發生，追溯到根源，則正是漢字的這種本質特徵使然。」上面所列舉的異字主要的不同構成情況，都只是產生異體字的內在原因，而導致產生異體字的外在原因則是，漢字是一種歷史悠久的文字，在數千年間服務於語言交際的歷程中，人們的物質生活、文化背景的改變，以及隨之而來的人們觀念意識的改變，乃至書與工具和書寫材料的變化等等，都可以成為導致漢字異體字產生的原因。

第五節　簡帛的假借與通假字

一、什麼是假借字

　　所謂假借，是古代所謂六種造字方法（六書）中的一種。許慎在《說文解字・敘》中說：「假借者，本無其字，依聲托事，令、長是也。」所謂「本無其字」就是在語言中有些詞只有音而無其字，但要將它記錄下來，就必須採取「依聲托事」的辦法，即借用讀音相同或相近的字來表示那些只有音而無其字的詞。這個替代的字就是假借字。從傳世文獻和出土文獻資料來看，假借字的出現時代較早，在出土的甲骨文、金文中就有發現，在戰國、秦、漢文獻中已經比較普遍，尤其是在出土的戰國、秦、漢簡帛文獻中幾乎無處沒有。可以說，在形聲字產生之前，主要是利用同音假借的方法來調濟文字的不足，借其形而作它義用。清人段玉裁在注《說文解字》時分析許慎所舉假借例字時說：「『令』之本義發號也，『長』之本義久遠也，縣令、縣長本無字，而由發號、久遠之義引申展轉而為之，是謂假借。」孫詒讓在〈與王子壯論假借書〉中說：「天下之事無窮，造字之初，苟無假借一例，則逐事而為之字，而字有不可勝造之數，此必窮之數也，故依聲而托事焉。視之不必是其字，而言之則其聲也，聞之足以相諭，用之可以不盡，是假借可以救造字之窮而通其變。」孫氏通俗易懂地道出了假借字產生的優點和功能。應該說「依聲托事」的方法，即用一個字來代替數個音同或音近字之用，從某種意義上講，這個方法確實起到了控制漢字字數的無限發展。

二、什麼是通假字

　　但到了後來，在假借字的使用範圍內實際上已不僅限於「本無其字」用假借的方法，就是在「本有其字」的情況下也採用了這個同音假借的方法，即陸德明在《經典釋文・敘錄》中引鄭玄語云「其始書之也，倉卒亡其字，或以音類比方，假借為之」者。清代學者王引之在其《經義述聞・經文假借》中說：「許氏《說文》論六書假借曰：『本無其字，依聲托事，令、長是也。』蓋無本字而後假借他字，此謂造作文字之始也。至於經典古字，聲近而通，則有不限

於無字之假借者。往往本字見存，而古本則不用本字，而用同聲之字。」王氏這段話的意思是說，假借字應包括兩種情況：一種是「本無其字」的假借，另一種是「本有其字」，用「同聲之字」的假借。後一種假借字我們現在習慣稱其為「通假」字。但王氏沒有給後一種情況的假借字另取專名。「通假」一詞最早見於清人侯康的《說文假借例釋》，他說：「何謂本？制字之假借是也。何謂末？用字之假借是也。二者相似而實不同。制字之假借，無其字而依托一字之聲或事以當之，以一字為二字也。用字之假借，是既有此字而復有彼字，音義略同，因而通假，合二字為一字也。」周祖謨先生在其〈漢代竹書和帛書中的通假字與古音的考訂〉一文中認為：「這種通假字，有些是由於古人字少，以一字代表兩個詞來用，有些是由於口授筆錄，倉卒無其字而寫為另一音同或音近的字，當然也不免有筆畫寫錯的字。所謂一個字代表兩個詞的，在古代就是一種通行的寫法，無所謂假借；所謂倉卒不得其字者，才算為假借，即本有其字，而以此代彼。現在我們給一個統稱，名之曰通假字。」（見《音韻學研究》第一輯，中華書局，1984 年）這種「通假」字應該算是假借字裡的一種。所謂「通假」，通者，達也；假者，借也。或借其音，或通其義。通俗一點講，就是指古代文獻中同音字或音近字的通用和借用現象。但是，如果兩個字在發音上不是音同或音近者是不能通假的。

三、假借字與通假字的區別

　　嚴格來講，通假字與「本無其字」的假借字還是有一定區別的。孔德明先生在其《通假字概述》中曾經指出：「假借字與通假字雖然都屬於文字的同音替代現象，但它們的外延是不相同的。假借是造字時歷時的同音替代，而通假字則是用字時共時的同音替代。這兩個概念的外延是一種不相容的並列關係。假借字與通假字這兩個概念的外延相互排斥，各自獨立，是不同學科的研究對象。假借字是文字學的研究對象，即傳統六書說中的『假借』；而通假字則是訓詁字的研究對象，即通過識別通假字來訓解疑難之處。」（《通假字概說》100 頁，北京廣播學院出版社，1993 年）

四、假借字、通假字的產生原因

前面已經講過，假借字與通假字的產生時間較早，在殷商甲骨文和周代的銅器銘文中就有發現，到了戰國、秦、漢時期，假借字與通假字的使用已經比較普遍，尤其是在出土的戰國、秦、漢簡帛文獻中幾乎無處沒有。那麼，產生這種假借和通假現象的原因是什麼呢？孔德明先生在其《通假字概說》中研究認為，其主要的原因有兩個：

一個是由於表意制的漢字同它本身的基本職能存在著矛盾。漢字雖然有音化的趨勢，但始終仍是表意體系的文字，因此，漢字的特點是文字的基本定形、定音、定義，這個特點使漢字記錄語言的能力受到了很大的限制。首先是漢字的發展總是落後於漢語的發展，突出表現在漢字數量的有限上，有詞無字的現象始終嚴重存在，不得不採用「依聲托字」的辦法來解決這一矛盾。其次是漢字定形、定音、定義的特點決定了每個漢字不能容納太多的概念。字的義項越多，交際時就容易發生誤解，因此就要不斷地產生分化字（這些分化字多是在原字上增加形符、疊床架屋，使字形更加繁難。如「然」加火旁作「燃」、「莫」加日旁作「暮」等）。以上兩種現象都是因為表意體系的漢字與漢語之間的矛盾所引起的。在這些情況下產生的通假字，就是力求突破漢字字數和漢字定形、定音、定義體制的限制，使漢字能更靈活、更方便地記錄語言。

通假字產生的第二個主要原因是其特定的社會歷史背景。在秦漢以前的歷史時期，由於字少事繁，或由於抽象概念很難用形符表達，於是廣泛採用假借的手段以滿足社會的需要。「本無其字」的假借影響到「本有其字」的通假，使通假字的使用形成一時風尚，有的還得到了社會的承認，並且取得了與本字相類似的地位。在當時，不僅私家著述使用通假字，而且官方文件也在使用通假字，再加上師承等諸多關係，使通假字盛行一時。

除上述兩個主要原因外，還有如「臨文遺忘」、「傳寫訛誤」、「方言俗語」、「避繁就簡」等都是產生通假字的人為原因。我們知道，漢字的發展規律是由象形、表意逐漸趨向於表音，假借、通假字的產生正是這一發展規律的一種反映，不管通假也好、假借也罷，它們都是作為一種表音的符號來使用，真正的字義在被通假、假借者。

五、假借字、通假字舉例

甲、假借字

這裡的假借字就是指許慎所講的「本無其字」者，這種假借和被假借字之間毫無字義的聯繫，只是同音借用而已。如：

用象鬍鬚之形的「而」字借為連詞「而」；

用表示兵器的「我」字借作第一人稱「我」；

用表示植物名稱麥的「來」字借為動詞「來去」之「來」；

用表示用具簸箕的「其」字借為漢語虛詞「其」；

用表示耳朵的「耳」借為句末語氣詞「耳」；

用表示鼻子的「自」借為人稱代詞「自己」的「自」；

用「腋」的初文「亦」借為副詞的「亦」；等等。

這類假借字由於產生較早，到了戰國、秦、漢簡帛用字中已經相當成熟，極為多見，為大家所接受，在書寫文字中信手即來。這種假借的方法主要是調濟文字的不足，「依聲托字」，借其「形」而作「它義」用。

乙、通假字

這裡的通假字就是前面所講的「本有其字，以此代彼」者，這種通假字或借其音，或通其義，它是一種同音或音近字的通用或借用現象。但是，如果通假字和被通假字之間在發音上不是同音或音近者是不能通假的。下面分別從四個方面作些舉例介紹。

㈠雙聲疊韻通假

雙聲疊韻的通假，是指通假字與被通假字聲類相同、韻部也相同的通假現象。如：

有／又　同屬匣母之部　　（睡虎地秦簡《語書》）

賈／價　同屬見母魚部　　（睡虎地秦簡《法律問答》）

籍／耤　同屬從母鐸部　　（睡虎地秦簡《秦律十八種》）

恙／佯　同屬喻母陽部　　（睡虎地秦簡《語書》）

適／謫　同屬端母錫部　　（睡虎地秦簡《秦律十八種》）

刑／邢　同屬匣母耕部　　（睡虎地秦簡《封診式》）

蚤／早　同屬精母幽部　　（睡虎地秦簡《封診式》、馬王堆帛書《老子》）

叔／菽　同屬審母覺部　　（睡虎地秦簡《秦律十八種》）

隃／逾　同屬喻母侯部　　（睡虎地秦簡《秦律十八種》）

芥／介　同屬見母月部　　（睡虎地秦簡《秦律十八種》）

絜／潔　同屬見母月部　　（睡虎地秦簡《語書》）

單／鄲　同屬端母元部　　（睡虎地秦簡《編年記》）

旞／遂　同屬邪母物部　　（睡虎地秦簡《秦律雜抄》）

襄／眉　同屬明母脂部　　（睡虎地秦簡《為吏之道》）

節／即　同屬精母質部　　（睡虎地秦簡《秦律十八種》）

諜／牒　同屬定母葉部　　（睡虎地秦簡《封診式》）

紀／基　同屬見母之部　　（馬王堆帛書《老子》乙）

筮／逝　同屬禪母月部　　（馬王堆帛書《老子》甲、乙）

泊／薄　同屬並母鐸部　　（馬王堆帛書《老子》甲、乙）

省／姓　同屬心母耕部　　（馬王堆帛書《老子》乙）

僮／動　同屬定母東部　　（馬王堆帛書《老子》乙）

槿／根　同屬見母文部　　（馬王堆帛書《老子》甲、乙）

周／舟　同屬章母幽部　　（馬王堆帛書《老子》乙）

聲／聖　同屬書母耕部　　（馬王堆帛書《老子》甲）

良／梁　同屬來母陽部　　（馬王堆帛書《老子》甲）

靚／靜　同屬從母耕部　　（馬王堆帛書《老子》甲）

德／得　同屬端母職部　　（馬王堆帛書《老子》甲）

(二)雙聲通假

雙聲通假，是指通假字與被通假字的聲母相同韻母相近的通假現象。如：

削（藥部）／宵（宵部）　同屬心母　（睡虎地秦簡《法律問答》）

蓼（幽部）／戮（覺部）　同屬來母　（睡虎地秦簡《法律問答》）

捾（月部）／腕（元部）　同屬影母　（睡虎地秦簡《語書》）

法（葉部）／廢（月部）　同屬幫母　（睡虎地秦簡《語書》）

解（錫部）／徑（耕部）　　同屬見母　　（馬王堆帛書《老子》甲）

蓮（元部）／裂（月部）　　同屬來母　　（馬王堆帛書《老子》乙）

紲（月部）／肆（質部）　　同屬心母　　（馬王堆帛書《老子》乙）

屬（屋部）／注（侯部）　　同屬章母　　（馬王堆帛書《老子》乙）

(三)疊韻通假

疊韻通假，是指通假字與被通假字的韻母相同、聲母不同的通假現象。
如：

狸（來母）／薶（明母）　　同屬之部　　（睡虎地秦簡《法律問答》）

鼠（審母）／予（喻母）　　同屬魚部　　（睡虎地秦簡《秦律十八種》）

堵（端母）／曙（禪母）　　同屬魚部　　（睡虎地秦簡《為吏之道》）

襄（心母）／釀（泥母）　　同屬陽部　　（睡虎地秦簡《秦律十八種》）

黨（端母）／倘（透母）　　同屬陽部　　（睡虎地秦簡《封診式》）

復（並母）／腹（幫母）　　同屬覺部　　（睡虎地秦簡《封診式》）

敦（端母）／屯（定母）　　同屬文部　　（睡虎地秦簡《秦律雜抄》）

紅（匣母）／功（見母）　　同屬東部　　（睡虎地秦簡《秦律十八種》）

可（溪母）／何（匣母）　　同屬歌部　　（睡虎地秦簡《法律問答》）

過（見母）／禍（匣母）　　同屬歌部　　（睡虎地秦簡《為吏之道》）

朱（章母）／銖（禪母）　　同屬侯部　　（睡虎地秦簡《效律》）

薛（心母）／辥（疑母）　　同屬月部　　（睡虎地秦簡《為吏之道》）

綰（影母）／棺（見母）　　同屬元部　　（睡虎地秦簡《秦律十八種》）

茲（精母）／慈（從母）　　同屬之部　　（睡虎地秦簡《為吏之道》）

堤（端母）／題（定母）　　同屬支部　　（睡虎地秦簡《秦律十八種》）

浴（喻母）／俗（邪母）　　同屬屋部　　（睡虎地秦簡《為吏之道》）

斥（昌母）／訴（心母）　　同屬鐸部　　（睡虎地秦簡《語書》）

避（並母）／僻（滂母）　　同屬錫部　　（睡虎地秦簡《語書》）

出（昌母）／頓（章母）　　同屬物部　　（睡虎地秦簡《封診式》）

渭（匣母）／喟（溪母）　　同屬微部　　（睡虎地秦簡《封診式》）

耆（群母）／嗜（禪母）　　同屬脂部　　（睡虎地秦簡《為吏之道》）

儉（群母）／險（曉母）　　同屬談部　　（睡虎地秦簡《封診式》）

可（溪母）／多（端母）　　同屬歌部　　（馬王堆帛書《老子》甲、乙）

屯（定母）／惇（端母）　　同屬文部　　（馬王堆帛書《老子》乙）

蚤（精母）／爪（莊母）　　同屬幽部　　（馬王堆帛書《老子》甲、乙）

彈（定母）／坦（透母）　　同屬元部　　（馬王堆帛書《老子》甲、乙）

之（章母）／治（定母）　　同屬之部　　（馬王堆帛書《老子》甲、乙）

鄉（曉母）／卿（溪母）　　同屬陽部　　（馬王堆帛書《老子》乙）

芥（見母）／契（溪母）　　同屬月部　　（馬王堆帛書《老子》）

等等。

㈣聲韻相近通假

聲韻相近通假，是指通假字與被通假字的聲母和韻部比較相近的通假現象。如：

誘（幽部喻母）／秀（幽部心母）　　（睡虎地秦簡《秦律十八種》）

俗（屋部邪母）／容（東部喻母）　　（睡虎地秦簡《為吏之道》）

葉（葉部喻母）／世（月部書母）　　（睡虎地秦簡《為吏之道》）

乃（之部泥母）／仍（蒸部日母）　　（睡虎地秦簡《為吏之道》）

志（之部章母）／特（職部定母）　　（睡虎地秦簡《秦律雜抄》）

從上面所舉各種字例來看，它們之所以可以互相假借或通假，其決定性的條件就是兩字之間的讀音必須是相同或相近，因此，辨識假借和通假字首先要以語音上來判斷。但是，我們也還必須注意，「音同音近」是通假字的決定性條件，但並非是唯一的條件，並非「音同音近」的字都可以互相通假，它的「逆定理」是不成立的。判斷某字與某字是否為通假，除聲音這一要素外，還應具備字義，詞例旁證等因素。

附錄：

漢代竹書和帛書中的通假字
與古音的考訂

周祖謨

一

山東臨沂銀雀山漢墓所出的竹書和長沙馬王堆漢墓所出的帛書，都是漢代早期藏於墓葬中的寫本。銀雀山的竹書有《管子》、《孫子兵法》、《尉繚子》、《晏子春秋》等書，馬王堆的帛書有《周易》、《老子》、《經法》、《十六經》和戰國時期的《縱橫家書》以及醫書。這些寫本的字體，有的是隸書，有的介於篆隸之間，其中有不少古體字和別體字，跟後代古書傳本的字不同。例如：

　戈（哉）埶（勢）悳（勇）呦（敂）槫（專）駇（驅）
　（《孫子兵法》）　旤（禍）闇（關）朸（棘）覞（窺）殳（各）
　搋（揣）渢（汎）叆（嘆）（老子）　翔（祥）惎（悔）䍃（飛）
　屄（尸）橙（拼）耴（聖）（周易）　溢（溢）栽（救）晉（悟）
　掙（爭）俚（恥）貪（擒）勳（剝）臂（旌）（經法）　佩（刷）
　訐（舒）遫（速）聰（恥）鈑（盤）迊（驅）（《縱橫家書》）
　迺（退）邁（俛）㦸（陳）（《尉繚子》）

這些對於我們研究漢字形音義發展的歷史過程很重要。同時，在這些古寫本裡還出現很多跟古書傳本不同的通假字。例如：

　輕（經）適（敵）視（示）侍（待）失（佚）責（積）與（舉）
　畏（威）（《孫子兵法》）　泊（薄）浴（谷）坐（挫）靚（靜）
　冬（終）寺（恃）始（似）賢（堅）介（契）畜（孝）適（謫）
　兌（銳）（老子）　孚（復）禮（履）羅（離）或（有）回（違）
　肥（配）兌（奪）（周易）　巽（選）備（服）芒（荒）代（弋）
　立（位）才（哉）涅（熱）枹（孚）而（能）（經法）勺（趙）
　雖（惟）者（嗜）呻（吞）羊（詳）倍（背）（《縱橫家書》）
　迎（仰）篹（選）發（廢）伸（陳）（《尉繚子》）

各書通假字之多不勝枚舉。這種通假字，有些是由於古人字少，以一字代表兩個詞來用，有些是由於口授筆錄，倉猝無其字而寫為另一音同或音近的

字，當然也不免有筆畫寫錯的字。所謂一字代表兩個詞的，在古代就是一種通行的寫法，無所謂假借；所謂倉猝不得其字的，才算為假借，即本有其字，而以此代彼。現在我們給一個統稱，名之曰通假字。

這種通假字在字形上不同於一般古書，主要有四種情況：

(1)有的是原字跟以此為聲旁的形聲字不同。這在甲骨文和金文中已有不少例子。如冬通終，入通內，立通位，令通命，才通哉之類都是。

(2)有的是兩個諧聲字聲旁相同，而形旁不同。如適與敵，賢與堅，侍與待，代與忒之類都是。

(3)有的是兩個諧聲字形旁相同，而聲旁不同，如齎與資，拯與撜，信與伸，椲與樸之類都是。

(4)還有一種情形是兩個字在形體上完全不同。如畏通威，禮通履，畜通孝，勻通趙之類都是。這種情況在先秦古書裡是常見的。

以上所說的古體字、別體字和通假字對我們理解上古音的聲韻系統都大有幫助。

通常我們考訂上古音所根據的材料，主要有五方面。一是上古時代的韻文，二是甲骨卜辭和銅器銘文，三是形聲字的諧聲系統，四是先秦古書中的異文，異文包括通假字在內，五是古書中的音訓。五者之中，時代比較容易確定，而且材料相當集中的是韻文，如《詩經》和《楚辭》屈宋之作。諧聲字數量大，但必須區分時代的早晚，《說文解字》中的諧聲字有不少是漢代才開始出現的。研究古音，對所用的材料的時代要加以區分，同時也要注意到材料的地域性。西周和春秋時代的銅器，製作的時間各有不同，春秋時代方國語音不同，研究時就不能不加以區分。即以《詩經》而論，其中已有不同的方音現象在內，如冬侵兩部通押見於《秦風》、《豳風》和《大雅》，可能是方音現象。古人說「楚人音楚」。《楚辭》以及《老子》、《莊子》也有其方音特點，如真文兩部、東陽兩部多通押。所以不能不注意材料的地域性。

銀雀山的竹書和馬王堆的帛書都是漢代初期的寫本，這是沒有疑問的。如《孫子兵法》不避「邦」字、「盈」字，帛書的《周易》不避「啟」字可證。《周易》且無《彖辭》、《象辭》，六十四卦的排列次第與後世的傳本也大不相同，文句出入也多，足見是時代很早的一個傳寫本。這批材料的時代是接近的，其中的古體字、別體字和通假字包括較廣，我們可以從中看到不少有關古

音的問題。有些足以印證清人和近人關於古音聲韻部類的成說，有些我們可以從中得到啟發，再做進一步的探討。

這一批材料屬於文字形音義的問題很多，整理起來非常費事。我們應當感謝許多位專家學者做了很好的考釋，便利多多。關於文字的異同，凡是與考訂古音關涉不大的，這裡都擱置不談，只就與考訂古音有關的例子進行爬梳整理，略抒所見，以供研究古音者商討。《詩》云「嚶其鳴矣，求其友聲」，希望同道之友，予以指正。

二

本文所應用的材料有七種，每種以一個標音符號來代表：

(1) Zh《周易》(《周易》是朱德熙、于豪亮兩位先生提供的，在此敬表謝意。)

(2) L《老子》甲本

(3) L乙《老子》乙本

(4) K《經法》(包括《十六經》等)

(5) Z《戰國縱橫家書》

(6) S《孫子兵法》

(7) W《尉繚子》

前五種是帛書，後兩種是竹書。帛書中除《經法》四篇和《縱橫家書》的一些章節為佚書以外，其他都有現在的傳本可以對校。這裡採用的通假字大體以有傳本可對校的為主。

這七種材料書寫的字體或同或不同，書寫的時間有早有晚，但各書中所出現的通假字有些是相同的，如位作立，況作兄，導作道，刑作形，氏作是之類，有些在字音上是屬於同一類現象的，所以合併在一起來看。

這些古寫本和現在所能見到的傳本相較，異文很多。在字音上，有不少是同音字。除了同音字以外，在韻母上以古韻同部的字居多。段玉裁《六書音均表》曾有〈古假借必同部說〉，是確有所見的；不過，由於時代和地域之不同，這些古寫本裡也出現一些韻近而不同部的字，應當分別來看。

韻部不同，情況不一，主要表現出以下幾種關係：

(1)陰聲韻或陽聲韻韻部音近的關係。如《周易》賁卦的「賁」字帛書作

「繫」。就現在通常採用的古韻分部的類別來說,「賁」為文部字,「繫」為元部字。又巽卦的「巽」作「筭」,「巽」為文部字,「筭」為元部字。又同人卦「伏戎」作「服容」,「戎」為冬部(中部)字,「容」為東部字。又渙卦九二,「渙奔其機」,作「賁其階」,「機」為微部字,「階」為脂部字。又既濟,「婦喪其茀」,「茀」作「發」,「茀」為物部字,「發」為月部字。

《老子·道經》「繩繩兮不可名」,帛書《老子》甲本作「尋尋呵不可名也」(p.22)(此為文物出版社所印本頁數。以下所用書並同),「繩」為蒸部字,「尋」為侵部字。

《經法·道法》中「也」字通作「殹」,「也」為歌部字,「殹」為祭部字。又《十六經·觀》「寺(侍)地氣之發也,乃夢者夢而茲(孳)者茲(孳)」(p.49),「夢」當為「萌」的假借字。夢為蒸部字,萌為陽部字。

《尉繚子·兵勒》「離其畽鄰」,今本作「田業」。案「畽」從屯聲,屬文部,「田」字則屬真部。

(2)陰聲韻部與相配的入聲韻部相通。如《周易》需卦「有孚」,帛書作「有復」,「孚」為幽部字,「复」為覺部字。又漸卦「或直其寇」,「寇」作「椓」,「寇」為侯部去聲字,「椓」為屋部字。又小過卦「往屬必戒」,「戒」作「革」,「戒」為之部去聲字,「革」為職部字。

《老子·道經》帛書「三者不可至計」(p.22),「至計」今本作「致詰」,「計」為脂部去聲字,「詰」為質部字。又「六親不和,案有畜茲」(p.23),「畜茲」今本作「孝慈」,「孝」為幽部去聲字,「畜」為覺部字。又「繡呵繆呵」(p.25),今本作「寂兮寥兮」,「寂」是覺部字,「繡」是幽部字。(《老子》帛書乙本作「蕭呵謬呵」)

《尉繚子·兵令》「述亡不從其將吏」,「述」通「遂」,「遂」為微部去聲字,「述」為物部字。

(3)陰陽入三聲對轉。如《周易》旅卦「得其資斧」,帛書「資」作「溍」,「資」為脂部字,「溍」為真部字。

《老子·德經》「天無以清將恐裂」,帛書乙本作「天毋已清將恐蓮」(p.37),「裂」為月部字,「蓮」為元部字。

《經法》內《十六經·三禁》「番於下土,施於九州」(p.76),「番」即「播」的借字,「番」為元部字,「播」為歌部字。又《稱》「先人之連」

（p.92），「連」為「烈」的借字，「連」為元部字，「烈」為月部字。

（4）《廣韻》祭泰夬廢四韻與入聲月部字相通。如《周易》兌卦的「兌」字，帛書作「奪」，夬卦的「夬夬」作「缺缺」。

《老子‧德經》「其邦缺缺」，帛書「缺缺」作「夬夬」（p.6）。又《道經》「俗人察察」作「鄰（俗）人蔡蔡」（p.24），「夬」、「蔡」《廣韻》收去聲。

《尉繚子‧兵令》「弱國之所不能發也」，「發」通「廢」，「發」《廣韻》收入聲，「廢」收去聲。

（5）緝盍兩部與陰聲去聲字的關係。如《周易》「噬嗑」，《繫辭》作「筮盍」，「嗑」為盍部字，「蓋」《廣韻》收泰韻，又盍韵。

《經法》「貴賤有恒立」（p.2），「立」通「位」，「立」為緝部字，「位」《廣韻》收至韻。又《十六經‧雌雄節》「慎貳毋濼，大祿將極」（p.68），「濼」通假為「廢」。全文中「濼」多讀為「廢」，「濼」為盍部字，「廢」《廣韻》收廢韻。

《縱橫家書》「燕景臣以求摯」（p.31），「摯」通「質」，「質」為質部字，「摯」《廣韻》收祭韻。又「執無齊患」（p.69），「執」通「勢」，「執」為緝部字，「勢」《廣韻》收祭韻。

由以上這些通借的情形我們可以看到一些帛書中所透露的古音跡象：

（1）帛書中陰聲的相通或陽聲的相通，其韻母元音必然相近。陰陽入相配對轉，元音也必相同。至於陰聲韻的脂微兩部，陽聲韻的真文兩部以及東冬兩部在這些材料中是否不分，還難以確定。但有些字的歸部卻可以得到啟示。如「醫」聲字，江有誥歸脂部，王念孫歸祭部。案《老子》帛書甲本「也」作「殴」，「殴」也見於「詛楚文」，「也」作「殴」與歌祭通轉的關係相合，「醫」當歸祭部。又古佚書《稱》「行曾（憎）而索愛，父弗得子，行毋（侮）而索敬，君弗得臣」（見《經法》書中 p.92），「毋」通「侮」，「侮」從每聲，當屬之部字，以前多歸入侯部，不妥，似當改正。

（2）《廣韻》祭泰夬廢去聲字與入聲月曷末鎋黠薛幾韻，王念孫、江有誥根據《詩經》押韻情況都獨立為一部，有去入而無平上。以前我曾把去入兩聲分開，去聲稱為祭部，入聲稱為月部。現在從歌部、元部、月部對轉的關係著眼。祭部與月部也可以統歸一部，可是在聲調上仍當有別。這裡連帶要說明的一個問題就是古聲調的分類問題。

　　周秦時代字有聲調之分是沒有疑問的，但是有幾個調類，學者的意見還不一致。段玉裁曾經說：「古四聲不同今韻，猶古本音不同今韻也。考周秦漢初之文有平上入而無去，洎乎魏晉，上入聲多轉為去聲，平聲多轉為仄聲，於是四聲大備。」（見《六書音均表》）這話不無根據，只是時間上不夠確切。案之《詩經》押韻，有的韻部確實去聲自成一類。從諧聲系統來看，去聲字有兩個來源，一來自平上，一來自入聲。這兩類在《詩》中一起押韻，應是自成一個調類。兩漢韻文更是如此。

　　可是，就這批材料的通假字來看，去入的關係的確很接近。如 Lp.28「露」作「洛」、Lp.2「惡」作「亞」與上文所舉陰入通假的例子都是。不僅如此，在《周易》帛書裡甚至平上去之分也不嚴格。如《周易》卦名中「豫」作「餘」，「盅」作「箇」，「坎」作「贛」，「晉」作「溍」，「姤」作「狗」，「震」作「辰」，「艮」作「根」，「小過」作「少過」都是。在金文裡也有很多這樣的例子。如「卿」通「饗」、通「嚮」，「尚」通「常」，「少」通「小」，「童」通「動」，「商」通「賞」，「遺」通「貴」，「巠」通「經」，「田」通「甸」，「者」通「諸」，「釐」通「賚」等等。如此，是不是古音沒有聲調的區別呢？似乎還不能這樣說。我想這應當跟文字發展的不同階段和使用文字在記錄語詞時聲音有沒有變易轉移有關係。《周易》的例子，還會與方音有關係。總之，還需要進行探討。

　　關於這個問題，我認為可以分別不同的歷史階段來認識：

　　（a）漢語在周秦時代調類有三，或有四，是經過長時期逐漸發展而形成的。更早也許只有長短之分。凡有塞音韻尾的音節（如-p, -t, -k 之類）其音調會比沒有塞音韻尾的音節短一些。說不定在遠古時代，Proto-Chinese 可能有複輔音的韻尾，如*-ms，*-gs，*-ks 之類，後來因複輔音韻尾之不同而產生不同的聲調。我認為去聲可能就是從-s 尾來的。這要等漢藏系語言的研究有了新的成果才能確定。

　　（b）周秦時代不同韻部的調類多寡不同，也有一個發展的過程。陰聲韻如之支魚等部除平聲外，先有上聲，進一步發展有去聲，陽聲韻各部、冬蒸兩部沒有上去，陽侵真三部則有上而無去。

　　（c）去聲成為一個調類，發展比較晚。去聲所以由平上聲或入聲發展出來的原因應當是多方面的。有一部分可能是由於字義有引伸而音有改變，有一部

分可能是由於聲母有變易或韻尾有變化甚至失落而產生另一種聲調。甚至於還有一部分是由於原有的根詞在語義上有了新的擴展而產生了新詞，聲調也出現異同。這些都要從語詞在語義方面的發展和文字的孳衍之間的關係去推尋，同時又要聯繫到語詞在整個音節上（包括聲母、介音、元音和韻尾）的聲音轉變和變化來看。

例如「子」有孳乳的意思，於是孳衍一個「字」字，表示「子」的引伸義。又如「令」為平聲，所施之令曰「命」，於是有「命」字去聲一讀。「昭」是光明的意思，光使之明，則為「照」。又「與」、「舉」義通，言有所稱舉則為「譽」。「字、命、照、譽」都是去聲字。這是從語義的發展與文字的孳乳等關係來看的。

從音的變易來看，如「路」從「各」聲，「各」上古似讀 gl-，「路」從「各」聲而讀 L-，聲調會有改變，而與入聲調不同。又如「立」上古可能讀 gl-p，後來才變為 l-p。做為所立之位而言，古人也用這個字，而音有變易，後來產生「位」字，聲母讀 g 膞 γ（膞 γ j），而不讀 L-，音調也有了不同。此中消息，還要深入探討。

（d）在《詩經》時代去聲字雖然有它獨立的調位，但去聲字究竟是少數。就《詩》中有去入通押的例子來推測，去聲字的調值跟入聲字的調值應當是比較接近的。帛書《老子》中去入相通假的例子可以說是這種情況的反映，其中也會有方音性存在。關於上古音聲調的發展，我就談這麼多。

⑷上面所列通假字中緝盍兩部或與脂祭兩部去聲發生關係，這在金文裡就已經見到。如「入」通「內」，「立」通「位」，「灋」通「廢」，「迨」通「會」之類。我們知道緝盍兩部的韻尾是收-p 的（上古入聲字的韻尾不一定是收-p，-t，-k，很可能原來是收-b，-d，-g），有些學者認為轉為脂祭兩部的字原來收-b，後來變為收-d，以至消失。我認為帛書中所出現的這幾個例子是由前代流傳下來的一種假借，未必表現在字音上有什麼特別的地方。

以上所談都是屬於韻母和聲調兩方面的問題。《經法》一些佚書東陽兩部通押，與《老子》相似，而在通假字中沒有出現相通的例子。下面談聲母方面的問題。

三

　　竹書和帛書中通假字的聲母情況十分複雜。在聲母方面與《廣韻》比較，屬於相同的發音部位而發音方法不同的居多。有些是送氣與不送氣之分，如：

　　《周易》小畜九二「牽復」，「牽」kʻ作「堅」k（所注聲母標音都依據《廣韻》。下併同）；睽卦的「睽」Kʻ作「乖」k；

　　《老子》乙本 p.57「精」ts 作「請」tsʼ，p.59「溪」kʻ作「雞」k；

　　《孫子》p.67「側」tʂ作「廁」tʂʻ；

　　《經法・十六經》p.55，61「蚩tɕʻ尤」作「之tɕ尤」。

　　有些是清濁之分，如：

　　《周易》比卦「有它吉」，「它」作「沱」d；萃卦的「萃」dz 字作「卒」ts；旅卦「懷其資」，「資」ts 作「次」dz，小過「從或戕之」，「戕」dz 作「臧」ts；

　　《縱橫家書》p.11「髓」s 通「隨」s；p.76「遭」ts 通「曹」dz，p.91「毒」d 通「竺」t（以下均不舉原文文句。）；

　　《孫子》p.33「純」d 作「頓」t；p.37「彼」p 作「皮」b；p.86「積」ts 作「漬」dz，p.94「驕」K 作「喬」g；

　　《尉繚子》治□不殺殀胎」，「殀胎」tʼ作「天台」d；又兵令「功伐」bv 作「功發」pf。

　　除此以外，也有與《廣韻》讀音稍遠的，我們可以據此考訂竹書和帛書所反映的古聲母的類別。其中有不少可以跟諧聲系統相印證。

1. 唇音

　　清人錢大昕證古無輕唇音，早已為學者所承認。上述幾種寫本也有例可證。下面先列現在傳本的字或現在通常應用的字，括號內注出竹簡或帛書中的通假字，並注明出處和頁數。前面標出聲母的差異（標注《廣韻》聲母的音標採用通常一般的標法）。

　　b：bv　Zh 屯卦「班如」（煩如），L23 倍（負），K33 備（服）

　　bv：b　K18, 19 服（備）

　　pʻ：bv　Zh 豐，K45 配（肥）

bv：pʻ　Z₅₉ 滏（鋪）

p：pf　K₇₆ 播（番）

pfʻ：p　W₂₅ 赴（卜）

ŋ：m　Zh 無妄（無孟），L乙₃₇ 晚（免），₅₆ 妄（芒），L₅₆、K₉₂ 侮（母）

m：ŋ　L₂₃ 沒（沕）

這些都表現出後代讀輕唇音的字古當讀如重唇。

2. 舌音

關於舌音，錢大昕在《十駕齋養新錄》「舌音類隔之說不可信」一條根據經傳異文和古書中的音訓已經證明韻書裡知徹澄三母字古音讀如端透定。這在古文字裡已有很好的例證。如甲骨文「鼎」即「貞」，金文「奠」即「鄭」。在竹簡和帛書裡同樣可以得到證明。例如：

t：ɖ　Zh 頤卦「眈眈」（沈沈）

ȶ：d　L₆₁ 鎮（闐）

ɖ：tʻ　L₂₄ 兆（佻）

ɖ：d　Zh 頤卦「逐逐」（笛笛），L₂₆, ₅₈ 籌（檮）

d：ɖ　L₃₃，L乙₅₅ 動（重），K₃₃ 特（直）

由此可知端透定跟知徹澄都是舌尖塞音。端透定古讀 t，tʻ，d，知徹澄讀如端透定，李方桂先生擬為帶-r 捲舌性的介音 tr，tʻr，dr（見《上古音研究》）。tr，tʻr，dr 後來變為卷舌音 ʈ，ʈʻ，ɖ。

3. 照組三等字

照穿床審禪三等字在諧聲上與端透定和知徹澄關係比較密切，古音當讀近舌頭音，錢大昕已有論證。在古文字裡，甲骨文「屯」即「蠢」（春），金文裡「氐」即「致」，「冬」即「終」，「吊」即「叔」，可證照穿審古讀如舌頭音。竹簡和帛書裡也有不少通假的例子：

A 類

tɕ：t　Zh 需卦，L乙₄₀「終」（冬），K₁₂, ₁₈, ₁₉, ₃₄，戰（單）

ȶ：tɕ　L₂₂，L乙₅₅ 致（至）

d：tɕ　L20 動（踵），L21 動（躥）

tɕ：d　L25 正（定）

B 類

ɕ：t　Zh 同人卦，升卦「升」（登）

ɕ：tʻ　Lㄗ40 施（他）

tʻ：ɕ　Zh 大蓄卦「脫」（說），Z91 吞（呻）

ɕ：ȶʻ　L27 奢（楮）

d：ɕ　L10 敵（適），Z35 敵（啻）

ȶ：ɕ　L26, 58 謫（適）

ɕ：d　Zh 遯（掾）卦「說」（奪），L8 始（台）

ɕ：ȡ　Lㄗ88, 42, 46, 60 勝（朕），L22 釋（澤），Z9 釋（擇）

ȡ：ɕ　W 兵令陳（伸）

tɕ：ɕ　Lㄗ59 諸（奢）

s：ɕ　Zh 小畜卦「小」（少）

ɕ：s　W 兵令屍（死），Z52 少（小）

ɕ：x　Lㄗ40 螫（赫）

C 類

dʑ：ʑ　L24，Z26 示（視）

ʑ：d　L4 成之孰之（亭之毒之）

ȡ：ʑ　Lㄗ45 持（市）

d：ʑ　K90 獨（蜀），W25, 26 待（侍）

ʑ：tʻ　Lㄗ44 誰（推）

ʑ：tɕ　Z16 常（掌）

tɕ：ʑ　Zh 震卦「震」（辰），Zh 晉卦「炙」（魼），L19 志（恃）

t：ʑ　Zh 損卦「端」（遄）

ʑ：g　Z70 嗜（耆）

　　這裡 A 類是照母跟端知定幾母的關係，照母古音當讀 ȶ。B 類是審母跟端透定知徹澄照心曉幾母的關係。我在 1941 年作《審母古讀考》曾指出審母三

等字大部分讀為舌部塞音，還有一部分讀為摩擦音。今暫擬前者為 st'（← st'）
後者為 ɕ-（如「少」）。這裡 C 類是禪母跟端透定知澄照床幾母的關係。禪母的
讀音，我在《禪母古音考》裡曾指出禪母古音接近定母，床母三等當與禪母為
一類（上面例子的禪母仍寫為ʑ。下同），今定禪母古讀為ɖ。禪母還有少數字
跟群母字發生關係，如「嗜」從「者」（g-），韻書歸禪母（dʑ），可能是後代的
變音。

4.泥娘日

章太炎有《古音娘日二紐歸泥說》，認為娘日二母古讀為泥。娘母的名稱
是後起的，可以不論。日母古音接近泥母，從諧聲系統和經傳異文看得很清
楚。現在又有以下的一些例子：

ŋ：n　　L10，Z39 如（女），L65 熱（涅），S107 汝（女）S67 擾（猶）

n：ŋ　　Lㄜ43 諾（若）

t'：ŋ　　L10, 20, 21 退（芮）

ŋ：s　　L10 攘（襄）

s：ŋ　　Zh 需卦「需」作「襦」

ŋ：j　　Zh 同人卦「伏戎」（服容）

從這裡可以看出日母讀 n，而心母還有 sn-一類，在帛書裡表現比較清楚。

5. 邪母

近人已有文章論到邪母古音接近定母，因為在諧聲上邪母與喻母、定母的
關係十分密切。我們看到竹簡和帛書中有下面的例子：

d：z　　S96 途（徐），K54, 61 待（寺），K92，Z60 墮（隋）

ɖ：z　　K74 持（寺）

z：ɖ　　L20 似（治）

ʑ：z　　K96 恃（寺）

dz：z　　Z118 劑（齎）

z：ɕ　　L4 兕（矢），L20 似（始）

z：j　　L23 徐（余），L24 俗（鬻）

從這裡可以看出邪與定澄從審喻幾母的關係，邪母在諧聲上與喻母定母關

係最為密切。如

　　余 j：徐 z：途 d

　　以 j：似 z：台 d

　　今暫擬邪母為 zd-(← sd)，後來變為 z。

6. 喻母

　　喻母字根據諧聲系統來看，有同舌音諧聲的，有同齒音諧聲的，有同牙音諧聲的。在古書的異文裡，喻母字跟舌音、齒音、牙音都發生關係，竹簡和帛書的通假字也是如此：

A 類

j：t'　　L$_{24, 57}$ 餘（粽），L 乙$_{42}$ 耀（眺）

j：d　　S$_{60}$，L 乙$_{41, 53}$ 銳（兌）Z$_{35}$ 悅（兌）

d：j　　L 乙$_{40}$ 殆（佁），Z$_{16}$ 誕（延）

t'：j　　Z$_{89}$ 偷（俞）

ȡ：j　　Z$_{81}$ 除（余）

j：dʑ　　K$_{49}$ 孕（繩）

B 類

z：j　　L$_{23}$ 徐（余）（已見前），L$_{24}$，L 乙$_{57}$ 俗（鴬）（已見前），L 乙$_{53, 57}$ 似（佁）K$_{80, 83}$，Z$_{93}$ 祥（羊），Z$_{92}$ 詳（羊）

s：j　　S$_{51}$，Z $_{39,85}$，W$_{25}$，K$_{78}$ 雖（唯），Z$_{106}$ 肆（肄）

j：z　　S$_{60}$ 佯（詳）

j：ts　　Z$_{9, 11}$ 猶（逎）

j：dz　　L$_{2}$ 亦（夕）

C 類

k：j　　L$_{2}$ 谷（浴），S$_{78}$，K$_{42}$ 舉（與）

j：k　　Zh 兌卦「引兌」（景奪）

j：x　　K$_{23, 88, 41, 42, 83}$ 溢（洫）（洫或為溢字別體），S$_{41}$ 鎰（洫），K $_{58}$ 育

（畜）

j：p　　K88, 96 也（醫）

這三類，A 類是喻母與舌音的關係，B 類是喻母與齒音的關係，C 類是喻母與牙喉音的關係。這些關係是錯綜的，推尋喻母古音原先也許是由 sd- 和 sg-兩類複輔音來的。從竹簡和帛書通假字的情形來看，A、B 兩類的讀音可能是 dʻ，C 類的讀音可能是 gʻ。

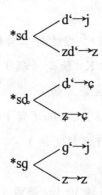

7. 照組二等字

照組二等字即莊初崇山四母。這四母近人已經提出古音讀近精清從心。從諧聲系統和古書異文可以得到證明。現在竹簡和帛書裡有下列一些例子：

tʂ：dz　L20, 21，Z 46 爭（靜）

tʂ：ts　Zh 離卦「日昃之離」（日褧之罹），L4，Lᵕ89 爪（蚤）

tʂʻ：ts　K101 測（則）

tʂʻ：tsʻ　L24 察（蔡）

tʂʻ：dz　S76 測（賊）

s：dʐ　Z115 選（譔）

s：tʂʻ　W26 選（篹）

tʂʻ：s　Zh 井卦「心惻」（心塞）

ʂ：s　Zh 訟卦「眚」（省），L21 爽（唰），Z16 生（星），Z91 沙（莎）

s：ʂ　Lᵕ89, 46 姓（生），K28 性（生）

從這些例子我們可以同樣確定莊初崇山四母古音讀近精清從心，今擬作 tsr, tsʻr，dzr，sr（r 為介音），後代變為 tʃ, tʃʻ, dʒ，ʃ，發展為 tʂ，tʂʻ，

dʑ，ʂ。

8. 匣母

匣母古音，高本漢（B.karlgren）擬為g。在竹簡和帛書裡屬於匣母的例子
比較多：

g：ɣ　　L6 奇（何）

ɣ：g　　Z9 韓（乾）

ɣ：k　　Zh 臨卦「咸林」（禁林），「噬嗑卦」繫辭作「噬蓋」，L11，L乙46,
54，K38 活（栝），L乙86 後（句）　　K1 秋毫（稿），K83, 85 禍（過），K73 咸
（減）K93 怙（古），W25 豪（橐），W26 豪（薰）

k：ɣ　　Zh 屯卦「婚媾」（閔厚），L7, 42 加（賀），L12 堅（賢）

ɣ：k'　　Zh「咸卦」作「欽卦」，L23 慧（快）

ɣ：k　　L11 狎（閘）

ɣj：ɣ　　Zh 隨卦「官有渝」（官或諭），L26 榮觀（環官），Z98 圍（回）

ɣj：x　　K29 趕（諱）

另外，我們看到帛書中群母與見母關係密切。如：

L2, 5, 20，L乙37 勤（董），L5，L乙41, 46 奇（畸），L10，L乙45 儉（檢）K65 蚑
（規），Z47 擎（敬）

見群兩母的古音當讀 k，g。匣母在諧聲上與見母關係較密，今擬為g，喻
母三等字則為匣母細音。

9. 曉母

曉母在諧聲上跟見溪關係較密，還有一部分跟明母發生關係，竹簡和帛書
裡也都有一些例子：

x：m　　L乙56 昏（悶），K5, 49 荒唐（芒唐），K51 徽纏（靡黑）

x：ŋ　　L乙55 忽（沕），L24 怳（望）

k：x　　L9 既（慰）

k'：x　　S47 怯（脅）

x：k　　L8 貨（騰）

x：z　　S78 驟（隋）

x：ʂ　Zh 震卦「虩虩」（朔朔）

今擬曉母古音為 x。曉母跟明母相通的那一部分應讀為輕鼻音 xm(m̥)。

10. 來母

來母字屬於同聲母的異文在帛書裡較多，屬於不同聲母的有以下一些例子：

k：l　Zh「革卦」作「勒卦」，L 乙₁ 鑒（藍），L₂₇ 楝（朸），K₁₅ 揀（練），K₈₈ 樛（翏）

l：k　Zh 井卦「敝漏」（敝句），L 乙₄₇ 廉（兼）

m：l　Z₁₂₀ 命（令）

l：m　L₂₆ 寥（憀）

t'：j　L₂₁, ₂₂ 寵（龍），L 乙₄₀ 蕫（癃），L 乙₅₄ 寵（弄），w ₃₆□攄（慮）

l：t'　K₈₀ 履（體）

ɣj：l　K₂，S,₁₆, ₂₈ 位（立）

從這些例子我們可以想到古代有以 l 為第二成分的一些複輔音，如 kl，ml（金文「麥」即從來聲，據于思泊先生說），t'l 之類。

四

關於竹書和帛書中通假字的聲母問題，經過整理分析，我們可以大體看出古聲類的一個系統：

p　p'　b　m　　　　　　　　pl，ml（以下是複聲母）

t　t'　d　n　d'　　　　　　t'l

（tr　t'r　dr）

ȶ　ȶ'　ø　　　　ɕ

ts　ts'　dz　s　　　zd　　　sl　sn

（tsr　ts'r　dzr　sr）

k　　k'　g　ng　g'　x　　　kl　xm

這個表跟諧聲通轉和一般通假字的現象基本上是相適合的。如果能跟古韻部的讀音聯繫起來，在辨類上可能更清楚一些。要推尋更古的讀音，那還有待於漢藏語系的研究有了新的開展才行。現在雖然已有很值得重視的見

解，但是需要連帶許多問題通盤來考慮，所以沒有引用。另外，諧聲系統來考查，還有些不易確定的問題，只好暫時放下。以 s 為複輔音第一成分的還有 sl-，如「灑」從麗聲，「數」從婁聲可證。在帛書裡 k120 有「數」作「婁」一例，所以表中加上了 sl-一音。

<h1 style="text-align:center">五</h1>

　　古書的通假字是非常複雜的。其中一定有一字兩音的，也許有的音是後代的書中所沒有記載的，說不定還會有一字在不同文句中的讀音隨文義而定的情況，所以不好隨意推斷。從語音的發展來看，音的變化是有先後層序的不同。在某一時代跟某一地域，某些音可能變得快一些，另外某些音可能還保持較早的讀法，或者同一類音因為後面介音和元音的不同而發生的變化也不同，絕不能認為只有一個模式。本文僅就這批竹簡和帛書中的通假字所反映的聲韻情況概括地加以描述，同時著重說明我們怎樣認識這批材料和探討一些問題的方法和途徑。

　　古書中的通假字在聲音上除了同音假借以外，就韻來說，有同部字，有異部字。異部字多屬於音近一類，有時是陰陽對轉。而對轉又大都屬於雙聲的範疇，清人多謂之為「一聲之轉」。這一方面是比較容易理解的。如果就聲母來說，有些不同聲母的字互相通借，我們會感覺很奇怪，不易理解，但實際上還是有條理可尋的。

　　我認為清人戴震在《轉語二十章敘》裡曾提出「同位」和「位同」的說法。他說：「凡同位為正轉，位同為變轉。」以言訓詁，則認為「凡同位則同聲，同聲則可以通乎其義；位同則聲變而同，聲變而同，則其義亦可以比之而通」。這不能說是鑿空之論。所謂「同位」是指發音部相同而發音方法不同，如同屬牙音（velars），見與群或相通轉。所謂「位同」是指發音方法相同而發音部位不同，如同屬清音塞音（surds），或同屬擦音（sibilants）可以通轉。在竹簡和帛書裡，我們看到下面的例子：

　　A.(1)《周易·履（禮）卦》「素履」帛書作「錯履」，「素」為心母字，「錯」為清母字；而離（羅）卦「履錯然」帛書作「禮昔然」，「昔」也是心母字。「素」為魚部字，「錯」、「昔」都是鐸部字。

　　(2)《老子·道經》「淵兮似萬物之宗」，「兮」帛書作「呵」（L20），「呵」是

曉母字,「兮」是匣母字,「呵」為歌部字,「兮」為支部字。

(3)《戰國策‧楚策》「踐亂燕以定身封」,「踐亂」帛書作「淺亂」(Z102),「踐」作「淺」,這跟越王勾踐劍的銘文作「鳩淺」例同(越王勾踐劍於 1965 年冬在湖北江陵望山戰國墓出土,銘文作「越王鳩淺自作用鐱」),「踐」、「淺」同為元部字,「踐」為從母字,「淺」為清母字。

B.(1)「屈伸」古書多作「詘信」,「伸」為審母三等字(ç),「信」為心母字,心、審二母在一定的時期同為摩擦音。「伸」為真部字,「信」按諧聲為元部字。「詘信」一詞上一音節的韻尾對下一音節的聲母不能沒有影響。

(2)《縱橫家書》趙國的「趙」字,帛書或作「勺」(Z5),「趙」為澄母字(dr-),「勺」為禪母字(ḍ),同為濁塞音(sonants)。「趙」為宵部字,「勺」為藥部字,宵、藥對轉。

上面的 A 類是「同位」,粗疏一點說,就是五音屬於同類;B 類就是「位同」,用等韻家的名詞來說,就是發聲、送氣、收聲之屬同類。根據這兩條原則來考核通假字的聲音通轉,有些疑惑可以渙然冰釋。

總起來說,銀雀山出土的竹書和馬王堆出土的帛書代表了戰國秦漢之間古書寫本的面貌,極為珍貴,對我們研究古代語言文字大有幫助。附帶講一句,《周禮》鄭注所說的「故書」與今本的異文和《春秋左傳》與《公羊傳》、《穀梁傳》的異文同這些竹簡、帛書的古體字、異體字和通假字均有相似之處,都值得我們深入研究。舉例來看,如:

1.《周易‧離卦》「日中則昃」,孟喜本「昃」作「稷」,帛書作「禝」,當與「稷」同。又《春秋》定公十五年《左傳》「日下昃」,《穀梁傳》經文「昃」也作「稷」。

2.《春秋》襄公三十年《左傳》「天王殺其弟佞夫」,「佞夫」《公羊傳》作「年夫」。案帛書《十六經‧成法》「滑(猾)民將生,年辯用知(智)」,「年」即通「佞」。

3.《春秋》襄公二十五年《左傳》「吳子遏伐楚」,《公羊傳》、《穀梁傳》都作「吳子謁」。案竹書《孫子兵法》「圍師遺闕,歸師勿謁」,「謁」今本作「遏」,「謁」即通「遏」。

4.《儀禮‧聘禮》「問幾月之資」,注:古文「資」作「齎」。《老子‧德經》「厭食而資財有餘」,帛書乙本「資」作「齎」(Lㄥ40);又《經法‧國次》

「利其齎財」（K8），「齎」即通「資」。《廣韻》資、齎、齎同音，收脂韻，音即夷切。

5.《周禮‧鄉師》「及窆執斧以涖匠師」，注：故書「涖」作「立」。案「涖」跟「莅」相通。《老子‧德經》「以道莅天下」，帛書乙本「莅」作「立」。

6.《周禮‧弓人》「夫角之中，恒當弓之畏」，注：「畏」故書作「威」。案金文「畏」通「威」。

由此可見，竹書和帛書有這麼多的通假字，對於我們理解古籍也是深有啟發的。　　　　　　　　　　　　　　　　　　　　　（一九八〇年九月）

（原載《音韻學研究》第一輯，中華書局，1984年版）

第六節 簡帛的合文

　　所謂「合文」，是指兩個或數個漢字合成寫成一個整體，表示語言的兩個或兩個以上音節的複音字，字形如一個漢字一樣，但讀音仍讀合寫在一起的字的各自讀音，這種特殊的漢字構成形式，文字學上習稱之為「合文」。

　　這種合文現象，在我們目前能見到的最早的漢字──甲骨文中已有出現，而且有多種構成形式。在今天，這種「合文」現象雖然被拒之於規範字的門外，但在某些場合或作裝飾用字時還有出現，如將「招財進寶」寫成「」等。

　　在出土的戰國、秦、漢簡帛文獻中「合文」現象也有發現，歸納起來，約有五種合寫形式：

一、上下合寫

禿（一夫）（包山楚簡）

多（一邑）（包山楚簡）

小（小人）（包山楚簡）

多（十月）（包山楚簡）

㞢（之日）（包山楚簡）

㞢（之月）（包山楚簡）

多（享月）（包山楚簡）

三（一十二）　仰天湖楚簡・25、21

肇（乘車）包山楚簡 122

肇（敀車）曾侯乙墓楚簡 160

肇（外車）天星觀楚簡《遣策》

㴱（折衣）睡虎地秦簡《日書》甲

牽（牽牛）睡虎地秦簡《日書》甲

罕（五十）馬王堆帛書《五星占》

今（六十）馬王堆帛書《養生方》

方（七月）馬王堆帛書《二三子問》

皇（七星）馬王堆帛書《陰陽五行》甲

隶（八隸）馬王堆三號漢墓《遣策》

卞（七十）銀雀山漢簡 843

卒（五十）銀雀山漢簡 843

二、左右合寫

輧（韋車）包山楚簡 273

𩊦（革鞈）包山楚簡 273

𩠐（韋小）天星觀楚簡《遣策》

麤（馬鹿）天星觀楚簡《遣策》

𩡧（匹馬）曾侯乙墓楚簡 131

耕（東井）馬王堆帛書《五星占》

三、上下左右合寫

𨛜（司子邑）　包山楚簡 175

四、包容合寫

𤝗（㝛犬）包山楚簡 145

㫄（見日）包山楚簡 132

五、借筆合寫

夶（大夫）包山楚簡 12

歲（之歲）包山楚簡 218

𣄼（之所）包山楚簡 138

𦣻（之首）包山楚簡 269、270、276

𤔔（公孫）包山楚簡 145

𤔔（子孫）信陽楚簡 1·06

舎（躬身）天星觀楚簡《卜筮》

駎（駟馬）曾侯乙墓楚簡 142·145·146·149·153 等

丅（上下）子彈庫楚帛書甲三·二、丙七、三

𡥈（至於）子彈庫楚帛書丙六·三

（之志）睡虎地秦簡《日書》甲

（此嵩）睡虎地秦簡《日書》甲

（旅衣）睡虎地秦簡《效律》

（貨具）睡虎地秦簡《日書》甲

（驀馬）睡虎地秦簡《秦律雜抄》甲

（孔子）馬王堆帛書《五行》

（營室）馬王堆帛書《五星占》

　　以上僅是出土簡帛文獻中找出一些有代表性的字作一簡單的介紹，不少出土文獻中如上述幾類合文現象還有不少。這種合文現象也是漢字簡寫或省寫的一種方法。對於今天的人來講，如不仔細辨別字形、或不仔細推敲上下文義，很可能就會發生誤讀、誤釋的錯誤；但在當時來講，有一些常用的合文可能已經約定俗成，讀書人一看便知。

簡帛的內容與分類(上)

　　二十世紀是簡帛發現的新時代，在這一百年裡出土的簡帛，無論從數量上還是從內容上都大大超過了以往的任何時代。

　　據統計，出土簡帛的地域從長城內外到大江南北共有 16 個省、市、自治區，最早從二十世紀初在新疆的尼雅、甘肅的敦煌開始發現，後來延伸到內蒙古、甘肅額濟納河流域，五十年代以後，湖南、湖北、河南、江蘇、山東、陝西、北京、河北、廣西、青海、安徽、江西、四川等地相繼出土了大量的竹簡帛書，其中以甘肅、內蒙古、湖南、湖北出土最多。據何雙全先生〈中國簡牘的世紀綜述〉（《中國文物報》2001 年 12 月－2002 年 2 月）統計，近百年來在上述十六個省、市、自治區內出土的戰國、秦漢、三國、兩晉、唐、宋、元代的不同質料、文字的簡帛已達 26.4 萬餘枚（件）。其中戰國時期的有 23135 枚，包括河南溫縣盟書 10000 枚、山西侯馬盟書 5000 枚、河南信陽長臺關楚簡 148 枚、湖北楚簡 2265 枚、湖南楚簡 4711 枚、上海博物館藏楚簡 1000 餘枚；秦代竹簡有 3055 枚，包括湖北 2593 枚、甘肅 460 枚、四川 2 枚；漢代簡牘有 132912 枚，包括甘肅（居延）61000 枚、山東 7514 枚、安徽 1000 餘枚、陝西木簡 115 枚、陝西骨簽 60000 枚；三國簡牘有 10 萬餘枚，主要是長沙吳簡，此外還有安徽、江西、湖北出土的少量吳簡；晉代簡牘有 1782 枚，主要是新疆的甘肅出土的漢文晉簡及殘紙和佉儻文木牘；唐代木牘有 469 枚，主要是新疆和甘肅出土的蕃文木牘；西夏木牘有 6 枚，主要是甘肅和內蒙古出土的西夏文、漢文木牘；元代紙文書有 3000 件，均為內蒙古額濟納旗黑城子出土的各種紙文書。綜觀這些史料，以三國吳簡數量最多，其次是漢代簡帛，戰國和秦代簡帛排名第三。這些出土的文獻史料，雖然書寫材料有所區別，但其內容都是當時社會的真實寫照，有著很高的研究價值。

從出土簡帛內容來看，按照它們的性質，主要可分為兩大類：一類是簡帛書籍，另一類是簡牘文書。湖南、湖北、山東、河北、安徽、河南以戰國、秦漢古書居多，甘肅、內蒙古、新疆以漢晉邊塞文書居多，江蘇、陝西是漢代書籍、文書兼而有之。就出土的簡帛書籍而言，它們都是傳抄本，而且大多數是佚書秘籍，使人們看到了未經後世改動的古書原貌。即便有傳世古籍可比勘者，彼此差異也比較大，對研究古籍的形成與發展有很高的參考價值。就其內容分類來說，書籍類簡帛凡《漢書‧藝文志》中六藝、諸子、詩賦、兵書、數術、方技皆有發現，約有 200 種左右，本書「簡帛書簡」類中共收 178 種，其中戰國書籍 39 種，秦代書籍 8 種，漢代書籍 63 種，這些書籍構成了簡牘學的重要組成部分。李學勤先生曾經指出：「從地方發掘出大量戰國秦漢的簡帛書籍，使人們親眼看到未經後世改動的古書原貌，是前人所未曾見過的。在這種條件下，我們將能進一步了解古籍信息本身，知道如何去看待和解釋他們，這可以說是對古書的新的、第二次的反思，必將對古代文化的再認識產生重要的影響，同時也能對上一次反思的成果重加考察。」（《簡帛佚籍與學術史‧對古書的反思》）就出土簡牘文書而言，其內容更加龐雜和多樣化。目前出土的文書類簡牘總數不少於 16 萬枚，約佔出土簡牘總數的四分之三左右。它的內容包括當時朝廷及地方的文件、律令、司法文書、簿籍、帳冊、檔案、私人信件、遺囑、遣策、祭祀記錄等，涉及到當時整個社會的政治、經濟、軍事、交通、文化、民族、邊塞防務、對外關係等各個層面，與書籍相比，更具廣泛性。

綜觀二十世紀出土簡帛資料，其內涵極其廣博，對中國歷史文化各個方面的研究都有著極大的促進作用，且已形成一門獨立的學科——簡帛學。這一系列的重大發現，為我們認識古代社會展示了新的視角，有力地推動著中國歷史學、古文字學、古文獻學、考古學、學術史等眾多學科的快速發展。

第一節　簡帛書籍

簡帛書籍的發現，不始於二十世紀的墓葬和遺址。據現存文獻記載，早在西漢時就有發現，或出老屋古壁，或出墓葬石函，或為民間所藏。從西漢至唐，間有發現。

一、二十世紀以前的發現

甲、西漢時期

⑴張蒼獻《春秋左氏傳》。

據《說文解字・敘》記載，在漢代初年，張蒼獻出《春秋左氏傳》一書（未記載書籍來源）。張蒼是陽武（今河南原陽東南）人，他是漢代傳《春秋左氏傳》的第一人，其學出自荀卿。陽武，在戰國時屬於魏地。李零先生認為張蒼所獻《春秋左氏傳》也許是戰國時三晉寫本。（《簡帛古書與學術源流》，三聯書店，2004 年）

⑵河間獻王劉德徵集得書。

據《漢書・景十三王傳・河間獻王劉德傳》記載：劉德「修學好古，實事求是。從民得善書，必為好寫與之，留其真，加金帛賜以招之。由是四方道術之人不遠千里，或有先祖舊書，多奉以奏獻王者，故得書多，與漢朝等。……獻王所得書皆古文先秦舊書，《周官》、《尚書》、《禮》、《禮記》、《孟子》、《老子》之屬，皆經傳說記，七十子之徒所論。」河間，在今河北獻縣東南，戰國時也為趙邑。李零先生認為，這批古書可能也是戰國時三晉寫本。（同上）

⑶孔子壁中書。

據《漢書・藝文志・六藝略》記載：「武帝末，魯共王壞孔子宅，欲以廣其宮，而得《古文尚書》及《禮記》、《論語》、《孝經》凡數十篇，皆古文字也。共王往入其宅，聞鼓琴瑟鐘磬之音，於是懼，乃止不壞。」《論衡・正說篇》記載此事在「景帝時」。周壽昌《漢書注校補》云：「魯恭王以孝景前三年徙王魯，徙二十七年薨，適當武帝元朔元年。時武帝方即位十三年，安得云『武帝末』乎？且〈恭王傳〉云，王初好治宮室，季年則好治音樂。是其壞孔子宅以廣其宮當在王魯之初，為景帝時，非武帝時也。」王先謙《漢書補注》云：「〈劉歆傳〉《移讓太常博士書》亦云『武帝末』。〈魯恭王傳〉以孝景前三年徙王魯，好治宮室，二十八年，薨。不得至武帝末。《論衡》以為孝景時，是也。」但也有人認為此事當發生在武帝初年，如顧實《漢書藝文志講疏》就認為「武帝末」當為「武帝初」之訛。在這裡我們暫且不論這批古書的出土時間，但出至孔子壁中、用古文抄寫是大家沒有爭議的。李零先生認為這批書也

許是戰國時的魯國寫本。(同上)

(4)《禮古經》。

據《漢書·藝文志》記載:《禮古經》五十六卷,《經》十七篇。又云:「《禮古經》者,出於魯淹中及孔氏,與十七篇文相似,多三十九篇。」「淹」,蘇林注云:「里名也。」在孔子故鄉曲阜城內。「孔氏」,指孔安國。顧實《漢書藝文志講疏》引劉敞曰:「孔氏,則安國所得壁中書也。」此書為漢武帝時出土於孔子故里淹中。李零先生認為此書也許是戰國時魯國寫本。(同上)

(5)河內女子發老屋得書。

據《論衡·正說篇》記載:「至孝宣皇帝之時,河內女子發老屋,得逸《易》、《禮》、《尚書》各一篇奏之。宣帝下示博士,然後《易》、《禮》、《尚書》各益一篇,而《尚書》二十九篇始定。河內,在今河南武涉縣一帶,戰國時屬魏國。李零先生認為這些書也許是戰國時的三晉寫本。(同上)

乙、東漢時期

杜林漆書本《古文尚書》。

據《後漢書·杜林傳》記載:「(杜)林前於西州得漆書《古文尚書》一卷,常寶愛之,雖遭困難,握持不離身。出以示(衛)宏等曰:『林前流離兵亂,常恐斯經將絕。何意東海衛子、濟南徐生復能傳之,是道竟不墜於地也。古文雖不合時務,然願諸生無悔所學。』宏、(徐)巡益重之,於是古文遂行。」「西州」,在今甘肅省隴縣一帶。「漆書」,《後漢書·儒林傳》亦作「桼書」,其實就是「墨書」,「墨」也可以稱為「漆」,《儀禮·士昏禮》有「乘墨車」,注云:「墨車,漆車,士而乘墨車,攝盛也。」《釋名·釋車》曰:「墨車,漆之正黑無紋飾,大夫所乘也。」西北地區,氣候乾燥,只要不曝曬,黑色會保存的很好。二十世紀所有出土戰國、秦、漢簡牘上皆為墨書文字,似古人稱「墨書」即為「漆書」,《晉書·束皙傳》「漆書」亦同。

丙、西晉時期

汲冢竹書。

據《晉書·束皙傳》記載:「太康二年,汲郡人不准盜發魏襄王墓,或言安釐王冢,得竹書數十車。其《紀年》十三篇,記夏以來至周幽王為犬戎所

滅，以事接之，三家分（晉），仍述魏事至安釐王之二十年。蓋魏國之史書，大略與《春秋》皆多相應。其中經傳大異，則云夏年多殷；益干啟位，啟殺之；太甲殺伊尹；文丁殺季歷；自周受命，至穆王百年，非穆王壽百歲也；幽王既亡，有共伯和者攝行天子事，非二相共和也。其《易經》二篇，與《周易》上下經同。《易繇陰陽卦》二篇，與《周易》略同，《繇辭》則異。《卦下易經》一篇，似《說卦》而異。《公孫段》二篇，公孫段與邵陟論《易》。《國語》三篇，言楚、晉事。《名》三篇，似《禮記》，又似《爾雅》、《論語》。《師春》一篇，書《左傳》諸卜筮，『師春』似是造書者姓名也。《瑣語》十一篇，諸國卜夢妖怪相書也。《梁丘藏》一篇，先敘魏之世數，次言丘藏金玉事。《繳書》二篇，論弋射法。《生封》一篇，帝王所封。《大曆》二篇，鄒子談天類也。《穆天子傳》五篇，言周穆王游行四海，見帝臺、西王母。《圖詩》一篇，畫贊之屬也。又雜書十九篇：《周食田法》、《周書》、《論楚事》、《周穆王美人盛姬死事》。大凡七十五篇，七篇簡書折壞，不識題名。冢中又得銅劍一枚，長二尺五寸。漆書皆科斗字。初發冢者燒策照取寶物，及官收之，多燼簡斷札，文既殘缺，不復詮次。武帝以其書付祕書校綴次第，尋考指歸，而以今文寫之。晳在著作，得觀竹書，隨疑分釋，皆有義證。」太康，為晉武帝司馬炎的年號，「太康二年」即公元 281 年。「汲郡」，在今河南省汲縣。關於「汲郡人不准掘魏襄王冢」事，《衛恆傳》、杜預《春秋左氏經傳集解後序正義》引王隱《晉書・束晳傳》作「太康元年」，荀勖《穆天子傳序》同上引作「太康二年」。雷學淇《竹書紀年考證》云：「竹書發於咸寧五年十月，《（武）帝紀》之說，錄其實也。就官收以後上於帝京時言，故曰『太康元年』，《束晳傳》云『二年』，或命官校理之歲也。」又上引云所掘之墓為「魏襄王」，而王隱《晉書・束晳傳》則只作「魏安釐王」。上引除「太康元年」或「太康二年」，或魏襄王，或魏安釐王，有所不同處，不准所盜墓葬為戰國時魏王之墓應該說是沒有問題的。墓中出土竹書為「漆書皆科斗字」，「漆書」，如上述杜林於西州得漆書《古文尚書》一樣，其實就是墨書，即用墨來抄寫的書籍。「科斗字」亦作「蝌蚪字」、「科斗書」、「科斗篆」等，是古代對一種狀如蝌蚪、筆畫頭粗尾細的一種書體的稱謂。《尚書・序》鄭玄注云：「科斗，蟲名，蝦蟇子，書形似之。」這種字體按傳統說法屬古代六國古文系統，而今天研究古文字的學者則稱它為戰國文字的一種。裘錫圭先生認為「科斗文」是戰國古文的一個別名。

「這是因為古文的筆道一般都寫得前粗後細，或兩頭細中間粗，形狀略有點像蝌蚪的緣故。過去有些人認為這種筆法不是古文原有的，而是摹寫古文的人造出來的。但是，類似的筆法在楚簡上也能看到，可見古代摹寫古文的人並沒有憑空臆造，只不過略為誇大了這種筆法的特點，並使之制度化而已。」（《古字學概要‧六國文字》，商務印書館出版）汲郡出土古書在歷史上是比較重要的一次，到兩晉南北朝隋唐時期都一直被人稱述，雖然這些簡牘沒有被保存下來，但文獻記載的比較詳細，何人何時盜於何地，有什麼內容，書籍有無書名，都有記載。從今天還能見到《穆天子傳》和《竹書紀年》兩種傳本來看，其文獻價值和歷史價值都是很高的。

丁、南北朝時期

(1)科斗書《考工記》。

據《南齊書‧文惠太子傳》記載，建元年間，「襄陽有盜發古冢者，相傳云是楚王冢，大獲寶物玉屣、玉屏風、竹簡書、青絲編。簡廣數分，長二尺，皮節如新。盜以把火自照，後人有得十餘簡，以示撫軍王僧虔，僧虔云是科斗書《考工記》，《周官》所闕文也。是時州遣按驗，頗得遺物，故有同異之論」。「建元」為南齊高帝（蕭道成）年號，在公元 479 年至 482 年間。襄陽，在今湖北省襄樊市。戰國時期，這裡確為楚地。《南齊書》只記載出自「楚王冢」，沒有指出為哪位楚王。竹簡用科斗文（戰國文字）書寫，簡長有二尺。南朝時的一尺約合今 24.7 釐米（見丘光明《中國歷代度量衡考》，1992 年，科學出版社），二尺約合 49.4 釐米，屬於長簡。按王僧虔鑑定，竹簡所抄內容為《考工記》，是《周官》（即《周禮》）中所缺少的部分。但在當時對此也有不同的看法，「故有異同之論」。《考工記》一書即《周禮》之第六篇，記述了百工之事。《周禮》共有六官，缺《冬官‧司空》一篇，漢人以《考工記》補之，故也名《冬官考工記》。

(2)項羽妾冢《孝經》、《老子》

據傅奕《校定古本〈老子〉》和夏竦《古文四聲韻‧序》記載，北齊武平五年（公元 574），彭城人盜發項羽妾冢，得古文《孝經》和《老子》兩書。

戊、唐朝時期

帛書《古文孝經》。

據郭忠恕《汗簡》卷七引李士訓《述異》云：「大曆初，予帶經鋤瓜於灞水之上，得石函，有絹素《古文孝經》一部，二十二章，壹仟捌佰柒拾貳言。初傳與李太白，白授當塗令李陽冰，陽冰盡通其法，上皇太子焉。」「大曆」是唐代宗李豫的年號，在公元 766 年至 779 年。「灞水」，亦作「霸水」，今 　灞河，在陝西省中部。《水經注·渭水》曰：「灞者，水上地名也。古曰滋水矣。秦穆公霸世，更名滋水為霸水，以顯霸功。水出藍田縣藍田谷。」「絹素」，指抄寫《古文孝經》的材料，即帛書。這是帛書出土的最早記載。該帛書是李士訓在灞水之上鋤瓜時得於瓜田，所記云：「二十二章，壹仟捌佰柒（柒）拾貳言」，可見出土時在石函中保存完好，並有統計字數。李陽冰是唐代篆學大家，對古文字有所造詣。帛書當是用秦漢文字所書，所以李白只好求教於李陽冰，陽冰盡通其法。李零先生認為此帛書有可能是東漢時寫本。（同上）

以上是傳世文獻中所記載歷代出土簡帛書籍的主要情況。在那漫長的時期裡，雖有多次發現，但記載下來的並不很多，且出土實物也皆已不存。在古代，由於考古工作尚不發達，所以多數簡帛的出土為偶然發現，或出古壁，或出老屋，或出田間，或出墓葬，沒有給後人留下科學的出土記載。除了個別出土書籍引起當時學者注意外，如孔壁古文、汲冢竹書等，其餘皆一現而逝，其出土價值遠遠未能發掘出來。因此我們可以說，真正科學地發掘和研究出土簡帛書籍，則是從二十世紀開始的。

二、二十世紀以後的發現

當歷史跨入二十世紀時，近代考古學傳入中國，科學的考古發掘從此開始。二十世紀可以說是簡帛考古大發現的時代，這個時代簡帛的發現，可以概括為：出土地域不斷擴大、簡帛的時代跨度也越來越長、內容越來越豐富、數量不斷在增加、發掘與研究更加國際化幾個特點。僅就出土簡帛書籍來看，從十九世紀末到二十世紀百餘年來，無論從數量上還是內容上都大大超過了前代，用李學勤先生的話來講，就是從「二十世紀七十年代至今，全國不少地點

陸續出土竹木簡和帛書，其年代自戰國到漢代，數量繁多，內涵豐富，足與歷史上艷稱的孔壁古文和汲冢竹書媲美」。（見《中國古史尋證·關於文獻學》，上海科技教育出版社，2002 年版）下面僅就二十世紀出土的主要簡帛書籍按時代簡述如下：

甲、戰國時期

1. 1987 年在湖南省慈利縣石板村 36 號戰國墓中出土了內容為記事性的古書，以記吳、越二國史事為主，與《國語》、《戰國策》、《越絕書》等書的某些記載相同。目前這批簡文正在整理之中，尚未發表。

2. 1981 年至 1989 年在湖北省江陵縣九店公社雨臺大隊發掘的 56 號和 621 號墓中出土有竹簡書籍，其中 56 號墓出土了《日書》，621 號墓出土了與烹飪有關的「季子女訓」。

3. 1993 年在湖北省荊門市沙澤區四方鄉郭店村發掘的 1 號楚墓中出土的道家著作有《老子》甲、乙、丙三種抄本和佚文《太一生水》，儒家著作有《緇衣》、《魯穆公問子思》、《窮達以時》、《性自命出》、《成之聞之》、《尊德義》和《六德》。

4. 1994 年上海博物館從香港文物市場購得兩批不明出土時間和地點的戰國楚簡 1600 餘枚。據專家推測，這兩批竹簡當出土於湖北江陵地區。其內容有《易經》、《性情論》、《緇衣》、《子羔》、《孔子詩論》、《彭祖》、《中弓》、《逸詩》、《武王踐阼》、《內禮》、《子路》、《恒先》、《曹沫之陳》、《夫子答史留問》、《柬大王泊旱》、《相邦之道》、《采風曲目》、《從政》、《容成氏》、《魯邦大旱》、《昔者君老》、《民之父母》、《昭王毀室》等儒家、道家、兵家、雜家等八十多種著作。

5. 1957 年在河南省信陽市長臺關西北小劉莊 1 號楚墓中出土了一部記錄有申徒狄與周公談話的短文，有些學者認為這是一部有關思孟學派的書籍。

6. 1942 年在湖南省長沙東郊子彈庫戰國楚墓盜掘出帛書多件，現分別收藏於湖南省博物館和美國華盛頓賽克勒博物館。據專家們研究，該帛書的內容當為陰陽五行家著作。

乙、秦代簡牘書籍

1. 1975 年在湖北省雲夢縣睡虎地 11 號秦墓出土的竹簡中，除了大部分秦律外（法律內容將在下章「文書類」中敘述），還有類似年譜的《編年記》，有教人如何做吏的佚書《為吏之道》，還有兩種《日書》。

2. 1993 年在湖北省江陵縣荊州鎮郢北村王家臺 15 號秦墓中出土了《日書》、《易占》以及一些法律之書。其中《易占》的內容是首次發現，十分珍貴。

3. 1993 年在湖北省沙市周家臺 30 號秦墓中出土了秦始皇及秦二世時的《曆譜》、《日書》以及一些醫書。

4. 1986 年在甘肅省天水市北道區黨川鄉放馬灘 1 號秦墓中出土了兩種《日書》和《墓主記》。

丙、漢代簡帛書籍

1. 1990 年至 1992 年在甘肅省敦煌懸泉置遺址出土了大量的簡牘文書，其中也出土了《日書》、《醫方》、《相馬經》、《急就章》、《蒼頡篇》等書籍。

2. 1959 年在甘肅省武威市新華鄉磨嘴子 6 號漢墓中出土了部分《儀禮》篇章。

3. 1972 年在甘肅省武威市柏松公社下五畦大隊的旱淮坡東漢墓中出土了大量的醫書，內容涉及內科、外科、婦科、五官科、針灸科等。

4. 1973 年在湖南省長沙市馬王堆 3 號漢墓出土了一大批有珍貴價值的竹簡和帛書。竹簡的內容是遣策和四種醫書，發表時將這四種醫書定名為《十問》、《合陰陽》、《雜禁方》、《天下至道談》。帛書的內容十分豐富，大致可分為五大類四十二種：①六藝類有《周易》、《繫辭》、《二三子問》、《易之義》、《要》、《繆和》、《昭力》、《春秋事語》、《戰國縱橫家書》、《喪服圖》。②諸子類有《老子》甲本、《老子》乙本、《五行》（或稱《德行》）、《九主》（或稱《伊尹‧九主》）、《明君》、《德聖》（或稱《四行》）、《經法》、《十大經》（或稱《十六經》）、《稱》、《道原》。③術數類有《五星占》、《天文氣象雜占》、《陰陽五行》甲篇、《陰陽五行》乙篇、《出行占》、《木人占》、《相馬經》、《「太一將行」圖》（或稱《神祇圖》、《避兵圖》）。④兵書類有《刑德》甲篇、《刑德》乙

篇、《刑德》丙篇。⑤方技類有《足臂十一脈灸經》、《陰陽十一脈灸經》甲本、《陰陽十一脈灸經》乙本、《脈法》、《陰陽脈死候》、《五十二病方》、《卻穀食氣》、《導引圖》、《養生方》、《雜療方》、《胎產書》。

5. 1999 年在湖南省沅陵縣城關鎮虎溪山 1 號漢墓中出土了《日書》、《美食方》。

6. 1983 年在湖北省荊州地區江陵縣張家山 247 號漢墓中出土了《脈書》、《引書》、《算術書》、《蓋廬》、《曆譜》；在 249 號漢墓中出土了《日書》；在 258 號漢墓中出土了《曆譜》。

7. 2000 年在湖北省隨州市孔家坡 8 號漢墓中出土了《日書》、術數類書和《曆譜》。

8. 1993 年在江蘇省連雲港市東海縣溫泉鎮尹灣村的 2 號漢墓和 6 號漢墓中出土了《神龜占》、《六甲占雨》、《博局占》、元延元年、三年《曆譜》、《神烏傳（賦)》、《刑德行時》、《行道吉凶》。

9. 1972 年在山東省臨沂縣 1 號漢墓中出土了《孫子兵法》、《孫臏兵法》、《六韜》、《尉繚子》、《晏子》、《守法守令等十三篇》、《論政論兵》類五十篇，《陰陽時令占候》類十二篇以及一些佚文。

10. 1977 年在安徽省阜陽市雙古堆 1 號漢墓中出土了《詩經》、《周易》、《蒼頡篇》、《年表》、《大事記》、《萬物》、《作務員程》、《行氣》、《相狗經》、《刑法》、《日書》、《辭賦》，此外還出土了兩塊記有書籍篇題的木牘，可惜兩塊木牘所記篇題的內容在出土簡牘中沒有找到。

11. 1973 年在河北省定縣城關八角廊村 40 號漢墓中出土了《論語》、《儒家者言》、《太公》、《文子》、《日書》、《六安王朝五鳳二年正月起居記》以及一些占卜類書籍的殘簡。

12. 1978 年在青海省大通縣上孫家寨 115 號漢墓中出土了大批有關兵法、軍法、軍令等內容的書籍。

13. 1980 年在陝西省西安市漢長安城未央宮遺址前殿 A 區出土了一批有關病歷、醫方類竹簡。

　　以上是二十世紀前後出土簡帛書籍的主要情況，它們有的出自古壁老屋，有的出自墓葬遺址，有的出自民間收藏，但以出自墓葬者為多，尤其是在二十

世紀出土的簡帛書籍，百分之九十九以上出自墓葬，很少一部分出自遺址。在我國，自古就有以書籍作為陪葬品的風俗，如死者生前喜歡讀書，或因工作需要而家有藏書者，死後家人就會把墓主人生前喜歡的書籍放入墓中作為陪葬品。在傳世文獻中也可以看到這樣的記載，如《後漢書·周磐傳》中就記載說：「磐少游京師，學《古文尚書》、《洪範五行》、《左氏傳》，好禮有行，非典莫不言，諸儒宗之。」「建光元年，年七十三，歲朝會集諸生，講論終日，因令其二子曰：『吾日者夢見先師東里先生，與我講於陰堂之奧。』既而長嘆：『豈吾齒之盡乎！若命終之日，桐棺足以周身，外椁足以周棺，斂形懸封，濯衣幅巾。編二尺四寸簡，寫《堯典》一篇，並刀筆各一，以置棺前，示不忘聖道。』」李零先生在〈簡帛的埋藏與發現〉（《中國典籍與文化》2003 年第 2 期）中認為，古代墓葬以簡帛隨葬，特別是以典籍類的古書隨葬，這可能是後起的習慣，即興起於戰國秦漢的時尚，它在不同時期有不同特點。戰國時期，官學破散，知識下放，私人寫書、藏書的風氣很盛，不僅諸子百家流行，各種實用之書也很流行。愛書在當時是時髦，死了也時髦，隨葬古書是符合時代精神的。在秦代，雖然禁止私學，但以書下葬舊俗不變。當時六藝、諸子是禁書，不能隨葬，但按李斯的說法，法令就是學問，官吏就是老師，醫卜農桑的書也照樣可以讀，「而《易》為筮卜之事，傳者不絕」（《漢書·藝文志》），所以秦代墓葬出土的書籍幾乎全是這一類型。到了漢代，可以漢惠帝四年（前191 年）廢除「挾書令」分為前後兩段，早期高祖、惠帝、呂后時，隨葬的書籍以漢令為主，猶沿秦俗；晚期文帝、景帝時是以隨葬黃老之書為特點，這是新風；更晚一點（武帝以來）則是「文藝復興」，又回到古典的風氣，什麼古書都有。李零先生還認為戰國時出土古書的墓多半是小墓（如郭店楚墓和子彈庫楚墓都是小墓），但大墓也出（如長臺關楚墓就是封君墓）。漢代竹簡也是大小墓都出，但大墓出的比較多（如馬王堆漢墓、雙古堆漢墓和八角廊漢墓都是諸侯王一級）。帛書目前只出土過兩批，子彈庫帛書出自小墓，馬王堆帛書出自大墓。可見出不出古書，不在墓的大小。在古代墓葬中，竹簡、帛書是比較特殊的隨葬品，它們的種類和數量同墓主的身份地位沒有直接的關係，不像棺椁、衣衾和銅器、玉器，可以根據其等級對號入座。特別是隨葬書籍，它的出現，一開始就是一件「個人化」的事情，它跟個人愛好的關係比較大，同身份地位的關係比較小。

第二節　簡帛書籍的分類

　　書籍的分類屬於目錄學範疇，在古典目錄書中，分類和目錄幾乎成了骨肉不可分的關係。如果只是隨意登錄一下書籍的目錄，不加以類編排，那麼這種目錄必然是混亂雜陳，無法區別和檢用，如果有了分類的書籍目錄，人們就可以按照書籍內容的門類去查找所需的書籍，以探求知識的寶藏。

　　按照書籍的內容和性質對圖書進行分類，在我國起源甚早，如我國現存最早的文獻匯編《尚書》中就有典、謨、誥、誓等不同體裁的分類。古代所謂禮、樂、射、御、書、數就是六種不同學科的分類。戰國時期，諸子百家紛起爭鳴，各成流派，學術分類之說更盛。孟子把當時的學術大別為儒、墨、楊三家，並認為「逃墨必歸於楊，逃楊必歸於儒」。《莊子‧天下》篇把當時的學術分為七派，並提出各派的首倡者，述其要旨，詳其得失。《荀子‧非十二子》、〈天論〉、〈解蔽〉等篇中介紹了當時不同的學術流派，有人認為這是因為「書」非出於一手的緣故，但也從另一個側面反映了當時確有不同的學術分類。在《淮南子‧要略》中，不僅記載了各流派的人物，而且還推源溯本地去探求了各類學術的源流起因。西漢史學家司馬談在其所著〈論六家要旨〉中，不僅對當時的學術比較全面地劃分了學派，而且還評論了當時各學派的優劣，並指出了當時各學派的實際應用價值。更重要的是司馬談的〈論六家要旨〉對後來劉向、劉歆父子編次《諸子略》的分「家」有著明顯的影響。

　　真正的由國家組織人力、分工合作，對國家圖書進行大規模的全面整理是在公元前一世紀的漢成帝河平三年（前 26 年）。自秦始皇「焚書坑儒」以來，天下圖書散亂佚亡。漢朝建立，「天下既定」，漢惠帝除挾書之律，漢武帝時廣開獻書之路，百餘年間，書積如山。到漢成帝時，又命謁者陳農求遺書於天下。詔光祿大夫劉向校經傳、諸子、詩賦；步兵校尉任宏校兵書；太史令尹咸校數術；侍醫李柱國校方技，而由劉向總其成。他們既有分工，又有合作，開始了對當時所得圖書的全面整理。「每一書已，（劉）向輒條其篇目，撮其旨意，錄而奏之」（《漢書‧藝文志‧敘》）。劉向為圖書撰寫的「書錄」後來被匯編在一起，名曰《別錄》。劉向去逝後，他的兒子劉歆繼承父業，在《別錄》的基礎上進而按書的性質，於漢哀帝建平元年（公元前 6 年）撰成了我國

第一部綜合性的圖書分類總目錄──《七略》。

《七略》的分類主要是依劉向整理圖書時的分工，它分為六藝略、諸子略、詩賦略、兵書略、數術略和方技略六大類，而以「輯略」總冠全書，這就是圖書分類中的六分法。過去有人因《七略》之名而稱之為七分法，這是一種誤解，因為「輯略」實際上是各類序的總匯篇，不是另分一類。東漢史學家班固深明此意，所以他在改編《七略》入《漢書‧藝文志》時就散「輯略」於各類，直接分為六大類。《漢書‧藝文志》對書目的分類與著錄一依《七略》，偶有己意，僅在必要處加以簡略的解釋。其中有分合、刪移、補充之處，則皆標以「出」（調出）、「入」（增入）、「省」（省略）以示區別。

由於《七略》是開創性的圖書分類目錄，所以就難以避免這樣那樣的錯點和不完善，如姚名達先生在其《中國目錄學史‧溯源篇》中所指出的：「諸子略從思想系統分，六藝略以古書對象分，詩賦略以體裁分，兵書略以作用分，數術略以職業分，方技略則兼採體裁作用，其標準已絕對不一，未能採用純粹之學術分類法。」儘管如此，向、歆父子校書，保存了先秦的萬卷古籍，所著《別錄》、《七略》系統分類著錄了西漢末年以前的重要文化典籍，基本上反映了漢代社會的圖書財富，其分類方法也代表了當時的最高水平，他們之所以這樣分類，必然會有當時的道理。我們今天看到的出土秦漢簡帛書籍應以漢人的思想去分析研究，這樣才可能會更接近於當時的事實。

前面已經講過，從出土簡帛書籍的內容和性質看來，凡《漢書‧藝文志》中的六藝、諸子、詩賦、兵書、數術、方技皆有發現。李學勤先生在其《簡帛佚籍與學術史》的〈通論〉中曾經指出：「對於這個時期的簡帛書籍，我一直主張參照《漢書‧藝文志》來分類。這是因為《漢志》本於《別錄》、《七略》，比較適合當世流傳書籍的情況。」他在《重寫學術史‧簡帛書籍的發現及其影響》中又說：「（簡帛）書籍，指的是狹義的書，依《漢書‧藝文志》的分類，有六藝（經）、諸子、詩賦、兵書、數術、方技等。《漢志》未收的，如法律，遵照後來的目錄傳統也可以列入。」（河北人民出版社，2002 年版）下面我們就沿用《漢書‧藝文志》的辦法，對出土簡帛書籍進行一些分類或說明。

一、六藝

「六藝」本來是指古代貴族接受教育的六門功課，它包括：禮、樂、射、御、書、數。這六門功課並不確指讀什麼書，而主要是接受某些道德修養和技能訓練。到了孔子的時候，六藝已經變成了用來教育學生的六種書，即《詩》、《書》、《禮》、《樂》、《易》、《春秋》。《漢書・藝文志》云：「六藝之文，《樂》以和神，仁之表也；《詩》以正言，義之用也；《禮》以明體，明者著見，故無訓也；《書》以廣聽，知之術也；《春秋》以斷事，信之符也。五者，蓋五常之道，相須而備，而《易》為之原。故曰『《易》不可見，則乾坤或幾乎息矣』，言與天地為始終也。至於五學，世有變改，猶五行之更用事焉。」這是講「六藝」的功用，即讀了這些書之後應達到的目的。如果從體裁類別方面講，「詩」指詩歌，即古之樂府；「書」指先王遺教，屬文史修養類；「禮」指古代的禮儀，故曰「禮經三百，威儀三千」，後來也包括律令和政典類書籍；「樂」指古代的音樂，屬陶冶情操、道德修養類；「易」是占卜之書，屬於當時的科學和哲學類書籍；「春秋」指古代的歷史書籍。在《漢書・藝文志・六藝略》中，除了上述書籍外，還有《論語》、《孝經》、小學三種書，這三種書在當時學校誦習的課本。清人王鳴盛在《蛾術篇》卷一中曾經指出：「《論語》、《孝經》皆記夫子之言，宜附於經，而其文簡易，可啟童蒙，故雖別為兩門，其實與文字同為小學。小學者，經之始基，故附經也。」

出土簡帛「六藝」類有如下書籍：

甲、詩

《漢書・藝文志》云：「《書》曰：『詩言志，歌詠言。』故哀樂之心感，而歌詠之聲發。誦其言謂之詩，詠其聲謂之歌。故古有採詩之官，王者所以觀風俗，知得失，自考正也。孔子純取周詩，上採殷，下取魯，凡三百五篇。遭秦而全者，以其諷誦，不獨在竹帛故也。漢興，魯申公為《詩》訓故，而齊轅固生、燕韓生皆為之傳。或取《春秋》，採雜說，咸非其本義。與不得已，魯最為近之。三家皆列於官學。又有毛公之學，自謂子夏所傳，而河間獻王好之，未得立。」

1. 阜陽雙古堆漢簡《詩經》

案：該竹簡 1977 年出土於安徽省阜陽縣雙古堆 1 號漢墓。墓主是西漢汝陰侯夏侯竈，他卒於漢文帝十五年（公元前 165 年）。阜陽漢簡《詩經》是目前所知最早的《詩經》抄本，出土時竹簡嚴重殘損，經過清理，僅存長短不一的簡片 170 餘枚。與今本《毛詩》對勘，知有《國風》和《小雅》兩種。《國風》有《周南》、《召南》、《邶》、《鄘》、《衛》、《王》、《鄭》、《齊》、《魏》、《唐》、《秦》、《陳》、《曹》、《豳》等殘片，只有《檜風》未見，計有殘詩（有的僅存篇名）65 首。《小雅》則僅存《鹿鳴之什》中的四首詩的殘句。從文字上看，和今本《毛詩》有許多不同。李學勤先生認為「可以肯定不屬於齊、魯、韓三家詩」，「它不屬於傳統上習知的經學系統」。阜陽雙古堆在原楚國境內，可能是楚地經學的孑遺，入漢後漸歸亡佚。（《李學勤集‧新發現簡帛與秦漢文化史》，黑龍江教育出版社，1989 年版）

2. 上海博物館藏戰國楚簡《孔子詩論》

案：該批楚簡是上海博物館於 1994 年 5 月從香港文物市場購得。出土地點和時間不明，據專家推論，出土地點應在今湖北省江陵一帶。《孔子詩論》共有 31 枚簡（其中有兩枚簡為它篇論及《詩》的，被附於考釋中），完整的竹簡長 55.5 釐米，寬 0.6 釐米，厚 0.11 釐米。全書 31 枚簡，共有 980 餘字，記載了 60 篇詩。全書內容都是孔子弟子就孔子授《詩》內容的追記，其中有些孔子對詩歌的論述不見以往古書記載。據馬今洪先生介紹：「竹簡中還首次發現了一些當時的詩歌，這些詩歌並不見諸《詩經》，但藝術風格與《詩經》頗為相似。」簡文中還「記載了《詩經》以外的佚詩和若干詩篇篇名，以及弦歌時規定的音高等內容，填補了先秦文獻的空白。」「今本《詩經》內容有《國風》、《小雅》、《大雅》和《頌》，竹簡《孔子詩論》中與此顛倒，稱為《訟》、《大夏》（夏、雅通）、《小夏》和《邦風》（漢儒為避劉邦諱，邦改為國）。《詩論》序中的論次也和今本《詩經》中的大序相反，許多詩句用字也和今本《詩經》不同。竹簡《孔子詩論》沒有今本《詩經》小序中『諷刺』、『讚美』的內容。」（《簡

帛的發現與研究》，上海書店出版社，2002 年）竹書原無書題，「孔子詩論」是馬承源先生據竹簡內容所定。李學勤先生認為全篇《詩論》「可分為十二章」，「非出自孔子之手，也不像《論語》那樣直記孔子言行，而是孔門儒者所撰，內中多引孔子親說」。「《詩論》的作者能引述孔子論《詩》這麼多話，無疑和子思一般，有著與孔子相當接近的關係。符合這個條件、能傳《詩》學的人，我認為只能是子夏」，「從傳世文獻推考，子夏很可能是《詩論》的作者」。（《上博館藏戰國楚竹書研究·〈詩論〉的體裁和作者》，上海世紀出版集團、上海書店，2002 年版）

乙、書

《漢書·藝文志》云：「《易》曰：『河出圖，雒出書，聖人則之。』故《書》之所起遠矣。至孔子纂焉，上斷於堯，下訖於秦，凡百篇，而為之序，言其作意。秦燔書禁學，濟南伏生獨壁藏之。漢興亡失，求得二十九篇，以教齊魯之間。訖孝宣世，有《歐陽》、《大小夏侯氏》立於學官。《古文尚書》者，出孔子壁中。武帝末，魯共王壞孔子宅，欲以廣其宮，而得《古文尚書》及《禮記》、《論語》、《孝經》凡數十篇，皆古字也。共王往入其宅，聞鼓琴瑟鍾磬之音，於是懼，乃止不壞。孔安國者，孔子後也，悉得其書，以考二十九篇，得多十六篇，安國獻之。遭巫蠱事，未列於學官。劉向以中古文校歐陽、大小夏侯三家經文，《酒誥》脫簡一，《召誥》脫簡二，率簡二十五字者，脫亦二十五字，簡二十二字者，脫亦二十二字，文字異者七百有餘，脫字數十。《書》者，古之號令，號令於眾，其言不立具，則聽受施行者弗曉。古文讀應爾雅，故解古今語而可知也。」

1. 河間獻王劉德徵集《尚書》
案：見《漢書·河間獻王劉德傳》。

2. 孔壁本《古文尚書》
案：見《漢書·藝文志》。

3. 杜林漆書本《古文尚書》

案：見《後漢書・杜林傳》。

4. 河內女子老屋《尚書》二篇
案：見《論衡・正說篇》。

　　在二十世紀出土的簡帛文獻中尚未發現《尚書》文本，但在一些出土簡帛書籍中卻發現了有引用《尚書》的情況。如在郭店楚簡和上海博物館藏戰國楚竹書《緇衣》中就引用了〈尹誥〉一條、〈君牙〉一條、〈呂刑〉三條、〈君陳〉二條、〈祭公之顧命〉一條、〈康誥〉一條、〈君奭〉一條，共十條。其中〈尹誥〉即〈書序〉的〈咸有一德〉，屬於所謂的《古文尚書》，而〈祭公之顧命〉則相當於《逸周書・祭公》。此外，在郭店楚簡的《成之聞之》中也有引用《尚書》的情況，其中有〈大禹〉一條、〈君奭〉三條、〈□命〉一條、〈康誥〉一條，共六條。其中〈□命〉一條為逸書。從這些引用《尚書》文本的情況來看，它對研究《尚書》的成書與流傳都是很有幫助的。

　　丙、易

　　《漢書・藝文志》云：「《易》曰：『宓戲氏仰觀象於天，俯觀法於地，觀鳥獸之文，與地之宜，近取諸身，遠取諸物，於是始作八卦，以通神明之德，以類萬物之情。』至於殷、周之際，紂在上位，逆天暴物，文王以諸侯順命而行道，天人之占可得而效，於是重《易》六爻，作上下篇。孔氏為之《彖》、《象》、《繫辭》、《文言》、《序卦》之屬十篇。故曰《易》道深矣，人更三聖，世歷三古。及秦燔書，而《易》為筮卜之事，傳者不絕。漢興，田何傳之。訖於宣、元，有施、孟、梁丘、京氏列於學官，而民間有費、高二家之說。劉向以中《古文易經》校施、孟、梁丘經，或脫去『無咎』、『悔亡』，唯費氏經與古文同。」

1. 河內女子老屋《易》二篇
案：見《論衡・正說篇》。

2. 汲冢本《易經》二篇

案：見《晉書‧束皙傳》。與《周易》上、下經同。

3. 汲冢本《易繇陰陽卦》二篇

案：見《晉書‧束皙傳》。與《周易》略同，《繇辭》則異。

4. 汲冢本《卦下易經》一篇

案：見《晉書‧束皙傳》。似《說卦》而異。

5. 汲冢本《公孫段》二篇

案：見《晉書‧束皙傳》。公孫段與邵涉論《易》。

6. 上海博物館藏戰國楚簡《周易》

案：1994 年 5 月從香港文物市場購得。出土時間及地點不明，據專家推測，出土地應在今湖北省江陵一帶。該書是迄今為止所見最古的《易經》寫本。簡長 44 釐米，三道編繩，每簡約書寫 44 字，書體工整嚴謹。共計 58 簡，涉及三十五卦內容，約 1800 餘字。原無書題，「周易」二字是整理者根據竹書內容所定。簡中出現有紅、黑等六種標記。其內容與今本《易經》有一些相異之處，它的發現，對解決易學研究中所謂的「九六」之爭等問題有著重要的意義。如果與馬王堆帛書《周易》經傳、阜陽漢簡《周易》乃至王家臺秦簡《歸藏》進行比較研究，將使我們對卦、爻辭等問題有更準確的理解。

7. 馬王堆帛書《周易》

案：1973 年出土於湖南長沙馬王堆 3 號漢墓。它抄寫在一幅寬 48 釐米、長約 85 釐米的絲帛上，共 93 行，約有 4900 餘字。原書無書題，「周易」二字是整理組根據內容所定。該書有經、傳兩部分，經文除個別字殘損外，六十四卦的卦象、卦辭、爻辭完整無缺。每卦均有卦圖，帛上有朱絲欄界格，書寫體為規範的漢隸。與傳世本相比，帛書本的卦序與傳世本有很大的不同。傳世本分上經、下經，上經三十卦，始於乾，終於離；下經三十四卦，始於咸，終於未濟。帛書本則不分上、下經，始於鍵

（乾），終於益，其排列順序有規律可尋，即將八卦按照陰陽關係排成鍵
（乾）川（坤）、根（艮）奪（兌）、贛（坎）、羅（離）、辰（震）筭
（巽），然後以鍵、根、贛、辰、川、奪、羅、筭為上卦，以上述陰陽組合
的鍵、川、根、奪、贛、羅、辰、筭為下卦，再以上卦的每一卦分別與下
卦的八卦組合而形成六十四卦。這種排列方法與漢石經、傳世本完全不
同，因此帛書本《周易》雖然是比較原始，或者說是別一系統的傳本。此
外，在卦辭、爻辭的文字上與傳世本也有很多差異。李學勤先生在〈馬王
堆帛書《周易》的卦序卦位〉一文中指出：「由帛書的卦序，至少可以看
到這樣幾點：第一，帛書《周易》的經傳是互相結合、密不可分的。第
二，帛書卦序已經包含了八卦取象的觀念。第三，帛書的卦序充分貫穿了
陰陽對立交錯的觀念。」此外，他還指出：帛書本的卦序蘊含著陰陽學的
哲理，在體現陰陽規律這一點上，帛書本顯然勝於傳世本。（見《簡帛佚
籍與學術史》，臺灣時報文化出版有限公司，1994 年版）「帛書《周易》是
文帝初年寫本，因而和《序卦》不仿說是並存的（《序卦》至遲漢初業已
存在）。長沙和淮南兩地晚周時同為楚境，這又表明卦序不同兩本《周
易》在當時都在這一地區流傳，不能因為帛書在長沙發現，認為楚地《周
易》都是帛書這樣本子」。（見《失落的文明》頁 131，上海文藝出版社）
帛書本《周易》是楚簡本《周易》與傳世本中的一個中間環節。

8. 馬王堆帛書《二三子問》上、下篇

　　案：1973 年出土於湖南長沙馬王堆 3 號漢書。該帛書與上述帛書《周
易》同抄在一幅帛上，共 36 行，約 2500 餘字。帛書出土時嚴重殘損，現
存原件分作 4 塊高 24 釐米、寬約 10 釐米的長方形殘片，經過拼綴後可以
看出，原書是抄寫在寬 48 釐米的整幅帛上的，帛書中劃有朱絲欄界格，
書寫字體為比較規範的漢隸。帛書原無書題，「二三子問」是張政烺先生
根據帛書首句所定。儘管原帛多有殘缺，但其文字大致可讀。其內容主要
是問答的形式，分別對乾、坤、鼎、晉、屯、同人、大有、謙、豫、中
孚、少過、恒、解、艮、豐、未濟等卦的部分卦、爻辭進行了頗具儒家哲
學色彩的解說，很顯然它是儒家「易傳」的一種佚書。已故的于豪亮先生
曾提出本書應分為二篇來分析（見〈帛書《周易》〉，《文物》雜誌 1984 年

第 3 期)。李學勤先生在其〈帛書《周易》的幾點研究〉中認為:「《二三子問》在經文之後,第一大塊還有文字三十六行。在其第十六行的下端『故曰夕沂若厲無咎』句尾,留有三個字位置的空白,這很像是一篇的終了,所以于(豪亮)文認為此處有傳文兩篇。不過,第十七行的上端有缺損,不能知道本來有沒有墨釘記號,同時第十六行以前一段和第十七行以後一段所論都是乾、坤二卦,文意貫通。」「按先秦到漢初的書籍,常有篇分上、下的情形。今傳本《繫辭》也分為上下,都是內容銜接而分作兩篇,每篇字數也不很多。《二三子問》第十六行之末既有空白,看來仍以在此劃分上下為好。」(見《簡帛佚籍與學術史》)

9. 馬王堆帛書《繫辭》

案:1973 年出土於湖南長沙馬王堆 3 號漢墓。該帛書與另外幾篇《易傳》古佚書《要》、《易之義》、《繆和》、《昭和》一起抄在一幅 48 釐米寬的整幅帛上,篇首有長方形墨釘標識記號,帛書中有朱絲欄界格,抄寫文字是規範的漢隸。該書共有 47 行,約有 3000 餘字。它始於今傳本上篇的首章,終於今傳本下篇的末章,但帛書《繫辭》沒有今傳本的第八章「大衍之數五十」章和《繫辭下》的第五、六、八章及第七章的一部分。陳松長先生認為:「今傳本《繫辭上》的第八章主要是討論筮法的內容、結構、作用以及行筮的方法、步驟的,其本身與《繫辭》所著重闡述的《易》學原理有根上的區別。而今傳本《繫辭下》的第五、六、八章和第七章的一部分,其內容又是稱述周文王、顏回等儒家賢哲的文字,與《繫辭》所強調的《易》學理論亦有極大的差距,因此,沒有這些內容,帛書《繫辭》的思想連貫性似乎更明確一些。」(見《帛書史話》,中國大百科全書出版社,2000 年版)李學勤先生認為:「《繫辭》是成篇很早的古籍,其年代不會晚於戰國中葉。」(見《簡帛佚籍與學術史‧帛書〈周易〉的幾點研究》)

10. 馬王堆帛書《易之義》

案:1973 年出土於湖南長沙馬王堆 3 號漢墓。它和上述帛書《繫辭》連著抄寫在同一幅 48 釐米寬的帛上,篇首頂端有墨釘標識符號,書中有

朱絲界欄。文字形體和《繫辭》如出一轍，是規範的漢隸。全書共約 45
行，約 3000 餘字。原書無書題，「易之義」是張立文先生據其首句「子曰
易之義」將其定名為《易之義》，它是有別於《繫辭》的《易傳》古佚
書。帛書《易之義》文中用黑圓點符號將其文意隔分為若干章節，但因帛
書本身殘缺較多，其確切的章節數目無法判定。從其內容來看：其第一行
至第二行是講陰陽和諧相濟，是《易》之精義；第三行至第十行是對《周
易》的許多卦義進行陳述，其解釋多從卦名入手；第十三行至第十五行講
占、數、卦、爻所產生的原因，文字與今傳本《說卦》的前三章基本相
同，內容比較完整，但「天地定立（位）」四句卻是根據帛書卦序對《說
卦》的文字進行了改造；第十六行至第二十一行是闡述鍵川之「參說」；
第二十二行至第三十四行是分別闡述鍵川之「羊（詳）說」；從第三十四
行至第四十五行為今傳本《繫辭下》的第六章、第七章、第八章、第九章
（依朱熹《本義》所分）。通篇來看，這種古佚書主要是對陰陽關係在
《易》學中的重要性的闡述，其內容有較多儒家思想的傾向。

11. 馬王堆帛書《要》

案：1973 年出土於湖南長沙馬王堆 3 號漢墓。它和上述帛書《繫
辭》、《易之義》以及下面的《繆和》、《昭力》同抄在一幅寬 48 釐米的絹
帛上，緊接著《易之義》抄寫。篇首頂端有殘存的墨釘標識符號，篇尾有
題記「要千六百卌八」六字，由此可知本帛書原名《要》，全書共有一千
六百四十八字。出土時帛書篇首幾行已殘損，現根據其所記實際字數和每
行所寫的大致字數推斷，全文共約 24 行，篇首大約殘缺 6 行左右。帛書
中有朱絲欄界格，用比較規範的漢隸抄寫。書中也有用作區分章節的黑圓
點標識符號，由於篇首部分有所殘缺，所以具體章節數目不得而知。據所
存內容來看，全書大致可分為如下幾個部分：從第八行至第十二行「此之
胃也」屬於一章，其內容主要是今傳本《繫辭下》第五章的後半部分（依
朱熹《本義》所分），主要是借《易》理闡述「君子安其身而後動，易其
心而後評，定位而後求」的重要性；從第十二行「夫子老而學《易》」至
第十八行「祝巫卜筮其後乎」為一章，主要是記載孔子晚年與子貢論
《易》之事，著重敘述了孔子晚年好《易》的原因；從第十八行的最後兩

字至篇尾（第二十四行）為一章，主要記敘了孔子對其門人弟子講述《周易》損益二卦的內容和哲理。李學勤先生認為：「〈孔子世家〉『晚而喜《易》』一段放在魯哀公十一年（公元前 484 年）孔子歸魯之後，當時孔子已六十八歲，處於其生活的最後階段。查《左傳》哀公十一年，子貢正在魯國。至哀公十五年冬，子服景伯前往齊國，子貢為介。第三年四月，孔子逝世，子貢批評哀公的致誄，隨後為孔子盧墓六年。孔子、子貢間發生《要》篇所記的對話，恰合於當時的情事。」「《史》、《漢》都記載了孔子傳《易》於商瞿，實則孔門徒裔受《易》的未必限於商瞿一人，帛書所述子貢之事即其一例。從現存儒家作品看，《禮記・表記》、〈坊記〉、〈緇衣〉均引孔子語，證以《易》文，這幾篇出於《子思子》，說明子思也長於《易》學。帛書《易傳》可能出於南方的傳授。《要》篇特稱子貢，是否與子貢曾到吳越有關，尚不便推測。」（見《簡帛佚籍與學術史・從〈要〉篇看孔子與〈易〉》）

12. 馬王堆帛書《繆和》、《昭力》

案：1973 年出土於湖南長沙馬王堆 3 號漢墓。帛書《繆和》、《昭力》與上述《繫辭》、《易之義》、《要》同抄在一幅寬約 48 釐米的絹帛上。《繆和》緊接《要》抄寫，篇首另起一行，篇首塗有墨釘標識符號，從「繆和問於先生曰」開始，以「觀光之國明達矣」結尾。篇末空一字位置，題有標題「繆和」二字，但無字數統計。《昭力》緊接《繆和》抄寫，篇首另起一行，但無墨釘標識符號，從「昭力問曰」開始，以「良月幾望□□之義也」結尾。篇末空一字位置後題有標題「昭力」二字。「昭力」二字後再空一字位置，題有統計字數的尾題「六千」二字，于豪亮先生在〈帛書《周易》〉一文中曾指出「六千」二字應是《繆和》及《昭力》兩篇字數的總和。兩篇共約八十四行，分為二十七段，每段之間用黑色圓點間隔分開。

《繆和》現存約七十行，共分二十四段，約 5000 餘字。廖名春先生曾歸納說：第一段至第五段是繆和向先生問《易》，討論了渙卦九二爻辭、困卦卦辭、□卦、謙卦九三爻辭、豐卦九四爻辭之義；第六段至第八段是呂昌向先生問《易》，討論了屯卦九五爻辭、渙卦六四爻辭、蒙卦卦辭之

義；第九段至第十段是吳孟向先生問《易》，討論了中孚卦九二爻辭、謙卦卦辭之義；第十一段是張射向先生問《易》，也是討論了謙卦卦辭之義；第十二段是李平向先生問《易》，討論了歸妹卦上六爻辭之義。從第十三段至二十四段，解《易》的形式為之一變，它們不再是問答體，而是直接以「子曰」解《易》和從歷史故事證《易》。其中第十三段至第十八段每段皆以「子曰」開頭，依次闡述了複卦六二爻辭、訟卦六三爻辭、恒卦初六爻辭、恒卦九三爻辭、恒卦九五爻辭、坤卦六二爻辭之義。第十九段至二十四段則是先敘述一個歷史故事，再引《易》為證，這種形式，與《韓詩外傳》解《詩》如出一轍。具體來講，第十九段是以商湯田獵、德及禽獸的故事來闡明比卦九五爻辭之義，第二十段是以魏文侯禮過段干木之閭的故事來闡明比卦九五爻辭之義；第二十一段是以吳太子辰歸（饋）冰八管，置之江中，與士人同飲而大敗荊人的故事來闡明謙卦上六爻辭之義；第二十二段是以倚相說荊王從越分吳的故事來闡明睽卦上九爻辭之義；第二十三段是通過沈尹樹（戍）陳說伐陳之利來闡明明夷卦六四爻辭之義；第二十四段是史黑（默）向趙簡子分析衛不可伐的故事來闡明觀卦六四爻辭之義。這種大量地用歷史故事來解說《易》卦爻辭之旨的方法可以說是開了以史證《易》派的先河。（《道家文化研究》第三輯〈帛書《繆和》、《昭力》簡說〉，上海古籍出版社）

《昭力》現存十四行，分為三段，約 930 餘字。該書開篇沒有墨釘標識符號，但書末空一字後有「昭力」二字，為該書書題。全書都是以昭力問《易》，先生作答的形式來闡發君、卿、大夫之義。第一是闡發師卦六四爻辭、大畜卦九三爻辭和六五爻辭的「君卿王王之義」；第二段是闡發師卦九二爻辭、比卦九五爻辭、泰卦上六爻辭的「國君之義」；第三段是闡述「四勿之卦」之義。與《繆和》等比較，《昭力》解《易》有較強的綜合性，其闡發的爻辭義理則全是儒家色彩很濃厚的政治思想。

李學勤先生認為：「帛書《周易》其整體形成是很遲的，有可能晚至秦亡以後，它應該是楚地《易》學一派整理的結果，而《繆和》、《昭力》篇所記諸人，便是這一派的經師。」（見《簡帛佚籍與學術史・帛書〈周易〉的幾點研究》，臺灣時報文化出版企業有限公司，1994 年版）

至於《繆和》、《昭力》兩篇為什麼抄在一起，又要合起來統計字數？

陳松長先生認為：從這兩篇內容上看，也許本就是一篇，大概是因為《繆和》的篇幅較長，故在中間題一標記，而《昭力》另起一行時，並不加墨釘來區別，只在篇末題署整篇的字數。或者說《繆和》、《昭力》本就是一篇的上、下篇亦未嘗不可，因為這兩個篇名本來就是取開篇的人名命名的，對其內容並沒有什麼概括性。」（見《帛書史話》，中國大百科全書出版社，2000 年版）

丁、禮

《漢書・藝文志》云：「《易》曰：『有夫婦父子君臣上下，禮義有所錯。』而帝王質文世有損益，至周曲為之防，事為之制，故曰：『禮經三百，威儀三千。』及周之衰，諸侯將踰法度，惡其害己，皆滅去其籍，自孔子時而不具，至秦大壞。漢興，魯高堂生傳《士禮》十七篇。訖孝宣世，后倉最明。戴德、戴聖、慶普皆其弟子，三家立於學官。《禮古經》者，出於魯淹中及孔氏，與十七篇文相似，多三十九篇。及《明堂陰陽》、《王史氏記》所見，多天子諸侯卿大夫之制，雖不能備，猶瘉倉等推《士禮》而致於天子之說。」

1. 孔壁本《禮記》

案：見《漢書・藝文志》。武帝時，魯恭王壞孔子宅，欲以廣其宮，得《禮記》等書，皆用古文字抄寫。

2. 河間獻王徵集本《周官》

案：見《漢書・河間獻王劉德傳》。劉德所得《周官》為李氏所上，在原書六篇中缺最後一篇，劉德以《考工記》補之，奏進於漢武帝。

3. 河間獻王徵集本《禮記》

案：見《漢書・河間獻王劉德傳》。劉德修學好古，所得多先秦古文舊書。

4. 河間獻王徵集本《禮》

案：同上。

5. 河內女子發老屋得《禮》二篇

案：見《論衡・正說篇》。漢宣帝時，河內郡氏女拆老屋時發現一篇奏之，宣帝下示博士，又益一篇。

6. 魯淹中本《禮古經》五十六卷，《經》十七篇

案：見《漢書・藝文志》，云：「《禮古經》者，出於魯淹中及孔氏，與十七篇文相似，多三十九篇。」此書為漢武帝時出土於孔子故里曲阜城內淹里中。

7. 汲郡本《名》三篇

案：見《晉書・束皙傳》。太康二年（或云太康元年），汲郡人不准盜魏襄王（或言安釐王）墓所得。〈束皙傳〉云：該書「似《禮記》，又似《爾雅》、《論語》。」陳夢家先生將其列入「雜類」（見其著《汲郡竹書考》），今姑且列入禮類。

8. 武威磨嘴子漢簡《儀禮》甲、乙、丙

案：1959 年 7 月出土於甘肅省武威縣磨嘴子 6 號漢墓。《儀禮》簡共有 469 枚，可分為甲、乙、丙三種寫本：

甲本存 398 枚木簡，為傳本《儀禮》中的〈士相見之禮第三〉16 枚、〈服傳第八〉57 枚、〈特牲第十〉49 枚、〈少牢第十一〉45 枚、〈有司第十二〉74 枚、〈燕禮第十三〉51 枚、〈泰射第十四〉106 枚，共有七篇。原簡皆有篇題如上，都書寫在篇首第一、二支簡簡背，篇名寫在第二簡簡背，篇名序數寫在第一簡簡背。木簡下端都寫有每篇編簡的順序號，有的連貫，有的不連貫；有的寫在木簡正面，有的寫在木簡背。除〈服傳〉外，每篇篇尾都寫有全篇的統計字數，文內有黑圓點間隔符號。甲本木簡長約 55.5 釐米，有四道編繩。每簡容字不等，多數在 60 字左右，甲本七篇共存 22971 字，其中〈士相見〉篇原簡尾題字數為 1020 字，實存 939 字；〈服傳〉篇原簡無尾題字數，實存 3440 字；〈特牲〉篇原簡尾題字數為 3440 字，實存 3118 字；〈少牢〉篇原簡尾題字數為 2954 字，實存 2801 字；〈有司〉篇原簡尾題字數為 4800 字，實存字數為 4362 字；〈燕禮〉篇

原簡尾題字數為 3066 字，實存經文 2158 字，記文 305 字；〈泰射〉篇原簡題字數為 6858 字，實存 6145 字。

乙本存 37 枚木簡，較甲本短而狹窄，簡長 50.5 釐米，寬 0.5 釐米。其內容僅有今傳本《儀禮》中的〈服傳第八〉一篇。篇題「服傳」寫在篇首第二簡簡背，篇序「第八」寫在篇首第一簡簡背。木簡下端無編簡序碼，篇尾無計字尾題。出土時該篇木簡部分殘斷嚴重，但經過綴合仍可看出本來面貌。該篇木簡有四道編繩。簡上的字寫的較小，每簡約容字在 100 字左右，其中第 17 簡容字多為 123 字，幾乎是甲本一簡容字的倍數。乙本〈服傳〉存字為 3042 字。

丙本為竹簡，共存 34 枚。出土時殘斷嚴重，且多卷曲，無一完整可度者，從第 31 簡綴合臨摹本度之，長約 56.5 釐米，寬約 0.9 釐米。該篇內容為今傳本《儀禮》中的〈喪服〉一篇。出土時篇首殘缺，篇尾有計字尾題「凡千四百七十二」七字，實存 1285 字。竹簡下端無編簡順序編碼。該篇竹簡有五道編繩。由於該篇是分章的〈喪服〉經文，每章另行起，所以每簡容字參差不齊，多者五、六十字，少者二、三十字。

武威磨嘴子簡本《儀禮》是西漢晚期某個經師所自誦習的書本，它的出土，使我們又看到了一個鄭玄注、賈公彥疏以外的新的抄本。除甲、乙本〈服傳〉和今傳本有很大的出入外，其它甲本六篇和今本大略相同，丙本〈喪服〉經、記同於今傳本，但它們的篇次既不同於兩戴，又不合於《別錄》、鄭注本。據整理者研究，它是「一個未經打亂師法家法、未經揉合了今文、古文以前的西漢后氏《禮》本。不僅本子而已，它還揭露了西漢中期不同於大、小戴的另一個法家，篇次、章句、文字均有所不同，推定是慶氏之學。如我們推斷不誤，這個慶氏本所以有和今本相同處（特別是〈服傳〉以外六篇），由於它和今本同屬於后氏一個師法；其所以相異（特別是〈服傳〉），由於它是兩戴以外的慶氏之學。」而沈文倬先生認為：西漢晚期傳《禮》學者只有后氏一家，大、小戴和慶氏都是出於后氏之傳，他們的經本其實是一樣的，都是屬於今文本系統。而簡本當是以今文讀古文，因而是揉合今古的另一傳本。沈文倬先生稱之為「古文或本」，他認為今本（鄭玄本）是來源於這個本子。（見《菿闇說禮·喪服傳脫文》，《中華文史論叢》1982 年第 2 輯；〈漢簡《服傳》考〉上、下，《文

史》第 24、25 輯,〈《禮》漢簡異文釋〉,《文史》第 33、35、36 輯,中華書局）

9. 馬王堆帛書《喪服圖》

案：1973 年出土於湖南長沙馬王堆 3 號漢墓。它繪於一幅長 26.2 釐米、寬 48 釐米的整幅絹帛上,全圖由一個朱色的傘蓋和十九個正方形色塊（加上殘缺部分應是二十四塊）組成,從上到下有部分方塊中間有墨線相連,其中左側一線有五塊朱色,其餘均為黑色。圖中有 6 行 56 個字的有關喪服制度的記載,這 56 個字主要記敘了漢初人喪服的有關規定,其中提到了三年之喪、期年、九月、七月等喪服期,但沒有言及三月或更短之喪期者,這與漢文帝遺詔短喪的規定似乎不太吻合,與傳統的喪服記載也有區別。因此,這個《喪服圖》或許是墓主人軚侯家族自己所奉行的喪服制度的一種圖文式的記載。（見陳松長《帛書史話》）

戊、樂

《漢書‧藝文志》云：「《易》曰：『先王作樂崇德,殷薦之上帝,以享祖考。』故自黃帝下至三代,樂各有名。孔子曰：『安上治民,莫善於禮；移風易俗,莫善於樂。』二者相與並行。周衰俱壞,樂尤微眇,以音律為節,又為鄭、衛所亂,故無遺法。漢興,制氏以雅樂聲律,世在樂官,頗能紀其鏗鏘鼓舞,而不能言其義。六國之君,魏文侯最為好古,孝文時得其樂人竇公,獻其書,乃《周官‧大宗伯》之〈大司樂〉章也。武帝時,河間獻王好儒,與毛生等共採《周官》及諸子言樂事者,以作《樂記》,獻八佾之舞,與制氏不相遠。其內史丞王定傳之,以授常山王禹。禹,成帝時為謁者,數言其義,獻二十四卷記。劉向校書,得《樂記》二十三篇,與禹不同,其道浸以益微。」

1. 上海博物館藏戰國楚簡「采風曲目」

案：這些楚簡是上海博物館於 1994 年 5 月從香港文物市場購得。據專家推測,這批楚簡的出土地址應在今湖北省江陵一帶。在上海博物館所藏戰國楚簡中有七枚簡記載了四十首詩的篇名和演奏詩曲吟唱的各種音高,非常奇特。據上海博物館馬承源先生介紹：「在一篇或幾篇成組的篇

名之前寫有一個特定的音名，這些音名用兩個字組成，一是『聲』名，即
是五聲音階的名，其中發現了宮、商、徵、羽四個『聲』名，另有穆、
和、訐等九個變化音名，這些變化音名為前綴，也有後綴。這九個音名是
否就是楚國樂名還不知道，因為詩曲有本地的，也有外地傳入的，但可以
說這是楚國郢都流行詩曲的調名。一個特定的音高下有一篇或幾篇詩名，
說明每一篇詩都有它特定的音高。並不是隨意用任何音高可以自由吟唱
的，可見當時的音樂已經達到較成熟和規範的水平。我們暫時稱這些簡為
《采風曲目》。」（見《上博館藏戰國楚竹書研究‧馬承源先生談上博簡》，
上海書店出版社）在已發現的四十篇詩曲的篇名中，除〈碩人〉和今本
《詩經》同名外，有的與今本《詩經》篇名類似，也有些是今本《詩經》
中所沒有見到的佚詩。有一些詩名十分有意思，如〈子奴思我〉、〈野有
莓〉、〈思之〉、〈良人亡不宜也〉、〈奚言不從〉等，這大約是采風所得初步
整理的曲目資料，也許是郢都流行的歌曲。在七枚詩曲音調的竹簡中記載
了我國古代唱詩時樂器伴奏的四聲和九個音調，這是我國音樂史上的重要
發現。

2.郭店楚簡《樂說》

案：1993 年冬出土於湖北省荊門市郭店 1 號楚墓。1998 年文物出版
社出版的《郭店楚墓竹簡》一書中有一篇名為《性自命出》，李學勤先生
認為：「我覺得被稱為《性自命出》的六十七支簡，恐怕原來不是一篇，
而是兩篇。從簡號一到三六為一篇，中心在於論樂；從簡號三七至六七乃
另一篇，中心在論性情。兩者思想相關，可能共屬一書，然而各為起訖，
不是同一篇文字。將《性自命出》在三六與三七兩支簡之間分開，容易看
出，前面自『凡人雖有性』一直到『不如從樂之速也』都是論樂的，而後
面便與樂無關。」「而更重要的是《性自命出》前半的樂論，其根本思想
與《樂記》一致，即性感於物而生情，而樂足以陶冶性情，發揮教化的作
用。梁沈約、唐張守節都曾說《樂記》係公孫尼子所撰，我討論過，公孫
尼子是孔門七十子之弟子，其學術傾向近於子思，又可能同韓非所說仲良
氏之儒有關。郭店簡儒書多與子思關聯，有這樣的樂論是自然的。」因
此，李先生「建議把《性自命出》的前半獨立出來，稱為《樂說》，餘下

的一半稱為《性情》。」（見《重寫學術史‧郭店簡與〈樂記〉，河北教育出版社》）

己、春秋

《漢書‧藝文志》云：「古之王者世有史官，君舉必書，所以慎言行，昭法式也。左史記言，右史記事，事為《春秋》，言為《尚書》，帝王靡不同之。周室既微，載籍殘缺，仲尼思存前聖之業，……以魯周公之國，禮文備物，史官有法，故與左丘明觀其史記，據行事，仍人道，因興以立功，就敗以成罰，假日月以定曆數，藉朝聘從正禮樂。有所褒諱貶損，不可書見，口授弟子，弟子退而異言。丘明恐弟子各安其意，以失其真，故論本事而作傳，明夫子不以空言說經也。《春秋》所貶損大人當世君臣，有威權勢力，其事實皆形於傳，是以隱其書而不宣，所以免時難也。及末世口說流行，故有《公羊》、《穀梁》、《鄒》、《夾》之《傳》。四家之中，《公羊》、《穀梁》立於學官，鄒氏無師，夾氏未有書。」

據文獻記載，歷史上曾出土過一些「春秋」類著作。進入二十世紀以後，除在新疆樓蘭古城遺址中發現過晉代紙質《左傳》、《國策》殘片外，戰國、秦、漢簡帛「春秋」書籍目前尚未發現，但屬於「春秋」類的史學著作還是出土過一些。現簡述如下：

1. 張蒼獻《春秋左氏傳》

案：見《說文解字‧敘》，但未載書籍來源。張蒼是《左傳》之學的傳人，受學於荀卿，他傳於賈誼，在西漢時流傳不絕。

2. 汲冢本《紀年》十二篇

案：見《晉書‧束晢傳》。晉太康二年出土於汲郡魏襄王墓。〈束晢傳〉云：「記夏以來至周幽王為犬戎所滅，以事接之，三家分（晉），仍述魏事至安釐王之二十年。蓋魏國之史書，大略與《春秋》皆多相應。其中經傳大異，則云夏年多殷；益干啟位，啟殺之；太甲殺伊尹；文丁殺季歷；自周受命，至穆王百年，非穆王壽百歲也；幽王既亡，有共伯和者攝行天子事，非二相共和也。」朱希祖在其所著《汲冢書考》中云：「案

《紀年》十三篇，篇數疑誤。王隱《束晳傳》（載）《紀年》十二卷，《隋書・經籍志》（載）「紀年十二卷並《竹書同異》一卷，則此當作十二卷，方與下總數七十五篇相合。」

3. 汲冢本《國語》三篇

案：見《晉書・束晳傳》。晉太康二年出土於汲郡魏襄王墓。《束晳傳》云：「言楚、晉事。」

4. 汲冢本《穆天子傳》五篇

案：見《晉書・束晳傳》。晉太康二年出土於汲郡魏襄王墓。《束晳傳》云：「言周穆王游行四海，見帝台、西王母。」今有傳本。

5. 汲冢本《周書》

案：見《晉書・束晳傳》。晉太康二年出土於汲郡魏襄王墓。《束晳傳》云：〈雜書十九篇〉，《傳》文說其內容為「周食田法周書論楚事周穆王美人盛姬死事」，學者們對這句話有兩種讀法：一種是作為三種書，讀作《周食田法》、《周書論楚事》、《周穆王美人盛姬死事》；另一種是作為四種書，即把「周書論楚事」五字分讀作《周書》、《論楚事》。朱希祖《汲冢書考》引《晉書・衛瓘傳》所敘衛恆《四體書勢》云：「太康元年，汲縣人盜發魏襄王冢，得策書十餘萬言，古書亦有數種，其一卷《論楚事》者最為工妙，恆竊悅之。」可知《論楚事》別為一書。朱希祖還根據隋、唐《經籍志》皆著錄有「《汲冢周書》十卷」，推算出「雜書十九卷」當分為《周食田法》七卷、《周書》十卷、《論楚事》和《周穆王美人盛姬死事》各一卷。

6. 汲冢本《論楚事》

案：見《晉書・束晳傳》。晉太康二年出土於汲郡魏襄王墓。說見上《周書》案語。

7. 汲冢本《周穆王美人盛姬死事》

案：見《晉書·束皙傳》。晉太康二年出土於汲郡魏襄王墓。說見上《周書》案語。

8. 汲冢本《生封》一篇

案：見《晉書·束皙傳》。晉太康二年出土於汲郡魏襄王墓。〈束皙傳〉云：「帝王所封。」

9. 上海博物館藏戰國楚竹書《容成氏》

案：1994 年初，上海博物館從香港文物市場購得。出土時間、地點不明，據專家推測，這批竹簡的出土地點應在今湖北省江陵一帶。該書原有書題，「容成氏」三字書寫在篇末簡背。《容成氏》現存完殘簡 53 枚，約 2200 字，內容為有關下古帝王的傳說，可分為七部分：第一部分講容成氏等二十一位最古的帝王；第二部分講帝堯以前的高辛氏；第三部分講帝堯；第四部分講帝舜；第五部分講夏禹；第六部分講商湯；第七部分講周文王和周武王。文中談及禹分九州，其州名與《尚書·禹貢》等書所見有異。文王平九邦一事，邦名向未所聞，漢儒不能詳其說，今於此文可以得到補足。

10. 慈利石板村戰國簡「國語」

案：1987 年出土於湖南省慈利縣石板村 36 號戰國墓。出土時竹簡殘損嚴重，無一完整者，據出土殘簡推測，原簡的長度約在 45 釐米左右，寬為 0.4－0.6 釐米。簡文字跡不同，非出自一人之手。簡文書體風格與河南信陽長臺關、湖北江陵望山楚簡相似。簡文內容為記事性的古書，以記吳國、越國二國史事為主，如黃池之盟、吳越爭霸等等，可能與《國語》、《戰國策》、《越絕書》等某些記載相同。目前該批簡文尚未發表，詳細內容不得而知。

11. 馬王堆帛書《春秋事語》

案：1973 年出土於湖南省長沙市馬王堆 3 號漢墓。該書抄寫在寬 24 釐米，長約 74 釐米的半幅絹帛上。每行文字間有直界烏絲欄，其抄寫字

體是由篆變隸過程中的墨書古隸。現存 97 行，分為 16 章。出土時該卷帛書捲在一塊約 3 釐米寬的木片上，由於帛質腐朽，清理時已分裂成 200 餘片碎片。卷首已殘損，無法知道殘損幾行，後面比較完整，尚有餘帛沒有寫字，好像是一件沒有抄寫完的帛書。

帛書《春秋事語》通書不避漢高祖劉邦的諱，其抄寫年代大約在秦末漢初。帛書每章都提行另起，每章章首都有黑圓點（●）分章標識符號，但沒有篇題和書名。每章所記之事彼此不相連貫，不分國別。在現存十六章中，只有第二章關於燕國和晉國的戰爭不見傳世文獻記載外，其它的歷史事件都可以據傳世文獻查明年代。所記史實最早的是魯隱公被殺，最晚的是韓、趙、魏三家滅智伯，其記事年代略與《左傳》相近。張政烺先生在〈春秋事語題解〉中曾經指出：「這十六章的文字，記事十分簡略，而每章必記述一些言論，所占字數要比記事多得多，內容即有意見，也有評論，使人一望而知這本書的重點不在講事實而在記言論。這在春秋時期的書籍中是一種固定的體裁，稱為『語』。語，就是講話。語之為書既是文獻記錄，也是教學課本。」「帛書這個卷子所記皆春秋時事而以語為主，所以我們給它加《春秋事語》這樣一個書名。」（《文物》1977 年第 1 期）

《春秋事語》帛書一出現，就有學者注意到它和《左傳》間的關係。《文物》雜誌 1974 年第 9 期就刊登了一篇〈座談長沙馬王堆漢墓帛書〉的座談紀要。在會上，裘錫圭先生認為這卷帛書很可能是《鐸氏微》一類的書。他說：「據《經典釋文·序錄》，鐸椒是左丘明四傳弟子。這部帛書雖然記有《左傳》所沒有的事，並且所引用的議論也往往與《左傳》不同，但是所記的有關歷史事實則大部分與《左傳》相合。」唐蘭先生則認為「它不是《左傳》系統而為另一本古書」，他懷疑是《漢書·藝文志》中的《公孫固》。李學勤先生則認為：「《春秋事語》一書實為早期《左傳》學的正宗作品，其本於《左傳》而兼及《穀梁》，頗似荀子學風，荀子又久居楚地，與帛書出於長沙相合，其為荀子一系學者所作是不無可能的。秦始皇三十四年（公元前 213 年）焚書，『史官非秦記皆燒之』，《左傳》一類書自在禁毀之列，至漢惠帝四年（公元前 191 年）除挾書令後，張蒼獻其《左傳》，不過是二十年左右，而帛書《春秋事語》的抄寫即在其間。近年

出土的簡帛書籍，屬於秦至漢初的還有不少，但確定在秦法禁絕範圍以內的，特別是儒家作品，應推此書為最早。這對我們了解當時學術流傳的脈絡有很重要的啟示。」（見《簡帛佚籍與學術史《春秋事語》與《左傳》的流傳》，臺灣時報文化出版企業有限公司）

12. 阜陽雙古堆漢簡《春秋事語》

案：1977 年秋出土於安徽省阜陽縣雙古堆 1 號漢墓。該墓墓主為汝陰侯，據推斷，應為漢初功臣夏侯嬰之子夏侯灶，卒於漢文帝十五年（公元前 165 年）。該墓出土的《春秋事語》除保存有一塊篇題木牘外，還保存有近百枚殘簡簡文。篇題木牘出土時已經殘破，經拼連，原牘長應為 23 釐米左右，寬為 5.5 釐米左右。木牘正、背面各分上中下三欄、由右至左豎行抄寫。正面上欄僅存篇題 5 行，中欄存 7 行，下欄存 9 行；背面上欄和下欄漫漶不清，僅各存 2 行，中欄存 7 行；另外還有難以拼接的殘片，兩面保存 7 行；全牘共存有 37 個篇題。（詳見本書第五章〈簡帛的題記〉）這些篇題，查到出處的有 26 篇，漫漶不清或存疑的有 11 篇；竹簡內容查到出處的有 25 篇，找到出處者共計 51 篇。其中保存在傳世文獻《說苑》裡有 33 篇、《新序》裡有 14 篇、《左傳》裡有 2 篇、《國語》裡有 2 篇。在這 51 篇裡有來自先秦著作或被先秦和漢代以後的著作加工採用的有《韓非子》7 篇、《呂氏春秋》3 篇、《晏子春秋》5 篇、《淮南子》4 篇、《史記》7 篇、《太平御覽》3 篇、《群書治要》3 篇、《金樓子》2 篇，還有《列子》、《文子》、《孟子》、《孔子家語》、《韓詩外傳》、《漢書》、《禮記》、《北堂書鈔》、《鹽鐵論》各 1 篇。篇題木牘是書籍的目錄，它的出土，證明《春秋事語》當時是作為一部單獨的書存在於世。該書的內容都是記載春秋和戰國初期統治階級的逸聞趣事，張政烺先生認為：「這種講史記言的書就是當時的教學課本，讀書人對這些課本故事自然非常熟悉，在後來人的著作裡他們把這些熟知的故事隨手拈來，經過加工成為自己作品的素材，難怪這些作品裡存在許多相同的故事。」本書篇題木牘和相關竹簡有 47 篇保存在《說苑》和《新序》裡，這說明劉向在編定這兩種書時揉進了不少先秦著作中的故事，而有關秦漢內容的許多章節則可能是劉向的著作。

13. 馬王堆帛書《戰國縱橫家書》

案：1973 年出土於湖南省長沙市馬王堆 3 號漢墓。該帛書抄寫在長 1.92 米，寬 24 釐米的半幅絹帛上，共存 325 行，約有 11000 字。帛書基本首尾完整，卷末留有餘絹，原來對摺成 24 層，出土時斷為 24 片，摺處殘破，文字有所殘缺。抄寫字體是由篆變隸過程中的古隸體。帛書文字避漢高祖劉邦諱而不避漢惠帝劉盈諱，其抄寫年代當在公元前 195 年前後。全書共分二十七章，每章章首有黑色圓點（●）間隔符號，每章不提行。在二十七章中有十一章分別見於《戰國策》和《史記》的記載，此外十六章不見於現存的傳世古書。現存二十七章可根據其內容分為三個部分：第一部分是前面的十四章，都和蘇秦有關，是蘇秦給燕昭王和齊湣王的信和游說辭；其中第 5 章見於《史記》和《戰國策》，第 4 章的一部分，《戰國策》有而脫誤很多。第二部分是從第 15 章至 19 章，這幾章每章章尾都有統計字數，第 19 章章尾還有這五章的總計字數，顯然是另一個來源，應自為一個整體；其內容主要是戰國游說故事的記錄，除第 17 章外，都見於《戰國策》或《史記》。第三部分是最後八章，即從第 20 章至第 27 章，根據其中有關蘇秦的游說資料不和前十四章有關蘇秦的資料編在一起來判斷，這應該是另一種輯錄戰國游說故事和縱橫家游說言論的本文。

帛書《戰國縱橫家書》是一部十分重要的戰國後期歷史資料，尤其是第一部分 14 章最可寶貴。《史記》對於蘇秦活動的年代和有關的史實有不少錯亂，現在因為這部分帛書的出土，蘇秦的活動以及這一段戰國時期的歷史似乎有可能加以重寫。另外四章佚文也比較重要，尤其是戰國末年的兩章，可以補充這個時期的史料空白。就是在《史記》和《戰國策》已經見過的各篇，由於字句不同，也往往有重要的歷史價值。李學勤先生認為：「馬王堆帛書有《戰國策》，發表時稱《戰國縱橫家書》，共 27 章，其間 11 章見於今《戰國據》或《史記》。帛書本應為其中一種，只能算今本的一部分，但就其性質而言，仍然屬於《戰國策》。」（《簡帛佚籍與學術史·對古書的反思》，臺灣時報文化出版有限公司）

14. 雲夢睡虎地秦簡《編年記》

案：1975 年 12 月出土於湖北省雲夢縣睡虎地 11 號秦墓。《編年記》

共由 53 支簡組成，從出土位置的形式來看，竹簡原卷成一卷。竹簡分上下兩欄抄寫，書體為典型的秦隸。上欄是從秦昭王元年至五十三年，下欄是從秦昭王五十四年至秦始皇三十年。通篇記述了秦昭王元年（公元前306 年）到秦始皇三十年（公元前 217 年）統一全國的戰爭過程等大事，同時還記述了一個名叫喜的人的生平及有關事項，有些像後世的年譜。李學勤先生認為它是「《秦記》一類秦人編寫的史書」。（《李學勤集・新發現簡帛與秦漢文化史》，黑龍江教育出版社，1989 年版）從抄的寫字體來看，從昭王元年至秦王政（始皇）十一年的大事大約是一次寫成的；書內關於喜及其家事的記載和秦王政（始皇）十二年以後的簡文字跡較粗，可能是後來續補所致，顯然不是同一時所寫，也非出自一人之手。原書無書題，「編年記」是整理小組根據竹簡內容所定。

從簡文中的年號來看，在昭王、孝文王、莊王之後是「今元年」，這是指秦王政（始皇）元年，表明了簡文的抄寫年代。戰國時代在中國歷史上佔有重要的地位，《史記・六國年表》是研究這段歷史的主要參考資料，但〈六國年表〉所依據的是「不載日月，其文略不具」的《秦記》，因此在史實或年代方面都存在先天不足之處，上面提到的汲冢竹書《竹書紀年》雖然可以校正或補充一些《史記》的不足，但《竹書紀年》的年代止於魏襄王二十年（公元前 299 年，秦昭王八年），無法用來校正〈六國年表〉的後半部分，睡虎地《編年記》的出土，在一定意義上彌補了《竹書紀年》的不足，是研究戰國歷史的珍貴史料。

15. 阜陽雙古堆漢簡《年表》

案：1977 年出土於安徽省阜陽雙古堆 1 號漢墓。該墓所出竹簡大部分非常破碎，《年表》僅存少量殘簡，但尚未公布。據胡平生先生介紹：該書可分為甲、乙兩種，其年代範圍是起於西周共和以後，終於秦始皇時。甲種「年經國緯，橫填事實」，乙種是「一欄之內排列兩位君主，謚號、年數之間無任何標志隔斷，我們理解應是同一諸侯國的兩代君王，記其各自在位年數」。（見《文物研究》第 7 期〈阜陽漢簡《年表》整理札記〉，1991 年）

16. 定縣八角廊漢簡《□安王朝五鳳二年正月起居記》

案：1973 年出土於河北省定縣八角廊 40 號漢墓（西漢中山懷王劉修墓），目前該《起居記》尚未公布，詳細內容不得而知。

此外，據李零先生在其新著《簡帛古書與學術源流》一書中介紹，在上海博物館藏楚簡中和《春秋事語》、《戰國縱橫家書》類似的有約 20 種左右的史書類古籍，按其性質，當歸「春秋」類，現介紹如下：

（甲）楚國

①《叔百》。是記楚成王（前 671－前 626 年）時事。「叔百」即楚臣蒍呂臣（字叔伯）。

②《子玉治兵》（篇題後加，分甲、乙本）。是記晉、楚城濮之戰（前 633 年）前楚臣成得臣（字子玉）治兵事。

③《兩棠之役》甲本（篇題後加）。是記晉、楚邲之戰（前 597 年）。邲為汴水，入滎陽曰蒗蕩渠，即簡文「兩棠」。《呂氏春秋·至忠》、賈誼《新書·先醒》提及此役，皆曰「戰於兩棠」。下《兩棠之役》等五種亦有此章，《陳公牼治兵》提到此役，也作「兩棠」。

④《兩棠之役》五種（篇題皆後加）。包括《兩棠之役》乙本、《楚分蔡器》、《司馬子有問于白炎》、《闔殳先驅》甲本、《左司馬言》五種。《兩棠之役》乙本同上。《楚分蔡器》，是記楚靈王（前 540－前 529 年）敗蔡靈侯于呂（疑在前 531 年），命申成公取分蔡器。《司馬子有問于白炎》是記楚惠王（前 488－前 432 年）時事。司馬子有即《左傳》哀公十六、十八年所見公孫寧（字子國）。《闔殳先驅》甲本是記楚昭王二十一年（前 495 年）滅胡事。《左司馬言》是記楚惠王時事。

⑤《靈王既》。是記楚靈王事。

⑥《景平王問鄭壽》四種（篇題皆後加）。包括：《景平王問鄭壽》、《景平王命王子木迡城父》、《莊王既成》、《敓于析遂》。《景平王問鄭壽》、《景平王命王子木迡城父》是記楚平王（前 528－前 516 年）時事。《莊王既成亡鎛》是記楚莊王時事。《敓于析遂》是記楚靈王即位（前 540 年）前後的事。

⑦《昭王故事兩種》（包括《昭王毀室》、《昭王迡逃寶》兩章，篇題後加）。是記楚昭王（前 515－前 489 年）時事。

⑧《闔閭先驅》乙本（篇題後加）。同上甲本。

⑨《百占辭賞》（篇題後加）。是記楚昭王二十七年（前 479 年）白公之亂後的事。

⑩《王居蘇瀨之室》三種（篇題皆後加）。包括：《王居蘇瀨之室》、《葉公子高之子見令尹子春》、《謙恭淑德》。皆記楚惠王（前 488－前 432 年）時事。

⑪《簡大王泊旱》（篇題後加）。是記楚簡王（前 431－前 408 年）占卜事。

⑫《陳公悁治兵》（篇題後加）。「陳公」，不詳。案楚滅陳，封穿封戌為陳公，為《左傳》昭公八年（前 534 年）事。此人當在其後。

⑬《范戊賤玉》（篇題後加，分甲本、乙、丙、丁四本）。「范戊」，楚臣，於史無考。

（乙）晉國

《三郤之難》（篇題後加）。是記晉厲公（前 580－前 573）時的三郤之難，事見《左傳》成公十七年（前 574 年）和《國語·晉語六》。

（丙）齊國

①《景建納之》。內容分三部分，是記齊桓公（前 685－前 643 年）時隰朋、鮑叔牙向齊桓公進諫，於史無考。

②《景公瘧》。是記齊景公（前 547－前 490 年）和楚康王（前 559－前 545 年）時事。其中提到齊臣晏嬰、楚臣屈木（即屈建）、屈聘、叔百（即叔伯）和晉臣范武子、范文子。

（丁）吳國

《吳命》。包括殘簡若干章。

（戊）其他

①《昭王聽賽人之告》殘簡（篇題後加）。記楚昭王時事。

②《有所》殘簡（篇題後加）。

③《寢尹曰》殘簡（篇題後加）。

上述材料，年代包括春秋中晚期和戰國早期，國別包括楚、晉、齊、吳，其中尤以楚事最詳。它們記錄的事件，年代最晚是到楚簡王時。它可以說明，出土這批竹簡的墓葬，年代最早也就是楚聲王（前 407—前 402 年）時。墓葬年代當在前 400—前 300 年之間。

目前這部分材尚未整理發表，待整理成果正式發表後，再做詳細的補充。

庚、論語

《漢書‧藝文志》云：「《論語》者，孔子應答弟子時人及弟子相與言而接聞於夫子之語也。當時弟子各有所記。夫子既卒，門人相與輯而論纂，故謂之《論語》。漢興，有齊、魯之說。傳《齊論》者，昌邑中尉王吉、少府宋畸、御史大夫貢禹、尚書令五鹿充宗、膠東庸生，唯王陽名家。傳《魯論語》者，常山都尉龔奮、長信少府夏侯勝、丞相韋賢、魯扶卿、前將軍蕭望之、安昌侯張禹，皆名家。張氏最後而行於世。」

1. 孔壁本《論語》

案：見《漢書‧藝文志》、《說文解字‧敘》、《論衡‧案書》。出自孔壁中。李零先生認為「此本也許是戰國魯寫本」。

2. 定縣八角廊漢簡《論語》

案：1973 年出土於河北省定縣八角廊 40 號漢墓（西漢中山懷王劉修墓）。該書共由 620 多支簡組成，殘簡居多。原書無書題和篇題。簡長 16.2 釐米，寬 0.7 釐米，有三道編繩。每簡容字 19 至 20 不等，共存 7576 字，不足傳世本《論語》的二分之一。其中保存最少的為〈學而〉篇，僅存 20 字；保存最多的為〈衛靈公〉篇，存有 694 字，可達今本本篇的百分之七十七。有的篇尾還計字尾題。簡本《論語》雖是殘本，因中山懷王劉修死於漢宣帝五鳳三年（公元前 55 年），所以它的抄寫年代應在公元前 55 年以前。

《論語》是我國儒家的經典著作之一，在西漢時，《論語》的傳本有三種，據皇侃《論語疏》敘引《別錄》云：「魯人所學謂之《魯論》，齊人所學謂之《齊論》，孔壁所得謂之《古論》。」西漢末年，安昌侯張禹將《魯

論》和《齊論》擇善而從，合而為一，世稱之為《張侯論》。整理者經過清理，以八角廊《論語》與傳世本比較，發現存在不少差異，比如以分章來說，不僅尾題所記的章數很少有（與今本）相符的，而且分章也不一樣。簡文分為兩章，傳本卻成了一章；簡文為一章的，傳本又有分為兩章或幾章的。「如〈鄉黨〉『食不厭精』至『鄉人飲酒』，今本分為二、三、五章的都有，而簡本則為一章；『雷風烈必變』與『升車』，今本分為兩章，簡本也是一章；〈陽貨〉『子貢曰君子有惡乎』，今本別為一章，而簡本則同前面『子路曰』合為一章。特別是〈堯曰〉篇，今本分為三章，而簡本則為兩章；今本的第三章在簡本中用兩個小黑圓點與上間隔開，以兩行小字連寫在下面，好像附加的一些內容。在題寫章節和字數的殘簡中；有一枚記〈堯曰〉篇的，云『凡二章，凡三百廿二字』，則知簡本〈堯曰〉篇應分兩章，與今本不同。康有為《論語注》中認為，〈堯曰〉篇『《魯論》本二章，其末一章《齊論》也。翟氏灝《考異》：《古論語》分此一篇為二，則〈堯曰〉凡一章，〈子張〉凡兩章。』這後一章與前一章既有間隔又相連接地附在後面，或許就是《齊論》中有而《魯論》中無的部分，抑或《古論》後面的部分？」（《定州漢墓竹簡〈論語〉介紹》，文物出版社，1997 年）李學勤先生認為：「這也說明竹簡不會是《魯論》系統的本子。考慮到《古論》流傳不廣，《齊論》的可能性更大一些。」（《簡帛佚籍與學術史・八角廊漢簡儒書小議》）王素先生認為：「簡本《論語》是一個比《張侯論》更早的融合本。這種融合本與《張侯論》相同，也是以《魯論》為底本，以《齊論》為校本。不同的是，簡本《論語》的章句保存《魯論》原貌更多，而《張侯論》的章句主要是根據《齊論》。簡本《論語》的章句與以《張侯論》為主體的今本《論語》的章句頗多差異，蓋源於此。西漢時代，不僅存在『由《齊》轉《魯》的風氣，而且存在融合《齊》、《魯》的趨勢。在這種背景下，相信當時的《論語》傳習者曾經編撰過不少類似的融合本。區別在於，張禹的《張侯論》是為成帝編撰，並且幸運地流傳下來；而簡本《論語》是為中山懷王編撰，非常不幸地成為了隨葬品。二千多年後的今天，簡本《論語》重新出土，使我們對西漢時代有關《齊》、《魯》的融合問題以及《張侯論》的性質問題，有了新的認識。」（《簡帛研究》第三輯〈河北定州出土西漢簡本《論語》性質新

探〉，廣西教育出版社，1998 年版）

辛、孝經

《漢書・藝文志》云：「《孝經》者，孔子為曾子陳孝道也。夫孝，天之經，地之義，民之行也。舉大者言，故曰《孝經》。漢興，長孫氏、博士江翁、少府后倉、諫大夫翼奉、安昌侯張禹傳之，各自名家。經文皆同，唯孔氏壁中古文為異。『父母生之，續莫大焉』，『故親生之膝下』，諸家說不安處，古文字讀音異。」

1. 孔壁本《孝經》
案：見《漢書・藝文志》、《論衡・案書》。

2. 項羽妾冢本《孝經》
案：出土於北齊武平五年（公元 574 年）。見《古文四聲韻序》及傅奕《校定古文〈老子〉》。

3. 唐帛書本《古文孝經》
案：郭忠恕《汗簡》卷七引李士訓《述異》云：唐大曆（公元 766-779 年）初，李士訓「帶經鋤瓜于灞水之上，得石函，中有素絹《古文孝經》一部，二十二章，壹仟捌佰柒拾貳言。初傳於李太白，白授當塗令李陽冰，陽冰盡通其法，上皇太子焉。」

此外，二十世紀初，在新疆樓蘭古城遺址中曾出土過晉寫本紙質《孝經》殘片，但戰國、秦漢簡帛《孝經》類書籍目前尚未發現。

壬、小學

《漢書・藝文志》云：「古者八歲入小學，故《周官》保氏掌養國子，教之六書，謂象形、象事、象意、象聲、轉注、假借，造字之本也。漢興，蕭何草律，亦著其法，曰：『太史試學童，能諷書九千字以上，乃得為史。又以六體試之，課最者以為尚書御史史書令史。吏民上書，字或不正，輒舉劾。』六體者，古文、奇字、篆書、隸書、繆篆、蟲書，皆所以通知古今文字，摹印章，

書幡信也。……《史籀篇》者，周時史官教學童書也，與孔氏壁中古文異體。《蒼頡》七章者，秦丞相李斯所作也；《爰歷》六章者，車府令趙高所作也；《博學》七章者，太史令胡毋敬所作也，文字多取《史籀篇》，而篆體復頗異，所謂秦篆者也。……漢興，閭里書師合《蒼頡》、《爰歷》、《博學》三篇，斷六十字以為一章，凡五十五章，並為《蒼頡篇》。武帝時司馬相如作《凡將篇》，無復字。元帝時黃門令史游作《急就篇》，成帝時將作大匠李長作《元尚篇》，皆《蒼頡》中正字也。《凡將》則頗有出矣。至元始中，徵天下通小學者以百數，各令記字於庭中。揚雄取其有用者以作《訓纂編》，順續《蒼頡》，又易《蒼頡》中重複之字，凡八十九章。臣復續揚雄作十三章，凡一百二章，無復字，六藝群書所載略備矣。《蒼頡》多古字，俗師失其讀，宣帝時徵齊人能正讀者，張敞以受之，傳至外孫之子杜林，為作訓故。」

1. 阜陽雙古堆漢簡《蒼頡篇》

案：1977 年出土於安徽省阜陽縣雙古堆 1 號漢墓。出土時竹簡殘損嚴重，經清理，《蒼頡篇》共存殘簡 124 枚，現存最長的一支殘簡尚有 18.6 釐米，估計原簡長當在 25 釐米左右，三道編繩。現存完整的字有 541 字，包括《蒼頡》、《爰歷》、《博學》三篇。四字為句，有韻可尋。現存成句或不成句的不足二百，按照漢代《蒼頡篇》八百二十五句計算，還不到全篇的四分之一。文中避秦王政諱。

《漢書・藝文志》云：「《蒼頡》七章者，秦丞相李斯所作也；《爰曆》六章者，車府令趙高所作也；《博學》七章者，太史令胡毋敬所作也。文字多取《史籀篇》，而篆體復頗異，所謂秦篆者也。」「漢興，閭里書師合《蒼頡》、《爰歷》、《博學》三篇，斷六十字以為一章，凡五十五章，並為《蒼頡篇》。」李學勤先生認為：「這是一部中國文字學上有很大意義的書，可惜久已佚失。古書中僅保存了零星幾句引文，敦煌、居延漢簡曾發現此書，也不過少數幾條。雙古堆竹簡《蒼頡篇》文字較多，而且有些文句和漢以後流傳的不同，很可能還是秦代的原貌。」（《李學勤集・新發現簡帛與秦漢文化史》，黑龍江教育出版社，1989 版）

1949 年以後，《蒼頡篇》曾有幾次重要的發現，除上述阜陽雙古堆的

發現外，1972－1976 年間甘肅省居延考古隊在居延甲渠候官（破城子）遺
址中發現了 4 枚寫有《蒼頡篇》文字的簡，刊登在 1990 年文物出版社的
《居延新簡》一書中（該書內沒有簡文圖版），1994 年中華書局出版了《居
延新簡——甲渠候官與第四燧》一書，八開精裝，書中有圖版、釋文。
1979 年，甘肅省博物館與敦煌縣文化館組成的漢代長城調查組在敦煌馬圈
灣發掘漢代烽燧遺址時期所獲漢簡中也有《蒼頡篇》的內容（僅 2 支
簡），發表在 1991 年中華書局出版的《敦煌漢簡》一書中。1977 年，嘉峪
關市文物保護管理所在玉門花海漢代烽燧遺址中也發現了 3 支寫有《蒼頡
篇》內容的木簡，也發表在 1991 年中華書局出版的《敦煌漢簡》一書
中。1990－1992 年間，甘肅省文物考古研究所在敦煌甜水井附近發掘漢代
懸泉置遺址時，也獲《急就章》、《蒼頡篇》簡牘數枚，目前懸泉置出土的
簡牘文字尚未發表，具體內容不得而知。

除上述外，在二十世紀初，英籍匈牙利人斯坦因等人在敦煌古烽燧遺址獲
大批簡牘，其中也有《蒼頡篇》、《急就章》殘文，這些殘文，羅振玉、王國維
在其《流沙墜簡》一書中曾作過考釋。

二、諸子

「諸子」是指先秦至漢初的各派學者或其著作。最早的一批子書產生在春
秋末年至戰國時期的百家爭鳴中，俗稱「諸子百家」，他們的著作是我國古代
思想文化的珍貴結晶。東漢史學家班固在撰寫《漢書·藝文志》時根據西漢劉
歆的《七略》把先秦至漢初各學派分為儒、道、陰陽、法、名、墨、縱橫、
雜、農、小說等十家，按現在的話講就是分為十大門類。這些著作的內涵博大
精深，反映了中國傳統文化的特色，是我國傳統文化寶庫中的重要組成部分。
現傳諸子著作，大部分成書於戰國時期，並經過西漢劉向的校定或分類編纂，
有些在流傳過程中已經亡佚，有些或經後人增刪，也有的乾脆就是後人偽托。
本來多數子書並非出於一人之手，也非成書於一時，再經過複雜的流傳過程，
就使人更難窺見原貌了。在二十世紀七十、八十年代中，出土了大量的戰國、
秦漢簡帛書籍，其中也有一些諸子類著作，這就對我們重新認識這些書籍提供
了珍貴的早期資料。李學勤先生曾經指出：「從地下發掘出大量戰國秦漢的簡
帛書籍，使人們親眼見到未經後世改動的古書原貌，是前人所未曾見過的。在

這種條件下，我們能進一步了解古籍信息本身，知道如何去看待和解釋它們。這可以說是對古書的新的、第二次的反思，必將對古代文化的再認識產生重要的影響，同時，也能對上一次反思的成果重加考察。」（《簡帛佚籍與學術史·對古書的反思》，臺灣時報文化出版公司，1994 年版）

出土簡帛「諸子」類有如下書籍：

甲、儒家

《漢書·藝文志》云：「儒家者流，蓋出於司徒之官，助人君順陰陽明教化者也。游文於六經之中，留意於仁義之際，祖述堯舜，憲章文武，宗師仲尼，以重其言，於道為最高。」

1. 上海博物館藏戰國楚竹書《緇衣》

案：1994 年初，上海博物館從香港文物市場購得。出土地點和時間不明。據專家推測，這批竹簡的出土地點應在今湖省江陵一帶。《緇衣》篇現存竹簡 24 枚，其中有 8 支是完整的。簡長約 54.3 釐米，每簡容字約 44 至 46 字，共存 978 字。簡端為方形，兩角各被削去一點，有三道編繩。簡文全部為單面抄寫，書於竹黃面。現存二十三章，均以「子曰」開篇，《緇衣》篇文略有殘缺，但可以參照 1993 冬出土於湖北省荊門市郭店 1 號楚墓的《緇衣》篇大體補全。郭店簡本《緇衣》分為二十三章，無篇題，發表時的篇題是整理者根據今本補加的；上海博物館藏楚簡《緇衣》不分章，但最末一簡後有墨釘為絕。經逐章逐句對校，上博簡的內容與郭店簡的內容大同小異。郭店簡《緇衣》共存 1156 字，上博簡存 978 字，今本《緇衣》第一、第十六、第十八三章內容，簡本無。今本《緇衣》有的語句比較混亂，字數多寡，與上博簡有較大的出入。整理者認為：「可見文字是由漢人杜撰或按別本移入的，漢儒已作過較多的修改和補充，已經不是戰國時代的原貌。」

2. 郭店楚簡《緇衣》

案：1993 年冬出土於湖北省荊門市郭店 1 號楚墓。該墓位於紀山楚墓群中，據考古資料推斷，該墓的年代應為戰國中期偏晚，竹簡和年代下限

應略早於墓葬年代。本篇共有 47 枚竹簡組成，竹簡兩端均修削成梯形，簡長 32.5 釐米，兩道編繩。本篇簡文共分二十三章，首尾完整。每章章尾有方塊墨釘（■）標識符號，書尾有計章數字「二十又三」四字，與末章章尾墨釘間隔四字左右距離。該書原無書題，「緇衣」二字為整理者根據內容所加。簡本《緇衣》的內容現存 1156 字，與傳世本《禮記‧緇衣》大體相合，二者應是同一祖本的不同傳本，但兩者的分章及章次卻差別較大，文字也有一些差別。兩相校勘，可以發現傳世本在文字上的若干錯誤。

3. 上海博物館藏戰國楚竹書《性情論》

案：該批竹簡是上海博物館於 1994 年初從香港文物市場購得。原出土時間和地點不明。據專家推測，這批竹簡的出土地點應在今湖北省江陵一帶。《性情論》現存可按文意排列的竹簡共有 40 支，其中有 7 支比較完整，有 5 支殘損嚴重。共存 1256 字。殘斷簡作為「附錄一」列於篇末，以供學者參考。另外，能確切知道本篇殘缺的整簡有 2 枚，應位於第三簡與第四簡之間，每簡約書寫 38 字，共缺 76 字。本篇簡長約 57 釐米，是上海博物館從香港購得的最長的簡。本篇原無篇題，「性情論」是整理者根據簡文內容所定。其內容是從宏觀的角度起論，提出了天降命，命出性，性生情，情始道的相承關係，主論「性」、「情」，兼及「道」的概念與特徵，提出了彼此間派生的關係說，是先秦思想家的一篇佚文。李學勤先生認為該篇的前半部分主要是講「樂」，可以稱之為「樂說」，參見前《六藝略‧樂說》介紹。

4. 上海博物館藏戰國楚竹書《民之父母》

案：1994 年初，上海博物館從香港文物市場購得。出土時間、地點不明，據專家推測，這批竹簡的出土地點應在今湖北省江陵一帶。該簡冊原無書題，「民之父母」是整理組根據內容所定。該篇現存竹簡 14 枚，共存 397 字，簡冊基本完整，保存良好。本篇內容大體見於傳世文獻《禮記‧孔子閑居》和《孔子家語‧論禮》，為孔子與子夏關於「五至」、「三無」及「五起」的問對。對於認識儒家的道德觀有重要的參考價值，同時對認

識傳世本《禮記》和《家語》的流傳、演變也有重要的啟發。

5. 上海博物館藏戰國楚竹書《子羔》

案：1994 年初，上海博物館從香港文物市場購得。出土時間、地點不明，據專家推測，這批竹簡的出土地點應在今湖北省江陵一帶。《子羔》篇共存十四支簡，存 395 字。簡長約 55 釐米，三道編繩。該篇沒有完整的竹簡。原有篇題「子羔」二字，抄寫在篇首第三簡簡背。該篇內容主要是子羔與孔子關於「三王」（禹、契、后稷）產生、成帝原因的問答。孔子論述了昔者的盛德和禪讓的故事及，舜為人子、何故成帝的原因。與《大戴禮記·五帝德》及《史記·五帝本紀》所載五帝系統不一，但有關此五位帝王的事跡則與通常所說不異。本篇最後一句「……參天子事之」下有一粗橫線墨節標識符號表示本篇結束。本篇的主體人物是孔子和子羔，文章為問答形式，全篇以「王天下」為中心論題。李零先生認為《子羔》與前面講的《孔子詩論》、下面講的《魯邦大旱》是一個不可分割的整理，而整理組將其分為三篇。由於上博簡目前尚未全部發表，我們暫依整理組的分篇與命名介紹。

6. 上海博物館藏戰國楚竹書《魯邦大旱》

案：1994 年初，上海博物館從香港文物市場購得。出土地點、時間不明。據專家推測，這批竹簡的出土地應在今湖北省江陵一帶。該篇原無篇名，「魯邦大旱」四字為整理者根據內容所定。該篇共存竹簡 6 枚，殘存208 字。篇長 55 釐米，三道編繩。其內容記述了魯哀公就魯邦大旱事求教於孔子，孔子答以祭禱無助於事的問對，以及孔子與子貢關於此事在民眾中的影響的討論。魯哀公十二、十三年，魯國連續兩年遭受蟲災，十四年又鬧飢荒，十五年大旱。連續四年的天災使魯國的處境極為困難。為此魯哀公向孔子求教對策，孔子發表了刑與德理政的論述。該篇篇末有粗橫線墨節標識符號，表示本篇結束。文章按時間先後次序記敘，全篇以「大旱」為中心論題。

7. 上海博物館藏戰國楚竹書《從政》甲、乙篇

案：1994 年初，上海博物館從香港文物市場購得。出土時間、地點不明。據專家推測，這批竹簡的出土地點應在今湖北省江陵一帶。該篇原無篇題，「從政」二字是整理者根據內容所定。該內容因簡冊有長短不同的兩種形制，所以分為甲、乙兩篇。甲篇存簡 18 支，存有 519 字；乙篇存簡 6 支，存有 140 字。其內容是作者提出從政者應致力於「敦五德，固三誓，除十惡」的觀點，並對此進行了具體的解釋。與《論語》、《禮記》等儒家典籍的相關說法可以互相參證，為研究儒家政治思想的重要參考資料。

8. 郭店楚簡《五行》

案，1993 年冬出土於湖北省荊門市郭店 1 號楚墓。該墓的時代為戰國中期偏晚，郭店楚簡的年代下限應略早於墓葬年代。該書共存竹簡 50 枚，簡長 32.5 釐米，兩道編繩。本書的文字內容與 1973 年在湖南長沙馬王堆出土的帛書《五行》篇之經部大體相同，但個別文字或段落先後次序不同，文字多寡和用字也有所差異。文中的「五行」指仁、義、禮、智、聖。馬王堆帛書的整理者已經指出，此即《荀子·非十二子》所指斥的子思、孟子的五行說。本簡冊首尾完整，篇名「五行」二字抄寫在篇首第一簡上端，「五行」二字下緊接著抄寫正文。全文共分二十八章，每章章尾有墨釘標識符號。馬王堆帛書《五行》篇有經有傳，而本篇只有經的部分，說明帛書中的傳文為後人所加。李學勤先生認為：「《五行》的學術出自子思，後為孟子發展，見於《荀子·非十二子》篇。過去長沙馬王堆 3 號漢墓所出帛書有《五行》，有世子的傳。」「世子是什麼人？我在〈馬王堆帛書《五行》的再認識〉小文裡已據顧實《漢書·藝文志講疏》等所論，說明他名碩，是七十子之弟子，陳人，陳為楚滅，實是楚人。《論衡》稱係周人，則是傳聞異辭。《漢志》稱七十子之弟子者，尚有作《樂記》的公孫尼子，與世子都有論情性之說。世子的年代，以前我估計與孟子相若，失之太晚，應該是在戰國中期前半，即公元前 450 年之先，較之荊門郭店 1 號墓要早約半個世紀。設若《五行》的傳文是世子所作，經文出於誰呢？看世子為七十子弟子，經文的來源自然身份更高。我根據《荀子·非十二子》，推定其為子思，已見於前述小文，這裡不再重複。竹簡

《五行》同《緇衣》並出，《緇衣》正是《子思子》的一篇，所以《五行》也可能曾編入《子思子》。」「因此，我們可以設想《五行》之經文為子思之說，傳文乃世子之意。這一篇（指郭店《五行》篇）的出現，使宋儒追慕崇尚的思孟一派儒學的流傳線索重新凸現出來了。」（見《重寫學術史・從簡帛佚籍〈五行〉談到〈大學〉》，河北人民出版社，2002 年版）

9. 郭店楚簡《魯穆公問子思》

案：1993 年冬出土於湖北省荊門市郭店 1 號楚墓。本篇共存竹簡 8 枚，簡長 26.4 釐米，兩道編繩。該篇只有一章，章末有一墨色粗短橫標識符號，表示一章結束。其內容為魯穆公問子思「如何而可謂忠臣」，子思曰：「恆稱其君之惡者可謂忠臣矣。」穆公「惑焉而未之得」，然後是成孫弋把子思的話給穆公解釋了一番。本篇原無篇題，「魯穆公問子思」是整理者根據本篇首句內容而定的。《漢書・藝文志》記有《子思子》二十三篇，班固注謂子思「名伋，孔子孫，為魯穆公師」。本墓出土的《緇衣》、《五行》學術皆出自子思，所以，李學勤先生認為：「竹簡中有《魯穆公問子思》並不是偶然的。這些儒書都與子思有或多或少的關連，可說是代表了由子思到孟子之間儒學發展的鏈環。子思相傳受學於曾子，又是孔子的嫡孫，他的作品不少處是申述孔子的言論。」（見《重寫學術史・先秦儒家著作的重大發現》，河北人民出版社，2002 年版）

10. 郭店楚簡《窮達以時》

案：1993 年冬出土於湖北省荊門市郭店 1 號楚墓。該篇有 15 枚簡組成，簡長 26.4 釐米，兩道編繩。簡冊形制與上篇《魯穆公問子思》篇完全相同，可能原來與《魯穆公問子思》篇編為一卷。原簡分為兩章，每章的章尾皆有墨釘標識符號表示本章結束。其內容與傳世文獻《荀子・宥坐》、《孔子家語・在厄》、《韓詩外傳》卷七、《說苑・雜言》所載孔子困於陳蔡之間時答子路的一段話類似，與後兩書所載尤為相近。該篇原無篇題，「窮以達時」是整理者根據篇中內容所定。

11. 郭店楚簡《唐虞之道》

案：1993 年冬出土於湖北省荊門市郭店 1 號楚墓。該篇現存 29 枚，簡長 28.2 釐米左右，兩道編繩。因出土時原簡殘損，整理時只能綴連成數段文字，但其大意仍可了解。本文的內容主要是贊揚堯、舜的禪讓，著重敘述了舜知命修身及具有的仁、義、孝、弟的品德。簡文有關舜的史實，也見於《史記‧五帝本紀》等書，但全篇簡文的內容未見傳世文獻記載。該篇原無篇題，「唐虞之道」篇題是整理者根據簡首文字擬定的。李學勤先生認為：「《唐虞之道》、《忠信之道》（見下）兩篇，雖有近於儒學的語句，但過分強調禪讓，疑與蘇代、厝毛壽之流游說燕王噲禪位其相子之一事有關，或許應劃歸縱橫家，容當別論。」（《重寫學術史‧先秦儒家著作的重大發現》，河北人民出版社，2002 年版）

12. 郭店楚簡《忠信之道》

案：1993 年冬出土於湖北省荊門市郭店 1 號楚墓。該篇現存 9 枚竹簡，簡長 28.2 釐米，兩道編繩。此篇原來可能與《唐虞之道》篇同抄於一卷。該篇的內容是列舉了忠信的各種表現，最後歸結為「忠，仁之實也；信，義之期也」。該篇原無篇題，「忠信之道」篇題是整理者根據本篇文義所擬定的。

13. 郭店楚簡《性自命出》

案：1993 年冬出土於湖北省荊門市郭店 1 號楚墓。該篇現存 67 枚竹簡，簡長 32.5 釐米，兩道編繩。該組簡的形制與下面《成之聞之》、《六德》、《尊德義》三篇的形制相同，原來可能同抄於一卷之中。該篇的內容，以「凡」字起首，共可分為二十章。原無篇題，「性自命出」是整理者取自該篇第 2 簡「性自命出，命自天降」而定的。李零先生認為「從文義看，也許題為《性》更合適」。（《郭店楚簡校讀記》，北京大學出版社，2002 年版）整理者將其內容分為上下兩篇，它們是各自獨立的兩篇，簡 1－36 是一篇，中心是論樂；簡 37－67 是另一篇，中心是論性情。李學勤先生認為：「兩者思想相關，可能共屬一書，然而各為起訖，不是同一篇文字。」很多學者都持類似觀點。（《重寫學術史‧郭店簡與〈樂記〉》，河北人民出版社，2002 年版。參見前《六藝‧樂記》介紹）李零先生認為：

「我覺得這種看法值得商討。因為上博楚簡的同篇（指上海博物館從香港購得楚竹書《性情論》篇），它的六章是連抄不分篇，顯然不能視為各自獨立的兩篇（顯然它的第一章大體相當這裡的上篇，其它五章大體相當這裡的下篇，但後面五章的順序和文字還是不太一樣）。我們頂多只能說，它的上下兩篇是相對獨立的。」（見《郭店楚簡校讀記》，北京大學出版社，2002 年版）

14.郭店楚簡《成之聞之》

案：1993 年冬出土於湖北省荊門市郭店 1 號楚墓。該篇現存竹簡共 40 枚，簡長 32.5 釐米，兩道編繩。該篇原無篇題，「成之聞之」是整理者根據篇首第一簡前四字內容所定。該篇文字正式發表時，整理組將本篇 40 枚簡分為 10 個拼聯組，即第 1 組為簡 1－3，第 2 組為簡 4－6，第 3 組為簡 7－20，第 4 組為簡 21－23，第 5 組為簡 24，第 6 組為簡 25－28，第 7 組為簡 29－30，第 8 組為簡 31－33，第 9 組為簡 34－36，第 10 組為簡 37－40。但該書一發表，便有不少學者對此排列順序提出不同意見。其中李零先生認為這幾組應按 2、3、8、9、7、1、5、6、4、10 的順序排列，其中第 4 組 3 枚簡的順序也應調整為 22 簡→23 簡→21 簡。並且他根據文義，把本篇分為八章。整調後的本篇第一簡為 4 號簡「君子之於教也，其導民也不浸，則其淳也弗深矣。是故亡乎其身而……」，如此則該篇篇名當定為《教》。（《郭店楚簡校讀記》，北京大學出版社，2002 年版）廖名春先生認為，如果以第 4 號簡開篇，根據古書慣例，則該篇篇名應定為《君子之於教》。（《清華簡帛研究》第二輯，〈郭店簡《成之聞之》的編連和命名問題〉，清華大學思想文化研究所編，2002 年）李學勤先生認為本篇十組簡中，第 8 組和第 10 組共 7 枚竹簡，當為《成之聞之》的最後一章，簡 40 係全篇之末。（《清華簡帛研究》第一輯，〈試說郭店簡《成之聞之》兩章〉，清華大學思想文化研究所編，2002 年）該篇的內容，如果按李零先生八章分法的話，第一章是講君子立教，身教重於言教，國君有榜樣的作用；第二章是講君子立言，貴在反本窮源，才能教民以道；第三章是講君子教民，貴在反己知人，人民才會敬愛之；第四章是講教民之道，在於順天常，治人倫；第五章是講勸民向善，貴在持之以恆；第六章是講民皆

有性，教之久，化之深，而聖人不能加；第七章是講教化之深，貴在雷厲風行；第八章是講君子慎六位（即下篇《六德》篇所講的夫婦、父子、君臣六位），以承天常。

15. 郭店楚簡《六德》

案：1993 年冬出土於湖北省荊門市郭店 1 號楚墓。該篇現存竹簡 49 枚，簡長 32.5 釐米，兩道編繩。該篇原無篇題，「六德」篇名是整理者根據文義所擬定的。該篇文字正式發表時，整理組將該篇 49 枚簡分為 9 個拼聯組，即第 1 組為簡 1-5，第 2 組為簡 6，第 3 組為簡 7，第 4 組為簡 8-10，第 5 組為簡 11，第 6 組為簡 12，第 7 組為簡 13-46，第 8 組是簡 47-48，第 9 組為簡 49。但該書一發表，便有不少學者對本篇竹簡的排列順序及篇名提出了不同的看法，而且主要意見集中在本篇上半部的排列順序上。廖名春先生認為：「簡文通篇論夫婦、父子、君臣相互間的關係及其道德，其邏輯性非常強。從其內在理道來看，簡文的拼按可能有點問題，應將第 1 至第 6 簡調至第 10 簡後。」（〈郭店楚簡儒家著作考〉，《孔子研究》1998 年第 3 期）李零先生認為：「簡文是由三部分構成，開頭的部分可能只有一章，是由(1)組至(2)組和(8)組構成，主要是講『六位』、『六職』、『六德』之目，以及選賢任能之事，但(2)至(6)組應在前，(1)和(8)組應在後，簡 48 結尾的圓點可能是這一部分的分章符號。中間的部分是由(7)組所包含的三章構成，則是對『六位』、『六職』、『六德』的展開論證。……現在的篇題是取簡 1 的『六德』為名，但從文義看，簡文所述雖有『六德』，但『六德』是派生於『六職』，『六職』是派生於『六位』，簡文所述實以『六位』為主。此『六位』亦見於《成之聞之》，似與該篇相承。我們考慮，此篇如改題為《六位》也許更合適。」（《郭店楚簡校讀記》，北京大學出版社，2002 年版）廖名春則認為：「既然簡文的篇首是簡 6，從先秦文獻命名的慣例看，篇名還是據篇首之文而定為佳。簡 6 的首句是『君子如欲求人道』，以之為篇名不是不可，但略嫌過長，可省之為『求人道』。以『求人道』為篇名，不但合乎先秦文獻命名的慣例，而且也將簡文的主旨囊括無遺。因此，將《六德》篇改題為《求人道》，應是較好的選擇。」（《清華簡帛研究》第二輯，〈郭店簡《六德》篇的綴補編連

和命名問題〉，2002 年）關於本篇的內容，李零先生認為：「此篇是講選賢任能之道，其標準是道德倫常，即上《成之聞之》篇簡 40 所說『故君子慎六位，以祀天常』的『六位』，以及與『六位』相配的『六職』與『六德』。」（《郭店楚簡校讀記》，北京大學出版社）而彭林先生則認為：「此篇論及六德、六位、六職，而其重心則在儒家喪服制度。」（《簡帛研究》2001，〈《六德》束釋〉，廣西師範大學出版社，2001 年版）

16. 郭店楚簡《尊德義》

案：1993 年冬出土於湖北省荊門市郭店 1 號楚墓。該篇現存竹簡 39 枚，簡長 32.5 釐米，兩道編繩。該篇原無篇題，「尊德義」篇名是整理者根據篇首第 1 簡「尊德義，民乎民倫，可以為君」句而定。該篇文字正式發表時，整理組將本篇 39 枚竹簡分為 11 個拼聯組，第 1 組為簡 1，第 2 組為簡 2－11，第 3 組為簡 12－16，第 4 組為簡 17－20，第 5 組為簡 21－23，第 6 組為簡 24－25，第 7 組為簡 26－27，第 8 組為簡 28－29，第 9 組為簡 30，第 10 組為簡 31－38，第 11 組為簡 39。此後有一些學者對這種排列方法作過一些調整，如李零先生認為其排列順序應調整為 1、2、8、10、4、5、6、7、3、9、11 組的次序，並把該篇簡文分為十八章。（《郭店楚簡校讀記》，北京大學出版社）而陳偉先生則認為該篇的文字應當排列為簡 1－11、26－27、12－16、28－29、24－25、30－39、17－23、原《六德》篇簡 49 的順序。（《中國哲學史》2001 年第 3 期〈郭店簡書《尊德義》校譯〉）該篇是由若干短句連綴而成，結構比較鬆散。其內容主要是講為上治民當以德義為教，尤注重君上的率身垂範。篇首所謂「德義」，當即指上述《六德》篇中的聖、智、仁、義、忠、信一類的道德規範，但本篇所言只有智、仁、義、忠、信，無聖。這裡所講的「德義」者，只是一個泛稱，重點是強調其社會義務。李學勤先生認為：「《尊德義》語句或出於《論語》，或類於《禮記・曲禮》，體例和《中庸》等也頗相近似。」（《重寫學術史・先秦儒家著作的重大發現》，河北人民出版社，2002 年版）

17. 郭店楚簡《語叢》一

案：1993 年冬出土於湖北省荊門市郭店 1 號漢墓。該篇共存竹簡 112 枚，簡長 17.3 釐米左右，三道編繩。本篇內容皆為類似格言的論句，篇中說「天生百物，人為貴」，並談到人與仁、義、德、禮、樂的關係。其中還概括表述了《易》、《詩》、《春秋》、《禮》、《樂》等書的內容。本篇及下述的《語叢》二、《語叢》三的內容體例與《說苑・談叢》、《淮南子・說林》類似，故將簡文篇題擬為《語叢》。原文是由成組的短句構成，往往一兩句或兩三句為一段，自成起訖（佔一簡或兩簡），句後有一小橫畫（一）句讀標識符號。句讀後留空白簡，不接抄下文。李學勤先生認為：「《語叢》四組，雜抄百家之說，大約是教學用書，和漢初賈誼《新書》的〈連語〉、〈修政語〉、〈禮容語〉等有些相像。」（《重寫學術史・先秦儒家著作的大發現》，河北人民出版社，2002 年版）

18. 郭店楚簡《語叢》二

案：1993 年冬出土於湖北省荊門市郭店 1 號楚墓。該篇共存竹簡 54 枚，簡長 15.2 釐米，三道編繩。本篇文句皆為格言式的短句，簡文內容主要陳述了人的喜、怒、悲、樂及慮、欲、智等皆源於「性」，這是先秦時期流行的一種觀點。原文是由成組的短句構成，往往一兩句或兩三句為一段，自成起訖（佔一簡或兩簡），句後有一小橫畫（一）句讀標識符號，句讀後留空白簡，不接抄下文。

19. 郭店楚簡《語叢》三

案：1993 年冬出土於湖北省荊門市郭店 1 號楚墓。該篇共存竹簡 72 枚，簡長 17.6 釐米，三道編繩。本篇竹簡自 64 號以下各簡皆分上下兩欄抄寫，這種書寫格式在以往的楚簡中從未見過。本篇文句皆為格言式的短句，內容涉及君、臣、父、子、孝、弟及仁、義等，為儒家的道德著述。原文是由成組的短句構成，往往一兩句或兩三句為一段，自成起訖（佔一簡或兩簡），句後有一小橫畫（一）句讀標識符號，句讀後留空白簡，不接抄下文。

20. 馬王堆帛書《五行》

案：1973 年出土於湖南省長沙市馬王堆 3 號漢墓。該書出土時與帛書《老子》甲本抄在同一幅帛上，並緊接著《老子》甲本抄寫。帛書通高 24 釐米，全書共存 180 行，約 5400 字左右。全內容主要是圍繞「聰」、「聖」、「義」、「明」、「智」、「仁」、「禮」、「樂」等道德規範進行論述和解釋。據研究所知，這是失傳已久的關於思孟「五行」理論的重要文獻。原無書名，發表時整理組根據內容定名為《五行》。魏啟鵬先生在撰寫《德行校釋》例言中說：「原鈔本無篇名，前頭部分又有殘損，然今存之首句『□□□□胃之德之行』，正與全篇主旨相合，據後人為周秦諸子名篇之通例，姑取其首句二字，名曰《德行》篇。」（《德行校釋》，巴蜀書社，1991 年版）帛書《五行》篇由兩部分組成，自第 1 行至第 44 行為第一部分，主要提出了若干儒學命題和基本原理；自第 45 行至篇末為第二部分，其內容是對第一部分所提出的命題和原理進行論述和解釋。按照古書的慣例，第一部分是「經」，第二部分則是「說」，或者稱之為「傳」。李學勤先生認為：「《五行》篇的文字和《禮記》中不少篇近似，自為七十子後學所作。篇中曾稱引世子，這一點不可忽視。《五行》所以提到他，很可能由於他是陳人，學術在南方流傳的緣故。這樣看來，《五行》的著者也可能是思孟一派在南方的支裔。帛書《五行》的發現，告訴我們思孟的『五行』是仁義禮智聖，這是非常有益的，但我們認為，這篇佚書所反映的未必是思孟『五行』說的全部。」（《李學勤學術文化隨筆・簡帛與漢初學述史》，中國青年出版社，1999 年）至於《五行》篇為什麼會出現在馬王堆帛書中？李學勤先生認為，「賈誼曾為長沙王太傅，他所撰《新書・六術》推衍五行說，有可能是在長沙接觸過《五行》一類著作。馬王堆 3 號墓墓主，思想類於黃老刑名之流鶡冠子一派。黃老之學『採儒墨之善』，《五行》高深廣遠，論天道，說五行，有一定神秘性，正投黃老學者所好。此篇竟與《老子》、《九主》之類道家文獻合抄，大約就是這個緣故。」（《簡帛佚籍與學術史・帛書《五行》與《尚書・洪範》》，臺灣時報文化出版企業有限公司，1994 年版）

21. 阜陽雙古堆漢簡「儒家者言」

案：1977 年出土於安徽省阜陽縣雙古堆 1 號漢墓。這次發現的只是一

件抄有篇題的木牘，沒有發現正文簡冊竹簡。該篇題木牘，出土時比較完整，牘長 23 釐米，寬 5.4 釐米，厚 0.1 釐米。木牘的正面和背面各分上下三欄抄寫，正面上欄存 7 行，中欄存 8 行，下欄存 9 行；背面上欄和中欄各存 9 行，下欄存 5 行。下欄尾部記有「右方□□字」的計字尾題。木牘正、背面共存有四十七個篇題，篇題的內容是記載了孔子及其弟子的一些言行文句，這些內容除了幾個篇題漫漶不清外，大都能在先秦兩漢的傳世文獻《孔子家語》、《說苑》、《新序》中找到。其中有三十四篇見於傳世本《新序》。此外，還有一些內容曾被先秦和兩漢的著作加工採用過，這一部分在《荀子》中找到四篇，《大戴禮記》中找到二篇，《呂氏春秋》中找到三篇，《淮南子》中找到二篇，《韓詩外傳》中找到七篇，《孔叢子》中找到二篇，《史記·孔子世家》、《春秋繁露》、《列子》、《晏子春秋》、《尚書略說》、《太公金匱》、《金樓子》各一篇。該木牘原無書題，「儒家者言」是整理者根據木牘篇題內容所定。篇題木牘的發現，證明該書原來是專門記載孔子及其弟子言行的一部單獨著作。

22. 定縣八角廊漢簡「儒家者言」

案：1973 年出土於河北省定縣八角廊村 40 號漢墓。該墓大約在西漢末年曾被盜，竹簡也曾過火，因此出土時竹簡已經受到嚴重損壞，長短不一，該書現存竹簡 104 枚，分為二十七章。其內容是對儒家忠、孝、禮、信等道德的闡發。上述商湯和周文的仁德，下記樂正子春的言行，其中以孔子及其門弟子的言行為最多。這部書的絕大部分內容散見於先秦和西漢時期一些著作中，尤以《說苑》和《孔子家語》中為多。原書無書題，「儒家者言」是整理者根據內容而定的。李學勤先生認為：「它和安徽阜陽雙古堆簡牘中的一種性質相類（駢案：見上述 21「阜陽雙古堆漢簡《儒家者言》），內容以孔子及其弟子言行為主，且多和《說苑》及今本《孔子家語》有關，兩者應該都是《家語》的原型。……『儒家者言』也可稱為簡本《家語》。況且《漢書·藝文志》本有《儒家言》十八篇，云『不知作者』，與竹簡沒有關係。」「《漢志》本於劉向、歆父子的《別錄》、《七略》。漢成帝河平三年（公元前 26 年）始命劉向校書，廣收眾本，其時距八角廊墓不到三十年，所以劉向不會沒有看到過出土的這種《家語》，《漢

志》之《家語》有二十七卷，竹簡可能只是其間一部分，也許是摘抄本。這在出土書籍中是常有的，如同墓所出《文子》也不如《漢志》所記九篇之多。竹簡《家語》不少地方見於劉向所編《說苑》、《新序》，又是一證據。最重要的是，《漢志》中專以孔子及其弟子事跡為主的書，只有《論語》類那幾種，因此竹簡就只能歸於《家語》了。從體例來看，竹簡《家語》和今本是相近似的。清陳士珂作《孔子家語疏證》，詳細對照了今本《家語》及傳世其它古書，證明該書多與《荀子》、《韓詩外傳》、《禮記》、《大戴禮記》、《說苑》等書相出入，竹簡本正是這樣。看來我們對今本《家語》的認識應當重新考慮。」（《簡帛佚籍與學術史・竹簡《家語》與漢魏孔氏家學》，臺灣時報文化出版企業有限公司，1994 年版）

23. 銀雀山漢簡《晏子春秋》

案：1972 年出土於山東省臨沂縣銀雀山 1 號漢墓。該書共存竹簡 102 枚，簡長 27.6 釐米，寬 0.5－0.9 釐米，三道編繩，每簡抄寫字數約在 35 字左右。簡的上下兩端各空出 1－2 釐米，為竹書的天頭地腳。原竹書分為十六章，除「仲尼之齊」章章首無圓點（・）標識符號外，其餘十五章章首皆有圓點標識符號。每章各自起訖。原簡冊沒有書題，也沒有題撰輯人姓名。簡本十六章內容散見於傳世《晏子春秋》八篇之中的十八章內，兩本相較，不但在文句上有差異，而且在篇章分合上也不盡相同。如簡本第 10 章，今本析為《內篇問上》之〈景公問忠臣之行何如晏子對以不與君行邪第二十〉和〈景公問佞人事君何如晏子對愚君所信也第二十一〉兩章；簡本第 11 章，今本析為《內篇問下》之〈叔向問意孰為高行孰為厚晏子對以愛民樂民第二十二〉和〈叔向問嗇吝愛之行何如晏子對以嗇者君子之道第二十三〉兩章。此外，簡本《晏子春秋》的出土對研究該書的流傳及成書年代都有重大意義。如過去管同認為該書為「六朝人偽作」，漢代簡本的出土，「六朝之說」不攻自破；或云該書成書於「漢初」或「秦統一六國之後」，1977 年安徽省阜陽雙古堆漢墓也出土《晏子》殘文，該墓葬時代為公元前 163 年，距秦始皇統一六國也僅三十餘年。古書的形成都要經過一個漫長的歲月，在當時的條件下，三十餘年即成書流傳，並書於竹帛是不可能的。從該書的內容及書中語言用字來看，該書最早可能產

生於戰國時期，漢初又經劉向等所編定，流傳至今。

乙、道家

《漢書・藝文志》云：「道家者流，蓋出於史官，歷記成敗、存亡、禍福古今之道，然後知秉要執本，清虛以自守，卑弱以自持，此君人南面之術也。合於堯之克攘，《易》之嗛嗛，一嗛而四益，此其所長也。及放者為之，則欲絕去禮學，兼棄仁義，曰獨任清虛可以為治。」這一學派是以「道」為萬物之根本，故稱之為「道家」。它主張「人法地，地法天，天法道，道法自然」。自從道家創立之後，隨著時代的發展和對「道」的不同理解，道家內部又形成了老莊學與黃老學兩大派別，前者的代表著作有《老子》、《莊子》等，後者的代表著作有《淮南子》及馬王堆帛書「黃帝四經」等。道家的著作是非儒非墨之書，古代子書逃於儒、墨則歸於道家，它的內容十分混雜。

出土的道家文獻主要有：

1. 河間獻王劉德徵集本《老子》

案：見《漢書・景十三王傳・河間獻王劉德》。劉德修學好古，實事求是。從民間得善書，皆先秦古文舊書，其中有《老子》一書。河間，在今河北省獻縣東南，戰國時屬趙地。

2. 項羽妾冢本《老子》

案：見傅奕《校定古本〈老子〉》和夏竦《古文四聲韻・序》。北齊武平五年（公元 574 年），彭城人盜發項羽妾冢，得古文《孝經》和《老子》兩書。

3. 郭店楚簡《老子》甲、乙、丙本

案：1993 年出土於湖北省荊門市郭店 1 號楚墓。郭店楚簡《老子》依其形狀及編繩契口位置的不同，可以分作甲、乙、丙三種版本。甲本共存竹簡 39 枚，簡長 32.3 釐米，兩道編繩，存有 1000 多字；乙本共存竹簡 18 枚，簡長 30.6 釐米，兩道編繩，存有 380 字；丙本共存竹簡 14 枚，簡長 26.5 釐米，兩道編繩，約存 260 字左右。甲本、乙本簡冊的契口間距相

同，但它們的長度和簡的形制有著明顯的區別。甲本竹簡上的文字書寫的相對小一點，字間距離也較小；乙本竹簡上的文字書寫的相對大一點，字間距離也較大；因此可以判定這兩組竹簡是分別抄寫並各自單獨編聯成冊的。這三種竹簡所保留的《老子》文字，加起來只相當於傳世本的五分之二，章序與傳世本也有較大的差異，其間字句也有不少出入。甲本《老子》的內容包括傳世本的第十九章、六十六章、四十六章中段和下段、三十章上段和中段、十五章、六十四章下段、三十七章、六十三章、二章，三十二章、二十五章、五章中段、十六章上段、五十六章、五十七章、五十五章、四十四章、四十章、九章。乙本《老子》的內容包括傳世本的五十九章、四十八章上段、二十章上段、十三章、四十一章、五十二章中段、四十五章、五十四章。丙本《老子》的內容包括傳世本的十七章、十八章、三十五章、三十一章中段和下段、六十四章下段。

　　在二十世紀七十年代，在湖南省長沙市馬王堆 3 號漢墓中也曾出土過帛書《老子》甲、乙兩種抄本，帛書甲本是戰國晚期的傳本，帛書乙本是西漢初期的傳本。彭浩先生認為：「這兩種傳本除避諱和部分用字不同外，篇次和章序都是相同的。帛書本形成時，對其所據《老子》傳本作了一番調整和重新加工。與簡本比較後，我們知道帛書本不僅有許多用字和句子的不同，有些章的結構相去甚遠，在章序上幾乎是面目全非。從內容上看，簡本缺帛書本和通行本中關於『道』的理論闡述，偏重於實用，『人君南面之術』的色彩十分濃厚。帛書本《老子》同時也將東周或漢初對《老子》的解說有選擇地吸納，因而形成了與簡本的許多差異。帛書本奠定了《老子》通行本內容的基本構架，對《老子》的傳播有非常重大的影響。」帛書《老子》「距離《老子》的成書相隔了相當長的一段時間，其間又經歷秦代的焚書，因此還不能認為帛書本《老子》是《老子》的原本。時隔十餘年（1993 年），在郭店楚簡中發現了《老子》，給《老子》的研究無疑是一個巨大的推動。郭店楚簡《老子》是戰國中期的傳本，離《老子》成書年代比帛書本《老子》又更進了一步，由於簡本的不少文字與編排有異於帛書本和通行本，所以它對戰國時期《老子》的研究有極高的學術價值。」（《郭店楚簡〈老子〉校讀》前言，湖北人民出版社，2001 年版）李學勤先生認為：「荊門郭店楚簡《老子》可能係關尹一派傳

承之本，其中包含了關尹的遺說。」（《重寫學術史‧荊門郭店楚簡所見關尹遺說》，河北人民出版社，2002 年版）

4. 馬王堆帛書《老子》甲、乙本

案：1973 年底出土於湖南省長沙市馬王堆 3 號漢墓。甲本《老子》抄寫在通高 24 釐米的半幅帛上，出土時捲在一塊長條形的木片上。全文現存 69 行，行間有朱絲界欄，有些段落前有黑色圓點標誌，由此可以看出古今本段落分合的某些異同，篇末不記統計字數。抄寫的字體屬篆隸之間的古隸書。文中不避漢高祖劉邦諱，其抄寫年代可能在高帝時期（約公元前 200 年前後）。乙本《老子》則抄寫在通高 48 釐米的整幅帛上，出土時對折成長方形，放在一個漆盒下層的一個格子裡，折疊的邊緣已有斷損。乙本共存 31 行，行間有朱絲界欄，在《德》、《道》兩部分的第一句上方都有黑色墨釘標識符號，《德》經在前，《道》經在後。《德》經篇尾記有「德三千冊一」尾計字數，《道》經篇尾記有「道二千四百廿六」尾計字數。乙本的抄寫字體為漢隸。文中的「邦」字改成了「國」字，可能是避劉邦的諱，但文中不避漢惠帝劉盈的諱，由此可以推斷該書的抄寫年代比甲本略晚，大約應在漢惠帝和呂后執政期間（公元前 194 年至前 180 年間）。帛書《老子》與傳世本《老子》在文句上有不少差異，除了一些明顯的脫誤外，也往往勝於今本。

5. 張家山漢簡《莊子‧盜跖》

案：1988 年出土於湖北省江陵張家山 136 號漢墓。該篇現存 44 枚竹簡，原有篇名作「盜貾」。據介紹，其「內容為孔子見盜跖，此篇即為《莊子‧外篇‧盜跖》。內容完整，與現存版本文字內容基本一致」。（〈江陵張家山兩座漢墓出土大批竹簡〉，《文物》雜誌 1992 年第 9 期）以簡文與傳世本相比較，似簡文內容僅為傳世本〈盜跖〉篇的第一章。廖名春先生認為：「簡本〈盜跖〉篇字數約 1692，距今本第一章的 1748 字尚差幾十字。簡本〈盜跖〉篇只有今本〈盜跖〉第一章的事實，與郭象注所反映的事實是一致的。出土文獻與傳統文獻的相互印證說明，今本〈盜跖〉篇並非〈盜跖〉篇的原貌，〈盜跖〉篇原本與簡本〈盜跖〉篇相似，只有今本

〈盜跖〉篇的第一章。」（〈《莊子·盜跖篇》探源〉，《文史》雜誌第 45 輯，中華書局）李學勤先生認為：張家山 136 號漢墓的年代在漢文帝時，《盜跖》篇的出現，說明莊子一系的道家在那時已有相當廣泛的傳播。（《失落的文明·新發現簡帛分類舉要》，上海文藝出版社）

6.阜陽漢簡《莊子·雜篇》

案：1977 年土於安徽阜陽雙古堆 1 號漢墓。該篇現存殘簡 8 枚，無書名、篇名。據韓志強先生介紹，其中 1 枚見於傳世本《莊子·雜篇·則陽》篇，1 枚見於〈讓王〉篇，其餘 6 枚見於〈外物〉篇。（〈阜陽出土的《莊子·雜篇》漢簡〉，《道家文化研究》第 18 期，三聯書店）簡文與傳世本文字出入較大，而簡本較傳世本精練簡捷。莊子大約生活在公元前 365 年至前 290 年間，汝陰侯漢墓的下葬年代為公元前 165 年，相距僅 125 至 200 年左右，簡文的出土對研究《莊子》的成書年代有較大的意義。

7. 郭店楚簡《太一生水》

案：1993 年出土於湖北省荊門市郭店 1 號楚墓。該書現存竹簡 14 枚，出土時有一半簡的下部殘缺，整簡長 26.5 釐米，兩道編繩。其形制及抄寫書體均與同墓出土的丙本《老子》相同，也可能該書原來與丙本《老子》合編為一冊。原書沒有書題，「太一生水」四字是整理者取篇首文句而定的。《太一生水》不見傳世文獻記載，整理者認為文中的「太一」就是先秦時期所稱的「道」。該文主要論述「太一」與天、地、四時、陰陽等的關係，是一篇十分重要的道家著作。李學勤先生認為《太一生水》是對《老子》的解釋，這種思想和《老子》殊有不同，只能理解為《老子》之後的一種發展。（《重寫學術史·荊門郭店楚簡所見關尹遺說》，河北人民出版社，2002 年版）李零先生認為：《太一生水》的性質「第一，《太一生水》是一篇道論，即與《老子》屬於同一類型的作品。第二，《太一生水》與《老子》有思想上的關係。但《老子》只講『大』、『一』，《太一生水》卻講『太一』。前者是哲學層面的討論，後者是宇宙論的描述，《老子》比《太一生水》抽象，《太一生水》比《老子》具體。第三，《太一生水》的宇宙論描述是以古代數術思想為背景，但又不是技術層面的東西。

第四，《太一生水》與《繫辭》中的宇宙論有相近之處。但後者是說易之書，與之仍有不同。特別是它沒有使用『太一』的概念（代替它的是『太極』），也沒有『尚水』和『貴弱』的思想。」（《郭店楚簡校讀記・太一生水》，北京大學出版社，2002 年版）

8. 郭店楚簡《語叢》四

案：1993 年出土於湖北省荊門市郭店 1 號漢墓。該篇現存竹簡 27 枚，簡長 15.1 釐米，兩道編繩。按現存分段符號，簡文應分作五段，各段簡數多少不一，有的段只有一、二枚簡。全篇由類似格言的句子組成，前四段（1－9 簡）是講「說之道」，每章後面有黑橫畫標識符號（一）；後一段（10－27 簡）是講「謀為可貴」，文中提到「君」和「士」結交「巨雄」及「謀友」的必要，同時又指出「竊邦者為諸侯」。它們直接反映了東周時期不同階層對社會的看法。本篇原無篇題，「語叢」是整理者根據該篇內容及文句體例而定的。李零先生認為：「簡文形式與清杜文瀾《古謠諺》所收比較相似，內容則與陰謀游說、縱橫長短之術相關，類乎《太公》、《鬼谷》。《太公》三書曰《謀》、《言》、《兵》（《兵》即《六韜》），《謀》、《言》雖佚，而蘇秦傳其術，見於《鬼谷子》，西漢《三略》是其餘論。《漢志・諸子略》以伊尹、太公、辛甲、鬻子、管子之書列於道家，在《老子》前，蓋古人本有以陰謀圖國之書為道家之成說。這裡所述亦屬『謀』、『言』。它在郭店楚簡中是比較特殊的一類，形式內容與《語叢》一、二、三不大相同（駢案：見前「儒家」中），今以書體相近改列於《老子》之後（其內容也屬於廣義的道家）。」（《郭店楚簡校讀記》，北京大學出版社，2002 年版）

9. 上海博物館藏戰國楚竹書《恆先》

案：1994 年初，上海博物館從香港文物市場購得。出土時間、地點不明。據專家推測，這批竹簡的土出地點應在今湖北省江陵一帶。該篇原有篇題，「恆先」二字抄寫在篇首第 3 簡簡背。全篇共存 13 枚竹簡，簡長 39.5 釐米，三道編繩。全篇共存 497 字，完整無缺，為戰國道家佚書。其內容主要是論述了道家虛靜的理論，提出了天地起源的問題，道家的這一

宇宙生成論，在中國哲學史上佔有重要的地位，是研究道家哲學思想的一篇珍貴文獻。

10. 馬王堆帛書《九主》

案：1973 年出土於湖南省長沙市馬王堆 3 號漢墓。該篇出土時與《五行》、《明君》、《德聖》三篇同抄寫在帛書《老子》甲本卷後，發表時稱這四篇為帛書《老子》甲本卷後古佚書。該篇現共存 52 行，約有 1500 餘字。原無篇題，「九主」是整理者根據該篇內容所定，也有人稱之為《伊尹·九主》。該篇的內容是記述伊尹論九主的言論。《史記·殷本紀》中提到伊尹對商湯言「九主之事」，這篇佚文對九主（法君、專授之君、勞君、半君、寄主、破邦之主二、滅社之主二）有比較明確的說明。篇中肯定法君法臣，否定其它八主，一定程度上反映了尊法的思想，篇中有著很明顯的黃老刑名學術的色彩。《漢書·藝文志》中有《伊尹》五十一篇，在道家中。帛書《九主》在分類上也應歸入道家之言，因為它具有很濃厚的漢初道家黃老刑名思想。李學勤先生將帛書《九主》篇稱之為「戰國時期黃老刑名一派的著作」，「可能是《漢書·藝文志》所錄《伊尹》51 篇的零篇。」（〈試論馬王堆漢墓帛書《伊尹·九主》〉，載《文物》雜誌 1974年第 11 期）

11. 馬王堆帛書《明君》

案：1973 年出土於湖南省長沙市馬王堆 3 號漢墓。該篇出土時抄寫在帛書《老子》甲本卷後，全文共存 48 行，約有 1500 餘字。其內容是闡述賢明君主的幾大要務，著重論述攻戰守御，強調強兵的重要性。陳松長先生認為：「帛書所強調的明君之道，就是要奉行仁、義、誠等儒家治國理論，同時又要善於積兵，也就是要『使天下工畋，諸侯有積』，以善積兵而勝天下。要善於待時而動，要善於攘暴除害等，即用積兵明法以輔行仁、義、誠等治國理論。這很明顯，帛書所闡述的明君之道，也就是融合儒、法兩派治國理論思想的黃老思想的一種理論。」（《帛書史話》，中國大百科全書出版社，2002 年版）該篇原無篇題，「明君」二字是整理者根據該篇內容所定。

12. 馬王堆帛書《德聖》

案：1973 年出土於湖南省長沙市馬王堆 3 號漢墓。該篇出土時抄寫在帛書《老子》甲本卷後，全文現存 13 行，約有 400 餘字。後段文字殘缺，不能屬讀。該篇原無篇題，「德聖」二字是整理者根據該篇內容所定。整理組認為這篇內容也講到「五行」，似與本墓出土的帛書《五行》篇有關，但又有一些道家的語彙。陳松長先生認為：「究其內容，則主要是融合儒、道兩家思想對『五行』觀念進行綜合的發揮和闡述。帛書認為，凡具備『仁、義、禮、智、聖』五行的君子，就會『德心起』而達到天人感應的『玄同』境界，這樣，借助道家學派的天道觀，發展了儒家倫理哲學的目的論，這也是西漢初期思孟學派的一個重要傾向。」（《帛書史話》，中國大百科全書出版社，2000 年版）魏啟鵬先生依據先秦古書署名的通例及本篇的內容，摘其首句「四行成，善心起」中二字，改稱其為《四行》篇。他說：「這一篇儘管後部殘缺太多，文義不明，可是尚存的段落與《德行》（即原來的《五行》篇，下同）能互相印證，又能窺見《德行》在古代思想發展史上的軌跡，彌足珍貴。當我們對《德行》進行校讀、研究的時候，不能不將《四行》聯繫起來。」（《德行校釋·帛書〈德行〉研究札記》，巴蜀書社，1991 年版）

13. 馬王堆帛書《經法》

案：1973 年出土於湖南省長沙市馬王堆 3 號漢墓。出土時它和《十大經》、《稱》、《道原》一起抄在帛書《老子》乙本的卷前，正式發表時稱這四種書為帛書《老子》乙本卷前古佚書，也有的學者稱其為《黃老帛書》、《黃帝四經》、《黃帝書》等。李學勤先生認為：「帛書《老子》甲本後面的佚書可視為在《老子》之後附抄。《老子》乙本的佚書與之不同，位於《老子》之前，就不能認為是附抄的，它只能是重要性不下於《老子》的道家典籍。」（《簡帛佚籍與學術史，〈稱〉篇與〈周祝〉》，臺灣時報文化出版企業有限公司，1994 年版）《經法》是《老子》乙本卷前古佚書的第一種書，現存 77 行，約有 5000 餘字。全文用較規範的漢代隸書抄寫，行與行之間有烏絲欄界格。帛書幅寬 48 釐米，折疊放在一個漆盒裡，出土時因折疊時間過長，再加水泡腐朽而斷裂成若干塊 24 釐米寬的

帛片，除折疊斷裂處外，其它部分保存的較為完整。該書共由九篇組成，它們分別是：《道法》、《國次》、《君正》、《六分》、《四度》、《論》、《亡論》、《論約》、《名理》，每篇原都有篇名，抄寫在各篇篇末。除《道法》外，其餘八篇篇首皆有黑方塊（■）標識符號。全書書名《經法》二字抄寫在全書的末尾，「經法」二字後還寫有全書統計字數「凡五千」三字。整理小組認為：這四篇佚書大概是漢初或戰國末期的著作。《經法》主要講「刑名」之說，其中《道法》篇主要論述了「道」和「法」的關係，強調了以法治國的重要性，是《經法》一書的總論。而最後一篇《名理》則是對《經法》的總結，主要闡述了「道」的本質和循道生法、依法治國、國無危亡的原理。

唐蘭先生早在 1975 年第 1 期《考古學報》上發表的〈馬王堆出土《老子》乙本卷前古佚書的研究〉一文中曾經指出，這四種古佚書與傳世文獻《國語・越語下》有著密切的關係，並將這四種書和〈越語下〉作了對比，發現有不少共同之處。《馬王堆漢墓帛書》（壹）的注釋也詳細比勘了兩者的文句。其中《經法》與〈越語下〉共通的文句散見於〈國次〉、〈六分〉、〈亡論〉裡，從中可以看出范蠡思想和道家思想的某些聯繫。

14. 馬王堆帛書《經》（《馬王堆漢墓帛書》（壹）稱為《十六經》）

案：1973 年出土於湖南省長沙市馬王堆 3 號漢墓。出土時它抄寫在帛書《老子》乙本的卷前。其書寫款式和抄寫字體與前面所講的《經法》完全相同，顯係同一時期和同一抄手所完成的。

該書的書名最初依據書末題「十大經」三字定為《十大經》，後整理小組對的帛書「六」、「大」二字的字形作了仔細的對比，認為應是「六」字，所以在正式出版《馬王堆漢墓帛書》（壹）時將其定名為《十六經》。但由於本書只有十五章，用上述《經法》的抄寫款式來比較，本書篇末應書寫最後一篇的篇名、全書書名和統計字數，這樣一來，最後一篇就沒有篇名了。因此，學者們對「十六經」的命名提出了一些異議。裘錫圭先生在〈馬王堆《老子》甲乙本卷前後佚書與道法家〉一文的注①中說：「細按字形，恐仍當釋為『十大經』。」（《古代文史研究新探》，江蘇古籍出版社，1992 年版）李學勤先生在〈馬王堆帛書《經法・大分》及其他〉一

文中認為，應該將「十大」和「經」分開來談，「對照第一篇《經法》與第二篇篇末標題的格式，可以看出它們最好標點為：

〈名理〉，《經法》，凡五千。

〈十大〉，《經》，凡四千〔五十〕六。

〈名理〉、〈十大〉是章題。《經法》、《經》是篇題，合乎所謂大題在下。〈十大〉作為《經》篇末一章的標題，解決了這一章獨缺標題的困難。冠以數字的標題在先秦子書中頗為多見。……分析《經》篇這末一章，可以看出確有劃為十句雖互有聯繫，又各成格言的話，且能從韻腳來判定（十句韻腳格言略）。所謂『十大』當即指這十句話，因其價值重大，故題為〈十大〉。把〈十大〉作為《經》篇末章的標題，修正其釋讀，也解決了該篇章數的疑問。《經》篇共十五章，可從其總字數來印證。」（《簡帛佚籍與學術史‧論〈經法‧大分〉及〈經‧十大〉標題》，臺灣時報文化出版企業有限公司，1994 年版）。按李學勤先生的論述，這種書應稱其為《經》。

該書是抄寫在帛書《老子》乙本卷前的第二種佚書，全書共存 65 行，分十五篇，除〈前道〉因原帛殘缺為整理者所加外，其餘十四篇皆原有篇題，抄寫在各篇篇末。每篇篇首皆有黑色方形（■）標識符號。這十五個篇名分別為：〈立命〉、〈觀〉、〈五正〉、〈果童〉、〈正亂〉、〈姓爭〉、〈雌雄節〉、〈兵容〉、〈成法〉、〈三禁〉、〈本伐〉、〈〔前道〕〉、〈行守〉、〈順道〉，其書末統計字數尾題為「凡四千六□□六」。該書的內容主要是講「刑名」和「陰陽刑德」之說，此外，還記載了一些有關黃帝的神話。陳松長先生云：「《經》通篇以黃帝君臣對話的形式來敘述治國之道和用兵策略，例如〈果童〉一章就提出了貴、賤、貧、富、均等的民本思想，〈前道〉一章中則強調『上知天時，下知地利，中知人事』才能長利國家、世利百姓。〈本伐〉章則對戰爭的性質進行了分析，認為『世兵道三：有為利者，有為義者，有為行忿者』。〈兵容〉一章則認為用兵要法天、法地、法人才能作出正確的決斷，取得勝利，不然，必將『當斷不斷，反受其亂』。總的說來，帛書《經》是一篇用黃老刑名思想以闡述治國用兵之道的古佚書，其思路與《經法》篇的治國用道理論完全相同。」（《帛書史話》，中國大百科全書出版社，2000 年版）

15. 馬王堆帛書《稱》

案：1973 年出土於湖南省長沙市馬王堆 3 號漢墓。出土時是抄寫在帛書《老子》乙本卷前的第三種佚書，全書共存 25 行，約 1600 餘字。全文不分章節，書前首行眉端有黑色方塊（■）標識符號，行與行間有烏絲界欄。原書書題「稱」，抄寫在書末最後一行，「稱」後記有計字尾題「千六百」三字。其內容是匯集了很多類似格言的話，所反映的思想大體上與上述《經法》、《經》為同一體系。李學勤先生說：「《稱》這一篇的特點，在於其體裁與其它三篇（駢按：指《經法》、《十大》、《道原》）均有差別，有學者認為這一篇是一種語錄匯編體，但細看其文字風格，尚有異於《論語》及後世的語錄。篇中不少地方似乎是輯錄當時的格言，甚至流行的俗諺。」「《稱》篇之所以題為『稱』，是因為『稱』訓為言（《禮記・射義》注）或述（《國語・晉語》注），並不像一些作品理解的是度量的意思。所謂『稱』，就是指語句的匯集。」「因此，《稱》這一篇，粗看似乎凌亂無序，細細吟味，卻始終沿著道家的思想軌道展開。它之成為《黃帝書》這部重要典籍中的一篇，並不是偶然的。」「《稱》的時代很可能早於慎子」。（《簡帛佚籍與學術史・〈稱〉篇與〈周祝〉》，臺灣時報文化出版企業有限公司，1994 年版）

16. 馬王堆帛書《道原》

案：1973 年出土於湖南省長沙市馬王堆 3 號漢墓。出土時是抄寫在帛書《老子》乙本卷前的第四種佚書，也是最後一種佚書。這種佚書篇幅最短，僅有 7 行，共 464 字。全文不分章節，書前首行眉端有黑色方塊（■）標識符號，行與行間有烏絲界欄。原書書題「道原」二字抄寫在書末最後一行，「道原」二字後記有計字尾題，稱「四百六十四」字。全篇文句基本押韻，與以韻語成篇的《老子》非常相似。整理小組〈前言〉云：「《道原》論述道的性質，推究道的本源，與『刑名』之說也有一定關係。司馬談在《論六家要旨》中談到道家時說：『因陰陽之大順，採儒墨之善，撮名法之要。』（《漢書・司馬遷傳》）清楚地說明了當時的道家思想，已經吸收了不少陰陽、儒、墨、名、法等家的觀點。從這四篇佚書內容所反映的思想來看，大概就是流行於漢初的一種黃老思想，它具有鮮明

的時代特點。」(《馬王堆漢墓帛書》(壹),文物出版社,1980 年版)陳
松長先生也認為:「(《道原》)內容很重要,它主要是推究闡釋『道』的本
原、性質和作用,其內涵和思想,上承《老子》,下啟《文子》、《淮南
子》,具有很鮮明的漢初黃老新道家學派的特色。」(《帛書史話》,中國
大百科全書出版社,2000 年版)

17. 定縣八角廊漢簡《文子》

案:1973 年出土於河北省定縣八角廊村 40 號漢墓(西漢中山懷王
墓)。該墓曾於西漢末年被盜,盜墓者在墓中引起大火而驚駭逃出,這批
竹簡雖因過火炭化避免了腐朽,但經過盜擾火燒,也使竹簡受到了嚴重的
損壞。竹簡散亂殘斷,炭化後的墨跡已多不清晰,這批竹簡中被初步認為
是《文子》內容的有 277 枚,約有 2790 字。因竹簡中未發現篇題,所以
原本是僅有一篇還是若干篇,尚待研究分析。據今本《文子》可以看出,
其中屬於《道德》篇的竹簡有 87 枚,1000 餘字,另有少量竹簡文字與
《道原》、《精誠》、《微明》、《自然》中的內容相似,還有一些為今本《文
子》所無的佚文。另外,簡本中的「文子」,今本中都改成了「老子」,並
以答問的先生變成了提問的學生。簡文各章為平王問,文子答。有的章首
還存有黑圓點(●)標識符號。定州漢簡整理小組在〈定州西漢中山懷王
墓竹簡《文子》的整理和意義〉一文中也曾指出:簡本《文子》和傳世本
《文子》有許多不同之處,如「在漢簡《文子》和今本《文子》內容相同
的部分中,於今本《文子》中似乎有後人訓釋的東西變為正文,如第 2482
號簡『修德非一聽』,今本《文子‧道德》則云:『文子問道,老子曰:學
問不精,聽道不深,凡聽者將以達智也,將以成行也,將以致功名也,不
精不明,不深不過,故上學以神聽,中學以心聽,下學以耳聽。』顯然是
對漢簡『修德非一聽』的訓釋。又如 0912 號簡『卑、退、斂、損,所以
法天也』,今本《文子‧道德》則云:『卑則尊,退則先,儉則廣,損則
大,此天道所成也。』也應是對漢簡『卑、退、斂、損,所以法天也』的
訓釋。今本中有在原本上附加衍文並竄改原文之處,如 0880 號簡『(平)
王曰:人主雖賢,而遭淫暴之世,以一』,而今本《文子‧道德》則作
『平王問文子曰:吾聞子得道于老聃,今賢人雖有道,而遭淫亂之世,以

一人……』。今本《文子》中竄亂的地方很多，如 2262 號簡『（平）王曰：吾聞古聖立天下，以道立天下』，今本《文子・道德》則作『文子問曰：古之王者，以道蒞天下』；2212 號簡『朝請不恭，而不從令，不集』，今本《文子・道德》作『則朝廷不恭，縱令不從』。還有在漢簡中本是平王和文子在問答中逐個說明的問題，而在今本《文子》中卻是由老子混講在一起。等等。」（《文物》雜誌 1995 年第 12 期）《文子》一書曾是有爭議的書，《漢書・藝文志》注云：「老子弟子，與孔子並時；而稱周平王問，似依托者也。」周平王與文子非同時人，但《文子》中的「平王」前並未見有「周」字，清人孫星衍在《問字堂集・文子序》中曾指出《文子》中的「平王」應是「楚平王」，「文子師老子，亦或游乎楚，平王同時」，這應該接近事實。李學勤先生在〈試論八角廊簡《文子》〉一文中另有發現，他說：「另一種可能性是，八角廊竹簡的《文子》原係全書，不過由於朽壞殘損，現今僅剩下比較連續的一小部分。我是比較傾向於這個看法的，理由是殘存的簡中有一支很像是書的標題，看來竹簡《文子》應較完整。這裡說的殘簡（編號 2465），上面的文字是『文子上經聖□明王』。按漢代《老子》分上經、下經，宋董思靖《道德真經集解》序說引《七略》即云：『劉向定著兩篇，八十一章；上經三十四章，下經四十七章。』『上經』之稱與簡文相似。揣想這支簡應該這樣標點：

　　《文子》上經《聖□》、《明王》……

　　如果這一設想不錯，竹簡《文子》原文分上經、下經，各包含若干篇，很可能加起來即《漢志》九篇。《聖□》、《明王》是竹簡《文子》上經的前兩篇。值得注意的是，這兩個篇題都不見於今傳本。由此可見，竹簡《文子》和今傳本的差別是很大的。」（《文物》雜誌，1996 年第 1 期）

丙、陰陽家

《漢書・藝文志》云：「陰陽家者流，蓋出於羲和之官，敬順昊天，歷象日月星辰，敬授民時，此其所長也。及拘者為之，則牽於禁忌，泥於小數，舍人事而任鬼神。」「陰陽家」亦稱之為「陰陽五行家」，是戰國末期以鄒衍為首的陰陽五行學派的簡稱。「陰陽」是古代中國人在生存之初即已注意到的現象，

後來隨著生產實踐的發展，逐漸被以觀念的形式保存下來。它是以「數術」為基礎、以陰陽五行學術為核心建立起來的哲學體系，它是用五行相生相剋的理論來解釋人類社會的一切現象的。

有關陰陽家的簡帛文獻不是很多，目前可以歸入此類的約有三種：

1. 長沙子彈庫楚帛書

案：1942 年被盜掘出土於湖南省長沙市子彈庫楚墓。現藏於美國華盛頓賽克勒博物館。該帛書抄寫在一塊寬 47 釐米、高 38.7 釐米的方形絲織物上。整個幅面分內外兩層，外層繪有十二個神像，上下左右，每邊各三個，為一至十二月之神，其中除標有「易□義」的神像是側置外，餘皆頭朝內，每個神像皆有題記，作左旋排列，依次轉圈讀；四方交角還有用青、赤、白、黑四色畫成的樹木：青木與白木的樹冠左右相對，赤木和黑木的樹冠上下相對，樹根皆朝外；裡層只有一左一右、方向顛倒的兩段文字，一段 13 行，一段 8 行。全書既無書題，也無篇題，但外層十二段文字，每段結尾都有一個分章的符號（用朱色方塊表示），後面另外書寫含有神像名稱的章題；中心兩大段文字也各有三個分章的符號（形式與邊文符號相同）。幅面原為淺灰色，因年久而變為深褐色。由於該帛書在 42 年出土時為非科學發掘，沒有留下供科學研究可依據的資料。為此，湖南省博物館於 1973 年 5 月又對出土該帛書的墓葬進行了第二次發掘，經研究確定墓葬年代約在戰國中晚期之交。

先秦諸子時期，專論陰陽五行、天象災異的屬於陰陽家。李學勤先生認為：「楚帛書是陰陽家的著作，書中蘊含著楚國流行的古史傳說和宇宙論。陰陽家言是古代的數術，帶有神話甚至若干迷信的色彩，同時又有著很有價值的科學內核，這件帛書一共有九百餘字，極為寶貴。」（《簡帛佚籍與學術史・楚帛書中的古史與宇宙論》，臺灣時報文化出版有限公司）「按照內容，我們試擬篇題為：《四時》、《天象》、《月忌》，帛書三篇各為起訖，但其思想特點是一致的。《四時》篇論曆日四時的推步；《天象》篇講曆日有失而致的災異；《月忌》篇則記各月的避忌，其性質顯然屬於陰陽數術，……陰陽家與數術常密不可分，《藝文志》說『數術者，皆明堂羲和史卜之職也』，即透露了其間消息。班固列舉數術家提到宋有子韋，

而陰陽家書首列《宋司星子韋》也是很好的證據。大概來說，偏於理論的在《志》中列入陰陽家，專供實用的則列入『數術略』，楚帛書《四時》、《天象》應歸前者，《月忌》則應近於後者。」（《李學勤集‧長沙楚帛書通論》，黑龍江教育出版社，1989 年版）

而饒宗頤先生則認為：楚帛書所記述者為楚天官書之逸篇，時賢或目之為月禁。（《楚地出土文獻三種研究‧楚帛書象緯解》，中華書局，1993 年版）

李零先生認為：「帛書是一種與曆忌之書有關的著作」，「先秦兩漢的陰陽家說可以分為兩種：一種是專營占星、堪輿、卜筮等迷信活動的術士歷代傳習的『數術』之學，司馬談所說的『陰陽家』主要就是指這一種，《漢書‧藝文志》把它列為數術略。另一種是以齊魯稷下學子鄒衍、鄒奭等人代表的『五德終始』說，它實際上是按往舊造說，仍然是脫胎於數術之學，只不過是把原始存在的數術之學哲學化了，提高為類似儒道等家的體系，《漢書‧藝文志》把它列為諸子略『陰陽家類』。我們討論的帛書應該屬於前者。」（《長沙子彈庫戰國楚帛書研究》，中華書局，1985 年版）

2. 銀雀山漢簡《曹氏》

案：1972 年 4 月出土於山東省臨沂縣銀雀山 1 號漢墓。「曹氏」是同墓出土的 4 號篇題木牘上所記篇題，而簡文中作「漕（曹）是（氏）陰陽」（見 1937 號簡），抄寫在簡端上方，該簡應是該篇的篇首第一簡。從殘存的簡文來看，它是曹氏所授的一種陰陽家讀物，內容是講天地四時（日月星辰、山川丘陵、年月日時）和萬物（草木、鳥獸、魚蟲、五穀、六畜、人等）的陰陽，以及陰中有陽，陽中有陰，相生相剋，互為德刑的關係。該書簡文尚未整理出版，只在文物出版社出版的《銀雀山漢簡釋文》中發表過散簡的釋文。

3. 銀雀山漢簡《陰陽散》

案：1972 年 4 月出土於山東省臨沂縣銀雀山 1 號漢墓。同墓出土的 4 號篇題木牘作「陰□散」，中間一字殘缺不清，但在 0505 號篇題簡上作「陰陽散」，抄寫在簡首正面，顯為該篇篇首第 1 簡，可補出木牘篇題的殘

缺文字。該篇內容在殘存的斷簡中，0505 號簡篇題，從 0684 號簡文「陽散，有死之徒也」來推測，大的是講陰散為生，陽散為死一類的內容。該書簡文尚未整理出版，散見簡文見文物出版社出版的《銀雀山漢簡釋文》。

丁、墨家

《漢書・藝文志》云：「墨家者流，蓋出於清廟之守。茅屋采椽，是以貴儉；養三老五更，是以兼愛；選士大射，是以上賢；宗祀嚴父，是以右鬼；順四時而行，是以非命；以孝視天下，是以上同：此其所長也。及避者為之，見儉之利，因以非禮，推兼愛之意，而不知別親疏。」它是戰國時期由墨子（翟）開創的一個學術派別，它一開始是以儒家的反對派出現的，揭開了先秦「百家爭鳴」的序幕。在整個戰國時期，儒墨兩家都處於顯學的地位。到了漢代，「罷黜百家，獨尊儒術」，墨家才逐漸被淹沒。在傳世文獻中，墨家的代表作主要是《墨子》一書，它應該是墨家學術文獻的匯編。

在出土簡帛書籍中，與墨家有關的文獻僅見一種。

1. 信陽長臺關楚簡《墨子》

案，1957 年 3 月出土於河南省信陽長臺關 1 號楚墓。該墓共出土竹簡 148 枚，據其內容可分為兩組，其中第 1 組共有 119 枚。由於出土時被人踐踏，竹簡殘損非常嚴重，殘簡長短不齊，最長者存 33 釐米，三道編繩，據編繩間距推斷，原簡的長度應在 45 釐米左右，每簡約書 30 字左右，約共存 470 餘字。經過整理，該組竹簡原是一部竹書，寫的是一篇記載申徒狄和周公談話的短文。其中保存字數最多的兩支簡文與《太平御覽》卷八〇二中一段儒墨對話形式的《墨子》佚文「周公見申徒狄曰：賤人強氣則罰至」的內容、語氣如出一轍。此外，簡文中還有一些明顯是《墨子》特有的術語，如「賤人」、「尚賢」等。李學勤先生認為這組簡非常可能就是《墨子》的佚篇。「《墨子》佚篇在長臺關楚墓中發現，與墨學的流傳有關。墨子本人曾到過楚國，見楚惠王。《文選》注引《墨子》佚文：『墨子獻書惠王，王受而讀之，曰：良書也。』（亦見余知古《渚宮舊事》）他又曾和楚封君魯陽文子相會議論，還派弟子耕柱子仕於楚國，可見墨學在戰國前期即已在楚地流傳。公元前 381 年，楚悼王死，陽城君因

攻吳起事獲罪，墨者鉅子孟勝死難，弟子死者八十餘人。至楚成王時，墨家田鳩又來到楚國，與威王問答。所謂墨分為三，南方之墨者鄧陵子為楚公子之後，苦獲，已齒也應為楚人。由此可知，戰國中期楚國的墨學相當興盛，《墨子》佚篇竹簡的出現完全不是偶然的。」（《簡帛佚籍與學術史・長臺關竹簡中的〈墨子〉佚篇》，臺灣時報文化出版有限公司，1994年版）李零先生認為：簡文雖與今本《墨子》的佚篇或佚文有關，但原來卻並不一定屬於《墨子》，而很可能只是周公、申徒狄問對中的一種。所以他主張該篇簡文的命名當以「申徒狄」更為合適。（《簡帛古書與學術源流・長臺關楚簡〈申徒狄〉研究》，三聯書店，2004年版）

戊、縱橫家

《漢書・藝文志》云：「縱橫家者流，蓋出於行人之官。孔子曰：『誦《詩》三百，使於四方，不能專對，雖多亦奚以為？』又曰：『使乎，使乎！』言其當權事制宜，受命而不受辭，此其所長也。及邪人為之，則上詐諼而棄其信。」《韓非子・五蠹》云：「縱者，合眾弱以攻一強也；而衡（橫）者，事一強以攻眾弱也。」當時的主要代表人物是蘇秦、張儀等人。蘇秦主張合縱，張儀主張連橫。在戰國七雄並立的混亂局面中，各國明爭暗鬥，互相傾軋，都在竭心盡力地謀求自己的威勢。於是善機變之謀、專捭闔之術的縱橫家便應運而生。一方面，各國統治者需要有政治能力的謀士說客為鞏固自己的統治而效勞；另一方面，這些謀士說客要靠出賣自己的智謀以求達到富貴騰達的目的。因而辭辨謀略之士在當時的各國都受到很高的禮遇。傳世文獻《鬼谷子》一書比較集中地反映了縱橫家的處世哲學及智謀思想，而《戰國策》則從另一個角度記載了縱橫家「合縱連橫」中謀略游說的言行。

目前出土的與縱橫家有關的簡帛文獻約有三種：

1. 郭店楚簡《唐虞之道》、《忠信之道》

案：1993年冬出土於湖北省荊門市郭店1號楚墓。該篇現存竹簡19枚，簡長28.2釐米，兩道編繩。由於竹簡出土時殘損，整理者根據內容綴聯成8段文字，雖然比較破碎，但簡文大意仍可了解。其內容是講堯舜禪讓之道，著重敘述舜知命修身及具有的仁、義、孝、弟的品德。簡文中有關舜的史實亦見於

《史記‧五帝本紀》等書，但簡文全篇未見傳本。本簡冊原無書題，「唐虞之
道」四字是整理者根據篇首文字而定的。

2. 郭店楚簡《忠信之道》

《忠信之道》現存竹簡 9 枚，簡長 28.2 釐米，兩道編繩。原無篇題，「忠信
之道」是整理者根據簡文內容所定。本篇內容是列舉了忠、信的各種表現，作
者認為「忠，仁之實也；信，義之期也」，「忠信積而民弗親信者未之有也」。
李學勤先生認為：「《唐虞之道》、《忠信之道》兩篇，雖有近於儒學的語句，但
過份強調禪讓，疑與蘇代、厝毛壽之流游說燕王噲禪位其相子之（公元前 316
年）一事有關，或許應劃歸縱橫家，容當別論。」（《重寫學術史‧先秦儒家
著作的重大發現》，河北教育出版社，2002 年版）

3. 馬王堆帛書《戰國縱橫家書》

又見前《六藝‧春秋》類。

己、小說家

《漢書‧藝文志》云：「小說家者流，蓋出於稗官。街談巷語，道聽途說者
之所造也。孔子曰：『雖小道，必有可觀者焉，致遠恐泥，是以君子弗為
也。』然亦弗滅也。閭里小知者之所及，亦使綴而不忘。如或一言可采，此亦
芻蕘狂夫之議也。」班固書中共著錄了十五家，但皆已失傳。魯迅在其《中國
小說史略》中云：「諸書大抵或托古人，或記古事，托人者似子而非，記事者
近史而悠謬者也。」因為這些書所講的內容多來自街頭巷語或民間傳說，所以
班固在諸子十家中認為可觀者僅九家而已，並不重視小說一家。但是小說家的
「街談巷語」、「道聽途說」卻可供統治者了解閭巷風俗，正如孔子所說「雖小
道，必有可觀者也」，因而不廢，在諸子中也佔有一席之地。

出土簡帛小說類書籍僅見一種：

1. 放馬灘秦簡《墓主記》

案：1986 年出土於甘肅省天水市北道區黨川鄉放馬灘 1 號秦墓。該書

現存 8 枚竹簡。其內容說的是一個名叫丹的人因傷人而被處死，但三年後他又復生的事情，同時還追述了丹過去的簡歷和不死的原因。出土時簡文少有殘損，但文義基本可以讀通。據推測，這個名叫丹的人很可能就是 1 號墓墓主，所以整理者把這份簡冊定名為「墓主記」。李學勤先生認為這個《墓主記》「所記的故事頗與《搜神記》等書的一些內容相似，而時代早了五百來年，有較重要的研究價值。……簡文所述丹死而復活的故事，顯然有志怪的性質，與後世許多志怪小說一樣。這個故事可能出於虛構，也可能丹實有其人，逃亡至秦，捏造出這個故事，藉以從事與巫鬼迷信有關的營生。故事裡丹講了一些祭祀時應注意的事項，簡中收入這則故事大概就出於這個緣故。……放馬灘簡中這則故事，情節不如《搜神記》的曲折，但仍可視為同類故事的濫觴。」（《簡帛佚籍與學術史・放馬灘簡中的志怪故事》，臺灣時報文化出版有限公司，1994 年版）

三、詩賦

所謂「詩賦」，是「詩」和「賦」的合稱，「詩」和「賦」都是古代的一種文學體裁。《漢書・藝文志》云：「傳曰：『不歌而誦謂之賦，登高能賦可以為大夫。』古者諸侯卿大夫交接鄰國，以微言相感，當揖讓之時，必稱《詩》以諭其志，蓋以別賢不肖而觀盛衰焉。故孔子曰『不學《詩》，無以言』也。春秋之後，周道漸壞，聘問歌詠不行於列國，學《詩》之士逸在布衣，而賢人失志之賦作矣。大儒孫卿及楚臣屈原離讒憂國，皆作賦以風，咸有惻隱古詩之義。其後宋玉、唐勒，漢興枚乘、司馬相如，下及揚子雲，竟為侈麗閎衍之詞，沒其風諭之義。自孝武立樂府而采歌謠，於是有代趙之謳，秦楚之風，皆感於哀樂，緣事而發，亦可以觀風俗，知薄厚云。」《藝文志》總舉詩賦一百零六家，其中詩歌有二十八家，賦則有七十八家之多。詩歌的產生較早，它是原始人類在從事集體勞動時，依照著勞動動作的節奏，因襲著勞動呼聲的疾徐而產生的。賦的產生應在戰國時期，按《漢書・藝文志》的分類法，把屈原等楚辭作品也作為賦體來對待，這是漢代人的意見，也是後世稱屈原的作品為「屈賦」之所本。到了漢代，賦體作品得到了很大的發展，從《漢書・藝文志》的記載可以看出。

在出土簡帛文獻，雖然發現的詩賦不是很多，但也可窺見一斑。

1. 上海博物館藏戰國楚竹書「蘭賦」、「鵬賦」

案：1994 年初，上海博物館從香港文物市場購得。出土時間、地點不明。據專家推測，這批竹簡的出土地點應在今湖北省江陵一帶。現存二殘篇，一篇的內容是詠蘭的，似可題為「蘭賦」，另一篇的內容是詠鵬的，似可題為「鵬賦」。詠蘭、詠鵬的賦在古代都曾有過，如漢代賈誼的《鵬鳥賦》、唐代的《幽蘭賦》等。這兩篇賦均不見著錄，但以內容，字體來看，應與楚國有關，應是楚國的文學作品，其形式與傳世本《楚辭》中的「騷體賦」很相似，也是以「兮」字為襯（簡文作「可」）。賦多是戰國晚期的作品，荀子的《賦》和屈原的《離騷》都屬於這一時期，這兩篇賦文，大體也是同一時代的作品。

2. 銀雀山漢簡《唐勒》賦

案：1972 年 4 月出土於山東省臨沂縣銀雀山 1 號漢墓。該篇內容目前還未整理發表，但從《銀雀山漢簡釋文》中可以窺見一斑。該賦原有篇題，「唐革（勒）」二字書寫在 0184 簡簡上端，簡的正面抄寫著賦的正文。《史記·屈原賈生列傳》云：「屈原既死之後，楚有宋玉、唐勒、景差之徒者，皆好辭而以賦見絕。」《漢書·藝文志》的「詩賦略」中著錄有《唐勒賦》四篇，注云：「楚人。」同時還著錄有《宋玉賦》十六篇，注云：「楚人，與唐勒並時，在屈原後也。」《唐勒賦》早已佚亡，而《宋玉賦》十六篇者，清人嚴可均在其《全上古三代文》卷十「宋玉」卷中注云：「今存者〈風賦〉、〈大言賦〉、〈小言賦〉、〈諷賦〉、〈高唐賦〉、〈神女賦〉、〈登徒子好色賦〉、〈釣賦〉、〈笛賦〉、〈九辨〉、〈招魂〉凡十一篇，〈對楚王問〉、〈高唐對〉不在此數。如〈九辨〉為九篇，則多出《漢志》三篇，所未審也。或云〈笛賦〉有『宋意送荊卿』之語，非宋玉作。」李學勤先生認為：「銀雀山竹簡《唐勒》，原有『唐革（勒）』二字篇題，因而很容易想到是《唐勒賦》，篇中也確有唐勒所說的話。不過仔細考察，我認為這並不是《唐勒賦》，而是《宋玉賦》的佚篇。」「《唐勒》的首句是『唐勒與宋玉言御襄王前，唐勒先稱曰……』，言御者只有唐勒、宋玉二人，而唐勒先稱，即先發言，那麼後發言的必然是宋玉，按照《大、小言賦》的體例，賦的作者應該就是宋玉。」「《唐勒》簡雖然已經殘斷，

只要與《淮南子‧覽冥》對比，就可以看出篇內有同樣的結構。」「《淮南子‧覽冥》是因襲《唐勒》的，譚家健文（〈《唐勒》賦殘篇考釋及其它〉）已有論證。這樣，《淮南子》就可以作為推定《唐勒》以及體裁相同的《大、小言賦》時代的標尺。按《淮南子》內篇是淮南王安在武帝建元元年（前 140 年）上獻的，其編纂在文景時，上距惠帝四年（前 191 年）除《挾書令》不過三十年上下。由此足見，不管是《唐勒》還是《大、小言賦》，都當是先秦的作品，成於宋玉本人之手是完全可能的，時代應為戰國晚期。附帶說一下，按照宋玉傳世各賦的標題，《唐勒》最好稱為《御賦》。然而既然簡上原有標題，恐怕仍以不加改動為是。」（《簡帛佚籍與學術史‧〈唐勒〉、〈小言賦〉和〈易傳〉》，臺灣時報圖書出版有限公司，1994 年版）

3. 阜陽雙古堆漢簡《楚辭》

案：1977 年出土於安徽省阜陽雙古堆 1 號漢墓。竹簡出土時嚴重殘損，不僅散亂扭曲、變黑變朽，而且纖維質已溶解粘連，成為類似刨花板那樣的朽木片。在這此殘簡中，《楚辭》殘文僅發現兩片，一片為《離騷》殘句，僅存 4 字；一片為《涉江》殘句，僅存 5 字。另外還發現若干殘片，亦為辭賦之體裁，但不知為何書佚篇。（〈阜陽漢簡簡介〉，《文物》雜誌 1983 年第 2 期）

4. 東海尹灣漢簡《神鳥傳（賦）》

案：1993 年 2 月出土於江蘇省連雲港市東海縣溫泉鎮尹灣 6 號漢墓。該篇共存 18 枚簡，簡長 23 釐米，寬 0.8－1 釐米，兩道編繩。該篇原有篇題，「神鳥傳（賦）」三字單佔一簡，隸書，書寫在簡的正面。另有一支簡上部文字漫漶不清，下面寫有雙行小字，所記疑為此賦的作者或傳寫者的官職（乃少吏）和姓名。這些簡出土時順序散亂，整理者根據賦文內容排定順序。該篇正文的前六枚簡的編繩處，各留有一字空白，疑是先編連後書寫的；其餘各簡編繩處都寫有文字，當是先書寫後編連的。正文用草隸書寫。這篇賦的內容是用擬人的手法，通過雌鳥遭盜鳥傷害，臨死與雄鳥訣別的故事，表現了夫婦之間和母子之間的真摯感情。在接近末尾處，從

「鳥獸且相憂，何況人乎」一語點出了全篇主題。該賦是一篇亡佚兩千多年的基本完整的西漢賦，其風格與以往傳世的大量屬於上層文人學士的漢賦有異，無論從題材、內容和寫作技巧來看，都接近於民間文學。此賦以四言為主，用擬人手法講述了鳥的故事，跟曹植的《鷂雀賦》和敦煌發現的《燕子賦》如出一轍。它的發現把這種俗賦的歷史提早了二百多年，在古代文學史上的意義是不言而喻的。

5.上海博物館藏戰國楚竹書「交交鳴鳥」

案：據李零先生《簡帛古籍與學術源流·詩賦類》介紹，在上海博物館藏戰國楚竹書中，有一篇與《詩經》風格類似、但不見於《詩經》的作品，竹簡有所殘損。這篇作品有兩個抄本，一個抄在比較長的簡上，一個抄在比較短的簡上，但每個抄本都以「交交鳴鳥，集於□□」起興，大約有五、六章，內容大同小異。目前這些資料尚未公布整理結果，具體情況還不得而知。

6.敦煌漢簡《風雨詩》

案：二十世紀初出土於甘肅省西部敦煌邊塞烽燧中，為斯坦因在中亞地區考察時所得。現存 8 句，內容是描寫在沙漠戈壁中行走的艱難與悲傷。是一篇句句押韻的漢詩。（見張鳳《漢晉西陲木簡匯編》及林梅村《疏勒河流域出土漢簡》687）

四、兵書

「兵書」一般是指我國古代的軍事家的著作，但在《漢書·藝文志》裡是專指先秦、西漢時期研究軍事理論、從事軍事活動的學派。《漢書·藝文志》云：「兵家者，蓋出古司馬之職，王官之武備也。《洪範·八政》八曰師。……下及湯武受命，以師克亂而濟百姓，動之以仁義，行之以禮讓，《司馬法》是其遺事也。自春秋至於戰國，出奇設伏，變詐之兵並作。漢興，張良、韓信序次兵法，凡百八十二家，刪取要用，定著三十五家。諸呂用事而盜取之。武帝時，軍政楊僕捃摭遺逸，紀奏兵錄，猶未能備。至於孝成，命任宏論次兵書為四種。」《藝文志》將兵家分為兵權謀家、兵形勢家、兵陰陽家、兵技巧家四

類，著錄兵書共五十三家。其中兵權謀家言，是專論用兵之戰略謀略，「以正守國，以奇用兵，先計而後戰，兼形勢，包陰陽，用技巧者也」。兵形勢家主要是講戰術應用之類，「雷動風舉，後發而先至，離合背鄉，變化無常，以輕疾制敵者也」。兵陰陽家言則是用天時、刑德、五行來預測戰爭的凶吉，「順時而發，推刑德，隨鬥擊，因五勝，假鬼神而為助者也」，屬軍事數術範疇。兵技巧家言是講關於軍事訓練、熟習器械、攻守技巧的書。《藝文志》云：「技巧者，習手足，便器械，積機關，以立攻守之勝者也。」其中兵陰陽、兵技巧的書亡佚不傳，後來的目錄學書籍中又不設此類目錄，所以後人對這類書的特點缺乏了解。好在二十世紀出土的簡帛書籍中也有不少有關軍事的書籍，這應該是由於晚周到漢初戰亂不絕，人們對軍事知識的要求相對迫切的緣故。在出土的軍事書籍中上述內容皆有涉及，而且有不少是佚書，大大彌補了傳世文獻記載的不足。

1. 銀雀山漢簡《孫子兵法》（《吳孫子》）

案：1972 年 4 月出土於山東省臨沂縣銀雀山 1 號漢墓。該書冊現存竹簡共有 300 枚，簡長 27.5 釐米，三道編繩。原無書題，「孫子兵法」書題是整理者根據內容所加。《漢書·藝文志》兵權謀家下著錄《吳孫子兵法》八十二篇，圖九卷。《史記·孫子吳起列傳》張守節《正義》云：「《七錄》云：《孫子兵法》三卷。案：十三篇為上卷，又有中、下兩卷。」銀雀山漢墓出土的竹書《孫子兵法》除十三篇殘簡外，尚有五篇《孫子》佚文，整理小組認為這四篇佚文很可能包括在張守節《正義》引《七錄》的《孫子兵法》「中、下二卷」中。整理小組也將簡本《孫子兵法》分為上下兩編，上編是《孫子》十三篇的殘簡，共存 2700 餘字，今本十三篇的文字，除去〈地形〉篇外，每篇都有發現。整理組在綴合同墓出土的篇題木牘的碎片時，拼合了一塊記有《孫子》篇題的木牘殘件，在木牘篇題的〈九地〉之前有〈□形〉一題。今《孫子》中〈九地〉前一篇為〈地形〉，木牘的〈□形〉當即〈地形〉。由此看來，簡本《孫子》原來應是十三篇的足本，可惜由於竹簡殘損太甚，已無法完全恢復全書的原貌了。據篇題木牘，簡本十三篇篇次與今本有出入，簡本正文文字有不少勝於今本之處，在《孫子》的校勘上有很大價值。由於竹簡出土時殘損嚴

重，正文篇題只存有〈作戰〉、〈刑（形）〉、〈埶（勢）〉、〈虛實〉、〈九地〉、〈火攻〉、〈用間〉七個，皆寫在篇首第一簡簡背上端。《孫子》的下編收入了簡本的五篇佚文〈吳問〉、〈四變〉、〈黃帝伐赤帝〉、〈地形二〉、〈見吳王〉，其中「四變」和「見吳王」的篇題為整理組根據內容所加。〈吳問〉的內容記載了吳王與孫子關於晉國六卿軍事、政治制度的問答。此類問答形式的文體是十三篇所沒有的，但見於《通典》等書所引《孫子》佚文中。〈四變〉篇是解釋〈九變〉篇「途有所不由，軍有所不擊，城有所不攻，地有所不爭，君命有所不變」幾句的。〈黃帝伐赤帝〉篇首有「孫子曰」，內容與〈行軍〉篇「黃帝之所以勝四帝也」句有關，當是《孫子》佚篇。〈地形二〉疑為〈地形〉篇以外另一篇論地形的文字，似是解釋、發揮〈行軍〉、〈九地〉等篇的，整理者把這兩篇歸入《孫子》，是因為典籍所引《孫子》佚文中有一些也正是解釋、發揮十三篇的。〈見吳王〉的內容與《史記‧孫子吳起列傳》所記孫子見吳王蓋廬，以兵法試諸婦人之事大致相同。從文體看，似非竹書《孫子》本文，疑是書後的附錄。

2. 銀雀山漢簡《孫臏兵法》（《齊孫子》）

案：1972 年 4 月出土於山東省臨沂縣銀雀山 1 號漢墓。該書冊現存竹簡 440 餘枚，簡長 27.5 釐米，三道編繩。原無書題，「孫臏兵法」書題是整理者根據竹書內容所定。《史記‧孫子吳起列傳》云：「孫武既死，後百餘歲有孫臏。臏生阿鄄之間，臏亦武之後世之子孫也。……世傳其兵法。」《漢書‧藝文志》兵權謀家下著錄《齊孫子》八十九篇，圖四卷。顏師古注云：「孫臏。」《隋書‧經籍志》中《齊孫子》不見著錄。此後歷來有人懷疑上述記載，以及孫臏其人和其兵法的存在。銀雀山 1 號漢墓同時出土《孫子兵法》和《孫臏兵法》，澄清了長期以來籠罩在孫武、孫臏問題上的迷霧。出土竹簡 0233 號簡文云「吳王問孫子曰……」，此簡為《孫子兵法‧吳王問》篇首簡；0108 號簡文云『齊威王問用兵孫子曰……』，此簡為《孫臏兵法‧威王問》篇首簡；兩簡內容正與《史記》記載孫武、孫臏的事跡相吻合。《史記‧孫子吳起列傳》云：「孫子武者，齊人也。以兵法見於吳王蓋廬。蓋廬曰：『子之十三篇，吾盡觀之矣。』」

孫子武者，以兵法事吳王蓋廬，簡文「吳王問孫子」指的應是吳王蓋廬問孫武，所傳兵法即《孫子兵法》，也即《漢書・藝文志》兵權謀下著錄的《吳孫子兵法》，顏師古注曰「孫武也，臣於蓋廬」者。《史記》又云：「孫武既死，後百餘歲有孫臏。臏生阿、鄄之間，臏亦孫武之後世子孫也。孫臏嘗與龐涓俱學兵法。龐涓既事魏，得為惠王將軍，而自以為能不及孫臏，乃陰使召孫臏。臏至，龐涓恐其賢於己，疾之，則以法刑斷其兩足而黥之，欲隱勿見。……齊使者如梁，孫臏以刑徒陰見，說齊使。齊使以為奇，竊載與之齊。齊將田忌善而客待之，……於是忌進孫子於威王。威王問兵法，遂以為師。」孫子臏者，以兵法事齊威王，簡文「齊威王問用兵孫子」，指的就是齊威王問用兵於孫臏，所傳兵法即簡本《孫臏兵法》，也即《漢書・藝文志》兵權謀下著錄的《齊孫子》，顏師古注曰「孫臏」者。整理者在「編輯說明」中說：「本書所收《孫臏兵法》的前四篇記孫子與威王的問答，肯定是孫臏書。第十六〈強兵〉篇也記孫臏與威王的問答，但可能不是孫臏書本文，故暫附在書末。第五至十五各篇篇首都稱『孫子曰』，這些篇既有可能是《孫臏兵法》，也有可能是《孫子》的佚篇。但是它們的文體、風格與《孫子》十三篇不相類，與我們已經發現的竹書《孫子》佚篇的問答體和注釋體也不一樣，其中如〈勢備〉、〈兵情〉，整篇通過比喻立論，〈官一〉純用排比句法，與《孫子》風格上的差異尤為明顯，我們認為這些篇中所謂『孫子』以指孫臏的可能為較大，因此暫時把它們定為孫臏書。但我們仍然不完全排除這些篇是《孫子》佚篇的可能性。」簡本《孫臏兵法》所存篇目有：〈擒龐涓〉、〈見威王〉、〈威王問〉、〈陳忌問壘〉、〈篡卒〉、〈月戰〉、〈八陣〉、〈地葆〉、〈勢備〉、〈兵情〉、〈行篡〉、〈殺士〉、〈延氣〉、〈官一〉、〈五教法〉、〈強兵〉十六篇，其中除〈見威王〉、〈兵情〉、〈強兵〉三篇篇名為整理者所加外，其餘均為原書篇題。〈擒龐涓〉記述了孫臏在「圍魏救趙」中為齊國謀劃和指揮「桂陵之戰」並取得最後勝利的經過，所記情節與《史記》、《戰國策》大體相同。〈見威王〉記述了孫臏見威王時闡述的戰爭的勝負同國家的存亡有著密切的關係，表現了孫臏的戰爭觀。〈威王問〉記述了孫臏與齊威王、田忌關於用兵問題的對話，闡明了指導戰爭的一些戰略戰術原則。〈陳忌問壘〉主要是記載了田忌、孫臏關於設壘佈防問題的對話。〈篡卒〉主要是

論述了強兵和制勝的一些原則，孫臏認為要使軍隊強大，必須精選士卒，嚴明法規，注重「德行」，信於獎賞等。〈月戰〉篇中孫臏顯明地提出了「間於天地之間，莫貴於人」的重要論斷，充分反映了孫臏重視人的作用的進步思想。〈八陣〉篇中孫臏強調「安萬乘國，廣萬乘王，全萬乘之民命」的「王者之將」，必須懂得戰爭的規律，了解天文、地理、民心、敵情和各種陣法，「見勝而戰，弗見而諍」。〈地葆〉篇主要論述了各種地形的優劣對軍隊作戰行動的影響。孫臏素以「貴勢」著稱，在〈勢備〉中孫臏著重論述了軍隊力量的準備和使用。用「黃帝作劍」喻嚴陣以待；用「羿作弓弩」喻兵勢險急；用「禹作舟車」喻戰法多變；用「湯武作長兵」喻作戰指揮。「凡此四者（陣、勢、變、權），兵之用也」。〈兵情〉篇中孫臏從矢、弩、發者比喻士卒、將帥、君主在作戰中的地位和作用，以「弩矢其法」說明用兵打仗的道理。〈行篡〉即擇優而取之意，本篇主要論述了統治者應如何在戰爭中權衡利害，採取最巧妙的手段，使用民力、取用民財，務期「死者不毒，奪者不慍」，以支持長期的戰爭。〈殺士〉篇殘損嚴重，以殘留的簡文來看，其大意是論述善用兵的將帥能使士卒為之效死。〈延氣〉即保持旺盛的士氣，本篇列舉了激氣、利氣、厲氣、斷氣、延氣五事，反覆強調激勵士氣，鼓舞鬥志的重要性。〈官一〉篇論述了組建軍隊、指揮軍隊、佈陣、作戰等各軍事行動和措施。〈強兵〉篇殘損嚴重，從殘存文字來看，它主要記述了齊威王和孫臏之間關於富國強兵的問答。

3. 銀雀山漢簡《尉繚子》

案：1972 年 4 月出土於山東省臨沂縣銀雀山 1 號漢墓。該書冊出土時竹簡多有殘斷，現存殘簡 100 餘枚，簡長 26.5 釐米左右，寬 0.5 釐米左右，三道編繩。原竹書沒有書題，「尉繚子」是整理者根據內容所加。整理者「編輯說明」云：「《漢書‧藝文志》著錄《尉繚子》三十一篇，今本二十四篇。我們在竹書中發現了與今本《尉繚子》相合的六篇文字。其中〈兵令〉一篇，文字與《尉繚子》的〈兵令〉上、下相合，但其簡式、書體與其它五篇完全不同，而與篇名見於一塊完整的篇題木牘的〈守法〉、〈守令〉相同，並且這塊篇題木牘上所列的十三篇篇名之中也正好有〈兵

令〉一題，因此我們把它收入《守法守令等十三篇》，而不收在簡本《尉繚子》裡。銀雀山分篇的竹書都沒有發現大題，而且竹書出土時，原來的次序已經完全散亂，因此目前收在簡本《尉繚子》裡的五篇原來是編為一書？還是同與今本《尉繚子》無關的其它竹書編在一起？已無從判斷。為了便於稱引，我們暫時把這五篇題為《尉繚子》。」簡本《尉繚子》五篇，第一篇在傳世本中為〈兵談〉篇，但簡本篇末篇題作「治□」，與傳本篇題不同。第二篇在傳世本中為〈攻權〉篇，而簡本篇末篇題作「兵勸」，整理小組注云：「疑『勸』當讀為『權』。」第三篇在傳世本中為〈守權〉篇，原簡篇末篇題殘失。第四篇在傳世本中為〈將理〉篇，原簡篇末篇題亦殘失。第五篇在傳世本中為〈原官〉篇，原簡篇末篇題也被殘失。李學勤先生云：「對照簡本和今本《尉繚子》間互相對應的段落，不難看出簡本的語言本來是頗為古奧費解的，今本之所以失掉古雅的色彩，是由於後人進行了一定程度的修改，使之較易理解的緣故。這就像司馬遷在《史記》中常用的辦法一樣，把所徵引的古書裡費解的例句，用通俗的字樣替換了。《群書治要》選收的幾篇，文字較接近簡本，宋以後的版本改易更多，以致把本來面貌都失掉了。」（《李學勤集・新發現簡帛與秦漢文化史》，黑龍江教育出版社，1989 年版）李學勤先生還指出：「《尉繚子》其由於臨沂銀雀山竹簡本的發現，大家已公認為真，但對作者的時代尚有爭議，有的學者認為是梁惠王時人，有的則以為是秦始皇時人。從書中一些術語與《孟子》等相似看，我們是同意前一說的。〈天官篇〉不贊稱數術，反對『刑德』和『天官時日』之說，篇中云：『梁惠王問尉繚子曰：「黃帝刑德，可以百戰百勝，有之乎？」尉繚子對曰：「刑以伐之，德以守之，非所謂天官時日，陰陽向背也。黃帝者，人事而已矣。」』『天官時日』即刑德的運轉、陰陽向背的抉擇，均指數術家言。」（《簡帛佚籍與學術史・簡帛和楚文化》，臺灣時報文化出版有限公司，1994 年版）

4. 銀雀山漢簡《六韜》

案：1972 年 4 月出土於山東省臨沂縣銀雀山 1 號漢墓。該竹書出土時殘斷嚴重，現存殘簡 226 枚，簡長 27 釐米，寬 0.6 釐米，三道編繩。目前收入簡本《六韜》中的共有 14 組簡文，這 14 組簡文可分為三大類：第一

類包括第 1 至第 7 組，其內容見於今本《六韜》的〈文師〉、〈六守〉、〈守土〉、〈守國〉、〈發啟〉、〈文啟〉、〈三疑〉之中；第二類包括第 8 組至第 13 組，其內容是曾在《群書治要》、《通典》、《太平御覽》等書中稱引，而為今本《六韜》中所無的佚文；第三類即簡本的第 14 組，該組所收是一些零散的殘簡，其簡式、字體與第一、第二類相似，簡文中又提及文王或太公望，整理小組據此確定為《六韜》殘文。整理小組的編輯說明云：「《六韜》之名，起源甚早。《莊子·徐無鬼》稱『金版六弢』，《經典釋文》謂一本作『六韜』。《淮南子·精神》以『六韜』中之『豹韜』與『金縢』並舉。但《漢書·藝文志》道家著錄《太公》二百三十七篇，其中《謀》八十一篇，《言》七十一篇，《兵》八十五篇，而不列《六韜》之名。現在整理出的簡本《六韜》的內容都不是講兵法的，今本《六韜》中專論兵法的各篇均不見於簡本。另一方面，我們在整理銀雀山竹簡的過程中，發現有一部分簡文的內容與書體都和簡本《六韜》很接近，似屬一書，但其文字不見於今本《六韜》及諸書所引《六韜》佚文，可見簡本與傳世《六韜》出入很大。我們懷疑簡本的內容大概包括在《漢書·藝文志》所列《謀》八十一篇、《言》七十一篇之內，其書名在當時也不一定叫《六韜》。目前整理出來的簡本《六韜》中僅存〈守土〉、〈三疑〉、〈尚正〉（可能即今本之〈六守〉篇）、〈葆啟〉（今本無此篇）等四個篇尾篇題，原書的大題（即書名）是什麼，不得而知。同墓出土的篇題木牘上有〈上篇〉、〈下篇〉二題。由於簡本《六韜》的簡式和書體都與篇名見於篇題木牘的〈守法〉、〈守令〉等篇相類，我們懷疑〈上篇〉、〈下篇〉就是指的簡本《六韜》。目前整理出的簡本《六韜》的字數已在四千以上，可見原本篇幅相當大，當時可能因此把它析為兩篇，即以〈上篇〉、〈下篇〉名之。前面已經說過，簡本《六韜》原書可能和今本出入很大，當時的書名也不一定就叫《六韜》。但是我們整理這部分簡文的主要根據是今本《六韜》和古書所引《六韜》佚文，可能屬於本篇但與《六韜》無明確聯繫的簡文大部沒有收入，所以本篇篇名仍暫題作《六韜》。以前很多人認為今本《尉繚子》和《六韜》跟《漢書·藝文志》著錄的《尉繚子》和《太公》無關，都不是先秦古籍。今本《晏子》也有人懷疑不是先秦的。銀雀山竹書的發現，證明這些看法是不對的。儘管今本《尉繚子》和《六韜》在編排上與

《藝文志》所記不同，文字也與簡本有很大出入，但是它們和以銀雀山簡本為代表的兩漢古本的淵源關係是顯而易見的。在古代，一種著作從開始出現到廣泛流傳，需要相當一段時間。這兩部書既然在兩漢前期已經流傳開來，其寫成年代大概不會晚於戰國。」（《銀雀山漢墓竹簡》序，文物出版社，1985 年版）

5.定縣八角廊漢簡《六韜》

案：1973 年出土於河北省定縣八角廊 40 號漢墓。《六韜》出土時已嚴重殘損，現存殘簡 144 枚，約 1402 字。在這些殘簡中發現了 13 個篇題，但完整或較完整的僅有《□賢而不知賢仁第四》、《治國之道第六》、《……亂之要第七》、《□□□國所貴第八》、《以禮義為國第十》、《□大失第十四》、《武王勝殷第十六》、《□歸第廿二》、《幼弱第廿》、《國有八禁第卅》等十個，還有 3 個僅存目次序號「第十二」、「第十三」、「第卅一」而沒有目文。這些篇題沒有一個和傳世本相合。竹書篇題均單獨佔用一簡抄寫。簡文內容多有文王、武王問，太公曰的字樣，或與傳世本《六韜》、《群書治要》引《六韜》、敦煌唐寫本《六韜》、宋本《六韜》內容相同或相近，其中有 6 篇與唐寫本相合，有 3 篇與宋本相合，餘均不見於傳世本，說明簡本內容要比傳世本內容豐富得多。從目前已整理出來的內容來看，均是講政治謀略的，不講兵法，而傳世本中專論兵法的各章又不見於簡本。簡文內容與唐寫本相合的多達 21 條，涉及 6 篇內容，從目前來看，簡文內容與敦煌唐寫本《六韜》最為接近。過去有不少人認為《六韜》是偽書，八角廊漢簡和銀雀山漢簡的出土，不但證明《六韜》不是偽書，而其成書年代也應該在春秋晚期至戰國時期。

6.銀雀山漢簡「兵書叢殘」

案：1972 年 4 月出土於山東臨沂縣銀雀山 1 號漢墓。「兵法叢殘」共存 15 篇，最早整理時被編入《孫臏兵法》的下編，後整理小組為慎重起見又從《孫臏兵法》中分出，編為另冊。這 15 篇分別為：《十陳》、《十問》、《略甲》、《客主人分》、《善者》、《〔五名五恭〕》、《〔兵失〕》、《將義》、《〔將德〕》、《將敗》、《〔將失〕》、《〔雄牝城〕》、《〔五度九奪〕》、《〔積疏〕》、

《奇正》。上列篇題除外加〔　〕號者外，其餘均為原書篇題，書寫在各篇篇首第 1 簡簡背。其中《十陳》存 25 簡，內容是論述方陣、圓陣、疏陣、數陣、錐行之陣、雁行之陣、鈎行之陣、玄襄之陣、火陣、水陣等十種陣法。《十問》存 23 簡，內容是論述在不同條件下能克敵制勝的十個問答。《略甲》存文字不連貫的 15 枚殘簡，從殘存內容來看，似乎是論述在不同情況下，如何奪取敵人甲士。《客主人分》現存 11 枚簡，內容是通過分析客主雙方的利弊條件，如何改變客觀條件，取得作戰主動權的問題。《善者》共存 9 枚簡，其內容主要是論述善於用兵的將帥如何奪取作戰主動權的問題。《五名五恭》共存 6 枚簡，其內容主要是用五種不同的方法對付五種不同的敵人。《兵失》共存 16 枚簡，其主要內容是分析了作戰失利的各種因素，提出軍隊要行「起道」（走向勝利）的主張。《將義》共存 4 枚簡，其內容主要是講將帥必須具備義、仁、德、信、智的思想品質。《將德》共存 6 枚殘簡，其內容主要是論述將帥治軍和用兵要不輕敵、重獎罰等治軍之策。《將敗》共存 4 枚簡，其內容主要列舉了將帥德才缺陷的二十種表現。《將失》共存 13 枚簡，其內容主要是分析了將帥作戰失利的種種情況，從反面總結治軍打仗的經驗教訓。《雄牝城》共存 5 枚簡，其內容主要是論述難攻的「雄城」和易攻的「牝城」在地形上的特點。《五度九奪》共存 5 枚簡，其內容主要是論述了作戰時如何擺脫被動和爭取主動的問題。《積疏》共存 6 枚簡，其內容主要是闡述了作戰中常見的積與疏、盈與虛、徑與行、疾與徐、眾與寡、佚與勞六對矛盾的相互關係。《奇正》共存 18 枚簡，其內容主要是闡述奇正的互相關係和變化，以及如何應用奇正的原則以克敵制勝。以上十五篇內容皆為失傳二千年的珍貴兵書，是研究古代戰略戰術的寶貴資料。

7. 銀雀山漢簡《守法守令等十三篇》

案：1972 年 4 月出土於山東省臨沂銀雀山 1 號漢墓。該竹書出土時有所殘斷，經整理綴合後，現存竹簡 223 枚。簡長 27.5 釐米，寬 0.6 釐米。兩道編繩，抄寫時簡的上下端不留天頭地腳，字體都是寫得比較草率的斜體字。同墓還出土了一塊抄寫該書篇題的一塊木牘，木牘的腰部尚有殘存的繫繩，疑是捆在簡冊書袠外面的題簽。木牘上抄列有〈守法〉、〈要

言〉、〈庫法〉、〈王兵〉、〈市法〉、〈守令〉、〈李法〉、〈王法〉、〈委法〉、〈田法〉、〈兵令〉及〈上篇〉、〈下篇〉等十三個篇題。整理時整理小組就是根據木牘各篇題的含義及竹簡簡式字體、內容等分別理出與之相應的簡文。《銀雀山漢墓竹簡·守法守令等十三篇》「說明」云：「除〈委法〉與上篇、下篇不明所指外，其它各篇大體上均可據簡式、字體及內容等線索，在現存 1 號墓竹簡中理出相應簡文。現將此各篇匯為一編。〈守法〉、〈守令〉不易區分，暫合為一篇。〈委法〉篇雖未找出本文，但發現標題簡一枚，故亦列為一篇。由於竹簡散亂殘斷，錯收漏收等情況皆所不免。」根據清理，目前簡文根據內容分為十篇，原簡現存篇題有〈守法〉、〈庫法〉、〈王兵〉、〈李法〉、〈委積〉、〈兵令〉六個。第一篇為〈守法〉，所收內容皆言守禦之事，內容多與《墨子》之〈備城門〉和〈號令〉等篇相近。整理組注〔一〕云：「疑當屬見於標題木牘之〈守法〉及〈守令〉兩篇，由於竹簡原已散亂殘缺，不易肯定何者為〈守法〉，何者為〈守令〉，故暫合為一篇。」第二篇沒有篇題，其內容為格言的匯集，其中講到大國如何、中國如何、小國如何等。整理組注〔一〕云：「疑當屬見於篇題木牘之〈要言〉篇。」第三篇為〈庫法〉，這是一篇佚書，內容講到了兵器的大小、器成必試乃藏、庫器的儲藏方法及庫器出入庫之規定等。第四篇為〈王兵〉，所收各簡，其內容分別見於《管子》之〈參患〉、〈七法〉、〈兵法〉、〈地圖〉等篇。《銀雀山漢墓竹簡·編輯說明》云：「把〈王兵〉篇跟《管子》相關各篇加以比較，可以看到〈王兵〉篇結構完整，條理清楚，而〈參患〉等篇有不少地方文義不連貫，經過後人割裂拼湊的痕跡十分明顯。〈王兵〉的成書年代顯然早於《管子》的〈參患〉等篇，竹書〈王兵〉等篇的成書年代不會遲於戰國晚期。」第五篇沒有篇題，其內容講到：「王者無市，霸者不成肆，中國利市，小國恃市。市者，百貨之威，用之量也。」本篇所收各簡，從內容上來看當屬於標題木牘所記文〈市法〉篇。第六篇為〈李法〉，所收各簡內容皆言處罰官吏之事，且有「置李」、「李主法」等語，當屬篇題木牘所記之〈李法〉篇。第七篇沒有篇題，篇中所論乃王者之道，當屬篇題木牘所記之〈王法〉篇。第八篇為〈委積〉，只發現書有「委積」二字的篇題，沒有發現簡文。該篇注釋云：「標題木牘所記篇名有〈委法〉，但未發現書〈委法〉之名的標題簡，此標

題簡格式、書法與〈守法〉、〈庫法〉等篇標題簡相同,疑〈委積〉即〈委法〉之別名。我們還不能肯定,在銀雀山 1 號墓所出竹簡中,究竟哪些簡是屬於〈委法〉篇的。如果『委』是指糧食等物的委積,也許此篇竹簡已被我們混入第七篇(〈王法〉)或第九篇(〈田法〉)中了。如果『委』是指軍用物資的委積,則此篇竹簡也許已被我們混入第一篇(〈守法〉、〈守令〉)或第三篇(〈庫法〉)中了。」第九篇沒有篇題,所收各簡內容是有關土地制度和賦稅制度的論述,從內容來看,當屬見於篇題木牘之〈田法〉篇。此外,上述第七篇(〈王法〉)和第九篇(〈田法〉)都用周正,以建子之月為歲首,以十月為歲終之月。秦始皇統一天下以後,以建亥之月為歲首,漢初承秦制,至武帝太初元年改成以建寅之月為歲首。所以秦漢時代的作品不會再用周正,這一點更可以直接證明〈王法〉和〈田法〉兩篇是先秦的作品。第十篇為〈兵令〉,原簡簡題「兵令」二字抄寫在 958 號簡上端正面。該篇文字與傳世本《尉繚子‧兵令》篇相合。該篇的整理注〔一〕說:「其簡式、字體及標題簡之形制,皆與〈守法〉等篇相似,而與銀雀山竹書中與傳本《尉繚子》相合之其它各篇不同,故定此篇為標題木牘所記之〈兵令〉篇,而不收入簡本《尉繚子》中。傳本《尉繚子》分〈兵令〉為上下兩篇,簡本不分。」簡本大概反映了比較古的本子的面貌。李學勤先生認為:「《守法守令等十三篇》一書的性質頗似《尉繚子》,以論兵為主,兼及治政。我們既然承認《尉繚子》是兵書,《守法守令等十三篇》也應當列為兵書。《尉繚子‧天官篇》載尉繚與梁惠王問答,梁惠王在位年的後半與秦惠文王同時。《守法守令等十三篇》的編著者晚於尉繚,也有機會學習當時齊、秦墨者論兵的著作,作為齊人,又必然與管子一系列學者互有影響。簡文十三篇兼有《管子》、《墨子》、《尉繚子》的若干內容,正是戰國後期齊國幾家學術雜錯交融的反映。」(《簡帛佚藉與學術史‧論銀雀山簡〈守法〉、〈守令〉》,臺灣時報文化出版公司,1994 年版)

8. 銀雀山漢簡《地典》

案:1972 年 4 月出土於山東省臨沂縣銀雀山 1 號漢墓。該書出土時嚴重殘損,現存有殘簡近 40 枚,無一整簡。原無書名,今書名是整理者據

內容所加，該書的內容是依托黃帝與地典的問對，論述了地形的陰陽、逆順、高下、死生以及在作戰中對各種地形的選擇和避忌情況。地典，是傳說中的「黃帝七輔」（黃帝身邊的七個大臣）之一。《漢書‧藝文志》兵陰陽類中著錄有《地典》一書，《藝文志》云：「陰陽者，順時而發，推刑德，隨鬥擊，因五勝，假鬼神而為助者也。」簡本《地典》是西漢時的抄本，為現存兵陰陽類最早的古書，它對認識和研究兵陰陽家的思想有著重要的意義。目前該書內容尚未整理發表，散簡釋文見《銀雀山漢簡釋文》，輯本見李零《簡帛古書與學術源流‧兵書類》附錄。

9. 張家山漢簡《蓋廬》

案：1984 年初出土於湖北省江陵張家山 247 號漢墓。該書現存竹簡 55 枚，簡長 30.5 釐米，三道編繩。原有書題，「蓋廬」二字抄寫在全書最後一簡的簡背上端。該書共分九章，各章皆以蓋廬的提問為開頭，申胥（伍子胥）的回答為主體。其內容除涉及治理國家和用兵作戰的理論外，有濃厚的兵陰陽家彩色，如強調「天之時」、陰陽、刑德、「用日月之道」、「用五行之道」等，是一部兵陰陽家的佚書。李學勤先生認為：「『蓋廬』是人名，即《左傳》所見吳王闔廬，有些古書作闔閭。『蓋』、『闔』兩字均以『盍』聲，故相通假。竹簡《蓋廬》記蓋廬與申胥問答，申胥就是眾所周知的伍子胥。據《國語‧吳語》注，伍子胥奔吳，吳與之申地，所以稱為申胥。《蓋廬》係一篇兵家著作，篇中蓋廬只是提問，主要內容都是申胥的話，因此實際上是記述申胥的軍事思想。《漢書‧藝文志》的兵書略著錄《五（伍）子胥》十篇、圖一卷，久已亡佚，但《通志》還載有伍子胥《兵法》一卷，不知和《漢志》著錄的有無直接關係。伍子胥、孫武一起攻楚破郢，是春秋時最著名戰役之一，伍子胥和孫子一樣以兵家名傳後世，是很自然的。《漢志》的《伍子胥》列於兵技巧，而竹簡《蓋廬》則類於《漢志》的兵陰陽家，所以簡文是否《伍子胥》書的一篇，恐難遽定。至於雜家《伍子胥》八篇，恐更無關。……《蓋廬》詳論『用五行之道』、『用日月之道』。申胥談到天時，強調『四時五行，以更相攻，天地為方圓，水火為陰陽，日月為刑德』等觀念，其兵陰陽家的傾向十分明顯，和馬王堆帛書各種同類佚籍有不少共同之處。……將《蓋廬》和馬

王堆帛書各種有關佚書結合起來，對先秦至漢初兵陰陽以及陰陽家思想的傳統，可以達到較深入的認識。」（《簡帛佚籍與學術史・江陵張家山漢簡概述》，臺灣文化時報出版公司，1994 年版）

10. 馬王堆帛書《刑德》甲、乙

案：1973 年底出土於湖南省長沙市馬王堆 3 號漢墓。出土時甲、乙兩篇保存的比較完整。甲篇出土時絲帛的經緯線有些變形，它由「刑德九宮圖」、「刑德運行干支表」和關於刑德運行規律及星占、氣占等兵陰陽文獻三個部分組成。「刑德九宮圖」繪在帛書的左上角，排在干支表的後面。該篇用比較放逸的古隸抄寫，行與行間沒有烏絲欄界格。更重要的是，在該篇「刑德運行干支表」內有「乙巳，今皇帝十一」的記載，由此可以推斷該篇的抄寫年代應在漢高祖十一年（公元前 196 年）以後。乙篇出土時相對保存完整，抄寫在長 84 釐米、寬 44 釐米的整幅帛上，圖形、色彩都較清晰，文字首尾完整，只是中間略有殘缺。其內容與甲篇相同，也是由「刑德九宮圖」、「刑德運行干支表」和關於刑德運行規律等內容組成。所不同的是，乙篇的「刑德九宮圖」繪在開篇的右上部，用紅、黃、黑等顏色繪成，排在干支表的前面。該篇用比較規範的漢隸抄寫，行與行間有很規整的烏絲界欄。在乙篇的「刑德運行干支表」內有「丁未，孝惠元」的記載，由此可以推斷出該篇的抄寫年代應在孝惠元年（公元前 194 年）以後。這兩種帛書原皆無書名，「刑德」是整理者根據內容所加。「刑」、「德」是太陰在運行過程中兩個具有特定意義的名稱，《淮南子・天文訓》云：「太陰所居，日〔為〕德，辰為刑。」它是兵陰陽家占測戰爭凶吉的天神。李學勤先生說：「馬王堆帛書中有《刑德》甲、乙、丙三種，（駢按：丙種帛書據陳松長先生最近研究認為當屬「陰陽五行」類，見《簡帛研究》第三輯〈帛書《刑德》丙篇試探〉）其性質為兵陰陽家言，按《漢書・藝文志・兵書略》於兵陰陽家云：『陰陽者，順時而發，推刑德，隨斗擊，因五勝，假鬼神而為助者也。』可知此家以刑德之術為主，與同《志・數術略》五行家所載《刑德》、《五音奇胲刑德》等相通。這幾種帛書雖不限於刑德一術，稱之為《刑德》還是可以的。」（《簡帛研究》第二輯〈馬王堆帛書《刑德》中的軍吏〉，法律出版社，1996 年版）陳松長

先生在評說《刑德》的研究價值時說：「帛書《刑德》為我們提供了兩幅秦漢時期所繪製的完整的『刑德九宮圖』，該圖不僅繪製精細、五行方位清楚準確，而且刑德在九宮中的運行規律清晰可尋，這無疑給我國傳統的數術學研究提供了嶄新的材料。它完全可以和已出土的西漢初期的六壬式盤和太一九宮盤對比進行研究，從而全面揭示西漢初期所流行的數術學的內涵和本質。帛書《刑德》第一次向人們展示了兩幅由六十個式盤組成的干支表，按十二度的式圖結構，根據刑德歲徙的規律，在干支表中詳細而準確地標明了太陰運行的方位、軌跡和一些有特殊意義的紀年。這種非常專門化的干支圖表，乃是出土文獻中所罕見的。帛書《刑德》第一次給人們提供了兩篇西漢初期的兵陰陽家所使用的數術類文本，無論是傳世的歷史文獻中還是出土文獻的，還沒有發現有時代比帛書更早的詳釋刑德運行規律和占測戰爭勝負吉凶的長篇文獻。因此，帛書《刑德》的面世，無疑是傳統數術學研究獲得嶄新進展的重要因素。」（《簡帛研究》第一輯〈帛書《刑德》略說〉，法律出版社，1993 年版）

11. 銀雀山漢簡《天地八風五行客主五音之居》

案：1972 年 4 月出土於山東省臨沂銀雀山 1 號漢墓。該書出土時竹簡已散亂和殘斷，至今未正式整理出版，只在吳九龍編的《銀雀山漢簡釋文》一書中（文物出版社，1985 年版）按出土號公布了 100 餘枚殘簡釋文。該書原有書名，「天地八風五行客主五音之居」十二字抄寫在順序號為 0860 簡的正面。後來胡文輝先生對上述簡文進行了梳理，並根據簡文內容將該書分作天地、八風、五行、客主、五音五部分。

〈天地〉篇存 12 枚殘簡。胡文輝認為，根據簡文「只能判斷『天』、『地』是以旬為單位，週期性地運行於四方。此處的『天』、『地』文獻無徵，唯有馬王堆帛書《陰陽五行》甲篇中有一節文字正可相印證。……由《陰陽五行》甲篇可見，『天』與『地』都是用以占候吉凶的神煞，運行於四方（或五方），當時人們根據自己所在位置與『天』、『地』所在方位的關係，以判斷行事的吉凶宜忌。〈天地〉是講『天』、『地』運行的規律，而《陰陽五行》是講如何根據『天』、『地』的方位判斷吉凶，二者正可互相補充。由《陰陽五行》還可知道『天』、『地』可用於占候不同的事項，

包括遷徙、婚娶和戰爭，而在〈天地〉中有『大敗』之語，聯繫到〈天地〉全篇的性質，可以確定『天』、『地』在此僅是用於占候戰爭勝敗的。」（《簡帛研究》第三輯〈銀雀山漢簡《天地八風五行客主五音之居》釋證〉，廣西師範大學出版社，1998 年版。下列胡文輝文同此）

〈八風〉篇存殘簡 11 枚。胡文輝認為：「〈八風〉的內容是從風的方向占候戰爭的宜忌——吹某個方向的風則或有利於『主人』一方，或是有利於『客』一方。唐代李淳風《乙巳占》卷十有『占八風知主客勝負法』，其內容與『八風』部分十分相近，最能說明『八風』的性質。」

〈五行〉篇存殘簡 8 枚。其內容主要是講如何根據五行的原理行軍佈陣，以便來之能戰，戰之能勝。

〈客主〉存殘簡 25 枚。胡文輝認為，「客」指客軍，即外部來犯一方；「主人」，指主軍，即防守本土一方。該篇內容是專門根據風的方向、六十干支（日）來占候戰爭時本土軍隊與來犯敵軍形勢的相互優劣。

〈五音〉篇存殘簡 11 枚。胡文輝認為，本篇簡文內容似乎仍是講根據風的情況占候戰爭的宜忌，但占風的方法不同，不是根據風的方向為占，而是根據有風的方向而占。其原理大約是：以五行納音之法，將六十干支（日）劃分為屬宮、商、角、徵、羽五音的五組干支，凡某日有風的，即為所屬五音之風（如戊戌日有風，即為角風），然後再根據五音之風判斷用兵的宜忌。

胡文輝最後認為，《天地八風五行客主五音之居》的性質是以占候為中心的戰爭巫術，在古代稱為「兵陰陽」。全書講到了相當雜多的兵陰陽原理及方法，其中又以「天地」、「八風」、「五行」、「客主」、「五音」五種方法為主，故並舉這五種占候方法為書名。

12. 敦煌漢簡《力牧》

案：1906－1907 年間，英籍探險家斯坦因第二次進入我國西北敦煌時所得。該篇存殘簡 2 枚，收錄在羅振玉、王國維合著之《流沙墜簡・數術類》中，第一支簡文曰「□已不聞者何也？力墨對曰：官……」。第二支簡文曰「黃帝問□□□曰官毋門者何也□□」。羅振玉云：「右第一簡僅辨十一字，玩其文，乃《力牧》篇也。《漢書・藝文志》兵家有《力牧》十

五篇，注：黃帝臣依託也。（子部道家亦有《力牧》二十二篇，今此簡得塞上，則為兵家而非道家可知也。）『力牧』古書或作『力墨』。……其書設為問答，託之黃帝與力牧。雖班氏斥為依託，然千餘年久佚之秘籍，雖僅存數字，然藉以窺知體例，仍可寶也。第二簡文理與前簡正合，其為一書無疑，故並錄焉。此書《漢志》列入兵陰陽家，然班氏之言曰：『陰陽者，順時而發，推刑德，隨鬥擊，因五勝，假鬼神而為助者也。』是雖隸兵家，實為數術，故列之數術類。」（《流沙墜簡》，中華書局，1993 年版）羅氏將此列入數術類，《漢志》將《力牧》列入兵陰陽家類，其實數術家和陰陽家間有著密切的關係，據《漢書‧藝文志》介紹，數術家與陰陽家皆出於羲和之官。宋代陳振孫《直齋書錄解題》云：「然則陰陽之於數術，亦未有以大異也。不知當時何以別之，豈此論其理，彼具其術邪？」其後章學誠、余嘉錫等學者都曾有過論述，都認為陰陽家和數術家的區別是前者重「理」，後者重「術」。雖然二家各有側重，但關係非常密切。

五、數術

「數術」亦稱「術數」，「數」指氣數，「術」指方法，在古代它是一種專門之學，即以種種方術觀察自然界現象，推測人和國家的氣數和命運。李零先生認為：「『數術』一詞大概與『象數』的概念有關。『象』是形於外者，指表象或象徵；『數』是涵於內者，指數理關係和邏輯關係。它既包括研究實際天象曆數的天文曆算之學，也包括用各種神秘方法因象求義，見數推理的占卜之術。雖然按現代人的理解，占卜和天文曆算完全是兩類東西，但在古人的理解中，它卻是屬於同一體系，因為在他們看來，前者和後者都是溝通天人的技術手段。」（《中國方術考‧數術考》，人民中國出版社，1993 年版）《漢書‧藝文志‧數術略》分為：天文、曆譜、五行、蓍龜、雜占、形法六類，並云：「數術者，皆明堂羲和史卜之職也。史官之廢久矣，其書既不能具，雖有其書而無其人。《易》曰：『苟非其人，道不虛行。』」春秋時魯有梓慎，鄭有裨竈，晉有卜偃，宋有子韋。六國時楚有甘公，魏有石申夫。漢有唐都，庶得粗觕。」蓋古代數術家皆出於羲和之官。「天文」、「曆譜」者是研究天象和曆數的，但也包括星象和雲的占術。「五行」者是以式占和從式占派生的各種選擇

時日之術。「蓍龜」者是指龜卜、筮占之術。「雜占」者是指占夢、厭劾（驅鬼除邪）、祠禳（祈福禳災）之術。「形法」者則屬相術，它包括相地形、相宅墓和相人、畜、物等。

在出土簡帛書籍中，此類內容極為豐富，這與當時人們的思想觀念和科學、文化等不發達有著密切的關係，隨著時代的變化，在今天看來此類書籍只是迷信和愚昧的匯總，但在當時卻和人們的日常生活息息相關，是一類廣為流行且具有實際功效的技術觀念，它對古代人類的思想文化和社會生活產生過重大的影響，是我們今天研究古代哲學史、宗教史、科技史等都有著極其重要的參考價值。

出土簡帛「數術」類有如下書籍：

甲、天文

《漢書・藝文志》云：「天文者，序二十八宿，步五星日月，以紀吉凶之象，聖王所以參政也。《易》曰：『觀乎天文，以察時變。』然星事凶悍，非湛密者弗能由也。」

1. 馬王堆帛書《五星占》

案：1973 年出土於湖南省長沙市馬王堆 3 號漢墓。它是迄今世界上現存最早的天文學著作之一，也是秦漢時期盛行的星占類古佚書。原書無書名，「五星占」是整理者根據帛書內容所定。原書抄寫在一塊幅寬 48 釐米的整幅帛上，共有 146 行，約 8000 餘字。通篇書體是用規範的漢隸抄寫，全書是由占文和表兩部分組成。占文存 76 行，其主要內容是根據五星的運行規律及其與其它天象的關係來占測用兵的吉凶。陳松長先生認為其屬於天文星占類的古佚書。劉樂賢先生認為占文部分「按內容又可細分為六章：第一章是木星占，主要講木星名主、木星行度、木星盈縮失行及其變化等；第二章是金星占，主要講金星名主、金星行度、金星光色芒角、金星盈縮失行、金星經天、金星變異等；第三火星占，主要講火星名主、火星行度、火星光色芒角等；第四章是土星占，主要講土星名主和土星行度等；第五章是水星占，主要講水星名主、水星行度、水星經天等；第六章是五星占總論，主要講五星間相遇、相陵及其吉凶。第六章之後還

有一段描述金星運行的文字，學者或以為是錯簡所致。後者（指表部分）也可細分為三章，分別描述秦始皇帝元年（前 246 年）到漢文帝三年（前 177 年）共 70 年間的木星、土星、金星行度，列出了各星的晨出年表，並對晨出周期做了解釋。」（《簡帛數術文獻探論・簡帛數術文獻的分類與研究》，湖北教育出版社，2003 年版）

2. 馬王堆帛書《天文氣象雜占》

案：1973 年出土於湖南省長沙市馬王堆 3 號漢墓。該書抄寫在高 48 釐米、長 150 釐米的絲帛上，出土時已殘碎成大小不等的好幾十片。經過整理，基本上可以恢復其原來的面貌。據陳松長先生介紹：「這幅帛書圖文並茂，除了下半幅末尾的一段之外，從上到下可分為 6 列，每列又從右到左分成若干行，基本上是每一個用墨或朱砂、或朱砂和墨並用畫成的雲氣、星彗圖下有一兩行文字。其文字或是圖的名稱、解釋，或還有占文，共計約有 300 多條占文和 30 個彗星圖形。其中第一列和第二列開頭的一段是各種雲圖和占語。第二列至第六列的開頭，大部分是蜃氣、日暈、月暈等和虹、恆星、北斗等星、氣圖和占文。第六列的中部是這件帛書中最有價值，也最完整的彗星圖。最後一部分有文無圖，其內容基本上和前面的文字相似，可能是同一性質的另一本占書。」（《帛書史話》，中國大百科全書出版社，2000 年版）關於該書的性質，李學勤先生認為：「按照《漢書・藝文志》的分類方法，應當劃歸數術類的天文家。」（《簡帛佚籍與學術史・論帛書白虹及〈燕丹子〉》）而陳松長先生則認為：「《天文氣象雜占》的占文，除了『賢人動』、『邦有女喪』、『有使至』等一小部分之外，其餘的都是『客勝』、『主敗』、『軍疲』、『城拔』、『邦亡』、『益地』、『失地』、『軍興大數』、『戰方者勝』等有關軍事的占語。因此，該書的性質乃是兵陰陽之類的古佚書，它與《通典》卷 162《風雲氣候雜占》、《漢書・藝文志・數術略》中所列的《漢日旁氣行事占驗》、《史記・天官書》、《淮南子・天文訓》、《開元占經》等書所記載的兵家所用天文氣象占驗的內容可以互證。帛書詳列雲、氣、星、彗四大部分，說明當時的繪制編著者，已是非常擅長此道的兵陰陽家。」（《帛書史話》，中國大百科全書出版社，2000 年版）

3. 馬王堆帛書《星占書》甲、乙

案：1973 年出土於湖南省長沙市馬王堆 3 號漢墓。出土時該書與帛書《刑德》甲、乙篇抄在一起，或亦名之為《刑德》篇。關於它和《刑德》篇的關係，學者們存在著不同的看法，或以為是《刑德》的一部分，或以為是與《刑德》無關的星占文獻。該書內容甲篇抄在《刑德》甲篇的右方，共存 59 行；乙篇抄在《刑德》乙篇的左上角，共存 36 行。原書無書題，劉樂賢先生根據帛書內容稱之為《星占書》，並認為應歸入《漢書·藝文志·數術略》的天文類。《星占書》甲篇的照片發表在陳松長先生所著在臺灣古籍出版公司出版的《馬王堆帛書〈刑德〉研究論稿》中，乙篇的照片發表在由傅舉有、陳松長兩先生合著的由湖南出版社出版的《馬王堆漢墓文物》中。由於種種原因這兩書的整理結果迄今尚未公布。劉樂賢先生認為：「從照片看，甲、乙兩篇所載基本一致（但細節上也有不少差異），應是同一文獻的不同抄本。考其內容，主要為月占（月的顏色、大小、形狀及月暈、月薄等）、日占（日暈、珥等）、風雨雷占、各種雲氣占和星宿分野等，與《天文氣象雜占》性質相似，個別條文甚至相當接近。」（《簡帛數術文獻探論·簡帛數術文獻的分類與研究》，湖北教育出版社，2003 年版）

4. 阜陽雙古堆漢簡《五星》

案：1977 年出土於安徽省阜陽縣雙古堆 1 號漢墓。該書出土時竹簡嚴重殘斷。原無書題，「五星」是整理者根據竹書內容所定。該書內容至今尚未發表，據胡平生先生介紹：「《五星》簡為一張排列五星順次的表，間而有地支名插入，如 1 號簡『辰、水、土、土』，16 號簡『〔戌〕、亥、火、火、金』。……竹簡中五星排列的規律已難以弄清，地支名有可能表示方位。根據雙古堆 1 號漢墓出土的式盤所列地支表示的方向為：子－北；丑－北東；寅－東北；卯－東；辰－東南；巳－南東；午－南；未－南西；申－西南；酉－西；戌－西北；亥－北西。從書風字體分辨，《五星》與《天曆》相似，有可能是有關天文曆占書籍所屬的一張表，用以推算五星的運行和節候。……古代的數術家通過觀測和運轉式盤並查看《五星》圖表來確定五星方位，判斷吉凶利害。」（《出土文獻研究》第四輯

〈阜陽雙古堆漢簡數術書簡論〉，中華書局，1998 年版）根據胡平生先生所擬書名及內容介紹來看，該書應屬《漢書・藝文志・數術略》之天文類書籍。

5. 阜陽雙古堆漢簡《星占》

案：1977 年出土於安徽省阜陽縣雙古堆 1 號漢墓。該書出土時竹簡嚴重殘斷。原無書題，「星占」是整理者根據竹書內容所定。該書內容至今尚未發表，據胡平生先生〈阜陽雙古堆漢簡數術書簡論〉介紹：「雙古堆竹簡中屬於星占的內容很零碎，出現較多的是『日、辰星』，似乎是以日與辰星的位置來占卜吉凶。」「殘簡中除了一條『辛者金於木所亡者』外，好像未再見到與五行相關的材料。中天北斗和四方二十八宿也是星占的主要對象，……但在這方面的殘簡也很少，只有玄戈及二十八宿中的少數星名。」「簡文中有一些某月日於某地的簡文，疑是星宿經由當地的記載，或者是星辰交會給所對應的分野影響的推算等，應與星占有關。」（《出土文獻研究》第四輯）

6. 銀雀山漢簡《占書》

案：1972 年 4 月出土於山東省臨沂縣銀雀山 1 號漢墓。出土時竹簡殘斷嚴重，其整理成果尚未公布，釋文僅在吳九龍編的《銀雀山漢簡釋文》中按出土順序號發表。據統計，約有 45 枚殘簡，原無書題，「占書」二字是整理者根據竹簡內容所加。其內容主要是講祲祥（暈、彗、反景、孛蝕、星月並出、星貫月等）和分野。李零先生認為它「與馬王堆帛書《天文氣象雜占》接近，傳世古書如《開元占經》和《乙巳占》等書也有不少這類內容。」（《簡帛研究》第二輯〈讀銀雀山漢簡《三十時》〉，法律出版社，1996 年版）劉樂賢先生則認為：「從殘文看，該篇與銀雀山漢簡其它陰陽文獻有一致之處，也可能屬於陰陽家（或兵陰陽家）著作。茲據其中講暈、彗及分野等內容，暫且歸入天文類。」（《簡帛數術文獻探論・簡帛數術文獻的分類與研究》，湖北教育出版社，2003 年版）

乙、曆譜

《漢書‧藝文志》云：「曆譜者，序四時之位，正分至之節，會日月五星之辰，以考寒暑殺生之實。故聖王必正曆數，以定三統服色之制，又以探知五星日月之會。凶阨之患，吉隆之喜，其術皆出焉。此聖人知命之術也，非天下之至材，其孰與焉。」從《藝文志》所著錄的書目來看，約可分為三類：第一類是制曆方法和計算數據的書籍；第二類是年譜、世譜之類的書籍；第三類則是計算方法的算術書籍。

1. 阜陽雙古堆漢簡《天曆》

案：1977 年出土於安徽省阜陽縣雙古堆 1 號漢墓。出土時竹簡已經殘斷。原簡無書題，「天曆」是整理者根據竹簡內容所加。該書整理成果目前尚未公布，據胡平生先生介紹：「雙古堆簡中也有相關（曆譜）的殘書，但僅斷簡數十枚，姑以『天曆』名之。如 1 號簡云：『凡九百（卌）月，為七十六歲，周而復〔始〕。』按古曆以九百四十月、七十六歲為一蔀。此當為曆譜的內容。又，在傳統的二十四節氣中有立春、立夏、立秋、立冬幾個節候，經傳有『啟』、『閉』之說。《左傳‧僖公五年》杜注云：『啟，立春、立夏；閉，立秋、立冬。』《昭公十七年》孔疏云：『立春、立夏謂之啟，立秋、立冬謂之閉。』而這四個節氣，在雙古堆竹簡中有兩種寫法，《天曆》簡寫作『啟冬』、『啟秋』、『啟夏』、『啟春』；在《刑德甲種》裡『啟春』寫成『立春』（未見夏、秋、冬）。……如何理解簡文這種『四啟』和『四立』互見的情形呢？應當理解為這是漢人有意改『啟』為『立』，是為了避漢景帝劉啟的名諱。」（《出土文獻研究》第四輯〈阜陽雙古堆漢簡數術書簡論〉，中華書局，1998 年版）由於這批竹簡內容還沒有正式發表，這裡只能據胡文作簡單的介紹。

2. 阜陽雙古堆漢簡《漢初朔閏表》

案：1977 年出土於安徽省阜陽縣雙古堆 1 號漢墓。出土時竹簡嚴重殘斷，現存 200 枚左右殘片。原無書題，「漢初朔閏表」是整理者根據竹簡內容而定。目前該書冊內容尚未發表，據胡平生先生介紹：「雙古堆簡裡

有約 200 片寫有干支的殘簡，經反覆研究並與張培瑜《中國先秦史曆表‧秦漢初朔閏表》比對，認定它們應當是『漢初朔閏表』，起訖年份已不得而知。……『朔閏表』簡冊原來的格式，大抵以年為經，以月為緯，一年一年地排下去，編為一篇。收錄在本簡最後寫有月份的殘片，月份上下有較大的空白，同『朔閏表』兩干支間的空白等距，有可能是『朔閏表』冊書右方端首一簡的孑遺，原來應當自上而下寫有『十月』至『後九月』十三個月份。……在殘簡中，有幾個碎片上的干支上下排次不足一月，有的僅十天，有的僅數天，此類簡片的情況還有待繼續研究。」（《出土文獻研究》第四輯〈阜陽雙古堆漢簡數術書簡論〉，中華書局，1998 年版）

3. 阜陽雙古堆漢簡《干支》

案：1977 年出土於安徽省阜陽縣雙古堆 1 號漢墓。出土時竹簡嚴重殘斷。原無書題，「干支」是整理者根據簡文內容所定。目前該書冊內容尚未發表，據胡平生先生介紹：「《干支》包括了幾種排列干支的表，大致可以分為兩類：第一類是帶有朱紅色橫線界欄的干支表，每欄約長 2 釐米；該類文字與《星占》、《楚月》相近。第二類是其它各種不帶界欄的干支表。第一類表又有五種形式：1、一欄中寫有三個地支名，自上而下同地支的順序是逆向的，這三個地支名連續排三次，即占三欄；這種形式的簡只存一枚。2、一欄中寫有兩個天干名，自上而下按天干的次序順行，這兩個天干名至少連續排兩次，占二欄（二號簡連續排列兩個『庚辛』，但是否還有第三個『庚辛』，因簡已殘闕，不得而知）。3、一欄中寫有一個干支名，排列情況不明。4、一欄中只有一個日干字，連續排三次。5、一欄中只有一個地支名，自上而下按地支順序逆向排列。與之相關的是，帶朱紅色界欄寫有月份的殘片。這幾種形式的殘片相互之間的關係還有待研究。第二類殘片很少，主要是與《漢初朔閏表》格式、字體不同的干支字，其中有的橫寫，推想原來可能是一張圍成正方形的圖表。」（《出土文獻研究》第四輯〈阜陽雙古堆漢簡數術書簡論〉，中華書局，1998 年版）

4. 張家界古人堤漢簡《曆日表》

案：1987 年出土於湖南省張家界市（原大庸市）城西澧水北岸古人堤東漢遺址。目前具體內容尚未發表，據〈湖南張家界古人堤遺址與出土簡牘概述〉介紹：「曆日表書寫在漢律牘之背面，共計三段，可綴連為一篇，其首為『……五月朔……戊戌一，己亥二……』，一直排至『甲子廿七』，以下殘破。據《二十史朔閏表》，東漢時五月朔日為戊戌者只有兩年，一是光武帝建武三十二年（56 年）四月改元為建武中元元年（57年）五月戊戌朔；二是靈帝光和三年（180 年）五月戊戌朔。這批簡牘中所見年號有永元元年（89 年）、二年（90 年）及永初四年（110 年）等，似乎很難確認此簡之『五月朔』、『戊戌一』究竟是哪一年。」（《中國歷史文物》雜誌 2003 年第 2 期）具體內容尚待進一步研究。

5. 關沮周家臺秦簡《曆譜》

案：1993 年 6 月出土於湖北省荊門市沙市區關沮鄉清河村周家臺 30號秦墓。曆譜類共有 130 枚竹簡（其中有空白簡 4 枚）和木牘 1 方。簡長29.3－29.6 釐米，寬 0.5－0.7 釐米。其內容有秦始皇三十四年的全年日干支和秦始皇三十六年、三十七年月朔日干支及月大小等。木牘長 23 釐米，寬 4.4 釐米。其正背兩面分別書有秦二世元年月朔日干支及月大小、該年十二月日干支等。

據整理者介紹：秦始皇三十四年曆譜由 64 枚竹簡組成，它列有全年十三個月（含後九月）的日干支，對照《中國先秦史曆表・秦漢初朔閏表》，當係秦始皇三十四年（前 213 年）曆譜。該曆譜係按原有的編聯順序復原的。秦以十月為歲首，見《漢書・高帝紀》注。曆譜中，該年十三個月分次排列，雙月排在前面，單月排在其後，閏月（後九月）排在最後。每枚簡自上而下分作六欄（後九月分作五欄），每欄記一日干支，這樣，雙月或單月中的六個月同一日的干支就都依照欄次記在同一枚簡上（後九月除外），於是全年三八四天（含後九月三十天）的日干支就能全部排出。

秦始皇三十六年曆譜由 12 枚竹簡組成（69 號至 80 號背），其上列有十二個月朔日干支。在其簡文所列完整、清晰的七個月份朔日干支中，對照《中國先秦史曆表・秦漢初朔閏表》，除八月朔日干支相差一日外，其

餘六月均完全相合。據此，整理者推定這十二枚竹簡所列曆表，當屬秦始皇三十六年（公元前 211 年）曆譜。另外，該曆譜原有標題，作「卅六年日」，抄寫在 80 號簡簡背（篾青的一面），表明此曆譜即為秦始皇三十六年曆譜。在 80 號簡的正面（篾黃面）簡端書有秦始皇三十七年「十月辛亥小」五字，前一年曆譜的標題與後一年曆譜的歲首同書於一枚簡的兩面，可以看出秦始皇三十六年、三十七年這兩年的曆譜原來就是編聯在一起的。

　　秦始皇三十七年曆譜是由 12 枚竹簡組成的，其上列有十二個月朔日干支。在其簡文所列完整、清晰的八個月份朔日干支中，對照《中國先秦史曆表·秦漢初朔閏表》，除十月、十二月朔日干支相差一日外，其餘六月均完全相合。據此，整理者推定這十二枚竹簡所列曆表當屬秦始皇三十七年（公元前 210 年）曆譜。

　　秦二世元年曆譜抄寫在一塊木牘上，正、背兩面抄寫。正面從上至下分為兩欄，書有秦二世元年十二個月朔日干支及月大小。背面從上至下分為五欄，第一欄分行書有秦二世元年十二月戊戌嘉平、己卯日之記事，二、三、四、五欄則依次書寫該月的全月日干支。對照《中國先秦史曆表·秦漢初朔閏表》，除十月、十二月、二月相差一日外，其餘各月朔日干支與秦二世元年完全相合。據此，整理者推定本牘正面兩欄所列曆表當屬秦二世元年（公元前 209 年）曆譜。（《關沮秦漢墓簡牘·周家臺 30 號秦墓簡牘》，中華書局，2001 年版）

6. 張家山漢簡《曆譜》

　　案：1983 年出土於湖北省江陵縣城外張家山 247 號漢墓。該譜共存竹簡 18 枚，簡長 23 釐米。出土時除少數殘斷外，其餘皆保存完整。每簡從上到下，記有年、月朔干支。始十月，終後九月。經過清理，簡文所記為漢高祖五年（前 202 年）四月至呂后二年（前 186 年）後九月間各月朔日干支，是目前已知年代最早的西漢初年的實用曆譜。它與以往根據年代最早的西漢初年的實用曆譜。它與以往根據山東臨沂銀雀山漢墓出土的西漢元光元年曆譜推步得出的西漢初年曆譜不盡相同，對於秦漢時期的曆法演變過程有著重要的研究價值。

7. 銀雀山漢簡《元光元年曆譜》

案：1972 年 4 月出土於山東省臨沂縣銀雀山 2 號漢墓。該簡冊共由 32 枚竹簡組成，簡長 69 釐米，寬 1 釐米，有三道編繩。第一簡記年，自署「七年視（曆）日」。第二簡記月，以十月為歲首，從上到下順序排列，最後一月為後九月，共 13 個月。第三簡至第三十二簡書每月初一至三十日的干支，三十二支簡排列起來，正好為漢武帝元光元年曆譜，這也是判斷該墓葬年代的重要依據。記年簡自署「七年」，原作者以漢武帝「建元」年號排列「七年」（公元前 134 年），實則「建元」無「七年」，「七年」已改元稱「元光元年」（公元前 134 年）。該曆譜出土時前幾根簡稍有殘缺，但依記日干支可以推定補出，仍屬完整。曆譜除記全年日數外，還附記有臘、冬日至、夏日至、立春、立秋、初秋、中伏、後伏等節氣，以及反支日、九月甲子和丙子二日干支下各附記一「子」字等。該曆譜係當時實用的顓頊曆，所記干支，與宋人《資治通鑑目錄》、清人《歷代長術輯要》、近人《二十史朔閏表》有所不同。

8. 敦煌清水溝漢簡《地節元年曆譜》

案：1990 年 4 月由甘肅省敦煌市黃渠鄉笆子場村一農民捐出。據其稱，是他在挖芒硝時，於馬迷兔西北清水溝（即疏勒河，當地人俗稱清水溝）漢代烽燧遺址上發現的。該曆譜現存 27 枚簡，木質，簡新如洗，字跡清晰，以漢隸抄寫，為編冊橫讀式。簡長 36－37 釐米，寬 0.6－1.3 釐米，厚 0.3 釐米。每簡上端書寫日期，從右至左，一日一簡，按日編排，從四日至三十日，共 27 支簡。其中一至三日三支簡缺佚，十一、十六日簡斷裂，四、十九、二十五日三簡部分殘缺。有上、中、下三道細麻編繩，其中上道編繩完好，中道編繩存一半，下道編繩缺佚。上、中兩道編繩左端都留有剩餘麻繩，上道編繩剩餘 9 釐米餘頭，有兩個結；中道編繩剩有 13 釐米餘頭，可以推斷該簡冊原來是從右至左編捲。每簡上端不留天頭，頂頭縱向書寫日，下端根據簡文多少或留或不留地腳，簡端日期下分十三行書寫一年每日干支，橫向書寫。第一、七、十三行分別書於上、中、下三道編繩之下，其餘各行簡面均有刀刻橫線，依線下書寫。刻線行距約 2.5 釐米。每簡字數不等，少者 16 字，多者 34 字。該簡冊係先寫而

後編冊。有時在每日干支行距間還縱向書寫八節、時辰及建、伏、臘等曆注。該曆譜發表在《簡帛研究》第二輯上（法律出版社，1996 年版），同期還發表了殷光明先生的〈敦煌清水溝漢代烽燧遺址出土《曆譜》述考〉一文，他認為：「該曆譜的年代，我們從同烽燧遺址出土的『元鳳四年七月癸未朔乙未延年亭☐』紀年簡，可以初步判斷為漢昭帝前後的曆譜。又從日期下的十三行干支日，知該年十三個月。有閏月。據干支紀日很容易推得所佚三日的干支，可以得到一個一年的完整曆譜。據每月干支紀日，知其十三個月的月建為庚子、己巳、己亥……，再將該曆譜與《資治通鑑目錄》、《二十史朔閏表》對照，發現該曆譜的每月朔閏干支及大小盡，與這兩本書所載距元鳳紀年簡八年後的壬子年，即宣帝地節元年（公元前 69 年）的朔閏干支完全一樣。又查《資治通鑑目錄》、《二十史朔閏表》兩書，漢代再無與此曆譜朔閏干支一樣的年代，所以我們可以基本斷其為地節元年曆譜。又據《漢書‧宣帝紀》載地節元年『十二月癸亥晦，日有蝕之』，查該曆譜十二月晦日干支，正是『癸亥』，由此，我們完全可以斷定該曆譜就是地節元年曆譜。」這是目前我國所見最早、最完整的太初曆譜簡冊。

9. 敦煌清水溝漢簡地節三年、本始四年《曆譜》

案：1990 年 4 月由甘肅省敦煌市黃渠鄉笆子場村一農民捐出。共有 3 枚散簡。據其稱，該散簡出土於馬迷兔西北清水溝（即疏勒河，當地人俗稱清水溝）漢代烽燧遺址，敦煌博物館將其編為散簡 7、8、13 號簡，並撰有《敦煌清水溝漢代烽燧遺址出土文物調查及漢簡考釋》一文，發表在《簡帛研究》第二輯上（法律出版社，1996 年版）。該文云：「7、8、13 號簡是殘曆譜，與同時出土的地節元年曆譜冊屬一式，即一年曆譜用 30 支簡組成，一簡一日，下記全年干支。7 號簡為豎讀式，簡的左側分上、中、下有三個編繩的三角形小鍥口。據《二十史朔閏表》推算，為宣帝地節三年（公元前 67 年）曆譜，是年閏九月。8、13 號簡殘，字體相同，編繩小鍥口在右邊，經推算，屬同一曆譜簡冊，為宣帝本始四年（公元前 70 年）的曆譜。」

10. 敦煌漢簡《元康三年曆譜》

案：1906 至 1907 年間出土於甘肅省敦煌凌胡燧（斯坦因編號為敦六乙，下同）。該曆譜存 15 枚簡，木質。簡長 36 釐米，寬 1 釐米。見羅振玉、王國維編《流沙墜簡・術數類》。羅氏云：「右曆譜殘簡十五，由一日至三十日，中缺二、三、四、七、八、十二、十四、十七、十八、十九、廿一、廿四、廿六、廿七、廿九，凡十五簡。具載十二月中由朔至晦每日干支為譜，橫讀之。沙氏（指法國漢學家沙畹，下同）考為元康三年曆。案：漢自武帝太初元年訖章帝元和二年，皆用太初術，依術推之，是年每月朔望、大小盡均與簡合，沙氏所考是也。」

11. 敦煌漢簡《神爵三年曆譜》

案：1906 至 1907 年間出土於甘肅省敦煌凌胡燧（敦六乙）。該曆譜存 11 枚簡，木質。簡長 23 釐米。見《流沙墜簡・術數類》。羅振玉云：「右曆譜存者七日至卅日十一簡，佚者十九簡。沙氏考為神爵三年曆，今依太初術考之，是年每月朔及大小盡與簡正合，沙氏所考是也。是年閏十二月，故各簡背分記閏月每日干支，沙氏書未影照，茲據沙氏釋文錄之。又此曆雖十一簡，其中廿四及卅日二簡亦未影照，均據沙氏釋文入錄。」

12. 敦煌漢簡《五鳳元年八月曆譜》

案：1906 至 1907 年間出土於甘肅省敦煌凌胡燧（敦六乙）。見《流沙墜簡・術數類》。羅振玉云：「右簡面、背分寫八月朔至廿九日每日所值干支，沙氏考為五鳳元年，依長術推之，沙氏所考是也。前記元康、神爵二曆譜，通一年為一譜，橫讀之，此則每月為一譜，縱讀之，知漢代通行曆譜之式頗不一也。此簡沙書未影照，今依沙氏釋文錄之。」

13. 敦煌木牘《永光五年曆譜》

案：1906 至 1907 年間出土於甘肅省敦煌（具體出土地未詳，編號為敦四丁）。木牘長 23.1 釐米，寬 3.1 釐米。曆譜書寫在木牘正、背兩面，正面分上下兩欄，上欄五行，下欄四行。上欄第一行為「永光五年」四字，當為曆譜標題。背面不分欄，存四行。見羅振玉編著《流沙墜簡・術

數類》。羅氏云：「右譜載永光五年一歲中十二月之朔，於簡兩面分書之，並記四時節日。於六月記『八月庚辰初伏，十八日庚辰中伏』，於七月記『八月庚戌後伏』，考《史記・秦本記》『德公二年初伏』，《集解》孟康曰：『六月伏日初也。周時無，至此乃有之。』《正義》：『六月三伏之節起秦德公為之，故云「初伏」。伏者隱伏避盛暑也。《曆忌釋》云：「伏者何？以金氣伏藏之日也。四時代謝，皆以相生：立春，木代水，水生木；立夏，火代木，木生火；立冬，水代金，金生水；立秋，以金代火，故至庚日必伏。庚者金，故曰伏也。」』《漢書・郊祀志》注：『伏者，謂陰氣將起，迫於殘陽而未得升，故為藏伏，因名伏日。』《陰陽書》曰：『從夏至後第三庚為初伏，第四庚為中伏，立秋後初庚為後伏，謂之三伏。』（《六帖》引）至今曆家尚係三伏日於曆日，觀此簡，則漢代已然矣。又漢人最重伏日，《漢書・東方朔傳》：『伏日，詔賜從官肉。』《楊惲傳》：『歲時伏臘烹羊炮羔。』《後漢書・和帝紀》：『永元六年已酉，初令伏閉盡日。』注：『伏日萬鬼行，故盡日閉，不干他事。』《荊楚歲時記》：『六月伏日，並作湯餅，名為辟惡。』漢代朝野重伏如此，今時則不然矣。簡上『三月十九日壬辰立夏』，考是月甲辰朔，十九日得壬戌，簡作壬辰，殆繕寫之誤。簡背第三行『十七日丙戌』下所缺當是『臘』字，《說文》：『冬至後三戌臘祭百神。』」

14. 敦煌木牘《永元六年曆譜》

案：1906 至 1907 年間出土於甘肅省敦煌前漢玉門候官治所遺址（敦十五甲）。牘長 17.7 釐米，曆譜書寫在木牘正、背兩面，正面分三欄，第一欄存三行，第二、三欄存四行。背面存兩欄，第一欄存三行，第二欄存二行。見羅振玉編著《流沙墜簡・術數類》。羅氏云：「右譜於簡面、背分書之，面分三列；第一列十二月一日至十五日，第二列十六日至三十日，第三列七月廿七日至三十日。而一列三日以後、二列二十日以後皆缺損。背分二列；第一列閏月一日至十二日，第二列起十三日至二十三日。而一列九日以上、二列廿一日以上均殘缺。尚有第三列，當是廿四日至三十日，亦在缺處，不可見矣。沙畹博士定此為永元六年曆，謂簡背所記是閏月。考東漢自章帝元和二年至獻帝延康元年，均用四分術，依術推之，是

年七月為丙辰朔，閏十一月癸未朔（《通鑑》作『閏十二月癸丑朔』誤），十二月癸丑朔，與此簡正合，沙氏所考是也。漢人曆譜有記一歲十二月中每日干支而橫讀之者，有每簡記一月中每日干支而豎讀之者，有記十二月之朔於一簡而但記月朔節候、不詳記每日干支者，惟此曆則雜書十二月、七月、閏月於一簡之面背，又書七月於十二月之下，凌亂無序，不可解也。每日之下記建除並及所值神殺，與今曆同，惟今曆則建除接書於日下，而神殺則別書於每日行末最低處，此為異耳。建除之說，始見《史記》及《淮南子》，《史記・日者傳》孝武時聚會占者，七家內有建除家。《淮南子・天文訓》言：『大陰在寅，寅為建，卯為除；辰為滿，巳為平，主生；午為定，未為執，主陷；申為破，主衡；酉為危，主杓；戌為成，主少德；亥為收，主大德；子為開，主太歲；丑為閉，主太陰。』證以《陰陽書》卷三十二（此書久佚，據吾友富岡君藏古寫本）內有一歲十二月曆式，載正月建寅，一日甲子金開，二日乙丑金閉，三日丙寅火建，四日丁卯火除，五日戊辰木滿，六日己巳木平，七日庚午土定，八日辛未土執，九日壬申金破，十日癸酉金危，十一日甲戌火成，十二日乙亥火收。與《淮南子》所言正合。《曆書》曰：曆家以建、除、滿、平、定、執、破、危、成、收、開、閉凡十二日周而復始，觀所值以定吉凶。每月交節則疊兩值日，其法從月建上起建，與斗杓所指相應，如正月建寅則寅日起建，順行十二辰是也。與《淮南》、唐曆合。宋寶祐四年會天曆亦分注建除十二字於每日之下，直至今曆尚爾。據此簡知漢曆已然矣。惟依《淮南》及曆書之說，則簡上『十六日戊辰平』之『平』當作『滿』，繕寫之譌字也。《論衡・難歲篇》：『正月建於寅，破於申。』又〈偶會篇〉：『正月建寅，斗杓破申。』《漢書・王莽傳》：『以戊辰直定，御王冠，即真天子位。』浭陽端氏所藏王莽銅量銘亦有『戊辰直定』語。漢孟琁碑：『□□丙申月建臨卯漢龜茲左將軍劉平國作關城頌，永壽四年八月甲戌朔，十二日乙酉直建。』此建除之載在古籍及金石者。此簡每日下記所值神殺，有血忌、反支、八魁等，『血忌』見《論衡・四諱篇》『祭祀言觸血忌』，又〈譏日篇〉『如以殺牲見血，避血忌、月殺，則生人食六畜，亦宜避之』。又《陰陽書》曰：『凶占法血忌，忌針灸穿牛殺馬血□割六畜。』宋會天曆及今曆記每日所值神殺，尚有血忌，知由漢迄今不改也。『反支』

見《漢書・游俠傳》『張竦為賊兵所殺』，注引李奇曰：『竦知有賊當去，會反支日，不去，因為賊所殺。桓譚以為通人之蔽也。』又《後漢書・王符傳》『公東以反支日不受章奏』，注曰：『反支日，用月朔為正。戌、亥朔一日反支，申、酉朔二日反支，午、未朔三日反支，辰、己朔四日反支，寅、卯朔五日反支，子、丑朔六日反支。見《陰陽書》也。』『八魁』無考。」羅氏對「八魁」無考。今案《後漢書・蘇竟傳》云：「夫仲夏甲申為八魁。八魁，上帝開塞之將也，主退惡攘逆。」注曰：「《曆法》：春三月己巳、丁丑，夏三月甲申、壬辰、秋三月己亥、丁未，冬三月甲寅、壬戌，為八魁。」陳夢家先生云：「永元六年曆譜『十二月大……二日甲寅除、八魁……十七日己巳平□、八魁』，是年閏十一月，據後漢四分曆推冬至在二十九日壬午，立春在十二月十六日戊辰。二日甲寅八魁在立春前，十七日己巳八魁在立春後。此二『八魁』分屬冬春兩季，與李賢注所引《曆法》相合。」（《漢簡綴述》頁 238，中華書局出版）

15. 敦煌漢簡《永興元年曆譜》

案：1906 年至 1907 年間出土於甘肅省敦煌，具體出土地不明。簡長 22.8 釐米，寬 0.8 釐米。木質。僅存 1 枚。簡端書「三日」，下分十二欄，分別書每月三日干支：戊寅、戊申、戊寅、丁未、丁丑、丙午、丙子、乙巳、乙亥、甲辰、甲戌、癸卯。見羅振玉編著《流沙墜簡・術數類》。羅氏云：「右譜沙氏考為永興元年曆，今依四分術推之，是年正月丙子朔，二月丙午朔，正月三日正得戊寅，二月三日正得戊申，沙氏所考是也。此亦以十二簡橫書一歲中每日干支者，與元康、神爵諸譜同。」

16. 尹灣木牘《元延元年曆譜》

案：1993 年出土於江蘇省連雲港市東海縣溫泉鎮尹灣村 6 號漢墓。木牘長 23 釐米，寬 6.5 釐米。木牘的正、反兩面都書有文字。反面的內容是墓主人『元延元年三月十六日』的貸錢券，正面的內容是元延元年曆譜。曆譜的抄寫方法比較特殊：在木牘的上下兩端分別書寫該年十三個月（包括閏月）月名，並注明各月的大小及朔日干支、上端書寫閏（正）月、三

月、五月、七月、九月、十一月，下端書寫正月、二月、四月、六月、八月、十月、十二月，文字的方向都是頭向外（木牘的上下邊緣）。剩餘的干支分別書於左右兩側，文字的方向也是頭向外（木牘的左右邊緣），並將四立、二至、二分、三伏、臘等分別注於相應的干支之下。由於排列方法的巧妙，六十干支正好按逆時順序圍成一個長方形（如圖）。該曆譜的所屬年份，整理者據木牘所記朔閏等推得為西漢成帝元延元年（公元前 12 年）曆譜。該曆譜將一年的曆日巧妙地安排在木牘的一面之上，其創意獨具匠心，映照出編曆者的聰明才智，為後人所嘆服。

17. 尹灣木牘《元延三年五月曆譜》

案：1993 年出土於江蘇省連雲港市東海縣溫泉鎮尹灣村 6 號漢墓。木牘長 23 釐

十一月大 甲子朔
九月小 乙丑朔
七月小 丙寅朔
五月小 戊辰朔
三月小 戊辰朔
閏月小 己巳朔 五月三日夏至

元延元年曆譜

米，寬 6 釐米。曆譜書寫在木牘的正面，分三欄抄寫，上欄從右至左共九行，書有五月小、建日午、反支未、解衍丑、復丁癸、刕日乙、月省未、月殺丑、□□子，最後一行殘損二字。第二欄從右至左分十五行分別抄寫從五月一日至十五日的逐日干支，第三欄從右至左分十四行分別抄寫從五月六日至二十九日的逐日干支。第十六日和二十九日的文字漫漶不清，但可根據日期、干支推得。曆譜所屬年份，整理者據所記「五月朔丙辰」推定為西漢成帝元延三年五月曆譜。

出土簡帛中的「曆譜」類文獻還有很多，但是比較分散，有的僅存幾支殘簡。張永山先生曾對可推定年份的曆本進行過輯錄，撰為《漢簡曆譜》，發表在由河南教育出版社出版的《中國科學技術典籍通匯·天文卷》第一冊中，可參考。

18. 張家山漢簡《算術書》

案：1984 年出土於湖北省江陵縣（今荊州市荊州區）張家山 247 號漢墓。該書現存竹簡 190 枚，簡長 29.6 至 30.2 釐米，三道編繩。出土時竹簡保存完整，字跡清晰。該書原有書題，「算術書」三字抄寫在書首第六簡簡背。其內容是一部西漢時期的數學問題集，依現代數學的分類，可分作算術和幾何兩大部分。據彭浩先生介紹：「《算術書》是一部數學問題集，撰人不詳。現存六十九個題名，如合分、約分、乘、增減分等；另一類題名採自題文或由題文概括，如共買材、狐出關、傳馬、分錢、誤券等。除羽矢和粟求米外，其它題名都不重複。有的題名隨同算題流傳了很久，已為社會熟悉，因而成為某種算法的代稱，如經分、啟廣、戶從（縱）等。題名之下一般有例題、答案和術，例題由已知條件和提問構成；術一般包括按法則求解的運算過程。單獨成題之術，並無算例和解答方法，如石率、分乘等。以題名統領例題是《算術書》編撰體例的一大特點。題名不僅可以區別算題，而且極便讀者記憶和稱引。在多數情況下，一個題名之下只有一道例題或一種術。少數題名下含有兩個或更多的例題，如『少廣』題名下就有九道例題。相乘、乘等幾個題名之下的題文是簡單計算的例子，如『寸而乘寸，寸也；乘尺，十分尺一也』，與前文列舉例題的結構相去甚遠，並不是一道完整的算題，更接近口訣的形式。與

一般例題相比，這類例題文字多出許多。」（《張家山漢簡〈算術書〉注解》，科學出版社，2001 年版）張家山漢簡《算術書》的內容與傳世的《九章算術》前七章的主要內容十分接近，兩者有著密切的關係。據錢寶琮先生考證，《九章算術》的成書年代約在公元 90 年前後（見其著《中國數學史》），而漢簡《算術書》的成書年代，據張家山漢簡整理者說要早於西漢，是戰國晚期或更早時形成的。漢簡《算術書》中還保留一些不見於《九章算術》的數學資料，彌足珍貴。《算術書》保存的題目有：相乘、分乘、乘、增減分、分當半者、分半者、約分、合分、經分、出金、共買材、狐出關、狐皮、負米、女織、並租、金價、舂粟、銅耗、傳馬、婦織、羽矢、漆錢、繒幅、息錢、飲漆、稅田、程竹、醫、石率、賈鹽、絲練、挈脂、取程、耗租、程禾、取桼程、誤券、租誤券、粺穀、耗、粟為米、粟求米、粟求米、米求粟、米粟並、粟米並、負炭、盧唐（籚筡）、羽矢、行、分錢、米出錢、除、郫都、娿、旋粟、囷蓋、圜亭、井材、以圜裁方、以方裁圜、圜材、啟廣、戶縱、少廣、大廣、方田、里田。

19. 阜陽雙古堆漢簡《算術書》

案：1977 年出土於安徽省阜陽縣雙古堆 1 號漢墓。竹簡出土時殘損嚴重，現僅整理出 30 餘個殘片。其中最長的一片約 7 釐米，存 14 字，一般的僅存寥寥數字。據胡平生先生介紹：殘簡中有若干片文字可與《九章算術》卷四〈少廣〉、卷六〈均輸〉等的問題相合。阜陽《算術書》抄成的下限為漢文帝十五年（前 165），其中已有「均輸」算題的殘文，說明《九章》的「均輸」問題與漢武帝的「均輸制」無關，「均輸」應是古已有之的方法，可能上溯至秦及戰國。關於阜陽簡《算術書》的源流，胡平生先生認為很可能與西漢時張蒼整理的算術書有關。（《出土文獻研究》第四輯〈阜陽雙古堆漢簡數術書簡論〉，中華書局，1998 年版）

20. 張家界古人堤遺址木牘《九九乘法表》

案：1987 年出土於湖南省張家界市（原大庸市）城西澧水北岸古人堤遺址。現存殘片一件，上書「……六七卌二……四五廿、七九六十三、六八卌八、五七卅五、四六廿四、三五十五、□……六九五十四、五八卌、

七四廿八、二六十二、二五如十……」等數句。從內容來看，該乘法表應是從「九九八十一」開始，終「一一如一」，原表應有四十五句，現存「七九」、「六九」二列，餘皆殘缺。牘文云：「二五如十」，羅振玉《流沙墜簡・術數類・九九術》案語云：「（敦煌二十六出土）簡『二二而四』，今法作『二二如四』，考《大戴禮記》、《淮南子》並引『三三而九』，《周禮》疏亦引『二二而四，三三而九』，正與此同，知唐人尚作『而』。《容齋續筆》云：『三三如九，三四十二，皆俗語算術。』知改『而』作『如』始於宋代也。」今案羅說不確，古人堤出土《九九乘法表》為東漢時遺物，文作「二五如十」，證羅說「改『而』作『如』始於宋代」說不確。（見下條敦煌漢簡《九九術》）

21. 敦煌漢簡《九九術》

案：1906 年至 1907 年出土於甘肅省敦煌萬歲顯武燧（編號為敦26）。據羅振玉考證，「萬歲顯武燧」疑為王莽時萬歲候官治所。簡長 26 釐米，寬 2.4 釐米，為寬簡。上半分五欄抄寫「九九術」口訣，下半寫有「大凡千一百一十囗」計總句數尾題，字體比上列口訣字體大，見羅振玉編著《流沙墜簡・術數類》。羅氏云：「右九九術殘簡分六列書之，第一、第三、第五列存三行，第二、第四列存四行，第六列存一行。第五列末行字不可識，末為一字，上有兩字漫滅，但存微跡，然非『一一而一』則可知也，即今日通行乘法。但今乘法由『一一如一』至『九九八十一』，凡四十五句。今此簡雖亡其半，然以存句考之，蓋無『一一如一』至『一九如九』九句也。此簡末言『大凡千一百一十』，（『十』以下有三字，然已不可辨，依法推之，則不合有三字。）若並『一一如一』九句，合計總數當得一千一百五十五，除此九句，總數乃得『千一百一十』，此簡中無『一一如一』九句之確證也。餘皆與今同。惟今法始『一一』至『九九』，此類始『九九』迄『二二』，考《孫子算經・乘法》，全載此四十五句，亦起『九九』而迄『一一』，末言從『九九』至『一一』總成一千一百五十五，是古法始於『九九』之證。《孫子算經》不著撰人姓名，或以為孫武所著，《四庫全書提要》以書中有『洛陽』及佛經語，定為非出於孫武，然文義古質，決非出兩漢後人之手也。《說苑・尊賢篇》：『齊桓公設庭燎，

為士之欲造見者。期年,而士不至。於是東野鄙人有以九九之術見者。』《漢書‧梅福傳》載福言事疏亦云:『臣聞齊桓之時有以九九見者,桓公不逆。』顏師古注:『九九算術,若今《九章》、《五曹》之輩。』今以此簡及《孫子算經》證之,蓋即乘法其術始於九九,故稱九九之術。其始『一一如一』而終『九九八十一』者,後人所改也。顏注以為《九章》、《五曹》之輩者,誤矣。此法周秦古書多引之,如《管子‧地員篇》、《大戴記‧本命篇》、《淮南子‧天文訓》、〈地形訓〉備引此四十五句之語,此尤為東野鄙人所操以見齊桓公者,正是此術之確證也。此簡『二二而四』,今法作『二二如四』考《大戴記》、《淮南子》並引『三三而九』,《周禮》疏亦引『二二而四,三三而九』,正與此同,知唐人尚作『而』,《容齋續筆》云『三三如九,三四十二,皆俗語算術』,知改『而』作『如』始於宋代也。《孫子算經》亦作『二二如四,三三如九』,殆唐以後刊本所追改,非原書之舊矣。」(駢案:羅說改「而」作「如」始於宋代,不確,說見上條。)

丙、五行

《漢書‧藝文志》云:「五行者,五常之形氣也。《書》云:『初一曰五行,次二曰羞用五事』,言進用五事以順五行也。貌、言、視、聽、思心失,而五行之序亂,五星之變作,皆出於律曆之數而分為一者也。其法亦起五德終始,推其極則無不至。而小數家因此以為吉凶,而行於世,寖以相亂。」從《藝文志》著錄的書目來看,舉凡選擇時日吉凶的各種書籍都被歸入其中。李零先生認為:「擇日和曆忌是從式法派生,都屬於古代的『日者』之說。它們與式法的關係有點類似《周易》與筮法的關係,也是積累實際的占卜之辭而編成,但它與後者又有所不同。《周易》雖然也被古今研究易理的人當獨立的書來讀,可是供人查用的占書,它卻始終結合著筮占。離開筮占,也就失去了占卜的意義。而擇日之書或曆忌之書是把各種舉事宜忌按曆日排列,令人開卷即得,吉凶立見,不必假乎式占,即使沒有受過訓練的人也很容易掌握。所以,儘管式占在古代並不是很普及,但這種書在古代卻很流行,從戰國秦漢一直到明清,傳統從未斷絕。特別是在民間,影響更大。」(《中國方術考‧擇日和曆忌》,人民中國出版社,1993年版)

在出土簡帛書籍中，此類文獻也有不少，出土於湖南、湖北、安徽、河北、甘肅等省，其內容包括日書、刑德及其它選擇類書等。

1. 江陵九店楚簡《日書》

案：1981 年至 1989 年出土於湖北省江陵縣九店 56 號戰國（晚期中段）楚墓。該墓共出土竹簡 205 枚，有字簡存 146 枚，出土時大部分已經殘斷，只有 35 枚保存比較完整。整簡長 46.6 至 48.2 釐米，寬 0.6 至 0.8 釐米，有三道編繩。簡文的抄寫從簡端開始，不留天頭，一簡上的字數最多的有 57 字。整理者根據簡文內容，將其分為十五組編排。除第一組（1－12 簡）所記之物可能跟農作物有關外，第二組至第十四組（13－99 簡）屬於選擇時日吉凶一類的《日書》。據該墓《發掘報告》及《考釋》云：第二組（13－24 簡）分上下兩欄書寫，記的是楚建除家言，與雲夢秦簡《日書》甲種 1－13 號簡和乙種 1－25 號簡所記建除名稱基本相同。上欄是一年十二個月的建除十二直所值日辰表，下欄是十二直的占辭。第三組（25－36 簡）記的是楚叢辰家言。簡文分上下兩欄，上欄是「結」、「陽」等十二名在一年十二個月中所值日辰表，下欄是「結日」、「陽日」等十二日及其占辭。與雲夢秦簡《日書》甲種 1－13 號簡所記叢辰內容基本相同。如「午、未、申、酉、戌、亥、子、丑、寅、卯、辰、巳，是謂陰日，利以為室家、祭、娶妻、嫁女、入貨，吉。以見邦君，不吉，亦無咎」（29 簡）。第四組（37 簡上欄至 40 簡上欄及 41、42 簡）記每季三個月中哪些天干日是不吉日、吉日和成日，以及成日、吉日、不吉日利於做什麼，不利於做什麼。37－40 簡上欄的文字是講春夏秋冬四季不吉日、吉日和成日所在日干，41、42 號簡的文字是講成日、吉日和不吉日的宜忌。第五組（37 簡下欄至 40 簡下欄）記的是五子、五卯和五亥日的禁忌。第六組（43、44 簡）記的內容大概是巫祝為病人禱告某神之子，以祈求病人飲食如故。第七組（45－47 簡）講的是修建住宅等的方位對人產生的吉凶，屬於相宅之書。雲夢秦簡《日書》甲種也有相宅之書（15－21 簡背），內容與此相似，個別文字甚至相同，大概也是楚人的作品。此組簡是目前發現的最早的相宅之書，可惜原簡殘損嚴重，不能聯綴成篇。第八組（60－76 簡）簡殘損嚴重，從殘存文字來看，其內容是占出入盜疾，與

雲夢秦簡《日書》乙種 158 號至 169 號簡的內容基本相同。不同的是秦簡每條占辭「死生在某（十二地支之字）」之後的文字為本組簡所無。秦簡占出入盜疾的簡共十二條占辭，以十二地支為序。本組 60 號至 71 號十二支殘簡的順序和綴聯，都是參考秦簡編排的。結合秦簡來看，每條占辭的格式基本相同，開頭占出，中間占盜，末尾占入疾。第九組（77 簡）僅存 1 支殘簡，記的是「太歲」一年每月所在的四方位置。與雲夢秦簡《日書》甲種〈歲〉篇所記「太歲」一年每月所在的四方位置相同，唯「太歲」運行四方的順序有所不同而已。本簡所記「太歲」運行四方的順序是自西而北、而東、而南，秦簡所記「太歲」運行四方的順序是自東而南、而西、而北。清代學者孫星衍在〈月太歲旬中太歲考〉一文裡指出，古代的太歲有三：一、年太歲，即左行二十八宿，十二年一周天的太歲；二、月太歲，即《淮南子‧天文》所說的「月從右行四仲，終而復始」的太歲；三、旬中太歲，即一旬而徙的太歲（見《問字堂集》卷一）。本簡的太歲和秦簡的太歲即屬於月太歲。秦簡所記太歲每月所在方位之後皆有占辭，為本組簡所無。有可能本組簡的占辭位於文末，總的說明太歲所在四方位置的吉凶，現在沒有見到占辭簡文，當是殘損所致。第十組（78、79、80 簡）存三支簡，其內容是講十二月所在二十八宿的位置。78 號殘簡記每月合朔所躔之宿，與《淮南子‧天文》裡標題為〈星〉的一節相似。秦簡《日書》甲種楚除第一簡第一欄記的是十二月所躔之宿，與其後的楚除十二名所值十二辰相配。78 號簡的文字有可能屬於此種性質。從 78 號簡每月文字所占地位較大、又不能與楚除十二名所值十二辰相配的情況來看，恐怕是附在第二、第三組之後的，以說明建除十二名和叢辰十二名所值十二辰的各月合朔所躔之宿。79、80 號簡的文字比 78 號簡的文字要大，當非一篇，因其有二十八宿之名，故暫且把它們附在 78 號殘簡之後。第十一組（81－87 簡）的內容是講「往亡」。雲夢秦簡《日書》甲、乙種各有兩篇「往亡」，本組殘簡所記「往亡」的日期，除「十月」（夏曆七月）外，其它各月皆與秦簡《日書》甲種 107 背、108 背所記相同。據《論衡‧辨祟》篇記載，陰陽家認為往亡日不宜出行、行師。第十二組（88－93 簡）共存五枚殘簡，88－91 簡講的是「徙四方」，92、93 簡講的是「行四維」。雲夢秦簡《日書》甲種的〈歸行〉和傳世文獻《四時纂

要》的「出行日」都記有「行四方」、「行四維」的內容。秦簡的「行四方」是以四季的歲忌之日，不可去歲所在之方；「行四維」是以四門之日，不可去門日所值之維。《四時纂要》的「行四方」是以四季之時，不可去當季所旺之方；「行四維」是以四季之季月，不可去當月所旺之維。本組簡的「徙四方」、「行四維」即講此種禁忌。由於本組簡文殘缺比較嚴重，跟秦簡〈歸行〉和《四時纂要》「出行日」的「行四方」、「行四維」究竟是什麼樣的關係，還有待進一步的研究。第十三組（94、95 簡）僅存二簡，其內容講的是有關「裁衣」的宜忌。94 號簡殘文與雲夢秦簡《日書》甲種〈衣〉篇相似。第十四組（96－99 簡）存四枚殘簡，其內容似講生、亡日的宜忌。第十五組（100－146 簡）皆是竹簡殘片，不能綴聯、通讀。從殘存簡文來看，絕大多數仍屬《日書》內容。（《九店楚簡》，中華書局，2000 年版）

2. 天水放馬灘秦簡《日書》甲、乙

案：1986 年出土於甘肅省天水市北道區黨川鄉放馬灘 1 號秦墓。

甲種《日書》共有 73 枚竹簡，簡長 27.5 釐米，寬 0.7 釐米。三道編繩。出土時除 36、56、68 三支簡下段有所殘損外，其餘保存完整。簡文分上下兩欄抄寫，但其抄寫形式比較特殊，甚至有倒書的情形，很值得注意。據何雙全先生介紹說：「每簡從上欄開始通寫一條內容，以次至本章寫完，下欄空餘部分用來書寫不同的篇章，其次序仍從第一簡開始，至一章寫完。如該章最後句子寫不下而又所剩不多時，為了使內容連貫，又倒寫，即從最後一枚簡以次往前寫，但必是互相鄰近的簡，以防內容散亂。」（《秦漢簡牘論文集·天水放馬灘秦簡甲種〈日書〉考述》，甘肅人民出版社，1989 年版）原簡冊無書題，「日書」是整理者根據內容所定。甲種《日書》根據內容可分為八章，即〈月建〉、〈建除〉、〈亡者〉、〈人月吉凶〉、〈男女日〉、〈擇行日〉、〈生子〉、〈禁忌〉。〈月建〉共 12 簡，主要記述了正月至十二月每月建除十二辰與十二地支對應循環的關係。以正月為建寅，以此類推止十二月為建丑。根據有關史書記載，以十二月紀年為內容者當為夏正的〈月建〉，說明秦統一六國前使用的是夏曆，統一後雖使用顓頊曆，以十月建亥為歲首，但月名並未作改變，〈月建〉一章仍使

用夏曆的建除順序，有典型的秦文化的特點。〈建除〉共有 9 枚簡，是專門講述建除十二辰每一辰日的好與壞、吉與凶以及對從事各項活動是否有利。〈亡者〉共有 20 枚簡，主要是記述捉拿逃亡盜賊的擇日條文。〈人月吉凶〉共有 30 枚簡，記述了人月內 1 至 30 日每天六個時辰的四方位的吉凶以及遇事所持的態度。「人月」是指哪一個月，簡文中無明確記載，尚待研究。〈男女日〉共 4 枚簡，內容是按地支紀日把一月的日子分為男人日和女人日，男女要各按日行事，如有病治療、死後埋葬等都要按各自的日子去行事。簡文中還特別注明男人日是奴隸逃亡的日子。男人日是：卯、寅、巳、酉、戌；女人日是：午、未、申、丑、亥、辰。〈擇行日〉共 4 枚簡，亦稱〈禹須臾行〉，是專供出門遠行者選擇日子的內容。〈生子〉共有 3 枚簡，內容是對以平旦到雞鳴不同時辰產子是男還是女的占卜。〈禁忌〉共有 5 枚簡，主要記載了包括裁衣、穿衣、滅鼠、養狗、打掃畜圈、興建土木、發兵打仗等要注意的禁忌之事。

乙種《日書》共有 379 枚簡，內容可分二十多章，其中除〈月建〉、〈建除〉、〈生子〉、〈人月吉凶〉、〈男女日〉、〈亡者〉、〈擇行日〉七章與甲種《日書》內容完全相同外，有關「禁忌」的條目多於甲種《日書》，現存有〈門忌〉、〈日忌〉、〈月忌〉、〈五種忌〉、〈入官忌〉、〈天官書〉、〈五行書〉、〈律書〉、〈醫巫〉、〈占卦〉、〈牝牡月〉、〈晝夜長短表〉、〈四時啻〉13 種。據王震亞先生介紹：〈門忌〉共有 30 枚簡，主要記載了有關東、西、南、北、寒、倉、財等各門的禁忌。〈日忌〉共有 54 枚簡，以干支紀日，記述每日方位、時辰的好壞以及做事的成敗。〈月忌〉共有 10 枚簡，主要講述建築宮室和房屋等的禁忌。以記官方從事的大事為主，很可能專為「官忌」所列。〈五種忌〉共有 2 枚簡，主要講春、夏、秋、冬四季農作物播種時應注意的事項。〈入官忌〉共有 2 枚簡，主要記述了從政為官者入行禁忌的日子。〈天官書〉共有 9 枚簡，主要講二十八宿次第及每月之分度，對觀天象很有幫助。〈五行書〉共有 6 枚簡，主要說明陰陽五行互生的次序，如木生亥、火生寅、金生巳、水生申、土生木等。〈律書〉共有 29 枚簡，主要講述五行、五音、陽六律、陰六呂及變六十律相生之法和律數。用圖表列出，並註明八風方位。〈醫巫〉共有 59 枚簡，主要講巫醫占卜問病之事。〈占卦〉共有 122 枚簡，主要記載了以六十律貞卜占卦的具

體內容，詳細講述了每卦的好壞，通過占卜可以了解人們生活中情事的吉凶。〈牝牡月〉共有 20 枚簡，牝月為正月、二月、六月、七月、八月、十二月，牡月為三月、四月、五月、九月、十月、十一月。該章內容是講在牝月、牡月中從事某種活動的條文。《晝夜長短表》共有 25 枚簡，記述了一年十二個月中每月白天和黑夜的長短時差。〈四時啻〉共有 22 枚簡，「啻」當讀為「適」，即適宜。該章內容是講在四季裡建築、殺牲、穿井、伐木、種植等活動都必須擇月而行。（見《竹木春秋·甘肅出土的秦漢簡牘》，甘肅教育出版社，1999 年版）

3. 江陵王家臺秦簡《日書》

案：1993 年 3 月出土於湖北省江陵縣荊州鎮郢北村王家臺 15 號秦墓。該簡冊出土時有所殘斷。簡冊的內容目前尚未發表，據王明欽在「新出簡帛國際學術研討會」論文〈王家臺秦墓竹簡概述〉一文介紹，該《日書》有建除、夢占、病、日忌、門等內容。「建除」部分與雲夢睡虎地秦簡《日書》的「秦除」相似；「夢占」部分的內容比較完整，與睡虎地秦簡《日書》所含內容不盡相同；「病」的內容是說人在不同時辰患病的吉凶；「日忌」的內容包括馬、牛、羊、雞、豕等動物的良日和忌日，以及一日至三十日間的吉凶；「門」的內容與睡虎地秦簡《日書》相應內容相似，並繪有四方各門的位置及名稱。

4. 雲夢睡虎地秦簡《日書》甲、乙

案：1975 年 12 月出土於湖北省雲夢縣睡虎地 11 號秦墓。該墓出土的《日書》共有兩種，為了便於區別，整理者將其分別稱為《日書》甲種和《日書》乙種。《日書》甲種簡長 25 釐米，寬 0.5 釐米，三道編繩。《日書》乙種簡長 22.5 釐米，寬 0.6 釐米，三道編繩。兩種簡文都分欄抄寫，甲種沒有書題，乙種有書題，「日書」二字抄寫在乙種《日書》的最後一支簡簡背。據整理者的「說明」介紹：《日書》甲種共有 166 支簡，簡的正面和背面都抄寫有內容，讀簡時，先讀正面，後讀背面，字寫得又小又密。《日書》乙種共有 250 支簡，僅正面抄寫有內容，字體較大。因此，《日書》甲種雖然簡數比乙種少，字數卻遠較乙種多，內容也較複雜一

些。由於兩種《日書》在抄寫時都有脫漏，所以在內容相同而文字有出入處，可以互校。《日書》的內容主要是選擇時日，如出行、見官、裁衣、修建房屋等都要選擇時日。其它如房屋的布局、井、倉、門等應該安排在什麼地方才會吉利，遇到了鬼怪應如何應付等，也是重要內容。《日書》還有一些寶貴的記載，如將一日分為十二時，以子、丑、寅、卯等十二時辰記時，說明這種記時法在秦代即已流行；它還記載了楚國使用的月份名，並將這些月份名一一同秦國各個月份的名稱加以對照，是研究楚國曆法的重要資料。（《睡虎地秦墓竹簡・日書》，文物出版社，1990 年版）李學勤先生認為：「兩種《日書》開頭幾章的對應關係是這樣的：甲種的〈除〉，乙種沒有章題；甲種的〈秦除〉，乙種名〈徐（除）〉；甲種的〈稷（叢）辰〉，乙種名〈秦〉。這樣看來，每種《日書》都包括兩套建除，一套顯然是秦人的建除，一套應屬楚人，〈稷（叢）辰〉則專出於秦。楚、秦的建除雖有差別，但從日名看又有一定的淵源關係。」（《簡帛佚籍與學術史・〈日書〉和楚秦社會》）他又說：「《日書》是當時民間用以推斷時日吉凶的一種數術書。對這類信仰的迷信性質，東漢王充的《論衡》已經有所譏評。不過《日書》在古代流行很廣，除睡虎地外，在其它好幾處秦漢墓葬中也陸續有所發現。《日書》裡的不少數術一直流傳到後世，例如建除、人字等等，甚至在現在的曆書裡仍保存著。《日書》又廣泛地反映了當時社會的許多現象和思想，因此非常值得深入分析和研究。」（《簡帛佚籍與學術史・〈日書〉中的〈艮山圖〉》，臺灣時報文化出版公司，1994 年版）

甲種《日書》現存章題有〈除〉、〈秦除〉、〈稷（叢）辰〉、〈衣〉、〈玄戈〉、〈歲〉、〈星〉、〈病〉、〈啻〉、〈室忌〉、〈土忌〉、〈作事〉、〈毀棄〉、〈置室〉、〈行〉、〈歸行〉、〈到室〉、〈生子〉、〈人字〉、〈娶妻〉、〈作女子〉、〈吏〉、〈夢〉、〈詰〉、〈盜者〉、〈衣〉、〈土忌〉、〈門〉、〈反枳（支）〉、〈馬禖〉三十個。

乙種《日書》現存章題有〈除〉、〈秦〉、〈木日〉、〈馬日〉、〈牛日〉、〈羊日〉、〈豬日〉、〈犬日〉、〈雞日〉、〈正月〉、〈官〉、〈三月〉、〈四月〉、〈五月〉、〈六月〉、〈七月〉、〈八月〉、〈九月〉、〈十月〉、〈十二月〉、〈人日〉、〈男子日〉、〈室忌〉、〈蓋屋〉、〈蓋忌〉、〈除室〉、〈除室〉（原簡章

題、正文內容皆重複）、〈裞〉、〈初冠〉、〈寄人室〉、〈行日〉、〈行者〉、〈入官〉、〈行忌〉、〈行祠〉、〈行行祠〉、〈□祠〉、〈祠〉、〈亡日〉、〈亡者〉、〈見人〉、〈有疾〉、〈病〉、〈夢〉、〈嫁子□〉、〈不可娶妻〉、〈入官〉、〈生〉、〈失火〉、〈盜〉五十個。

5. 荊州關沮周家臺秦簡《日書》

　　案：1993 年 6 月出土於湖北省荊州市沙市區關沮鄉清河村周家臺 30 號秦墓。該簡冊共有 178 枚簡，簡長 29.3－29.6 釐米，寬 0.5－0.7 釐米，三道編繩。據該墓〈發掘報告〉介紹：「《日書》的內容有二十八宿占、五時段占、戎磨日占和五行占等。其中有的內容同睡虎地秦墓竹簡《日書》的內容基本相同，但有的內容卻完全不同。其中二十八宿占是以 26 根和 40 根竹簡排列成的兩塊平面上繪有兩組線圖，其中的一組圓形線圖反映了秦代式占地盤的形制和內容，與安徽阜陽汝陰侯墓出土的西漢初年式盤、甘肅武威出土的東漢初年式盤的內容基本相似。對照《淮南子·天文》等古代文獻中的有關記載大致相吻合，它是目前最新發現的秦式地盤圖樣。（見圖）它從一個側面反映了星占風俗在當時秦代社會中十分流行的狀況。這種秦式地盤圖樣不僅為我們了解秦代式盤占卜提供了寶貴的實物資料，而且對於我們探討古代社會星占學的發展具有重要的學術價值。」「在《日書》的圓形線圖中，即大小圓之間的圓環內側，順時針方向依次記有二十八個時分時稱。若以『夜半』作為一日時分的開始，其次第為：夜半、夜過半、雞未鳴、前鳴、雞後鳴、龕日、平日、日出、日出時、蚤食、食時、晏時、廷食、日未中、日中、日過中、日昳、餔食、下餔、夕時、日龕入、日入、黃昏、定昏、夕食、人鄭、夜三分之一、夜未半。這種一天的時間完整地平分為二十八個時分時稱的『一日分時之制』，乃是迄今為止關於『二十八時分』時稱的最早記載。」「在二十八宿占中，每一宿占所列占項主要有：獄訟、約結、病者、行者、來者、逐盜、追亡人、市旅、物、戰鬥等，這些占項內容

涉及到當時的政治、經濟及社會生活等多個方面，與人們日常生活關係甚
為密切。這一史料的出土，對於我們考察秦代社會生活狀況和民間占卜習
慣，具有十分重要的意義。」（《關沮秦漢墓簡牘・周家臺 30 號秦墓發掘
報告》，中華書局，2001 年版）

6. 江陵岳山秦牘《日書》

案：1986 年 9－10 月間出土於湖北省江陵岳山 36 號秦墓。該墓出土
兩塊木牘，一件長 23 釐米，寬 5.8 釐米；另一件長 19 釐米，寬 5 釐米。
木牘上的內容，據發掘者考證為《日書》，主要記了水、土、牛、馬等良
日，及祀大父、門、灶等的良日，有些記載與 1975 年出土於湖北雲夢睡
虎地秦簡《日書》極為相似。該《日書》整理成果尚未公布，只在 2000
年第 4 期《考古學報》上發表了釋文及部分照片。

7. 隨州孔家坡漢簡《日書》

案：2000 年出土於湖北省隨州市孔家坡 8 號漢墓。該簡冊現存竹簡
400 餘枚，其內容既有建除、叢辰、星、盜日等已見於雲夢睡虎地秦簡
《日書》的內容，也有一些不見於睡虎地秦簡《日書》的篇目。該《日
書》的具體內容及情況目前尚未公布，只是張昌平先生在 2000 年第 6 期
《古代文明通訊・隨州孔家坡墓地出土簡牘概述》一文中作了簡單的介
紹。

8. 香港中文大學藏漢簡《日書》

案：香港中文大學所藏漢簡《日書》簡，係歷年在文物市場收購藏
品，具體出土時間及地址不詳。《日書》簡文、照片發表在《香港中文大
學文物館藏漢簡》（2001 年版）一書內，共有 109 枚竹簡，其內容可分為
歸行、陷日、取妻、入女、禹須臾、稷（叢）辰、玄戈、吏及日夜表、干
支表等二十四篇，與雲夢睡虎地秦簡《日書》存在著對應關係。也有人對
該書所收簡文提出過質疑，如劉樂賢先生認為：「該書歸入《日書》的簡
牘共 109 枚，但從內容考察，有些並不屬於《日書》。例如，第 95 至 119
號的干支表，從體例看應屬於曆日，惜因殘損嚴重，現已無從推定年份。

又如第 40 號簡的內容也與《日書》相距甚遠。據簡中有『孝惠三年』推測，該《日書》應是漢初之物。從照片看，這批《日書》殘損嚴重，所存零簡碎片多數已見於睡虎地秦簡《日書》及孔家坡漢簡《日書》，但也有個別簡文係其它《日書》所無，值得重視。」（《簡帛數術文獻探論・簡帛數術文物的分類與研究》，湖北教育出版社，2003 年版）

9. 江陵張家山漢簡《日書》

案：1984 年出土於湖北省江陵縣東南張家山 249 號漢墓。竹簡出土時絕大部分已經殘斷。據整理小組介紹。原書無書題，其內容與雲夢睡虎地秦簡《日書》大體相依。目前這批竹簡內容尚未公布，具體情況不得而知。

10. 阜陽雙古堆漢簡《日書》

案：1977 年出土於安徽省阜陽縣雙古堆 1 號漢墓。目前這批竹簡內容尚未公布，據胡平生先生介紹：「雙古堆簡《日書》僅存近百個殘片，最長的一簡約 16.5 釐米，20 字。《日書》內容今已不知其詳，自殘簡觀之，似近於睡虎地簡《日書》乙種 117 簡－128 簡。有些簡是說某月中某日的宜忌的，如『中旬筑，丑、未吉』，說的是某月中旬動土修建，選擇丑日或未日吉利。有些簡所說利害同方位有關，如說『因東南隅為室胃（謂）敝□，其子產必有大驚』，就是講在東南角『為室』不吉。還有些簡似乎講星象星色與吉凶的關係。書中涉及的事項和人物則有產子、嗇夫升遷、大將、徙家、得地、取（娶）婦、筑室、蜚冬（螽）、父母疾病、少子、中子、長子、土事、訟等等。從殘存的近百片碎簡已無法窺見此書的原貌了。」（《出土文獻研究》第四輯〈阜陽雙古堆漢簡數術書簡論〉，中華書局，1998 年版）

11. 沅陵虎溪山漢簡《閻氏五勝》

案：1999 年 6－9 月出土於湖南省沅陵縣城關鎮西虎溪山 1 號漢墓。這裡原是西漢沅陵侯及其家族的墳塋。這批竹簡內容尚未整理公布。據〈發掘簡報〉介紹：該簡冊出土時已經散亂，清理時按散亂的範圍分八組

收集，共 1095 枚（段）。《閻氏五勝》整簡約 500 枚。整簡長 27 釐米，寬 0.8 釐米。兩道編繩，簡端齊平，書寫或工整或行草。原簡存有書題曰《閻氏五勝》，書寫在首簡上端，末簡又題為《閻氏五生》。（駢按：「勝」與「生」古音通假。整理者將該書書名定為「日書」，似未妥當，當以原簡書題「閻氏五勝」定名為是。）作者為閻昭，文內有引用書名「《紅圖之論》」，均不見於文獻記載。其有別於已出《日書》簡的特點是，為證明其推演的正確而引入秦末漢初的一些歷史事件，為我們研究當時的歷史和天文曆法提供了較直接的資料。（《文物》雜誌，2003 年第 1 期〈沅陵虎溪山 1 號漢墓發掘簡報〉）據〈簡報〉介紹，該墓出土的《閻氏五勝》與以往出土的《日書》內容差異較大，由於材料尚未公布，詳情不得而知。但有一點可以確定，那就是原簡冊既然有自署書題（「閻氏五勝」），就不應再另闢蹊徑改名為「日書」。

12. 定縣八角廊漢簡《日書》

案：1973 年出土於河北省定縣八角廊 40 號漢墓（西漢中山懷王劉修墓）。該墓出土了大批竹簡，出土時竹簡已經散亂，有的因過火炭化，簡文墨跡已多不清晰，但經過清理，這批竹簡的內容多為先秦文獻，極其珍貴。據《文物》1981 年第 8 期發表的〈河北定縣 40 號漢墓發掘簡報〉報導，其中有《日書》殘簡，但因目前《日書》簡文尚未公布，具體情況不得而知。

13. 敦煌懸泉置漢簡《日書》

案：1990 年至 1992 年出土於甘肅省敦煌市甜水井東南 3 公里的漢代懸泉置遺址。該遺址共出土漢代簡牘 20000 餘枚，經整理編號並寫出釋文者約有 17800 餘枚，這批簡牘的內容對研究漢代的歷史，尤其是研究漢代的郵驛交通、政治法律及漢朝與西域等週邊地區的關係，皆是極有參考價值的資料。在這批簡牘中，也發現一些《日書》散簡，經何雙全先生輯錄，計有：「日忌」、「吉凶」、「大小時」、「建除」、「禹須臾」、「葬曆」等內容，有些內容與睡虎地秦簡《日書》、放馬灘秦簡《日書》有相同之處。但也有些內容比較新鮮，如「建除」、「葬曆」兩章，內容雖已殘缺，

但「建除」以建除十二辰為目，以地支十二辰為綱，再配以方位和數，這樣的章節為過去所不見。又「葬曆」以十二地支為起目，論死者、喪之吉凶和禁忌事項，也較新鮮，與秦代《日書》有很大的不同。已出土的秦簡《日書》中沒有完整的葬曆，其內容皆分列於建除章目之中，因此，這一部分對研究漢代《日書·葬曆》的結構和內容也有它特殊的意義。（《簡牘學研究》第二輯〈漢簡《日書》叢釋〉，甘肅人民出版社，1997 年）

14. 居延漢簡《日書》

案：這裡的居延漢簡主要指 1973－1974 年間所出土者，內容見於 1994 年由中華書局出版的《居延新簡》一書中。何雙全先生從中輯錄出一些與「日忌」、「占」、「禹須臾」、「吉凶」、「大小時」、「祭」、「刑德」有關的一些內容，撰寫成〈漢簡《日書》叢釋〉一文，發表在甘肅人民出版社的《簡牘學研究》第二輯中。

15. 疏勒河流域漢簡《日書》

案：從二十世紀初開始，在甘肅省敦煌西北部疏勒河流域的邊塞遺址中出土過大量的漢代簡牘，其中也有一些殘簡《日書》內容，過去由於資料分散，或認識不清，未能引起人們的注意。近年來何雙全先生根據 1984 年文物出版社出版的《疏勒河流域出土漢簡》和中華書局出版的《敦煌漢簡》兩書輯錄出一些與「日忌」、「吉凶」、「大小時」、「時刻」、「生子」、「八卦八風」、「星占」有關的內容，撰寫成〈漢簡《日書》叢釋〉一文，發表在甘肅人民出版社出版的《簡牘學研究》第二輯中。

16. 武威漢簡《日書》

案：1959 年出土於甘肅省武威縣磨嘴子 6 號漢墓。共計木簡 13 枚，完整者 6 枚。簡長 23 釐米左右，寬 1 釐米左右。皆為松木木簡，二道編繩，隸書抄寫。原收入 1964 年文物出版社出版的《武威漢簡》一書中，原作者稱之為「日忌雜簡」。何雙全先生從中輯出，他認為這些木簡內容都以六十甲子之天干和地支為主線，記述遇日所禁忌，當為《日書·忌》之殘章，與占無關。雖然內容多所殘缺，但與秦簡《日書》有明顯不同。

與秦簡《日書》相近的內容，在秦簡《日書》中都分列於建除十二辰各條和入月每天之中，或歸於專設的章節裡，如「室忌」、「裁衣」、「吉凶」、「嫁娶」等。而在武威漢簡《日書》中卻都綜合於天干地支之下而行事。何雙全先生認為，這有兩種可能：一是漢代《日書》不像秦時那樣專門化，而是有所歸併；二是該墓主人擇抄了有關章節為己所用。不管怎樣，其目的和內容與秦簡《日書》無多大相違。（《簡牘學研究》第二輯〈漢簡《日書》叢釋〉，甘肅人民出版社，1998 年）

17. 西安杜陵木牘《日書》

案：2001 年 8 月出土於陝西省西安市杜陵陵區的一座漢墓中。該木牘長 23 釐米，寬 4.5 釐米，松木質，呈長方形。木牘的文字共分 8 行，每行 15－25 字，共約 177 字。內容為《日書》，有「始田良日」、「禾良日」及粟、豆、麥、稻良日等，與睡虎地秦簡《日書》「農事」篇相近。每行前有小圓黑點，以分章節。字體為古隸體，夾雜一些俗字草書，字跡基本清晰可辨。目前該《日書》的具體內容尚未發表。（見 2002 年「漢文化學術研討會」張銘洽、王育龍〈西安杜陵漢牘《日書》農事篇考辨〉論文）

《日書》是古代一種以時、日推斷吉凶禍福的占驗之書，據文獻記載，在戰國時期業已存在。掌此占術之人稱為「日者」，《史記》有〈日者列傳〉，專記他們的活動，司馬遷為他們專門立傳，可見當時世多有之。王充《論衡·譏日篇》云：「世俗既信歲時而又信日，舉事若病死災患，大則謂之犯觸歲月，小則謂之不避日禁。歲月之傳既用，日禁之書亦行。……是以世人舉事，不考於心而合於日，不參於義而致於時。時日之書，眾多非一。」「日禁所以累世不疑，惑者所以連年不悟也。」這就是當時《日書》存在的社會根源。自二十世紀七十年代在湖北雲夢睡虎地秦墓出土《日書》後，相繼又出土了不少秦漢時期的《日書》，上列僅其主要者，未收入本書或至目前尚未發表公布者還有很多。據《史記·秦始皇本紀》記載，秦代焚書，「所不去者，醫藥、卜筮、種樹之書」，因此這類書自然會在秦、漢社會中流傳，有些內容一直流傳到近代，甚至在現代的某些曆書裡仍然可以看到古代《日書》的隱影。在今天看來，《日書》屬於迷信書籍，但在古代，其內容涉及到時人的衣、食、住、行

等方面，甚至反映了當時社會的許多現象和思想觀念。因此它的歷史文化價值就大大超出了其本身數術書的範圍，非常值得去深入分析和研究，這對如何認識古代社會會有它獨到的啟發。

18. 馬王堆帛書《陰陽五行》甲、乙

案：1973 年出土於湖南省長沙市馬王堆 3 號漢墓。這兩種帛書出土時均用整幅帛絹抄寫，一種用篆意較濃的篆隸抄寫，一般稱之為篆體《陰陽五行》（甲本），另一種用隸意較濃的隸書抄寫，一般稱之為隸書《陰陽五行》（乙本）。目前這兩種帛書尚未整理發表，據參與整理的周世榮（〈略談馬王堆出土的帛書和竹簡〉，載《長沙馬王堆醫書研究專刊》1981 年第 2 輯）和陳松長（《帛書史話》，中國大百科全書出版社，2000 年）兩位先生介紹：

《陰陽五行》甲本抄寫在長 3.5 米的帛上，書寫時除了部分地方為整幅外，其餘部分則分為上下兩個半幅書寫，其形式除了文字以外，還有圖表，可分為二十三個單元。據現存原物所知，該帛書的內容都是關於干支、二十八宿、天一運行的記錄和有關月令、方位等堪輿方面的占驗語辭。如「門在南方徙之北方，門在東方徙之西方」、「後徙故室大凶」等，是講堪輿方面的內容者。「天一之徙以十一月、十二月戊辰」，是講「天一」運行的時辰規律者。「西南對，西北辟道，東北小吉」等則是占測方位吉凶者。再如「壬斗、癸須女、壬癸德，癸危熒室」，「甲角、乙至（室）、甲乙斗、乙心尾」等則是關於干支時辰和二十八宿的對應關係示意表格。特別值得注意的是，在一塊殘帛上有一段有關楚國官名的記載：「乙當莫囂，丙當連勢，丁當司馬，戊當左右司馬，己當官□」，其中「莫囂」、「連勢」是楚國所特有的官名，可以有力地說明，這個抄本當為楚人的著作。

《陰陽五行》乙本抄寫在 1.23 米的絹帛上，該帛書記有刑德運行的規律；記有選擇順逆災祥的占語，占的對象有出行、嫁娶、選日、攻戰、祭祀、禁忌、舉事等；記有「文日」、「武丑」、「陰鐵」、「不足」等陰陽五行的特有名稱和解釋；是研究陰陽五行學術在漢初本來面目的珍貴資料。

19. 馬王堆帛書《刑德》丙

案：1973 年出土於湖南省長沙市馬王堆 3 號漢墓。該帛書出土時殘損嚴重，現存十八塊殘片，整理小組對其進行了復原和拼綴工作，命名為《刑德》丙篇。該帛書目前尚在整理之中，儘管其中尚有許多殘缺無法填補，但其原來的面貌基本能夠看清。據陳松長先生介紹：這是一卷呈長方形的帛書手卷，幅寬 48 釐米，幅長大約 82 釐米。其內容大致由兩部分組成：第一部分是位於帛書右上方並列的三幅圖；第二部分是位於三幅圖下方及左側共約 73 行文字。這些文字雖因殘缺太多而不易句讀，但那殘存的文句多少還能透露出其大致的數術類文獻意義，應該說，其圖其文當是互有關聯的有機組合。該帛書全篇用朱文抄寫，間有很粗重的墨線邊框。

帛書右上方並列的三幅圖，均見於同墓出土的帛書《陰陽五行》乙篇（見上介紹）。居首的是「天一圖」，該圖殘缺的只剩下東西兩方中的十四個神名，但就是這殘存的十四個神名，正可補帛書《陰陽五行》乙篇上的殘缺，即西方七神，按順序是：刑、德、小歲、斗轂、太一、太陰、太陽。右上方第二幅圖是「刑德小游圖」，它與同墓出土的帛書《刑德》乙篇中的「刑德九宮圖」實質上相同，只是刑德六神小游的排列方式不一樣，它是按照四方五行正奇宮排列法排列的，每一個宮內都注明其六神之神名和當日的干支。例如北方正宮內即分別注明「壬午刑德，癸未豐隆，〔甲申風〕柏，乙酉大音，丙戌雷公，丁亥雨師」，這與《刑德》甲、乙篇中的「刑德九宮圖」中的北方正宮所記之六神與干支是一樣的。不同的是該帛書沒有《刑德》甲、乙篇九宮圖中的八方神有關日至的記錄。此外，其中宮亦是呈方形，分別注明戊子、戊午六神及干支，這樣比《刑德》甲、乙篇九宮圖中的刑德六神排列更易於識讀和了解。又此幅「刑德小游圖」亦見於《陰陽五行》乙篇，只是該圖在《陰陽五行》中殘缺的厲害，可以互相補充。右上方第三幅圖亦見於帛書《陰陽五行》乙篇，該圖作正方形，中間畫有圓圈，表示中宮。在四方及中宮分別注有：甲子、乙酉、東門；丙子、丁酉、南門；庚子、辛酉、西門；壬子、癸酉、北門；戊子、己酉、□〔門〕。在四個角上分別畫有兩個向正宮延伸擴展的棒槌狀圖形，這種圖形是否是代表八宮、或八風、八方？尚不清楚。但從其干支所記，乃是五子和五酉，其中五子所處之方位，正可與《協紀辨方書》中

的「太歲巳下神煞出游日」所記對應。在這三幅圖下方和左側的約 73 行文字雖殘缺不全而句讀困難，但從殘存文字中大致可以看出如下一些內容：有關「傳勝」游年的內容；有關刑德占的內容；有關用斗之法的記載；有關諸值神的記載等。此外，陳松長先生還認為：《刑德》丙篇的內容與《刑德》甲、乙篇的內容顯然不同，相反的是，《刑德》丙上的三幅圖形均見於尚未發表的隸書《陰陽五行》上，這就不能不令我們去重新審視其定名的正確與否。當然這件帛書中確實含有關於刑德占的內容，但這一部分僅是該帛書中的一小部分而已，就是在三個圖形中，那「刑德小游圖」亦僅是三個圖中的一個。因此，簡單地將其稱為「《刑德》丙篇」，似乎並不準確。他認為，從內容上比較看，與其稱其為「《刑德》丙篇」，還不如稱其為「隸書《陰陽五行》乙篇」。（《簡帛研究》第三輯〈帛書《刑德》丙篇試探〉，廣西師大出版社，1998 年版）

20. 阜陽雙古堆漢簡《刑德》

案：1977 年出土於安徽省阜陽縣雙古堆 1 號漢墓。該簡出土時嚴重殘斷，清理出來的數量也非常有限，整理結果目前尚未公布。據胡平生先生介紹：因內容涉及刑、皇德以及青龍、白虎、勾陳、玄武等星辰運行，所以定名為《刑德》。殘簡原無書題。從《刑德》殘簡的內容來看，其所記名當是《淮南子》所記之「二十歲刑德」，主要記述了立春之後，星辰刑德各自所在的位置。如 1 號簡「壬午立春，玄武在辰，白虎在巳，句〔陳〕□」；7 號簡「句陳在寅，青龍在辰，皇德在□」；10 號簡「皇德在丑，刑德合東宮」等。與《漢書‧王莽傳》「蒼龍癸酉，德在中宮」顏師古注及《後漢書‧朱穆傳》「丁亥之歲，刑德合於乾位」注文相吻合。第 41 號簡殘文「太陰在辰」，與《淮南子‧天文訓》「太陰在辰」所記為一事。太陰歲徙一辰，推太陰合日辰，可定建除之法。又《刑德》殘簡中記有「皇德、青龍、白虎、勾陳、玄武」，而不見《淮南子》所記「朱雀」，胡平生先生頗疑簡文中的「皇德」即「朱雀」之代稱，原因尚待研究。但他認為「墓主汝陰侯封國在南方，遂以『皇德』代替表示南方的『朱雀』，使之更加醒目」。他還說：「從馬王堆帛書《刑德》看，四象和諸神是兩個系統。帛書《刑德》有記『四象』云：『左青〔龍，右〕白虎，前

丹蟲而後玄武；招搖在上，□□〔在〕下，乘龍戴斗，戰必勝而功（攻）
必取。』而帛書的諸神也分幾類，在九宮圖中列出的『六神』是『刑德、
犬音（陰）、風伯、雨師、雷公、豐隆』等。帛書《刑德》乙篇又云：『凡
以風占軍吏之事，子午，刑德，將軍。丑未，豐隆，司空。寅申，風伯，
侯。卯酉，大音（陰），尉。辰戌，雷公，司馬。己亥，雨師，冢子。各
當其日。』又帛書『四仲』諸神為『太昊、少昊、炎帝、端玉（顓頊）』；
『四隅』諸神為『聶（攝）氏（提）、司斗、矛強、青嘩』，更是另一個系
統。相比而言，雙古堆《刑德》『刑、皇德、太陰、青龍、白虎、玄武、
勾陳』等與〈天文訓〉所述諸神，最為簡略，帛書諸神與較後的十二天將
（神）較為複雜，它們大概分別代表了刑德理論發展過程中的一個一個的
階段。根據馬王堆帛書《刑德》和雙古堆簡《刑德》的材料，比較這幾套
天神的系統，可以證明在西漢初期六壬式盤的十二天將神名尚未出現。』
（《出土文獻研究》第四輯〈阜陽雙古堆漢簡數術書簡論〉，中華書局，
1998 年版）

21. 馬王堆書帛書《出行占》

案：1973 年出土於湖南省長沙市馬王堆 3 號漢墓。出土時已經破碎，
現存 2 片基本文義還能看出。該書篇幅不大，抄寫的絲帛上畫有烏絲欄界
格，基本上分兩欄抄寫，但也有個別地方通欄抄寫。原件發表在由陳松長
編著的《馬王堆帛書藝術》一書中。其中有一段標目為「十二日宮軍」的
內容是占測十二支日出行四方的吉凶情況，與睡虎地秦簡《日書》甲種
「十二支占行篇」、乙種「十二支占卜篇」的第一部分大體相近，應該是選
擇吉日良辰的既定占語。還有一條是標目「舀」的占文，「舀」字單獨寫
在墨線橫畫的上面，顯然是該段文字的標題。文曰：「丙寅、丁酉、壬
申、癸卯，是胃（謂）舀而不比，其鄉（向）毋逆以行、行水，不有大喪
必亡。」意謂凡「舀」日，不可逆行，不可徒水，否則，不有大喪，必有
滅亡之災。從目前所見《出行占》殘文來看，劉樂賢先生認為：「是根據
各種時日項目占測出行的宜忌，其性質無疑與《日書》等出土文獻相類，
是一種重要的早期選擇文獻。從其中不少條目與睡虎地秦簡《日書》一致
的情況看，它與《日書》的關係值得注意，或許《出行占》本身就是從早

期《日書》文本中摘抄而成的。」（《簡帛數術文獻探論》，湖北教育出版社，2003 年版）

22. 阜陽雙古堆漢簡《向》

案：1977 年出土於安徽省阜陽縣雙古堆 1 號漢墓。該簡出土時嚴重殘碎，原無書題。目前尚未公布整理結果。據胡平生先生介紹：「此處所收殘簡 5 片，講一日中的某一時候的朝向，例如『□南向；夜半至平旦西北向；平旦至日中東北向；日中至日入東〔向〕□』。由於刑、德七舍的推定須觀察方位，操作式盤，頗疑簡文所說朝向與此有關。」（《出土文獻研究》第四輯〈阜陽雙古堆漢簡數術書簡論〉，中華書局，1998 年版）古代的數術家認為，朝向與吉凶有關，雲夢睡虎地秦簡《日書》「啻」中就有建造房屋和門的朝向禁忌；「歸行」和「到室」中也講行路的朝向禁忌，可參考。

23. 東海尹灣木牘《神龜占》

案：1993 年 2 月出土於江蘇省連雲港市東海縣溫泉鎮尹灣村 6 號漢墓。木牘長 23 釐米，寬 7 釐米。《神龜占》抄寫在 9 號木牘正面的上、中段。原無書題。「神龜占」是整理者根據內容所定。木牘正面的上段抄寫的是《神龜占》的八條說明文字；中段繪有一神龜圖像（如圖）。據《尹灣漢墓簡牘·前言》介紹：「神龜分八個部位，占測時以後左足為起始部

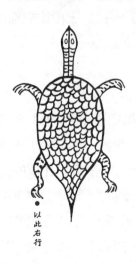

位，按右行方向數日數，從當月朔日數到占測之日，看所數到的是神龜的什麼部位，以定占測結果。所占測的似是盜者的情況。」（中華書局，1997年版）劉樂賢先生認為：「八條占測文字的格式比較固定，都包括占測盜者能否捕獲，盜者的姓氏、名字及藏躲的方向等項。這種占測格式，與《日書》的占盜文字相似。……相比而言，《神龜占》的占測較《日書》更為具體，將某日的盜者指名道姓地說出（落實到了某一姓名的人身上），而《日書》則有多種可能（好幾個名字的人都有可能是盜者）。神龜

的八個部位和八方對應，即頭南，尾北，左脅東，右脅西，左前足東南，右前足西南，左後足東北，右後足西北。每條占文所記的盜者藏躲方向，正好與此相合。這表明《神龜占》與古代的八方和陰陽五行說有關。占文關於姓氏的占測，似與古代的五音五姓說有關。據《潛夫論》、《論衡》等書的記載，以五姓占測吉凶在漢代已十分流行。《神龜占》用之占測盜者是有可能的。不過《神龜占》與唐宋以來流傳的五音姓氏說並不密合，尚有待於進一步研究。」（《尹灣漢墓簡牘綜論・尹灣漢墓出土數術文獻初探》，科學出版社，1999 年版）

24. 東海尹灣木牘《六甲占雨》

案：1993 年 2 月出土於江蘇省連雲港市東海縣溫泉鎮尹灣村 6 號漢墓。《六甲占雨》與上述《神龜占》同抄在 9 號木牘的正面，位於神龜圖的下部。占文是將六十甲子按六甲排列於一圖形上（如圖），下面標有「占雨」二字，因此，整理者將此命名為「六甲占雨」。因木牘上沒有說明文字，具體占法不得而

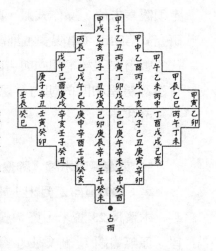

知。有人推測，原來應當還有一段占測文字，與此圖形配合使用。現在只剩下這個干支表，占雨的方法及具體內容就不得而知了。不過我們可以大膽地設想，《六甲占雨》的最後結果會落實到對每一干支日下雨吉凶的占測上。

25. 東海尹灣木牘《博局占》

案：1993 年 2 月出土於江蘇省連雲港市東海縣溫泉鎮尹灣村 6 號漢墓。《博局占》抄寫在 9 號木牘的背面。木牘的上段繪一標有六十干支的博局圖，是常見的「規矩紋」。在圖的中央寫有一「方」字，在圖的上方（木牘頂端）寫有「南方」二字。在六十干支博局圖的下面從上到下縱分五欄抄寫著與圖相配的文字，每欄十行。各欄右起第一行是占測的主題名，從上到下為：占娶婦嫁女、問同行、問繫者、問病者、問亡者。第一

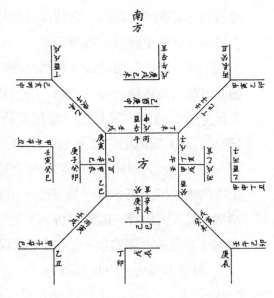

欄第二行至第十行的首字分別
為：方、廉、楬、道、張、
曲、詘、長、高九字，與《西
京雜記》卷四所引許博昌六博
口訣基本一致，是統管五欄
的，這九個字應該分別表示博
局上的不同位置，但由於文獻
缺如，我們對古代六博的玩法
所知甚少，這九個字到底處於
博局的什麼位置，現在還很難
說清。但《博局占》的占測方
法還是比較清楚的，整理小組
與劉樂賢先生都認為，占測時應是在博局圖上查找到當日干支所在的位置
名稱，然後根據這個名稱到占測文字中（即五欄文字中）查看所問事項的
答案。這實際上是一種根據每日干支占測吉凶的數術。它使用博局，是為
了將六十甲子按博局圖的九種位置進行分類。（《尹灣漢墓簡牘綜論‧尹灣
漢墓出土數術文獻初探》，科學出版社，1999 年版）

26. 東海尹灣漢簡《刑德行時》

案：1993 年 2 月出土於江蘇省連雲港市東海縣溫泉鎮尹灣村 6 號漢
墓。該簡冊共有 11 枚簡（編號為 77－89），簡長約 23 釐米，寬約 0.4 釐
米。前 6 枚簡（77－82）書寫的是時段表，每簡分六欄抄寫，第 1 簡第 1
欄為該簡冊書題「刑德行時」，書題前有黑圓點（‧），為書首標識符號。
第 2 欄至第 6 欄為一日之中的「雞鳴至蚤食、蚤食至日中、日中至餔時、
餔時至日入、日入至雞鳴」五個時段。第 2 簡至第 6 簡的第 1 欄書寫的是
從「甲乙」至「壬癸」五個天干；第 2 欄至第 6 欄書寫的是每個天干與第
1 簡五個時段相對應的「端」、「令」、「罰」、「刑」、「德」五時。可據以查
知屬某一天干的日子裡的某一段時間，屬於「端」、「令」、「罰」、「刑」、
「德」這五時中的哪一時。後 5 枚簡（83－89）書寫的是占測文字，分別
說明以此五時行事的吉凶。劉樂賢先生認為：「《刑德行時》是一種根據時

段占測行事吉凶的數術。它將每日劃分為雞鳴至蚤（早）食、蚤（早）食至日中、日中至餔時、餔時至日入、日入至雞鳴五個時段，並根據各日天干的不同，將這五個時段分別稱為端時、令時、罰時、刑時、德時，然後據此五時占測各種行事的吉凶。時段表的時辰名，雞鳴、日中、餔時、日入既見十二時制，又見十六時制；蚤（早）食則只見於十六時制。看來《刑德行時》可能用的是十六時制。《刑德行時》將時段分成端、令、罰、刑、德五時，大概與刑德和陰陽學有關。銀雀山漢簡有根據陰陽刑德推衍出來的義、威、惠、罰、德五令，可資比較。《刑德行時》所占之事，有請謁、見人、出行、囚繫、得病、生子、亡人等，都是《日書》等古代選擇書中常見的占測事項。」（《尹灣漢墓簡牘綜論·尹灣漢墓出土文獻初探》，科學出版社，1999 年版）

27. 東海尹灣漢簡《行道吉凶》

案：1993 年 2 月出土於江蘇省連雲港市東海縣溫泉鎮尹灣村 6 號漢墓。該簡冊共有 16 枚簡（編號為 90－113），簡長約 23 釐米，寬約 0.4 釐米。該簡冊原有書題作「行道吉凶」，書寫在第 1 簡簡端，書題前有黑圓點（·），為書首標識符號。第 2 簡至第 11 簡分六欄抄寫，將六十個干支日名排成一個橫行的六甲表，並在每個干支下注明幾陽、幾陰及某門。第 12 簡至第 16 簡不分欄，抄寫著占斷吉凶的說明文字，說明由於出行時得到不同數量的「陰」、「陽」，並由於得其門或不得其門而會出現的不同的吉凶情況。結合干支表和占測文字，劉樂賢先生認為《行道吉凶》的占測方法是：「根據行得三陽、二陽一陰、二陰一陽、三陰，以及得與不得其門占測行路的吉凶。從理論上說，應該有行得三陽而得其門、行得三陽而不得其門、行得二陽一陰而得其門、行得二陽一陰而不得其門、行得二陰一陽而得其門、行得二陰一陽而不得其門、行得三陰毋（無）門等七種情況。不過，行得二陽一陰、行得二陰一陽本身已是凶占，如果再加上不得其門，可以說是凶上加凶，根本就用不著講了，所以簡文只列了五種。」他還認為：尹灣漢墓出土的幾種數術文獻雖在內容上各有不同，但它們卻有一個共同的特點，那就是都是從時間為線索來占測行事的吉凶。這種以時間為線索來占測行事的吉凶，是古代選擇學的基本內容，它們都應該屬

於古代的選擇類書籍。其性質與《日書》最為接近，它們雖不一定是一種新的《日書》文本，但應與《日書》一起歸入選擇類文獻之中。（《尹灣漢墓簡牘綜論・尹灣漢墓出土數術文獻初探》，科學出版社，1999 年版）

丁、蓍龜

《漢書・藝文志》云：「蓍龜者，聖人之所用也。《書》曰：『女則有大疑，謀及卜筮。』《易》曰：『定天下之吉凶，成天下之亹亹者，莫善於蓍龜。』『是故君子將有為也，將有行也，問焉而以言，其受命也如嚮，無有遠近幽深，遂知來物。非天下之至精，其孰能與於此！』及至衰世，解於齋戒，而屢煩卜筮，神明不應。故筮瀆不告，《易》以為忌，龜厭不告，《詩》以為刺。」「蓍」指蓍草，「龜」指龜甲，都是古代用來卜筮的用具。筮用蓍草，卜用龜甲。這兩種占卜的起源都很古老，僅從現有的考古發現來看，至少可以追溯到殷商時期。李零先生認為：「在中國古代的占卜中，龜卜是與『動物之靈』的崇拜有關，而筮占則與『植物之靈』的崇拜有關。如《太平御覽》卷九三一和九九七引《洪範五行傳》『龜之為言久也，十（千）歲而靈，此禽獸而知吉凶者也。蓍之為言蓍（者）也，百年一本，生百莖，此草木之壽（儔）知吉凶者也。聖人以問鬼神焉』。類似說法也見於《禮記・曲禮上》疏引劉向說、《白虎通義・蓍龜》、《論衡・卜筮篇》。《史記・龜策列傳》甚至說『下有伏靈，上有兔絲；上有擣蓍，下有神龜』，還把二物說成共生之物。在古代占卜中，蓍、龜或卜、筮常被相提並論。這不僅因為它們同是商周時期『決嫌疑，定猶與（豫）』（《禮記・曲禮上》）的主要占卜形式，而且更重要的是，古人認為它們是『象』、『數』互補的兩種占卜形式（見《左傳・僖公十五年》），在實際占卜中，二者常被結合在一起，交替使用。」（《中國方術考》，人民中國出版社，1993 年版）關於卜與筮的關係，傳世文獻裡也有記載，如《左傳・僖公四年》就有「筮短龜長」的說法。《禮記・表記》鄭玄注云：「大事則卜，小事則筮。」對此，沈啟無、朱耘庵在《龜卜通考》中有一種解釋，他們認為這是由於「易之數繁，其興較晚，大抵殷以前但有卜，殷周之際易始興，至周而始盛行。……易之數精，手續簡，龜之象顯，手續繁，故筮卒代卜而起。當易筮之始興也，人皆習於龜卜，重龜而輕筮，故有『筮短龜長』、『大事卜，小事筮』之說。其後卜、筮並重，終則卜廢而筮行矣。」（之一，頁 4）李零先生認為：

「現在從考古發現看，筮法晚於卜法，但與龜卜約略同時。《周禮・春官・筮人》有『凡國之大事先筮而後卜』之說，《龜卜通考》推測，若卜筮並用，分三種情況，一種是先卜不吉則止，吉則再卜，再卜不吉則三卜；一種是先筮吉，再卜又吉，不卜；一種是先筮不吉，再卜吉，則止。有人認為，現已發現龜甲上的卦畫，就是『先筮而後卜』，把先筮的結果記於卜甲。這是屬於與商代、西周筮占有關的發現。晚於商周甲骨，出土發現還有戰國楚簡中的占卜記錄。這類占卜竹簡也是卜、筮並用，並且占卜頻率很高。其中不但記有各種卜龜和筮策的名稱，有時還記有占得的卦畫。……再晚，屬於西漢初，地下出土的馬王堆帛書《周易》和雙古堆漢簡《周易》則為探索今本《周易》的形成和它在漢代的傳授帶來了希望。……從各方面看，它們都是銜接早期筮占和今本《周易》的重要環節。」（《中國方術考・筮占》，人民中國出版社，1993 年版）但從目前出土的簡帛文獻中看，專門記載龜卜的書籍尚未發現，關於蓍占的書籍也僅有兩種。

1. 阜陽雙古堆漢簡《周易》

案：1977 年出土於安徽省阜陽縣雙古堆 1 號漢墓，該簡冊出土時殘斷嚴重，現存殘片 700 多枚，無一完簡。最長的幾枚約 15.5 釐米左右，寫有 20 字。據推測，原簡可能長約 26 釐米左右，寬約 1 釐米。三道編繩。現存殘簡釋文已發表在 2000 年三聯書店出版的《道家文化研究》第十八輯上。與傳世本《周易》相比，本簡冊《周易》有經文而無傳文，在卦辭與爻辭之後有卜辭，這是傳世本所沒有的，馬王堆帛書《周易》也沒有卜辭。該簡冊的卜辭內容十分廣泛，從與經文相連的殘辭看，卜辭判斷吉凶休咎禍福與卜辭、爻辭密切相關。該書卜辭雖然殘缺不全，但仍可補褚少孫所補《史記・龜策列傳》言太卜雜占卦體及命兆之辭之不足。胡平生先生曾指出：「從褚文所記錄的占卜之辭中，我們可以看到漢代社會的某些側面，比如社會治安的問題，貞問遇盜的內容很多，奉命緝盜的官吏似乎特別希望不同強盜們遭遇，透露出一種怯陣怕事的心情。而以上一些卜辭（指簡本《周易》）中，我們又可以看到時人所關心的一些完全不同的問題。他們問軍旅戰鬥、問事君伴君、問有土之君、問益土、問人君聚斂、問食稅、問商賈贏利，這些頗具時代特點的詞語及占問事項，向我們揭

示，竹簡本《周易》卜辭成文的時代大約為春秋晚期到戰國早期。」
「《漢志》引《易‧繫辭》論蓍龜家云『定天下之吉凶，成天下之亹亹者，
莫善於蓍龜』，『是故君子將有為也，將有行也，問焉而以言，其受命也如
嚮，無有遠近幽深，遂知來物。非天下之至精，其孰能與於此！』顯然，
竹書《周易》應當屬於此種數術類蓍龜家實用性很強的書籍。」（《簡帛
研究》第三輯〈阜陽漢簡《周易》概述〉，廣西師大出版社，1998 年版）
劉樂賢先生也認為：「從殘存文字分析，其每一項應包括卦畫、卦名、卦
辭、爻辭、卜辭等內容。前面幾部分，在傳世本《周易》及馬王堆帛書
《周易》都有記載，但具體細節方面存在不少差異。而後面的卜辭則為它
本《周易》所無，是簡本《周易》屬於數術《易》的顯著標誌。」（《簡
帛數術文獻探論》，湖北教育出版社，2003 年版）

2. 江陵王家臺秦簡《歸藏》

　　案：1993 年出土於湖北省江陵縣荊州鎮郢北王家臺 15 秦墓。目前該
簡冊的整理結果尚未發表，只在《文物》雜誌及學術會議上透露過一些內
容。該書共有殘簡 394 枚。1995 年第 1 期《文物》雜誌刊登的〈江陵王家
臺 15 號秦墓〉一文稱這部分內容為「易占」，李家浩、連劭名、王明欽等
先生經過考證，認為「易占」就是「三易」之一的《歸藏》。《論衡‧正
說》篇云：「烈山氏之王得河圖，夏后因之，曰《連山》；歸藏氏之王得河
圖，殷人因之，曰《歸藏》；伏羲氏之王得河圖，周人曰《周易》。」《周
禮‧春官‧太卜》云：「掌三易之法，一曰《連山》，二曰《歸藏》，三曰
《周易》。」鄭玄注曰：「名曰《連山》，似山出內氣也；《歸藏》者，萬物
莫不歸而藏於其中。杜子春云：『《連山》，宓戲。《歸藏》，黃帝。』」據姚
振宗《隋書經籍志考證》等書記載，《連山》有八萬字；《歸藏》有四千三
百字，十三篇，篇名有〈初經〉、〈啟筮〉、〈鄭母〉、〈齊母〉、〈本蓍〉等。
晉代薛貞、唐代司馬膺都曾為之作過注。到了東漢時，《連山》、《歸藏》
分別藏於蘭臺、太卜。後來，《連山》便亡佚，而《歸藏》到了宋代僅殘
存〈初經〉、〈齊母〉、〈本蓍〉三篇。大約到了元、明之際，宋存三篇也就
失傳了。但值得慶幸的是有些佚文我們還能在嚴可均編的《全上古三代秦
漢三國六朝文》和馬國翰編的《玉函山房輯佚書》等書中看到。如在〈江

陵王家臺 15 號秦墓〉一文中公布的三條釋文就分別見於《路史・發揮一》、《博物志・雜說上》和《太平御覽》卷七九中。據〈江陵王家臺 15 號秦墓〉和李家浩先生介紹說,「易占」的格式十分程式化,每條卦辭之前是卦畫,原文都是以「一」表示陽爻,以「︿」或「八」表示陰爻,每卦六爻。可辨識的卦畫約五十餘個。緊接著卦畫之後是「卦名曰」。「卦名曰」之後的文字都是以「昔者」開頭,記歷史上「某人卜某事,而殳占某人」,然後記「某人占之曰」及判斷吉凶的占辭「吉」或「不吉」。占辭之後是繇辭。其中有些卦畫和卦名是重複的,所見卦名與今本《易》及《歸藏》佚文有同者,有不同者。解說之辭與今本《易》的象、爻辭都不相同,多採用古史中的占筮之例。其中涉及的古史人物有黃帝、炎帝、穆天子、共王、武王、夸王、羿等,還有羿射日、武王伐殷之事。李家浩先生認為:「簡本《歸藏》與傳本《歸藏》的卦名、卦辭有不同之處,是由於它們不是一個系統的傳本的結果。……簡本《歸藏》有可能是戰國晚期秦人的抄本。至於傳本《歸藏》的來源,從避諱來看,當是出自漢代的抄本。這是從簡本與傳本傳抄的時代來說的。如果從簡本與傳本流傳的地域來說,它們是南、北兩個不同地域流傳的本子。王家臺 15 號秦墓位於楚國故都紀南城東南約五公里,該墓出土的簡本《歸藏》顯然是南方故楚國地區流傳的本子。漢代的《歸藏》抄本,據桓譚《新書》說當時藏於太卜,鄭玄也曾見過。《新書》成書於東漢初年,東漢建都於洛陽,漢代藏於太卜的《歸藏》顯然是北方地區流傳的本子。由於此種情況,王家臺秦墓簡本《歸藏》與漢代以來傳本《歸藏》在卦名和卦辭的文字方面有所不同,一點也不奇怪。」(《傳統文化與現代化》1997 年第 1 期〈王家臺秦簡「易占」為《歸藏》考〉,中華書局)

戊、雜占

《漢書・藝文志》云:「雜占者,紀百事之象,候善惡之徵。《易》曰:『占事知來。』眾占非一,而夢為大,故周有其官。而《詩》載熊羆、虺蛇、眾魚、旐旟之夢,著明大人之占,以考吉凶,蓋參卜筮。《春秋》之說訞也,曰:『人之所忌,其氣炎以取之,訞由人興也。人失常則訞興,人無釁焉,訞不自作。』故曰:『德勝不祥,義厭不惠。』桑穀共生,大戊以興;鴝雉登

鼎，武丁為宗。然惑者不稽諸躬，而忌託之見，是以《詩》刺『召彼故老，訊之占夢』，傷其舍本而憂末，不能勝凶咎也。」從著錄的書目來看，這類內容比較複雜，似可歸納為：占夢、占嚏、占耳鳴、禱祠祈禳、候歲術和相土、相蠶等相術。占夢、占嚏、占耳鳴，還有《隋書・經籍志》中著錄的占目瞤（眼跳）等是關於人的生理、心理現象的占卜活動，據有關文獻記載，在古代占夢是與卜筮並列的重要占卜形式。厭劾妖祥、禱祠祈禳的性質差不多，都是屬於驅鬼除邪和祈福禳災的占卜活動，這類書籍在《漢志》中排在占夢書的後面，在雜占類中是僅次於占夢的雜占書籍。候歲術、相土和相蠶術都是和農林、養殖業有關的占卜活動。

在出土簡帛書籍中，專門的占夢書籍目前尚未發現，有些只是包含在別的書中，比較分散，如在雲夢睡虎地秦簡《日書》中就包含有「夢」、「詰咎」等有關占夢、厭劾的內容等，包山楚簡文書中就包含有祈禳類的內容。

1. 雲夢睡虎地秦簡《日書・夢》

案：1975 年出土於湖北省雲夢縣睡虎地 11 號秦墓。在睡虎地秦簡《日書》甲種和乙種中都有自題「夢」的一篇文字。這兩篇文字都不多，乙種「夢」篇的開頭是以十干占夢，其餘與甲種相同，都是講禳除惡夢之法。大概內容是講如果做了惡夢，醒來後要披髮西北向而坐，向𤟤琦（亦作「宛奇」）祝告，求除惡夢，賜之大富。文中提到的「𤟤琦」是一種食夢之神，古人相信向祂祝告可以禳除惡夢。

2. 江陵王家臺秦簡《日書・夢占》

案：1993 年 3 月出土於湖北省江陵縣荊州鎮郢北村王家臺 15 號秦墓。據該墓發掘簡報報導，在該《日書》中的「夢占」內容比較完整，而且與雲夢睡虎地秦簡《日書》甲、乙種中所含「夢」章的內容不盡相同。目前整理結果尚未公布，具體情況不得而知。

3. 居延漢簡「占嚏耳鳴」書

案：這類簡文出土的不是很多，只在居延出土的簡牘中偶有發現，過去多不被人所重視。近年香港中文大學饒宗頤先生將散見於居延出土簡牘

中的有關耳鳴、目瞤內容集錄起來，並撰寫了〈居延漢簡術數耳鳴目瞤解〉一文，發表在《大陸雜誌》第 13 卷上。

4. 馬王堆帛書《「太一將行」圖》

案：1973 年出土於湖南省長沙市馬王堆 3 號漢墓。該帛書出土時雖有殘破和因互相折疊浸染的印痕，但圖像和題記文字基本清楚。原物現存長43.5 釐米，寬 45 釐米。該圖像分三層。據陳松長先生介紹，上層：正中上部彩繪一位主神，祂頭戴鹿角，雙眼圓睜，巨口大開，舌頭前吐，雙手下垂，上身著紅裝，下著齊膝青色短褲，赤足，兩腿分開，雙膝外曲，作騎馬欲行之勢。祂的右側腋下單獨墨書一個「社」字，頭部左側有「太一將行，何（荷）日，神從之，以……」兩行題記。這是楚漢人心目中極有權威的「太一神」。主神的右上側是以墨線勾勒的雲氣和一個半邊的側面人像，人像左邊有墨書「雨師光風雨雷，從者死，當〔者有咎〕，左弅其，右□□」四行題記。該圖像當為「雨師」。主神的左側以朱色為主，繪有一些雲氣和一個正側面的頭像，祂雙目渾圓，怒目前視，右側有題記，但僅存一「雷」字。該圖像當為「雷公」。中層：即在「太一神」的兩臂之下，左右兩側共排著四個神人：按照「東行為順」的次序，右起第一個頭戴青色三山冠，身著青色短袖衣，紅色短裙，右手下垂，左手高舉。祂雙眼圓鼓，巨口大開，長舌前吐，髭鬚斜飄，臉色赤紅。右邊題記為「武弟子，百刃毋敢起，獨行莫〔理〕」。右起第二位也頭戴三山冠，修眉大眼，張口伸舌，左手舉一劍狀物，右手下垂，身著紅色短衣，下穿紅墨相間的條紋短裙，赤足。右側題記為「我□百兵，毋童（動），□禁」。右起第三位，即「太一神」左側的第一位則頭作側面，頭上有角狀形冠，左手上揚，手掌作獸爪狀，右手下垂，圓眼鳥喙，身著紅裝，上加半截墨色短袖衣。其左臂下題記為「我虒裘，弓矢毋敢來」。「太一神」左側第二位則頭頂中間下凹，兩端異骨凸起，上頂雙重鹿角，黃臉上怪眼斜視，雙口圓張，兩鬚分揚如劍戟，脖子細長，肩部聳一怪物，雙手側握一殳。遺憾的是其題記殘缺。陳松長先生認為這四個神人正是 1943 年長沙子彈庫出土的楚帛書所言的「祝融以四神降」的四神，它們是掌管四方，護衛「太一出行」的神靈。在「太一神」的胯下，繪有一條頭頂圓圈的黃首青

龍。據考證，這圓圈當指太陽，而那條黃首青龍則可能是「荷日」而行的太陽神和護衛太一出行的御駕坐騎。下層：即在這條黃首青龍的下面，左右還各繪一條龍，右邊之龍朱首黃身，龍頭上揚，龍身曲動，前持一紅色瓶狀物，龍頭下題有「黃龍持爐」四字。而左邊之龍則黃首青身，與右邊朱首黃身龍成對峙之狀，前也捧一青色瓶狀物，龍首下題有「青龍奉容」四個字。陳松長先生認為，所謂「爐」、「容」，是火器和水器的一種專稱。「黃龍持爐」、「青龍奉容」也許正是龍主天下水旱的形象圖。在帛畫的右側，有一段總的題記，其內容是關於太一出行時的祝語。文字不長，僅 44 個字。但其中反覆出現了「先行」、「徑行毋顧」、「某今日且〔行〕」等詞語，可見這幅帛畫確是以「太一」出行為主旨的一幅作品。陳松長先生認為，其性質也就是辟風雨、水旱、兵革、飢饉、疾疫用的厭劾類文獻。當時之所以要繪這樣的一幅帛畫隨葬，恐怕主要的功利目的也就是祈求「太一」尊神能在墓主人死後，保佑其魂靈在冥冥世界中能免風雨、水旱之苦，能辟兵革、飢饉、疾疫之磨難。（《帛書史話》，中國大百科全書出版社，2000 年版）該帛書面世以來，研究者們給它取了好幾個不同的名稱，最早的稱其為「社神圖」，後來又改稱為「神祇圖」，近年來又有人稱其為「辟兵圖」或「太一避兵圖」者。陳松長先生經過反覆核驗原物，以帛畫的題記文字著眼，採用青銅器定名中常見的以銘文定器名的方法，直接從題記文字中取名，他認為還是應定名為「太一將行圖」較好。這裡從陳松長先生定名，逕稱其為《「太一將行」圖》。

5. 江陵望山楚墓卜筮祭禱簡

案：1965 年秋出土於湖北省江陵縣城關鎮西北八岭山左脈望山 1 號楚墓。這批竹簡由於出土時殘斷嚴重，已無法復原。經整理拼接，現存竹簡 207 枚，最長的為 52.1 釐米，一般長度在 15 釐米左右。據《望山楚簡·江陵望山 1、2 號墓所出楚簡概述》介紹：這批竹簡的內容主要是為墓主卜筮祭禱的記錄，這是我國最早發現此類內容的竹簡。該卜筮祭禱之辭的格式，通常先記卜筮的時間，後記卜筮的工具，再記所問事項與卜筮的結果，最後還要記為墓主求福去疾的許多祭禱的措施。據簡文記載，該墓的墓主是悼固，簡文中還記載了墓主悼固祭禱柬大王（楚簡王）、聖王（楚

聲王）、惡王（楚悼王）等先王，以及東邻公、王孫喿等先君。由此可知墓主惡固是以「悼」為氏的楚國王族，並且是楚悼王的曾孫。這組簡文所記的貞人不止一個，年月日也不盡相同，卜筮的病情與祭禱先王、先君及山川鬼神的內容較多，因而它不是一次卜筮的記錄，而是多次卜筮的記錄。簡文所記的卜筮內容主要有三個方面：一是關於「出入侍王」的；二是關於墓主的仕進的；三是關於疾疾吉凶的。從簡文看，墓主惡固當時患有多種疾病，卜筮的簡文中這類內容占的比例最多。簡文所記的祭禱，主要是為墓主惡固治病驅祟的。祭禱的對象有柬大王（楚簡王）、聖王（楚聲王）、惡王（楚悼王）等楚國先王、先君以及后土、司命、大水（大江之神）、山川等鬼神。祭禱所用的物品有佩玉、酒食、白犬、牛、羊、馬、豬等。祭禱的方法有邇禱、賽禱、饋祭、月饋等多種形式。

6. 荊門包山楚墓卜筮祭禱簡

案：1987 年 1 月出土於湖北省荊門市十里舖鎮王場村包山 2 號楚墓。據《包山楚簡》介紹：該墓出土的卜筮祭禱簡共 54 枚，可分為 26 組，內容皆是為墓主貞問吉凶禍福、請求鬼神與先人賜福、保佑等。其中又可分為卜筮和祭禱兩類：卜筮類簡一般包括前辭、命辭、占辭、禱辭和第二次占辭等內容。前辭是簡文的起首部分，包括舉行卜筮祭禱的時間、貞人名、卜筮用具和請求貞問者的姓名。記時一般分作年、月、日。卜筮用具的名稱有長靈、騀靈、共命、丞惠、長惻等。求貞人稱為「左尹㲔」或「左尹邵㲔」。命辭即貞問事由。貞問之事主要是求貞人左尹邵㲔出入宮廷侍王是否順利、何時獲得爵位、疾病吉凶三方面的內容。占辭是根據卜筮的結果所作的判斷。如用卜，則是從龜甲上的「兆」來加以判斷；如用筮，則是根據所得卦象來判斷。占辭一般先指出長期之休咎，然後再指出近期的吉凶。禱辭是為了解除近期內的憂患向鬼神祈禱，請求保佑和賜福之辭以及可以解脫憂患的鬼神及方法。第二次占辭是在祭禱鬼神之後，根據鬼神的指示所作的最後判斷之辭。該卜筮類簡文並不是每組卜筮記錄都包括了以上五個部分，有的省去記時，有的則無禱辭。簡文中尚有部分貞卜的卦畫，每個卦畫由兩組卦組成，左右並列，見於簡 201、210、229、232、239、245，共六個。簡文中沒有卦畫的名稱，也沒有具體的解說，

尚不可了解它們原來的含義。各組卜筮簡都記有「為左尹邵𰯯貞」或「為左尹𰯯貞」，可以推斷左尹邵𰯯就是墓主人。祭禱簡一般分作前辭和禱辭兩部分。前辭包括舉行祭禱的時間及祭禱人。記時的方法與卜筮簡相同。也有不記祭禱人的。祭禱的對象歸納起來主要有鬼神和先人兩大類，鬼神包括各種神祇、山川、星辰等；先人包括遠祖與近祖。

7. 江陵天星觀楚墓卜筮祭禱簡

案：1978 年初出土於湖北省江陵縣觀音壋公社五山大隊天星觀 1 號楚墓。該墓出土的竹簡長 64－71 釐米，寬 0.5－0.8 釐米。卜筮內容的簡文約有 2700 餘字。大多數是為墓主邸𰯯君番勒卜筮的記錄，少部分是關於祭祀的內容。卜筮內容大致可分為三類：一類是為墓主貞問「侍王」是否順利；一類是貞問憂患、疾病的吉凶；一類是貞問遷居新室是否「長居之」，前途如何等等。卜筮之辭的格式主要有兩種：一種是先記年月日，再記卜人所用占卜工具和所問事項及占卜結果。另一種是不記年月日，只記占卜人名、占卜工具及驗辭。驗辭的通常格式是「占之吉」、「占之恆貞吉」、「自利訓」。簡文記錄義懌等十餘人以多種占卜工具先後分四個年份為墓主「邸𰯯君番勒」貞。禱告的先主有「卓公」、「惠公」。祭禱的鬼神有司命、司禍、地宇、雲君、大水、東城夫人等。特別是有的簡文在句末或句中還記錄了卜筮的卦象。（見《考古學報》1982 年第 1 期〈江陵天星觀一號楚墓〉）

8. 江陵秦家嘴楚墓卜筮祭禱簡

案：1986 年至 1987 年間出土於湖北省江陵縣秦家嘴 1、13、99 號楚墓。1 號墓出土竹簡 7 枚，內容為「祈福於王父」之類的卜筮祭禱之辭。13 號墓出土竹簡 18 枚，出土時竹簡已經殘斷，竹簡內容也為卜筮祭禱之辭。99 號墓出土竹簡 16 枚，簡文內容可分為兩類：一類是「貞之吉，無咎」之類的卜筮祭禱之辭；一類是遣策。1988 年第 2 期《江漢考古》上發表了〈江陵秦家嘴楚墓發掘簡報〉一文，介紹了這三座楚墓出土竹簡的情況。

9. 新蔡平夜君成墓卜筮祭禱簡

案：1994 年 5 月出土於河南省駐馬店市新蔡縣李橋鎮葛陵村東北平夜君成墓。竹簡出土時已被盜擾殘斷，經清理，共約 1500 餘枚。簡的長度不詳，最寬者可達 1.2 釐米，一般皆在 0.8 至 0.6 釐米寬。該批竹簡的整理工作尚未完成，據 2002 年《文物》雜誌第 8 期〈河南新蔡平夜君成墓的發掘〉一文介紹，該墓的竹簡內容大致可分為兩類：一類是卜筮祭禱記錄，另一類為遣策。在卜筮祭禱類中，按內容又可分為三種，第一種與包山楚簡中的卜筮祭禱類簡極為相似，主要為墓主人平夜君成生前的占卜祭禱記錄，占卜的內容以求問病情為主。簡文格式也與包山楚簡的格式相似，由前辭、命辭、占辭等部分組成，據此可知墓主的疾病情況。第二種為「小臣成」（即平夜君成）自己祈禱的記錄，數量很少。這種簡較寬、字亦大。第三種內容比較簡單，是與祭禱有關的記錄，不見占卜。從整理綴合情況來看，第三種簡不僅內容簡單，格式統一，而且竹簡也很短，以前發現不多。從該墓中出土的戟上發現有銘文，以「平夜君成之用戟」或「平夜君成之用戈」銘文為多，竹簡中也提到「小臣成」，由此可知該墓的墓主應該就是平夜君成。從墓葬規模、出土器物、竹簡內容等材料顯示，墓主是一位地位十分顯赫的楚國封君，與楚王有著密切的關係。

10. 馬王堆帛書《木人占》

案：1973 年出土於湖南省長沙市馬王堆 3 號漢墓。據陳松長先生在《帛書史話》中介紹：該帛書抄寫在幅寬 48 釐米的整幅帛上。其內容分上下兩部分排列，上面一部分開篇就繪有 9 行 99 個不規則的圖形，這些圖形以方形為主，間有變形的匡形、梯形、三角形、井字形、十字形等，每個圖形內都有少則 1 字，多則 8 個字的文字注解，大都是「吉」、「大吉」、「大凶」、「小凶」、「不吉」等有關吉凶的一般占測語。但也有一些比較特別的占語，如「食女子力」、「食長子力」、「以善為惡」、「有罪後至」、「空徒」等。這些圖形和這文字的關係到底如何？其所占測的對象到底是什麼？現在還沒有真正的破譯，有待學林進一步研究探索。在這些圖形的左側下面，分別寫有 59 行占語，占語的內容大都是占測方位吉凶的。在圖形的下方，列有 20 多行關於方位占測的詮釋語。此外，帛書中

還有幾行有關人體部位的相面用語，由是可知帛書《木人占》亦有部分相人術的內容，而且這也可能是我國現存有關相人術文獻最早的抄本之一。該書原無書題，在繪有方形、梯形、三角形等圖形的帛上，有「舉木人作占驗」的文字，因此整理組就稱其為《木人占》。在現存的帛書原件囊箱上稱其為「雜占圖」，但因該篇以文字為主，而且每個圖形中也有文字說明，所以整理組就逕稱其為《木人占》。

己、形法

《漢書·藝文志》云：「形法者，大舉九州之勢以立城郭室舍形，人及六畜骨法之度數、器物之形容，以求其聲氣貴賤吉凶。猶律有長短，而各徵其聲，非有鬼神，數自然也。然形與氣相首尾，亦有有其形而無其氣，有其氣而無其形，此精微之獨異也。」從著錄的書目來看，「形法」是古代相術類書籍的總稱，所錄書籍的內容主要與山川的走向和形勢，屋舍、墓地的位置和結構有關；與人和家畜有關；與器物有關。在上述「雜占」中《漢志》著錄的也有與農業和養殖業有關的幾種相書，如《神農教田相土耕種》、《種樹藏果相蠶》。李零先生認為：「古代相術是以目驗的方法為特點，它所注意的是觀察對象的外部特徵（形勢、位置、結構、氣度等），所以也叫『形法』。從『象數』的角度講，它側重的是『象』。」（《中國方術考》第一章，人民中國出版社，1993年版）

在出土簡帛書籍中，有關「形法」的書也出土了一些，但數量不是很多。有些則是包含在了別的書中，如「相人」的內容見於上述「雜占」類中馬王堆帛書《木人占》裡，「相宅」的內容見於上述『五行』類中的九店楚簡和睡虎地秦簡的《日書》裡，「相室門」的內容見睡虎地秦簡的《日書》裡等。相六畜及相寶劍之書有以下幾種。

1. 馬王堆帛書《相馬經》

案：1973年出土於湖南省長沙市馬王堆3號漢墓。該帛書用很規整的漢隸抄寫在寬48釐米的整幅帛上，全文共有77行，約有5200餘字。原無書題，「相馬經」是整理小組根據內容所定。原帛書除少有殘損外，大部分字跡都比較清晰。整理小組曾經指出：「帛書《相馬經》的文字和傳

世的本子，不論在內容和文體上都出入很大，從它的文體類似於賦和提到
南山、漢水、江水等跡象來看，有可能是戰國時代楚人的著作。」（《文
物》1977 年第 8 期）該帛書的內容大部分是馬頭部位的相法，相眼尤為細
緻，其次是四肢的大體相法。全文可以分成三個部分：第一部分（從第 1
行至 22 行）是本書的「經」文，主要是講馬的眼部的相術，開篇稱「大
光破章」。趙逵夫先生認為：「『大光』或許就是眼睛的別稱，而『破』則
有解析、識透之義，所謂『大光破』也就是解析、相看眼睛的意思。」
（〈馬王堆漢墓帛書《相馬經》發微〉，《文獻》1989 年第 4 期）。陳松長先
生認為「大光破章」應該就是這一章經文的章名。第二部分（從第 23 行
至 44 行）是「傳」，是對「經」的大意、精要進行綜合歸納、尋繹發揮的
文字。第三部分（從第 44 行至 77 行）是「故訓」，也是對經文的訓解。
陳松長先生認為可稱之為《相馬經·大光破章故訓傳》。他認為：「帛書
《相馬經》是一部既有『經文』，又有『傳文』和『故訓』的經、傳、注三
者合一的古佚書。它的出土，說明早在西漢初期，一些文獻的解說形式，
是既有『故訓』，也有『傳』的。」「這件帛書的『經』和『傳』、『故訓』
肯定不是一個人的作品，因為傳注的產生，只有在語言上因時間、地域的
因素形成隔膜以後才有可能。因此，趙逵夫先生認為『《相馬經》當產生
於戰國中期以前，而『傳』與『故訓』則要遲一些』的觀點是有道理的。
當然，帛書《相馬經》是否產生於戰國中期以前，還有待於進一步的研
究。」（《帛書史話》，中國大百科全書出版社，2000 年版）

2. 臨沂銀雀山漢簡《相狗方》

案：1972 年出土於山東省臨沂縣銀雀山 1 號漢墓。該簡冊出土時嚴重
殘斷，現存不足 20 枚殘簡。目前整理成果尚未發表。從已發表的《銀雀
山漢簡釋文》殘文來看，該相術涉及到狗的頭、目、肩、腳、頸、膝、
臀、毛等，以及狗的起臥姿勢，可能是根據上述部位等來預測其奔跑的速
度等。現存 0242 號殘簡作「·相狗方肩晃間叁瓣者及大禽□者及中禽臀
四寸及大禽三寸及……」，簡端有黑圓點（·）標識符號，按慣例，此表
示一篇或一章的開始；後接抄「相狗方」三字當為該篇篇題。

3. 阜陽雙古堆漢簡《相狗》

案：1977 年出土於安徽省阜陽縣雙古堆 1 號漢墓。該簡冊出土時嚴重殘損，雖然現存的《相狗》殘簡數目稍多，但都比較短，不少簡文的辭義不夠清楚。胡平生先生將阜陽《相狗》和銀雀山《相狗方》作了比較，他認為：「由於兩種簡的《相狗》篇都不完整，因此很難作出全面準確的比較。如果僅從殘存的簡文看，似乎兩種簡的內容還是有點不大一樣。例如阜簡《相狗》涉及『善走』的簡就有十二片之多，而在銀雀山簡裡，卻一次也沒有出現過。又如阜陽 1 號簡曰『狗始生毋毛』云云，可能是善於奔跑的特徵。《相良馬論‧相超逸》云：『馬生墮地無毛者，千里。』如以馬例狗，『始生毋毛』也應是善走之相。而銀雀山簡 0315 號『深知相狗生未過三日者肩壁外毛靡頰外靡……』，『靡』似乎為『披靡』之意，細玩文義，好像與『狗始生毋毛』的意義不同（如『靡』釋為『無』，則兩簡大意相近）。據文獻記載，先秦至於漢，相馬的術士中流派甚多，想必相狗家的情形也一樣。出土的這兩種漢簡的《相狗》，究竟是一部書的兩個部分，還是兩種書，即不同的相狗流派的各自的《相狗》篇，尚無法論定。」（《出土文獻研究》第四輯〈阜陽雙古堆漢簡數術書簡論〉，中華書局，1998 年版）

4. 敦煌懸泉置漢簡《相馬經》

案：1990 年 10 月至 1992 年 12 月，甘肅省文物考古研究所對敦煌甜水井附近的漢代懸泉置遺址進行了全面的清理和發掘，獲得了以簡帛文書為主的大量文物，其中有簡牘、帛書、紙書、墻壁題記等，被評為 1991年十大考古發現和「八五」期間全國十大考古發現。其中發現簡牘 35000餘枚，有字者 23000 餘枚。其內容除出土大量文書外，還有《日書》、《醫方》、《相馬經》、《急就章》、《蒼頡篇》等。這些內容的整理成果目前還沒有公布發表，所以詳細內容不得而知。敦煌地區為我國古今游牧區域，交通、運輸、征戰需要大量的馬匹，因此，在這一地區出土《相馬經》書籍，實屬情理之中。

5. 敦煌漢簡《相馬法》

案：1906 至 1907 年間出土於甘肅省敦煌平望朱爵燧（斯坦因編號為敦十九）。該書僅存 1 簡，37 字，為「□下說腸小所胃腸小者腹下平脾小所胃脾小者□瓦厲□瓦欲卑目欲高間本四寸六百里」。簡長 23.8 釐米，寬 0.9 釐米。據羅振玉《流沙墜簡・數術類》介紹：「右簡語多不可解，然細繹之，則《相馬法》也。《齊民要術》引《相馬五藏法》云：『腸欲厚且長，腸厚則腹下廣而平。脾欲得小，脾小則易養。腸欲充，腔小。』又云：『馬眼欲得高。』《太平御覽》引《伯樂相馬法》云：『腹下欲得平，有八字。』又引《馬援相馬法》：『腹下欲平滿。』諸說均與此簡略合。『瓦』即『耳』字。『間本四寸六百里』，『間本』不知當馬體何所。《御覽》引《相馬經》言：『素下去飛凫，四寸行千里。』所謂『間本』殆即『素下去飛凫』之處歟？或即承上二句謂『耳目之間』也。」

6. 居延破城子漢簡《相寶劍刀》冊

案：1972 至 1977 年間出土於甘肅省酒泉地區破城子遺址第四十探方中。全冊共 6 簡，簡長 22.6 釐米，寬 1.2 釐米。木質，每簡書一行。原簡三道編繩，五、六兩支簡間文意不連，似有缺佚。原簡冊無書題，「相寶劍刀」是整理者爰漢人例所定。該簡冊內容主要講述了相善劍與弊劍的一些具體標準，書中認為區別好劍和壞劍的關鍵在於劍之「身」、「推處」、「黑堅」、「白堅」、「鋒」等部分是否界限明顯、位置得當，以及劍的星、文形狀等。由於文中提到「刀與劍」同等，因此該篇內容也適應於相刀。李零先生指出：「簡文把質量好的劍稱為『善劍』、『利善劍』，質量差的劍稱為『弊劍』、『惡劍』，並以『故器』為優，『新器』為劣。其術語，『身中』指劍身；『鋒』指劍端；『白堅』、『黑堅』似指劍身表面的工藝處理，分白、黑二色；『推處』可能是『白堅』與『黑堅』的分界。『善劍』的主要標準是劍端鋒利，不見光點，白堅與黑堅界限不明顯，黑堅不斷，白堅止於距劍端三分處，劍身有米粒狀星點，花紋為縣薄紋、保雙蛇紋、帶羽紋和圭中紋。而『弊劍』的主要標準是白堅與黑堅界限分明，白堅直抵劍端，無花紋，或雖有花紋也隱於白堅和黑堅之下，花紋為鬥雞紋、徵蛇紋及線條粗劣或帶凶象的花紋。另外，簡文『強』、『弱』似是表示硬度。『利奈何』似指韌性。相刀的標準與相劍同，古代寶劍以吳越之劍最有名

（見《考工記》總敘），因此相劍之說或散見於《吳越春秋》和《越絕書》
等書。《莊子‧說劍》、《呂氏春秋‧別類》也有一些有關記載。例如簡文
中提到的『又視之身中生（星）如黍粟狀，利劍也，加（嘉）以善』，《吳
越春秋‧闔閭內傳》中也提到『季孫拔劍〔視〕之，鍔中缺者大如黍米
（「缺」字疑是「星」字之誤），嘆曰：『美哉！劍也，雖上國之師，何能加
之。』似乎就是同類描述。」（《中國方術考》頁 80，人民中國出版社，
1993 年版）

古代相術，於此可見一斑。

六、方技

「方技」亦作「方伎」，在古代它是與人體有關的知識體系，廣義而言，它
包括醫、卜、星、相之術，狹義而言，即《漢書‧藝文志》中所講醫、神仙
等。《漢書‧藝文志》云：「方技者，皆生生之具，王官之一守也。太古有岐
伯、俞拊，中世有扁鵲、秦和，蓋論病以及國，原診以知政。漢興有倉公。今
其技術晻昧，故論其書，以序方技為四種。」《漢志》所序四種為：醫經、經
方、房中、神仙。「醫經」、「醫方」主要屬於實用醫學的範疇；「房中」是與房
事有關的養身術；而「神仙」則是與求仙有關的「服食」、「行氣」、「導引」等
術。李零先生認為：「『方技』一詞大概與『醫方』和『醫技』的概念有關。它
是以醫學作基礎，但『方技』並不等於醫學，範圍要比醫學更廣，除實用的醫
藥知識外，還包括許多內容複雜的養生術，與古代的神仙方術有不解之緣，仍
然帶有巫、醫不分的原始特點。」（《中國方術考》頁 282，人民中國出版社，
1993 年版）

在出土簡帛書籍中，此類文獻也發現不少，醫經、醫方、房中、神仙都有
所涉及，比較集中的莫過於 1973 年出土於長沙馬王堆 3 號漢墓的帛書、竹
簡，在江陵張家山、甘肅武威也出土過比較完整的醫學文獻。除此之外，也還
有不少殘篇斷章，其出土範圍也比較廣泛，雖然有些不是完整的醫學書籍，但
也可以從中窺見一斑。下面分別述之。

甲、醫經

《漢書‧藝文志》云：「醫經者，原人血脈經落骨髓陰陽表裡，以起百病之

本，死生之分，而用度箴石湯火所施，調百藥齊和之所宜。至齊之得，猶磁石取鐵，以物相使。拙者失理，以瘉為劇，以生為死。」所著錄書目，皆為古代中醫學理論著作的經典書籍，包括醫、藥兩大部分。出土簡帛醫經類書籍主要有：

1. 馬王堆帛書《足臂十一脈灸經》

案：1973 年出土於湖南省長沙市馬王堆 3 號漢墓。該帛書出土時與《陰陽十一脈灸經》甲本、《脈法》、《陰陽脈死候》同抄在一幅長帛上。該帛書全文共存 34 行，用篆意較濃的古隸抄寫。原書沒有書題，但文中有「足」、「臂」兩個篇題，兩個篇題下又共記載了十一個脈名以及各脈的循行路徑等，因此整理小組根據帛書內容將其定名為《足臂十一脈灸經》。〈足〉、〈臂〉兩個篇名皆高出正文二字抄寫，非常醒目。〈足〉篇內包括足太陽脈、足少陽脈、足陽明脈、足少陰脈、足太陰脈、足厥陰脈以及死與不死候七節。〈臂〉篇則包括臂太陰脈、臂少陰脈、臂太陽脈、臂少陽脈、臂陽明脈五節。每節中均較簡要而完整地記載了各脈的名稱、循行徑路、生理病態和灸法療法等。〈足〉、〈臂〉兩篇所記十一脈的循行方向全是由下而上，向心循行的，而其治療方法則全是灸法，並都只說灸其脈而沒有講穴位的名稱，也沒有針治的記載。至於病候的描述也簡單而原始，沒有多少理論和治療上的討論，這反映了本書所記載的經脈理論比較原始。李學勤先生認為：該帛書「是《靈樞·經脈》的前身，按《漢志》分類屬於醫經家，都在方技的範圍之內」。(《簡帛佚籍與學術史·〈引書〉與〈導引圖〉》，臺灣時報文化出版公司，1994 年版)

2. 馬王堆帛書《陰陽十一脈灸經》甲、乙

案：1973 年出土於湖南省長沙市馬王堆 3 號漢墓。出土時，甲本和《足臂十一脈灸經》、《陰陽脈死候》、《脈經》、《五十二病方》抄在同一幅帛上。甲本共存 37 行，保存的比較完整。乙本則是和《卻穀食氣》、《導引圖》抄在同一幅帛上，該書出土時中間殘缺較多，僅存 18 行。恰好在1983 年出土於湖北省江陵張家山 247 號漢墓中的簡冊《脈書》可以彌補其不足。該帛書原無書題，亦無篇題，文內只是將每脈列為一章，計有足巨

（太）陽脈、足少陽脈、足陽明脈、肩脈、耳脈、齒脈、足巨（太）陰脈、足少陰脈、足厥陰脈、臂巨（太）陰脈、臂少陰脈等十一脈，整理組據此將該兩種帛書定名為《陰陽十一脈灸經》甲種和乙種。據陳松長先生介紹：該書與同墓出土的《足臂十一脈灸經》相比較，《陰陽十一脈灸經》要進步得多。如關於十一脈的排列次序，是以陽脈在前，陰脈在後，不再是以「足」、「臂」分先後了。再一個是關於十一脈的循行徑路、病理症候和灸法的描述，如其中有關動病和所生病等病候的記述，無疑是中國醫學古籍所見最早的了。但關鍵的是，該書與《足臂十一脈灸經》一樣，都無「經脈」之稱，而只用「脈」字作為「經脈」的統稱，而且其治療也很單一，全是採用灸法，這說明這兩卷經脈學著作仍是比較原始的著作之一。（《帛書史話》，中國大百科全書出版社，2000 年版）

3. 馬王堆帛書《陰陽脈死候》

　　案：1973 年出土於湖南省長沙市馬王堆 3 號漢墓。該帛書出土時與《陰陽十一脈灸經》甲種、《脈法》等書抄在同一幅帛上。原無書題，「陰陽脈死候」是整理者根據內容所定。據陳松長先生介紹：這篇帛書主要論述在三陰脈與三陽脈疾病中所呈現的死亡症候及有關理論。其中三陽脈的死候有一種，稱為「一死」；三陰脈的死候有五種，稱為「五死」。文中認為三陽脈屬天氣，主外，主生，一般不至於死，只有折骨裂膚，才有死的可能性，故其死候只有一種。三陰脈則屬地氣，主內，主殺，其病多是腐臟爛腸，常易引起死亡，故其死候有五種之多。此外，文中還引述了一些養生理論及根據脈象而決定治療方案的方法等內容。值得一提的是，帛書中所說的氣先死、血先死、肉先死、骨先死和筋先死等五種死候，尚未與傳統的五行學說相配合，這多少說明，帛書《陰陽脈死候》乃是時代較早的一種脈理著作。（《帛書史話》，中國大百科全書出版社，2000 年版）

4. 馬王堆帛書《脈法》

　　案：1973 年出土於湖南省長沙市馬王堆 3 號漢墓。該帛書出土時與《陰陽十一脈灸經》抄寫在同一幅帛上。出土時已嚴重殘損，僅存 300 餘字，有一半文字漫漶難識。原書無書題，整理小組根據原帛書首句「以脈

法明教下」，摘取二字而定名為《脈法》。據陳松長先生介紹：這裡所說的「脈」，與《陰陽十一脈灸經》中所講的「脈」的含義不盡相同，它既有後世醫書中的「經脈」之義，也有血脈（血管）之義。前者如在文中提到「氣」的傳導徑路和利用灸法根據全身各脈所主不同病候所採取的導氣治療原則等，就均指「經脈」的意思；而後者如在談到癰腫有膿時用砭石刺破血管（脈），用以排除濃血的治療手段等就是指「血脈」之義。值得注意的是，文中在灸法和砭法的記敘中，它提出了「治病者取有餘而益不足」的醫療概念，這是最早確立虛實補瀉概念的古醫書之一。又所謂「用砭啟脈者必如式」，則說明當時用砭石來疏通脈氣，已具有一整套常規方法和程式，可見我國用砭石治療癰腫的手術方法由來已久，至少在漢代初年已是常用之術。（《帛書史話》，中國大百科全書出版社，2000 年版）

5. 張家山漢簡《脈書》

案：1983 年出土於湖北省江陵張家山 247 號漢墓。該簡冊共存竹簡 66 枚，簡長 34 釐米左右。原有書題，「脈書」二字抄寫在篇首第 1 簡簡背。全書用工整娟秀的漢隸抄寫。全書可分為兩大部分：第一部分是各種疾病的名稱，依從頭至足順序排列，多達六十餘種，涉及內科、外科、五官科、婦科、小兒科、神經科等。第二部分主要講人體經脈的走向及所主病症。這一部分的內容與馬王堆帛書《陰陽十一脈灸經》、《脈法》、《陰陽脈死候》基本相同，可以互相補充。簡本《脈書》在敘述完各條經脈之後，曾對經脈及所主病症的數目進行了總結。簡文云：「凡陽脈十二，陰脈十。泰凡廿二脈。七十七病。」所謂「七十七病」是指鉅陽、少陽各十二病；陽明、鉅陰、少陰各十病；齒脈、厥陰、臂鉅陰各五病；肩脈四病；耳脈三病；臂少陰一病。十二陽脈與十陰脈應是左右各有對稱的一條，所以共計十一個脈名，二十二條脈。連劭名先生認為：「經脈數目的安排並非憑空杜撰，而是有理論根據的。中國古代醫學與陰陽學說的關系最為密切，因此經脈的數目合於陰陽家的數術之學。《靈樞經·陰陽繫日月》云：『黃帝曰：「余聞天為陽，地為陰，日為陽，月為陰，其合之於人奈何？」歧伯曰：「腰以上為天，腰以下為地，故天為陽，地為陰，故足之十二經脈以應十二月，月生於水，故在下者為陰，手之十指以應十日，

日主火，故在上者為陽。」』足十二脈與手十脈，共計二十二脈，總數同於簡本《脈書》，但陰陽的歸屬卻完全相反。……簡本《脈書》的作者對於天地陰陽理論的運用不同於《靈樞經》，因為十二支用以記月代表四時，象徵天道的運行，所以人體應有十二陽脈。十干用以記方位，東甲乙、南丙丁、西庚辛、北壬癸、中戊己，五方以象徵地道，故有十陰脈。陰陽學說認為天地是陰陽交合的產物，陰中有陽，陽中有陰，陰陽參化而演生萬物，簡本《脈書》中經脈與陰陽配合的方法，正體現了這一理論。」（《文物》雜誌 1989 年第 7 期〈江陵張家山漢簡《脈書》初探〉）

乙、經方

《漢書・藝文志》云：「經方者，本草石之寒溫，量疾病之淺深，假藥味之滋，因氣感之宜，辯五苦六辛，致水火之齊，以通閉解結，反之於平。及失其宜者，以熱益熱，以寒增寒，精氣內傷，不見於外，是所獨失也。故諺曰：『有病不治，常得中醫。』」所謂「經方」，即古代醫藥方書的統稱，多指漢以前的「方書」。《漢志》著錄的十一家書，多已不傳，從書名來看，多是對症藥方及治療之法。在出土簡帛書籍中，醫方類也發現一些，主要有如下幾種。

1. 關沮周家臺秦簡醫方

案：1992 年 11 月出土於湖北省荊州市沙市區關沮鄉清河村周家臺 30 號秦墓。該組竹共存 73 枚，簡長 21.7 至 23 釐米，寬 0.4 至 1 釐米，兩道編繩。出土時這組竹簡放置在最下層，發掘者認為它們原來是自成一卷的，出土時簡序已經散亂，不易確定它們的編聯，難以恢復簡冊原貌。經清理，其中含有大量的醫藥病方的內容，此外，還有祝由術、擇吉避凶占卜、農事等內容的簡文。醫方類簡文內容可以獨立成段，現存方名有：去黑子方、已䶛方；還有治瘕者、治痿病、治病心者等藥方。原簡冊沒有發現書題，整理者根據簡文內容定為「病方及其它」。

2. 馬王堆帛書《五十二病方》

案：1973 年出土於湖南省長沙市馬王堆 3 號漢墓。出土時與《陰陽十一脈灸經》甲、乙種、《脈法》、《陰陽脈死候》抄寫在同一塊長幅帛上。

原無書題，因帛書卷首有目錄，目錄之末題有「凡五十二」四字，因此帛書整理小組將該帛書定名《五十二病方》。該帛書現存 462 行，帛寬約 24 釐米。每病開首有一粗黑橫線（一），表示藥方的開始。以此標識來統計，全書共計有 291 條，基本上是每病一條，個別條下也有兩方者或更多。目錄病名有（有的是根據正文補者）：諸傷、傷痙、嬰兒索痙、嬰兒病癎、嬰兒瘈、狂犬齧人、犬噬人、巢者、夕下、毒烏喙、䠊、蚖蝕、蚖、疣者、癩疾、白處、大帶、螟、□蠸者、□者、痃、人病馬不癇、人病□不癇、人病羊不癇、人病蛇不癇、諸食病、諸□病、瘩病、溺□淪者、膏溺、腫囊、腸癩、脈者、牡痔、牝痔、朐痒、疽病、□□、□爛者、胳膫、胳傷、痂、蛇齧、癃、鬇、蟲蝕、乾瘙、久疕、蠱、魅、去人馬疣、治瀉等五十二個，在這些藥方中，分別記載了 49 類疾病，其中包括內科、外科、婦科、兒科、五官科等 103 種，保存醫方有 283 個，用藥多達 247 種之多。所記疾病最多的是外科疾病，諸如外傷、動物咬傷、癰疽、潰爛、腫瘤、皮膚病、痔病等，而婦科和兒科記載的比較少。帛書所記的醫方中，均以用藥為主，包括外用、內服等法。此外還有灸、砭、熨、熏等多種外治法及若干祝由方，比較真實地反映了當時臨床醫學和方藥學發展的水平。另外在帛書中也有有關外科治療疾病的記載，如「牡痔」一方中就說，凡病人在直腸內長了痔瘡或瘤子，就用狗的膀胱套在竹簡上，插入病人肛門中，吹脹後將直腸下端患部引出，然後用刀割去其病灶，敷上黃芩，再將直腸推進肛門中。這說明早在西漢初期，我國的中醫外科學已發展到一定的水平。此外，在帛書中也有有關用水銀軟膏製劑治療癰腫和皮膚病的記載，也比西方醫學史上的相關記載要早一千多年。

3. 武威漢簡「治百病方」

案：1972 年 11 月出土於甘肅省武威縣柏樹鄉五畦村旱灘坡的一座漢墓中。現存木簡 78 枚，木牘 14 枚。簡長 23－23.4 釐米左右，寬 0.5－1 釐米。有三道編繩，出土時編繩痕跡仍清晰可見。木牘長 22.7－23.9 釐米，寬 1.1－4 釐米。在木簡中，有一枚上書「右治百病方」，當為簡文的尾題。其內容為醫方類書籍，每一方列方名、病名、症狀、藥物名、用藥劑量、服藥方法、針灸穴位、禁忌等，內容十分豐富，範圍也很廣泛，涵

蓋了臨床醫學、藥物學、針灸學等內容。在臨床醫學方面，不僅有對疾病症狀的描述和病名、病因、病理的記載，還有很多治療方劑。就症狀而言，有久咳上氣、氣逆、喉中如百蟲鳴、聲音嘶啞、鼻不利、頭痛、腹脹、脅痛、癰腫、便血、小便難、金創出膿血、脛寒、囊下癢、不仁等人體各系統的疾病症狀。就病名而言，涉及臨床各科，包括內科、外科、婦科、五官科等。其中屬於內科的有傷寒、七傷（陰寒、陽痿、陰衰等）、大風、痺症、伏梁、久泄、腸辟、心腹大積等；屬於外科的有五癃（血癃、石癃等）、金瘡、癰、狗齒人等。就病因和病理而言，有後世所說的外因六淫（如風、寒、濕等）及不內外因（如金瘡、狗齒等）。經統計，簡中現存較完整的醫方有 30 多個，其中治療內科疾病的醫方如傷寒遂風方、治久咳逆上氣湯方等 14 方；治療外科疾病的醫方如治金創內漏血不止方、治燙火凍方、治狗齧人創痛方等 11 方；治療婦科疾病的醫方如治婦人膏藥方等 2 方；治療五官疾病的醫方如治目痛方、治鼻中息肉、鼻不利、鼻中生惡方等多種醫方。針灸科的醫方有治寒氣入侵肌體方等。還有其它的醫方如千金膏藥方、百病膏藥方等。簡文中所列的藥物名稱有 100多味，屬植物類的有柴胡、當歸、黃芩、黃連、大黃、半夏、厚朴、甘草等 63 種；屬動物類的有龍骨、雞子中黃、席蟲、乳汁、駱穌、白羊矢、白蜜、斑蝥等 12 種；屬於礦物類的有丹砂、硫石、鍾乳、玄石、戎鹽、礬石等 16 種；還有其它的藥物有醇酒、酢漿、豉汁、米汁、河菽等 9種。簡文中對這些藥物的泡製、劑型以及用藥的時間、服藥的方法、用藥的禁忌、用藥的劑量都有明確的記載。在針灸學方面（存 9 簡），簡文中有三里、肺輸、泉水等穴位，並有留針方法、針灸禁忌等記載。

4.武威漢代木牘「白水侯方」

　　案：1972 年 11 月出土於甘肅省武威縣柏樹鄉五畦村旱灘坡的一座漢墓中。該墓共出土木簡 78 枚、木牘 14 枚。其中在編號為 84、85 的兩塊木牘上抄寫有兩個藥方，皆稱為「白水侯方」。這兩個是治療男子「七疾」（陰寒、陰痿、苦衷、精失、精少、睪下癢濕）和「七傷」（陰寒、陰痿、睪下癢濕、小便有餘、莖中痛、精自出）的。「七疾」中原牘上殘缺一疾，「七傷」中原少記一傷（據李零《中國方術考》錄文）。經查登，即唐

孫思邈《千金翼方》卷十二「周白水侯散」和《千金要方》卷十九「黃帝問五勞七傷於高陽負」及所附「石葦丸」方所本。其所用藥，有些未見於馬王堆房中書，但卻是後世房中用藥中的常見藥，如：肉蓯蓉、薯蕷、續斷、遠志、杜仲、柏實等。

5. 敦煌漢簡醫方

案：1906 年－1907 年間出土於甘肅省敦煌前漢玉門候官治所和後漢玉門障尉治所（編號為敦十五）。見《流沙墜簡》方技類。這些木簡都是早年出土的散殘簡，最長者有 23 釐米。其內容多為獸醫方。羅振玉云：「右醫方十一簡內第三及第七以下共六簡，確為獸醫方，其它諸簡雖未能確指，然簡式書法並同，疑是一書。唯第五簡有『手足不滿』語，獸不當言手足，顧細審上文『曾載車馬驚』，乃謂馬曾載車而驚，似非指人在車中而驚也，或仍是獸醫方。古語簡質，遂以手足通施於人畜耶？古醫方傳世最古者為《傷寒》、《金匱》諸方，凡言藥劑，皆以兩計，其分兩同者則曰等分，其散藥則言方寸匕。今簡中諸方皆言幾分，其義與等分之分同，非謂兩以下之幾錢幾分。蓋漢以前兩以下但云銖，不云錢與分也。其所載藥物之名『茈宛』，《說文》作『茈菀』，《本草經》作『紫菀』，古『茈』與『紫』、『宛』與『菀』通用。《說文》『茈』，注『茈草也』。《山海經》『勞山多茈草』，注『一名茈萸』。《廣雅》：『茈萸，茈草也。』《本草經》作『紫草』，漢王元賓碑陰『宛陵』作『菀陵』，其證也。亭磨，《本草經》作『葶藶』。《說文》無『葶藶』，乃『亭歷』之俗作。古書『歷』字多作『厤』，其字從秝從石，見《說文》石部，而皆傳譌作從麻從石之『磨』。如《周禮・遂師》之『抱磨』、《周書・世浮解》之『伐磨』、《秦策》之『濮磨』、《楚策》之『磨山』、《墨子・非攻篇》之『焉磨為山川』、《備城門》篇之『磨襧』、《史記・樂毅傳》之『磨室』、《侯表》之『磨侯』、《禮記》正義引易通卦驗之『律磨』諸『磨』字，皆『厤』字之譌。此簡亦譌『厤』為『磨』，與諸子同。漢時封泥有『磨城丞印』，『磨城』即《漢志》之『歷城』，其字尚從麻從石，可證諸書及此簡之為譌字也。至諸簡中別構之字，如庾即痺、愈即愈、灌即灌、歛即飲，其字不見於石刻中，可為考古分隸者之助。又諸簡載處方者姓名凡二：曰臣安國、

曰漕孝寧，每方之前又載病之徵候，多如後世醫者之診案，蓋古無方書，醫家所習醫經、本草而已，其處方殆集各醫方之有治效者而師仿之，故並其診案與醫者姓名而同著之歟？」

6.張家界古人堤遺址木牘「治赤穀（？）方」

　　案：1987 年出土於湖南省張家界市（原大庸市）城西澧水北岸古人堤東漢遺址。該遺址出土醫方木牘兩塊，較完整的一塊自署其名曰「治赤穀（？）方」。這個醫方名比較特別，不見《千金要方》、《千金翼方》、《外臺秘要》、《醫心方》等書記載。據中醫研究院歷史文獻研究所王淑民先生查證，「赤穀」一名僅見於《千金翼方》卷十傷寒下，陰易病已後勞復第七之「劉次卿彈鬼丸方」，其方云：「雄黃、丹砂各二兩，石膏四兩，烏頭、鼠負各一兩。以上五味，以正月建除日，執厭日亦得，搗為散，白蠟五兩，銅器中火上消之，下藥攪令凝丸如楝寶，以赤穀裹一丸，男左女右，肘後帶之。」惟與此處之「赤穀」不相合。在古病名中，以「赤」起頭者也不見「赤穀」者，王淑民先生疑此處「穀」字可能是「蛊」字假借字。此醫方末尾云：「凡十六物當熬之令變色」，但實際所記藥名僅十五味；烏頭三分、術三分、乾薑三分、朱臾五分、白沙參三分、付子三分、細辛三分、黃芩三分、桔梗三分、防己三分、茯令三分、人參三分、桂三分、麻黃七分、貸堵七分。王淑民先生認為，此方中麻黃用量比較大，在唐宋以前用七分麻黃的方劑不多。根據所列藥配伍分析，此是一首治療外感風寒、脘腹冷痛、食穀不化、便溏泄瀉的醫方，方劑的功用主要為宣散風寒、溫中止瀉、回陽救逆、燥熱利尿。（〈湖南張家界古人堤遺址與出土簡牘概述〉，《中國歷史文物》2003 年第 2 期）

7.西安未央宮遺址漢簡醫方

　　案：1980 年出土於陝西省西安市西漢未央宮前殿 A 區遺址。該遺址共出土木簡 115 枚，由於出土前曾被火燒過，所以大都殘斷。該批簡文內容有的是屬於病歷醫方，如有一支醫簡上端題有「馬宗山女方」字樣。全部簡文釋文發表在 1996 年中國大百科全書出版社出版的《漢長安城未央宮考古發掘報告》中，但未做進一步的考釋和研究，釋文後面的按語云，

這批簡涉及到醫藥、人名和記事等。同遺址出土的還有新莽時期的貨幣，且有些簡文內容帶有祥瑞文字，疑當參雜有新莽時簡。

丙、房中

《漢書·藝文志》云：「房中者，情性之極，至道之際，是以聖王制外樂以禁內情，而為之節文。傳曰：『先王之作樂，所以節百事也。』樂而有節，則和平壽考。及迷者弗顧，以生疾而隕性命。」「房中術」在古代是道士、方士房中節欲、養生保氣之術，這類書籍也稱「房中書」，是關係到「人之大欲」的實用書籍，在古代也是一種比較流行的讀物。它作為一種職業性的技術傳授，起源甚早。但在古代文獻中最早提到房中書的卻是《史記·扁鵲列傳》中記載的漢文帝時齊臨淄名醫淳于意從同郡陽慶所授的「接陰陽禁書」。《漢書·藝文志》共著錄八家 186 卷（皆亡佚），是方術的一個流派。李零先生曾經指出：這八種書，前六種皆以「陰道」為名。「陰道」即「接陰之道」，是房中術的別名。其中《容成陰道》之「容成」傳為黃帝師，長壽，得見周穆王，東漢末有冷壽光、甘始、東郭延年和封君達傳其術，是這一目錄中最重要的房中書。《務成子陰道》之「務成子」即巫成昭，相傳是堯、舜之師。《堯舜陰道》是托名堯、舜。《湯盤庚陰道》是托名殷王湯和盤庚。《天老雜子陰道》之「天老」亦傳為黃帝師。《天一陰道》之「天一」即太歲，又名太陰、陰德。《黃帝三王養陽方》之「三王」疑指夏禹、商湯、周文王和周武王；「養陽方」屬於男性保養之方。《三家內房有子方》未詳，「內房有子」應屬於求子房術。養陽、術子也是房中術的重要內容。（《中國方術考·古房中書的著錄與遺存》，人民中國出版社，1993 年版）這類書籍的作用，有些類似現代西方供成人參考的各種性生活指南。但在我國，過去對房中書的研究涉及很少，材料既乏，禁忌也多，即使偶有討論，所用的材料也時代偏晚，零散不成系統。

在二十世紀出土簡帛文獻中，這類書籍也有一些，特別是在馬王堆漢墓中，就集中出土了一批，有帛書，有竹簡，內容十分豐富，為研究房中術提供了非常珍貴的早期資料。

1. 馬王堆帛書《養生方》

案：1973 年出土於湖南省長沙市馬王堆 3 號漢墓。出土時單獨抄寫在

一幅帛上，字體是介於篆隸之間的古隸體，其抄寫年代大約在秦漢之際。帛書共分三十二章，前面是正文，後面有目錄，最後附有一女性生殖器圖，全文估計應有 6000 餘字。但因帛書缺損嚴重，現僅存章目二十七個，醫方七十九個，約 3000 餘字。現存目錄章目有：老不起、為醴、不起、加、筭、為醪酌、治、麥卵、洒男、勺（灼）、益甘、戲、去毛、病最腫、便近內、□巾、輕身益力、除中益氣、用少、治力、醪利中、治（前面已有，此重複）、折角、走、疾行、□語、食引二十七個，正文章目中少「輕身益力」。李零先生按內容將其分為五類，並對章目作了簡要的解釋：第一類為用於男性治療或保養者：老不起（治療陽痿）、不起（治療陽痿）、加（指陰莖長大）、洒男（用藥液洗陰莖）、病最腫（治療陰腫）、用少（治療性欲衰弱）、食引（壯陽導引）。第二類是用於女性治療或保養者：酌（令陰道收斂）、益甘（增強快感）、去毛（除去陰毛）。第三類是用於行房者：戲（驗女子與人有私）、便近內（利於行房）、□巾（用藥巾擦拭男女性器，以激發性欲）。第四類是一般養生補益者：為醴、筭、為醪酌、醪利中、麥卵（以上皆為服食補益法）、治（壯陽）、輕身益力（使精力充沛方）、折角（益力之方）、走、疾行（走和疾行皆屬增強精力方）。（《中國方術考》，人民中國出版社，1993 年版）

2. 馬王堆帛書《雜療方》

案：1973 年出土於湖南省長沙市馬王堆 3 號漢墓。該帛書出土時單獨抄在一幅帛上，由於出土時已嚴重殘損，其行數與字數皆無法統計。據整理小組公布的結果，現存文字 79 行，約有 45 條藥方。由於文字嚴重殘缺，因此內容識讀起來非常困難。原無書題，「雜療方」是整理者根據帛書內容所定。現存章目有：□□益氣、內加及約、內加（共 4 條）、約（共 5 條）、□痒、禹藏埋胞圖法、益內利中、令蟲毋射等。帛書的前半部分主要是講「內加」和「約」，「內加」是用於男性以藥巾擦拭陰莖，以「舉」為度；「約」是用於女性以藥巾擦拭陰戶，以「知」為度。帛書的後半部分是講藏埋胞胎之法、益內利中之方和避鬼域蟲蛇之方。陳松長先生按其內容分為六個方面，即：益氣補益醫方（2 條）、壯陽壯陰諸醫方（20條）、產後埋胞衣方（2 條）、益內利中的補藥方（3 條）、治療蟣蟲及蛇蜂

所傷醫方（8 條）、主治不詳或殘缺處方（7 條）。在這卷帛書中記載的「禹藏埋胞圖法」僅有文而無圖，而在同墓出土的帛書《胎產書》中則有圖無文，這兩卷帛書正好可以參校互補。

3. 馬王堆帛書《胎產書》

案：1973 年出土於湖南省長沙市馬王堆 3 號漢墓。出土時它和《禹藏埋胞圖》、《人字圖》抄在同一幅正方形的帛上。上部畫有兩幅彩圖。李零先生認為：右邊畫的是兩個正視的小兒，在頭、頸的左右兩側、雙肩、雙腋、雙手、雙足和私部標有十二辰（一個始自右手，一個始自右足），是據小兒產日預測吉凶所用。它與睡虎地秦簡《日書》甲種所附的《人字圖》相同，因此也稱作《人字圖》（「字」有生育之義）。左邊畫的是一個標有四方十二月的方形圖，中間題有「南方禹藏」四字。「南方」是表示置圖的方向，「禹藏」是圖題，應該是上述《雜療方》「禹藏埋胞圖法」的插圖。該圖所標十二月，每月各占一個方格。每個方格內又分十二位，每一位再十分，積 120 度，每度為四分之一日。其中相當月建之位的十二位叫「小時」，相當東、南、西、北的四位叫「大時」。「小時」所在和「大時」所在都是死位，被古人視為埋胞所忌。其它各位，在每個「死位」後要重新起算，是利於埋胞的日子，數字愈大愈吉利。（《中國方術考》，人民中國出版社，1993 年版）帛書的文字全部抄寫在帛的下部，現存約 34 行。據其內容，大致可分為前後兩部分。前一部分從第 1 行至第 13 行，所記內容是禹與幼頻的問對，講的是逐月養胎之法，經考證，當為傳世文獻《諸病源候論·妊娠候》和《千金要方》卷二〈徐之才逐月養胎方〉所本。後一部分即從第 14 行至第 34 行，這部分內主要集錄了二十一個醫方。這二十一個醫方又可分為四種內容：第 14 行至第 19 行是記載產後胞衣的處理和埋藏方法。第 20 行至 27 行是論胎孕男女的選擇法，第 28 行是希望通過藥物治療不孕的求子法。第 29 行至 32 行則是產後母子的保健法。該帛書原無書名，因為整個帛書的內容都是安胎保產、求子懷孕等醫方，因此整理小組根據內容將其定名為《胎產書》。

4. 馬王堆漢簡《十問》

　　案：1973 年出土於湖南省長沙市馬王堆 3 號漢墓。該簡冊現存竹簡
101 枚，簡長 23 釐米，寬 0.7 釐米，兩道編繩。除個別簡殘斷外，其餘保
存完整。該書的內容是單一的養陽之方，包括服食、行氣、導引、按摩等
多種方法，可能是採自古代多種房中書的專題匯編。原書無書題，「十
問」是整理小組根據內容所定。該書按內容可分十章，李零先生認為：
「黃帝問於天師」章主要是講通過「食氣」（行氣）達到百脈暢通，女子陰
精流溢，男子陽舉堅挺，以及採陰補陽的方法。「黃帝問於大成」章主要
是講一種服食法，通過服食（食柏實、牛羊奶、雀卵、麥芽等），恢復氣
色。「黃帝問於曹熬」章主要是講一種名「玉閉」的固精法，要領是所謂
的「九至勿星」。「黃帝問於容成」章主要是講行氣和積精的「治氣摶精」
術，行氣講究深長徐久，吐故納新，積精講究精盈必瀉，精出必補。「堯
問於舜」章主要是講養陽，包括與房中有關的服食、導引（指壯陽導引）
和固精術。「王子巧父問彭祖」章主要也是講養陽，特別是保養「朘氣」
（朘是童子陰，朘氣與生俱來，是人的生命力所在），包括導引、按摩、行
氣、服食和慎於房事等要領。「帝盤庚問於耆老」章主要是講「治氣摶
精」，其步驟是以垂臂、直脊、撅臂的姿勢，分腿提肛，進行壯陽導引，
以及存想、調息、含漱津液等。「禹問於師癸」章主要講大禹治水十年，
疲勞過度，造成房事不用，家中大亂，向師癸請教治家之法。師癸建議禹
每天堅持早起做壯陽導引和飲牛羊奶，來恢復身體，安定家庭。「文執
（摯）見齊威王」章主要是講養陽，但文摯的養陽法比較特殊，主要有兩
條，一條是要睡臥，一條是飲食「淳酒、毒韭」（毒韭是厚味的韭菜，二
者有利消化、通氣血和散藥力的功效）。「王期見秦昭王問道」章主要是講
「翕氣」和「食陰」，「翕氣」是取天地之氣，即所謂日月精光，如於夏三
月陽盛之日用陽燧取火炊食；「食陰」則是通過性交，採女子之氣以還補
己身。（《中國方術考》，人民中國出版社，1993 年版）

5. 馬王堆漢簡《合陰陽》

　　案：1973 年出土於湖南省長沙市馬王堆 3 號漢墓。現存竹簡 32 枚，
簡長 23 釐米，寬 1 釐米，兩道編繩。出土時字跡清楚，保存完好。該簡
冊原無書題，整理小組根據篇首第一句「凡將合陰陽之方」一語拈以題

書。該書內容主要是講性技巧，共分八章。現存章目有：凡將合陰陽之方、十動、十節、十脩、八動、瘛息者、昏者早者、十已之徵。「凡將合陰陽之方」主要講男女性交的過程，分「戲道」（愛撫）和「接形」（插入性交）。「戲道」包括「操循」（撫摸）、「相呴」（接吻）、「相抱」（擁抱）和相應的女性性反應（「五欲之徵」）；「接形」則包括「揕」（淺刺）、「深內」（深納）、「撅」（抽拔）、「十動」（節奏）、「十節」（體位）、角度、深淺、頻率（「十用」）和相應的女性性反應（「八動」、「五音」、「十已之徵」）。本章講的比較概括全面，可能是本書的總序。「十動」章講的是陰莖插入陰道後，每抽動十次為一節，十動不瀉精則可為保健之常法。「十節」章主要講性交的體位。此章實為古代仿生學在房中術中的具體應用，指男女在性交時，應模仿十種動物的活動姿態來改變性交體位。「十脩」章主要講陰莖插入的角度、深淺和抽動的頻率。「八動」和「瘛息者」章主要是講女性在性興奮時的八種體態反應和表情、呼吸的反應。「昏者早者」章是講男子夜晚精氣旺盛，女子早晨精氣積蓄，此時性交，「皮膚氣血皆作」，「髮閉通塞」，五臟六腑皆可受到補益。「十已之徵」章是講「十動」的每一「動」結束後陰莖的觸覺和陰道分泌物的狀態和氣味。

6. 馬王堆漢簡《雜禁方》

案：1973 年出土於湖南省長沙市馬王堆 3 號漢墓。該簡冊現存竹簡 11 枚，簡長 23 釐米左右，寬 1.1 釐米。出土時字跡清晰，保存完整。該簡冊篇幅較短，主要是講巫詛禁咒。其中半數文字涉及房中，如夫妻反目，則在門楣上方塗泥五尺見方；欲取媚於貴人，則在門戶左右塗泥五尺見方；取兩雌隹尾製藥服飲，可以取媚於人；夫妻相棄，取雌隹和少女左手指甲各四枚製藥敷於身上或衣上，或取左眉製藥服飲，可以使對方回心轉意。李零先生認為：「這種巫術在古代叫『媚道』。方中『門楣』、『左眉』似取與『媚』諧音，『門』、『戶』可能也有象徵陰戶之含義。其內容與《醫心方》卷二六〈相愛方〉最相近。」（《中國方術考》，人民中國出版社，1993 年版）

7. 馬王堆漢簡《天下至道談》

案：1973 年出土於湖南省長沙市馬王堆 3 號漢墓。該簡冊現存竹簡 56 枚，簡長 28 釐米，寬 0.5 釐米。三道編繩。全書共分二十章，每章章首首句前有黑圓點（・）表示每章正文的開始。前兩章無標題，後十八章有書題「天下至道談」，抄寫在前兩章後面的第 6 枚簡的正面上端。該簡冊的內容主要講的是性技巧，同時也涉及到不少有關房中養生之道，內容多與上述《合陰陽》相同。李零先生曾對這二十章的內容進行過歸納，他認為：第一章是黃帝與左神的問對，講為什麼「陰陽（『陽』是『與』字之誤）九激（竅）十二節俱產而獨先死」。第二章講「三詣」，即男性生殖器的勃起狀態。第三章講「審操玉閉」，即固精術，包括行氣、服食和掌握「三詣」、「五音」等，其最高境界也是「十動」不瀉。第四至第八章講「七損八益」，即八種交合所益和七種交合所損。第九章為一插入語，講「合男女必有則」，認為人生來就會的事情只有呼吸和飲食，不包括「合男女」，後者要經過學習才能掌握。第十章講「十勢」，即十種性交體位。第十一章講「十脩」，講性交過程中的十個步驟。第十二章講「八道」，即插入的角度、深淺和抽動頻率。第十三章是第十章至十二章內容的總結，它與《合陰陽》相同，也把「十勢」、「十脩」、「八道」統稱為「接形」。以下是講性交過程中女性的性反應。第十四章講「八動」，即八種反映女性性興奮的動作，屬於插入後的性反應。第十五章講「五言（音）」，即五種反映女性性興奮的聲音（包括嘴的表情），也屬插入後的性反映。第十六章講「八觀」，即與「八動」相應的性感受。第十七章是講「五徵」和「五欲」，指陰莖插入前的女性性反應。第十八章是講「三至」和「十已」，「三至」是指男性生殖器的三種勃起狀態；「十已」是指「十動」的每一「動」結束後，陰莖的觸覺和陰道分泌液的狀態、氣味。第十九章講女性生殖器的十二個部位和「十已」之後女性性高潮的出現。第二十章是全書的結束語，重點是講如何使女性達到性高潮。全書十分重視房中男女雙方特別是女方的身心健康，強調男女房室生活必須遵循一定的法度，絕不可極情縱欲，逞快一時。

丁、神仙

《漢書・藝文志》云：「神仙者，所以保性命之真，而游求於其外者也。聊

以盪意平心，同死生之域，而無怵惕於胸中。然而或者專以為務，則誕欺怪迂之文彌以益多，非聖王之所以教也。」著錄的書籍共有十家，從書名來看，是以求仙有關的「服食」、「行氣」、「導引」等養生之術。在我國古代的方技中，醫藥養生和神仙方術往往是雜糅在一起的。到了漢唐以後，醫藥養生和神仙方術才逐漸分化開來，形成了兩個不同的領域。「服食」也稱「服餌」，主要是一種內服外物，通過口腹與外部自然界進行物質交換的方術。古代服食的內容極為廣泛，從植物、動物到礦物和化學製劑，幾乎無所不包。但「服食」與醫術的服藥是有區別的，「服食」之藥是以金石為主，而醫術服藥是以草本為主。醫術是以治病為出發點，進而追求養生與延年；而「服食」則是追求長生不死和成仙為目標的。「導引」亦作「道引」，是指呼吸俯仰，屈伸手足，使血氣流通，以促進身體健康的一種養生術。《莊子·刻意》篇云：「吹呴呼吸，吐故納新，熊經鳥申，為壽而已矣。此道引之士、養形之人、彭祖壽考者之所好也。」李頤注云：「導氣令和，引體令柔。」是一種以肢體運動，配合呼吸運動或自我按摩而進行的一種健身方法。「行氣」亦稱「服氣」、「煉氣」，往往與「導引」相提並論，二者都是不假外物，以呼吸吐納為主，輔以導引、按摩，簡易便行的養形煉氣之術。

在出土簡帛文獻中，屬神仙類的方技書籍也發現一些，有的單獨成書，有的包含在「房中」書內，有的還配有彩色繪圖。

1. 馬王堆帛書《卻穀食氣》

案：1973 年出土於湖南省長沙市馬王堆 3 號漢墓。該帛書出土時與《陰陽十一脈灸經》、《導引圖》抄在同一幅帛上。但因該帛書嚴重殘損，原書的字數、行數已難確定。原無書題，「卻穀食氣」是整理者根據帛書內容所定。據統計，現存可辨識的字共 272 字，缺損字數大概也在 200 字左右。從現存內容來看，本書內容大致包括「卻穀」和「食氣」兩個部分。「卻穀」亦稱「辟穀」、「絕穀」等，是指不食穀物而食代用食品。五穀主要是碳水化合物，服食家認為，穀氣留於腸胃則令人不壽。但「卻穀」之後，難免因飢餓而「首重足輕體胗」，覺得乏力不適，因此還須配合「行氣」，「則呴吹之，視利之」。在該帛書中講「行氣」的內容可以分為六個部分：第一講行氣的時間；第二講行氣的頻率；第三講四時所避所

食之氣；第四解釋「五避」（即四時所避之氣）；第五部分殘缺較甚，疑是解釋「六氣」中的「朝霞」、「銚光」、「輸陽」、「輸陰」、「沆瀣」、「端陽」等氣；第六部分殘缺嚴重，文義不甚明白。總之，該帛書是一卷充滿道家色彩的養生學著作。

2. 馬王堆漢簡《十問》中的食氣之說

案：1973 年出土於湖南省長沙市馬王堆 3 號漢墓。該書在上列「房中」類中已作介紹，但其中也包含了不少「食氣」的內容，在全書十組問對中，大部分問對是把房中術視為「食氣」，可見在古代，房中術與食氣有著密切的關係。在竹書《十問》中，「黃帝問於天師」章、「盤庚問於耆老」章和「禹問於師癸」章將「食氣」稱之為「接陰食神氣之道」。「黃帝問於曹熬」章、「堯問於舜」章將「食氣」稱之為「接陰治神氣之道」或「合氣」。李零先生認為，在「黃帝問於大成」章中，「君必食陰以為常，助以柏實盛良，飲走獸泉英」，「繼以蜚蟲，春爵員駘，與彼鳴雄，鳴雄有精，誠能服此，玉策復生」，屬於服食的內容。在「禹問於師癸」章中「覺寢而引陰」和「既伸又屈」則屬於導引的內容。在「文執（摯）見齊威王」章中所說食貴「淳酒毒韭」，臥貴「早臥早起，暮臥暮起」屬於服食兼導引的內容。在「王期見秦昭王問道」章中「朝日月而翕其精之光、食松柏，飲走獸英泉」則屬於食日月之光和其它一些東西的特殊服食之說。《抱朴子·遐覽》中記載的「食日月精經」就是講食日月之光的。《十問》中所說的「食氣」大部分都是指房中術，而不是指狹義的行氣。但其中的「黃帝問於容成」章則比較特殊，其內容主要是講「行氣」，講房中的內容反而比較少。該篇的內容有許多地方值得注意：一是它對「吐故納新」有具體的描述，可與《莊子·刻意》「吹呴呼吸，吐故納新」、《呂氏春秋·先己》「用其新，去其陳」相互印證。二是它所強調的「去四咎」內容也見於帛書《卻穀食氣》，與「食六氣」之說有關。三是講「朝息之志」的一段，提到呼氣要上合於天，吸氣要如藏於淵，也與現藏於天津藝術博物館的《行氣銘》的要求相似。四是它主張以腠理呼吸，應屬胎息之說。容成是古代著名的房中家，《漢書·藝文志·方技略》房中類列有《容成陰道》一書，《後漢書·方術列傳》記載，在東漢末有冷壽光、甘

始、東郭延年和封君達傳其術。《神仙傳·封衡傳》中講封衡（封君達）有二侍者，「一負書籍，一負藥笥」，書籍內有《容成養氣術》十二卷，此書早佚，但從竹書「黃帝問於容成」章來看，其房中術與行氣之術有著密切的關係。（《中國方術考》，人民中國出版社，1993 年版）

3. 阜陽雙古堆漢簡《萬物》

案：1977 年出土於安徽省阜陽縣雙古堆 1 號漢墓。該簡冊約存 50 餘條內容，每段之間用圓墨點（·）間隔開，文義可以單獨成章，該書篇首有「〔天〕下之道不可不聞也，萬物之本不可不察也，陰陽〔之〕化不可不知也」一段話，整理者即拈取其中「萬物」二字定為該簡冊書題。其內容主要是講藥物的藥性、療效以及如何採藥等，但也包含某些神仙服食的內容。整理者將該書的內容劃分為兩大類：一類是醫藥方面的內容，它包括①關於各種藥物的效用；②關於各種疾病的成因；③與神仙家有關的內容。另一類是物理、物性方面的內容，它包括①某物致某用的；②講某些事物現象和自然現象的；③有關動物、植物養殖與捕獲的。並與《山海經》、《博物志》、《淮南子·萬畢術》和《神農本草經》進行了比較，確定此書是一部早期的木草、方技神仙書。在該簡冊中，屬於神仙服食或與神仙服食有關的內容，李零先生將其分為：①疾行善趨類；②明目登高類；③潛水行水類；④避蟲類；⑤懸鏡類；⑥控制寒熱類。此外，簡文中還提到一些可能與金、銀類藥物有關的內容，或與煉丹術有關。上述內容大抵皆在《抱朴子》內篇之〈雜應〉和〈登涉〉二篇所述的範圍之內。李零先生所講的①、②、③類屬〈雜應〉的「登峻涉險，遠行不極之道」、「明目之道」和〈登涉〉的「步行水上，或久居水中之法」；④類屬〈雜應〉的「入瘟疫秘禁法」和〈登涉〉的「辟毒惡之道」；⑤類相當於二篇的「用明鏡之法」；⑥類相當〈雜應〉的「不寒之道」、「不熱之道」。應該說《萬物》是一部與《神農本草經》相近的一部含有神仙服食內容的本草書。（《中國方術考》，人民中國出版社，1993 年版）

4. 阜陽雙古堆漢簡《行氣》

案：1977 年出土於安徽省阜陽縣雙古堆 1 號漢墓。該簡冊內容目前尚

未公開發表。據介紹，此類殘簡所存不多，從殘存文字來看，其內容主要是講行氣的功能與方法，如「氣之有所不節則瀹」等。

5. 馬王堆帛書《導引圖》

　　案：1973 年出土於湖南省長沙市馬王堆 3 號漢墓。出土時和同墓出土的帛書《卻穀食氣》、《陰陽十一脈灸經》乙本抄寫在同一幅帛上。這是一幅彩繪的導引練功圖。現存《導引圖》帛高 50 釐米，長約 100 釐米。出土時大部分已經殘破，後經整理者綴合拼復，現存 44 幅人物全身的導引招式，分上下四行排列，每行各繪 11 幅小圖。所繪人物老少、男女皆有，人物姿態動作各異，有坐式者、站式者，有徒手導引者，也有持械發功者。所繪人物多戴頭巾或綰髮，有三人戴冠，身上多著夾袍、穿布履，但也有赤膊、赤足者。每個導引圖側原都有文字題記，但殘缺太多，現能看出有字跡者約 30 餘處，而清晰可辨者有 20 餘處。帛書整理小組根據其圖式和《隋書・經籍志》中有「《導引圖》三卷」的記載及《卻穀食氣》篇上部分文字考定，將其定名為「導引圖」。該《導引圖》雖然嚴重殘損，但其內容十分豐富。陳松長先生根據圖中題記將其分為醫療功和健身功兩個方面。他說圖中明確標明「引」的圖式就是醫治某種疾病的術式，如「引頹」、「引聲」、「引膝痛」、「引項」、「引溫病」等就是治療功這方面的。而以健身為目的的養身術式有「熊經」、「鷂北（背）」、「蠪（龍）登」之類。如以圖示的導引術上分，大致可分為徒手導引、器械練功、行氣吐納、意念活動四大類。（《帛書史話》，中國大百科全書出版社，2001年版）圖中人物圖像旁的題記現存有：折陰、螳狼（螂）、痛明、引穨（癩）、覆中、引聾、〔引〕煩、引膝痛、引胠積、鶴□、蠪（龍）登、備（俛）欮、引項、以杖通陰陽、鷂北（背）、信（伸）、仰呼、沐猴讙引熱中、引溫病、坐引八維、引脾痛、猨呼、熊經、□恨、鷂等二十五個，殘缺題記或題記文殘缺不可辨認者共十九個。

6. 張家山漢簡《引書》

　　案：1983 年 12 月出土於湖北省江陵縣（今荊州市荊州區）城外西南張家山 247 號漢墓。該簡冊出土時除少數簡殘斷外，大部分保存完整，字

跡清晰。現在 112 枚簡，簡長 30 至 30.5 釐米，寬 0.5 釐米。原有書題，「引書」二字抄寫在書首第一簡簡背上端。《引書》之「引」，即指導引。《素問・血氣形志》注謂：「引，謂導引。」全書可分 89 節，每節前均有黑圓點（・）標識，表示一節之始。現存導引名有：交股、尺汙、僉指、埤垸、累動、襲前、摩足跗、引胅、陽見、窮視、側比、鳧沃、旋伸、臬（梟）栗、折陰、回周、龍興、引脢、蛇垔、傅尻、□□、支落、爰據、參倍、懸前、搖肱、反指、其下、虎引、引陰、引陽、復鹿、虎偃、甬莫、復車、鼻胃、度狼、武指、引內癉、項痛不可以顧、引癉病、病腸、病瘳癉、引屈筋、苦兩足步不能均而膝善痛兩胻善寒、引踝痛、引膝痛、股□□痛、苦兩手少氣舉之不均、引腸澼、引背痛、引腰痛、支尻之上痛、益陰氣、引□、引足下筋痛、引蹶、引瘻、□□上□、引瘚、引膺、夜日臥瘚覺心腹及胸有痛、引心痛、引陰、引癩、引腹痛、苦腹脹、引虖及咳、引肩痛、引癃、引辟、引喉痹、引軋、引口痛、失欲口不合、引肘痛、引目痛、引瘦、引聾、引耳痛、苦頯及顏痛、覺以啄齒等。全書由三部分組成；第一部分闡述四季的養生之道；第二部分記載導引術式及用導引術治療疾病的方法；第三部分主要是說明導引養生的理論。李學勤先生認為：「《引書》篇中各段似乎並非全出自一手，即以導引動作的名稱而言，彼此有時不能照應，見於一段的不見於另一段。看來全篇可能是幾種導引論作的匯合，這種情形在古書中是不希見的。」「《引書》和（馬王堆帛書）《導引圖》應該說是同一時代的書籍，可以互相參照。《導引圖》有圖像而缺少說明，《引書》卻有說明而沒有圖像，兩者雖有異同，對照起來仍是相得益彰。」「過去談導引歷史的論作，以為周漢之間只有《莊子》、《淮南子》所說的幾種術式。現在發現了《引書》和《導引圖》，古代導引的內涵大為豐富了。可以看出，當時導引已很發達，成為我國傳統文化成就的一個重要組成部分。」（《簡帛佚籍與學術史・〈引書〉與〈導引圖〉》，臺灣時報文化出版公司，1994 年版）

第八章
簡帛的內容與分類（下）

第一節　簡牘文書

「文書」一詞，起源甚早，在兩漢古籍中已廣泛使用，但其含義卻不盡相同。如《史記‧秦始皇本紀》引賈誼《過秦論》云：「禁文書而酷刑法，先詐力而後仁義。」又《後漢書‧祭祀志上》云：「秦相李斯焚《詩》、《書》，禮樂崩樂壞。建武元年以前，文書散亡，舊典不具，不能明經文。」這兩處「文書」含義是指《詩》、《書》百家語等古籍書冊。而《漢書‧刑法志》記載的「文書盈於几閣，典者不能遍睹」和《論衡‧別通篇》記載的「蕭何入秦，收拾文書。漢所以能制九州者，文書之力也」，這裡的「文書」含義是指公文、案卷、律令法典等。而《史記‧李斯列傳》記載的「同文書」即是指秦始皇二十六年「書同文字」，這裡的「文書」含義卻又指文字書法。在本章裡，我們所講的「文書」主要是指「公文、案卷、律令法典」等內容的文書，而且是專門討論二十世紀以來出土簡牘中的此類文書。

到目前為止，我國出土的簡牘總數已有 20 餘萬枚之多，按簡牘所記內容來看，大致可分為「書籍類」（見本章第一節、第二節）和「文書類」兩大類。有人統計，在出土的 20 餘萬枚簡牘文獻中，文書簡牘不會少於 16 萬枚，約佔出土簡牘總數的四分之三強。與「書籍類」簡牘相比，簡牘「文書」所包含的內容更加廣泛，而且都是原始的第一手資料，它不僅構成了簡牘學的主體部分，而且也是簡牘學研究的新領域。

李均明先生認為：「文字與國家出現後，官文書便應運而生。迄今出土最早的官文書是殷商時代的甲骨文書，它雖然已具有固定的結構，但程式還是比

較簡單。與甲骨文幾乎同時,竹木質地的簡牘文書也產生了,故《尚書・多士篇》云:『惟殷先人,有冊有典。』而後,隨著國家處理政事的需要,出現了典、謨、訓、誥、命等官文書的稱謂。從此,官文書沿著由簡而繁的趨向發展,分工越來越細,到秦漢可謂達到極頂(此後產生簡化過程)。如皇室文書秦始稱『詔書』,漢初又劃分為『制書』、『詔書』、『策書』、『戒敕』四種。據漢簡所見,一般的官文書更多達數十種,同時還完善了用印制度、保密制度及實行一事一文的原則。『文書行政』空前發達,無事不成文。秦簡見『有事請也,毋口請,毋羈請』,實際上當時無論是上級的發號施令,還是下級的請示匯報,一概都以書面形式進行。如果以南朝劉勰所云『章表奏議,經國之樞機』來形容秦漢官文書的作用,最為恰當。漢代官文書制度在中國古代公文史中有著特殊重要的地位,因為它承上啟下,繼往開來,奠定了中國封建社會官文書制度的基礎。此後的一千多年,官文書的形式、稱謂、用印等基本沿襲它的軌跡發展,從中可以找出演變的規律。」(《漢代官文書制度・序》,廣西教育出版社,1999 年版)以上是李均明先生僅就官文書而言,除此之外,還有大量的私人文書。這兩種文書包括了當時朝廷及地方官府的文件、律令、司法文書、簿籍、案卷以及私人信件、遺囑、盟詞等,涉及到當時社會的政治、經濟、軍事、文化等各個層面,更具有廣泛性。這些簡牘文書還有一個最大的特點就是不見史書記載,或有記載也語焉不詳。因此,這部分資料更顯得彌足珍貴。

對於漢代文書的研究,最早可以追溯到東漢時蔡邕所著的《獨斷》一書,在該書中蔡邕記載了當時的一些官文書制度(詔令、奏章等)。之後就是南朝劉勰的《文心雕龍》,在該書的〈詔策〉、〈檄移〉、〈章表〉、〈奏啟〉、〈議對〉、〈書記〉等篇中也記載了漢代官文書文體的某些特點等。在此之後,學者們對漢代文書的研究幾乎處於無人問津的狀態。直到二十世紀初,隨著尼雅、樓蘭、敦煌、居延等地漢晉簡牘的相繼出土,才結束了以往研究漢代文書制度的沉寂局面。

在利用出土簡牘文獻對漢代文書進行研究方面,當首推羅振玉和王國維,1914 年他們就在日本東京東山學社出版了《流沙墜簡》一書,在該書中羅、王二氏對二十世紀初斯坦因在和闐、尼雅、樓蘭、敦煌等地所獲的漢文簡牘進行了分類考釋,其中「屯戍叢殘」和「簡牘遺文」兩章,不僅對所出文書的文

字、詞語進行了詮釋和疏通，而且還對與之有關的遺址性質、郵燧布局、屯戍組織、西域史地以及文書的行文關係、文書制度等都進行了考釋，創獲尤多，至今對簡牘的研究仍具有很高的學術價值和參考意義。在今天看來，羅、王書中也還不可避免地存在著一些不足，但它為後人開闢了新的研究道路，提供了新的研究方法，稱之為中國簡牘學研究的奠基之作仍不為過份。1916 年，王國維又在上海出版了《流沙墜簡考釋補正》（上海倉聖明智大學廣倉學宭叢書），對初版書進行了不少修訂。

1930 年，中（國）瑞（典）西北科學考察團在甘肅居延地區發現了一萬多枚漢代邊塞屯戍文書檔案，這批簡牘的出土再次推動了對漢代文書的研究。1944 年，勞榦先生就在四川南溪石印出版了《居延漢簡考釋·考證之部》（二冊），書中利用出土資料對文書封檢的形制、封檢的影署、封緘方式、布囊等問題作了深入的探討。此外，勞氏還進一步利用碑刻中保存的詔書材料撰寫了〈居延漢簡考證·公文形式與一般制度·詔書一〉一文，對詔書進行了深刻的研究（1960 年臺灣中央研究院歷史語言研究所專刊之四十）。

1959 至 1962 年間，陳直先生撰寫了《居延漢簡解要》、《居延漢簡勞氏釋文校訂》、《居延漢簡繫年》、《居延漢簡文例》、《居延漢簡甲編釋文校訂》、《敦煌漢簡文評議》、《居延漢簡綜述》等七種著作，其中在《居延漢簡綜述》中，〈漢晉過所通考〉、〈居延漢簡所見漢代典章及公牘中習俗語〉、〈符傳通考〉、〈郵驛制度〉、〈兩漢幾道重要的詔書〉、〈王莽四詔書〉、〈居延簡所見的漢律〉、〈居延簡所見的簿檢〉等篇文章，都涉及到對漢代文書的研究，其中有不少真知灼見，為後世對一些問題的研究奠定了基礎。（見《漢簡研究》，天津古籍出版社，1986 年版）也是在二十世紀六十年代中，陳夢家先生也專心致力於漢簡的研究，其中也有不少涉及到對漢代官文書制度的論述，如《漢簡所見太守、都尉二府屬吏》和《西漢施行詔書目錄》對我們了解漢簡官文書末尾官吏簽署和漢代官文書立卷編目等制度有很大的幫助。（見《漢簡綴述》，中華書局，1980 年版）

進入二十世紀七十年代，隨著我國考古事業的蓬勃發展，簡牘文書大量出土，如包山楚簡、雲夢秦簡、龍崗秦簡、居延新簡、江陵鳳凰山漢簡、青海大通上孫家寨漢簡、敦煌馬圈灣漢簡、江陵張家山漢簡、敦煌懸泉置漢簡、尹灣漢墓簡牘以及長沙走馬樓三國吳簡等層出不窮，這為我們進一步深入開展對漢

代簡牘文獻的研究提供了前人見所未見、聞所未聞的豐富的第一手資料。從二十世紀七十年代至今的三十多年中，許多海內外專家學者根據出土簡牘資料和傳世文獻的記載，對戰國秦漢文書進行了多方面的探討，發表了很多高水平的論著，國內學者如裘錫圭、于豪亮、謝桂華、薛英群、李均明、何雙全、汪桂海、陳偉等先生，港臺學者如勞榦、饒宗頤、馬先醒、廖伯源、吳福助等先生，日本學者如森鹿三、大庭脩、永田英正等先生，他們的論著，從不同角度對戰國秦漢簡牘文書作了多方面的研究，大大豐富了對戰國秦漢文書研究的成果。其中李均明和劉軍先生合著的《簡牘文書學》和汪桂海先生的《漢代官文書制度》是兩本研究文書學的專著，他們在前人研究的基礎上，對有關文書學的簡牘資料和傳世文獻資料等進行了比較澈底的清理，並作了盡可能的考察和研究，較系統地闡述了簡牘文書的一般規律。汪桂海先生從文書的功能、性質、結構程式、用語、擡頭制度等方面對漢代官文書的特點作了周密細緻的考證，並對漢代官文書的製作、用印、收發與啟封、文書傳遞、保密禁偽、立卷、保存等方面都作了詳盡的闡述。李均明和劉軍先生合著的《簡牘文書學》則是對簡牘文書的質材、文字、符號、版面及文體、稿本、分類作了較詳盡的考述，書中著重對書檄、簿籍、律令、案錄、符券、檢楬等六大類文書中的具體文種進行了詳細的說明，揭示了文書行政的內在聯繫，且多所創見。對簡牘文書進行如此系統的探索和分析，在我國尚屬首次。此外，還有薛英群先生的《居延漢簡通論》，書中對簡牘文書的分類、內容、形制等也作了較詳盡的論述。儘管目前對簡牘文書的分類仍是需要解決的難題之一，學者們對某些簡牘文書資料的歸類還存在有不同的看法，但李均明和劉軍先生能將他們多年在簡牘文書方面研究的心得撰寫成如此專著，實屬不易，且對簡牘文書的研究有著很多的啟示。下面我們主要依李均明和劉軍先生在《簡牘文書學》中的分類法，同時再參考其它同志的研究成果，對簡牘文書做一些概述性的介紹。

第二節　簡牘文書的分類

　　戰國秦漢以來，隨著社會的不斷進步，文書的命名和種類也日趨複雜，因此，對簡牘文書的分類也應該充分考慮到它時代的特殊性，應從多層次、多角度去進行分析。李均明先生認為，今見之簡牘文書，按其自身的特徵、功能、

大致可分為：書檄類、律令類、案錄類、符券類、簿籍類、檢楬類六大類。有時同屬於一大類的文書，又可從不同的角度去劃分文種。如按發文者劃分、按事類劃分、按行文方向劃分、按傳遞方向劃分、按簡牘外形劃分、按稿本形態劃分、按文書的期限劃分等。按性質特徵和功能劃分是縱向劃分，而按事實、發文者、稿本形態者等不同角度劃分則是橫向劃分，縱橫劃分的交點往往就是具體文件所在的座標。

一、書檄

「書檄」，泛指軍中及官府的文書，多作徵召、曉喻、申討等用，是當時各級機構普遍使用的一種具有通行性的文書。這種文書在出土簡牘中比較多見。李均明先生認為：「簡牘書檄最主要的特徵是其通行性，即它一旦被製作出來，必然要由此及彼運行，運行的方向、收件者都十分明確。根據是否具有通行性來界定，簡牘常見的書、檄、記、傳、致、教等皆屬書檄類。書檄類諸文種，又由它在文書行政中的作用來劃分，體式與用語稍有差別，但界限不甚嚴格，取義可廣可狹，所以在一定條件下，名稱可互易，皆由其共性所致。」（《古代簡牘》，文物出版社，2003 年版）

甲、書

簡牘所見書檄類名「書」者有：命書、詔書、恩澤詔書、作亭詔書、赦詔書、赦令詔書、制書、璽書、王路堂免書、刺史書、莫府書、大將軍莫府書、府書、大守府書、都尉書、賦書、候書、語書、尉書、治所書、居延書、殄北書、掾書、程卿書、諸官往來書、諸部往來書、部士吏及候長往來書、除書、除及遣書、吏除遣及調書、調書、官調書、茭調、視事書、劾逮遣書、逮書、毆書、病書、自言書、變事書、責書、寧書、舉書、府舉書、廩書、行亭書、報書、爰書、自證爰書、病爰書、病卒爰書、疾卒爰書、病診爰書、卒病死爰書、病死爰書、病死物爰書、病死告爰書、騎士死馬爰書、驛馬病死爰書、秋射爰書、射爰書、吏民相牽證任爰書、證任名籍爰書、毋責爰書、卒不貰賣爰書、毆殺爰書、奏讞書、大扁書、扁書、關書、牒書、久書、恒書、疏書、記書、蒲書、上書、上府書、上大常書、郵書、南書、北書、北書記書、西書、西蒲書、東書、檄書、省官檄書等。

(一)命書

「命書」是秦併天下之前國王命令的一種。在傳世文獻中稱之為「命」。如
《易·姤·象傳》「后以施命誥四方」等。出土簡牘文書中稱為「命書」。如：

行命書及書署急者，輒行之；不急者，日畢，勿敢留。留者以律論之。

《睡虎地秦簡·秦律十八種·行書》

偽聽命書，廢弗行，耐為候；不避席立，貲二甲，廢。

《睡虎地秦簡·秦律雜抄》

非歲功及無命書，敢為它器，工師及丞貲各二甲。

《睡虎地秦簡·秦律雜抄》

命書時會，事不且須。　《睡虎地秦簡·為吏之道》

《文心雕龍·詔策》云：「皇帝御宇，其言也神：淵嘿黼扆，而響盈四表，
唯詔策乎！昔軒轅唐虞，同稱為命。命之為義，制性之本也。其在三代，事兼
誥誓。誓以訓戎，誥以敷政，命喻自天，故授官錫胤。《易》之《姤象》『后以
施命誥四方』。誥命動民，若天下之有風矣。降及七國，並稱曰令。令者，使
也。」徐師曾《文體明辨序說》云：「按朱子云：『命猶令也。』字書：『大曰
命，小曰令。』此命，令之別也。上古王言同稱為命；或以命官，如《書·說
命》、〈冏命〉是也；或以封爵，如《書·微子之命》、〈蔡仲之命〉也；或以飾
職，如《書·畢命》是也；或以賜賚，如《書·文侯之命》是也；或傳遺詔，
如《書·顧命》是也。」許望之《公牘通論》云：「命，使也，令也。劉勰
云，古者王言，若軒轅唐虞，同稱為命，至三代始兼誥誓而語之。按：『命』
始於『堯典』之命官，《商書》有〈原命〉、〈說命〉、〈蔡仲之命〉，皆命官之
辭。成王將崩，作〈顧命〉。」

(二)詔書

秦始皇統一天下以後，將「命書」改稱為「制書」、「詔書」；西漢初年，
又改稱為「策書」、「制書」、「詔書」、「誡敕」四種。《文心雕龍·詔策》云：
「秦併天下，改『命』曰『制』。漢初定儀則，則命有四品：一曰策書，二曰制
書，三曰詔書，四曰戒敕。敕戒州部，詔誥百官，制施赦命，策封王侯。策

者，簡也。制者，裁也。詔者，告也。敕者，正也。」《後漢書·光武帝紀》注引《漢制度》講的更為明白，其文云：「帝之下書有四：一曰策書，二曰制書，三曰詔書，四曰誡敕。策書者，編簡也，其制長二尺，短者半之，篆書，起年月日，稱皇帝，以命諸侯王。三公以罪免亦賜策，而以隸書，用尺一木兩行，唯此為異也。制書者，帝者制度之命，其文曰制詔三公，皆璽封，尚書令印重封，露布州郡也。詔書者，詔，告也，其文曰告某官云，如故事。誡敕者，謂敕刺史、太守，其文曰有詔敕某官。它皆仿此。」出土簡牘僅見「制書」、「詔書」、「敕書」而未見「策書」。李均明、汪桂海、薛英群等先生的著作中已列舉了不少出土實例，並有詳細的論述。

　　李均明先生認為，詔書為秦漢以來皇室文書的泛稱，細分之又有策書、制度、詔書、誡敕之別。《獨斷》云：「詔書者，詔，誥也。有三品，其文曰『告某官某，如故事』，是為詔書。群臣有所奏請，尚書令奏之。下有司曰『制』；天子答之曰『可』，若下某官云云，亦曰詔書。群臣有所奏請，無尚書令奏制之字，則答曰已奏，如書，本官下所當至，亦曰詔。」這是傳世文獻中關於「詔書」的比較詳細的記載。汪桂海先生認為：「依其所說，漢代詔書是分成為三種情形的：其文有『告某官某……如故事』者，為詔書之一種情形；『群臣有所奏請，下有司曰「制」，天子答之曰「可」，若「下某官」云云』，為詔書的另一種情形；『群臣有所奏請，無「尚書令奏」、「制」之字，則答曰「已奏，如書」，本官下所當至』，此則形成詔書的第三種情形。」（《漢代官文書制度》，廣西教育出版社，1999 年版）同時他還指出：第一種是皇帝單方面下達的命令文書，第二類是皇帝在群臣奏請文書之末批示以「可」或「下某官」一類的文字，尚書在繕寫並向奏書者下發此批示時，於「可」或「下某官」前加上「制曰」二字，這就形成了前為臣下奏疏本文，後為皇帝批示「制曰：可」或「制曰：下某官」的程式。第三種也是皇帝對群臣奏書作批示後形成的。與前一種不同之處在於既無「制曰」之語，也無「可」或「下某官」的話，而是批示「已奏，如書」。其實，這也是表示同意，與畫「可」的含義無根本區別。正因為這種詔書是表示對臣下奏請同意了，所以《獨斷》說皇帝如此批答後，「本官下所當至」，即下給有關官員執行。

　　這幾種情形的詔書，在傳世文獻中可以找到記載，在出土簡牘文書中也可以找到實例。只因出土簡牘殘篇斷簡，或有頭無尾，或有尾無頭，保存較為完

整的很少。如：

(1)丞相方進御史光昧死言

明詔哀安元＝臣方進御史臣光往秋郡被霜冬無大雪不利宿麥恐民☑

調有餘結不足不民所疾苦也可以便安百姓者問計長吏守丞峰☑

臣光奉職無狀頓＝首＝死＝罪＝臣方進臣光前對問上計弘農太守丞立☑

郡國九穀最少可豫稍為調給立輔既言民所疾苦可以便安☑

弘農太守丞立山陽行太守事湖陵□□上□☑

令堪對曰富民多畜田出貨□□□□移□☑

治民之道宜務與本廣農桑□☑

來出貸或取以賣販愚者苛□☑

來去城部流亡離本逐末浮食者□☑

與縣官並稅以成家致富開並兼之路□☑

言既可許臣請除貸錢它物律詔書到縣道官得取□☑

縣官還息與貸者它不可許它別奏臣方進臣光愚戇頓＝首＝死＝罪＝☑

制可

永始三年七月戊申朔戊辰□☑

下當用者

七月庚午丞相方進下小府衛將＝軍＝二＝千＝石＝部刺史郡大守諸☑

下當用者書到言

八月戊戌丞相方進重今長安男子李參索輔等自言占租貸☑

又聞三輔豪點吏民變出貸受重質不止疑郡國亦然書到□☑

賞得自責毋息毋令民□□相殘賊務禁絕息貸☑

令

十月己亥張掖大守譚守郡司馬宗行長史☑

書從事下當用者明篇叩亭顯處會吏民皆知之如詔書

十一月己酉張掖肩水都尉譚丞平下官下當用者如詔

十一月辛亥肩水候憲下行尉事謂關嗇夫吏承書從事明扁亭隧□☑

處如詔書　士吏猛

☑……☑

☑……☑

《居延新簡》74‧EJF16：1－16

　　案：該簡冊由 16 枚簡組成，1973 年夏出土於甘肅省酒泉地區居延肩水金關烽臺南側之堡屋。出土時簡冊下端被火焚燒，編繩朽斷，木簡散亂。現存最長者 22.5 釐米，最短者 9.2 釐米。簡書兩行。現排列順序為整理者根據簡文內容所定。（見《居延新簡釋粹》102－104 頁，蘭州大學出版社，1988 年版）該詔書是當時官文書的流行書寫形式，內容可分為五個部分：從「丞相方進、御史臣光昧死言」至「臣方進、臣光愚戇頓首死罪」為第一部分，是丞相方進、御史臣光上報皇帝的請詔文。「制：可」為第二部分，是皇帝的批示，與第一部分合起來為皇帝詔書。從「永始三年七月」至「下當用者，書到言」為第三部分，是傳達詔書的下行文。從「八月戊戌丞相方進重」至「息貸☑令」，為第四部分，是丞相方進八月戊戌的補充報告，因簡文有殘缺，未見皇帝的批示。從「十月己亥，張掖太守譚」至詔書結尾為第五部分，是傳達詔書及丞相方進補充報告的下行文。查文獻記載，兩漢時期的詔書一般是由「請詔」、本文、下行文書（或曰下移辭）三部分組成，《史記》、《漢書》所錄的詔書，經常是刪頭去尾，僅存詔書本文，使後人難以看到當時詔書的全貌。上錄「永始三年詔書」比一般的詔書多出了「重令」文書和再下移文書兩部分，它的形成過程應該是：原詔書上奏後，於「永始三年七月戊申朔戊辰（二十一日）」「制可」，批准執行，於「七月庚午（二十三日）」開始下移，從批准到下移其間僅隔兩天。經一個月後，即「八月戊戌（二十二日）」，丞相方進重新報告「今長安男子李參、索輔等自言」等情，「疑郡國亦然」，於是決定「重令」，擴大下達範圍，並要求「扁（遍）□亭顯處，令吏民皆知之」。自戊戌（八月二十二日）重令決定將文書下達到亭，其間又過了兩個多月後，於「十月己亥（十月二十四日）到達張掖太守府，於「十一月己酉（十一月四日）到肩水都尉府，於「十一月辛亥（十一月六日）到達肩水候官。上錄詔書所記「丞相方進」即丞相翟方進，據《漢書‧百官公卿表》記載，漢成帝永始二年「十月己丑，丞相宣免。十一月壬子，執金吾翟方進為丞相」。詔書所記「御史臣光」即御史大夫孔光，據《漢書‧百官公卿表》記載，漢成帝永始二年「十一月壬子，諸史散騎光祿勳孔光為

御史大夫，七年貶為廷尉」。

(2)制詔皇大（太）子：勝（朕）體不安，今將絕矣。與天地合同。眾（終）不復起。謹視皇大（天）之笱（祠），加曾（增）勝（朕）在。善禺（遇）百姓，賦斂以理。存賢近聖，必聚謵士。表教奉先，自致天子。胡亥自氾（圯），滅名絕紀。審察勝（朕）言，眾（終）身毋久（改）。蒼蒼之天不可得久視，堂堂之地不可得久履，道此絕矣。告後世及其孫子，忽忽錫錫（惕惕），恐見故里，毋負天地，更亡更在，立如野廬，下敦閭里。人固當死，慎毋敢悍（晏）。

案：該觚於 1977 年出土於甘肅省酒泉玉門花海漢代烽燧遺址。見中華書局出版的《敦煌漢簡》1448A、1448B、1448D。該觚共七面，長 77 釐米，共存 212 字。上錄為其中的詔書部分，其內容為西漢某皇帝的遺囑。傳世文獻所見皇帝遺囑稱為「遺詔」。如《漢書・景帝紀》：「甲子，帝崩於未央宮。遺詔賜諸侯王列侯馬二駟，吏二千石黃金二斤，吏民戶百錢。出宮人歸其家，復終身。」《漢書・車千秋傳》：「武帝疾，立皇子鉤弋夫人男為太子，拜大將軍霍光、車騎將軍金日磾、御史大夫桑弘羊及丞相千秋，並受遺詔，輔道少主。」

此外，出土簡牘詔書還有：
請詔書，見《居延漢簡釋文合校》10・27＋5・10＋332・26＋10・33＋10・30＋10・32＋10・29＋10・31（以上八簡為復原的一份請詔書），349・16、332・12、332・9＋179・5，503・17、503・8，《居延新簡》EPT5・265、EPT51・480，EPT65・301，EPT65・500，EPF22・69 等。
恩澤詔書，見《尹灣漢墓簡牘》牘 13。
作亭詔書，見《居延漢簡釋文合校》510・31。
清塞下詔書，見《居延漢簡釋文合校》42・9。
北行詔書，見《居延新簡》EPT7・31。
等等。

(三)制書

「制書」是皇室處理涉及制度法規等重大事項時所用的文書。《獨斷》云：「制書者，制度之命也。其文曰『制詔三公』，赦令、贖令之屬是也。刺史、太守、相劾奏，申下土、遷文書，亦如之。其徵為九卿、若遷京師近臣，則言官，具言姓名，其免若得罪，無姓。」這是對「制書」較為詳細的一段文獻記載。汪桂海先生認為：「制書主要用於兩個方面：一是下給三公，令三公向全國頒布的赦令、贖令，此即《文心雕龍》所說的『制施赦命』；二是任免九卿或京師近臣。」致於「制書」的特點，汪桂海先生認為：「就目前所掌握的材料來看，制書的特點有三：首先起首皆作『制詔某官』；其次，施用對象為郡太守以上包括將軍、公卿在內的所有職官；再次，所涉及的內容事項有赦、贖令，有任免令，有關於其它諸事的指示命令。當然，個別的制書也可能不帶有任何命令的彩色，例如《漢書·陳遵傳》，遵祖父遂，『宣帝微時與有故，相隨博弈，數負進（贓）。及宣帝即位，用遂，稍遷至太原太守，乃賜遂璽書曰：「制詔太原太守：官尊祿厚，可以償博進矣。」……其見厚如此。』不難看出，這封制書在內容上具有慰勞、致意、獎勸的含義和傾向，這很有些像唐代的慰勞制書。」（《漢代官文書制度》，廣西教育出版社，1999 年版）簡牘文書中的「制書」也出土不少，可惜的是多為殘文斷簡，但我們也可以從中窺見古代制書的一斑。如：

(1)制詔光祿勛曰：今年火尚前，謹修火臣□再拜奉詔

　　案：該簡為斯坦因第二次中亞考察時所獲漢簡。其內容為下給光祿勛的制書，命其注意防水火。

(2)六月戊午，府下制書曰：安眾候劉崇與相張紹等謀反，已伏辜。崇季父蒲及令璽解印授，肉袒自護。

　　案：該簡於二十世紀八十年代出土於甘肅敦煌馬灣高遺址。內容是安眾候劉崇和相張紹因犯謀反罪而受到懲罰。

(3)制曰：下丞相、御史。臣謹案：今日發卒戍田，縣、侯國財令史

（「史」當作「吏」）將，二千石官令長吏並將至戍田所。罷卒還，諸將罷卒不與起居，免削爵▨

《居延新簡》EPT51・15

(4)卅六，廷尉受制曰：廷尉、中二千石、二千石、郡太守、諸侯相，奉湯

《居延漢簡甲乙篇》20・9

(5)制詔納言：其□官伐材木取竹箭。始建國天鳳〔二〕年二月戊寅下。

案：該簡見《居延漢簡甲乙編》95・5。「納言」，新莽九卿之一，西漢時稱為大司農。簡文「伐材木取竹箭」句亦見《禮記・月令》。〈月令〉云：「季冬之月，……日短至則伐木取竹箭。是月也，可以罷官之無事、去器之無用者。」

(6)制詔納言：農事有不收藏積聚，牛馬畜獸有之者，取之不誅。●始建國天鳳三年十一月戊寅下。

案：此簡見《居延新簡》EPT59・62・63。該簡文內容也見《禮記・月令》及《呂氏春秋・仲冬紀》。鄭氏注曰：「此收斂尤急之時，人有取者不罪，所以警懼其主也。《王居明堂禮》曰：『孟冬之月，命農畢積聚，繫收牛馬。』愚謂畜獸，羊豕之屬也。官之收物始於孟秋，藏物始於孟冬。仲秋趣民收斂，孟冬命司徒循行積聚，毋有不斂，則民間之收物始於仲秋，而畢於孟冬。至仲冬，乃藏物之候也，今其積聚非唯不藏，而且未收，則其怠惰勿率甚矣。故又下此令，非徒警懼其主，使之急於收斂，且與其積聚耗敗於外，牛馬凍露而死，不如使他人得取之以為用，亦『貨惡其棄於地』之意也。然民之收斂，趣之再三，而藏僅於是言之，蓋藏易於收，既收未有不藏者也。」

(7)制詔酒泉大守：敦煌郡到戍卒二千人茭酒泉郡，其假□如品，司馬以下與將卒長吏將屯要害處，屬大守察地刑（形），依阻險，堅辟（壁）壘，遠候望，毋

案：該簡牘見《沙流墜簡・屯戍叢殘考釋・簿書類》。1906 年至 1907年間出土於甘肅敦煌淩胡燧（敦六乙）。羅振玉、王國維認為這是漢宣帝

神爵元年所賜酒泉太守制書。此詔本下酒泉太守，其出於敦煌塞上者，蓋由酒泉傳寫至此。李均明先生認為：「此為漢宣帝頒給酒泉太守辛武賢的詔書片斷。《漢書・趙充國傳》：『時上已發三輔、太常徒弛刑，三河、潁川、沛郡、淮陽、汝南材官，金城、隴西、天水、安定、北地、上郡騎士、羌騎，與武威、張掖、酒泉太守各屯其郡者，合六萬人矣。酒泉太守辛武賢奏言：郡兵皆屯備南山，北邊空虛，勢不可久。或曰至秋冬乃進兵，此虜在竟旬之冊。今虜朝夕為寇，土地寒苦，漢馬不能冬，屯兵在武威、張掖、酒泉萬騎以上，皆多羸瘦。可益馬食……。』據《漢書・宣帝紀》，此事發生在宣帝神爵元年，當時漢馬缺草料，詔文所見調動敦煌郡二千戍卒赴酒泉郡伐葵草，當與此有關。」（《簡牘文書學》，廣西教育出版社，1999 年版）

㈣戒敕

「戒敕」，或作「誡敕」，是漢代皇室訓戒刺史、太守、三邊營官以及諸王等的一種文書。《文心雕龍・詔策》云：「戒敕為文，實詔之切者，周穆命郊父受敕憲，此其事也。魏武帝稱作敕戒，當指事而語，勿得依違，曉治要矣。及晉武敕戒，備告百官，敕都督以兵要，敕州牧以董司，警郡守以恤隱，勒牙門以御衛，有訓典焉。」《獨斷》稱之為「戒書」，其云：「戒書，戒敕刺史、太守及三邊營官，被敕文曰『有詔敕某官』，是為戒敕也。世皆名此為策書，失之遠矣。」從《獨斷》的記載，我們看到了戒敕的對象主要是刺史、太守及三邊營官；同時我們也看到，在漢代時，已經有人對「戒敕」和「策書」分不清了，經常將這兩類詔書混為一談。許望之《公牘通論》云：「敕，飭也，使自警飭不敢廢慢也，又戒也。始見於《書・皋陶謨》、〈敕天之命〉。顧炎武《金石文字記》：『敕者，自上命下之辭。』漢時人官長行之掾屬、祖父行之子孫，皆曰敕。後漢始改『敕』為『勑』，『勑』字亦見《書・皋陶謨》，所謂『勑我五典』者是也。（說見高誘《淮南子注》）後世遂沿用之，並與『敕』互用。《何曾傳》『人以小紙為書者，勑記室勿報』，則晉時上下猶通稱之也。至南北朝以下，則用此字，惟朝廷專用，而臣下不敢用。漢制，天子之命，四曰敕書，每刺史、太守赴官，皆有敕書。後乃凡喻誥外藩及京外官者，曰敕書，亦曰敕諭……漢敕文首稱『有詔敕某官』，此其程式也。」汪桂海先生針對《獨

斷》所記而云：「我們從蔡邕的定義，可以得出兩點印象：㈠敕戒的施用對象是刺史、太守及三邊營官。……所謂三邊營官，當是指領諸屯營之官而言。㈡戒敕不同於其它文書的一點就是『有詔敕某官』之語，而照《獨斷》的意思，此似為戒敕的獨有用語。這是蔡邕的總結。我們對照有關材料核實一下，可以發現，蔡邕對『敕』的總結也不完全準確，有的地方說對了，有的地方就有錯誤，還有漏失不很全面之處。《後漢書・安帝紀》永初元年十一月有下給司隸校尉、冀并二州刺史的戒敕，《漢書・楊僕傳》有給樓船將軍的戒敕。又有丞相（大司徒）頒宣的遣郡國上計吏敕，實際上是要上計吏向郡國守相轉達戒敕的內容，故也等於是給郡國守相的戒敕。這證明戒敕確是可以施用於州刺史、太守、諸侯相及諸將軍的文書。但是，戒敕亦可施於諸侯王，見於《漢書・宣元六王傳》，這一點蔡邕則未提到。至於『有詔敕某官』這句用語，在現有不多的戒敕中還得不到證實，或許又是蔡邕犯了以偏概全的錯誤。其實，戒敕作為一種文書，其最大的特點是帶有督責、敦促官員善守職事、遵紀循法的意旨。《左傳・宣公十二年》『軍政不戒而備』，杜注：『戒，敕令也。』《儀禮・士冠禮》『主人戒賓』，注：『戒，警也，告也。』說明戒有敕令、戒令的意思。《釋名・釋書契》『敕，飭也，使自警飭，不敢廢慢也』，更是道出了『戒敕』在內容上的特點。」（《漢代官文書制度》35－36 頁，廣西教育出版社，1999 年版）出土簡牘中「戒敕」類文書所見不是很多，有的也是殘文斷簡。如：

(1)所敕莫虜，因奏八書　　　　　　　　《居延漢簡甲乙編》130・14

乙、檄

「檄」是古代官府用以徵召、曉喻、申討等的一種文書。傳世文獻多有記載，如《文心雕龍・檄移》云：「至周穆王西征，祭公謀父稱『古有威讓之令，有文告之辭』，即『檄』之本源也。及春秋征伐，自諸侯出，懼敵弗服，故兵出須名，振此威風，暴彼昏亂。劉獻公之所謂『告之以文辭，董之以武師』者也。」又云：「檄者，皦也。宣露於外，皦然明白也。張儀檄楚，書以二尺。明白之文，或稱『露布』。露布者，蓋露板不封，播諸視聽也。」又

云：「凡檄之大體，或述此休明，或敘彼苛虐，指天時，審人事，算強弱，角權勢，標蓍龜於前驗，懸鞶鑑於已然，雖本國信，實參兵詐，譎詭以馳旨，煒曄以騰說，凡此眾條，莫或違之者也。」《漢書·高帝紀》師古注云：「檄者，以木簡為書，長尺二寸，謂之檄，用徵召也。其有急事，則加鳥羽插之，示速疾也。」文獻中還有不少有關檄書的記載，但多為就某一類檄書的敘述，不能看出檄書的全貌。汪桂海先生通過對漢代有關檄書材料的分析後，他認為：「大致來說，漢代的檄可包括或指代這樣一些文書：一、討伐敵人的檄；二、發兵詔書，及向天下宣告胡虜投降的詔書；三、大將向皇帝報告軍情的章奏文書；四、用作符傳的檄；五、郡縣等的告急發兵檄；六、用於徵召官員、敕責、下達命令等方面的檄。」（《漢代官文書制度》61 頁，廣西教育出版社，1999 年版）從居延地區出土的簡牘木檄來看，有板檄、合檄和觚檄等幾種形式，多用普通簡牘寫成。所謂「板檄」，就是寫在木牘上的檄書，上面不用木板封蓋，便於廣泛供人傳閱，這在古代是應用很廣的文書。所謂「合檄」，就是把檄書寫在大小相等的二片木版上，然後把寫字的一面相向重合起來，再纏上繩子，印上封泥。同時還要在上面一片木板（即一片檄文的背面）寫上收件人的地址和姓名，這樣，寫有收件人姓名和地址的一片同時也起著封檢的作用。「合檄」只能由收件人拆封，不供別人傳閱，與內容可公開的的板檄性質不同。在所見出土實物中，比較重要的檄書，還加有印封，其目的是為了保證其在傳遞過程中保密性。從行文的方向來看，不僅有上級對下級用的下行檄書，而且也有不少下級對上級的上行檄書（如請示、報告等）。

據李均明先生統計，出土簡牘文書名「檄」者有：

將軍檄　《敦煌漢簡》108。

手書大將軍檄　《居延新簡》EPT49·45。

太守都尉府檄　《敦煌漢簡》1372。

府卿蔡君起居檄　《居延新簡》EPF22·193。

府檄　《敦煌漢簡》483、2451；《居延漢簡釋文合校》111·5、173·31、174·22、203·29、271·8。

府椽檄　《居延新簡》EPF22·292。

官檄　《居延新簡》EPT59·56、FPT61·6、EPT65·305、EPW·94；《居延漢簡釋文合校》44·23、170·5、266·19、311·15；《敦煌漢

簡》657。

候官檄　《居延漢簡釋文合校》261‧6。

廷檄　《敦煌漢簡》403。

塞尉檄　《居延漢簡釋文合校》254‧13。

尉檄　《居延新簡》EPT43‧5。

驚（警）檄　《居延新簡》EPT65‧363、EPF22‧186、EPF22‧190、
　　EPF22‧199、EPF22‧196、EPF22‧815；《居延漢簡釋文合校》149‧
　　12、407‧3＋564‧3；《敦煌漢簡》1248、1275、1236。

行塞檄　《居延新簡》EPT4‧25。

行事檄　《居延新簡》EPT59‧96。

行罰檄　《居延新簡》EPF22‧650。

入關檄　《居延新簡》EPF22‧125、EPF22‧128、EPF22‧134、
　　EPF22‧137、EPF22‧138、EPF22‧151、EPF22‧324。

出入檄　《居延新簡》EPF22‧125。

合檄　《居延新簡》EPT51‧379、EPT51‧416、EPT52‧38、EPT56‧
　　175；《居延漢簡釋文合校》33‧23、157‧14、288‧30。

板檄　《居延新簡》EPT52‧169；《居延漢簡釋文合校》157‧14。

北板檄　《居延新簡》EPT51‧285。

北板合檄　《居延新簡》EPT52‧38。

南校檄　《敦煌漢簡》624。

南合檄　《敦煌漢簡》2396。

西合檄　《敦煌漢簡》1353。

等等。

出土的簡牘檄書也多為殘文斷簡，完整者比較少。但以殘存檄文來看，也可略見一斑。如：

(1)十二月辛未，甲渠候長安、候史□人敢言之。蚤食時臨木燧卒……舉蓬、燔一積薪，虜即西北去，毋所亡失，敢言之。╱十二月卒未，將兵護民田官居延都尉謂、城倉長禹兼行〔丞事〕

廣田以次傳行至遠望止回

寫移：疑虜有大眾不去，欲並入為寇。檄到，循行部界中，嚴教吏卒驚

（警）烽火，明天田，謹跡候候望，禁止往來行者，定烽火羣，送便兵
戰鬥具，毋為虜所萃縶。已先聞之，失亡重事；毋忽如律令。／十二月
壬申珍北甲〔渠〕

　　案：該檄書見《居延漢簡釋文合校》278・7A，抄寫在觚的兩個面
上。是一道下達邊塞烽燧的警戒檄書，一般也稱之為警檄或驚（警）備
檄。這種檄書需要逐級傳寫移送，直到最基層的各烽燧。警檄的正文多強
調有關事件的緊迫與嚴重性，如上文中「疑虜大眾不去，欲並入為寇」
等；文末有較嚴屬的警戒語句，如上文中「已先聞之，失亡重事，毋忽如
律令」，意謂有言在先，違者必究。

(2)十一月郵書留遲不中程各如牒，晏等知郵書數留遲。為府職不身拘校，
　　而委任小吏，忘為中程，甚毋狀，方議罰。檄到，各相與邸校，定吏當
　　坐者，言，須行法。

　　案：上引檄書見《居延漢簡釋文合校》55・11、137・6、224・3＋
55・13、224・14、224・15。這是一道敕責檄書，內容是責問小吏不認真
核校郵書記錄，命令依法追究有關人員的責任。

　丙、記、教、信札

　「記」是下級奏報上級的奏記、牋記的簡稱。而上級對下級所下的文書也
有稱為記的，它的應用比較廣泛。這種文書在傳世文獻中及簡牘文書中比較習
見。《文心雕龍・書記》云：「公府奏記，而郡將奏牋。記之言志，進己志也。
牋者表也，表識其情也。崔寔奏記於公府，則崇讓德音矣；黃香奏牋於江夏，
亦肅恭之遺式也。」又云：「原牋、記之為式，既上窺乎表，亦下睨乎書，使
敬而不儑，簡而無傲。清美以惠其方，彪蔚以文其響，蓋牋、記之分也。」許
同莘《公牘學史》云：「漢制下官言事於上曰奏記，其文兩《漢書》多載之，
其式見《後漢書・朱儁傳》陶謙等奏記儁，其發端曰：徐州刺史陶謙、前揚州
刺史周乾……博士鄭等，敢言之行車騎將軍河南尹幕府云云。服鄭皆無官守而
列名者，其事為勤王討賊而發，大義所在，不限官職，猶今聯名公呈也。亦有
稱奏記為牋者，〈崔駰傳〉：竇憲辟駰為掾，駰前後奏記數十上。崔集有與竇憲
牋，其發端曰：主薄崔駰云云，即奏記之辭也。上官下書於所屬亦有稱記者，

〈鍾離意傳〉：意為郡督郵，有亭長受人酒禮，府下記雜考之，意封還記。〈宋均傳〉：均為上蔡令，府下記，案民喪葬不得侈長，均不肯施行。章懷注曰：『記，文符也。』記之為用，通於上下。《漢書‧外戚傳》稱皇帝手詔為詔記，王先謙云：詔記與詔書有別，後世謂之手記，出於上手，故曰詔記。按詔記又謂手跡，《後漢書‧循吏傳》序：光武以手跡賜方國皆一札十行，細書成文。是手詔即手記，手記即手札。凡稱記者，皆書札之類。」

　　「教」也是上級對下級的一種告諭文書，與上述之「記」同屬一類。《漢書‧何武傳》云：「然後入傳舍，出記問墾田頃畝。」顏師古注曰：「記，謂教命之書也。」《漢書‧張敞傳》「受記考事」，顏師古曰：「記，書也，若今州縣為符教也。」在漢代作為下行文書的「記」也可以稱之為「教」。《說文解字》云：「教，上所施，下所效也。」《淮南子‧主術訓》「行不言之教」，高誘注：「教，令也。」《荀子‧大略》「以其教出畢行」，楊倞注：「教謂戒令。」由此，我們可以看出，「教」也是上級官署發給下屬的命令之書，和「記」的特點相符。汪桂海先生認為：「從『教』這種文書的使用者和施用對象來看，也與『記』一致，如〈張敞傳〉京兆尹張敞使主簿持教告賊捕掾絮舜，〈王尊傳〉安定太守王尊『出教告屬縣』，又『出教敕掾、功曹』，〈薛宣傳〉宣為左馮翊，出教賊曹掾張扶等，都是太守下教給屬縣官吏或下給府中屬吏。總之，漢代作為官府下行的文書『記』與『教』沒有根本區別，二者應是一種文書的兩個名稱。」（《漢代官文書制度》51 頁，廣西教育出版社，1999 年版）同時，他還認為：一、出土簡牘和文獻記載的記基本吻合，都是郡府向候官、候官向部下下達的命令文書；二、所有的記都有具文時間，只是詳略不同，在行文中的位置也略有異；三、這些文書的起首皆記「府（或官）告某官」，表示行文的關係；四、漢代下行文書的「記」又可以稱為「教」。他的這些歸納對於如何識別記、教文書，都有一定的啟發。

　　出土簡牘所見「記」、「教」文書如：

　(1)府告居延、甲渠道、卅井、殄北鄣候：方有警備。記到，數循行，教敕束卒明烽火，謹候望，有所見聞，亟言。有教。　　建武三年六月戊戌起府。

　　　案：該簡見《居延新簡》FPF22‧459。是居延都尉府給居延、甲渠、卅井、殄北鄣候的府記，令其加強警備，有所聞見，須儘快報告。上述

「記」文具有下發的時間，書於文書的末尾，其結構基本齊全。

(2)告第廿三候長：記到，召箕山燧長明詣官，以急疾為故，急急。

《居延漢簡釋文合校》160、4

(3)九月辛巳，官告士吏許卿：記到，持千秋閣單席詣府，毋以它為解。士
　吏許卿亭走行　　　　　　　　　　　　《敦煌漢簡》988A、B

(4)十二月甲辰，官告千秋遂長：記到，轉車過，車令載十束葦，為期有
　教。

　千秋隧長故行　　　　　　　　　　　　《敦煌漢簡》1236A、B

(5)官告吞遠候長黨：不侵部　卒宋萬等自言治壞亭，當得處食。記到，廩
　萬等。毋令自言，有教。

　置馳吞遠候長黨　　　　　　　《居延新簡》EPT51・213A、B

　　案：上引(2)、(3)、(4)、(5)皆為「官記」。李均明先生認為：「官記的功能與書、檄同，但其體式較後者簡略。表現有三：一是絕大多數官記未置年號年序，或僅署月序及日干支，有的甚至不署日期。二是未署具體的責任機構名稱或責任人，僅署『府告』、『官告』之類。三是未見起草人署名。由此可知『記』之體式不如『書』、『檄』嚴謹，具有一定程度的隨意性。與私人信件有類同之處，故二者稱為『記』。」（《簡牘文書學》267頁，廣西教育出版社，1999年版）

此外，出土簡牘「記」、「教」還有：

府記：《居延新簡》EPT40・7、EPT6・14、EPT43・5、EPT49・7、
　　　EPT51・151、EPT65・36、EPF22・127、EPF22・659、FPF22・
　　　648、EPF22・659、EPF22・778、EPF22・804，《居延漢簡釋文合
　　　校》156・25、231・103、505・6，《敦煌漢簡》224等。

府君記：《尹灣漢墓簡牘》牘22。

官記：《居延新簡》EPT22・329。

候記：《敦煌漢簡》483。

尉記：《居延新簡》EPT49・19。

尉手記：《居延新簡》EPT65・458。

尉史記：《居延新簡》EPT44・4。

手記:《居延漢簡釋文合校》300・14。

檄記:《敦煌漢簡》83。

尺記:《居延漢簡釋文合校》185・4。

北記:《居延漢簡釋文合校》506・19。

忠曼君記:《居延漢簡釋文合校》32・24。

教:《居延新簡》EPT44・4、EPT58・78、EPT59・101、EPT65・120、
　　EPF22・245。

將軍教:《居延新簡》EPT65・27,《敦煌漢簡》1984。

府教:《居延漢簡釋文合校》231・37,《居延新簡》EPT51・252。

府君教:《敦煌漢簡》1447。

記教:《居延漢簡釋文合校》227・34 等等。

　　信札,就是我們今天講的來往書信,與「記」同屬一類,也可稱為
「記」,屬實用文書一類。在出土簡牘中,公、私來往信札都發現一些,這裡主
要舉幾件私人之間的來往通信,從中我們也可以看到當時社會生活的畫面。

　　目前發現最早的書信實物是 1976 年在湖北省雲夢縣睡虎地 4 號秦墓出土
的士卒黑夫與驚寫給中的家信。這兩封家書書寫在兩塊木牘上,出土時一塊保
存完好,長 23.1 釐米,寬 3.4 釐米,厚 0.3 釐米;另一塊下段殘缺,木牘殘長
17.3 釐米,寬 2.6 釐米,厚 0.3 釐米。據考證,這兩封家書均寫於秦始皇二十
四年(公元前 223 年)。

　　(1)十一號木牘正面文字為:

　　　　二月辛巳,黑夫、驚敢再拜問中,母毋恙也?黑夫、驚母恙也。前
　　日黑夫與驚別,今復會。黑夫寄益就書曰:遺黑夫錢,母操夏衣來。
　　今書節(即)到,母視安陸絲、布賤,可以為襌裙襦者,母必為之,
　　令與錢偕來。其絲、布貴,徒〔以〕錢來,黑夫自以布此。黑夫等直
　　佐淮陽,攻反城久,傷未可智〔知〕也,願母遺黑夫用勿少。書到皆
　　為報,報必言相家爵來未來、告黑夫其未來狀。聞王得苟得

　　背面文字為:

　　　　母恙也?辭相家爵不也?書衣之南軍毋……不也?為黑夫、驚問姑
　　姊康樂、孝須(嬃)故術長姑外內……為黑夫、驚問東室季須(嬃)

苟得毋恙也？為黑夫、驚問嬰記季事可（何）如？定不定？為黑夫、驚問夕陽呂嬰、匜里閻諍丈人得毋恙……矣。驚多問新負、妴得姜也？新負勉力祝贍丈人，毋與……勉力也。

(2)六號木牘正面文字為：

驚敢大心問衷，母毋得恙也？家室外內同……以衷，母力毋恙也？與從軍，與黑夫居，皆毋恙也。……錢衣，願母幸遺錢五、六百，倍布謹善者毋下二丈五尺。……用垣柏錢矣，室弗遺，即死矣。急！急！急！驚多問新負、妴皆得毋恙也？新負勉力祝贍兩老……。

背面文字為：

驚遠家故，衷教詔妴，令毋敢遠就若取新（薪），衷令……聞新地城多空不實者，且令故民有為不如令者實，……為驚祠祀，若大發（廢）毀，以驚居反城中故。驚敢大心問姑秭（姐），姑秭（姐）子產毋恙……？新地人盜，衷唯毋方行新地，急！急！急！

案：上引(1)信是「黑夫」和「驚」寫給「中」的，(2)信是「驚」寫給「衷」的。兩封信的收信人「中」和「衷」應當是一個人，即睡虎地 4 號墓的墓主人。「中」、「衷」二字，古音相同，可通假。《左傳·僖公二十八年》：「今天誘其衷。」注云：「衷，中也。」段玉裁的《說文解字注》云：「衷，假借為中字。」兩封信的主要內容都是向他們的家裡索要衣、布和錢的。信的開頭除問候「中（衷）」外，就是問候「母毋恙」。從兩封信的內容和語氣看，「中（衷）」、「黑夫」和「驚」大概是同母兄弟。「黑夫」和「驚」是兩位正在服役的軍人，從信的內容可知，當時秦國軍隊的士卒都要自帶衣裝，他們的日常開支也要由家中供給。

在西北邊塞居延出土的簡牘中，也發現有漢代的私人信件。如：

(3)宣伏地再拜請

幼孫少婦足下：甚苦塞上暑時，願幼孫少婦足衣強食，慎塞上。宣幸得幼孫力過行邊，毋它急。幼都以閏月七日與長史君俱之居延，言丈人毋它急，發卒不審得見幼孫不它。不足，數來。（10·16A）
記。宣以十一日對候官，未決，謹因使奉書，伏地再拜幼孫少婦足下。

朱幼季書願高掾幸未到。臨渠隧長對幼孫治所。●書即日起候官。行兵使者幸未到，願豫自辯，毋為諸部殿。　　（10·16B）

　　案：上引信例見《居延漢簡甲乙編》10·16A、B。此信內容比較完整。發信的人名「宣」，收信的人名「幼孫」，為「宣」之妻。信的內容大意是：宣在邊塞服役，家裡事務由妻幼孫操勞，希望妻子幼孫在家「足衣強食」。這年閏月七日，幼孫之兄幼都與長史君一起到達居延，由於幼都出發時倉猝，沒有見到幼孫，只聽說宣的丈人身體健康。由於宣公事未了，因此給妻寫信，並轉告幼孫，其父身體健康。信中似乎還說到給朱幼季的一封信，朱幼季可能是幼孫的兄弟。從信中「因使奉書」來看，這封信是利用候官的交通條件，在「行兵使者幸未到」時寫了這封家書，即日寄出。所謂「願豫自辯，毋為諸部殿」，內容涉及公務，也可以理解為一般書信結尾的習慣用語。

　　1990 年至 1992 年間，甘肅省文物考古研究所對敦煌懸泉置遺址進行了科學的考古發掘，共出土各類文物 7 萬餘件，其中最重要的是 2 萬多枚漢代簡牘、10 件帛書、10 件紙文書以及 1 幅牆壁題記等漢代文書。在 10 份帛書中，就有一件保存完整的私人家書，寫信的帛長 23.2 釐米，寬 10.7 釐米，共 10 行 319 字（含重文 4 字）：

(4)元伏地再拜諸子方足下，善毋恙！苦道子方發，元失候不侍駕，有死罪。丈人、家室、兒子毋恙，元伏地願子方毋憂。丈人、家室元不敢忽驕，知事在庫，元謹奉教。暑時元伏地願子方適衣、幸酒食、察事，幸甚！謹道：會元當從屯敦煌，乏沓（鞜），子方所知也。元敢不自外，願子方幸為元買沓（鞜）一兩，絹韋，長尺二寸；筆五枚，善者，元幸甚。錢請以便屬舍，不敢負。願子方幸留意，沓（鞜）欲得其厚，可以步行者。子方知元數煩擾，難為沓（鞜）。幸甚幸甚！所因子方進記差次孺者，願子方發過次孺舍，求報。次孺不在，見次孺夫人容君求報，幸甚，伏地再拜子方足下！●所幸為買沓者願以屬先來吏，使得及事，幸甚。元狀地再拜再拜！●呂子都願刻印，不敢報，不知元不肖，使元請子方，願子方幸為刻御史七分印一，龜上，印曰「呂安之印」。唯子方留意，得以子方成事，不敢復屬它人。●郭營尉所寄錢二百買鞭者，

願得其善鳴者，願留意。自書：所願以市事幸留意留意毋忽，異於它人。

案：此件帛書出土編號為Ⅱ0114 ③：611。見胡平生、張德芳編撰的《敦煌懸泉置漢簡釋粹》典籍文化類。該信出土後整理者擬名為「元致子方書」，是目前發現字數最多、保存最完整的一件漢代私人信件實物。據介紹，該信寫完後先縱向折二折，再橫向折三折，折疊成小方塊形。原帛為黃色，因年代久遠脫色，出土時呈黃白色。帛上的字跡雖疊壓浸印，但仍清晰可辨。日本學者籾山明曾研究認為，魏晉樓蘭出土的用紙張書寫的信件，在折疊成小方塊形後，仍用木製封檢加以封緘，然後郵遞。胡平生先生認為，這封帛書信件似乎也是為了封緘、郵遞而折疊成小方塊形的。

該信的發信人是「元」，收信人是「子方」。「元」是在敦煌屯戍的軍人。信的內容：一開頭是問候套語，並希望子方衣著合適，注意飲食。然後便是「元」請子方代買鞋、筆、刻印、買鞭子等事，最後是元請子方費心操勞，萬勿疏忽。信件內容完整無缺，是研究漢代私人信件的寶貴資料。

(7)十一月廿日具記，習叩頭死罪言：

君萬年湌食如常不。哀怜賜記，恩澤誠深厚。得聞南方邑中起居，心中歡喜。習叩頭死罪死罪。●教告尉史記即到。●候長政叩頭言：朦到，願為取朦具。習毋狀，誠以月廿一日聽政一宿。還，屬政以君教。曉崔尉史令月廿五日所來上官所，有歸者，願●君復召之。第十七甲卒破橄封，請辟行罰，言狀。習叩頭死罪死罪。習朦殊毋用朦。府掾史長吏因蒙●君厚恩。同奈何叩頭死罪，願君加湌食，永安萬年，為國愛身。習方行部詣官，叩頭死罪死罪。

《居延新簡》EPT44‧4A、B

(8)賤弟時謹伏地再拜請：翁系足下善毋恙，甚苦候望事，方春不和，時伏願翁系將侍近衣便酒食，明察烽火事，寬忍小人，毋行庶浞。時幸甚幸甚，伏地再拜請。時伏願翁系有往來者便賜記，今時奉聞翁系級急嚴教。

《敦煌漢簡》1448

(9)戎具少酒　　謹請邑大夫官仄中功、仄君都、謝敖等三人同食，五大夫
幸臨戎。戎叩頭幸甚幸甚。第七三大夫、第六三大夫、第五三大夫、第
四三大夫、第三三大夫謹會月廿四日日中，毋忽。何君刑褚、刑房。

《居延新簡》EPT51・224A、B

案：上引(7)、(8)、(9)皆為「私記」，即私人信件，但也不乏公務內。
這也是「記」文書的一種。其格式具有一定程度的隨意性，沒有「官記」
那麼嚴謹。(7)為下級小吏致上司的信件；(8)為晚輩致長輩的信件；(9)則是
一份吃飯的請柬。

此外，出土漢代簡牘信件還有一些，只是有些已經殘缺，不再列舉。從上
列秦漢信札來看，當時寫信已有一定的格式，大的體例與後世書信頗為相似，
足見信札這一體裁在秦漢時已經形成。從信的內容來看，也可以反映出當時社
會的多方面情況，尤其是私人信件的內容，更為真實。它給我們展示出了一幅
當時社會生活的多彩畫面，是我們研究當時社會以及信札文書的珍貴資料。

丁、傳

「傳」是秦漢時期吏民出行時使用的一種通行憑證文書。雲夢睡虎地出土
的秦簡中就有記載，如《秦律十八種・倉》中云「有事軍及下縣者，齎食，毋
以傳貸縣」，意謂到軍中和屬縣辦事的應自帶口糧，不得憑通行證向所到的縣
借貸。還有一條是《法律問答》中說在咸陽檢驗通行證時發現有偽造的，但沒
有查出來（今咸陽發偽傳，弗知），繼續向下傳，應該罰二甲。還有一條是
《封診式》中「客未布吏而與賈，貲一甲。何謂『布吏』？詣符傳於吏是謂
『布吏』」。意思是「外地人尚未布吏就和別人交易，應罰一甲。什麼叫『布
吏』？把通行憑證交給當地官吏驗證叫『布吏』」。這幾條都可以證明秦時的通
行憑證稱為「傳」。

到了漢代，「傳」也可以稱為「過所」，文獻中也有記載。如《釋名・釋書
契》：「傳，轉也。轉移所在執以為信也，亦曰過所，過所至關津以示之也。」
《周禮・地官・司關》云：「凡所達貨賄者，則以節傳出之。」鄭玄注曰：
「傳，如今移過所文書。」《漢書・文帝紀》注引張晏曰：「傳，信也。若今過
所也。」說明「傳」和「過所」都是用來作為通行憑證的。至於「過所」之名

產生於何時？有的學者推測到了漢末或三國魏晉以降「傳」的稱謂才被「過所」所代替。薛英群先生則認為：「居延出土的過所，有紀年可查者，最早為元帝永興元年，可知過所的出現應是西漢中期以後的事了。」（《居延漢簡通論・簡牘的形制與分類》，甘肅教育出版社，1991 年版）

與「傳」經常一起使用的另一種通行憑證曰「符」，如上引秦簡「詣符傳於吏是謂布吏」是也。漢簡中有「出入六寸符」（《居延漢簡釋文合校》11・8、11・26 等）。文獻也有同樣的記載，如《漢書・王莽傳》云：「吏民出入持布錢以副符傳。」又云：「大司空夜過奉常亭，亭長苛之。告以官名，亭長醉曰：『寧有符傳邪？』」因此，文獻中經常以「符」訓「傳」，如《漢書・宣帝紀》師古注曰：「傳，符也。」《漢書・王莽傳》孟康注曰：「傳，符也。」

關於「傳」的發放，必須首先由當事人向所屬管轄提出申請，並寫明申請的理由，公務用傳和私事用傳皆如此。如《居延漢簡釋文合校》334・20A、15・19、170・3A 等。經上一級審查申請人確已完納更賦，沒有違法行為尚未處理、不在服勞役、兵役等，方可出具證明，申請者持證明到縣以上的官府取傳。如下舉《居延漢簡釋文合校》505・37A、15・19 等。有權頒發「傳」的官吏有御史大夫，《漢書・平帝紀》注引漢律云：「諸當乘傳及發駕置傳者，皆持尺五寸木傳信，封以御史大夫印章。」晉崔豹《古今注・問答釋義》云：「凡傳皆以木為之，長五寸，書符信於上，又以一板封之，皆封以御史印章，所以為信也，如今之過所也。」這是指朝廷頒發給出使地方或郡國傳達詔書的高級通行證，有時為了保密，還有加封緘。郡國以下有權封印、頒發「傳」的官吏有郡太守（見《居延漢簡釋文合校》303・12A）、縣令（見同上書 170・3A、B）、侯（見《居延新簡》EPF22・698A）、縣丞（見《居延漢簡釋文合校》15・19、170・3A、334・20AB 等）、獄丞（見同上書 140・1AB）。

關於「傳」的封緘方式，汪桂海先生認為：「傳的封緘方式有兩種：一種是像大多數文書的封緘一樣，在傳文上覆蓋一塊木板即檢，然後纏束、捺封泥、加印章。《古今注》所說的傳『以一板封之』即指此而言。秦簡《法律問答》『今咸陽發偽傳，弗知，即復封傳它縣，它縣亦傳其縣次』，知持這種傳每到一縣或別的檢查地點都要被拆封審查核實，然後復緘束印封起來。另一種封緘方式雖亦用封泥，加印章，但沒有遮蓋傳文的封檢，封泥槽刻鑿在書寫傳文的簡上，印封時直接捺封泥加印章即可，不再以繩纏束。」（《漢代官文書制

度》63頁，廣西教育出版社，1999年版）

出土簡牘「傳」文書如：

(1)元延二年七月乙酉，居延令尚、丞忠移過所縣道河津關：遣亭長王豐以
詔書買騎馬酒泉、敦煌、張掖郡中，當舍傳舍，從者如律令。　　守令
史詡、佐褒。　　　七月丁亥出
　　　　　　　　居延令印
　　　　　　　　七月丁亥出　　　《居延漢簡釋文合校》170・3A、B
　　案：這是一件派遣亭長王豐前往酒泉、敦煌、張掖買騎馬的公用
「傳」文書。文書中「當舍傳舍，從者如律令」，「傳舍」猶今之招待所，
專為外出執行公務者提供食宿。雲夢睡虎地出土的秦簡《秦律十八種・倉
律》有「公使有傳食」的記載，並且還規定有《傳食律》，規定出行者的
身份不同，其待遇也有差別，如《秦律十八種・傳食律》規定：「御史卒
人使者，食粺米半斗，醬四分升一，菜羹，給之韭蔥。其有爵者，自官士
大夫以上，爵食之。使者之從者，食糲米半斗；僕，少半斗。」「不更以
下到謀人，粺米一斗，醬半升，菜羹，芻稾各半石。宦闟如不更。」「上
造以下到官佐、史無爵者，及卜、史、司御、寺、府，糲米一斗，有菜
羹，鹽廿二分升二。」漢承秦制，亦當有類似的規定，以保證公務出行者
的食宿等。

(2)永始五年閏月己巳朔丙子，北鄉嗇夫忠敢言之：義成里崔自當自言為家
私市居延。謹案：自當毋官獄徵事，當得取傳。謁移肩水金關、居延縣
索關，敢言之。
閏月丙子，觻觸得丞彭移肩水金關、居延縣索關。書到，如律令。掾
晏、令史建。　　　　　　　　　　　　　　　《居延漢簡釋文合校》
15・19
　　案：這是一件私用「傳」文書。文書中「自當毋官獄徵事」，是說義
成里居民崔自當沒有「官獄徵事」，可以領取傳文書，前往肩水金關、居
延縣索關。

(3)建平五年八月戊□□□□廣明鄉嗇夫宏、假佐玄敢言之：善居里男子丘
　　張自言與家買客田居延都亭部，欲取檢。謹案：張等更賦皆給，當得取
　　檢，謁移居延。如律令，敢言之。　　　　《居延漢簡釋文合校》505・37A
　　　　案：這是一件由廣明鄉嗇夫等為善居里男居民丘張開的取傳證明，證
　　明他「更賦皆給」，可以前去領取「檢」。這裡的「檢」即「傳」，由於這
　　種「傳」的形式與封檢相同，所以有時也把這種「傳」稱為「檢」。

(4)過所回建武八年十月庚子，甲渠守候良遣臨木候長刑博過所回便休十五
　　日，門亭毋河留，如律令　　　　　　　《居延新簡》EPF22・698A、B
　　　　案：這是一件自署為「過所」的「傳」。紀年為東漢初光武帝「建武
　　八年」（公元 32 年）。薛英群先生稱，居延出土的「過所」，有紀年可考
　　者，最早為西漢元帝永光元年（公元前 43 年）。

出土簡牘所見「傳」者還有：
《秦簡・法律答問》，見前引；
《居延漢簡釋文合校》之 213・28＋213・44、218・2、218・43、243・
37、334・40；
《居延新簡》EPT50・39、EPT59・398；
《敦煌漢簡》1298 等。

戊、致

　　「致」是秦漢時經常使用的一種實用文書。裘錫圭先生根據出土的秦漢簡
牘文獻，將其分為三類：第一類致是致物於人所用的文書；第二類致是領取東
西所用的文書；第三類致是出入門關用的一種文書。（《文史》雜誌第 12 輯
〈漢簡拾零〉，中華書局）可見「致」這種文書的使用範圍非常之廣。

　　「致」作為一種文書的稱謂，在傳世及出土文獻中都有記載，如《禮記・
曲禮》中云「獻田宅者操書致」；雲夢睡虎地出土的秦簡《秦律十八種・田
律》中云「稟大田而無恒籍者，以其致到日稟之，勿深致」；《秦律雜抄・敦
（屯）表律》中云「冗暮歸，辭曰日已備，致未來，不如辭，貲日四月居邊」
等。睡虎地秦墓竹簡整理小組注云：「致，文券。」《田律》中的「致」指的是

領取飼料的憑券；《敦（屯）表律》中的「致」指的是證明軍士服役期滿的文券。裘錫圭先生認為，「秦簡整理小組的注把『以其致到日』的『致』解釋為領取飼料的憑券，大體正確，不過『致』恐怕不一定都採用『券』的形式。」（《漢簡零拾》，《文史》第 12 輯，中華書局）李均明先生認為：「『致』是可籍以將己方的意圖送達它方，它方作為辦事依據的文書形式，其性質猶今公文之『通知書』一類。」（《簡牘文書學·致》，廣西教育出版社，1999 年版）在出土的漢代簡牘中「致」的實物也有發現，只不過多是用於出入門關的「致」，在這種用途上，它的文書格式、功能以及陳請方式都和稱為「傳」的文書相類。李均明先生認為：「二者的區別在於『傳』通用於沿途各關卡，故署『移過所縣道河津關』，適用地域廣；而『出入關致』只適用於文書中所指定的關卡。」（《簡牘文書學》，廣西教育出版社，1999 年版）如：

(1)建平三年閏月辛亥朔丙寅，祿福倉丞敞移肩水金關：居延塢長王戎所乘用馬各如牒。書到，出如律令。　　　　　　　《居延漢簡釋文合校》15·18

(2)始建國三年五月庚寅朔壬辰，肩水守丞尉萌移肩水金關：吏所葆名如牒。書到，出入〔如〕律令。　　　　　　《居延新簡釋粹》75EJF3·155

　　　案：上引兩例皆為關致，其適用範圍只限於文書中明確寫上的「肩水金關」。

出土漢簡所見「致」還有：

官致　睡虎地秦簡《秦律十八種》

吏卒廩致　《居延新簡》EPT59·330

食用穀致　《居延新簡》EPF22·426

廩致　《敦煌漢簡》358

吏妻子從者奴私馬稟致　《敦煌漢簡》545

等等。

二、簿籍

「簿籍」是用於經濟活動和行政管理的一種專用文書，猶今各式賬簿和名冊。在居延、敦煌等地出土的簡牘中有大量的發現，向為學者們所關注和研究，也曾出現過一些不同的分類、歸納、分析和排比的方法，皆可引以為鑒。關於簿籍的分類，李均明先生認為：「簿和籍的體式有許多共同之處（早期二者混用），故可歸屬於一大類。但簿和籍的主項側重點有所區別：簿通常以人或錢物的數量值為主項，而籍則大多以人或錢物自身為主項，數量為輔。」（《古代簡牘》，文物出版社，2003 年版）臺灣學者吳昌廉先生認為：「簿是簿書，古為賦稅之依據。」從居延漢簡所見除記財穀、金錢外，還有車馬、衣服、兵器等，甚至吏卒日常工作也治成簿。這些簿，作為檔案，每年都要定期向上匯報，是為上計。籍，則是記錄人和物的檔案。根據「簿」與「籍」的不同用途，吳昌廉先生將「簿」分為食簿、四時簿、日跡簿、兵簿、穀茭出入簿、錢財出入簿、戍卒被簿、省卒簿、其它簿九類；將「籍」分為奉賦名籍、吏卒名籍、食名籍、廩名籍、賜勞名籍、車馬名籍、吏民出入籍、貰賣名籍、射爰書名籍和告劾副名籍等。（《簡牘學報》第 7 冊〈居延漢簡所見簿籍述略〉）根據出土實物歸納，吳先生認為：在當時隧有隧之簿籍，部有部之簿籍，候官有候官之簿籍，都尉府、太守府亦莫不皆然。中央政府之簿書，即端賴地方有完備的簿籍制度，以便逐級上呈，不得疏怠。就其時間而言，有每日記事之日跡簿、有分月記錄之月跡簿、每四時記錄之四時簿，而每年更有定期的簿籍，甚至有積若干年為一簿冊者（如永元廣地南部兵物簿）。簡牘中的各類簿書，要求定期匯總，嚴守信實，稍遇怠慢不實者，輒以「解何」詰責。就其內容而言，不論吏卒、不論錢穀財物或器物工具者，凡稍涉重要者，均須詳加著錄。從出土簿籍類文書來看，「人入名籍，物錄簿書」，大抵如此，也有少數變例。但在名稱方面，似無定制，根據任務的需要，常作靈活運用。

甲、簿

「簿」，用今天的話來講就是帳簿。如前所述，它是用經濟管理和行政管理的一種文書，多以記錄人或錢物的數量值為主要內容。《周禮‧冢宰‧司書》云：司書「掌邦之六典、八法、八則、九職、九正、九事，邦中之版、土地之

圖，以周知入出百物，以敘其財，受其幣，使入於職幣。」鄭氏注曰：「敘，猶比次也，謂鉤考其財幣，所給及其餘見，為之簿書。」賈公彥疏：「云『所給及其餘見為之簿書』者，司書『周知入出百物，以敘其財』，明知敘其財者，所給諸官，餘不盡者，即以餘見為之簿書，擬與司會鉤考之。」意謂司書掌管官府所藏財幣、入出百物，除已給用者外，餘留見在者造為簿冊登記。《漢書・食貨志》云：「乘傳求利，交錯天下，因與郡縣通姦，多張空簿，府藏不實。」顏師古注曰：「簿，計算也。」《漢書》中也多有「計簿」的記載。李均明先生認為：「早期的帳簿是文字敘述式的，與一般通行文書無多大差別，故『書』、『簿』常混稱。至秦漢，簿籍之體式與書檄已分離，帳簿、名冊之類已明顯劃分出記載不同要素的若干欄目。」（《簡牘文書學・簿籍類》）

簡牘所見主要之「簿」如：

(1)集簿

縣邑侯國卅八。縣十八，侯國十八，邑二，其廿四有堠，都官二。

鄉百七十□百六，里二千五百卅四，正二千五百卅二人。

亭六百八十八，卒二千九百七十二人；郵卅四，人四百八，如前。

界東西五百五十一里，南北四百八十八里，如前。

縣三老卅八人，鄉三老百七十人，孝弟、力田各百廿人，凡五百六十八人。

吏員二千二百三人。大守一人，丞一人，卒史九人，屬五人，書佐十人，嗇夫一人，凡廿七人。

都尉一人，丞一人，卒史二人，屬三人，書佐五人，凡十二人。

令七人，長十五人，相十八人，丞卅四人，尉卅三人，有秩卅人，斗食五百一人，佐使亭長千一百八十二人，凡千八百卅人。

侯家丞十八人，僕、行人、門大夫五十四人，先馬、中庶子二百五十二人，凡三百廿四人。

戶廿六萬六千二百九十，多前二千六百廿九，其戶萬一千六百六十二獲流。

□百卅九萬七千三百卅三，其四萬二千七百五十二獲流。

提封五十一萬二千九十二頃八十五畝二□……人，如前。

《尹灣漢墓簡牘》牘 1A

□國邑居園田廿一萬一千六百五十二□□十九萬百卅二……卅五萬九千六……

種宿麥十萬七千三百□十□頃，多前千九百廿頃八十二畝。

男子七十萬六千六十四人，女子六十八萬八千一百卅二人，女子多前七千九百廿六。

年八十以上三萬三千八百七十一、六歲以下廿六萬二千五百八十八，凡廿九萬六千四百五十九。

年九十以上萬一千六百七十人，年七十以上受杖二千八百廿三人，凡萬四千四百九十三，多前七百一八。

春種樹六十五萬六千七百九十四畝，多前四萬六千三百廿畝。

以春令成戶七千卅九，□二萬七千九百廿六，用穀七千九百五十一石八斗□升半升，率口二斗八升有奇。

一歲諸錢入二萬萬六千六百六十四萬二千五百六錢。

一歲諸錢出一萬□四千五百八十三萬四千三百九十一。

一歲諸穀入五十萬六千六百卅七石二斗二升少□升，出卅一萬二千五百八十一石四斗□□升。

《尹灣漢墓簡牘》牘 1B

　　案：該牘 1993 年 2 月出土於江蘇省連雲港市東海縣溫泉鎮尹灣 6 號漢墓。長 23 釐米，寬 7 釐米。兩面抄寫。標題「集簿」二字用隸書抄寫在牘正面的中央。正文低於「集簿」二字抄寫，書體為草隸。「集」，匯總、合計之意。「集簿」所見數值皆為統計數字。《續漢書‧百官志》劉昭注引胡廣《漢官解詁》云：「秋冬歲盡，各計縣戶口、墾田、錢穀出入、盜賊多少，上其集簿。」該牘內容所記為東海郡的行政建置、吏員設置、戶口、墾田和錢穀出入等方面的年度統計數字，是當時東海郡府呈報給朝廷的集簿。所設項目近六十種，約可分為五大類：一、行政機構、區劃類，其中包括縣、邑、侯國、鄉、里、亭、倉、郵數及郡界，二、官吏、教化及榮譽人員類，其中包括縣鄉三老、孝弟、力田數、太守府、都尉府、縣 邑、侯國吏員數。三、戶口類，其中包括戶、口、男、女、年七

十以上、八十以上、九十以上、六歲以下數。四、土地類，其中包括提封、侯國邑居園田、種宿麥、種各種植物的面積。五、錢穀類，其中包括錢出入、穀出入數量等。這些項目都是當時國家統計所設的項目，因此，也有人認為該集簿也可能是東海郡上計呈報集簿的底稿或者副本。

(2)□都尉縣鄉……

　　大守吏員廿七人：大守一人，秩□□□□；大守丞一人，秩六百石；卒史九人，屬五人，書佐九人，用算佐一人，小府嗇夫一人；凡廿七人。

　　都尉吏員十二人：都尉一人，秩真二千石；都尉丞一人，秩六百石；卒史二人，屬三人，書佐四人，用算佐一人；凡十二人。

　　海西吏員百七人：令一人，秩千石；丞一人，秩四百石；尉二人，秩四百石；官有秩一人，鄉有秩四人，令史四人，獄史三人，官嗇夫三人，鄉嗇夫十人，游徼四人，牢監一人，尉史三人，官佐七人，鄉佐九人，亭長五十四人；凡百七人。

　　下邳吏員百七人：令一人，秩千石；丞一人，秩四百石；尉二人，秩四百石；官有秩二人，鄉有秩一人，令史六人，獄史四人，官嗇夫三人，鄉嗇夫十二人，游徼六人，牢監一人，尉史四人，官佐七人，鄉佐九人，郵佐二人，亭長卅六人；凡百七人。

　　郯吏員九十五人：令一人，秩千石；丞一人，秩四百石；尉二人，秩四百石；獄丞一人，秩二百石；鄉有秩五人，令史五人，獄史五人，官嗇夫三人，鄉嗇夫六人，游徼三人，牢監一人，尉史三人，官佐九人，鄉佐七人，郵佐二人，亭長卅一人；凡九十五人。

　　蘭陵吏員八十八人：令一人，秩千石；丞一人，秩四百石；尉二人，秩四百石；官有秩一人，令史六人，獄史四人，官嗇夫四人，鄉嗇夫十三人，游徼四人，牢監一人，尉史四人，官佐八人，鄉佐四人，亭長卅五人；凡八十八人。

　　朐吏官員八十二人：令一人，秩六百；丞一人，秩三百石；尉二人，秩三百石；鄉有秩一人，令史三人，獄史二人，官嗇夫四人，鄉嗇夫六人，游徼二人，牢監一人，尉史二人，官佐四人，鄉佐六人，亭長卅七人；凡八十二人。

襄賁吏員六十四人：令一人，秩六百石；丞一人，秩三百石；尉二人，秩三百石；官有秩一人，鄉有秩二人，令史六人，獄史三人，官嗇夫三人，鄉嗇夫五人，游徼四人，牢監一人，尉史三人，官佐七人，鄉佐四人，亭長廿一人；凡六十四人。

戚吏員六十人：令一人，秩六百石；丞一人，秩三百石；尉二人，秩三百石；鄉有秩二人，令史四人，獄史二人，官嗇夫三人，鄉嗇夫三人，游徼一人，牢監一人，尉史三人，官佐五人，鄉佐五人，亭長廿七人；凡六十人。

費吏員八十六人：長一人，秩四百石；丞一人，秩二百石；尉二人，秩二百石；鄉有秩二人，令史四人，獄史二人，官嗇夫三人，鄉嗇夫五人，游徼五人，牢監一人，尉史三人，官佐八人，鄉佐四人，郵佐二人，亭長卅三人；凡八十六人。

即丘吏員六十八人：長一人，秩四百石；丞一人，秩二百石；尉二人，秩二百石；令史四人，獄史二人，官嗇夫二人，鄉嗇夫八人，游徼四人，尉史二人，官佐六人，鄉佐四人，亭長卅二人；凡六十八人。

厚丘吏員六十七人：長一人，秩四百石；丞一人，秩二百石；尉二人，秩二百石；令吏四人，獄吏一人，官嗇夫二人，鄉嗇夫九人，游徼二人，牢監一人，尉史三人，官佐四人，鄉佐一人，亭長卅六人；凡六十七人。

利成吏員六十五人：長一人，秩四百石；丞一人，秩二百石；尉二人，秩二百石；鄉有秩一人，令史三人，獄史三人，官嗇夫二人，鄉嗇夫三人，游徼三人，尉史三人，官佐五人，鄉佐五人，郵佐一人，亭長卅二人；凡六十五人。

況其吏員五十五人：長一人，秩四百石；丞一人，秩二百石；尉二人，秩二百石；令史四人，獄史二人，官嗇夫二人，鄉嗇夫五人，游徼三人，牢監一人，尉史三人，官佐六人，鄉佐二人，亭長廿三人；凡五十五人。

開陽吏員五十二人：長一人，秩四百石；丞一人，秩二百石；尉二人，秩二百石；鄉有秩一人，令史四人，獄史三人，官嗇夫二人，鄉嗇夫四人，游徼三人，牢監一人，尉史三人，官佐六人，鄉佐二人，亭長十九

人；凡五十二人。

繒吏員五十人：長一人，秩四百石；丞一人，秩二百石；尉二人，秩二百石；鄉有秩一人，令史四人，獄史二人，官嗇夫二人，鄉嗇夫三人，游徼二人，牢監一人，尉史二人，官佐四人，鄉佐二人，亭長廿三人；凡五十人。

司吾吏員卅一人：長一人，秩四百石；丞一人，秩二百石；尉二人，秩二百石；令史三人，獄史二人，官嗇夫二人，鄉嗇夫七人，游徼二人，牢監一人，尉史二人，官佐六人，亭長十二人；凡卅一人。

平曲吏員廿七人：長一人，秩四百石；丞一人，秩二百石；尉一人，秩二百石；鄉有秩一人，令史四人，獄史二人，官嗇夫二人，游徼二人，尉史三人，官佐四人，鄉佐二人，亭長四人；凡廿七人。

□□吏員六十六人：長一人，秩三百石；丞一人，秩二百石；尉二人，秩二百石；令史四人，獄史一人，鄉嗇夫七人，游徼三人，牢監一人，尉史二人，官佐四人，郵佐二人，鄉佐二人，亭長卅六人；凡六十六人。

□□吏員廿八人：長一人，秩三百石；丞一人，秩二百石；尉一人，秩二百石；鄉有秩……人，官嗇夫二人，游徼二人，牢監一人，尉史二人，官佐六人，鄉佐一人，亭長五人；凡廿八人。

《尹灣漢墓簡牘》牘 2A

□□吏員廿五人……（因內容大同小異，故具體內容省略，下同。——引者）

□吏□廿二人……

昌慮吏員六十五人……

蘭旗吏員五十九人……

容丘吏員五十三人……

良成吏員五十人……

南城吏員五十六人……

陰平吏員五十四人……

新陽吏員卅七人……

東安吏員卅四人……

平曲侯國吏員卅二人……

建陵吏員卅九人……

山鄉吏員卅七人……

武陽吏員卅三人……

都平吏員卅一人……

郚鄉吏員卅一人……

建鄉吏員卅人……

□□吏員卅七人……

建陽吏員卅一人……

●都陽侯國吏員卅二人：相一人，秩三百石；丞一人，秩二百石；令史二人，鄉嗇夫一人，游徼一人，尉史一人，官佐四人，亭長三人；侯家丞一人，秩比三百石；僕、行人、門大夫三人，先馬、中庶子十四人；凡卅二人。

伊盧鹽官吏員卅人：長一人，秩三百石；丞一人，秩二百石；令史一人，官嗇夫二人，佐廿五人；凡卅人。

北蒲鹽官吏員廿六人：丞一人，秩二百石；令史一人，官嗇夫二人，佐廿二人；凡廿六人。

郁州鹽官吏員廿六人：丞一人，秩二百石；令史一人，官嗇夫一人，佐廿三人；凡廿六人。

下邳鐵官吏員廿人：長一人，秩三百石；丞一人，秩二百石；令史三人，官嗇夫五人，佐九人，亭長一人；凡廿人。

□鐵官吏員五人：丞一人，秩二百石；令史一人，官嗇夫一人，佐二人；凡五人。

●最凡吏員二千二百二人。

《尹灣漢墓簡牘》牘 2B

　　案：該牘 1993 年 2 月出土於江蘇省連雲港市東海縣溫泉鎮尹灣 6 號漢墓。長 23 釐米，寬 7 釐米。兩面抄寫。木牘正面第一行原有標題，由於字跡殘泐，僅存「都尉縣鄉」四字。整理者根據內容，將其定名為「東海郡吏員簿」。全文共有 3400 餘字，用工整的隸書抄寫在木牘的正反兩

面。該木牘是尹灣漢墓出土的木牘中字數最多、字體最規範的一種。該牘所記內容為東海郡太守、都尉和各縣、邑、侯國以及鹽、鐵官的吏員的統計數字。上引「集簿」的吏員統計屬於綜合性的統計，此簿則屬於分類明細統計。「集簿」記錄東海郡的吏員總數為 2203 人，該簿所記吏員總數為「凡吏員二千二百二人」，比「集簿」統計總數少一人。李均明先生認為：「例(2)為東海郡吏員集簿，有關吏員的合計數與例(1)所見（基本）相合，知例(1)所見是在例(2)集簿的基礎上匯總得來的，但二者有關吏員的指標項目不盡相同。如例(1)載太守府所屬『書佐十人』，例(2)作「書佐九人，用筭佐一人」；例(1)都尉府所屬「書佐五人」，例(2)作『書佐四人，用筭佐一人』，顯然例(1)已將例(2)所見『書佐』、『用筭佐』統稱為『書佐』，知『用筭佐』亦為『書佐』，只不過他們是專門從事會計、統計工作的書佐，故稱，如此則實現了統計指標項目的合並。指標項目合並的現象屢見於漢簡，如《居延漢簡釋文合校》59・49、220・12 簡云『祭長史君百石吏十二人，斗食吏二人，佐史八十八人，錢萬』；《合校》76・29『百石吏三百，斗食吏三百，佐史百』。其實，屯戍組織中候官一級的百石吏包括候長、士吏，佐史包括候史、隧長等。由於他們秩級相同，便以秩級標誌，而不是以職務標誌立項，從而達到去繁就簡的目的。」（《簡牘文書學》，廣西教育出版社，1999 年版）

(3)廣地南部言永元五年六月官兵釜磑月言簿

　　　　承五月餘官弩二張，箭八十八枚，釜一口，磑二合。
　　　　今　　餘官弩二張，箭八十八枚，釜一口，磑二合。
　　　　赤弩一張，力四石，木關。
　　　　陷堅羊頭銅鏃箭卅八枚。
　　　　故釜一口，鋞有錮口呼長五寸。
　　　　磑一合，上蓋缺二所，各大如疏。
●右破胡隧兵物。
　　　　●赤弩一張，力四石五，木破、起繁往往絕。
　　　　盲矢銅鏃箭五十枚。
　　　　磑一合，敝盡不任用。

●右澗上隧兵物。

●凡弩二張，箭八十八枚，釜一口，磑二合。　毋入出。

永元五年六月壬辰朔一日壬辰，廣地南部

候長信叩頭死罪敢言之。謹移六月見官兵物

月言簿一編。叩頭死罪，敢言之。

●廣地南部言永元五年七月見官兵釜磑月言簿。

承六月餘官弩二張，箭八十八枚，釜一口，磑二合。

今　　　　　餘官弩二張，箭八十八枚，釜一口，磑二合。

　　　　　●赤弩一張，力四石，木關。

　　　　　陷堅羊頭銅鏃箭卅八枚。

　　　　　故釜一口，鍉有錮口呼長五寸。

　　　　　磑一合，上蓋缺二所，各大如疏。

●右破胡隧兵物。

　　　　　●赤弩一張，力四石五，木破，起繁往往絕。

　　　　　盲矢銅鏃箭五十枚。

　　　　　磑一合，敝盡不任用。

●右澗上隧兵物。

●凡弩二張，箭八十八枚，釜一口，磑二合，毋出入。

永元五年七月壬戌朔二日癸亥，廣地南部

候長　叩頭死罪敢言之。謹移七月見官兵釜磑

月言簿一編。叩頭死罪敢言之。

●廣地南部言永元六年七月見官兵釜磑月言簿。

承六月餘官弩二張，箭八十八枚，釜一口，磑二合。

　　　　　●赤弩一張，力四石，木關。

　　　　　陷堅羊頭銅鏃箭卅八枚。

　　　　　故釜一口，鍉有錮口呼長五寸。

　　　　　磑一合，上蓋缺二所，各大如疏。

●右破胡隧。

　　　　　赤弩一張，力四石五，木破，起繁往往絕。

　　　　　盲矢銅鏃箭五十枚。

　　　　　礑一合，敝盡不任用。

●右澗上遂。

●凡弩二張，箭八十八枚，釜一口，礑二合。　毋出入。

永元六年七月丙辰朔二日丁巳，廣地

南部候長　叩頭死罪敢言之。謹移七月見官兵

釜礑月言簿一編。叩頭死罪敢言之。

（一簡無字）

●廣地南部言永元七年正月盡三月見官兵釜礑四時簿。

承六年十二月餘官弩二張，箭八十八枚，釜一口，礑二合。

　　　　　●赤弩一張，力四石，木關。

　　　　　陷堅羊頭銅鍭箭卅八枚。

　　　　　故釜一口，鋗有錮口呼長五寸。

　　　　　礑一合，上蓋缺二所，各大如疏。

●右破胡隧。

　　　　　●赤弩一張，力四石五，木破，起繄往往絕。

　　　　　盲矢銅鍭箭五十枚。

　　　　　礑一合，敝盡不任用。

●右澗上隧。

永元七年三月壬午朔一日壬午，廣地南

部候長　叩頭死罪敢言之。謹移正月盡三月見

官養釜礑四時簿一編。叩頭死罪敢言之。

●廣地南部言永元七年四月盡六月見官兵釜礑四時簿

承三月餘官弩二張，箭八十八枚，釜一口，礑二合。

　　　　　●赤弩一張，力四石，木關。

　　　　　陷堅羊頭銅鍭箭卅八枚。

　　　　　故釜一口，鋗有固口呼長五寸。

　　　　　礑一合，上蓋缺二所，各大如疏。

●右破胡隧。

　　　　　●赤弩一張，力四石五，木破，起繄往往絕。

　　　　　盲矢銅鍭箭五十枚。

　　　　　礑一合，敝盡不任用。

●右潤上隧。

永元七年六月辛亥朔二日壬子，廣地南部候

長　叩頭死罪敢言之。謹移四月盡六月見官兵釜

礑四時簿一編。叩頭死罪敢言之。

（一簡無字）　　　　　　　　　　　　《居延漢簡釋文合校》128‧1

　　案：該簡冊在 1930 年至 1931 年間出土於東漢時期張掖郡肩水都尉府的廣地候官遺址中（查科爾帖）。全簡冊中由 77 枚木簡組成（其中有 2 枚白簡），兩道編繩。出土時保存完整，不僅木簡編次未亂，而且簡冊的編繩殘跡猶存。這樣的簡冊在出土簡牘中極為罕見，是研究古代簡冊形式的珍貴資料。學術界稱其為《永元兵物簿》。

　　該簿冊的內容是東漢和帝時代永元五年六月至永元七年六月（公元 93 年至 95 年）間廣地候官下屬的候長向候官的月度會計報告和季度會計報告，有分五個部分，由三份「月言簿」（含呈文）和兩份「四時簿」（含呈文）組成。①第一簡至第十六簡為第一部分，內容是永元五年六月候長信呈上的「月言簿」（即月度會計報告），第一行為月言簿的標題，下面將所屬的破胡隧和潤上隧兩個烽隧中的兵物依次開列，然後再做一總計，最後是候長信的呈文。②第十七簡至三十二簡為第二部分，內容為永元五年七月候長信呈上的月言簿，其內容和形式與第一部分相同，只是其中的具體數字有所變化。③第三十三簡至四十七簡為第三部分，是永元六年七月份的月言簿。第四十八簡是一枚白簡。④第四十九簡至六十二簡為第四部分，其內容是永元七年正月至三月間一個季度的上呈四時簿（即季度會計報告）。「四時簿」的形式與「月言簿」的形式一樣，也是將所屬破胡隧和潤上隧兩個烽隧中的兵物依次開列，然後再做一總計，最後是候長信的呈文。⑤第六十三簡至七十六簡為第五部分，內容為永元七年四月至六月間一個季度的「四時簿」，其內容與形式與第四部分相同，只是其中具體數字有所變化。第七十七簡是一枚白簡。在出土簡牘文書中，月度報告、季度報告的文書也還有多見，但不一定皆稱「月言簿」和「四時簿」。月度報告如《居延新簡》EPS4T2‧2 稱「七月卒跡簿」、EPS4T2‧4 稱「八月卒日跡簿」、《居延漢簡釋文合校》81‧3 稱「四月什器簿」等；季度報告

如《居延漢簡釋文合校》28·11 稱「陽朔二年正月盡三月錢出入簿」、37·18 稱「元鳳六年四月盡六月財物出入簿」等。李均明先生認為，凡冠以某月份之帳，皆為月度報告；只要帳簿名目前冠以說明某季度之「某月盡某月」（積三個月）即為季度報告。此外，在上引《永元器物簿》中已有承上月結餘數、本月入出數及合計數等項。郭道揚先生認為：「《永元器物簿》初步證實了這樣一個問題，就是講在東漢時代，人們在會計合算中，已經能夠分別『上期結存』、『本期收入』、『本期付出』及『本期結存』這四大經濟項目。雖然還無法證實當時是否能夠根據這四大項目之間的經濟關係，將其列成結算公式，但是起碼可以講，當時人們對這四大經濟項目之間的關係已經有了初步的認識。這種認識是東漢時代會計發展中的一個突出進步。」（《中國會計史稿》上冊，頁 254）

(4)●勞邊使者過界中費

梁米八斗　　　　　直百六十。

即米三石　　　　　直四百五十。

羊二　　　　　　　直五百。

酒二石　　　　　　直二百八十。

鹽、鼓各一升　　　直卅。

醬將薑　　　　　　直五十。

●往來過費凡直四百七十。

肩水見吏廿七人　率人五十五。

案：該簡冊是 1974 年夏季出土於甘肅省金塔縣天倉北 25 公里、額濟納河上游谷地北口東岸的漢代肩水金關遺址中。該簡冊共有 9 枚木簡組成（編號為 EJT21·2－10），出土時簡冊與編繩完好不亂，兩道編繩。除第 8 簡外，皆分兩欄抄寫。圖版發表在 1978 年第 1 期《文物》雜誌上。簡冊自題為「勞邊使者過界中費」，《文物》刊登的〈居延漢代遺址的發掘和新出土的簡冊文物〉一文介紹，此為地皇三年（公元 22 年）王莽的使者在金關食用米肉的開支。實際上就是一冊逐項開支核算的流水計簿。該計簿不僅記載了各項食品的名稱和數量，同時還記載了各項食品的貨幣價直等。郭道揚先生在其所著《中國會計史稿》（上冊之 202、218 頁）中曾對

此簡做過專門的論述。他認為：「單獨用於核算某種專門費用的會計簿書設置，是西漢官廳會計簿書設置方面的一個突出進步。」「會計核算以貨幣作為計量單位，其優越性在於，通過它便於綜合進行核算。可以把各種不同的實物計量單位統一，從而使得難以進行比較的經濟事物可以作出比較，用實物量度無法加以考核的經濟指標，可以得到正確的考核。尤其是以貨幣為計量單位可以匯總考核國家的總收入，企業經營的總成果。總之，以貨幣為計量單位，有利於達到反映和監督社會經濟活動的目的。由此，可以說貨幣量度在會計核算中的應用程度，是衡量某一時代會計核算水平的一個重要標誌。」

(5)出雞一隻（雙），以食長史君，一食，東。（113 簡）

出雞一隻（雙），以食使者王君所將客，留宿，再食，東。（114 簡）

出雞二隻（雙），以食大司農卒史田卿，往來四食，東。（115 簡）

出雞一隻（雙），以食丞相史范卿，往來再食，東。（116 簡）

出雞二隻（雙），以食長史君，往來四食，西。（117 簡）

出雞一枚，以食太醫萬秋，一食，東。（118 簡）

出雞一隻（雙），以食刺史，從事吏一人，凡二人，一食，東。（119 簡）

出雞一隻（雙），以食大司農卒史馮卿，往來再食，東。（120 簡）

出雞一枚，以食使者王君，一食，東。（121 簡）

入雞二隻（雙），十月辛巳，佐長富受廷。（122 簡）

入雞一隻（雙），十月甲子，廚嗇夫時受毋窮亭卒□。（123 簡）

入雞一隻（雙），十二月壬戌，廚嗇夫時受魚離鄉佐逢時。（124 簡）

十月盡十二月丁卯，所置自買雞三隻（雙），直錢二百卅，率隻（雙）八十，唯廷給。（125 簡）

• 縣（懸）泉置元康四年十月盡十二月丁卯雞出入簿（簿）。（126 簡）

九月毋餘雞。（127 簡）

今毋餘雞。（128 簡）

• 最凡雞卅四隻（雙）。正月盡十二月丁卯所受縣雞廿八隻（雙）一枚，正月盡十二月丁卯置自買雞十五隻（雙）一枚，直錢千二百一十五，唯廷給。（129 簡）

・縣（懸）泉置元康四年正月盡十二月丁卯雞出入簿（簿）。（130 簡）

元康四年十二月甲寅朔戊辰，縣（懸）泉廚嗇夫時敢言之，謹移正月盡十二月丁卯雞出入簿（簿）一編。敢言之。（131 簡）

（I0112 ③：113-131）

案：該簡冊是 1990 年出土於甘肅省敦煌甜水井東南 3 公里的漢代懸泉置遺址。現存 19 枚木簡，出土時簡冊散亂，上面的排列順序是整理者所排列。該簡冊內容是西漢宣帝元康四年（公元前 62 年）十二月戊辰（十五日）懸泉廚嗇夫時上報的從正月到十二月用於招待過往官員用雞的出入帳簿。從冊末總計「最凡雞卌四隻」來看，與簡冊所記的不盡吻合，疑該簡冊有缺簡。胡平生先生認為簡文中「隻」，當為「雙」字省，《史記・龜策列傳・集解》引徐廣曰：「隻，一作雙。」又《文物》1976 年第 10 期刊登的〈鳳凰山 167 號漢墓遣策考釋〉一文中曾指出：「鳳凰山 167 號漢墓遣策凡言『隻』者，出土實物多為雙，『雙』簡省作『隻』，蓋漢代習俗。」

出土簡牘中的帳簿類文書發現很多，除上列幾件外，據李均明先生統計，還有：

武庫永始四年兵車器集簿　《尹灣漢墓簡牘》（以下簡稱《尹灣》）牘6。

鐵器出入集簿　《居延漢簡釋文合校》（以下簡稱《合校》）310・19。

出入簿　《合校》199・1、303・44、511・8、511・21；《居延新簡》EPT10・27。（以下簡稱《新簡》）

穀簿　《合校》5・16、286・7、395・16、564・8；《新簡》EPT56・329、EPF22・49。

穀出入簿　《合校》11・27、33・9、82・6、113・16、135・7、136・16、136・48、303・38；《新簡》EPT43・63、EPT52・203、EPT52・473、EPT53、222、EPT59・319、EPF22・453；《敦煌漢簡》（以下簡稱《敦》）1312。

受城官穀簿　《合校》204・3。

穀出入四時簿　《新簡》EPF22・398。

米出入簿　《敦》1707。

精糒簿　《敦》1292。

食麥簿　《合校》131・57。

月食簿　《合校》148・18。

食簿　《合校》273・20、273・23、273・26、275・4、275・11、275・17、308・9。

廩亭別名籍出入簿　《合校》67・41。

余茭出入簿　《合校》142・8。

茭出入簿　《新簡》EPT56・254。

官茭出入簿　《合校》4・10。

省卒伐茭簿　《合校》55・14。

茭積別簿　《新簡》EPT5・9。

省卒伐茭積作簿　《新簡》EPT50・138.

府卿出茭簿　《新簡》EPT52・19。

臨渠官種簿　《新簡》EPT56・29。

鹽出入簿　《新簡》EPT17・13。

廩直簿　《合校》59・11。

錢簿　《合校》203・47。

錢出入簿　《合校》28・4、28・11、214・40；《新簡》EPT65・501。

賦錢出入簿　《合校》35・8、《新簡》EPT4・79。

賦錢簿　《新簡》EPT59・584、EPF22・54。

見錢出入簿　《合校》269・3。

吏奉秩別用錢簿　《新簡》EPT56・6。

吏員秩別用錢度簿　《合校》514・2。

士奉出入簿　《合校》284・3。

奉祿簿　《新簡》EPT5・47。

償及當還錢簿　《合校》67・6。

買□茭錢直錢簿　《合校》401・7。

財物出入簿　《合校》37・18、169・18。

財物直錢出入簿　《新簡》EPT51・28。

受庫錢財出物簿　《合校》286・28。

計餘兵穀財物簿　《合校》4・1。

財物簿　《新簡》EPT50・28、EPF22・55、EPF22・626。

兵簿　《合校》58・24、117・6、120・31、521・11；《新簡》EPT43・
　　70、EPT59・307、EPW・112；《敦》1388。

全兵簿　《新簡》EPF25・5、EPF25・7。

被兵及留兵簿　《新簡》EPT53・36。

完兵出入簿　《新簡》EPF22・460。

完兵簿　《新簡》EPT48・141。

兵完堅折傷簿　《敦》1925。

折傷兵簿　《合校》179・6、311・19；《新簡》EPT48・141。

折傷兵出入簿　《新簡》EPF25・2。

戍卒留署所兵折傷敝絕簿　《敦》1658。

被兵簿　《新簡》EPT56・91、EPF22・455。

卒被兵簿　《合校》18・14、198・19。

戍卒被兵簿　《合校》311・35。

吏被兵簿　《合校》403・2。

卒被簿　《合校》82・39。

亭隧被兵簿　《合校》329・1。

吏卒被兵簿　《新簡》EPT50・175。

吏卒被兵隧別簿　《新簡》EPT53・189。

官兵卒留兵簿　《新簡》EPT56・105。

受具弩簿　《合校》123・32。

辟弦緯簿　《合校》236・34。

兵守御器簿　《敦》2147。

守御器簿　《合校》126・11、506・1；《新簡》EPT55・5；《敦》665。

亭隧烽干轉射沙造數簿　《合校》55・10。

鐵器簿　《合校》520・1；《新簡》EPT52・488；《敦》1064、1295。

茹出入簿　《合校》49・35。

什器簿　《合校》81・3。

車用釭鐧費直簿　《敦》1840。

驛馬閱具簿　《合校》502·7。

胍出入簿　《新簡》EPF25·1。

折傷牛車出入簿　《新簡》EPT52·394·EPT56·315。

出席簿　《新簡》EPT59·74。

物故衣出入簿　《合校》56·40。

枲蒲及適橐諸物出入簿　《新簡》EPT59·229。

大司農部掾簿　《合校》123·6。

吏員簿　《新簡》EPT51·23。

戍卒簿　《合校》5·14。

罷卒簿　《新簡》EPT2·2。

卒出入簿　《新簡》EPT6·44。

計餘諸員見要具簿　《合校》26·10。

伐閱簿　《合校》258·11。

伐閱官簿　《新簡》EPT6·78。

甞直伐閱簿　《新簡》ETP7·9。

伐閱甞直累重官簿　《新簡》EPT17·3。

累重貲直官簿　《新簡》EPT43·73。

累重貲直伐閱簿　《新簡》EPT65·482。

二千石以下至佐史及卒當勞賜簿　《新簡》EPT51·491。

跡簿　《合校》206·18、507·9；《新簡》EPT44·45、EPT53·93、
　　EPT56·282、EPT59·190、EPT65·338。

日跡簿　《合校》45·24、264·6、267·15；《新簡》EPT53·38、
　　EPT53·62、EPT56·206、EPT57·87、EPT58·92、EPF31·3。

微跡簿　《合校》202·16。

日微跡簿　《敦》2124。

跡候簿　《合校》36·16、×208·25。

卒跡簿　《新簡》EPS4T2·2。

卒日跡簿　《新簡》EPT51·13、EPS4T2·4。

吏日跡簿　《新簡》EPT48·1、EPT48·2。

吏卒日跡簿　《合校》139·5、142·14、157·6；《新簡》EPT51·42、

EPT51・201、EPT51・472、EPT52・160、EPT59・28、EPF22・705。

候長、候史日跡簿　《合校》136・39。

部日跡簿　《新簡》EPT58・105。

日作簿　《新簡》EPT51・115。

卒日作簿　《敦》1568。

卒作簿　《合校》36・4。

省卒日作簿　《合校》113・3。

省卒作別簿　《合校》214・75。

省卒莢日作簿　《新簡》EPT52・51。

亭日作簿　《新簡》EPT58・47。

定作簿　《合校》506・14。

壘亭簿　《合校》54・23。

墾田簿　《合校》113・6＋139・24。

卒居署賈賣官物簿　《合校》271・15。

責券簿　《合校》274・32。

具簿　《合校》113・18。

史將簿　《合校》192・38。

官簿　《新簡》EPF22・62。

候官簿　《敦》1814。

尉簿　《合校》464・3。

塞延袤道里簿　《合校》481・18。

亭間道里簿　《新簡》EPS4T2・159。

奏事簿　《新簡》EPT59・332。

吏爲卒書簿　《合校》193・1。

出關簿　《敦》1902。

月言簿　《合校》128・1；《新簡》EPF22・338。

四時簿　《合校》128・1、210・1、217・2、394・4；《新簡》EPT6・
　　35、EPT9・5、EPT59・554、EPF22・468、EPF22・703。

四時雜簿　《合校》5・1。

牒簿　《合校》218・5。

校簿　《新簡》EPT52・174。

計簿　《新簡》EPT40・59、EPT52・576、EPF22・173。等等。

乙、籍

「籍」，是用於行政管理或經濟活動的一種文書，習慣上稱之為「名籍」。《釋名・釋書契》云：「籍，籍也，所以籍疏人名戶口也。」可見「籍」是以人、戶、物為主項的名冊、報表等一類的實用文書，在傳世文獻中也多有記載。《說文解字》云：「籍，簿書也。」以「簿」訓「籍」，說明它們之間有一定的關係。李均明先生認為：「簡牘所見『籍』大多與經濟活動相關，與『簿』有明顯的對應關係。相應的名籍與帳簿常常同卷歸檔。如《居延漢簡釋文合校》（以下簡稱《合校》）67・47『廩亭別名籍、出入簿』、《合校》174・34『五鳳四年八月盡五年四月吏假兵名及兵□傷別簿』。這種現象當絕非偶然，而是表明二者有著相互依存的關係。對某一帳簿而言，相應的名籍起著原始憑證的作用。如『吏奉賦名籍』之類與『賦錢出入簿』，『廩名籍』、『食名籍』之類與『穀出入簿』、『月食簿』，『被兵名籍』之類與『被兵簿』、『全兵簿』皆是。以『廩食名籍』與『廩食簿』的關係為例，如《合校》88・26『出糜大石一石七斗四升，始元二年七月庚子朔以食吏一人盡戊辰廿九日積廿九人，人六升』之類是給個人廩發糧食的帳簿，但沒有寫明具體人名，要知發給誰，只能從相應的名籍查閱，相應的名籍如《居延新簡》（以下簡稱《新簡》）EPT26・3『第二十三候長兒政，十月食一斛六升，十一月丙申士吏翕取』之類即是。對同一件事而言，相應的簿、籍顯示的數據當相符。」（《簡牘文書學》）

關於籍的形制，《漢書・元帝紀》注引應劭曰：「籍者為二尺竹牒。」但出土實物與之不盡一致，可能在具體實施時由於受某些條件所限，也未必按照某些規定所執行，有一定的靈活性。

出土名籍實例如：

(1)襄澤隧長昭武宜眾里閻樂成　本始三年九月辛酉除。《合校》10・36。

(2)居延甲渠第廿八隧長居延始至里大夫孟憲，年廿六。《合校》58・2。

(3)居延甲渠止害隧長居延收降里公乘孫勛，年卅　甘露四年十一月辛未除
《合校》173・22。

(4)甲溝第十三隧長閒田萬歲里上造馮匡，年二十三，伉健。　《新簡》
EPT27・32。

(5)居延甲渠第二隊長居延廣都里公乘陳安國，年六十三，建始四年八月辛
亥除。不史《新簡》EPT51・4。

(6)居延甲渠塞有秩候長昭武長壽里公乘張忠，年卅三，河平三年十月庚戌
除。史《新簡》EPT51・11。

　　案：以上所引六例是吏名籍，即登記官吏的名單。這種名籍的主要內
容有現任職務、籍貫、姓名、爵級、年齡、任職時間等，有時也還記錄一
些工作能力、身體狀況等。

(1)戍卒梁國己氏高里公乘周市，年卅。《合校》50・29。

(2)戍卒張掖郡居延昌里大夫趙宣，年卅。《合校》137・2。

(3)戍卒張掖郡居延當遂里公士張褒，年卅。《合校》194・18。

(4)戍卒魏郡元城宜馬里大夫王延壽，年廿五。《新簡》EPT53・4。

(5)戍卒魏郡元成正陽里大夫張安世，年廿四。《新簡》EPT53・5。

(6)吞遠隧卒魏郡鄴東武里馬病已，年卅。《合校》262・32。

(7)厭胡卒龍勒萬年里孫良，年廿七。《敦》250。

(8)河渠卒河東皮氏毋憂里公乘杜建，年廿五。《合校》140・15。

(9)田卒淮陽新平常昌里上造柳道，年廿三。《合校》11・2。

　　案：以上所引九例為卒名籍，即登記士卒的名單。這種名籍的主要內
容有士卒的服役單位或所從事的專業工作、籍貫、爵位名、姓名、年齡。
如例(8)「河渠卒」即為專門從事河渠水利工作的士卒，例(9)「田卒」即為
專門從事農田工作的士卒。

(1)第二十三候長兒政　十月　食一斛六斗　十一月丙申士吏翕取。　《新
簡》EPT26・3。

(2)城北侯長寶何　十一月食一斛五斗　同　十月丙寅掾譚取。卩　《新
簡》EPT65・8A、B。

(3)第二十三隧長董放　十一月食一斛五斗　舒　十月乙亥守尉史王陽取。
卩　《新簡》EPT65・9。

(4)推木候長王宏　十一又食一斛五斗　同　十月丙寅掾譚取。卩　《新簡》EPT65・10。

(5)第十桼候長趙彭　十一月食一斛五斗　十月丙寅妻取。卩　《新簡》EPT65・11。

　　案：以上所引五例為吏廩名籍，即供給官吏口糧的名單。廩，供給。《字彙‧廣部》：「廩，歐陽氏曰：古者給人以食，取之於倉廩，故因稱廩給、廩食。」這種名籍的主要內容有官吏任職單位、官吏姓名、某月供給數量、何時誰來領取等。卒廩名籍與吏廩名籍內容基本一致，主要內容也是士卒服役單位、士卒姓名、某月供給數量、何時誰來領取。無論吏廩名籍還是卒廩名籍，廩給發放完畢後一定要在廩名籍上畫押「卩」（還有其它符號），表示廩給已經發放完畢。「卩」即鉤校符號，不是文字，表示已執行完畢。鉤校結果以文字表示者，多署「已」、「畢」等字，但也有用「卩」、「弓」等表示者。李均明先生認為：「鉤校結果單純以符號表示者，以署『卩』者居多，又見『弓』、『一』等，考察其內容，多與出入錢、糧有關，故『卩』等符號的意義當與鉤校文字『已』、『畢』之類相同，指行為已實施。」（《簡牘文書學》）

(1)萬歲候長田宗　坐發省治大司農茭卒不以時遣吏將詣官，失期，適為驛馬載三隥茭五石致止害。　《合校》61‧3、194‧12

(2)第十候長秦忠　坐部十二月甲午留甕，適載純赤菫三百丈致☒　《合校》262‧31。

(3)第十候長傳育　坐發省卒部五人，會月十三，失期毋狀。今適載三泉茭二十石致城北隧給驛馬，會月二十五日畢。　《新簡》EPT59‧59

(4)俱南隧長范譚　留出入檄，適為驛馬運鉼庭茭廿石致止害隧。　《新簡》EPT59‧72

(5)鉼庭候長王護　坐隊長薛隆誤和受一苣火，適載轉一兩到□☒　《新簡》EPT65‧228

(6)第十候史楊平　罷卒在，正月四日到部，私留一日，適運茭五百束致候官，會八月旦。　《合校》285‧10

　　案：以上所引六例為適名籍，即謫罰名單。李均明先生認為：適，責

罰。《漢書・食貨志》:「故吏皆適令伐棘上林,作昆明池。」師古注:「適讀曰謫。謫,責罰也,以其久為奸利。」《漢書・薛宣傳》:「宣獨移書顯責之曰:告櫟陽令:吏民言令治行煩苛,適罰作使千人以上,賊取錢財。」漢簡所見適是對官吏所犯行政過失的一種處罰,其過失通常未達到犯罪程度,但關係到官吏政績的好壞,《漢書・游俠傳》:「……曹事數廢。西曹以故事適之,侍曹輒詣寺舍白遵曰:『陳卿今日以某事適。』遵曰:『滿百乃相聞』。故事,有百適者斥,滿百,西曹白請斥。」簡文所見雖然未有適滿百而斥免的實例,但累犯理應受到更嚴屬的懲罰。

大盛二合

小盛二合

一斗壺一雙

三斗壺一雙

二斗槾一

浣槃一

臷平盤一

大卑匜三雙

小卑匜三雙

竽三雙

小卵檢一合

黑中脯檢一合

大畫脯檢一合

小食檢一合

大食檢一合

一半卧杬一

醬杬一

革一雙

柯二雙

傷杯卅

黑杯

醬杯廿

食赤杯十

杋二

木杓二

箸箸箝一

■右方食器籍

　　案：上引簡文見《散見簡牘合輯》694 至 720。所記內容自署為「食器籍」，即飲食器具的清單。在《散見簡牘合輯》一書中我們還見有「瓦器籍」、「耦人籍」、「五穀小橐、藍芥傷籍」等，李均明先生認為：「此四類籍之形式，西漢中後期皆稱為『簿』，即反映西漢中期前，『簿』、『籍』之界限尚不甚分明。」（《簡牘文書學》）

　　傳馬一匹，驪，牡，左剽，決兩鼻兩耳數，齒十九歲，高五尺九寸……（V1610②：10）

　　私財物馬一匹，騩，牡，左剽，齒九歲，白背，高六尺一寸，小鞍。補縣（懸）泉置傳馬缺。（11 簡）

　　傳馬一匹，騩，乘，白鼻，左剽，齒八歲，高六尺，駕，翟聖，名曰全（？）廄。厶卩。（12 簡）

　　……尺六寸，駕，名曰葆橐。（13 簡）

　　傳馬一匹，騧，乘，左剽，決右鼻，齒八歲，高五尺九寸半寸，驂，名曰黃爵（雀）。（14 簡）

　　傳馬一匹，驪，乘，左剽，八歲，高五尺八寸，中，名曰倉（蒼）波，柱。（15 簡）

　　傳馬一匹，騮，乘，左剽，決兩鼻，白背，齒九歲，高五尺八寸，中，名曰佳□，柱，駕。（16 簡）

　　傳馬一匹，赤騮，牡，左剽，齒八歲，高五尺八寸，駕，名曰鐵柱。（17 簡）

　　傳馬一匹，騂駒，乘，左剽，齒九歲，高五尺八寸，驂，呂戟，名曰完幸。　厶卩。（18 簡）

　　私財物馬一匹，驪，牡，左剽，齒七歲，高五尺九寸，補縣（懸）泉置

傳馬缺。（19 簡）

建始二年三月戊子朔庚寅，縣（懸）泉廄嗇夫欣敢言之：謹移傳馬名籍
一編，敢言之。（20 簡）（V1610 ② : 11－20）

　　案：上引簡文見《敦煌懸泉漢簡釋粹》（上海古籍出版社，2001 年
版），該簡冊是 1990 年至 1992 年間出土於甘肅省敦煌甜水井東南 3 公里
的漢代懸泉置遺址。全冊共 11 簡，其內容為西漢成帝建始二年（公元前
31 年）三月懸泉置傳馬名籍。原簡冊出土時已經散亂，上引為整理者根據
內容排列的順序，中間也可能有缺文。該簡冊自署為「傳馬名籍」，為西
漢後期遺物。在同遺址出土的還有「建昭二年（公元前 37 年）十月傳馬
簿」，同為西漢後期遺物，所記內容相同，但一稱「籍」，一稱「簿」，可
見在西漢後期，簿、籍之名稱也未嚴格區別開來。

漢簡所見「名籍」類文書還有很多，除上列幾件外，據李均明先生統計，
還有：

名籍　《合校》18・4、28・21、46・5、58・26、75・28、80・29、
　　　81・10、157・29、175・13、213・22、225・17、甲附 15；《新簡》
　　　EPT43・124、EPT51・284、EPT51・148、EPT52・730。

四時名籍　《新簡》EPT56・193。

吏名籍　《新簡》EPT50・31、EPW・91。

四時吏名籍　《合校》265・28。

卒名籍　《合校》19・34、243・44、509・29；《新簡》EPT50・181。

卒籍　《新簡》EPT6・101。

部卒名籍　《合校》143・1＋206・30。

省卒名籍　《合校》159・21；《新簡》EPT65・402。

罷卒籍　《新簡》EPT52・219、EPT52・277。

病卒名籍　《合校》45・15、277・26、乙附 15。

卒家屬名籍　《合校》203・15。

卒家屬在署名籍　《合校》191・10、254・4。

卒家屬見署名籍　《合校》194・4＋194・13。

省卒家屬名籍　《合校》58・16、133・8。

吏卒名籍　　《合校》126・3、185・14＋258・1；《新簡》EPT5・113。

車父名籍　　《合校》157・4。

居署名籍　　《新簡》EPT7・32。

居署省名籍　　《新簡》EPT40・18。

定罷物故名籍　　《新簡》EPT53・37。

弟子籍　　《秦簡・秦律雜抄》。

以赦令免為庶人名籍　　《新簡》EPT5・105。

卒病飲藥有廖名籍　　《合校》311・6。

廩名籍　　《合校》5・16、122・19、125・36、177・4、177・22、
　　203、6、55・34；《新簡》EPT43・217、EPT65・123、EPT65・410；
　　《敦》998。

吏卒廩名籍　　《合校》55・24＋137・20、176・38＋190・10＋193・
　　7、203・25、287・9；《新簡》EPT52・262、EPT52・424、EPT53・
　　2、EPT59・656。

卒廩名籍　　《合校》177・14；《新簡》EPT5・27。

鄣卒廩名籍　　《合校》109・1。

廩卒名籍　　《新簡》EPT59・358、EPW・100。

卒家屬廩名籍　　《合校》276・4。

食名籍　　《合校》75・9。

廩鹽名籍　　《合校》141・2。

奉賦名籍　　《合校》231・69。

吏奉賦名籍　　《合校》73・16、236・1、265・28；《新簡》EPT8・1。

受奉名籍　　《新簡》EPT40・137。

受奉賦名籍　　《合校》511・40。

吏受奉名籍　　《合校》154・34、254・4。

受吏奉名籍　　《合校》458・3。

受祿錢名籍　　《新簡》EPF25・14。

戍卒受庸錢名籍　　《新簡》EPT59・573。

墨將名籍　　《合校》430・5；《新簡》EPT5・74。

自占書功勞墨將名籍　　《合校》282・7；《新簡》EPT5・1。

功墨將名籍　《新簡》EPT56・262。

功墨　《新簡》EPT65・302。

賜勞名籍　《合校》24・4、49・14、159・14、239・88、267・11；
《新簡》EPT51・419、EPT53・7。

奪勞名籍　《合校》206・21。

增勞名籍　《新簡》EPT5・32、EPT6・4、EPT10・7。

射爰書名籍　《合校》485・40。

爰書名籍　《新簡》EPT56・276。

告劾副名籍　《合校》255・21。

卒貰賣名籍　《合校》44・23；《新簡》EPT26・265。

戍卒貰賣衣財物爰書名籍　《合校》10・34。

戍卒貰賣衣財物名籍　《新簡》EPT59・47。

行道貰賣名籍　《新簡》EPT3・2。

行道貰賣衣財物名籍　《新簡》EPT53・218。

戍卒行道貰買衣財物名籍　《新簡》EPT56・253。

部卒貰賣衣物騎司馬令史所名籍　《新簡》EPT51・210。

閣卒市買衣物名籍　《新簡》EPT65・56。

亭卒不貰賣名籍　《合校》564・25。

賣籍　《新簡》EPT56・134。

卒被兵本籍　《合校》7・7。

被兵名籍　《新簡》EPT52・86、EPT59・547。

戍卒被兵名籍　《新簡》EPT58・33。

亭別被兵籍　《合校》7・7。

卒假兵姑臧名籍　《新簡》EPT52・399。

罷卒留兵名籍　《新簡》EPT57・94。

吏肄射傷弩名籍　《新簡》EPT58・32。

兵守御器戍卒名籍　《敦》793。

兵守御器吏卒名籍　《敦》794。

吏民出入籍　《合校》29・3。

致籍　《敦》1888・1895・1900。

出關致籍 《敦》795。

轉穀輸塞外輸食者出關致籍 《敦》682。

關籍 《敦》1930。

出入關傳致籍 《合校》50・26。

吏妻子出入關致籍 《新簡》EPT51・136。

吏私牛出入關致籍 《敦》534。

坐詐□□名籍 《新簡》EPT51・199。

卒始茭名籍 《新簡》EPT43・25。

創別名籍 《新簡》EPT51・398。

衣物名籍 《合校》143・14。

戍卒病死衣物名籍 《合校》49・17＋217・26。

戍卒物故衣名籍 《新簡》EPT59・12。

倉穀車兩名籍 《新簡》EPT52・548。

什器校券名籍 《新簡》EPT51・180。

傳馬名籍 《合校》203・39。

傳驛馬名籍 《合校》284・2。

屬國胡騎兵馬名籍 《合校》512・35。

戶籍 《合校》218・2。

齎籍 《秦簡・效律》、《秦簡・秦律十八種》。

耦人籍 《散》693。

瓦器籍 《散》730。

五穀小棗藍芥傷籍 《散》775。

尺籍 《散》255・307。

吏居署名 《敦》2254。

四時吏名籍 《合校》129・22＋193・30。

等等。

三、律令

律、令都是我國古代法律規範的名稱。《爾雅・釋詁》云：「律，常也。」邢昺疏云：「律者，常法也。」令者，《釋名》曰：「令，領也，領理之使不相

犯也。」《鹽鐵論・刑德》云：「令者，所以教民也。又詔聖令者，教也，所以導民。」《史記・杜周傳》云：「前主所是著為律，後主所是疏為令。」《太平御覽》卷 641 引晉杜預《律序》云：「律以正罪名，令以存事制。」律、令都是社會的產物，也是社會現實的反映，同時它又反作用於社會，規範著人們的行為。程樹德先生云：「三代皆以禮治，孔子所謂『殷因於夏禮，周因於殷禮』是也。《周禮》一書，先儒雖未有定說，而先王遺意，大略可見。其時八議八成之法，三宥三赦之制，胥納之於禮之中，初未有禮與律之分也。周室凌夷，諸侯各自立制，刑書刑鼎，紛然並起。李悝始集諸國刑典，著《法經》六篇，然猶未以律為名也。商鞅傳《法經》，改法為律，律之名，蓋自秦始。漢沿秦制，顧其時去古未遠，禮與律之別猶不甚嚴。〈禮樂志〉叔孫通所撰禮儀與律同錄藏於理官。《說文》引漢律祠宗廟丹書告，〈和帝紀〉注引漢律春曰朝秋曰請，是可證朝覲宗廟之儀、吉凶喪祭之典，後世以之入禮者，而漢時則多屬律也。魏晉以後，律令之別極嚴，而漢則否。〈杜周傳〉前主所是著為律，後主所是疏為令。」（《九朝律考・漢律考》，中華書局，1963 年版）「及至孝武即位，外事四夷之功，內盛耳目之好，徵發煩數，百姓貧耗，窮民犯法，酷吏擊斷，姦軌不勝。於是招進張湯、趙禹之屬，條定法令，作見知故縱、監臨部主之法，緩深故之罪，急縱出之誅。其後姦滑巧法，轉相比況，禁罔寖密，律令凡三百五十九章，大辟四百九條，千八百八十二事，死罪決事比萬三千四百七十二事。文書盈於几閣，典者不能偏睹。」（《漢書・刑法志》）「律令繁多，百有餘萬言」。（《漢書・成帝紀》）

出土簡牘律令文書，戰國、秦、漢皆有發現，含律、令、科、品、約等，還有關於律令的問答解釋文書及供辦案人員參考的「式」等，十分豐富，是研究戰國、秦、漢法律極其珍貴的參考資料。

甲、律

1. 青川郝家坪秦代木牘《為田律》

案：1979 年出土於四川省青川縣白井壩郝家坪 50 號秦墓。《為田律》抄寫在一塊長 46 釐米、寬 2.5 釐米、厚 0.4 釐米的木牘正面。出土時殘損較少，字跡清晰，計有 121 字。據牘文首句「二年一十月己酉朔朔日，王命丞相戊、內史匽」及同墓出土的文物考證：牘文「二年」當為秦武王二

年（公元前 309 年）；「丞相戊」即指秦左丞相甘茂。「戊」與「茂」古字通。《為田律》律名是根據牘文「更修為田律」句所定。其內容是修改後的田律中關於農田的長寬、阡陌、道寬、封高等規定，並規定秋八月修築封埒，九月修治道路，十月修造橋樑等。李學勤先生認為木牘所記內容可能只是《為田律》中秦武王作了修改的部分，而不是這種律的全部條文。（見《李學勤學術文化隨筆・郝家坪木牘》）

2. 睡虎地秦簡《秦律十八種》

案：1975 年 12 月出土於湖北省雲夢縣睡虎地 11 號秦墓。墓葬年代約在秦始皇三十年（公元前 217 年）。《秦律十八種》是由 201 支簡組成，簡長 27.5 釐米，寬約 0.5 釐米，有三道編繩。本書原無書名，書名《秦律十八種》是整理組根據竹簡內容所定。出土時，簡冊編繩已朽斷，簡冊散亂。律文的每條末尾都記有律名或律名的簡稱，計有〈田律〉、〈廐苑律〉、〈倉律〉、〈金布律〉、〈關市〉、〈工律〉、〈工人程〉、〈均工〉、〈徭律〉、〈司空〉、〈軍爵律〉、〈置吏律〉、〈效〉、〈傳食律〉、〈行書〉、〈內史雜〉、〈尉雜〉、〈屬邦〉十八種律名。在上述十八種法律中的〈效〉律內容有部分與同墓出土的《效律》相同，加以對照，可知十八種中的〈效〉律原來是集中排的。因此，整理時對十八種的其它類法律條文，都按照集中排的方法加以排列。對照《效律》和十八種現存各種法律的條文數量，可知十八種的每一種大約都不是該律的全文，抄寫人只是按其需要而摘錄了十八種秦律的一部分。

《秦律十八種》的內容相當廣泛，〈田律〉、〈廐苑律〉是關於農田水利、山林保護、牛馬飼養方面的法律；〈倉律〉、〈金布律〉是對國家糧食的貯存保管和發放、貨幣流通、市場交易等作的規定；〈徭律〉、〈司空律〉是關於徭役徵發、工程興建、刑徒監管的法律；〈置吏律〉、〈軍爵律〉、〈效〉和〈內史雜〉等是關於官吏任免、軍爵賞賜以及官吏職務方面的法律。這些條文雖不是法律的全文，但通過其內容，可以看出秦封建國家的某些基本政策，它對研究秦國的政治法律和經濟制度有很高的參考價值。

3. 睡虎地秦簡《效律》

案：1975 年 12 月出土於湖北省雲夢縣睡虎地 11 號秦墓。《效律》由 60 支簡組成，簡長約 27 釐米，寬約 0.6 釐米，有三道編繩。篇首第一支簡簡背寫有「效」字，顯為該律名。與上述《秦律十八種》中的〈效律〉相比，可以明顯看出《秦律十八種》中的〈效律〉只是摘抄了本篇中的一部分。本篇《效律》較詳細地規定了檢驗縣和都官物質帳目的一系列制度，對於在軍事上有重要意義的物品，如兵器、鎧甲和皮革等，規定尤為詳盡。特別是對於度量衡器，律文明確規定了發生誤差時處罰的階度，這是秦王朝貫徹統一度量衡政策的法律保證。

4. 睡虎地秦簡《秦律雜抄》

案：1975 年 12 月出土於湖北省雲夢縣睡虎地 11 號秦墓。《秦律雜抄》由 42 枚簡組成，簡長 27.5 釐米，寬 0.5 釐米，有三道編繩。原簡無書名，書名《秦律雜抄》是整理組根據竹簡內容所定。在雜抄的律文中有的有律名，有的沒有律名，見存的律名計有〈除吏律〉、〈游士律〉、〈除弟子律〉、〈中勞律〉、〈藏律〉、〈公車司馬獵律〉、〈牛羊課〉、〈傅律〉、〈敦表律〉、〈捕盜律〉、〈戍律〉等十一種，內容比較龐雜。它大約是根據實際需要從秦律中摘錄的一部分律文，有一些條文在摘錄時還可能對原律文作了簡括和刪節，因而較難理解。在本書所抄的律文中，除了〈除吏律〉與上述《秦律十八種》中的〈置吏律〉名稱相似外，其它律名與《秦律十八種》並無重複，這表明在有秦一代的法律是非常繁多的。本書所抄的律文中有很多與軍事有關，其中關於軍官任免、軍隊訓誤、戰場紀律、戰勤供應以及戰後賞罰獎懲的法律條文，是研究秦朝兵制的重要文獻。

5. 睡虎地秦簡《法律問答》

案：1975 年 12 月出土於湖北省雲夢縣睡虎地 11 號秦墓。《法律問答》由 210 支簡組成，簡長 25.5 釐米，寬 0.5 釐米，有三道編繩。原簡無書名，書名《法律問答》是整理者根據竹簡內容所定。《法律問答》的內容共有 187 條，多採用問答的形式，對秦律某些條文、術語以及律文的意圖作出明確的解釋。

從《法律問答》的內容來看，《問答》所解釋的是秦朝法律中的主體部分，即刑法。據《晉書・刑法志》和《唐律疏議》等書的記載，商鞅制定的秦法是以李悝的《法經》為藍本，分〈盜〉、〈賊〉、〈囚〉、〈捕〉、〈雜〉、〈具〉六篇，《問答》解釋的範圍，與這六篇大體相符。由於出土時竹簡已經散亂，整理組整理時就按六篇的次第試加排列。從律文中說「公祠」，解釋的部分說「王室祠」來看，律文應形成於秦稱王之前，很可能是商鞅時期制訂的原文。《法律問答》中很多地方以「廷行事」（即判案成例）作為依據，反映出執法者根據以往判處的成例審理案件，這在當時可能已經形成一種制度。當法律中沒有明文規定的、或雖有規定，但有某種需要時，執法者可以不依規定而依判例辦案。書中還有一部分是關於訴訟程序的說明，如「辭者辭廷」、「州告」、「公室告」、「非公室告」等，這些都是研究秦朝訴訟制度的重要文獻。

6. 雲夢龍崗秦簡「禁苑」律

案：1989 年冬出土於湖北省雲夢縣龍崗 6 號秦墓。該批竹簡出土時殘斷嚴重，現場清理時編為 283 個出土登記號。簡冊有上、中、下三道編繩，據保存完整的竹簡推斷，簡長應為 29 釐米左右，寬約 0.5 至 0.7 釐米。簡冊為先書文字，後結編繩。簡文為墨書秦隸。簡文內容是有關秦代「禁苑」的一些法律條文。秦代官吏制度規定，所屬官吏應抄寫該官府所遵用的法律以備執法參用。如睡虎地秦律《秦律十八種・內史雜》中規定：「縣各告都官在其縣者，寫其官之用律。」而雲崗簡正是從各種法律條文中摘抄出來的與禁苑管理有關的法律內容，大體可以分為三類：一類是直接涉及禁苑的法律內容；另一類是間接與禁苑有關的法律內容；再一類是與禁苑事務有關的法律內容。這些都是與管理禁苑官吏的工作實際切切相關的律文。

7. 江陵王家臺秦簡《效律》

案：1993 年 3 月出土於湖北省江陵縣荊州鎮郢北村王家臺 15 號秦墓。該批簡文尚未發表，據 1995 年第 1 期《文物》雜誌刊登的〈江陵王家臺 15 號秦墓〉介紹，該墓出土的秦簡《效律》的內容與雲夢睡虎地秦

簡《效律》相同，但書寫的次序則不盡一致。

8. 睡虎地秦簡「魏律」

案：1975 年 12 月出土於湖北省雲夢縣睡虎地 11 號秦墓。該墓出土了一篇供學習做吏的人使用的識字課本——《為吏之道》，《為吏之道》共有 51 枚簡組成，分上下五欄抄寫。其中在第五欄的末尾附抄了兩條戰國時魏國的法律，即《魏戶律》和《魏奔命律》。內容是嚴格限制「假門逆旅，贅婿後父」和「率民不作，不治室屋」的人，其精神與秦法相近。據簡文記載，這兩條魏律頒布在「廿五年閏再十二月丙午朔辛亥」，經推算，當為魏安釐王二十五年十二月初六日。這是目前所見最早的魏律律文。「戶律」是管理戶籍的法律。秦獻公十年（公元前 375 年）就「為戶籍相伍」（登記戶籍並編為什伍），商鞅變法則更建立了一套較完整的戶籍制度，「四境之內，丈夫女子皆有名於上，生者著，死者削」，並規定了編戶什伍相司連坐、分戶、名田宅等制度。秦簡中雖無單獨抄寫的戶律，但它的內容有的則包含在了《法律問答》裡。第二條律名為「奔命律」，「奔命」是一種軍隊的名稱，《漢書‧昭帝紀》注曰：「舊時郡國皆有材官騎士，以赴急難，……聞命奔走，故謂之奔命。」李學勤先生認為：「秦始皇時有限制贅婿的制度，目的都是使民歸於耕戰，促進國家農業生產和增強軍事力量。這兩條魏律也指出『假門逆旅，贅婿後父』，『或率民不作，不治室屋』，可能正是由於魏國這兩條律文同秦律有相近之處，所以被抄在這裡，作為參考。」（《簡帛佚籍與學術史‧雲夢睡虎地秦簡概述》，臺灣時報文化出版公司）

9. 江陵張家山漢簡《二年律令》

案：1983 年 12 月出土於湖北省江陵縣（今荊州市荊州區）張家山 247 號漢墓。《二年律令》共有竹簡 526 枚，簡長 31 釐米，寬 0.6 釐米，有三道編繩。「二年律令」是原簡文的書題，抄寫在篇首第一簡簡背上端。簡文內容有 27 種律和 1 種令，均有篇名，計有〈賊律〉、〈盜律〉、〈具律〉、〈告律〉、〈捕律〉、〈亡律〉、〈收律〉、〈雜律〉、〈錢律〉、〈置吏律〉、〈均輸律〉、〈傳食律〉、〈田律〉、〈□市律〉、〈行書律〉、〈復律〉、〈賜

律〉、〈戶律〉、〈效律〉、〈傅律〉、〈置後律〉、〈爵律〉、〈興律〉、〈徭律〉、〈金布律〉、〈秩律〉、〈史律〉和〈津關令〉，篇名均寫在各篇篇尾，單獨占用一簡，律令正文和律令篇名分開抄寫。「二年律令」是全部律令的總稱。

簡文中有優待呂宣王及其親屬的法律條文，呂宣王是呂后於呂后元年（公元前 187 年）贈與其父的諡號，與《二年律令》共存的曆譜所記錄最後年號是呂后二年（公元前 186 年），故推斷《二年律令》是呂后二年施行的法律。

眾所周知，漢律的制定始於蕭何，《漢書・刑法志》云：「漢興，高祖初入關，約法三章曰：『殺人者死，傷人及盜抵罪。』蠲削繁苛，兆民大悅。其後四夷未附，兵革未息，三章之法不足於御奸，於是相國蕭何捃摭秦法，取其宜於時者，作律九章。」《晉書・刑法志》云：「漢承秦制，蕭何定律，除參夷連坐之罪，增部主見知之條，益事律〈興〉、〈廄〉、〈戶〉三篇，合為九篇。」又《唐律疏議》卷一云：「周衰刑重，戰國異制，魏文侯師於李悝，集諸國刑典，造《法經》六篇：一〈盜法〉、二〈賊法〉、三〈囚法〉、四〈捕法〉、五〈雜法〉、六〈具法〉。商鞅傳授，改『法』為『律』。漢相蕭何更加悝所造〈戶〉、〈興〉、〈廄〉三篇，謂九章之律。」由此可以看出，漢代的法律是在李悝、商鞅六篇的基礎上加以更改，再增三篇，成為九章的。李學勤先生認為：「睡虎地簡的秦律雖極珍貴，但並沒有包括秦律的主體部分，即〈盜〉、〈賊〉等。有關律文，只是在同出土的「律說」簡中反映出來。這次（張家山）發現的漢律包含有〈盜〉、〈賊〉等方面的內容，所以是有漢律的主體，或至少有其一部分。」（見其著《失落的文明・張家山竹簡漢律》）「睡虎地的《秦律十八種》與張家山的《二年律令》，其實都是當時行用律令的摘抄，由於吏的需要不同，所摘抄的範圍也就不一樣了。因此，《二年律令》不是《九章律》的全部，它的內容應該是包含《九章律》的一部分，還可能有《傍章》的一部分，再加上後來添加的若干律令條文。」（《簡帛佚籍與學術史・論張家山 247 號墓漢律竹簡》，臺灣文化時報出版公司）

10. 張家界古人堤遺址木牘漢律

案：1987 年 4 月出土於湖南省張家界市（原大庸市）城西古人堤遺址 T1。木牘出土時嚴重殘破，大多為不規整的木片。木牘一般長 22.2－23 釐米，寬 2.6－3 釐米，厚 0.3 釐米。簡牘文字中有東漢永元、永初年號，大致可以判斷木牘為東漢時遺物。漢律抄寫在兩塊殘損嚴重的木牘上，其內容包括漢律和漢律目錄。

漢律木牘殘存《賊律》律文數條，存有「賊律」律名，其內容有：曰偽寫皇帝信璽；曰偽寫漢使節、皇大子、諸侯、三列侯及通官印、小官印，及私假人、用偽印；曰偽寫皇太后璽印；曰詐偽券書等等。此類律文，唐律屬《詐偽律》。《唐律疏議》曰：「《詐偽律》者，魏分《賊律》為之。歷代相因，迄今不改。」律文不見傳世文獻，但可與張家山出土的漢律相互對勘印證。

漢律目錄木牘現存兩塊，其中編號為 29 號牘正面分六欄抄寫，第一、二、三欄大都殘破，文字漫漶不可識，似為《盜律》目錄；第四、五、六欄墨跡尚存，為《賊律》目錄。現存較完整者有：盜出故物、諸坐傷入、揄封、毀封、賊殺人、鬥殺以刀、謀殺人已殺、父母告子、奴婢賊殺、毆父母、奴婢悍、父母毆笞子、諸入食官、賊燔燒宮、失火、賊殺傷人、犬殺傷人、奴婢射人等。另一塊《盜律》目錄木牘編號為 33 正、反面及 34 正面，因殘損嚴重，僅存「盜主人」一條完整目錄。從該墓所出 90 塊簡牘文字中未發現《盜律》律文。（見 2003 年第 2 期《中國歷史文物》雜誌刊登的〈湖南張家界古人堤遺址與出土簡牘概述〉一文）

11. 疏勒河出土律文殘簡

(1)行言者若許，多受賕以枉法，皆生臧為盜，沒入（官）□□行言者本行職□也。

(2)言律曰：畜產相賊殺，參分償⋯⋯

案：上引兩簡見《疏勒河流域出土漢簡》339、480。簡(1)為漢盜律殘文。惠棟《九經古義》云：「漢《盜律》有『受賕』之條，即《書》所云『惟貨』也。」《急就篇》注云：「以財求事曰賕，言受人財者枉曲正法。」簡(2)李均明先生認為是《廄律》殘文，他說：「《晉書‧刑法志》載

漢《賊律》有『殺傷人畜產』條，未言牲畜相互殺傷。據《唐律・廐庫》
『諸犬自殺傷他人畜產者，犬主償其減價；餘畜自相殺傷者，償減價之
半。即故放令殺傷他人畜產者，各以故殺傷論』。與上引漢律簡文相類，
則漢簡可補史缺。」（《簡牘文書學・律令類》）

12. 敦煌、居延出土《囚律》殘簡

(1)囚律：劾人不審為失，以其贖半論之。

《敦煌懸泉漢簡釋粹》12

(2)囚律：告劾毋輕重，皆關屬所二千石官。

《居延新簡》EPT10・2A

(3)以兵刃、索繩、它物可以自殺者予囚，囚以自殺、殺人，若自傷、傷
　人而以辜二旬中死，予者髡為城旦舂，及有

《居延新簡》EPS4T2・100

　　案：上引(1)、(2)簡自署為「囚律」、簡(3)雖無律名（可能殘缺），但從
殘存內容來看，也當屬《囚律》殘文。李均明先生認為：據《晉書・刑法
志》所述漢《囚律》含告劾、斷獄，知上引《居延新簡》EPS4T2・100 為
漢《囚律》條文。《唐律・斷獄》：「諸以金刃及他物可以自殺及解脫，而
與囚者杖一百；若囚以故逃亡及自傷、傷人者，徒一年；自殺、殺人者，
徒二年。」《疏議》曰：「金刃，謂錐、刀之屬；他物，謂繩、鋸之類。」
《唐律》此條之內容當源於上引 EPS4T2・100 所見漢律。

13. 居延漢簡《捕律》殘文

捕律：禁吏毋夜入人盧舍捕人，犯者其室毆傷之，以「毋故入人室」
律從事。

《居延漢簡釋文合校》395・11

　　案：上引《捕律》是緝捕刑事、政治犯罪人的有關法律規定。簡文自
署「捕律」，實際上是《捕律》中引用了漢《賊律》中的條文。《周禮・朝
士》：「凡盜賊軍鄉邑及家人，殺之無罪。」鄭玄注云：「謂盜賊群輩若軍
共攻盜鄉邑及家人者，殺之無罪。若今時無故入人室宅盧舍、上人車船、
牽引人欲犯法者，其時格殺之，無罪。」可見，在漢代即使是追捕逃犯，

也禁止官吏夜入人宅，如敢有犯者，當以《賊律》條款問罪。

14.居延漢簡《戶律》殘文

☐知之，當以父先令、戶律從☐

《居延漢簡甲乙編》202‧10

案：上引簡文自署「戶律」，當為漢《戶律》殘文。蕭何以秦律為基礎，又增加了戶、興、廄三律，直到後周，均名為《戶律》。簡文中的「先令」即遺令，也即遺囑。《漢書‧景十三王傳》云：「先令，令能為樂奴婢從死。」顏師古注曰：「先令者，預為遺令也。」又如《後漢書‧馬融傳》載「（融）年八十八，延熹九年卒於家，遺令薄葬」可見，漢代的遺囑具有一定的法律效力，列於《戶律》是受到法律的承認和保護的。

乙、令

《說文解字》云：「令，發號也。」段玉裁注曰：「令者，持節以號召於人也。」就是《鹽鐵論‧刑德》所云「所以教民」、「所以導民」者。令之使用，蓋始於秦。漢承秦制，益加繁多，統治者可根據不同情況隨時對「律」作修改或補充，即所謂「天子詔所增損，不在律上者為令」（《漢書‧宣帝紀》文穎注）。

出土簡牘所見「令」如：

1.武威磨嘴子《王杖詔書令》

案：1981 年 9 月武威縣文物管理委員會在調查重點文物時，由新華公社纏山大隊社員袁德禮獻出。共有木簡 26 枚，具體出土時間、地點不詳，據捐獻者提供為近年（駢案：指 1981 年前幾年）在磨嘴子漢墓出土。簡長 23.2－23.7 釐米，寬 0.9－1.1 釐米，有兩道編繩。簡文以漢隸書寫，字跡清晰，每簡背後均有墨書編次，除「第十五」號簡已經缺佚外，其餘保存完整。簡文凡「制詔」、「制曰」、「皇帝」稱謂及最後一簡「右王杖詔書令」皆頂簡端書寫，其餘均低 2 釐米左右，留出天頭。每簡容字不等，最少者 4 字，最多者 35 字。該簡冊最後一簡內容為「右王杖詔書令在蘭台第卅三」，簡端有方形墨釘「■」標識符號。「王杖詔書令」為該簡

冊的書題，「在蘭台第冊三」為上述詔書令的收藏處所與篇目。該詔書令的內容共分三個部分，包括五個詔書令文件。第 1 簡至第 6 簡為第一部分，包括兩個詔書令：第 1 簡至第 3 簡是尊敬長老，撫恤鰥寡的詔令，稱「蘭臺令冊二」；第 4 簡至第 6 簡是撫恤孤獨、廢疾的詔令，發令日期為漢成帝「建始元年九月甲辰」。第 7 簡至第 26 簡為第二部分，其中包括三個詔令；第 7 簡至第 11 簡是高年賜杖的詔令；第 12 簡至第 20 簡是處決鄉吏毆辱王杖的詔書；第 21 簡至第 26 簡是年七十授王杖的詔令。第 27 簡為第三部分，就是上述詔書令的總名稱及篇目。漢代的律令與詔既有區別，又有混同之處。《漢書・杜周傳》云「前主所是著為律，後主所是疏為令」。律，雖代有增損，但在基本上是不變的法則。而詔令是天子針對時政，以官方文書形式發布的上敕與命令，是應時的施政方針。詔書所頒布的新制（新例）或對舊律的補充，均可以成為「令」。《漢書・宣帝紀》注引文穎曰「蕭何承秦法所作為律令、律經是也，天子詔所增損，不在律上者為令」是也。

2. 武威磨嘴子「王杖十簡」

案：1959 年出土於甘肅省武威市磨嘴子 18 號漢墓，出土時這十支簡放在棺蓋上的鳩杖一端。簡長 23.2 釐米，寬 1 釐米。三道編繩，每簡容字最多者有 37 字，是一份完整的冊書。其內容為西漢宣帝、成帝時關於「年始七十者授之以王杖」的兩份詔書令和受杖老人受辱之後裁決犯罪的案例。與《後漢書・禮儀志》所記「仲秋之月，縣道皆案戶比民。年始七十者授之以王杖，餔之糜粥。八十九十，禮有加賜。王杖長九尺，端以鳩鳥為飾。鳩者，不噎之鳥也。欲老人不噎」可以印證。對研究漢代養老、尊老的制度及其具體措施有重要的參考價值。

3. 居延新簡《功令》殘文

(1)●功令第冊五：候長、士吏皆試射，射去堳埓、弩力如發弩，發十二矢，中埓矢六為程，過六，矢賜勞十五日。　《合校》45・23

(2)●功令第冊五：士吏、候長、烽隧長常以令秋試射，以六為程，過六，賜勞矢十五日。　《合校》285・17

(3)□□□□□中帶六為程，過六，及不滿六，賜奪勞矢各十五日。
　《新簡》EPT11・1

(4)□□弩，發矢十二，中帶矢六為程，過六，若不帶六，矢賜奪勞各十
五日。　　《新簡》EPT56・337

　　案：上引(1)、(2)自署為「功令第四十五」，(3)、(4)雖無令名，但從殘
存內容來看，也為《功令》條文無疑。「功令」是古代國家考核和選用學
官的法令或規程。《漢書・儒林傳》序云：「文學掌故，補郡屬部員，請著
功令。」顏師古注云：「新立此條，請以著於功令。功令，篇名，若今選
舉令。」《史記・儒林傳》序云：「余讀功令，至於廣厲學官之路，未嘗不
廢書而嘆也。」《索隱》云：「案謂學者課功，著之於令，即今之學令是
也。」後泛指政府法令。

4. 居延、武威、疏勒河漢簡《絜令》殘文

(1)●北邊絜令第四：候長、候史日跡及將軍吏勞二日皆當三日。　《合
校》10・28

(2)北邊絜令第四：北邊候長、候史跡二日當三日。　《合校》562・19

　　案：上引兩簡皆自署「北邊絜令第四」，其內容是說候長、候史等的
勞跡出勤時間，兩天可以按三天計算，即一個月（30 天）的勞績可以算為
45 天的勞績。「絜令」或作「挈令」，刻於木板上的法令。李均明先生認
為：「『挈令』之本質乃為朝廷有關執法機構根據本部門的需要，從國家法
令條款中抄錄有關內容，另編成冊，並冠機構名，如《廷尉挈令》、《大鴻
臚挈令》之類；適用於局部地區者則冠以地區名，如《北邊挈令》等。」
（《簡牘文書學・律令類》）《漢制考注》引徐鉉曰：「挈令，蓋律令之書
也。」漢代邊防有「北邊」、「西邊」的區別，「北邊」指匈奴，「西邊」指
西域及羌族。上引「北邊絜令」是專為戍守北邊寒冷狂風地區的士吏戍卒
而制定的令，即凡在北邊第四部以北地區的駐戍吏卒，均可享受「跡」二
日當三日計的待遇，以示區別對待，勞逸有差。

(3)不道，在御史挈令第廿三□　《武威漢簡》8

(4)□□法，在衛尉挈令□　《武威漢簡》9（乙）

(5)代戶父不當為正，奪戶，在尉令第五十五。行事大原武鄉嗇夫□□

《武威漢簡》10

(6)□龍勒寫大鴻臚挈令，津關　　《疏勒河流域出土漢簡》496

　　案：上引四條中(3)為「御史挈令」、(4)為「衛尉挈令」、(5)為「尉令」、(6)為「大鴻臚挈令」，皆自署令名。(3)是治理「不道」的令文，「不道」，《漢書・翟方進傳》注引如淳曰：「律：殺不辜一家三人為不道。」漢以來以「不道」作為律令之名目，至隋列為十大罪惡之一。唐律有「十惡」，其五為「不道」，凡殺一家三人、支解人、以毒藥人、借鬼神殺人，皆屬「不道」之列。(4)為「衛尉挈令」條款，令文內容殘缺。「衛尉」，官名，秦置，漢時為九卿之一，掌管宮門警衛。《通典》卷 25〈職官〉七云：「衛尉，秦官，掌門衛屯兵。漢因之。景帝初，更名中大夫令，後元年復為衛尉。又有長樂、建章、甘泉衛尉，皆掌其宮，其職略同。顏師古曰：『各隨所掌之宮，以為官名。』」(5)為「尉令」，李均明先生認為「或為『廷尉挈令』之省稱」。如果這一判斷正確，那麼「廷尉挈令」就應該是廷尉在執掌刑獄時所遵循的律令。《史記・酷吏列傳》：張湯「奏讞疑事，必預先為上分別其原，上所是，受而著讞決法廷尉挈令，揚主之明」。《正義》云：「謂律令也。古以板書之。言上所是，著之為正獄，以廷尉法令決平之，揚主之明監也。」《漢書・張湯傳》顏師古注曰：「挈獄訟之要也。」(6)為「大鴻臚挈令」，但令文殘缺。「大鴻臚」，秦名典客。西漢景帝中六年更名大行令。武帝太初元年初名大鴻臚。王莽時稱典樂。東漢時復名大鴻臚。這是《漢書・百官公卿表》的一個大概記述。它掌管和安排諸王列侯與內附部族之封拜、朝聘、宴饗、郊迎之禮儀，以及地方上計諸吏的接待工作。簡文所記「龍勒」為西域縣名，西漢時置，治所在今甘肅省敦煌縣西南南湖鎮破城子。簡文內容當與大鴻臚職掌內附部族事務有關。

5. 上孫家寨漢簡「軍法」、「軍令」

　　案：1973 年至 1981 年出土於青海省西寧市大通縣後子河鄉上孫家寨 115 號漢墓。該墓共出土木簡 240 枚。出土時木簡嚴重殘斷，保存最長者為 17.5 釐米，寬 0.6 釐米左右。這些木簡的內容全部是古代軍法、軍令一類的軍事文書。釋文發表時，將簡文分為：兵法；軍法、軍令；目錄三個

部分。其中「兵法」中包括布陣及隊列、戰守進退之法、部曲布陣及操典等內容;「軍法」、「軍令」,就是古代軍事律令或作戰條例,其內容包括軍令與軍爵、獎懲、軍紀、循行嚴劾和車騎等;「目錄」是關於上述內容的幾個章題,現存「☒首捕虜□□論廿一」、「☒虜以尺藉廿二」、「私車騎數卅☒」、「☒當皆□□予錢廿九」、「☒所毋為卅七」、「材官☒」、「☒不法廿六」、「☒私卒僕養數廿八」、「從馬數使私卒卅六」、「車☒」、「☒車一兩卌四」等十一個。由於簡文殘損過甚,已無法按照章題分別理出各章內容。朱國炤同志認為,簡文中關於軍隊的編制、陣法和關於軍隊的肩章、旗幟等標誌的內容,與傳世本《尉繚子》的記載大體相同,但字句不盡一樣。此外,簡文中還有記有「孫子曰」的內容,有人認為是《孫子兵法》的佚文,或曰為與《孫子》有關的兵書。李零認為:「《孫子》佚篇,據筆者考證,它與今本《孫子》十三篇的關係,很像《孟子》內、外書的關係。二者在時間先後和內容上都有一定區別。漢初「佚篇」已出現;西漢末,經劉向、劉歆父子整理,二者被合在一起,成為八十二篇;後來曹操單注十三篇,餘篇遂逐漸散亡。隋唐時期所保存的部分,從著錄的篇目看,大約都是屬於形勢、陰陽、技巧類,和專談兵略的十三篇大不一樣。簡文引用《孫子》,大約也不出這個範圍,它與簡文討論的內容必定有直接關係。」(《考古》雜誌 1983 年第 6 期〈青海大通上孫家寨漢簡性質小議〉)

此外,李均明先生從《居延新簡》、《敦煌漢簡》、《武威漢簡》、《居延漢簡釋文合校》、《散見簡牘合輯》等書中還找出不少屬於「令」文的殘簡。如:

版詔令　《合校》553‧1。

赦令　《合校》290‧6、217‧3。

甲子赦令　《新簡》EPT27‧3;《敦》692。

功令第卌五　《新簡》EPT51‧417;《合校》45‧21。

北邊挈令第四　《合校》198‧7。

蘭臺挈令　《武》9 甲。

大尉挈令　《敦》982。

大鴻臚挈令　《敦》2027。

賜勞令　《合校》49‧14。

擊匈奴降者令　　《敦》1354。

蘭臺令第卅三　　《散》27、144。

御史令第卌三　　《散》27。

將軍令　　《新簡》EPF22・709、EPF22・801；《敦》177、1896。

軍鬥令　　《散》432。

合戰令　　《散》434。

等等。

丙、科品

《釋名》曰：「科，課也，課其不如法者罪責之也。」《廣韻・寢韻》曰：「品，式也，法也。」在秦漢時，除了律令之外，還有程、科、比等法則法規。律是主幹，令是新增者，科、品則是對律、令條文的補充。「科條品制禁令，所以承天順民者，備矣悉矣」。（袁宏《後漢紀》）《漢書・明帝紀》云：「詔曰：車服制度，姿極耳目，田荒不耕，游食者眾，有司其申明科禁，宜於今者，宣下郡國。」當時的律外科條，滋繁至極，「漢興三百二年，憲令稍增，科條無限」（《漢書・陳寵傳》），「一律兩科，失省刑之意」（《漢書・馮野王傳》）。東漢章帝時，尚書陳寵上疏，「蕩滌煩苛之法」，章帝敬納寵言，「每事務於寬厚。其後遂詔有司，絕鉆鑽諸慘酷之科」（《後漢書・陳寵傳》）。漢科可考者，有持質、有登聞道辭、有考事報讞、有使者驗賂、有擅作修舍、有平庸坐臧、有異子之科、有投書棄市之科等（見《晉書・刑法志》）。

品是對律、科之具體事情的細目法規，《後漢書・安帝紀》云：「舊令制度，各有科品。」所謂「各有科品」，就是指配合律、科制定的某些規定、細則等，它同樣具有法律效力，如《後漢書・劉祐傳》所載「時中常侍蘇康、管霸用事於內，遂固天下良田美業，山林湖澤，民庶窮困，州郡累氣。祐移書所在，依科品沒入之。」

簡牘所見科、品如：

(1)●捕斬匈奴虜、反羌購償科別（222）

　　●其生捕得酋豪王侯君長將率者一人▨吏增秩二等，從奴與購如比（223）

　　其斬匈奴將率者將百人以上，一人購錢十萬，吏增秩二等，不欲為▨

（224）

有能生捕得匈奴間候一人，吏增秩二等，民與購錢十□人命者除其罪。

（225）

能與眾兵俱追，先登陷陣，斬首一級購錢五萬，如比。（226）

　　　□有能謁言吏，吏以其言捕得之，半與購賞。（227）

　　　□追逐格鬥有功，還畜參分，以其一還歸本主。（228）

　　　□……能持□奴與半功。（229）

　　　諸有功校，皆有信驗乃行購賞。（230）

　　　●右捕匈奴購科賞（231）

　　　錢三萬，吏增秩二等，不欲為官者與購如比。(232)

●有能生捕得反羌從徼外來間候動靜中國兵，欲寇盜殺略人民，吏增秩二等，民與購錢五萬，從奴它與購如比。（233）

　　　□言吏，吏以其言捕得之，購錢五萬。與眾俱追，先登□□（234）

　　　●右捕反羌科賞（235）

　　案：上引「捕斬匈奴虜、反羌購贖科別」見《居延新簡》EPF22‧222至 EPF22‧235。它是一份有關對「捕斬匈奴、反羌」有功人員獎勵的規定，文中按功勞的大小分等級，故稱科別。第一簡（222）是該文書的總名稱，文內含「捕匈奴虜購科賞」（231）和「捕反羌科賞」（235）兩個科條。「購贖科別」中指出的捕斬對象是酋豪、王侯、君長、將率等首領，要求生捕活人或者斬首數量必須是一人以上，贖賜的內容是增秩、賜奴、賜民、賜錢或有罪者免罪。按照捕斬者和被捕斬者的不同身份、地位分別進行不同的贖賜。據《漢書‧食貨志下》記載，武帝時，衛青率十餘萬眾擊胡，斬捕首虜之士受賜黃金有二十餘萬斤。可見當時贖賜規模之大。

(2) ●匈人奴（駢按：當作「匈奴人」）晝入珍北塞，舉二烽、□煩烽一，燔一積薪；夜入，燔一積薪，舉堠上離合苣火，毋絕至明。甲渠、三十井塞上和如品。(1)

　　●匈人奴（駢按：當作「匈奴人」）晝〔入〕甲渠河北塞，舉二烽，燔一積薪；夜入，燔一積薪，舉堠上二苣火，毋絕至明。珍北、三十井塞上和如品。(2)

●匈奴人畫入甲渠河南道上塞，舉二烽、塢上大表一，燔一積薪；夜入，燔一積薪，舉塢上二苣火，毋絕至明，珍北、三十井塞上和如品。(3)

●匈奴人畫入三十井降虜燧以東，舉一烽，燔一積薪；夜入，燔一積薪，舉塢上一苣火，毋絕至明。甲渠、珍北塞上和如品。(4)

●匈奴人畫入三十井候遠燧以東，舉一烽，燔一積新，塢上煙一；夜入，燔一積薪，舉塢上一苣火，毋絕至明。甲渠、珍北塞上和如品。(5)

●匈奴人渡三十井縣索關門外道上燧天田失亡，舉一烽，塢上大表一，燔二積薪；不失亡，毋燔薪，它如約。(6)

●匈奴人入三十井誠勢北燧縣索關以內，舉烽燔薪如故，三十井縣索關誠勢燧以南，舉烽如故，毋燔薪。(7)

●匈奴人入珍北塞，舉三烽；後復入甲渠部，累舉旁河烽；後復入三十井以內，部累舉塢上直上烽。(8)

●匈奴人入塞，守亭鄣，不得下燔薪者，旁亭為舉烽燔薪，以次和如品。(9)

●塞上亭燧見匈奴人在塞外，各舉部烽如品，毋燔薪；其誤，亟下烽滅火，候、尉、吏以檄馳言府。(10)

●夜即聞匈奴人及馬聲，若日且入時見匈奴人在塞外，各舉部烽，次亭晦不和；夜入，舉一苣火，毋絕盡日，夜滅火。(11)

●匈奴人入塞，候、尉、吏亟以檄言匈奴人入，烽火傳都尉府，毋絕如品。(12)

●匈奴人入塞，承塞中亭燧舉烽燔薪□□□□烽火品約；官□□□舉□□烽，毋燔薪。(13)

●匈奴人即入塞，千騎以上，舉烽，燔二積薪；其攻亭鄣塢壁田舍，舉烽，燔二積薪。和如品。(14)

●縣田官吏令、長、丞、尉見烽火起，亟令吏民□烽□□誠勢北燧部界中民田畜牧者□□……為令。(15)

●匈奴人入塞，天大風，風及降雨不具烽火者，亟傳檄告，人走馬馳，以急疾為〔故〕。(16)

●右塞上烽火品約(17)

案：上引「塞上烽火品約」見《居延新簡》EPF16‧1 至 EPF16‧
17。1972 年至 1974 年間出土於甘肅省酒泉地區額濟納河以南的破城子遺
址中一個大房屋內，該遺址在漢代是張掖郡居延都尉所屬之甲渠候官所在
地。簡長 38.5 釐米，寬 1.5 釐米，共 17 枚，編為一冊。其內容是居延都
尉下屬的殄北、甲渠、三十井三個塞共同訂立的臨敵報警燔舉烽火的聯防
公約。簡文稱為「品約」，「品約」就是「公約」的意思，也具有一定的法
律效力。「品約」中提到的「殄北」、「甲渠」、「三十井」三個塞，相距百
里，塞下置有候官，候官下有部，部下有亭隧。據考古工作者考察，上述
三塞的遺跡至今猶存：「殄北」塞在額濟納河下游，位於索果淖爾之南，
故居延澤之西，北緯 40 度以北，其候官在宗欽阿瑪。今存塞城一處，殘
存遺跡長約 25 公里，有烽臺四處，亭一處。「甲渠」塞在納林河東岸與伊
肯河西岸間的礫石沙地上。從登達河與阿波因河交會處到布魯布魯克西
南，長約百里，塞墻猶存，有鄣城一處，即今名為「破城子」之地。有烽
臺二十六處，烽臺間相距約 1300 米。「三十井」塞從伊肯河東岸的布肯幼
萊到故居延澤南端的博羅宗赤，塞墻由河東北斜向沙磧中伸去，長約 130
里。西端更為完好，長約 81 里，現存鄣城一處（即博羅宗赤），烽臺四十
處，烽臺間距離約 2000 米。三塞亭隧相連，呈「工」字形，居延城處其
間。居延漢簡中所說的「鄣」是塞上的小城，「塢」是大烽火臺，「亭」即
「燧」，是小烽火臺。品約中提到的烽火信號有：烽、燧、苣等。《漢書‧
司馬相如傳》注引孟康曰：「烽如覆米簍，縣著契皋頭，有寇則舉之。
燧，積薪，有寇則燔然之也。」《漢書‧賈誼傳》注引文穎曰：「邊方備胡
寇，作高土櫓，櫓上作桔皋，桔皋頭兜零，以薪草置其中，常低之，有寇
即火然舉之以相告，曰烽。又多積薪，寇至即燃之，以望其煙，曰燧。」
張晏曰：「晝舉烽，夜燔燧也。」師古曰：「張說誤也。晝則燔燧，夜則舉
烽。」《史記‧周本紀》張守節《集解》曰：「晝日燃烽以望火煙，夜舉燧
以望火光……燧，苣火也。」品約云「積薪」指葦草疊起的柴堆。「堠」
指觀察、瞭望敵情的土堡。「苣」指用葦草扎成的草把。「表」指用以標明
的徽幟。

除上述外，簡牘所見科品還有如：

品　《合校》143・30＋143・39；《新簡》EPT52・200、EPT56・281、
　　　EPT16・1至5、EPF16・9；《敦》2257。

罪人得入錢贖品　《新簡》EPT56・35。

守御器品　《敦》1390；《散》203。

烽火品　《合校》46・9；《新簡》EPT52・66。

品約　《合校》14・11；《敦》783。

烽火品約　《合校》214・14；《新簡》EPT52・45、EPF16・17、EPF22・
　　　237；《敦》520、1226。

約　《新簡》EPF16・6；《散》804。

條品　《新簡》EPT59・274。

品條　《新簡》EPT59・311。

等等。

丁、比

「比」，條例。即按照以往案例決事的標準，比類執行的條例。清段玉裁
《說文解字注・比部》：「比，例也。」《禮記・王制》云：「疑獄，氾與眾共
之；眾疑赦之，必察大小之比以成之。」鄭玄注曰：「已行故事曰比。」《漢
書・刑法志》引高帝七年詔曰：「廷尉所不能決，謹具為奏，傅所當比律令以
聞。」這實際上就是對那些無律可循者，可用以往案例決事的標準，為罪犯定
罪。《漢書・刑法志》云：「今大辟之刑，千有餘條，奇請他比，日以益滋。」
顏師古注曰：「比，以例相比況也；他比，謂引他類以比附之，稍增律條也。」
《漢書・刑法志》記載當時的「死罪決事比萬三千四百七十二事，文書盈於几
閣，典者不能偏睹。是以郡國承用者駁，或罪同而論異，奸吏因緣為市，所欲
活則傅生議，所欲陷則予死比」。所謂「決事比」，《周禮・秋官・大司寇》疏
云：「若今律其有斷事，皆依舊事斷之，其無條，即比類以決之，故云決事
比。」秦時或稱為「式」，《說文解字》云：「式，法也。」

出土雲夢秦簡有《封診式》即比例；漢時稱為「比」，也有稱為「書」
者。如：

(1)睡虎地秦簡《封診式》

案：1975 年 12 月出土於湖北省雲夢縣睡虎地 11 號秦墓。《封診式》由 98 支簡組成。出土時和同墓出土的《日書》甲種放在墓主頭部右側，兩書原來都是成卷的，但由於年久積壓，出土時竹簡編繩已腐朽，竹簡也已散亂。現在的次序是根據竹書的內容和出土位置編定的。本簡冊原有書題，「封診式」抄寫在全書最後一支簡的簡背。簡長 25 釐米，寬 0.5 釐米，有三道編繩。全書共分 25 節，每節第一支簡簡首寫有小標題，書寫在簡端第一道編繩之上。計有〈治獄〉、〈訊獄〉、〈有鞫〉、〈封守〉、〈覆〉、〈盜自告〉、〈□捕〉、〈□□〉、〈盜馬〉、〈爭牛〉、〈群盜〉、〈奪首〉、〈□□〉、〈告臣〉、〈黥妾〉、〈遷子〉、〈告子〉、〈癘〉、〈賊死〉、〈經死〉、〈穴盜〉、〈出子〉、〈毒言〉、〈奸〉、〈亡自出〉二十五個，除〈治獄〉和〈訊獄〉二節是對官吏審理案件的要求外，其餘各條都是對案件進行調查、檢驗、審訊等程序的文書程式。在有關刑事案例中，大部分是關於盜牛、盜馬、盜錢、盜衣服、逃亡、逃避徭役以及殺傷等方面的內容，反映了當時社會的主要矛盾。簡文中的具體案例多以「爰書」（指記錄獄辭的文書）開篇，其中的人名、地名一律用「某」或甲乙丙丁代替，李學勤先生認為：這「說明它不是單純的案件記錄，其性質可能類似漢代的『比』，即後代供獄吏處理案件參考的案例。」（見《簡帛佚籍與學術史‧雲夢睡虎地秦簡概述》，臺灣時報文化出版公司，1994 年版）

(2)張家山漢簡《奏讞書》

案：1983 年 12 月出土於湖北省江陵縣（今荊州市荊州區）城外西南1.5 公里處的張家山 247 號漢墓。《奏讞書》共有竹簡 228 枚，簡長 28.6－30.1 釐米。本簡冊原有書題，「奏讞書」三字抄寫在全書最後一簡的背面。「讞」，簡文本以水作「瀗」，《說文解字》云：「瀗，議罪也。」段玉裁注云：「〈王制〉『百官各以其成質於三官，大司徒、大司馬、大司空以百官之成質於天子』。此云以成讞於公，猶以成質於天子也。故其字以水獻，其議如水之平而獻於上也。所質既下為受質，所讞不當，而上更議之亦為讞。蓋本下獻上之詞，又轉為上平下之詞矣。《漢書》云『諸獄疑，於人心不厭者，輒讞之』是。」可見「奏讞書」就是下級官府將無律可循

的疑案奏呈上級的上行文書及上級所作議罪、判決之辭。張家山漢簡《奏
讞書》是議罪案例的匯編，其中包含春秋至西漢時期的二十二個案例。大
體上是年代較早的案件排在全書的後部，年代較晚的案例則排在前部。不
少案例是完整的司法文書，是當時的司法訴訟程序和文書格式的具體記
錄。其中兩個春秋時期的案例並不是司法文書，只是事例的記述。李學勤
先生說：「『讞』的意思是議罪，《漢書・刑法志》云：『縣道官獄疑者，各
讞所屬二千石官，二千石官以其罪名當報之。所不能決者皆移廷尉，廷尉
亦當報之。廷尉所不能決，謹具有奏，傳所當比律令以聞。』《奏讞書》
便是這種案例的匯集。這和雲夢睡虎地簡的《封診式》近似，其作用應為
供官吏工作參考，或學吏者閱讀的文書程式。」（《簡帛佚籍與學術史・
〈奏讞書〉初探》）如果將《奏讞書》用於實際工作中，則可「以例相比
況」。之所以將春秋時案例也抄在《奏讞書》中，其實際意義就是「比」
的性質。

四、案錄

「案錄」，即處理公務的記錄。這些文書皆以實錄為主，具有憑證備查的功
能。簡牘所見同類文書，還有志、課等。李均明先生說：「簡牘中有一類文書
既不同於書檄，與簿、籍又有區別，自稱為案、錄、刺、志、課等，以實錄為
主，兼具數據，課還包括考核的內容，皆有憑證備查功能。」（《古代簡牘》，
文物出版社，2003 年）他還認為：案、錄、志的形式、內涵相近，都是對客觀
事物或賬簿等的實錄。「錄」，《周禮・天官・職幣》云：「皆辨其物而奠其
錄。」孫詒讓《正義》曰：「凡財物之名數，具於簿籍，故通謂之錄。」
「志」，《周禮・春官・小史》鄭玄注曰：「志，謂記也。」簡牘實物除有自署
「志」者外，亦有自署「記」者。「課」，考查、考核。凡定有程式而檢驗稽
核，均曰課。《管子・明法》云：「故明主之治也，明分職而課功勞。」

簡牘所見案、錄、志、課實物如：

(1)始建國天鳳四年六月甲申朔丁酉，三十井鄣候習敢言之。謹移四月盡六
　月當食者案，敢言之。（194）

●三十井候官始建國天鳳四年四月盡六月當食者案。（195）

三月餘戍卒二十一人　　四月盡六月積六十三月。（196）

出戍卒二十一人　四月二十日盡六月晦減積四十九月。（197）

入戍卒十九人　四月盡六月積五十桼月。（198）

出戍卒十九人　四月盡五月三日減積二十月二十桼日。（199）

入戍卒四十一人　四月盡六月積百二十三月。（200）

出戍卒四十一人　四月盡五月三日減積四十一月。（201）

入戍卒桼人　四月盡五月四日二十一月。（202）

出戍卒桼人　四月盡五月四日減積桼月□日。（203）

入戍卒二十八人　四月盡六月積八十四月。（204）

出戍卒二十八人　四月盡五月晦減積五十六月。（205）

●凡戍卒百一十六人　四月盡六月定積百桼十三月五日。（206）

　　●三十井候官始建國天鳳四年四月盡六月當食者案。（207）

　　　案：上引「當食者案」見《居延新簡》EPT68・194 至 EPT68・207。
這是一份三十井鄣候習上報的當食者記錄。第一簡（194）為上呈文；第
二簡（195）為案文的標題，最末一簡（207）為案文尾題，其餘則為「當
者案」本文。它記錄了入、出戍卒的人數和累計給食月數，是一份當食者
的統計細目。

(2)●新始建國地皇上戊四年七月行塞省兵物錄。　　（236）

省候長鞍馬追逐具，吏卒皆知烽火品約不。　　（237）

省烽干鹿盧索完堅調利，候卒有席薦不。　　（238）

省守衛具、塢戶調利有狗不。　　（239）

……☑不　（240）

■右省兵物錄　（241）

　　　案：上引「省兵物錄」見《居延新簡》EPF22・236 至 EPF22・241。
李均明先生認為：此例自稱「省兵物錄」，其實為「省兵物錄」之提綱，
即事先擬定要調查的內容，要求調查者忠實於提綱所列若干條文，將客觀
事項逐一記錄在案。這種方式與漢代之「錄囚」相類，《漢書・雋不疑
傳》：「每行部錄囚徒。」師古注：「省錄之，知其情狀，有冤滯不也。」
《續漢書・百官志》：「諸州常以八月巡行所部郡國錄囚。」注引胡廣曰：
「縣邑囚徒皆閱錄視，參考辭狀，其實真偽，有侵冤者，即時平理。」沈

家本云：「漢制錄囚為郡守之事，然武帝復設州刺史，則諸州亦行之。《漢官典職儀》云：刺史班宣，周行郡國，省察治狀，黜涉能否，斷治冤獄，以六條問事：所云斷治冤獄，即錄囚之事也。《何武傳》：及武為刺史，行部錄囚徒。審錄簿籍亦稱『錄』，《文心雕龍・書記》：『錄者，領也。古史世本，編以簡策，領其名數，故曰錄也。』」

(3)●從器志

衣袍五十領，二笥，笥皆繒緣。

有州二，小統一，一笥，繒緣。

冠十金，金籢一，一笥，繒緣

比疏，二，一笥，繒緣。

繒六十三匹三丈，緒三，衣一笥，笥繒。

布十七卷，一笥，繒緣。

紲甲、鞏督各一笥繒緣

丹畫盾各一，繒囊。

箙戟三。

（以上為正面第一欄）

橫戟三。

栝戟二。

鋏二。此皆以繒纏衿。

矛一。

七尺矛二，繒囊。

金人二，在中。

金縢一，繒囊。

象齒四。

大斧二、斤一，纏其架。

熏蓋三。

絲絮廿斤、絲二斤，一笥，繒緣。

（以上為正面第二欄）

大統二，一笥，繒緣。

丹杯百，一笥，繒緣。

研筆刀二櫝，一笥，繒緣。

博具一笥，繒緣。

小大斤、曲削柗，繒緣笥。

桎三囊、細巾囊各一。

枏機一，木狗三，繒囊。

笠一，繒囊。

坐絪一囊。

　　（以上為正面第三欄）

炭四籃。

布囊。

攡石引索，一笥，笥繒緣。

簟席五十六，繒緣。

簟長席十。

角弩三。

弓一。

柂二。

繳四柗十發。

治繳具一囊。

　　（以上為正面第四欄）

角曾一，繒囊。

柂三，囊二，繒一，布緣。

越服矢，一笥，繒緣。

金壺，繒緣其籃。

瓦盂二，各一布囊。

小笠十，皆繒緣。

大畫鼓一，一繒囊。

拾越筑各一。

　　（以上為正面第五欄）

張帷柱及丁一囊。

大蓋一。

張帷一笥。

張帷柱及丁一囊。

飴三鋗口。

廚瓵十一。

中土瓵卅。

倉種及米廚物五十八囊。

中土食物五笥。

（以上為背面第一欄）

大方籢一。

杯及卑虎西靡，笥各一。

廚酒十三罋。

●有實笥卅一。

（以上為背面第二欄）

倉器□。

鼎二。

金斗。

金鍑一。

溫瞀一。

金方一。

燭徵一。

（以上為背面第三欄）

　　案：上引「從器志」是 1976 年出土於廣西壯族自治區貴縣羅泊灣 1 號漢墓。該志抄寫在一塊長 38 釐米、寬 5.7 釐米的木牘上。木牘正背兩面書寫，墨色隸體。正面分 5 欄抄寫，背面分 3 欄抄寫，共 372 字。它是一分完整的記載隨葬器物的清單。自署「從器志」，抄寫在木牘正面第一欄第一行。「從」即隨從的意思。「從器志」就是隨從墓主人器物的記錄。從所記內容來看，有甲、矛、盾、弓、弩、矢等，疑該墓主身前曾擔任過武職官吏。

(4)將軍器記

大案七	小杯廿七	大尊二	桱程一
小案十	大槃十	大權二	衣篋三
圈五	小槃八	小權二	
大杯十一	小尊二	具目三	

　　案：上引「將軍器記」見《居延漢簡釋文合校》293‧1、293‧2。所記內容是將軍工作、生活用具。「記」，古代的一種公文。《文心雕龍‧書記》云：「公府奏記，而郡將奏牋，記之言志，進己志也。」《正字通‧言部》：「記，誌也。」李均明先生認為：「此『記』的含義與書檄類『記書』之『記』有別。」

(1)☐詣橐它候官

　　正月戊申食時，當曲卒王受收降卒敞；日入，臨木卒僕付卅井卒得。界中八十里，定行五時，不及行三時。

(2)☐　正月戊午夜半，臨木卒賞受城城勢卒勝；己未日入，當曲卒☐付收降卒海。界中九十里，定行十二時，過程二時二分。

(3)入七表一桓，通南。正月癸巳日下餔八分時，萬福隧卒同受平樂隧卒同；即日日入一分半時，東望隧卒定軍〔付〕隧長音。界中卅五里，表行三分半分，中程。

　　案：上引(1)、(2)見《居延新簡》EPT51‧351 和 EPC‧26，(3)見《居延新簡釋粹》74EjT24‧26。皆為「課」類文書，(1)、(2)為郵書課，(3)為表火課。「課」，《玉篇‧言部》云：「課，議也。」《後漢書‧百官志五》：「秋冬集課，上集於所屬郡國。」劉昭注曰：「丞尉以下，歲詣郡課校其功。」《後漢書‧朱浮傳》李賢注云：「課其殿最，覈其得失。」就是按照規定的程式進行評議、考核。上引文書就反映了這方面的內容。郵書課、表火課都規定了在一定時間內的傳送里數，如「中程」，即符合規定期限；如「過程」，就是超過規定期限，就要受到處罰；如「不及行」就是比規定時間提前完成。正好在《居延新簡》中有一支相關規定的簡文（EPS4T2‧8），正面寫有：「官去府七十里，書一日一夜當行百六十里。書積二日少半日乃到，解何？書到，各推辟界中，必得。事案到，如律令，

言，會月二十六日、會月二十四日。」背面寫有：「不中程百里，罰金半兩；過百里至二百里一兩；過二百里二兩。不中程車一里，奪吏主者勞各一日；二里奪令□各一日。」李均明先生認為上引簡背的文字當為「行書律」殘文。雲夢睡虎地秦簡《秦律十八種》中也有《行書》律，云：「行命書及書署急者，輒行之；不急者，日畢，勿敢留。留者以律論之。」又云：「行傳書、受書，必書其起及到日月夙暮，以輒相報也。書有亡者，亟告官。隸臣妾老弱及不可誠仁者勿令。書廷辟有曰報，宜到不來者，追之。」「行書律」就是關於傳送文書的法律規定，秦漢皆有之。1983 年 12月在湖北省江陵縣張家山漢墓（247 號）出土的漢律中也有《行書律》，律中規定，根據不同的地理區域設不等的「郵」（即行書舍），有十里一郵者，有二十里一郵者；北地、隴西有三十里一郵者等。對專門從事「行書」的郵人，可以「毋令徭戍，毋事其戶，毋租其田一頃，勿令出租、芻稾，勿令為他事」。但對其「行書」的時間、里程也有明確的規定，否則就會被罰金：「郵人行書，一日一夜行百里。不中程半日，笞五十；過半日至盈日，笞百；過一日，罰金二兩。郵吏居界過書，弗過而留之，半日以上，罰金一兩。書不當以郵行者，為送告縣道，以次傳行之。諸行書而毀封者，皆罰金一兩。」「不以次，罰金各四兩」，「若諸有期會而失期、乏事，罰金二兩」，「行書而留過旬，皆盈一日罰金二兩」。由上可知，在秦漢時期，國家對行書的規定是非常嚴格的。

出土簡牘所見案、錄、志、記、課還有：

　功勞案　《合校》157・9；《新簡》EPT4・50、EPT50・194、EPT53・
　　22、EPT53・139。

　功案　《合校》228・31。

　當食案　《合校》33・9。

　當食者案　《合校》286・7。

　卒物故案　《新簡》EPT56・273。

　治所錄　《合校》170・2。

　使者治所錄　《新簡》EPF22・360。

　刺史奏事簿錄　《新簡》EPT51・418。

府錄　《新簡》EPT65‧270。

著府錄　《新簡》EPF22‧173。

行塞省兵物錄　《新簡》EPF22‧235、EPF22‧236。

課　《合校》542‧2。

郵書課　《合校》110‧19;《新簡》EPT2‧28、EPT20‧2、EPT51‧
　264、EPF22‧528。

郵書驛馬課　《新簡》EPF25‧12。

驛馬課　《新簡》EPF22‧640。

表火課　《合校》269‧8。

劾狀　《合校》20‧7、25‧4、45‧12、183‧5;《新簡》EPT68‧2、
　EPT68‧13、EPT68‧30、68‧55、EPT68‧135、EPT68‧163、
　EPF22‧8②7。

狀辭　《新簡》EPT68‧34、EPT68‧44、EPT68‧93、EPT68‧107。

東陽田器志　《散》1459。

行塞勞勑束卒記　《新簡》EPF22‧242。

等等。

五、符券

「符」,《說文解字》云:「信也。漢制以竹,長六寸,分而相合。」《玉篇‧竹部》:「符,符節也,分為兩也,各執其一,合之為信。」符信作為人們身份的物質憑證,在我國有著悠久的歷史。隨著社會的發展,在各個歷史時期也有著不同的形式和名稱。但就其性質而言,它是階級社會中維護政權鞏固、社會安定的一項有力措施,也是與當時的政治、軍事、經濟等有著密切關係的重要制度之一。

在出土簡牘中,發現了不少「符」類文書,尤其是在居延漢簡中,這些「符」多數是當時出入關道河津的通行證。均為木質所製。其大小、長短、形狀,多就地取材,因材製作,似無嚴格定制。薛英群先生認為:這類「符」應與「漢以前的兵符有一定的淵源關係,或者可以說它是以往兵符的變異和發展,有其獨特的演變和形成過程。溯其源,它雖是兵符的變體,然而鑒於它的作用、使用人員和範圍,既沒有也不可能代替以往的兵符。所以,如果我們把

它稱為是兵符發展中的一個支脈，也許更恰當些。」（《居延漢簡通論》，甘肅教育出版社，1991年版）

「券」，古代用於買賣或債務的契據。《說文解字》云：「券，契也。……券別之書，以刀判契其旁，故曰契券。」《荀子·君道篇》云：「合符節、別契券者，所以為信也。」李均明先生認為：「廣義的券書包括符與傅別，《周禮·天官·小宰》孫詒讓《正義》云：『蓋質劑、傅別、書契，同為券書。』簡牘所見單稱『券』者，旁有刻齒這一點同符，但長度不限於六寸，應用範圍較符廣，買賣借貸、取予授受皆用之。」「符券類屬契約合同文書，通常為多聯，即一式多份（至少兩份），同式各份之間或以契刻，或以筆劃線條為相合標誌，示其信用。以契刻為合符方式者，通常稱之為『契券』（按應用範圍的大小，或可分為『符』與『券』）。以筆劃線條為合符方式者，通常稱為『傅別』（或稱『莂』）。」（《簡牘文書學·符券類》）《周禮·天官·小宰》云：「聽稱責以傅別。」鄭注云：「傅別，謂大手書於一札，中字別之。」《釋名·釋書契》云：「莂，別也，大書中央，中破莂之也。」「傅別」也是剖分成二份或者多份的一種契約式文書。湖南長沙走馬樓出土的三國吳簡中有不少傅莂文書，其中也有許多為一式三份者。

出土簡牘所見符、券、傅別實物如：

(1)◺居延與金關為出入六寸符券，齒百，從第一至千，左居◺，符合以從事。　●第七

(2)始元七年閏月甲辰，居延與金關為出入六寸符券，齒百，從第一至千，左居官，右移金關，符合以從事。　●第八

(3)始元七年閏月甲辰，居延與金關為出入六寸符券，齒百，從第一至千，左居□□□□□合以從事。　●第十八

(4)◺居延與金關為出入六寸符券，齒百，從第一至◿□□居官，右移金關，符合以從事。　●第十九

(5)元鳳四年二月癸卯，居延與金關為出入六寸符券，齒百，從第一至千，左居官，右移金關，符合從事。　齒九百五十九

案：上引五例皆為出入符，而且都是專供於出入金關之用。例(1)、(2)、(3)、(4)見《居延漢簡釋文合校》274·10、65·7、65·9、274·11，例(5)見《居延新簡釋粹》74EJT26·16。(1)、(3)、(4)簡文有所殘缺，(2)、

(5)簡文保存完整。從所存內容來看，上引五「符」皆為居延與金關約定使用的符，自稱「符券」，有「百齒」，左邊置於居延府，右邊移金關掌握，符的總數有 1000 個。使用時，由居延府發給持符者，至金關而驗之，「符合」即可放行。由此可見，這類符是一種不記人物姓名，只記符券齒、符券編號和左右掌握者，用過後還可以收回再用的一種公用通行證。符文云「出入六寸符券」，符長六寸為秦制，《史記·秦始皇本紀》云：「數以六為紀，符、法冠皆六寸。」《史記·封禪書》云：「秦更命河曰德水，以各十月為年首，色尚黑，度以六為名。」張晏注曰：「水，北方，黑。水終數六，故以方六寸為符，六尺為步。」《說文解字》云：「符，信也。漢制以竹長六寸，分而合之。」上引五例簡牘實物長約 14 釐米，約合漢尺六寸，與文獻記載相符。但文獻記載也有五寸符者，如《漢書·文帝紀》二年九月「初與郡守為銅虎符、竹使符」注引應劭曰：「竹使符，皆以竹箭五枚，長五寸，鐫刻篆書第一至第五。」據文獻記載竹使符是用來召諸侯、徵郡守之用。另外，出入符券側面有刻契口者，如簡文所云「齒百」，其功能就是為了鑑別符之真偽，符券之合處在齒，齒合則以從事。這種刻齒之制由來已久，《周禮·地官·質人》云：「掌稽市之書契。」鄭注云：「書契，取予市物之券也。其券之象，書兩札，刻其側。」《列子·說符篇》云：「宋人有游於道得人遺契者，歸而藏之，密數其齒。」上引簡文云「左居官，右移金關」，這就是符節一式多份的反映，《玉篇》云：「符，符節也，分為兩邊，各持一以為信。」李均明先生認為：上引出入符，皆以左符留存，故云「左居官，右移金關」。今出土物及史籍所見，主左契與主右契皆可見，似無定制。主左契者除上引簡例所見，又《老子道德經》下篇第七十九章：「聖人執左契而不責於人。」《史記·田敬仲完世家》：「公常執左券以責於秦、韓。」《新唐書·輿服志》：「初，高祖入長安，罷隋竹使符，班銀兔符，其後改為銅魚符，以起軍旅、易守長，京都留守、折衝府、捉兵鎮守之所及左右金吾、宮苑總監、牧監皆給之。畿內側左三右一，畿外則左五右一，左者進內，右者在外，用始第一，周而復始。」主右契者則更多見，如秦陽陵虎符銘：「甲兵之符，右在皇帝，左在陽陵。」新郪虎符銘：「甲兵之符，右在王，左在新郪。」《商書書·定分》：「即以左券予吏之問法令者，主法令之吏謹藏其右券木柙。」秦制

當以右券留內，故秦律以亡右券為害，《秦簡‧法律答問》：「何謂『亡券而害』？●亡校券右為害。」如果丟失「符券」要受到法律的制裁。即便後來又找到了符券，原來的制裁也不可免除。可見秦時對丟失符券的處罰是很嚴厲的。《漢書‧文帝紀》注引師古曰：「與郡守為符者，謂各分其半，右留京師，左以與之。」漢代以後，符亦多右居內，如《宋史‧輿服六》：「高宗建炎三年，改鑄虎符，樞密院主之。其制以銅為之，長六寸，闊三寸，刻篆而中分，以左契給諸路，右契藏之。」《遼史‧儀衛志》：「金魚符七枚，黃金鑄，長六寸，各有字號，每魚左右判合之。有事，以左半先援守將，使者執右半，大小、長短、字號合同，然後發兵。事訖，歸於內府。」

(1)

永光四年正月己酉　　　妻大女昭武萬歲里孫第卿，年廿一。
橐佗延壽隧長孫時符　　子小女王女，年三歲。
　　　　　　　　　　　弟小女耳，年九歲。　皆黑色

(2)

　　　　　　　　　　　妻大女昭武萬歲里□□年卅二。
　　　　　　　　　　　子大男輔，年十九歲。
永光四年正月己酉　　　子小男廣宗，年十二歲。
橐佗吞胡隧長張彭祖符　子小女女足，年九歲。
　　　　　　　　　　　輔妻南來，年十五歲。　皆黑色

　　案：上引兩例見《居延漢簡釋文合校》29‧1、29‧2，均係西漢元帝永光四年（公元前 40 年）正月己酉發出的吏家屬出入符，一給橐佗延壽隧長孫時，一給橐佗吞胡隧長張彭祖。出土於肩水金關遺址。延壽隧、吞胡隧皆為橐佗候官下屬的烽火隧，位於肩水金關以北。簡文所記孫時、張彭祖家屬的原籍時皆為昭武縣，昭武縣在金關以南，所以這些吏家屬前來探親或返回原籍時皆需通過金關，所以發符以便出入。符的內容各自寫明了吏家屬的姓名、籍貫、年齡、性別、容貌特徵以及其同符主的關係，但無符齒數、無編號及無左右之分。因此，這類符可以認為是一種專用的符，除了可以作為通行證用之外，還兼有證明身份的功能。

　　高敏先生認為：「符的種類是很多的。從質地上講，有銅質符與竹使符之分；從名稱講，有『符』與『符券』的不同；從長短講，有六寸符與五寸符之別；以具體形制講，有有齒符、無齒符之分；從性質講，有普用符與專用符之分；以功能講，有通行證作用之符與兼有通行證、身份證作用的符。因而它的書寫格式，也同它的各種區分相適應而有不小的差別。不過，總的說來，普用的通行證性質的符，必有齒數、分左右、有編號；專用的兼有通行證正身份證性質的符，則必須寫明姓名、籍貫、年齡、容貌特徵、性別、高低、隨行物及同符主的關係等。」（《簡牘研究入門》，廣西人民出版社，1989 年版）

(1)建昭二年閏月丙戌，甲渠令史董子方買郭卒□威裘一領，直七百五十，
　　約至春錢畢已，旁人杜君雋。

(2)本始元年七月庚寅朔甲寅，樓里陳長子賣官　柘里黃子公，賈八十

(3)元康二年十一月丙申朔壬寅，居延臨仁里耐長卿貰買上黨潞縣直里常壽
　　字長孫青緹　一兩，直五百五十，約至春錢畢已，姚子方☑

(4)元平元年七月庚子，禽寇卒馮時賣橐絡六枚楊卿所，約至八月十日與時
　　小麥七石六斗，過月十五日，以日斗計，蓋卿任。

(5)☑置長樂里樂奴田卅五畝，賈錢九百，錢畢已，丈田即不足，計畝數環
　　錢，旁人淳于次孺、王充、鄭少卿，沽酒旁二斗皆飲之。

　　案：上引四例，(1)、(2)、(5)見《居延漢簡釋文合校》26・1、91・1、557・4，(3)見《居延新簡》EPT57・72，(4)見《散見簡牘合輯》52。皆為買賣債券，其格式和內容大體一致，包括買賣的時間、轉讓物的名稱、價錢（包括已付錢數和貰欠錢數）、締約雙方的籍貫、身份、姓名、立契地點、見證人或中介人等，有的契約中還要寫明違約責任等。簡文中涉及到的買賣物品有裘、官綺、青緹綺、橐絡、土地等，在出土簡牘買賣契約中所能進行交易的物品還有很多，看來在當時，凡屬個人所有的財物，均可以自行交易買賣，成交後訂立買賣契約。這種文字契約，產生較早，在我國可以上溯到西周時期。在敦煌、居延地區出土的簡牘中，屬於契約性質的文書還有很多，在這些契約中，大多是有關衣物、布匹、穀物等的買賣契券，也有少量的土地買賣契券（如上引例(5)），還有借貸、雇傭等契

約。從出土所見買賣契約和賒賣財物文書來看，多數行為發生在邊塞軍事系統吏卒之間，也有部分發生在軍民之間。在兩漢時期，敦煌、居延地區氣候比較寒冷，衣物作為禦寒的必需品，十分寶貴，再加上當時吏卒和當地居民手邊的現錢又不多，因此賒賣之風盛行。為了保證賒欠錢款能按時償還，所以在交易成功後需立契為信，契約中還要寫明「任者」（保人），「旁人」（證人）等，這也是漢代市場管理的一項重要措施。有時也有因不能按時償還、拖欠時間太長或追不回賒欠貨款者，輕則向官府報告，通過官府機構責令償還，重則要通過法律手段才能解決。

(1)☐濟陰郡定陶徐白大夫蔡守，年卅七，庸同縣延陵大夫陳遂成，年廿九，第廿三☐☐

(2)張掖居延庫卒弘農郡陸渾河陽里大夫成更，年廿四，庸同縣陽里大夫趙勛，年廿九，賈二萬九千。

(3)田卒大河郡平富西里公士昭遂，年卅九，庸舉里嚴德，年卅九。

(4)中為同縣不審里慶☐來庸，賈錢四千六百，戍詣居延。六月旦署乘甲渠第。

　　案：上引四例，皆見《居延漢簡釋文合校》13·9A、170·2、303·13、159·23。其內容皆為雇傭契約。據簡文內容所記，有受雇於人、代人戍邊等。從大量的出土簡牘雇傭文書來看，其程式一般是：先寫傭人的籍貫、身份、姓名、年齡，再寫雇主的籍貫、身份、姓名、年齡，中間寫一個「庸」字，最後寫明雇傭的價錢。也有的還有寫清立契時間、旁證人、違約責任、佣人的用途、雇傭期限等內容。從出土實物來看，這類契約文書的書寫格式並不統一。

　　關於漢代的雇傭代戍，《漢書·昭帝紀》注引如淳曰：「更有三品，有卒更，有踐更，有過更。古者正卒無常人，皆當迭為之，一月一更，是謂卒更也。貧者欲得顧更錢者，次直者出錢顧之，月二千，是謂踐更也。天下人皆直戍邊三日，亦名為更，律所謂繇戍也。雖丞相子亦在邊戍之調。不可人人自行三日戍，又行者當自戍三日，不可往便還，因便住一歲一更。諸不行者，出錢三百入官，官以給戍者，是謂過更也。律說：卒踐更者，居也，居更縣中五月乃更也。後從尉律，卒踐更一月，休十一月也。

〈食貨志〉曰:『月為更卒,已復為正,一歲屯戍,一歲力役,三十倍於古。』此漢初因秦法而行之也。後遂改易,有讁乃戍邊一歲耳。」

關於上引契約文書的性質,謝桂華先生在〈漢簡和漢代的取庸代戍制度〉一文中認為:敦煌和居延簡文中的「庸」,非指一般的「雇工」、「雇佣」或「佣工」,其確切含義應指取庸代戍,即被雇者代雇者戍邊,是兩漢時期的一種普遍制度,是徵民制的補充。(見《秦漢簡牘論文集》,甘肅人民出版社)林劍鳴先生在《簡牘概述》中認為是雇佣契約,而謝桂華先生則認為是名籍類簡文,即簡文記錄雇主、被雇者名籍,是雇主及被雇者關係的憑證,又是官府的檔案簿冊。王元林先生認為:「上述諸簡文的確反映了兩漢時期的取庸代戍制度,是這種制度的具體表現和保障,而取庸代戍制度本身則是雇主出錢雇佣別人戍邊這種行為的前提和基礎。但就上述諸簡文的形式和反映的內容本身來說,則應屬雇佣契約性質,一方面是被雇者與雇主之間權利義務的憑據,另一方面則表明了這些契約在本質上具有取庸代戍制度的性質,至少反映出兩漢時期雇佣關係的存在,以及在西域雇佣戍邊軍卒關係和其它雇佣勞動關係中的廣泛應用。」(《簡牘學研究》第三輯〈敦煌、居延漢簡契約論〉,甘肅人民出版社,2002 年版)(1)

案:左引「出入券書」見《樓蘭尼雅出土文書》238(文物出版社,1985 年版)。這是一份未經剖割的券書,出土時上半部殘缺,下半部分左右兩券,兩券文字完全相同,兩券之間還有一道預先畫出(或刻出)的線,表示將來剖別左券、右券時,應從細線處剖開。此類出土實物多見。這類合同券書一般亦稱之為「傅別(莂)」。《周禮·天官·小宰》云:「聽稱責以傅別。」鄭注曰:「傅別,謂大手書於一札,中字別之。」《釋名·釋書契》云:「莂,別也,大書中央,中破別之也。」上引例雖無中書大字,但上面的六條橫線的意義與中書大字完全相同,在剖割時,六條橫線亦分左右兩半,可作為合券時的驗證內容之一。胡平生先生認為:「在文

斗二升   髮

泰始五年十一月九日倉曹掾李平鑒倉蘇受
奏曹史淳于仁兵曹史弧今從掾位張雅

泰始五年十一月九日倉曹掾李平鑒倉蘇受
奏曹史淳于仁兵曹史弧今從掾位張雅

獻記載中，券書有『右券』、『左券』之別，通常是出貸者執右券，借人者執左券；出物者執右券，受人者執左券。左右兩券的分割破別，一般的理解自然是一塊木板，從中對剖，左半為左券，右半為右券。在樓蘭出土的魏晉簡中，有一例最為典型（即上引之例），最能說明左右券一分為二的破別方式。」（《簡牘學研究》第二輯〈木簡券書破別形式述略〉，甘肅人民出版社，1998 年版）

(2)　出　粟小石卅一石六斗六升大　□陽朔三年□　（正面）

　　　入　粟小石卅一石六斗六升大　□陽□　　　　（背面）

　案：上引券書見《居延漢簡》8·5。這件出入券書的文字抄寫在木札的正面和背面，它的破別形式應是從正、背之間剖開，與上面引述的左右剖別的有所不同。胡平生先生曾經指出：「這種木札不是左、右各寫一份文字相同的文書然後一剖為二，它是在正面和背面一式兩份寫好文書，再用刀斧一劈為二，故意留下正背兩面劈開時凹凸不平的狀態，如需查驗真偽，正背相對，如合符契。」（同上）這類正背剖別的出入券文書，在敦煌採集和發掘的漢簡中還有不少實例。胡平生先生在上引文章中還舉了一個很有意思、也是最能說明問題的正背破別的出入券書。他說：「那是一枚紅柳木質簡，形狀如同一根小棍，約長 24.2釐米，寬 0.8 釐米，厚 0.9 釐米。正背兩面都已寫好字，且已從正背之間的當中處從上往下鋸出一道 0.2 釐米的細縫兒，只留下簡尾約 2 釐米左右尚未鋸開。想來如果出入、取予相關的雙方，對正背兩面的文書表示認可、沒有疑義的話，只要輕輕一掰，此簡即可一分為二，成為一份完整的契約文書。（如右圖）這枚木簡一側有表示數字的刻齒，刻齒在『出』字的右側、『入』字的左側。這份券書看來並沒有真正使用。我們推測，沒有使用的原因可能是起草書寫時有些錯誤。這份文書的正背兩面券內容不一致，『入』字的一面寫的是『廣麥小石一石五斗』，而『出』字的一面卻寫成『廣麥十一石五斗』，從刻齒看，有一個表示『十』的缺口，有五個表示『一』的缺口，十斗為石，如果刻齒是正確的

側　背　正

話，則『入』字的一面是正確的，而『出』字的一面寫錯了，因而券書只
好廢棄不用。這種正背兩面書寫從中剖開的券書，多用表示數字的刻齒作
為憑信記號，籾山明的研究表明，刻齒的大小形狀表示不同的數字，這個
數字是與券書上出入、取予錢糧物品的數目應當是吻合的，它具有防止持
券的某一方擅自削改木簡數字的作用。至於刻齒在出入簡上的位置，從筆
者所收集到的數十個『出入』券書的例子看，似乎並無定規，有時刻在
『出』物簡的左側、『入』物簡的右側；有時又在『出』物簡的右側、
『入』物簡的左側。」（同上）

(3)出　佰師一口、礶一合　司　景元四年八月八日幕下史索盧靈付兼將張
　　祿。　330A（見附圖330A）
　　錄事掾闞　330B　（見附圖330B）

(4)出　床卅一斛七斗六升給廩將尹宜部兵胡支等十二人，人日食一斗二
　　升，起十月十一日盡十一月十日　司　泰始二年十月十一日倉曹史申
　　傳、監倉史翟咸闞攜付書史杜阿　239A
　　〔錄事〕掾闞凌　239B

(5)出　大麥一斛五斗食討賤馬一匹，日食五
　　升，起二月一日盡卅日　司泰始六年二月一
　　日☐　354

(6)入　麳二斛八斗當麥一斛四斗廩削工、伍
　　佰、鈴下、馬下李卑等五人，日食八升，起
　　六月十一日盡十七日　泰始四年六月十一
　　日受倉曹掾曹顏，吏令孤承付。　538A
　（見附圖538A）
　　功曹史趙倫、主簿梁鸑、錄事掾監量掾闞、
　　伍佰穆乘、馬下穆敢、領下張丰、消工郭
　　受。　538B

(7)入　敦煌兵壬得、仁等鐳十一枚、胡斧☐☐
　　二枚、鈎一枚，今還　泰始五年六月十七
　　日監藏掾趙辯、揚☐都☐韓☐☐☐☐☐　620

538A　　330B　　330A

　　案：上引五例均為出入券書實例，見《樓蘭尼雅出土文書》330A、B，239A、B，354，538A、B，620。而且都是屬於左、右剖別的券書，以「出」、「入」二字冠首。以「出」字冠首者一般為右券，以「入」字冠首者一般為左券。這類「出入」券書的形制，從前面引的例(1)可以看出，在未經剖割之前，左（入）券、右（出）券二簡原為一塊長方形的木札，「出」、「入」二字抄寫在簡首，「出」字券一般在右，「入」字券一般在左。（如圖）在抄寫券文時，左、右券文完全一致，而且兩券文都要分為上下兩欄抄寫，上欄都記載出、入物品的種類、數量或使用人的姓名、人數等，下欄記載交付或收受的年月日及付收人的職務、姓名等。在兩欄之間的空白處還要書寫一個跨左右兩券的大「同」字，（也有寫「合」等字者），在頗別時，大「同」字就會一分為二，如果日後發生糾紛，雙方持券合「同」字便可知券之真偽正誤。另外，此類簡的背面通常有主事長官的職務、姓氏和簽名。

　　上引例(3)、(4)、(5)為「出」券，例(3)「碻一合」下、例(4)「盡十一月十日」下、例(5)「盡卅日」下皆存有「同」字的右半筆跡，說明此三例皆為「右券」。例(6)、(7)皆為「入」券，例(6)「盡十七日」下、例 7「今還」下皆存有「同」字的左半筆跡，說明此二例為「左券」。此外，例(3)、(4)、(6)三券的背面（B 面）也保留了當時主事長官的職務、姓氏和簽名字跡。

　　出土簡牘符券類文書還有：

符　　《合校》63・34、89・7、95・2、156・37、283・43、332・12、346・16、482・16；《新簡》EPF22・172、EPF22・475；《秦簡・秦律雜抄》。

出入六寸符　　《合校》11・8、11・26・

出入六寸符券　　《合校》65・7、65・9、65・10、221・17、274・10、274・11。

第六平旦跡符　　《新簡》EPT49・69。

第卅符　　《敦》1602。

第十五符　　《敦》1763。

府符　《新簡》EPF22・170、EPF22・171。

橐佗延壽隧長孫時符　《合校》29・1。

橐佗吞胡隧長張彭祖符　《合校》29・2。

驚候符　《敦》1464。

符券　《秦簡・法律答問》。

券　《合校》155・13、184・3、262・29、317・8；《新簡》EPT59・105；《秦簡・法律答問》；《敦》1392。

參辨券　《合校》7・31。

校券　《秦簡・法律答問》。

衣物券　《新簡》EPT48・136。

卒責券　《新簡》EPT50・198。

什器校券　《新簡》EPT51・180。

莂　《長沙走馬樓三國吳簡》。

等等。

六、檢楬

「檢」，《說文解字》云：「書署也。」段玉裁注云：「書署，謂表署書函也。」徐鉉注云：「書函之蓋，三刻其上，繩緘之，然後填以泥，題書其上而印之也。」《釋名・釋書契》云：「檢，禁也，禁閉諸物使不得開露也。」從上面各家的解釋來看，用今天的話來講，就是「檢」是古代一種封緘標識，其目的是為了防止失密。《急就篇》第十三章顏師古注云：「檢之言禁，削木施於物上所以禁閉之，使不得輒開露也。」從出土實物來看，檢多設封泥，用於封緘各種物品及文書。

李均明先生在《文物》雜誌 1990 年 10 期〈封檢題署考略〉一文中將封檢題署分為文書封檢題署和實物封檢題署兩大類，前者舉出十個種類，後者舉出十五個種類，然後總結認為封檢題署的內容主要有以下五點：一、標明收件人。它要求書寫收件人的機關名和收件人的官職及姓名；發件人在封泥上押蓋自己的印章，不用文字書寫。但私人信件有時在封檢上書寫發信人姓名。二、標明傳達方式。其書寫內容因傳達的緩急而異，有時也不指定傳達方式。三、發件人對到達時間和傳達者的記錄。嚴格地說，當封檢文書到達收件人處後，

收件人為作收文記錄而書寫了上述文字，這時封檢的性質已經發生了變化。四、標明被封緘文書的種類。五、標明被封物品的類別、數量、所有者等。物品有衣糧、器具、錢、書寫材料等；錢有賦錢封緘和現錢封緘之別，後者主要書寫支出記錄。以上檢均帶有封泥孔，但也有內容和封檢相同然而無封泥孔的木板。李均明先生認為，這種無封泥孔的木板有如下可能：一、未涉及印章及傳遞者、到達時間的，可能是內容不太重要的文書。二、無封泥的原因，可能是檢在到達後被削平或截斷所致。封泥孔留有被砍削的痕跡，即為明證。之所以要砍削封泥孔，在於封泥孔的凸出部分不利於保存。三、函封和封檢是兩體。四、封檢除了上述所見用途外，還可以用於各種器物和動物，驢頸附封檢就是其中一例。

日本大庭脩先生對「檢」也有過專門的研究，他在《漢簡研究・再論檢》一文中說：「檢分為物品檢和書信檢兩種。物品檢表明內裝之物，具有禁止窺探內裡的含義。書信檢寫明收信人，具有書署的意味。兩種檢的作用一言以蔽之，即如《釋名》六〈釋書契〉第十九所云『檢，禁也，禁閉諸物，使不得開露也』，『書文書檢曰署，署豫也，題所豫者官號也』。此外封印亦如《釋名》所云『印，信也，所以封物為信驗也。亦言因也，封物相因付也』。可以說，有封泥孔的檢在某種意義上具有受印的性質。」

對於「檢」的專門研究，還有幾家，如王國維的《簡牘檢署考》、日本原田淑人的《關於支那古代簡札編綴法》、勞榦的《居延漢簡考證甲・簡牘之制》中的封檢形式、檢署、露布諸項、日本永田英正《書契》等，但由於他們所見材料的侷限，其研究受到一定的影響。李均明先生、大庭脩先生則利用最新出土材料，他們的論述，是在前人的基礎上又推進了一步，可以說是目前最新的研究成果。

關於「楬」，《說文解字》云：「楬，楬桀也。」段玉裁《說文解字注》認為「桀」字當作「櫫」字，注引《周禮・秋官・職金》注云：「楬，書其數量以著其物也。今時之書有所表識，謂之楬櫫。」《周禮・秋官・蠟氏》鄭玄注引鄭司農云：「楬，欲令其識取之，今時楬櫫是也。」由此可知，「楬」是用於標明物品或文書的數量及名稱等並置於該物品或文書上的標籤。從出土實物來看，西北邊塞文書簡牘中較為多見，但有時也用於記載隨葬物品，如 1972 年在湖南省長沙馬王堆 1 號漢墓中就出土了一些記載隨葬物品的「楬」。楬的首

端一般畫有網狀紋。

出土簡牘所見檢、楬實物如：

(1)燹 東利里父老夏聖等教數。

　　回　秋賦錢五千　西鄉守有秩志臣、佐順臨。

　　陽　　　　　　□□親具。（見右圖）

(2)　　十一月己卯掾彊所收五年餘茭錢二千五十

　　五。

　　元年茭錢萬四千五百廿八。●凡萬六千五

　　百八十三。

　　出錢五千七百廿五□收掾車給官費。

　　亭□　出錢三百六十六□居延責錢。

　　回回　出錢千縣所□□。

　　□□　凡出萬五百九十一。

　　今餘錢五千九百九十二。

　　出錢四百五十一，十一月壬辰付令史根□□□。

　　出錢三百，十一月壬辰付士吏□□□□□。

　　案：上引兩例見於《居延漢簡甲乙編》45・1A、209・2A。皆為封緘錢袋上所用的封檢。例(1)檢長 17.6 釐米，寬 3.8 釐米，距上端 2.1 釐米處有長 2.8 釐米的封泥槽（釋文用「回」表示）。背面為平面，正面自封泥槽以下呈斜坡狀，最上端厚 3.7 釐米，下端厚 0.4 釐米。從頂部俯視，在距前端 1.2 釐米的中央部位有一直徑為 0.9 釐米的孔，直通封泥槽的中央部位。據檢文所記，該檢所封為秋賦錢，檢的正面署有裝錢入囊的見證人、具體點數人等。例(2)檢長 19.2 釐米，寬 7.4 釐米，上有兩個封泥槽。可能是附在流動資金錢囊上的錢財出納簿。上署資金的出入記錄，似曾多次收入並支出，錢囊是流動的，每次出納後，由承辦的掾和嗇夫分別押蓋封泥，封檢也可能多次被拆封和封緘。

(1)　　睢陽戍卒西尉里王柱

　　　　□袋製一領。

　　梁　皂布複袍一領。

●回　皂布單衣一領。

國　皂布複綺一兩。

枲菲一兩。

常韋一兩。

(2)

……　　　　　　　費縣官襲一領……

□布複袍一領。　　取卩

皂布章禪衣一領。

□複穀襲一領。卩

回　皂布複綺一兩。卩

犬袜二兩。

常韋二兩。一卩　　車第十

枲肥一兩。

　　案：上引例(1)見《居延漢簡甲乙編》179·2，例(2)見《居延新簡》EPF19·12。兩例皆為衣囊檢。例(1)正面呈梯形狀，上寬 6 釐米，下寬 7.5 釐米，是籍貫為梁國睢陽西尉里的戍卒王柱所持的衣囊檢。上署持有者籍貫、姓名及盛裝衣物的種類和數量。李均明先生認為：「這些封檢出自邊塞，但所有者的原籍在數千里之外，表明封檢乃戍卒從原籍出發戍邊時所為。」檢文「梁國」，西漢高帝五年（前 202 年）改秦之碭郡置，治所在睢陽，即今河南商丘縣南部。物主人王柱從河南到西北邊塞戍邊，路途遙遙，途中暫不用之物需打包裝囊，為了避免戍卒之間錯拿，所以囊檢上要寫清物主人的籍貫、姓名。例(2)檢首殘缺。從所記「取卩」、「卩」鈎校符號來，此衣物囊在到達戍所後當已開封驗取，故檢署上有鈎校符號「卩」等。檢文「車第十」，當指戍卒赴役時運輸物品車的編號。

除以上舉例外，物品檢尚有錢物合囊檢、器物檢、牲畜檢、廩食檢等。

(1)　　　　　王彭印

甲渠官

　　　　　四月乙丑卒同以來

(2)　　　　　印曰陳德昌印

甲渠候官

　　　　八月乙巳第八卒夏賀以來

(3)　　　劉宣書奏

　　　武大伯　　　回（見右圖）

(4)　　　　　新始建國地皇上戊二年十二月壬戌，甲渠

　　　過所　回　守候長魏移過所……秦□□

　　　　　　　　部卒……□□□

　　　案：上引(1)、(2)、(3)見《居延漢簡甲乙編》133・4、38・7、284・25，例(4)見《居延新簡》EPT59・677。這四例皆為文書檢，其中例(1)、(2)是專供傳遞郵書使用的封檢，中央大字書寫收件人，右側寫按於封泥的印文，左側記錄到達日期和傳達者的姓名。有些郵書檢上還要書寫傳遞的方式，如「吏馬馳行」、「行者走」、「亭次急行」、「以郵行」、「亭次走行」、「隧次行」、「以亭行」等。其中「行者走」為派專人前往。「隧次行」是指逐隧傳遞。「以亭行」是指逐亭傳遞。通常隔數隧才設一亭，隧與隧間距離近，亭與亭之間距離較遠。例(3)是一件私書檢。檢長 14.3 釐米，寬 2.8 釐米，幾近完整。它是兩位沒有官銜人之間的往來信件，上書發信人和收信人的姓名，為防止別人私拆，也加有封泥。如發信人或收信人有官銜，一般都要署明，有時檢上還要書寫一些敬語，如「拜奏」、「叩頭奏」、「叩頭白記」等。例(4)是一件露布檢，文書正文與封檢合為一體，封檢起信用憑證作用，其內容是公開的。

(1)　蔡良買裘一領，直九百，布綺一兩，

　　直四百，凡千三百。　　（A）

　　出三百償第八卒鄧外，

　　今餘見千。　　（B）

(2)　第四隧弩橐矢銅橐百，其卅二

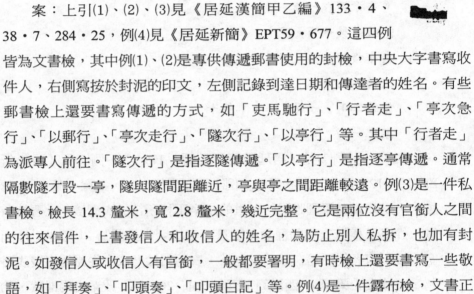

　　完。●五十八干斤呼，左下編。

(3)　⊠甲渠鄣六石具弩一，完。　　（A）

　　⊠甲渠鄣六石具弩一，完。　　（B）

(4)　　☒羊皮冒箪一。

　　案：上引四例皆為實物楬。皆見《居延新簡》EPT57‧3A、B，EPS4T2‧46，EPT5‧63A、B，EPT56‧74。例(1)為錢楬，文字內容為現金出入記錄。正面書寫出入情況，背面寫結餘錢數。例(2)為兵器楬，楬首塗有墨釘符號，頂端鑽有用於穿繩的小孔。例(3)、(4)為器物楬，楬首畫有網狀紋符號，上端鑽有用於穿繩的小孔。例(3)為正、背兩面書寫，文字完全相同。李均明先生云：「器物楬以細長形，楬首兩側刻缺口繫繩者居多；楬首塗黑墨鑽孔者次之；楬者畫網格紋者較少。器物楬之題署主要說明器物的種類與數量。」

(1)　　　　陽朔二年正月

　　☒　盡十二月吏病

　　　　及視事書卷　8‧1A

　　　　陽朔二年正月

　　☒　盡十二月吏病

　　　　及視事書卷。　　8‧1B

(2)　☒　新始建國地皇上戊二年閏月

　　　　盡十二月四時簿。　6‧35A

　　☒　新始建國地皇上戊二年閏月

　　　　盡十二月四時簿。　6‧35B

(3)　　　建武泰年四月以來
　☒
　　　　府往來書卷。

　　案：上行例(1)見《居延漢簡甲乙編》8‧1A、B，例(2)、(3)見《居延新簡》EPT6‧35A、B，EPT22‧409。該三例皆為文書楬，例(1)、(2)皆為兩面書寫，楬首皆畫有網狀格紋，上端有繫繩用的孔。例(1)的內容是記載官吏卒病及視事之文書的楬。例(2)是「四時簿」文書楬。例(3)為單面書寫，楬首也有網狀格紋及繫繩用的孔。其內容為「府往來書卷」文書楬。

(1)　■詔書

(2)　　　建武泰年計

■▨　　簿算。

案：上引兩例見《居延新簡》EPT26‧10、EPT26‧9。兩楬皆為文書楬。例(1)為「詔書」楬，楬首塗黑，上端鑽有繫繩孔。例(2)楬首先塗黑，然後在黑色下再畫網狀格紋，網狀格紋下才題署文書楬的名稱。在西北邊塞出土簡牘文書楬中，楬首畫有網狀格紋的有很多，李均明先生認為：「文書檢以楬首畫網格紋者居多，占總量百分之九十以上，大多用作已歸卷入檔之案卷標題。」

出土實物所見「檢」還有：

檢　《合校》505‧37；《新簡》EPT2‧20、EPT50‧17、EPT59‧17、
　　EPT59‧602、EPF22‧289、EPF22‧456、EPF22‧473、EPF22‧474、
　　EPF22‧475、EPF22‧582、EPF2‧800；《秦簡‧法律答問》。

衣橐檢　《新簡》EPT52‧494。

檄檢　《敦》974。

等等。

七、遣策與告地策

「遣策」與「告地策」都出土於墓葬之中。一般來講，「遣策」是用來記載隨葬物品的清單或隨葬物品的目錄；而「告地策」則是用來溝通「人間與陰間（地府）」的一種文書，其形式基本上是模仿當時人間上行公文的格式來書寫的，現在有些學者也稱之為「路簽」或「報到書」。按其性質而言，「遣策」之本質仍為帳簿類，應列於前面的「籍簿」類中，而「告地策」則應屬於書檄類，應列於前面的「書檄」類中。但因此類簡牘出土較多，更重要的是這兩種文書的內容及報送對象比較特殊，因此，從上述類別中抽了出來，在這裡單獨列為一節，做一些專門的介紹。

甲、遣策

「遣策」，或稱之為「遣冊」，就是記載隨葬物品的清單或者目錄。《儀禮‧既夕禮》云：「凡將禮，必請而後拜送，兄弟賵奠可也。所知則賵而不奠。知死者贈，知生者賻。書賵於方，若九，若七，若五，書遣於策。」鄭玄注云：「方，板也。書賵奠賻贈之人名與其物于板。每板若九行，若七行，若五

行。」所謂「賵」，《說文新附》云：「賵，贈死者。冒者，衣衾覆留之意。」
《儀禮・既夕禮》鄭玄注曰：「賵，所以助主人送葬也。」《荀子・大略》曰：
「貨財曰賻，與馬曰賵。」《公羊傳・隱公元年》云：「賵者何？喪事有賵。賵
者蓋以馬，以乘馬束帛。」有的學者認為，「書賵於方」，就是把殉葬物品的名
稱與數量寫在「方」形的簡牘上；「若九，若七，若五」，即每「方」上書寫九
行、七行或五行不等，把這些「方」編成一個簡冊，就成了「遣策」，即「遣
書於策」。又《儀禮・賓禮》云：「百名以上者書於策，百名以下書於方。」這
裡的「名」，今天稱之為「字」，《賓禮》的意思是說，殉葬物清單超過百字的
寫在「策」上，不足百字者則寫在「方」上。《三禮圖》上還詳細說明：一行
可以寫盡者就寫在「簡」上，數行可以寫盡者就寫在「方」上，「方」上寫不
盡者就寫在「策」上。

　　對於「遣策」這個名稱的理解，目前學術界仍存在不同的意見：有人認為
「遣策」不僅應是記載隨葬物品的名稱、數量，而且形狀和書寫行數也應與
《儀禮》記載相符合，否則就不應該用「方」這個名稱；有人則認為，不論什
麼形狀，只要是記載隨葬物品的名稱、數量等的簡牘，都應該稱之為「遣
策」；有人則認為，不應名之為「遣策」，而應把記載隨葬物品名稱、數量的簡
牘稱之為「賵方」。為了敘述方便，這裡仍依考古工作者的習慣，稱之為「遣
策」來介紹。

　　目前所見遣策，時間最早者為戰國楚簡，主要有湖南長沙五里碑、湖南長
沙仰天湖、河南信陽長臺觀 1 號墓第二組簡、湖北江陵望山 2 號墓、湖北江陵
藤店 1 號墓、湖北江陵天星觀 1 號墓、湖北隨州曾侯乙墓、湖北荊門包山 2 號
楚、湖北江陵雞公山 48 號墓、湖北江陵秦家嘴 99 號墓、河南新蔡平夜君成墓
等。這些內容為遣策的楚簡，有些因出土時殘斷太甚而無法復原，但從幾批保
存較好的楚簡來看，其簡文所記器物的先後次序與情況也不盡相同，《望山楚
簡》序文將其歸納為從下三種情況，第一種情況以包山 2 號墓遣策為例，該遣
策分為四組，分別放置在東室、南室、西室等處，並與隨葬物品放在一起。遣
策簡文所記載的器物名稱與數量都跟所在槨里的隨葬器物基本相符，而且簡文
所記載的各類器物的排列也先後有序。第二種情況是遣策不分室放置，但簡文
所記的隨葬物品排列有序。如信陽長臺關 1 號墓第二組簡，簡文先記「□□□
器」（簡一）、「□人之器」（簡八）、「□□之器」（簡九）、「□豆之器」（簡一

二）、「樂人之器」（簡一八）等等，其後接著再記具體器物名稱與數量，這種形式的簡文在西漢初期的雲夢大墳頭 1 號墓和江陵鳳凰山 167 號、168 號墓出土的木牘與竹簡仍可見到。第三種情況是，遣策竹簡也不分室放置，而簡首先記年、月、日，以及所記的主要內容。例如曾侯乙墓 1 號簡（正面）的簡文為「大莫敖𦀰喙適豜之春，八月庚申，軸趄執事人書入車」，這座墓出土的竹簡，只記車馬與兵器，其餘的隨葬物品未記。

在出土的戰國遣策中，包山楚簡遣策是保存較完好的一批，它不僅下葬年代清楚（公元前 316 年，楚曆六月二十五日），而且墓主身份明確（男性，名邵㾪，官居左尹，等級身份約合周制「大夫」級，死時年齡在 35 至 40 歲左右），再加上竹簡數量多，保存完好，內容豐富，所以在此作些介紹，對了解戰國遣策有一定幫助。

前面已經說過，包山戰國遣策分別置於東、南、西三室內，共出土 27 枚竹簡，可以分為四組：

第一組遣策共有竹簡 8 枚（編號為 251－258），置於東室的葬器之中，遣策所記內容為食品與食器一類，與東室之物品相符。遣策稱東室為「飤室」，稱食品為「飤室之飤」，所記食品大致可分為肉、魚、瓜果、蔬菜、菹菜、糧食六類。每種食品都記明了數量與盛裝器皿的名稱，菹菜置於缶內，陶罐簽牌上所書文字與簡文所記菹菜名稱也可互相應證。個別陶罐內盛有整魚，與遣策所記魚類置於竹器之中不符。其它食品則置於長方形人字紋竹笥或長方形空花竹笥之中。另外，棗、柿類實物較多，而遣策無載；楂、糗等物遣策有載，卻實物無存。食器，遣策稱作「飤室之金器」，古稱銅曰金，金器即銅器，遣策所記基本可與出土實物相應。

第二組遣策有竹簡 2 枚（編號 265－266），置於南室葬器之下。遣策所記內容為青銅禮器與漆木器一類。簡文稱青銅禮器為「大兆之金器」，漆木禮器為「大兆之木器」。「大兆」即大葬，「大兆之……器」即大葬之日盛葬祭所用之祭器。青銅祭器以煮牲與盛牲器領頭，接下來記有沃盥、酌漱之器、酒器、盛食器、澡手器、蒸食器。木祭器則以陳羹、陳酢之器在前，載牲、陳食器在後，五祀之木主位置亦稍後。各種器物在葬祭中所具有的禮制作用及配制組合關係，都記載在遣策之上。這組遣策所記遺物，均與出土實物相符。

第三組遣策有竹簡 15 枚（編號 267－277），其中僅有 11 枚上有字，置於

南室葬器之中，遣策所記內容為車馬器、兵器一類。所記車輛有正車、甬車、韋車、羊車等五乘。「羊車」，即祥車，據《禮記・曲記》記載，祥車是專門的喪車。遣策所記除上述車名外，還詳細記錄了各輛車的飾件名稱、質地，以及馬冑、馬甲、馬飾的名稱；還記載了車上所載各種兵器和旌旗的名稱。遣策所記內容基本上與南室所出實物相符，但是車輛都是以部件下葬，其上的飾件及兵器的數量與實物略有出入。

第四組遣策有竹簡 6 枚（編號 259－264），置於西室葬器之下，遣策所記內容為「行器」，259 號簡云「相（箱）尾之器所以行」，意謂此箱中放置的物件是墓主人的行器（日常生活用品）。簡文記有冠飾、衣物、鞋、梳妝用品、床、枕、几、扇、席、人擎燈等。簡文所記「相（箱）尾」即指西室而言，所記物品主要見於西室和北室，少數出自東室和南室，几、枕、梳、箆、人擎燈等出自北室。遣策所記除衣物外，其它與實物大致相符。

這批遣策對我們研究戰國時期楚器、楚物大有裨益，簡文所記食物的名稱和製作方法等，為我們研究戰國時期楚人的經濟生活提供了珍貴的資料。從研究楚人喪葬制度的角度來看，遣策所記也有重要的價值。

望山 2 號墓出土的遣策，放置在邊箱，出土時編聯已經散亂，竹簡的次序已無法確知，而且斷簡很多，給復原簡文所記器物順序造成了很大的困難。經整理組研究，將有紀年的「⊠周之歲八月辛□□□車輿器之箅」編為首簡，其後編入幾枚記載車輿器的簡，然後再編入記載銅、陶、漆、木、竹和絲織物等器物與數量的簡。據《望山楚簡・序》介紹，這組遣策可以分為四種情況：第一種情況是有一部分簡文所記與出土實物完全相符。第二種情況是簡文所記與出土物的器物名稱相同，但數量不相符，並有簡文所記數量少於或多於出土實物兩種情況，這可能與該墓早年被盜有關。第三種情況是簡文所記的器物，出土物未見，這類物品多數為絲織品。整理者推測，造成這一情況大致可能有三個原因：一是絲織物品已經腐朽，故出土未見；二是此墓早年被盜，所記之器物已被盜出；三是入葬時該器物就根本未放入墓中。第四種情況是出土實物存在而簡文未記，例如銅燈、鏃、矛鐵、鼓、瑟、鎮墓獸、蚌形器、船形器、號角、鐵鉤、骨貝、扳指等等。整理者推測，造成這種情況也有三個原因：一是這組竹簡殘斷太甚，所記簡文已殘失無存；二是當時入葬時，簡文根本就沒有記載；三是簡文可能記載了，而今天的釋文有誤。

　　望山 2 號墓出的遣策所記隨葬品也有一定的次序，不僅與上述包山 2 號墓遣策第三組及曾侯乙墓遣策內容十分相似，而且還與包山遣策其它三組的情況也基本相同，但曾侯乙墓遣策只記車馬與兵器，與望山 2 號墓遣策又有一些差異。包山 2 號墓遣策分槨室放置四組竹簡，其中三組竹簡內容類似曾侯乙墓竹簡，也有不同之處。望山 2 號墓遣策簡文與信陽長臺關 1 號墓第二組簡文所記隨葬品的情況也有一些相同之處，例如望山 2 號墓 46 號簡文先記「金器」，然後再詳記其器名與數量，這在信陽簡中多見。但信陽 1 號墓第二組簡的遣策未見紀年簡文，也有不同的地方。總之，雖然幾批戰國楚簡遣策在記述上都有一些不同之處，但總的來看，簡文所記器物排列有序，以及簡文所記與出土實物對照基本相符，是這個時期遣策的共同特點。

　　秦代遣策，發現不多，據報導，主要有 1991 年在湖北江陵楊家山 135 號秦墓中出土的遣策。該墓沒有紀年材料出土，但該墓葬棺槨形制、墓內隨葬器物有一般秦墓所共有的特點，同時又保留了楚墓的一些文化因素，因此，推斷此墓的時代當屬秦。該墓共出土竹簡 75 枚，出土時置於邊箱靠頭箱一端的槨板上，整梱竹簡堆放有序，雖部分有所殘斷，但絕大部分保存完好。整簡長 22.9 釐米，寬 0.6 釐米，出土時呈褐黃色。簡文為墨書秦隸，大部分字跡清晰可辨。簡文內容為遣策，詳盡地記載了墓中的隨葬物品。文字一般書於竹簡上端，下端空白無字。每支簡上少則記一物，多則記二、三物，每簡字數少者 2 字，多者 10 餘字。

　　漢代遣策出土較多，見於報導者有：江蘇連雲港海州網疃東漢墓木牘、江蘇鹽城三羊墩漢墓木牘、湖北雲夢大墳頭 1 號漢墓木牘、湖南長沙馬王堆 1 號、3 號漢墓竹簡、湖北江陵鳳凰山 8 號、9 號漢墓竹簡、湖北光化五座頭漢墓竹簡、江蘇連雲港海州網疃西漢墓木牘、湖北江陵鳳凰山 167 號、168 號漢墓竹簡、湖北江陵張家山 247 號漢墓竹簡、湖北沙市蕭家場 26 號漢墓竹簡等。其中以馬王堆漢墓出土的遣策最為完整，而且數量最多。

　　馬王堆 1 號漢墓出土遣策竹簡共有 312 枚，簡長 27.6 釐米，寬 0.7 釐米，兩道編繩。出土於該墓東邊箱北端，大部分置於一漆盒上，少部分壓在一漆鼎和一陶鼎之下。每簡字數少者有 2 字，多者有 25 字左右。出土時竹簡已散落

為 5 個小堆，經整理復原，其前後大致順序是：開頭記副食品、調味品、酒醴和糧食，其次是漆器、陶器、梳妝用具和衣物，最後是樂器、竹器以及木製或土製的明器。經與出土實物對照，大多數是相符合的。《長沙馬王堆 1 號墓》（文物出版社）一書中曾作過詳細的介紹。馬王堆 3 號墓出土的遣策共有 410 枚竹簡，簡長 27.4 至 27.9 釐米，寬 0.6 釐米，木牘 7 塊，牘長 28 釐米左右，寬 2.5 釐米左右。遣策所記內容為車騎、樂舞、奴僕、侍從以及所持兵器、儀仗、樂器等。木牘所記內容是竹簡所記物品的分類「小結」。遣策簡、牘所記內容絕大多數與出土實物相吻合，僅有三塊木牘所記的侍從和車騎不見相應實物，這三塊木牘的內容是：

A、 右方男子明童，凡六百七十六人，其中十五人吏，九人宦者，二人偶人，四人擊鼓、鐃、鐸，百九十六人從，三百人卒，百五十人婢。

B、 右方女子明童，凡百八十人，其八十人美人，廿人才人，八十人婢。

C、 右方車十乘，馬五十四，副馬三匹，騎九十八匹，輼車一輛，牛車十輛，牛十一，豎十一人。

上述三塊木牘所記隨葬物名稱和數量，皆為小計式的寫法，即指右邊竹簡所記隨葬物的總數。例 C 因所記物品不屬同類，所以沒有總計數目。三件木牘所記內容皆為隨從墓主人陪葬的物品，但在墓內卻沒有發現相應的明器和俑。它似乎是棺室內壁帛畫中的人物車騎總計的數目。這種制度對我們了解漢代社會狀況很有啟發。在漢代，雖然蓄養奴婢的情況仍然存在，甚至同牛馬、田宅、器物一樣是主人的私有財產，主人可以任意役使、打罵、贈送和買賣，但法律限制隨意殺害奴婢，要殺須報官獲准，稱為「謁殺」，殉葬現象也大大減少。

湖北江陵鳳凰山 167 號漢墓出土的遣策也值得關注。該墓共出土木簡 74 枚，簡長 23 釐米，寬 1－1.5 釐米左右。出土時木簡保存完好，尚保持了編冊原狀，編列如初。簡上還殘留著原編繩的痕跡。簡文清晰可識，每簡書寫隨葬品的一項內容。全編分類次序為：輼車、婢、奴；漆器、陶器、錢財和食品雜物。邊箱、頭箱內的隨葬品基本保持了原來的位置。

邊箱以隨葬車、俑為主。「謁者」二人持戟立於頭箱、邊箱交界處，面朝

邊箱，形如門衛。車、馬、婢、奴皆面朝頭箱。軺車居首，車後婢、奴分南北兩隊，東西九排。前五排為婢，是家內奴隸，其中最前兩排袖手立侍，其後兩排分別捧巾、被，最後一排分別持梳、篦。婢後為奴，共分四排。值得注意的是，這些奴是生產奴隸，前兩排扛耰，第三排扛鋤，最後一排南面的持斧，北面的持鋪。牛車載薪，居奴的北側，牛車前後各有一奴，前者即為遣策所記「牛者」。邊箱內還隨葬木馬、牛、豬、狗數件。邊箱內隨葬木俑的排列，形象地展現出死者生前呼奴喝婢的生活場面。

頭箱內隨葬品主要有漆器、陶器，以及象徵死者身前財產的繒、糧、薄土（即指登記在簿的私有土地）、食品等物。這些隨葬品依不同的用途分類置於頭箱的一偶。有倉廩類：以陶倉、灶、釜、甑等為主。膳食類：以漆盤、盒、盂等為主。酒飲類：以漆壺、耳杯、陶甕、罐等為主。盥洗類：以漆匜、陶盤等為主。糧食類：以盛糧絹袋為主。財產類：包括象徵土地的「薄土」、步弓、裝有數卷絲織品的竹笥等。

「遣策」是記錄隨葬物品名稱、數量等的清單，不同時代的遣策，所記內容基本相同。從形式上看似比較單純，但其內涵卻是非常豐富的，它是不同時代的社會經濟、喪葬制度、生活狀況等的原始反映。歷史學的研究因考古學的發展而勃興，在考古學日益發展的今天，單靠傳世文獻的記載已不能滿足研究者的需要。二十世紀五十年代以後，我國田野考古工作有了很大的發展，地下出土文物層出不窮，尤其是大量的簡帛文字資料出土，大大開拓了歷史工作者的眼界。遣策的大量出土，無疑對我國原有的遣策制度以及中國喪葬禮俗的研究增添了新的第一手的實物資料，它必然會為古代喪葬禮俗的研究從文獻到文物開拓一條新的途徑。

乙、告地策

在墓葬中發現的簡牘文書中，還有一類是溝通「人間與陰間」的文書，學人或稱之為「路簽」、「報到書」、「告地策」等。這些內容一般都與墓主人有關，主要有馬王堆 3 號漢墓、鳳凰山 168 號漢墓、隨州孔家坡 8 號漢墓出土的「告地策」以及江陵高臺 18 號漢墓出土的「路簽」、「報到書」、「告地策」等。

馬王堆 3 號墓出土的木牘「告地策」內容為：

十二年二月乙巳朔戊辰，家丞奮移主藏郎中，移藏物一編，書書到，先選具奏主藏君。

文書中的「十二年」，據考證為漢文帝十二年（公元前 168 年）；「選」通「撰」；「主藏郎中」、「主藏君」是當時人們設想的地府（陰間）主管財物的官吏。整個文書的意思是：漢文帝十二年二月二十四日，死者的（軑侯）家丞奮移書地府的主藏郎中，附送物品清單一編，先撰此書奏聞。意謂請求主藏君能把這些物品轉交給死者，是死者家丞寫給地府主管財物的官吏的請求書。

這類「告地策」的性質，除具一般的公文呈式外，其具體內容有時和隨葬遣策相同。這一點，從鳳凰山 168 號漢墓出土的「告地策」可以得到證實。鳳凰山 168 號漢墓出土的竹牘「告地策」云：

十三年五月庚辰，江陵丞敢告地下丞：市陽五大夫隧自言與大奴良等廿八人、大婢益等十八人、軺車二乘、牛車一兩、騮馬四匹、騬馬二匹、騎馬四匹可行，吏以從事，敢告主。

上引竹牘文字「隧自言」以上及末尾「敢告主」都是模仿當時上行公文呈式寫的。「隧自言」以下所列奴婢、馬匹等，與同墓出土的遣策記載的「凡車三乘，馬十匹，人四十六，船一艘」基本相符，也和同墓出土的明器有車 3、馬 10、船 1 和木雕俑 46 一致，這正可表明，告地策與遣策有密切的關係。該「告地策」是江陵丞為死者五大夫隧寫給陰間地府轉交隨葬物品的手續，而隨葬「遣策」則是表示生者送給死者物品的清單。

而在湖北省江陵縣楚故都紀南城外的高臺 18 號漢墓中出土的四塊系列木牘內容則更有意思。該墓四塊木牘皆出於頭廂東南部，由於入墓時緊貼於槨底板之上，故保存較好（僅一塊被木桶擠壓而稍殘），出土時顏色金黃，字跡清晰。四塊木牘疊壓在一起，發掘者編號為 M18：35 甲、乙、丙、丁四號。其出土順序為甲在上，丁在下，乙與丙居中且正面相向而疊，丙疊於乙之上，背面可見絲綢捆縛痕跡。這四塊木牘的具體情況是：

牘甲：長 14.8 釐米，寬 3.15 釐米，厚 0.4 釐米。正面墨書 6 字，上部為「安都」，下端為「江陵丞印」。

　　牘乙：長 23 釐米，寬 3.7 釐米，厚 0.4 釐米。正面墨書文字上部為四行：第一行為「新安戶人大女燕關內侯寡」，第二行為「大奴甲」三字，第三行為「大奴乙」三字，第四行為「大婢妨」三字。下部靠左墨書一行為「家憂不算不顛」。背面有兩道寬 0.5－0.7 釐米的絲綢捆縛痕跡。

　　牘丙：長 23.2 釐米，寬 4.5 釐米，厚 0.4 釐米。中部右側殘缺一小塊。正面墨書文字為：「七年十月丙子朔庚〔子〕，中鄉起敢言之：新安大女燕自言與大奴甲、乙、〔大〕婢妨徙安都，謁告安都受小數，書到為報。敢言之。十月庚子江陵龍氏丞敢移安都丞。／亭手。」背面上部尚存兩處絲綢捆縛痕跡。左下角墨書「產卄」二字。

　　牘丁，長 23.1 釐米，寬 5.6 釐米，厚 0.4 釐米。正面墨書文字兩排十二行：

壺一雙	髹杯二雙一𣄂
盛一雙	閒一雙
鉈一雙	椑匜二雙
檢一合	五角案二
厄一合	黃金案二
畫杯三雙	脯一束

　　上述四塊木牘出土於同一墓葬，牘甲應為江陵丞給死者（墓主新安人燕）前往安都簽發的「路簽」。牘乙乃為死者給陰間地府的「報道書」。牘丙為江陵中鄉龍氏名起的丞為死者燕寫給「安都丞」的告地文書。牘丁為遣策。從牘丙知道，墓主燕，原籍為新安人，後遷徙安都。雖死在江陵，就地安葬，但仍希望靈魂回歸故里。文書所言「徙安都謁告安都受」、「江陵龍氏丞移安都丞」則正是這個意思。同墓出土四件文書，各有所用，並且是互為補充關係，在出土實物中極為少見。

　　從出土的「告地策」文書來看，其格式似模仿地上文書「過所」的寫法，如漢代人民向官府申請過所，首先由本人提出，然後再由縣丞批辦。「告地策」也是首先由墓主人「自言」（自己提出），然後由縣丞批辦。又如告地策中的「敢告主」、「敢言之」等用語也是秦漢時期官府文書中常用的詞。可見，告

地策的發現，對我們了解和研究古代人的鬼神觀念和宗教意識有很重要的作用。

後　記

　　這是我在萬卷樓出版的第三本書，今天看完了二校樣，不久即可出版發行，與讀者見面。在這即將發行之際，我還是有些想法，就寫在這裡。

　　二十世紀雖然出土了大量的簡帛文獻，但要想用五十多萬字的稿子理出個頭緒來，實在是一件難事。本書在寫作中雖儘可能地結合地上、地下文獻，並吸收了同行師友們的很多研究成果，但還是覺得有些問題很難說清。比如有關簡牘的長短、簡帛的符號、簡帛的題記等，或文獻記載闕如，或有而語焉不詳；再從出土實物來看，本身就顯得雜亂無章，也可能當時就沒有什麼規律可尋，也可能當時「中央」雖有規定，但在地方執行過程中也未必不折不扣。目前只能根據出土實物的真實情況，儘可能地按類排一排，初步理出個眉目。

　　關於簡帛文獻的分類問題是本書的一個重頭戲，囉囉嗦嗦寫了不少，佔了本書總字數的一半以上。書中雖然儘量按《漢書·藝文志》的分類排了下來，但肯定還會存在不少缺點和錯誤，因為有些書籍的性質確實不太好分。如郭店楚簡《唐虞之道》，書中歸在了「諸子略」的儒家類，但若歸在縱橫家中也未嘗不可；又如馬王堆帛書《戰國縱橫家書》，書中歸在了「六藝略」的春秋類中，但若將其列入「諸子略」的縱橫家中也能說得過去。等等。儘管在寫作中也查閱了不少同行師友的相關論著，但在本書中做出最後的「裁奪」時也難下決心。我想就是在當年劉向等整理古書、班固撰寫《漢書·藝文志》時也會遇到同樣的困惑，因此才出現了《漢書·藝文志》中的重出等現象。又如《晏子春秋》一書，班固將其歸在了「諸子略」的儒家類中，現在看來也未必得其所哉。

　　關於簡牘文書的分類問題，目前學者們也有不同的看法。回想二十世紀初年，羅振玉、王國維將漢簡屯戍文書分為簿書、烽燧、戍役、稟給、器物、雜事六類。後來隨著出土物的不斷增加，分類方法又有所進步。到了二十世紀四十年代，勞榦先生又採用了二級分類法，即先將簡牘文書列出幾大類，然後在

每一大類中又分若干項小類來補充，可見他的用心苦衷。此後，中國、日本等國的學者在文書分類上又做了多方面的研究，並取得了不少豐碩成果，有的學者還出版了專著，對文書的分類方法又推進了一步。如李均明和劉軍先生合著的《簡牘文書學》就是一本新的研究成果，它的出版，必將對文書學的研究起到一定的推動作用。

一個世紀以來，對出土簡帛的研究已經經歷了幾代海內外學者的艱辛努力，並取得了豐富的成果，比起二十世紀初年，有了長足的進步。現在看來，對出土簡帛的研究，絕不是一蹴而就的工作，它往往凝聚著幾代研究者無可名狀的艱辛與甘苦。想必在未來的時間裡，隨著更新材料的出土，簡帛研究將會更上一個新的臺階，研究成果將更加全面，更加科學。因為每一次新的發現，都會給研究者帶來新的啟迪。

本書僅僅是我狗膽搭起了個架子，拋磚引玉，期待著今後來自多層面、多角度的思考和探索，這便是我出版本書的目的所在。

駢宇騫

二〇〇五年元月二十日

於北京前門寓所

國家圖書館出版品預行編目資料

```
簡帛文獻概述／駢宇騫著. --初版. --臺北
  市：萬卷樓, 2005[民 94]
    面；    公分
  ISBN 957－739－509－0 (平裝)
  1.簡牘

  796.8                      93021553
```

簡帛文獻概述

著　　　者：駢宇騫

發　行　人：許素真

出　版　者：萬卷樓圖書股份有限公司

　　　　　　臺北市羅斯福路二段 41 號 6 樓之 3

　　　　　　電話(02)23216565・23952992

　　　　　　傳真(02)23944113

　　　　　　劃撥帳號 15624015

出版登記證：新聞局局版臺業字第 5655 號

網　　　址：http://www.wanjuan.com.tw

E-mail　　：wanjuan@tpts5.seed.net.tw

承 印 廠 商：晟齊實業有限公司

定　　　價：720 元

出 版 日 期：2005 年 4 月初版